마이클 왈저,
정치
철학
에세이

Thinking Politically
by Michael Walzer
Original copyright ⓒ 2008 Michael Walzer
This edition was originally published in English by Yale University Press
Korean translation copyright ⓒ 2008 Motivebook
This Korean edition was arranged with Yale University Press, UK
through Best Literary & Rights Agency, Korea
All rights reserved.

이 책의 한국어판 저작권은 베스트 에이전시를 통한 원저작권자와의 독점 계약으로
도서출판 모티브북이 소유합니다.
신 저작권법에 의해 한국 내에서 보호를 받는 저작물이므로 무단 전재와 무단 복제를 금합니다.

thinking POLITICALLY

마이클 왈저, 정치철학 에세이

essays in political theory

마이클 왈저 지음
최흥주 옮김

모티브북

차례

서문 데이비드 밀러 _007

1장 철학과 민주주의 _033
2장 철학적 대화에 대한 비판 _069
3장 객관성과 사회적 의미 _097
4장 자유주의와 분리의 기술 _123
5장 지금 여기의 정의 _149
6장 배제와 불공평과 민주국가 _171
7장 자유주의에 대한 공동체주의의 비판 _197
8장 시민 사회론 : 사회 재건에 이르는 길 _231
9장 심의, 그리고 그 밖에는? _263
10장 종교와 정치의 구분 _285
11장 차이의 정치학 : 다문화 세계에서의 국가와 관용 _321
12장 민족과 보편 _347
13장 국가의 도덕적 지위 : 네 명의 비평가에 대한 대답 _413

14장	인도적 개입에 대한 논쟁	_445
15장	인도적 개입을 넘어 : 지구촌 사회에서의 인권	_471
16장	테러리즘과 정의로운 전쟁	_495
17장	정치 행위 : 더러운 손의 문제	_521
18장	세계 속의 미국_정의로운 전쟁과 정의로운 사회 : 마이클 왈저와의 인터뷰	_555

마이클 왈저의 저작	_581
출전	_597
찾아보기	_599

서문

데이비드 밀러

마이클 왈저Michael Walzer에게 그의 정치 이론 에세이집을 편집하고 싶다는 제안을 했을 때 나는 두 가지 야심을 품고 있었다. 첫 번째의, 보다 평범한 야심은 그저 다수의 중요한 평론들을, 다른 경우라면 그것들을 찾아 접근이 항상 쉽지만은 않을 장소들을 뒤져야 했을 독자들을 위해 한 곳에 모으는 것이었다. 두 번째 야심은 보다 고상했다. 나는 그것들을 모아서 출판하면 새로운 연관성이 드러나서 개별 쟁점들에 대한 왈저의 반응을 형성하는 기본 시각을 우리가 더 잘 이해하기 시작할 거라고 생각했다. 이 두 번째 야심이 달성되었는지는 독자들이 판단할 문제다. 하지만 이 에세이들을 선별하고 배치하고 다시 읽는 작업은 일깨우는 바가 매우 커서 왈저의 정치 사상에 대한 나의 이해는 실질적으로 변화되었고, 또한 개선되었다고 말하고 싶다. 이 서문에서 나는 이 책뿐 아니라 왈저의 다른 많은 저서들과 기고들에 담겨 있는 중심 사상이라고 생각하는 것을 설명하고자 한다. 그러나 우선 어떤 원칙에 따라 선별이 이루어졌는지를 설명하겠다.

왈저는 50년 이상 정치 문제에 관해 많은 저술을 해왔고 정치 문제에 관한 강의, 기고, 저서들은 학문하는 사람들과 그렇지 않은 사람들을 망라하는 많은 청중들을 겨냥했다(잘 알려져 있는 것처럼, 그는 30년 이상 좌파 정치평론지인 《디센트Dissent, 이견》의 기고가 겸 편집자로 활동해왔다). 그것들을 모두 한 곳에 모았다면 실로 엄청난 분량의 책이 되었을 것이다. 나의 선택에는 세 가지가 고려되었다. 첫째, 나는 한 편의 예외(제17장)를 제외하면 왈저의 보다 최근 저작에 초점을 맞추었는데 이 에세이들은 1980년에서 2005년까지 25년 동안에 쓰였다. 둘째, 나는 왈저 자신이 책에 포함시키기 위해 나중에 발전시켰거나 과거에 출판된 그의 에세이집들에 실려 있어 그 형태로 접할 수 있는 에세이들은 피했다. 특히 유대인 문제에 대한 에세이들은 미국 유대인의 정체성과 시오니즘Zionism 등에 관한, 이 분야의 그의 광범위한 저술을 모은 책이 계획되어 있음을 감안하여 포함시키지 않기로 했다. 셋째, 주제가 겹치는 에세이들 가운데 선택해야 했을 때에는 어느 것이든 그 주제를 가장 완전하고 가장 깊게 다루고 있는 것으로 보이는 것을 선택했다. 바꿔 말하면, 나는 정치 이론을 지향했고 정치 논평은 피했다. 본격적으로 흥미를 느낄 독자들을 위해 최초의 출전을 밝힌, 포괄적인 그의 저술 목록을 포함시켰다. 그럼에도 불구하고 선별은 어려웠다. 왈저는 격려해주었고 몇 가지 제안도 했지만 나의 선택에 영향을 끼치려는 시도는 전혀 하지 않았기 때문이다. 그는 또한 인권에 대한, 아직

출판되지 않은 평론 한 편도 제공했는데 그것은 이 책의 제15장으로 실려 있다.

그는 "……에 대한 당신의 진짜 생각이 무엇이냐?"는 종류의 수많은 질문에 시간을 아끼지 않고 대답해주었다. 또한 모든 글을 읽고 추려낸 목록을 제안함으로써 나를 아주 많이 도와준 조시아 스템플로브스카Zosia Stemplowska와 탁월한 솜씨로 최종 원고를 준비해준 에이미 다이크맨Ame Dyckman과 사라 파인Sarah Fine, 엠레 오즈칸Emre Ozcan에게도 감사를 표하고 싶다. 에세이들은 연도가 아니라 주제에 따라 배치되어 있고 나의 서문도 같은 패턴에 따르고 있다.

철학과 정치

마이클 왈저는 원래 철학보다는 정치학과 역사학 분야의 교육을 받았다. 그러나 1960년대에 하버드 대학교에서 일하는 동안—존 롤스John Rawls, 로버트 노직Robert Nozick, 로널드 드워킨Ronald Dworkin 등의—철학자들과 사귀게 되었고 그 뒤 줄곧 철학자와 시민 사이의 관계의 문제, 즉 '정치에 관한 철학 사상이 정치 활동 자체에 기여할 수 있다면 어떤 기여를 할 수 있는가?'와 씨름해왔다. 그는 전통적 의미의 정치철학자가 아니다. 바꿔 말하면, 그는 현실을 초탈한 추상적 사상이 우리에게 정치적으로 어떻게 행동해야 하는지 알려주는 원칙을 가져다줄 수 있다고 믿지 않는다. 오히려, 이 책의 첫 번째 에세이가 보여주는 것처럼, 그는 철학적 시도는 모든 개별 사회의 지배적 의견들과 의도적으로 거리를 두는 것을 내포한다고 생각한다. 철학자는 이 모든, 널리 인정받는 견해들을 괄호로 묶고 오직 이성을 통해, 진리이기에 보편타당한 정치 원리들을 확립하고자 한다. 왈저는 이 시도를 영웅적이라고 말한다. 하지만 그에 따르면 영웅적인 철학자는 그가 그의 원리들을 들고 정치 공동체에 돌아오면 시민들이 그것들을 받고 싶어 하지 않음을 발견할 것이기에 좌절할 수밖에 없는 운명이다. 그것들이 현지의 전통과, 정치에 대한 사고방식과 연결되어 있지 않기 때문이다.

왈저가 2장에서 상당히 자세하게 검토하는 한 가지 특별한 종류의 영웅적 정치철학이 있다. 그것은 어떤 특정한 이상적 조건 하에서 사람들이 도달할 수 있는 합의로부터 유효한 정치적 원칙들을 도출하려는 계약론적 입장이다(브루스 애커먼Bruce Ackerman과 위르겐 하버마스Jürgen Habermas와 롤스가 여기서 검토되는 주요 인물이다). 왈저는 이 사고思考 실험의 참가자들이 벌이는 상상의 담론과 상반된 이해와 신념을 가진 사람들 사이에 일어나는 실제의 정치 논쟁을 가르고 있는 현격한 차이를 강조한다. 계약론의 무대에서는 참가자가 알 수 있는 것, 또는 말할 수 있는 것을 심하게 제한해야만 비로소 합의에 이를 수 있다. 따라서 토론은 진짜 이의는 전혀 없이 예정된 결론에 이른다. 왈저에 따르면, 이것은 정치적 담론을 가장한 철학적 주장이다.

이 모든 것을 볼 때, 이런 종류의 정치철학은 현실성이 없기는 하지만 그 결론이 사회가 취해야 할 방향에 대한 실제의 정치 논쟁에 참여하고 있는 시민들에 의해 어차피 거부될 수밖에 없기 때문에 본질적으로 해롭지 않다고 생각될지 모른다. 그러나 왈저는 그것이 그럼에도 불구하고 민주적인 사회에서조차 유해한 영향을 끼칠 수 있다고 생각한다. 그것은 특히 두 가지 경향을 조장한다. 하나는 사법부의 의사 결정이 대중 민주주의를 대체하는 것이다. 만약 확장되는 권리 목록이 철학적 추론에 의해 제정될 수 있고 판사들이 민주적으로 선출된 입법부에 맞서 이 권리들을 강제할 수 있는 권한을 부여받는다면 민주주의 정치를 위해 남는 공간은 지속적으로 줄어들 것이다(왈저가 이 주장을 처음 했을 때는 그것이 특히 미국의 전통인 헌법적 권리의 사법적 강제에 적용되는 것처럼 보였을 수 있지만 보다 최근에 유럽과 그 밖의 곳에서 인권 헌장이 확산되는 것을 볼 때 그가 말하는 현상이 더 널리 퍼지고 있음을 알 수 있다). 두 번째 경향은 민주적 의사 결정 자체를 예전보다 더 철학적 담론과 유사한 것으로 이해하는 것이다. 왈저는 이 경향이 "심의 민주주의deliberative democracy"에 대한 최근의 많은 저술들, 특히 하버마스의 저작에 의존하는 계열에서 분명하게 나타난다고 본다. 심의 민주주의자들은 정치적 참여를 철학 세미나에서 진행되는 종류의 토론으로 축소시키고 싶어 하는데, 여기서는 참가자들이 이성적 논증만으로 합의를 향해 서로를 움직이려고 한다. 이 유혹에 맞서, 왈저는 정치는 복합적인 활동으로서 여기서는 이성적 논증도—교섭과, 제휴와, 충성에 호소하여 지지자를 결집하는 것 등의—다른 형태의 상호 작용과 함께 자리할 수밖에 없다고 주장한다. 9장의 제목인 '심의, 그리고 그 밖에는?Deliberation, and What Else?'이 여기서 나왔다.

그렇다면 철학자들이 정치 생활에 기여할 수 있는 것이 있기는 한 것일까? 아니면 그들은 철학적 의무를 옆에 제쳐두고 그저 평범한 시민으로서 시대의 논쟁에 참여해야 하는 것일까? 왈저의 표현에 따르자면, "소피스트sophist나 비평가나 시사평론가나 지식인"의 역할을 하면서 정치 공동체의 언어로 말함으로써 이 논쟁에 기여하는 참여적 철학자가 되는 게 가능하다. 하지만 이 경우 어떤 의미에서 이 참여적 철학자가 여전히 철학자일 수 있는 것일까? 그 또는 그녀가 다른 시민들의 의견에 비해 어떤 종류든 인식론적 우월성을 주장할 수 있는 것일까? 여기서 우리는 왈저의 책 『해석과 사회비평Interpretation and Social Criticism』, 『비평가 집단The Company of Critics』과 이 책에 포함된 세 번째 에세이 〈객관성과 사회적 의미Objectivity and Social Meaning〉에 있는, 사회 비평의 개념에 대한 그의 몇몇 논의들을 살펴볼 필요가 있다. 두 종류의 사회 비평은 비교적 논쟁의 여지가 적다. 첫째로, 비평가는 사회의 기본 가치들을 현재의 관행과 사회 구성원들의 행동과 대조한다. 그 또는 그녀는 다른 시민들에게 자신들의 의무에 보다 충실할 것을 요구한다. 둘째로, 비평가는 일반적으로 인정되는 관념이나 가치를 택하여 그것을 발전시키고 지금까지 그것의 범위 안에 포함되어 있지 않았던 새로운 영역의 사회생활이나 집단에게 적용한다(예를 들면, 어떻게 정치적 평등의 개념이 시간이 흐르는 동안 확대되어 결국 재산이 없는 노동자들, 여성들, 소수 민족들을 포함하게 되었는지를 생각해보라). 두 경우 모두에서 비평가는 계속해서 현실에 접속되어 있고 사회의 언어로 말하지만 사회의 가치를 더 일관되게 구현할 것을 촉구한다. 하지만 외부에서 보기에는 혐오스러운 가치가 그럼에도 불구하고 사회의 가치 체계 속에 깊이 박혀 있고 사회의 구성원들이 믿는 그 밖의 것들과 명백히 모순되지는 않는다면 우리가 뭐라고 말해야 할까? 비판적인 철학자는 사회가 객관적으로 잘못 생각하고 있다고, 원용되고 있는 사상이 그야말로 틀렸다고 주장할 수 있는 것일까? 왈저는 3장에서 이 문제와 씨름하면서 여성을 교환의 대상으로 간주하고 그렇게 취급하는 사회를 예로 든다. 그의 대답은 여성들도 "자신들이 교환의 대상이라는 구성

construction"에 동의하느냐, 아니면 그들이 남성들에 의해 침묵을 강요당하고 있느냐를 관건으로 삼는다. 남녀 어느 누구에게도 자기가 살고 있는 의미의 세계를 구성하는 데 역할을 할 수 있는 지위를 거부할 수는 없다. 여성들이 정말로 동의한다면, 사회에서의 여성의 역할에 대한 새로운 개념을 허용하는 사회생활의 변화가 생기기까지 여성은 단지 상품에 불과하다는 개념에 이의를 제기할 수 있는 철학적 비평의 범위는 제한된다.

객관성의 한계에 대한 이 견해로부터 많은 문제들이 제기되지만 여기서는 더 다룰 수 없다. 그러나 분명한 것은 왈저가 철학자에게 심히 제한적인, 정치 공동체에 대한 역할만을 제시하고 있다는 점이다. 그 또는 그녀는 공동체의 구성원들이 자신들의 생활방식과 그것이 구현하는 가치들에 대해 스스로 갖고 있는 이해를 무시하고 그저 자신이 보편타당하다고 주장하는 원칙들에 비추어 공동체를 비판할 수는 없다. 또한 심지어 철학자가 현실과 접속되어 있는 비평가로서 행동하고 그 가치들에 대해, 공동체가 현재하고 있는 많은 것을 비판하기 위한 해석을 제시하는 경우에도 이 해석이 어떤 특별한 권위를 갖는 것은 아니다. 철학자는 그것을 정치 논쟁 속에 던져 넣고 사람들이 제시된 선물을 받을지 거부할지 지켜볼 뿐이다.

자유주의 LIBERALISM

정치적으로 왈저는 자유주의자다. 그는 또한 유럽인들이 사회민주주의자social democrat라고 부를 만한 사람이다. 즉, 국가가 복지와 사회 정의의 증진을 위해 포괄적인 역할을 해야 한다고 믿는 자유주의자다.

그러나 나는 지금으로서는 특정한 정치 참여보다는 왈저의 자유주의의 독특한 성격에 초점을 맞추고자 한다. 왈저가 또한 종종 자유주의와 공동체주의communitarianism가 대조되는 맥락에서 공동체주의자로 묘사되어왔기 때문이다. 지금 생각해 보면, 그런 대조는 혼란을 가중시키는 것으로 보이며 이른바 자유주의자 – 공동체주의자 논쟁에 대한 왈저 자신의 견해는 7장에서 확인할 수 있다. 그럼에도 불구하고 아니 땐 굴뚝에 연기 나지 않는 것처럼 왈저의 자유주의는 과연 최근의 정치 이론에서 그 이름으로 통해왔던 많은 것들과는 매우 다른 성격을 갖고 있다.

차이는 아마도 다음의 방식으로 요약될 수 있을 것이다. 많은 자유주의자들이 자유주의의 핵심은 정치 권위와 국가 활동의 한계에 대한 관점에 있다고 생각한다. 자유주의 사회는 사람들이 국가의 간섭을 받지 않고 자신의 삶의 계획을 자유롭게 추구할 수 있는 불가침의 사적私的 영역을 인정하는 사회다. 이것은 종종 다음과 같은 권리의 언어로 표현된다. '사람들은 본질적으로 그들 자신의 일이고 다른 누구의 일도 아닌 일련의 활동을 할 권리가 있고 국가는 이 권리를 존중해야 한다. 이 권리는 입법부와 행정부가 할 수 있는 것을 제한하는 헌법에 규정되어야 한다.'

왈저는 사적이고 국가의 출입이 금지된 영역으로 간주되어야 마땅한 삶의 영역이 있다는 생각에 반대하지 않는다. 그러나 그는 자유주의의 핵심을 다른 곳에서 찾는다. 즉 분리, 다시 말해, 각자의 자율성을 보존하고 여타의 영역을 견제하여 균형을 이루는 서로 다른 영역들로 이루어진 사회의 개념에서 찾는다. 사생활도 그런 영역의 하나이지만 공公과 사私를 나누는 경계가 교회와 국가 또는 경제 시장과 복지 국가를 나누는 경계보다 더 중요한 것은 아니다. 자유로운 사회는 (적절하게 구성된) 국가의 손에 권력을 집중함으로써 일상생활에서 권력을 제거하는 사회가 아니라 권력의 편재遍在를 인정하고 그 다음에—예를 들면, 국가의 권력에 교회의 권력을 맞세우는 등—권력에 권력을 맞세움으로써 권력을 억제하려고 하는 사회다. 왈저의 생각에 따르면, 그 결과로 생기는 분리는—한때 교회가, 다른 때에 국가가, 또 다른 때에 기업이 그랬듯이—그 영역들이 사회 전체를 지배하려는 조직들을 내포하고 있기에 깨지기 쉬운 성과이지만 자유주의 정치의 중심 목표는 이 분리를 유지하는 것이다.

왜 자유주의에 대한 이런 이해가 전통적인 견해보다 우월할까? 본질적으로는 그것이 사회학적으로 더 현실적이기 때문이다. 전통적 자유주의는 국가의 강제력에 주의를 집중함으로써 개인의 삶을 지배할 수 있는 다른 형태의 권력들, 특히 현대 세계에서는 아마도 경제 권력을 종종 시야에서 놓치는 반면, 그것은 권력이 어디에나 스며들어 있음을 인정한다. 그것은 또한 자유에 대해서도 더 현실적인 해석을 한다. 전통적 자유주의는 **개인의** 자율성—남자든, 여자든, 자신의 인생 행로를 선택하는, 자기 자아를 스스로 형성한 개인—을 강조함으로써 사람들이 얼마나 자신들이 양육된 (그리고 어떤 경우에는, 예를 들면, 성性이나 인종으로 인해 어쩔 수 없이 머물러야 하는) 개별 환경에 의해 불가피하게 형성되는가를 인식하지 못한다. 따라서 더 중요한 것은 집단의 자율성—외부의 속박을 받지 않고 내부의 문제를 처리하는, 기관과 사회 집단의 자유—이다. 그래서 왈저는 사회가 서로 간의 자유로운 계약을 통해 다양한 종류의 사회 제도를 형성하는 자율적 개인들로 구성되어 있다고 보는 개인주의적 자유주의 대신에, 사람들이 얼마나 이미 집단과 제도 속에 통합되어 있는지를 인식하고 자유는 무엇보다도 외부의 지배로부터 이 집단적 기관들을 지키는 것을 의미한다고 이해하는 사회적 자유주의를 제시한다.

성공적인 분리는 자유뿐 아니라 평등도 가져온다. 이것이 왈저의 책 『정의의 영역들 Spheres of Justice』에서 설명한 유명한 주장이다. 나는 그것을 예전의 한 기고(『다원주의와 정의와 평등 Pluralism, Justice, and Equality』, 마이클 왈저와 공동 편집)에서 상당히 자세하게 검토했기에 여기서 같은 말을 되풀이하기보다는 단지 왈저의 자유주의는 철학적으로 전통에 얽매여 있지 않을 뿐 아니라 정치적으로도 급진적이라는 것만을 강조하고자 한다. 그 주장이 함의하는 조치들의 일부가 5장 〈지금 여기의 정의 Justice Here and Now〉에서 사회 정의에 대해 설명하면서 제시되는데 그것은 포괄적인 복지 국가와 광범위한 산업 민주주의를 포함한다. 평등은 각각의 사회 영역 안에서 재화財貨가 그 영역에 적합한 원칙에 따라 분배됨을 보장하고 지배—한 영역을 다른 영역의 권력과 분배적 요구에 예속시킴—와 싸우는 것을 목적으로 하는 공공 정책의, 목표라기보다는, 부산물이다.

왈저의 자유주의는 많은 경쟁 이설異說들에서는 아주 두드러지게 중요한 역할을 하는 권리의 개념에 대해서는 거의 말을 하지 않는다. 물론 그가 개인의 법적 권리의 보호를 부정해야 한다고 주장하려는 것은 아니며 현대의 자유주의 사회에서 권리의 언어가 불가피하게 정치 논쟁의 중심이 되고 있음을 인정하지만, 그럼에도 불구하고, 그는 권리가 자유주의 정치 이론에서 근본적인 역할을 하는 것에 저항한다. 나는 이 저항에는 적어도 세 가지 원인이 있다고 생각한다. 첫째, 권리에 근거를 둔 이론은 그가 사회학적인 특징을 지닌 자유주의를 주장하면서 거부하고자 하는 개인주의적 사회 모델을 반영한다. 둘째, 그런 이론은 또한, 우리가 전 절에서 본 것처럼, 사법부의 의사 결정이 민주주의 정치를 대체하는 것을 조장한다. 셋째, 권리에 호소하여 정당화된 정책은 지역의 다양성과 그에 따른 지역 자치의 기회를 무효로 만들 수 있다. 예를 들면, 복지권福祉權은 모든 사람이 모든 곳에서 병이 났을 때 똑같은 의학 치료를 받거나 똑같은 교육의 공급을 받을 권리가 있음을 함의할 수 있고, 이에 따라 지역 사회로부터 병원과 학교에서 어떤 우선순위에 따라야 할 것인가를 결정할 권한을 없앨 수 있다. 하지만 이것이 왈저의 사회적 다원주의에 대한 옹호와 그의 평등에 대한 옹호 사이의 어떤 긴장을 드러내는 것이 아닐까? 다음 절에서는 이 문제를 고찰한다.

시민 사회CIVIL SOCIETY와 국가

왈저는 종종 시민 사회와 그것이 제공하는 정치적 참여의 기회에 대해 감탄하는 글을 쓴다. 그는 시민 사회의 개념을, 결성의 목적이 회원들의 직접적인 물질적 또는 정신적 필요를 충족시키기 위해서건, 외부인들에 대해 자신들의 이익을 증진시키기 위해서건, 정치적 대의를 옹호하기 위해서건, 모든 종류의 자발적 단체voluntary association를 포함하도록 넓게 해석한다. 따라서 왈저의 개념에 따르면, 근린 주민 조직과 교회와 노동조합과 정당과 자선 단체와 그린피스Greenpeace나 휴먼라이츠워치Human Rights Watch 같은 압력 단체들이 모두 시민 사회에 속한다. 그가 생각하는 좋은 사회는 무엇보다도 이런 단체들이 번창하는 사회다. 단체의 중요성은 첫째, 사람들을 사회적 고립에서 끌어내 구성원들이 서로 돕는 집단 속으로 이끈다는 것과 둘째, 단체가 사회 정의의 실행자로서 확실하게 여러 가지 좋은 것들이 알맞은 원칙에 따라 분배되도록 돕는다는 것 (예를 들면, 복지를 가장 필요로 하는 사람들에게 복지를, 종교적 직무를 맡을 자격을 가장 잘 갖춘 사람들에게 종교적 직무를 등) 과 셋째, 단체는 사람들에게—종종 너무 멀리 떨어져 있어 그들의 관심을 끌지 못하는 국가 정치와는 대조적으로—지역 사회의 수준에서 그들과 관계되는 문제들로 정치적으로 행동할 수단과 유인誘因을 제공한다는 것이다.

시민 사회와 그것의 가능성에 대한 이런 관점으로 인해 왈저는 알아볼 수 있을 정도로 (그리고 스스로도 공언하는 것처럼) 미국의 정치적 다원주의의 전통에 자리하게 되는데, 이는 또한 그의 분석과 거기서 나오는 제안이 다른 곳에서는 직접적인 적합성이 덜할 수 있음을 의미한다. 하지만 그는 이 전통 속의 몇몇 선배들처럼 다원주의를 무비판적으로 신봉하지는 않는데, 그들은 민주주의는 본질적으로 국가가 시민 사회의 피조물이 되는 것을 허용하고 국가의 정책이 국가에 영향을 끼치려는 압력 단체들 사이의 세력 균형에 의해 결정되도록 함을 의미한다고 믿었다. 이에 반해서 왈저는 시민 사회의 장점들뿐 아니라 한계들도 날카롭게 인식하고 있고 이 한계들을 극복하기 위해서는 독립적인 국가 행위state action가 필수적이라고 보는데 이 점에서는 그의 입장이 유럽의 사회 민주주의 사상에 가깝다.

그 한계들이 무엇일까? 왈저의 주장에 따르면, 번창하는 시민 사회는 우리가 당연한 것으로 생각할 수 있는 것이 아니다. 그것은 특히 그가 7장에서 "네 가지 이동성"이라고 부르는 것—지리적 이동성, 사회적 이동성, 결혼의 이동성, 정치적 이동성—에 의해 위협받고 있는데, 이것들은 종종 개인에게 사적 자유를 가져다주지만 그 대가로 자발적 결사를 가능케 하는 바로 그 사회적 유대를 약화시킨다. 이웃이나 가족이나 정치적 동료들을 떠나 이사하는 사람은 따로 떨어져 있게 되고 본질적으로 사적인 삶을 살게 되기가 더 쉽다. 이런 경향에 대항하기 위해 국가는 시민 사회 단체들에게 권리나 특권을 부여하거나 서비스를 제공하도록 자금을 제공하는 등의 활동을 통해 그것들을 기꺼이 지원해야 한다.

또 다른 한계는 자발적 결사는 필연적으로 사회 정의의 불완전한 실행자가 될 수밖에 없다는 점이다. 특히, 그것이 내부적으로는 그것 자체의 구성원들 사이에 자원을 재분배할지 모르지만 보다 넓은 범위에서는 불평등에 대항하지 못한다. 그것은—6장에서 왈저의 논의의 초점이 되고 있는—사회적 배제의 문제를 상대하기에는 좋지 않은 위치에 있을 수 있는데, 그 이유는 하층 계급이 존재하는 곳에서는 하층민들이 그런 결사에 참여할 가능성은 훨씬 더 낮기 때문이다. 따라서 사회 정의는 시민 사회와 국가 사이의 섬세한 균형을 필요로 한다. 즉, 시민 사회 단체들은 국가를 견제하고 국가가 (자유주의 원칙에 따르면) 국가의 고유 권한에 속하지 않는 영역에 침입하지 못하도록 하기 위해 필요하지만, 국가는 시민 사회가 창출하는 자원과 기회의 분배를 감시하고 바로잡아야 한다. 이 균형을 어떻게 달성할 수 있는지는 왈저의 정치 이론의 가장 큰 딜레마의 하나로 남아 있다.

끝으로, 시민 사회도 지배의 유혹에 안 넘어가는 게 아니다. 특히 종교 집단들이 정상적인 정치적 심의와 타협의 과정을 우회하여 자신들의 원칙을 정치 공동체 전체에 강요하려 할 수 있다. 이 문제를 10장에서 논하는데, 여기서 왈저는 종교와 정치의 엄격한 분리와 종교 문제에 대한 국가의 엄격한 중립에 대해 반대론을 펴면서도, 그럼에도 불구하고, 강제력은 국가의 수중에 남아 있어야 하며 여기서는 그것이 민주적인 토론의 지배를 받고 결코 교회나 정당이나 그 밖의 다른 파벌 단체로 흘러들어가지 않도록 만들 수 있다고 주장한다.

이는 물론 민주주의 정치가 계속되기 위해서는 사람들이 먼저 시민으로서 생각하고 행동해야 하며 시민 사회 집단의 구성원으로서는 그 다음이라는 것을 의미한다. 그러나 이게 어떻게 가능할까? 왈저는 (적어도 루소Rousseau 식의) 공화주의는 작고 동질적인 공동체에서나 의미를 가질 수 있다고 주장하면서 (최근에 쿠엔틴 스키너Quentin Skinner와 필립 페티트Philip Pettit 등의 저서에서 되살아난) 공화주의의 전통에 아주 비판적이다. 현대의 자유주의 사회에서 시민에게, 설사 그런 사회의 크기로 인해 직접적 정치 참여가 불가능한 게 아니라 할지라도, 자신의 개인적 이해와 신념을 옆에 제쳐두고 오로지 공익을 위해 일하라고 하는 것은 무리한 요구이다. 그럼에도 불구하고, 시민의 신분은 왈저 사상의 핵심 개념으로 남아 있다. 따라서 우리가 다음으로 물어야 할 질문은 이렇다. '사람들이 시민으로서 서로에 대해 갖는 의무가 계급이나 성, 민족이나 종교에 대한 파벌적 충성보다 우위에 서도록 할 만큼 충분한 힘으로 그들을 서로 결속시킬 수 있는 것이 무엇일까?'

민족주의NATIONALISM와 다문화주의

왈저는 이 문제를 아주 많은 곳에서 다루어왔는데 그가 제시하는 대답은 단순하지 않다. 한편으로 그는 민족적 충성의 실제적 힘과 도덕적 가치를 인정한다. 그러나 다른 한편 민족국가nation-state 내의 다수 공동체와 소수집단들 사이의 문화적 차이를 포함한 문화적 차이의 존중을 강력히 옹호한다. 그러나 일관되게 민족주의자nationalist이면서 동시에 다문화주의자일 수 있는 것일까? 아니면 시민의 신분과 문화적 의미의 민족성을 분리하는 시민 개념을 옹호해야 하는 것일까? 왈저의 해법은 비단 민족주의의 형태들의 구별뿐 아니라 문화적 차이를 수용할 수 있는 다양한 방법에 대한 숙고도 포함한다. 여기서 공통되는 요소는 그가 문화적 자율성―외부의 간섭 없이 독특한 생활 방식을 창출하기 위해 남녀가 함께 일할 수 있는 기회―에 부여하는 중요성이다. 그것은 민족주의, 또는 보다 구체적으로 말하면, 민족자결national self-determination을 정당화하는 가치이지만, 또한 문화적 소수집단들이 자신들이 속한 사회의 지배적 민족 문화에 동화되지 않기 위해 펼치는 저항을 정당화하는 가치이기도 하다.―여기에 현실적 딜레마가 있다.

왈저는 그의 책 『관용에 대하여On Toleration』에서 문화적 다양성을 용인하는 여러 가지 체제에 대해 썼는데, 이 책의 11장 〈차이의 정치학The Politics of Difference〉에 그것의 주된 사상이 제시되어 있다. 먼저 논의되는 두 가지 체제(다민족 제국multinational empire과 합의제 국가consociational state)는 지금의 목적을 위해서는 제쳐 두고, 나는 왈저가 민족국가와, 그가 "이민자 사회immigrant societies"라고 부르는, 미국 같은 국가 사이에서 발견하는 대조를 고찰하고자 한다. 전자의 경우에는 "단 하나의 지배적 집단이 그것 자체의 역사와 문화를 반영하는 방식으로 공동생활을 조직하고" 소수집단들은 단지 그 공동생활에 의해 설정된 한계 내에서 용인되는 반면, 후자의 경우에는 지배적 집단이 없고 국가는, 완전한 문화적 중립은 아니지만, 사회를 구성하는 다양한 문화 집단들에 대한 동등 대우의 원칙에 따라 운영된다. 이는 이민자 사회는 다문화적일 수는 있지만 국민적인 성격을 가질 수는 없다는 함의를 갖는다. 그러나 그게 정말로 그런가? 실은 이민자 사회는 계승된 문화 전통에는 덜 의존하고 정치적 원칙이나 제도(여기에는 이민자 집단을 지원하고 그들이 통합되도록 돕는 것을 목적으로 하는 제도도 포함된다.)에는 더 의존하는 독특한 형태의 국민 정체성national identity을 발전시켜온 것으로 보인다. 실제로 왈저 스스로가 『미국인이라는 것의 의미What It Means to be an American』에서 이 문제에 대해 상당히 자세하게 썼는데 여기서 그는 미국의 국민성이 존재하며 그것이 전통적인 유럽 국가에서 말하는 국민성과 분명하게 다른 점은 그것의 개방적이고 포괄적인 성격이라고 인정한다. 즉, 원칙적으로 누구나 미국인이 될 수 있다는 것이다. 그러나 일반 시민권이 계급과 성 등의 구별을 넘어 사람들을 하나로 묶는 개념으로서 그것을 떠받쳐줄 공유된 국민 정체성을 필요로 한다고 볼 때 다문화 정책에 대한 지원은 선별적이어야 한다. 즉, 사람들을 공동의 제도에 통합시키고 공유된 정체성을 증진시키는 효과를 나타내는 정책들에는 찬성하고, 종종 병행 사회parallel societies라고 불리는 것으로 사람들을 분리시키는 효과를 나타내는 정책들에는 반대해야 한다.

따라서 민족주의에 대한 왈저의 지지에는 중요한 조건이 붙어 있다. 그는 어떤 사회들은 하이픈 연결(이탈리아계 – 미국인 등)을 허용하는 보다 낮은 수준의 민족 정체성national identity으로도 꾸려나갈 수 있다고 생각한다. 또한 그는 민족주의의 통합적 힘뿐 아니라 그것의 파괴적 힘도 날카롭게 인식하고 있다. 그럼에도 불구하고, 그는 자신들의 일을 경영하는 정치 공동체의 권리를 열렬히 옹호하며, 심지어는 그 경영이 정상적인 민주적 절차를 통해 이루어지지 않는 경우에도 마찬가지다. 12장 〈민족과 보편Nation and Universe〉에서 그는 민족주의가 정당하다고 인정되기 위해서는 "반복적reiterative"이어야 한다고 주장한다. 즉, 그것은 그 민족이 자신들에게 있다고 주장하는, 자신들의 독특한 행로를 갈 자유를 다른 공동체들에게도 똑같이 허용해야 한다. 이 원칙은 기성 국가의 국경 내에 사는 소수 민족들에게까지 확대되어야 하며 이들에게, 꼭 그들 자신의 국가는 아니더라도, 그 일을 하기에 충분한 정치적 자치권을 주어야 한다. 민족주의는 반복적이 아닌 곳에서는 제국주의적이 되어 단 하나의 민족 문화 모델을, 할 수만 있다면 그것을 거부할 공동체들에게 강요하려고 한다. 왈저는 "민족주의에 대한 적절한 판단은 그것이 다른 민족들에 대해 취하는 태도와 행동과 관계가 있다."고 쓴다.

그러나 우리는 아직도 어떤 조건에서 민족 자결이 단지 문화 엘리트의 가치를 사회의 나머지에게 성공적으로 강요하는 것일 뿐이 아닌 진짜일 수 있는가를 물어야 한다. 이것이 왈저가 이 책의 13장 〈국가의 도덕적 지위The Moral Understanding of States〉에서 씨름하고 있는 문제인데, 이 에세이는 『정의로운 전쟁과 정의롭지 못한 전쟁Just and Unjust Wars』이 내놓은 불간섭주의가 민주국가가 아닌 경우에도 외부의 간섭으로부터 국가를 보호하려고 한다는 의미에서 너무 국가주의적이라는 비판에 대답한다. 왈저는 대답으로 정부가 그것이 통치하는 공동체에게 공식적인 책임을 지지 않으면서도 국민의 가치를 구현하고 추구할 수 있을 만큼 자연적으로 서로 꼭 맞는 정부와 인민이 있을 수 있다고 주장한다. 어떤 공동체는 그것의 역사와 문화로 인해 권위주의 체제를 다른 정치 형태보다 더 좋아할 수 있다는 것이다. 그는 계속해서 어쨌든 외부인들은 체제가 그 국민들의 눈에 정당한지 아닌지를 판단할 수 있는 입장이 아니라고 말한다. 만약 공동체가 분열된다면, (혁명의 형태를 취할 수도 있는) 내부의 정치 투쟁이 사람들이 공동체가 앞으로 어떻게 통치될 것인가를 정하는 유일한 방법이다.

이 법칙에 예외가 있는데, 그것은 자국의 시민들을 대량으로 학살하거나 노예로 만드는 체제다. 나는 다음 절에서 왈저가 이 경우들에 적용하는 원칙들에 대해 논할 것이다. 그러나 우리는 이미 검토한 다양한 주제들을 꿰뚫는 공통점을 발견할 수 있다. 그것은 남녀가 그들 자신의 생활 형태를 창조하기 위해 함께 일할 권리가 있다는 사상과, 이 일은 국가적 수준뿐 아니라 여러 수준에서 일어날 수 있지만 본질적으로 정치적이라는 것과, 그들이 이 일을 할 때 결과는 각각의 경우에 독특한 일련의 문화적 가치들과 정의의 개념들과 사회적 관행들일 것이라는 것과, 외부의 행위자—이 행위자가 권리 헌장을 쥐고 있는 영웅적인 철학자나 법률가든, 야만인들에게 "문명"을 강요하는 제국주의 세력이든, 전 세계적으로 민주주의를 확산시키려는 선의의 자유주의자이든—가 어떤 일률적인 해법을 명령하려고 하는 것은 잘못이라는 것이다.

인도적 개입과 인권

방금 말한 이유로 왈저는 일반적으로, 간섭의 동기가 좋다하더라도 한 나라가 다른 나라의 내정에 간섭하는 것에 반대한다. 그러나 그는 시간이 흐르면서 집단 학살이나 인종 청소나 다른 현저한 인권 침해를 막기 위한 강제적 개입이라는 의미의 인도적 개입을 옹호하는 주장에 보다 우호적이 되었다. 이 절에서는 그런 개입을 정당화하는 근거들을 고찰하고 이것이 왈저의 정치 이론 전체에 어떤 함축을 갖는지를 묻는다.

어떤 경우에는 내전이나 지역 군벌들과 그들의 지지자들 사이의 대립으로 정치 질서가 산산이 부서져 개입으로 인해 자결권에 손상을 입을 정치 공동체가 존재하지 않는 상황에서 개입이 일어날 수 있다. 그러나 어떤 경우에는—예를 들면, 1999~2000년의 세르비아에 대한 NATO의 군사 행동처럼—개입이 소수집단에 대한 폭력적인 억압이나 추방도 자행하는, 상당히 잘 작동하는 국가를 겨냥하기도 한다. 그런 개입이 정당화될 수 있으려면 민족 자결권을 압도하는 근거를 가져야 한다. 왈저는 타당한 근거는 오직 기본 인권에 대한 대규모의 침해뿐이라고 주장한다. 여기서는 그가 분배의 정의에 대한 그의 설명에서 중요한 역할을 하는 원칙들과는 달리, 어떤 특정한 정치 공동체에도 의존하지 않고 독립적으로 정당화될 수 있는 도덕적 원칙에 호소한다.

이 입장의 근거를 그의 책 『두꺼움과 얇음Thick and Thin』에서 발견할 수 있는데, 여기서 그는 "도덕적 최소주의moral minimalism"를 옹호하면서 각각의 사회가 그것의 분배 관행과 사회생활의 다른 영역들을 관리하기 위해 발전시킨 두꺼운 도덕과 함께 모든 사회에 공통되는 어떤 도덕적 규범—살인, 기만, 잔혹 행위를 금하는 규범 같은 규범—이 있다는 의견을 주장한다. 도덕적 최소주의는 일련의 기본 인권을 존중하라는 명령으로 표현될 수 있지만 왈저 스스로도 어떤 문화는 다른 문화에 비해 인권이라는 **말**에 더 친숙하다고 인정한다. 따라서 인도적 개입이 일어날 때는 (만약 왈저가 옳다면) 개입을 당한 사회가 이미 인정하는 원칙의 이름으로 일어나야 한다. 물론 그 사회의 지도자들은 자신들의 행위가 공공질서의 유지나 영토 보전, 즉 인권을 무시하기에 충분할 만큼 중요하다고 그들이 주장하는 목표를 위해 필요하기 때문에 정당하다고 주장할 것이다. 그러나 그들은 개입 개시의 토대가 되는 도덕적 근거를 일축할 수는 없다.

이 목적을 위한 인권의 목록은 얼마나 길어야, 또는 짧아야 할까? 왈저는 15장 〈인도적 개입을 넘어Beyond Humanitarian Intervention〉에서 그것은 두 가지 관점에서 제한되어야 한다고 주장한다. 문제가 되는 권리들은 모든 종류의 품위 있는 인간 생활에 없어서는 안 될 권리들—생명권, 자유권, 최저 생활권—이어야 한다. 둘째, 어떤 집단적 행위자, 대개는 정부가 발생에 연관되어 있을 때에만 권리나 권리 침해라는 말을 써야 하며, 따라서 대량 살인뿐 아니라 기근도 인권을 침해한다고 말할 수는 있지만, 이때는 문제가 되는 정부의 고의나 태만으로 인해 기근이 야기되었다고 가정할 것이다. 이는 명백히 최근 수십 년 동안 여러 가지 인권 헌장을 만들기 위해 사용되어 온 개념보다 훨씬 더 제한된 개념이다.—거기서는 인권이 자유 민주주의 국가의 시민들이 정부가 자신들에게 제공해주기를 기대하는 많은 것(예를 들면, 관대한 복지 서비스)을 포함하도록 확대되어 있다. 이 더 넓은 개념의 장점이 무엇이든, 그것은, 왈저가 다른 경우에는 성원해 마지않는 공동체의 자율성을 제한하는 방법으로서의 인권에만 호소하고 있기 때문에 분명하게 배제된다.

인도적 개입은 또한 어떤 국가 또는 연합국이 그 일을 맡을 자격이 있느냐는 문제를 제기한다. 사실, 이 주제에 관한 문헌에서는 종종 이 적격한 권위의 문제가 개입이 제기하는 주된 문제로 간주된다. 왈저는 일반적으로 옳은 대답은 "누구든 할 수 있다면 해야 한다."는 거라고 확신한다. 문제는 많은 잠재적 개입국들 가운데 선택하는 것이 아니라 어느 국가든 개입의 비용을 기꺼이 부담하려는 국가를 찾는 것이다. 그의 생각으로는, 더 어려운 질문은 대량 살육 등과 같은 위험에 직면하여 개입할 권리뿐 아니라 그럴 **의무**라는 말을 당연하게 사용할 수 있느냐는 것이다. 만약 의무가 있다면, 그것은 또한 민주주의 국가가 외부인들의 인권을 지키기 위해 자국의 군인들을 중대한 위험에 노출시킬 권한이 있다는 말이 되는데 이것은 실제로는 민주주의 국가가 매우 꺼리는 일이다. 또한 이 의무는 개입할 능력을 가진 모든 국가에게 지워져야 하는 의무라는 추가적인 문제가 있으며 이는 특히 어느 국가의 행동이 요구되는지를 판단해야 하는 문제를 야기한다. 이것들이 절대적인 개입 의무를 지우지 말아야 할 이유들이다. 그럼에도 불구하고 왈저는 모든 국가가, 다른 점에서는 아무리 서로 다르더라도, 권리를 보호하는 나라가 되는 국제 질서를 향해 노력해야 할 보다 보편적인 의무가 있다고 생각한다. 그리고 이것은 국제 사회의 다원주의를 제한한다.

정치 도덕

나는 왈저의 저술 선집을 나머지 모든 에세이들과 좀 다른 성격의 두 편의 에세이로 마무리했다(그것들은 또한 여기에 실린 가장 최근의 에세이와 가장 오래된 에세이지만 이는 우연의 일치일 뿐이다). 이것들은 정치적 행동에 참여하는 개인의 도덕적 책임에 관한 것이다. 더 구체적으로 말하면 정치적 폭력에 관한 것이다. 즉, 폭력의 사용이 허용되는 경우, 그것의 사용에 따르는 도덕적 귀결은 무엇인가를 다룬다. 물론 왈저는 그의 책 『정의로운 전쟁과 정의롭지 못한 전쟁』과 『전쟁론 *Arguing About War*』에 실린 에세이들에서 전쟁 윤리에 관해 폭넓게 써왔다. 그러나 여기서 다루는 문제들은 좀 다르다.

16장 〈테러리즘과 정의로운 전쟁〉은 테러리즘의 도덕성과 동시에 테러리즘에 대한 대응—이른바 테러와의 전쟁의 일환으로 해도 되는 것과 해서는 안 되는 것—의 도덕성에 대해 검토한다. 왈저는 정의로운 전쟁의 전통을 통해 이 문제에 접근하지만, 밝혀지는 것처럼, 문제는 테러리즘이 이 전통에 구현되어 있는 규범이나 관례의 바깥에 서 있다는 점이다. 테러리스트들은 특정한 집단(국민, 계급 등)에 속하는 모든 사람을 합법적인 표적으로 간주함으로써 없어서는 안 될, 전투원과 일반 시민 사이의 구별을 고의적으로 흐리려고 한다. 그리고 테러리즘에 대한 대응에서도 바로 그 구분이 어려울 수 있다. 테러리스트들은 전시의 적군처럼 취급되어야 하는가? 만약 그렇다면 폭탄을 장치한 사람과 모의를 돕거나 은신처를 제공하는 등의 역할을 한 그의 지지자들과 공범자들을 어떻게 구별할 것인가?

이 에세이에서 왈저가 내놓은 도발적인 명제는, 테러리즘을 다른 형태의 정치적 폭력과 다르게 만드는 것은 테러 행위가 겨냥하는 집단 전체를 "파괴 또는 제거하거나 철저히 굴복시키려는" 의도라는 것이다. 따라서 테러리즘이 나쁜 이유는, 폭력이 끔찍하기는 하지만, 비단 폭력의 사용에만 있는 게 아니라 테러리즘이 표적 집단을 향해 나타내는 태도에도 있다. 이는 보다 좁게 군대나 정적을 겨냥했고 일반 시민들에게 가해지는 위해를 제한하려고 했던, 정치적 동기의 폭력 운동은 왈저가 말하는 테러리즘에 속하지 않음을 의미한다(왈저에 따르면, 북아일랜드의 IRA 운동이 이 묘사에 근접하지만 그것은 또한 무차별적인 살해 등의 행위도 저질렀기에 이 점에서는 엄밀한 의미의 테러리즘에 더 가깝다). 결과는 테러리즘과 정치의 큰 차이를 더 넓힌 것이다. 즉, 테러리스트는 단지 폭력의 위협을 사용함으로써 정치적 판돈을 올린 사람이 아니라 그가 적으로 간주하는 사람들을 전혀 정치적으로 상대하지 않겠다는 의사를 표시하는 사람인 것이다. 정치와 테러를 대조시키는 점에서는 왈저가 분명히 옳지만 테러리즘에 대해 이런 식으로 생각하는 것에는 어느 정도 위험성도 내포되어 있다. 왜냐하면 테러리즘에 대한 승리는 항상 결국에는 테러리스트들과 정치적으로 상대하는 것—그들을 잠재적인 정치 협상의 파트너로, 그리고 자신들의 요구를 (일부) 수용하는 정치적 해법에 원칙적으로 동의할 수 있는 사람들로 취급하는 것—을 포함하기 때문이다. 왈저의 지적대로, 이는 때때로 반쯤은 허구적으로 운동을 정치 조직과 군사 조직으로 나누고 정치 조직에 말을 걺으로써 달성된다. 하지만 만약 테러리스트들이 정의定義상 왈저가 묘사하는 바와 같은—자신들의 표적 집단을 "동등할 수 있는 사람들로, 아니 심지어 공존할 수 있는 사람들로조차도" 인정하지 않으려는―일률적인 동기를 갖고 있다면 이것 중 어느 것도 가능하지 않을 것이다.

17장 〈정치 행위 : 더러운 손의 문제〉는 이 문제를 다른 쪽에서―정치 공동체의 더 큰 이익을 위해 부도덕한 행위, 특히 폭력 행위에 관여해야 하는 정치인의 시각에서―바라본다. 표적 살해 같은, 테러리즘에 대한 몇몇 대응 방법이 이것의 좋은 예다. 그것은 정치적인 죄에 대한 에세이다. 좋은 결과 자체가 정치인을 그의 어깨를 짓누르던 죄에서 벗어나게 하는가? 아니면 혼자서 양심과 씨름하도록 그를 내버려두어야 하는가? 왈저는 (그가 각각 니콜로 마키아벨리Niccolò Machiavelli와 막스 베버Max Weber의 입장이라고 생각하는) 이 두 가지 대답 모두 만족스럽지 못하다고 생각하고 (그가 알베르 카뮈Albert Camus와 연관 짓는) 세 번째 입장으로 기우는 데 그것은 손을 더럽힌 정치인은 그가 이룩한 좋은 일에 대해서는 영광을 받아야 하지만, 동시에 그가 저지른 나쁜 짓에 대해서는 벌을 받아야 한다는 입장이다. 물론 이것을 하는 데 사용할 수 있는 메커니즘은 없다고 왈저는 말한다.

정치와 철학의 구분에 대한 고찰로 시작된 이 책은 이처럼 정치와 도덕이 상충하는 것으로 보이는 경우에 대한 고찰로 끝난다. 나는 어떻게 왈저가 자신의 사상을, 공교롭게도 더러운 손의 문제가 매우 현실적인 문제가 되고 있는 경우들을 포함한 오늘날의 정치적 쟁점들에 적용하는지를 독자들에게 보여주는 인터뷰를 덧붙였다. 이미 말한 것처럼, 이 책을 편집하면서 내가 따른 목표는 정치 공동체가 어떠해야 하는가에 대해 분명하고 일관된 견해를 가진 정치 이론가로서의 마이클 왈저의 면모를 보여주는 것이지만 현대 정치의 훨씬 더 지저분한 쟁점들에 대한 관심은 처음부터 끝까지 그의 저술의 지속적인 특징이었다. 이런 의미에서 그는 미국의 정치 생활뿐 아니라 서양 세계 전체의 정치와 국제 관계에 대해 "현실과 관계가 있는 평론을 해온" 대표적인 인물이다.

1장
철학과 민주주의

1

정치철학의 명성이 요즈음 매우 높다. 정치철학은 공공 정책의 형성과 가장 밀접하게 관련된 두 두뇌 집단인 경제 전문가들과 법률가들로부터 오랫동안 누려보지 못했던 관심을 끌고 있다. 또한 정치철학은 새롭고 철저하게 정치 지도자들과 관료들과 판사들, 그중에서도 특히 판사들의 관심을 요구하고 있다. 이런 매력과 요구는 철학자들이 창조적인 일을 하고 있다는 사실에서 온다기보다는 그들이—오랜 휴지기가 지난 후 또다시 객관적인 진리, "진정한 의미", "옳은 대답", "현자의 돌" 등을 발견할 가능성을 제기하는—특별한 종류의 창조적인 일을 하고 있다는 사실에서 온다. 나는 그 가능성을 (그것에 대해 별로 말하지 않고) 인정한 다음, 그것이 민주주의 정치에 대해 어떤 의미를 갖는지를 묻고자 한다. 민주주의 사회에서 철학자의 위치는 무엇인가? 이것은 오래된 질문이다. 즉, 여기에는 진리와 의견, 이성과 의지, 가치와 선호, 하나와 여럿 사이의 긴장이 작용한다. 이 대립 쌍들은 서로 다르며 그것들 중 어느 것도 "철학과 민주주의"의 쌍과 완전히 대등한 것은 없다. 그러나 그것들은 서로 밀접하게 관련되어 있다. 즉, 어떤 중심적인 문제를 가리킨다. 철학자들은 그들의 결론에 대해 어떤 특정한 종류의 권위를 주장한다. 다른 한편, 사람들은 그들의 결정에 대해 어떤 다른 종류의 권위를 주장한다. 이 둘 사이의 관계는 무엇일까?

나는 이 문제를 곧바로 해결해주는 것처럼 보이는 비트겐슈타인Wittgenstein의 말을 인용하는 것으로 시작하겠다. 비트겐슈타인은 "철학자는 어떤 이념 공동체의 시민도 아니다. 이것이 그를 철학자로 만드는 것이다."[1]라고 썼다. 이것은 보통의 의미로 초연하다는 주장 이상의 것이다. 왜냐하면 시민도 분명히 때때로 심지어 자신의 이데올로기와 일상적 행위와 사회적 위치를 초탈한 판단을 할 수 있기 때문이다. 비트겐슈타인은 보다 근본적인 초탈을 주장하고 있다. 철학자는 분리된 입장을 (판단의 차원에서) 때때로 취하는 게 아니라 (사상의 차원에서) 체계적으로 취하는 국외자이며 또 국외자여야 한다는 것이다. 비트겐슈타인은 '**어떤** 공동체든'이라고 말하는데, (폴리스든, 공화국이

---

1) 루트비히 비트겐슈타인, 『쪽지Zettel』, G. E. M. 앤스콤과 G. H. 폰 라이트 편집 (Berkeley : University of California Press, 1990), 455쪽.

든, 연방이든, 그 밖의 어떤 것이든) 국가도 분명히 이념 공동체다. 철학자가 일차적으로 시민이 되어서는 안 될 공동체는 물론 국가보다 클 수도, 작을 수도 있다. 그것은 그가 무엇에 대해 철학적인 사색을 하고 있느냐에 달려 있다. 그러나 만약 그가 정치철학자라면—이는 비트겐슈타인이 염두에 두었던 것이 아니다.—국가가 그가 물리적으로가 아니라 정신적으로, 그리고 어떤 도덕관에서 볼 때, 또한 도덕적으로도 초탈해야 할 공동체일 가능성이 가장 높다.

이 근본적 초탈에는 두 가지 형태가 있는데, 나는 그중 한 가지만 다룰 것이다. 첫 번째 형태는 관조적이고 분석적이다. 거기에 참여하는 사람들은 그들이 연구하는 이념들을 가진 공동체를 변화시키는 것에 관심이 없다. "철학은 모든 것을 있는 그대로 둔다."[2] 두 번째 형태는 영웅적이다. 나는 관조와 분석이 영웅적일 수 있음을 부인하고 싶지 않다. 사람은 항상 공동체의 속박을 초탈하는 것에 자부심을 가질 수 있다. 그것은 쉬운 일이 아니며 많은 철학적 업적(과 모든 종류의 철학적 오만)이 초탈에 근원을 두고 있다. 그러나 나는 바로 우리 시대에 살아 있는 것으로 보이는, 철학자가 이념 공동체를—정신적으로, 그리고 이념에는 결과가 따르고 모든 이념 공동체 또한 구체적인 공동체이기에 그 다음에는 물질적으로도—다시 세우기 위해 그것에서 이탈하는 어떤 특정한 영웅적 행동의 전통에 초점을 맞추고 싶다. 그는 물러난 후에 돌아온다. 그는 마치 고대 전설의 입법자들 같은데 이들의

---

2) 루트비히 비트겐슈타인, 『철학적 탐구 *Philosophical Investigations*』, G. E. M. 앤스콤 옮김 (New York : Macmillan, 1958), 124절.

활동은 일반 시민들을 배제한다.[3]

정치사상의 오랜 역사에는 철학자의 초탈에 대한 대안이 있는데, 그것은 소피스트sophist와 비평가와 시사평론가와 지식인의 참여다. 분명히 플라톤Platon이 공격한 소피스트들은 도시 국가의 시민들이 아니었고 떠돌이 교사들이었지만 결코 그리스의 이념 공동체를 모르는 사람들이 아니었다. 그들의 가르침은 같은 공동체에 속하기에 접근할 수 있는 자원에 기반을 두었고 거기에 철저히 의존했다. 이런 의미에서 소크라테스Socrates도 소피스트였다. 하지만 비평가와 잔소리꾼으로서의 자신의 사명에 대한 그의 이해에서는 아마도 자신이 또한 시민이라는 의식이 결정적인 요소로 작용하고 있기는 했을 것이다. 아테네 사람들은 만약 그가 자신들의 동료의 한 사람이 아니었다면 그에게 덜 화가 났을 것이다. 하지만 당시 시민들은 소크라테스를 죽였는데 사람들은 때때로 이는 진리 탐구에 헌신하는 모든 사람에게 참여와 동료의식은 불가능함을 증명한 것이라고 말한다. 철학자는 소피스트가 될 수 없다. 지적인 이유뿐 아니라 실제적인 이유로도, 철학자가 자신과 동료 시민 사이에 두는 거리는 동료 의식을 단절시킬 만큼 확대되어야 한다. 그리고 그 다음에는 단지 실제적인 이유로 속임수와 은폐를 통해 거리를 다시 좁혀야 한다. 따라서 철학자는 『방법서설Discours de la méthode』의 데카르트Descartes처럼 사상적으로는 분리주의자로, 실제적으로는 순응주의자로 등장한다.

---

3) 이 특별한 형태의 철학적 영웅주의에 대한 설명을 보려면 셸던 S. 볼린, 『홉스와 정치 이론의 서사적 전통Hobbes and the Epic Tradition of Political Theory』 (Los Angeles : University of California Press, 1970)을 보라.

그는 적어도 실제를 그의 사상의 진리에 어느 정도 더 가깝게 변화시킬 수 있는 입장에 있게 되기까지는 순응주의자다. 그는 도시의 뒤죽박죽 정치에 참여할 수는 없지만 창시자나 입법자, 왕, 밤의 시의원, 판사가 될 수는 있다.—또는 더 현실적으로는 그런 인물들의 조언자가 되어 권력의 귀에 속삭일 수 있다. 철학 프로젝트의 특성이 몸에 배어 있는 그는 흥정이나 상호 간의 타협을 별로 좋아하지 않는다. 그가 알거나 안다고 주장하는 진리는 특성상 유일무이하기에 그는 정치도 똑같아야 한다고, 즉 개념은 일관되고 실행에는 타협이 없어야 한다고 생각할 가능성이 매우 높다. 데카르트는 건축에서처럼 철학에서도, 또한 따라서 정치에서도 서로 다른 장인들이 조금씩 짜 맞춘 것은 한 사람이 만든 작품보다 덜 완벽하다고 썼다. 예를 들면, "마을에서 시작하여 시간이 흐르는 동안 큰 도시로 발전한 오래된 장소들은 대개 …… 한 사람의 기사技師가 뜻하는 대로 질서정연하게 설계할 수 있는 장소들에 비해 균형이 잡혀있지 않다."[4] 데카르트 자신은 정치적인 그런 프로젝트에 대해서는 아무런 관심이 없다고 말하는데 이는 어쩌면 그가 자신이 최고로 군림할 수 있는 유일한 장소는 자신의 마음뿐일 거라고 생각하기 때문일지 모른다. 그러나 철학적 권위와 정치권력 사이의 제휴 가능성은 항상 있다. 이 가능성을 생각하며 철학자는 토마스 홉스Thomas Hobbes처럼, "나의 이 저술이 언제든 통치자의 수중에 들어가서 그가 …… 완전한 주권을 행사함으로써 …… 이 사변의 진리

---

4) 르네 데카르트, 『방법서설Discourse on Method』, 아서 울러스턴 옮김 (Harmondsworth : Penguin, 1960), 44~45쪽.

를 실제의 효용으로 바꾸어놓을 것이라는 희망을 어느 정도 회복할지"[5] 모른다. 이 데카르트와 홉스의 인용에서 결정적인 문구는 "뜻하는 대로 설계"와 "완전한 주권"이다. 철학적 창시는 권위주의적인 일인 것이다.

2

빨리 한 번 비교를 해보는 게 여기서는 도움이 될 것이다. 시인들도 그들 나름의 초연超然과 참여의 전통을 갖고 있지만 극단적인 초탈은 그들 사이에서는 일반적이지 않다. 비트겐슈타인의 글을, 많이 노력한 끝에 시를 겨우 한 편밖에 완성해내지 못한 젊은 시인을 위로하기 위해 카바피Cavafy가 쓴 다음의 시와 대조시키는 게 설득력이 있을 것이다. 카바피는 그것은 첫 걸음이며 결코 작지 않은 성과라고 말한다.

> 이 걸음을 내딛기 위해서는
> 이념들의 도시의
> 합법적인 시민이 되어야 한다.[6]

비트겐슈타인은 공동체가 많이 있는 것처럼(실제로도 많이 있다.) 쓰는 반면, 카바피는 시인들이 단 하나의 보편적인 도시에 살고 있다는

---

5) 토마스 홉스, 『리바이어던Leviathan』, 2부, 31장.
6) C. P. 카바피, 「첫 걸음The first Step」, 『시 전집The Complete Poems of Cavafy』, 레이 댈번 옮김 (New York : Harcourt Brace Jovanovich, 1976), 6쪽.

암시를 하는 것 같다. 하지만 나는 이 그리스 시인이 사실은 보다 특정한 장소, 즉 헬레니즘 문화의 도시를 묘사하려는 거라고 추측한다. 시인은 자기가 그곳의 시민임을 증명해야 하는 반면, 철학자는 자기가 어느 곳의 시민도 아님을 증명해야 한다. 시인은 동료 시민들과 다른 시인들, 시의 독자들을 필요로 하는데, 이들은 그와 역사적이고 정서적인 배경을 공유하고 그가 쓰는 모든 것이 설명되어야 한다고 요구하지 않을 것이다. 그 같은 사람들이 없다면 그의 암시는 효과가 없을 것이고 그의 묘사는 그의 마음에서만 메아리 칠 것이다. 그러나 철학자는 동료 관계를 기피한다. 역사적이고 정서적인 유대가 그의 사고를 부패시키기 때문이다. 그는 세계를 멀리서, 새롭게, 완전한 이방인처럼 바라볼 필요가 있다. 그의 초탈은 이론적이고 의도적이고 항상 불완전하다. 나는 총명한 사회학자나 역사가라면 그의 저작에서 어느 시에서 만큼이나 쉽게 그것의 시대와 장소의 표지를 찾아내리라는 것을 의심하지 않는다. 그럼에도 불구하고 (내가 묘사하고 있는 전통에 서 있는) 철학자들의 야심은 극단적이다. 이에 반해서 시인은 보다 겸손하다. 오든Auden은 이렇게 쓴다.

> 시인의 바람은
>
> 어떤 골짜기 치즈처럼
>
> 지역적이지만 다른 곳에서도 존중받는 것이다.[7]

---

7) W. H. 오든, 「단편 2Shorts II」, 『시집Collected Poems』, 에드워드 멘델슨 편집 (New York : Random House, 1976).

시인은 공상가나 예언자일 수 있다. 현실 도피와 고난을 추구할 수도 있다. 그러나 미친 게 아니라면 이념 공동체와 단절할 수는 없다. 그리고 아마도 그 때문에 그는 그야말로 공동체의 주권 같은 것은 꿈꿀 수 없다. 만약 그가 "인류의 입법자"가 되기를 희망한다면, 그 수단은 같은 시민들을 지배하는 것이기보다는 그들의 마음을 움직이는 것이다. 게다가 심지어 마음을 움직이는 것조차 간접적으로 이루어진다. "시가 일어나게 만드는 것은 아무것도 없다."[8] 그러나 이것은 시가 모든 것을 있는 그대로 내버려둔다고 말하는 것과 완전히 같은 것은 아니다. 시는 독자들의 마음에 시인의 진실을 닮은 것을 어느 정도 암시한다. 철학적 진술처럼 일관되지도 않고 법률의 명령처럼 명시적이지도 않은 시는 부분적이고 비체계적인 진리일 수밖에 없으며 과잉으로 우리를 놀라게 하고 생략으로 우리를 놀리지만 결코 주장을 하지는 않는다. 키츠Keats는 "나는 아직도 어떻게 논리 정연한 추론을 통해 어떤 것이 진리라는 것을 알 수 있는지 납득할 수 없다."[9]고 썼다. 시인의 지식은 종류가 다르다. 그것은 전달될 수 있을지는 모르지만 결코 직접적으로 구현될 수는 없는 진리로 통한다.

---

8) 「W. B. 예이츠를 기리며In Memory of W. B. Yeats」, 『영국인 오든 : 시와 수필과 희곡, 1927~1939The English Auden : Poems, Essays and Dramatic Writings, 1927-1939』, 에드워드 멘델슨 편집 (New York : Random House, 1977).
9) 『존 키츠의 편지The Letters of John Keats』, M. B. 포먼 편집 (London : Oxford University Press, 1952), 67쪽.

3

그러나 정치철학자들이 발견하거나 가져온 진리들은 구현될 수 있다. 그것은 법률로 구현되기 쉽다. 그것들이 자연법인가? 법률로 제정하라. 그게 공정한 분배 방법인가? 확립하라. 그게 기본 인권인가? 집행하라. 그렇게 하려는 게 아니라면 왜 그런 것들을 알고 싶어 하겠는가? 나는 이상적인 도시는 전적으로 정당한 사색의 대상이라고 생각한다. 또한 그것이 "어디엔가 존재하는지, 또는 나중에라도 존재할 것인지"는 문제가 안 될 수 있다.—즉, 그 이상理想의 진리를 해치지 않을 수 있다. 그러나 만약에 그 이상이 실현된다면 분명히 더 좋을 것이다. 이상적인 도시는 "철학자의 정치 참여에 합당한 유일한 사회"라는 플라톤의 주장은 철학적인 개혁의 기회가 생겼을 때, 또는 그가 그렇게 생각했을 때 시라쿠사의 정치에 개입하려던 그 자신의 시도에 의해 거짓임이 드러났다.[10] 물론 플라톤은 그가 개혁하기를 희망했던 도시의 시민이 될 생각이 전혀 없었다.

철학자가 그런 경우에 주장하는 자격은 자신이 "하늘에 세워진 원형"을 알고 있다는 것이다. 그는 무엇을 해야 하는지를 알고 있다. 그러나 그는 그것을 그냥 혼자서 할 수는 없기에 정치적 수단을 찾아야 한다. 뻔한 실제적인 이유로 귀가 얇은 군주가 있을 수 있는 가장 좋은 수단이다. 그러나 원칙적으로는 어떤 수단이든 괜찮다.—구성원들이

---

10) 『플라톤의 국가 The Republic of Plato』, F. M. 콘퍼드 옮김 (New York : Oxford University Press, 1945), 591A~592B.

철학적 진리에 헌신하고 주권을 갖고 있다면 귀족도, 전위前衛 조직도, 공무원도, 심지어는 인민도 괜찮다. 그러나 분명히 인민은 가장 어려운 문제를 제기한다. 그들은, 설사 여러 개의 머리를 가진 괴물은 아닐지라도, 어쨌든 여러 개의 머리를 가졌기에 교육하기 어렵고 서로 간에 의견이 일치하지 않을 가능성도 매우 높다. 또한 인민의 다수가 철학의 수단이 될 수도 없는데, 그 이유는 어떤 진정한 민주사회에서도 다수는 일시적이고 변하기 쉽고 불안정하기 때문이다. 진리는 하나지만 인민은 많은 의견을 갖고 있고 진리는 영원하지만 인민은 지속적으로 마음을 바꾼다. 여기에 가장 단순한 형태의, 철학과 민주주의 사이의 긴장이 있다.

　인민의 통치권 주장은 진리에 대한 그들의 지식에 기반을 두고 있지 않다(하지만 그것이 공리주의가 생각하는 대로 많은 작은 진실들에 대한 그들의 지식, 즉 그들만이 말할 수 있는 그들 자신의 고통과 기쁨의 이야기에 기반을 두고 있을 수는 있다). 내가 보기에는, 그 주장은 인민이 무엇을 알고 있느냐가 아니라 인민이 누구이냐의 관점에서 가장 설득력 있게 표현될 수 있다. 그들은 법의 지배를 받는 대상이며 만약 법이 자유로운 남자와 여자인 그들을 구속하고자 한다면 그들은 또한 입법자가 되어야 한다. 이것이 루소J. Rousseau의 논리다. 나는 여기서 그것을 변호하려는 게 아니라 단지 그것의 몇 가지 귀결을 고찰하려고 한다. 그 논리는 법을, 그때까지 이해되어왔던 바와는 달리 이성, 즉 현자들과 철인哲人들과 판사들의 이성이 아니라 인민의 의지의 작용으로 만드는 결과를 가져왔다. 인민은 철학자들이 아니라 신들과 절대주의 왕들의 계승자인 것이다. 그들은 무엇을 해야 옳은지를 모를 수는 있지만 자신들이 옳다고 생각하는 것(문자 그대로, 자신들의 마음에 드는 것)[11]을 할 권리를 주장한다.

  루소 스스로가 이 주장에서 물러섰고 현대의 대부분의 민주주의자들도 역시 그렇게 하고 싶을 것이다. 그런 주장에서 물러서서 민주주의의 결정을 제약하는 방법으로 세 가지를 생각해볼 수 있는데 나는 그것들을 루소에 의존해서, 하지만 그의 논리를 명시적으로 분석하려는 시도는 전혀 하지 않고 간략하게 약술하고자 한다. 첫째, '인민은 일반적인 의지를 가져야 한다.'로 인민의 의지에 형식적인 제약을 가할 수 있다.[12] 그들은 (공직 선거의 경우를 제외하고는) 자신들 중의 특정 개인이나 일단의 개인들을 특별한 취급의 대상으로 특정할 수 없다. 이것은 예를 들면 병자와 노인을 위해 설계된 공공부조 프로그램에 장애가 되는 게 아닌데 그 이유는 우리 모두 병들 수 있고 우리 모두 오래 살기를 원하기 때문이다. 그것의 목적은, 말하자면, 고유 명사를 가진 개인과 집단에 대한 차별을 배제하는 것이다. 둘째, 인민의 의지는 양도될 수 없고, 따라서 인민의 의지의 민주적인 성격을 보장하는 제도들과 관행들, 즉 집회와 토론과 선거 등을 파괴할 수 없음을 주장할 수 있다. 인민은 지금 미래의 의사 결정권을 포기할 수 없다(또는 그런 포기는 결코 합법적이거나 도덕적인 효력을 가질 수 없다).[13] 또한 인

---

11) 예를 들면, 한 아테네의 연설자는 민회를 향해 이렇게 말한다. "당신들의 것을—좋게, 아니, 원한다면, 나쁘게—처리하는 것은 당연히 당신들의 권한이다." K. J. 도버, 『플라톤과 아리스토텔레스 시대의 그리스 대중 도덕 Greek Popular Morality in the Time of Plato and Aristotle』 (Berkeley : University of California Press, 1974), 290~291쪽에서 재인용.
12) 장-자크 루소, 『사회 계약론 The Social Contract』, 2권 4, 6장.

민은 고유 명사를 갖고 있든 없든, 자신들 안에 있는 어떤 집단에게 미래의 의사 결정에 참여할 권리를 거부할 수 없다.

분명히 이 처음 두 가지 제약은 인민의 의사 결정을 모종의 방식으로 재검토하는 길, 필요하다면 인민에게 비차별과 민주적인 분쟁을 모종의 방식으로 강제하는 길을 연다. 이런 재검토와 강제에 나서는 사람은 누구나 개별적인 입법 사례들의 차별적 성격과, 언론 자유와 집회 등에 대한 개별 제한들이 민주 정치에 대해 갖는 의미에 대해 판단을 내려야 할 것이다. 그러나 이런 판단들의 중요성과 어려움을 과소평가하고 싶지는 않지만 그것들은 세 번째 제약이 요구하는 종류의 것과 비교하면 효과가 상대적으로 제한적일 것이다. 그래서 나는 초점을 이 세 번째 제약에 맞추고자 한다. 이는 내가 영웅의 전통에 서 있는 철학자들은 결코 처음의 두 가지에 만족하지 않을 거라고 생각하기 때문이다. 그래서 셋째, 인민은 옳은 것을 원해야 한다. 루소는 공익을 원해야 한다고 말한다. 그리고 계속해서, 만약 인민이 진정한 인민, 공동체이고 단지 이기적인 개인들과 기업 집단들의 모임이 아니라면 인민은 공익을 원할 것이라고 주장한다.[14] 여기서의 인식은—꼭 총망라한 세트는 아닐 수 있지만 어쨌든—단 한 세트의 옳고 정의로운 법률들이 존재하고 모인 사람들이나 선거인들이나 그들의 대표들이 그것을 바르게 이해하고 있지 못할 수도 있다는 것으로 보인다. 심심치 않

---

13) 내 생각에는, 일반 의지는 양도할 수 없다는 주장에서 그런 결론이 나온다. 하지만 루소는—3권, 15장의 대표에 대한 비판에서처럼—불가양도성을 통해 심지어 그보다도 더 많은 것을 말하고 싶어 한다.
14) 같은 책, 2권 3장.

게 그들은 그것을 오해하며 이때에는 그들이 입법자의 지도나 판사의 제한을 필요로 한다는 것이다. 루소의 입법자는 다름 아닌 영웅의 옷을 입은 철학자다. 또한 루소는 인민을 강제할 권리가 그에게 없다고 말하면서도 인민을 속일 권리가 그에게 있다고 주장한다. 입법자가 철학이 아닌 신의 이름으로 말하는 것이다.[15] 오늘날의 판사들 사이에서도 비슷한 속임수를 찾아보는 것이 좋을 것이다. 어쨌든, 이 세 번째 제약은 분명히 정치적 합법성은 이성(진실)이 아닌 의지(합의)에 기반을 두고 있다는 루소의 기본 주장에 대한 가장 심각한 의문을 제기한다.

4

이 기본 주장은 다음과 같은 적절한 역설의 형태로 표현될 수 있다. '인민에게는 어리석은 행동을 할 권리가 있는 만큼이나 잘못된 행동을 할 권리도 있다는 게 민주주의 정부의 특징이다.' 인민에게는 어떤 영역 내에서 잘못된 행동을 할 권리가 있다고 해야 할 것이다(단, 행동이 영역 전체에 걸쳐 일반적이어야 하고, 영역 내의 미래의 민주적 행동을 미리 차단해서는 안 된다는 처음의 두 가지 제약을 따라야 한다). 주권은 항상 어떤 곳에서의 어떤 것에 관한 주권이지 모든 곳에서의 모든 것에 관한 주권이 아니다. 예를 들면, 인민은 재분배 효과를 가져 오는 소득세법을 만들 권리가 있지만 단지 자신들의 소득만을 재분배할 수 있지 어

---

15) 같은 책, 7장.

떤 이웃 국민의 소득을 재분배할 수는 없다. 하지만 결정적인 것은 그들이 선택하는 재분배의 패턴이 철학적 기준에 따른 권위주의적 교정을 받아야 하는 것이 아니라는 점이다. 물론 그것은 비평을 받아야 하지만 비평가가 민주주의자인 한, 그는 자신의 입장에 동의하도록 인민의 마음을 바꿀 때까지는 그들이 선택한 패턴이 이행되어야 한다는 것에 동의하지 않을 수 없을 것이다.

리처드 월하임Richard Wollheim은 이렇게 구성된 민주주의 이론은 단지 어떤 불명확한 의미에서 역설적인 게 아니라 엄밀한 의미의 역설이라고 주장한다.[16] 그는 이 역설을 다음의 세 단계로 구성한다.

(1) 민주주의 공동체의 시민으로서 나는 공동체가 이용할 수 있는 선택들을 검토하고 A가 수행되어야 할 정책이라는 결론을 내린다.

(2) 인민은 나름대로는 최선이라고 생각하여, 또는 마음이 내키는 대로 A의 정반대인, 정책 B를 선택한다.

(3) 나는 여전히 정책 A가 수행되어야 한다고 생각하지만, 헌신적인 민주주의자로서 또한 정책 B가 수행되어야 한다고 생각한다. 따라서 나는 두 정책이 모두 수행되어야 한다고 생각한다. 그러나 이는 모순이다.

---

16) 리처드 월하임, 「민주주의 이론의 한 가지 역설A Paradox in the Theory of Democracy」, 『철학과 정치와 사회Philosophy, Politics and Society』 (2집), 피터 라슬렛과 W. G. 런시맨 편집 (Oxford : Basil Blackwell, 1962), 71~87쪽. 나는 여기에서의 논증은 복종이 아니라 이행에 관한 것임을 강조해야겠다. 문제는 어떻게, 또는 무슨 이유로 공동체 전체를 위한 정책이 선택되어야 하느냐다. 이 정책이나 저 정책이 일단 선택되면 개개인의 시민들이 그것을 지지하거나 그것의 이행을 도와야 하는지는 또 다른 문제다.

이 역설은 언어의 형태에 너무 의존하는 것 같다. 우리는 보다 겸손한 일인칭 주어를 생각해볼 수 있다. 이를테면 첫 번째 단계가 이렇게 되도록 해보자.

(1) 나는 A가 인민이 수행을 위해 선택해야 할 정책이라는 결론을 내린다.

그러면 다음과 같이 말해도 모순되는 점은 없을 것이다.

(3) 인민이 A를 선택하지 않고 대신 B를 선택했기에 나는 지금은 B가 수행되어야 한다고 결론 내린다.

이것은 별로 재미있지는 않지만 모순이 없고, 내 생각에는 민주주의의 입장을 제대로 표현하고 있다. 월하임 식의 첫 번째 단계의 기초가 되는 것은 다음의 형태를 갖는 철학적인, 그리고 아마도 반민주적인 주장이다.

(1) 나는 A가 옳은 정책이고 **그것이 옳기**에 수행되어야 한다는 결론을 내린다.

그러나 정책의 옳음이 그것을 수행해야 할 옳은 이유인지는 결코 분명하지 않다. 그것은 단지 그것이 수행되기를 바라고, 그래서 입법 기관에서 그것을 옹호할 옳은 이유일 수는 있을 것이다. 누름단추식의 정책 수행 장치가 존재하고 내 책상 위에 A와 B로 표시된 두 개의 단추가 있다고 가정해보자. 내가 어떤 단추를 무슨 이유로 눌러야 할까? 분명히 나는 단지 내가 A가 옳다고 판단하기에 A를 누를 수는 없다. 내가 누구인가? 민주주의 사회의 시민인 나는 결정권을 가진 인민의 결정을 기다려야 한다. 그리고 그 다음에 인민이 B를 선택하더라도 내가 나의 철학적 논증은 A를 가리키고 나의 민주적 의무는 B를 가리키는데 그 사이에서 결정할 방법이 없는 실존적인 선택에 직면하는 게 아니다. 결정할 방법이 있다.

내가 여기서 시도하는, 결정권을 가진 것과 옳은 결정을 아는 것 사이의 구분은 절차적 정의와 실질적 정의의 견지에서 묘사될 수 있을지도 모른다. 민주주의자는 절차적 정의의 의무를 지고 있으며 정의로운 절차의 결과가 또한 실질적으로도 정의로울지는 다만 바랄 수 있을 뿐이라고 말할 수 있을지도 모른다. 그러나 나는 이 설명을 받아들이기가 꺼려진다. 내가 보기에는 절차와 실질 사이의 경계가 그것이 암시하는 만큼 분명하지 않기 때문이다. 절차적 정의에 대한 논의에서 문제가 되는 것은 권력의 분배이고 이것은 분명히 실질적인 문제이다. 어떤 실질적인 주장에 의하지 않고 절차적인 제도를 변호할 수는 없으며 (정치철학에서는) 또한 모든 실질적인 주장이 결국 어떤 절차적인 제도가 된다. 이미 말한 것처럼, 민주주의는 자유와 정치적 의무에 대한 어떤 주장에 기반을 두고 있다. 따라서 인민은 법률을 만들 절차적인 권리를 갖고 있을 뿐인 게 아니다. 민주주의의 관점에서 보면, 인민이 법을 만드는 것은, 설사 그들이 법을 잘못 만들고 있더라도, 옳은 일이다.

이 관점에 반대하여 영웅적인 철학자들은 잘못하는 것은 (적어도 일단 우리가 무엇이 옳은지를 알거나 알 수 있다면) 결코 옳을 수가 없다고 주장할 수 있다. 이는 또한 적어도 처음에는 정치권력의 분배에 관한 주장이었고 그것은 두 가지 함의를 갖는다. 첫째, 인민의 권력은 그들이 하는 것이 옳은지에 의해 제한되어야 한다. 그리고 둘째, 누군가 다른 사람이 인민이 하는 것을 검토하여 인민이 그 제한을 넘으면 개입할 권한을 부여받아야 한다. 다른 누가? 원칙적으로는 누구든, 옳음에 대한 진리를 알고 있는 사람일 거라고 생각된다. 그러나 실제로는, 어떤 진행 중인 정치 질서에서든, 인민 전체보다 진리를 더 잘 알거나 더 일관되게 안다고 생각될 수 있는 일단의 사람들이 발견되게 마련이다. 그렇게 되면 지식과 도덕적 진리에 대한 실질적 주장에 입각하여 이 집단은 개입할 수 있는 절차적 권리를 부여받을 것이다.

인민이 만드는 법률은 민주적으로 재검토될 수 있을 것이다. 예를 들면, 고대 아테네에서는 민회民會의 특정한 결정의 정당성에 의문을 품는 시민이 제비뽑기로 선정된, 보다 작은 일단의 시민 배심원들에게 민회 전체의 결정을 재정裁定해줄 것을 요구할 수 있었다. 배심원단은 문자 그대로 법을 재판에 부쳤고, 여기서는 개개인의 시민들이 검사와 변호사의 역할을 했으며, 그것의 평결은 입법 기관에 의해 제정된 법 자체보다도 우선했다.[17] 이 경우에는 분명히 어떤 특별한 지혜를 내세우지 않았다. 즉, 같은 논리나 같은 종류의 논리가 법과 평결, 양쪽 모

---

17) A. H. M. 존스, 『아테네의 민주주의 *Athenian Democracy*』 (Oxford : Basil Blackwell, 1960), 122~123쪽.

두를 정당화시킬 수 있었다. 그러나 보다 자주 이런 종류의 집단은 민주적인 이유가 아니라 귀족주의적인 이유로 구성된다. 민중 의식이나 개별적인 이해관계나 이기적이거나 근시안적인 정책에 대해 헤겔Hegel의 공무원 집단이나 레닌Lenin의 전위 정당 등 소수의 우월한 분별력에 게 항소하는 것이다. 이상적으로는, 재정을 요구받는 집단이 관념 공동체에 참여하고 있고 그 안에서의 행동을 지향하지만 동시에 바깥에 있는 철학자들과도 조율되어 있어야 한다. 철학자의 물러남과 돌아옴에 상당하는 것을 제공하기 위해 안에 있기는 하지만 완전히 안에 있지는 않은 것이다.

5

오늘날의 미국에서는 연방 대법원의 7명의 판사들에게 그 역할 비슷한 어떤 것이 주어져 있는 게 분명하다. 주어진 이 임무는 일단의 이 시대의 법학 교수들의 저술에 가장 분명하게 주장되어 있는데 이들 모두는 또한 철학자이거나 적어도 정치철학의 영향을 많이 받은 사람들이다.[18] 사실 정치철학의 부흥은 법학의 학파들에게 가장 극적인 영향

---

18) 예를 들면, 로널드 드워킨, 『권리를 진지하게 생각하기 Taking Rights Seriously』 (Cambridge : Harvard University Press, 1977) ; 프랭크 미쉘먼, 〈헌법적 복지권을 위하여 In Pursuit of Constitutional Welfare Rights〉, 《펜실베이니아 대학교 법학 논총 University of Pennsylvania Law Review》 121 : 5 (1973년 5월), 962~1019쪽 ; 오언 피스, 〈정의의 여러 형태 The Forms of Justice〉, 《하버드 법학 논총 Harvard Law Review》 93 : 1 (1979년 11월), 1~58쪽 ; 브루스 애커먼, 『자유주의 국가에서의 사회 정의 Social Justice in the Liberal State』 (New Haven : Yale University Press, 1980)를 보라.

을 끼쳐왔는데 그 이유를 발견하는 것은 어렵지 않다. 혁명의 기미가 없는 안정된 민주 사회에서는 판사가 철학적 개혁의 가장 알맞은 수단이다. 물론 연방 대법원 판사들의 전통적인 역할은 성문 헌법을 강제하는 것 이상으로는 미치지 않으며, 성문 헌법 자체는 민주적인 합의에 기반을 두고 있고 민주적으로 수정될 수 있다. 그리고 판사들이 헌법 본문의 무결성을 확인하는 태도를 넘어서는 결정을 내릴 때에도 그들은 대개 진리와 옳음에 대해 어떤 특별한 이해가 있다고 주장하는 대신, 역사적인 선례나 오랫동안 이어져 온 법의 원칙이나 보편적 가치를 근거로 제시한다. 그럼에도 불구하고 그들이 차지하는 직위나 행사하는 힘으로 인해 그들은 민주적인 선택에 철학적인 제약을 가할 수 있다. 그리고 그들은 (인민과는 반대로) 쉽게 그런 제약의 본질에 대한 철학적 가르침의 지지자가 될 수 있다. 나는 여기서 실제로 그런 가르침을 받아들인 판사들만을 염두에 두고 있다. 그리고 판사들 이전에 철학자들을 염두에 두고 있다. 수많은 철학자들이 아주 기꺼이 그런 가르침을 주고 싶어 하는 것 같기 때문이다. 사법적 재검토와 민주주의 사이의 긴장은 철학과 민주주의 사이의 긴장에 직접 상응한다. 하지만 두 번째가 더 근본적인 긴장이다. 판사들은, 철학 이론의 손아귀에 잡혀 있는 경우에만 자신들의 헌법적 권리를 확대하고 확대 프로그램을 지지할 가능성이 크기 때문이다.

    그런데 판사와 철학자는 (대개) 서로 다른 종류의 사람들이다. 철학자–판사도 생각해볼 수 있지만 이 결합은 드물다. 판사는 중요한 의미에서 정치 공동체의 일원이다. 그들의 대부분은 공무원이나 정치적 행동주의자나, 이런저런 공공 정책의 옹호자로 활동한 경력을 갖고 있다. 그들은 이 영역에서 활동했고 논쟁에도 참여했다. 인준 청문회에서 질문을 받을 때 그들은 대체로 질문자와 같은 종류의 의견을 가졌을 것으로 가정된다. 그것은 대개의 경우 틀에 박힌 의견으로, 만약 그렇지 않다면 그들은 결코 지명되지도 않았을 것이다. 일단 인준되면 그들은 틀림없이 일상의 정치와 어느 정도 거리를 둔다. 민주 사회에서 그들이 차지하는 특별한 위치가 어떤 분리와 사려 깊음을 필요로 하는 것이다. 그들은 지혜의 법복을 입는데 그 법복은 철학의 유혹이라고 부를 수 있을 만한 것으로, 법보다 지혜를 더 사랑함이다. 그러나 판사는 그가 직업과 정치에서의 옛 동료들과 공유하는, 어떤 특정한 법의 전통의 방식으로 지혜로워야 한다.

철학자의 입장은 매우 다르다. 그가 찾는 진리는 대개 보편적이고 영원하며 그것이 어떤 실제의 역사적인 공동체 내에서 발견될 가능성은 매우 적다. 이 때문에 철학자가 현실에서 물러나는 것이다. 즉, 그는 틀에 박힌 의견을 믿어서는 안 된다. (그에게는 인준이 필요 없다.) 그렇다면 그는 어떤 종류의 장소로 물러나야 할까? 오늘날 가장 흔하게는 그가 예전의 동료 시민들의 구체적인 특징·의견·의무를 전혀 갖지 않는 존재들이 사는 이상적인 사회를 (플라톤처럼 혼자서 발견할 수 없기에) 혼자서 구성하는 것이다. 그는 참여하는 남녀들이 그들 자신의 이데올로기에서 해방되어 있거나 일반화하는 담론 규칙에 따르는 "원초적인 입장original position"이나 "이상적인 담화 상황ideal speech situation"에서 이루어지는 완벽한 회의를 상상한다. 그러고 난 다음, 그는 이 사람들이 만약 실제의 정치 질서를 세우기 시작한다면 어떤 원칙과 규칙, 헌법 제도를 선택할 것인가를 묻는다.[19] 그들은 말하자면 우리, 나머지 사람들의 철학적 대표자들로서 우리를 대신하여 법을 만드는 것이다. 그러나 철학자 자신이 이 이상 사회의 유일한 실제 거주자이며 이 완벽한 회의의 유일한 실제 참가자다. 따라서 그가 갖고 등장하는 원칙과 규칙, 헌법은 실은 그가 "뜻하는 대로 설계하고", 그가 자기 자신에게 어떤 제약을 지웠든, 그 제약에만 따르는, 그 자신의 생각의 산물이다. 또한 이상 사회의 결정 절차가 합의나 만장일치의 방식으로 구상되어 있을 때조차도 다른 어떤 참가자도 필요치 않다. 왜냐하면 만약 다른 어떤 사람이 있다면, 그는 철학자와 동일인으로서 같은 제약을 따르기에 같은 말을 하게 되고 같은 결론을 향해 움직이게 되든지, 역사에서 나온 특징들을 가진 구체적인 인물이기에 그의 존재는 논증의 보편성을 파괴할 것이기 때문이다.

철학자는 물러났다가 어떤 실제의 민주적 토론의 결론과도 다른 결론을 갖고 돌아온다. 그것은, 또는 철학자의 주장에 따르면 그것은 적어도 다른 지위를 갖고 있다. 그것은 옳은 것을 구현하고 있다. 현재의 맥락에서 다시 말하자면, 민주적인 토론을 통해 도달된 결론은 단지 인민이나 그들의 실제 대표자들에 의해 합의되는 것인 반면에 그것은 일련의 이상적인 대표자들에 의해 합의된 것이다. 따라서 인민이나 그들의 대표자들은 철학자의 저술에 비추어 자신들의 결론을 수정할 것을 권유받을 수 있다. 나는 이것이 철학자가 책을 낼 때마다 말없이 하는 권유라고 생각한다. 적어도 책이 출판되는 순간에는 그가 손색없는

---

19) 존 롤스는 분명히 이런 형태의 논증의 위대한 선구자다. 그러나 그는 『정의론A Theory of Justice』 (Cambridge : Harvard University Press, 1971)이나 후속된 어떤 논문에서도 내가 말하는, 새로운 철학의 특별한 사용을 주장하지 않는다.

민주주의자이다. 그의 책은 인민에게 주는 선물인 것이다. 그러나 사람들이 이 선물을 고맙게 생각하는 일은 드물다. 정치 무대에서는 철학자의 진리가 또 한 세트의 의견이 되어 검증받거나 논의되거나 부분적으로 채택되거나 부분적으로 거부되거나 무시될 가능성이 매우 높다. 반면에 판사들은 충분히 철학자의 말에 다른 태도로 귀를 기울이도록 설득될 가능성이 있다. 이미 말한 것처럼, 민주 사회에서의 그들의 특별한 역할은 사려 깊음과 관련되어 있고 사려 깊음은 철학적인 자세다. 그러니까 약간의 현실 철학은 사법의 권위를 높이면 높였지 낮추지는 않을 게 아닌가? 게다가 판사들은 민주 사회의 영역에서 (일시적으로) 형성된 의견과 이상 사회에서 찾아낸 진리 사이를 중재하기에 감탄할 만큼 좋은 위치에 있다. 해석의 기술을 통해 그들은 루소의 입법자가 점술을 통해 하는 일을 할 수 있다.[20]

6

"권리"의 경우를 생각해보자. 철학적인 은둔 속에 있는 우리의 이상적 대표자들은 개개인에게 속하는 권리 목록을 내놓는다. 이 목록이, 오늘날의 철학자들 사이에서 일반적인 것처럼, 깊이 숙고되어 있고 진

---

[20] 또 루소의 입법자처럼, 판사들도 전혀 자기 자신이 직접적으로 강제력을 갖지 않는다. 어떤 궁극적인 의미에서는, 그들이 항상 인민이나 대안이 되는 정치 엘리트들 사이에서 지지를 구해야 한다. 따라서 어떤 민주적으로가 아니라 철학적으로 인증된 입장의 강제에 적용되는 표현인 "사법 독재"는 항상 하나의 과장 어구다. 다른 한편, 독재를 제외하고도 민주주의 정부에게 문제를 일으키는 여러 형태의 권위들이 있다.

지하다고 가정해보자. 열거된 권리들은 하나의 일관된 전체를 이루면서 다른 남자나 여자에게서 도덕적 자발성과 인격이라는 특성을 인정하는 게 어떤 의미를 가질 수 있는지를 보여준다. 철학이 내놓는 목록은 현재 법에 제정되어 있는 목록과 다르지만, 또한 법과 법의 교외라고 생각할 수 있는 것, 즉 우리가 도심지인 법이 갑갑하게 느껴질 때마다, 할 수만 있다면, 찾아가는 의견과 가치와 전통의 다발과 겹친다. 그런데 철학자는—나는 여전히 영웅적인 철학자, 창시자인 철학자를 말하고 있다.—판사에게 법을 벗어나 교외를 통해 그 너머의 이상 사회로 보다 조직적으로 도피할 것을 권유한다. 권리가 걸려 있는 만큼 이 권유는 더욱더 집요하다. 권리는 침해될 경우 즉각 구조되거나 보상되어야 하는 특징을 갖고 있기 때문이다. 그리고 판사는 구제와 보상의 이용 가능한 수단일 뿐 아니라 고유한 수단이다.[21]

사실상 철학자는 판사들에게 이상 사회의 결정 절차를 모방한 결정 절차를 제안한다. 이것은 부분적으로는 아부阿附이지만 실제적인 근거도 갖고 있다. 실제로 판사들끼리의 심의는 있을 수 있는 어떤 민주적

---

21) 이 특별한 권유와 집요함은 로널드 드워킨, 『권리를 진지하게 생각하기 Taking Rights Seriously』(Cambridge : Harvard University Press, 1977)에서 가장 분명하게 나타난다. 그런데 드워킨은 이상 사회가, 말하자면, 교외에 실제로 존재한다고 믿는 것 같다. 그의 주장에 따르면, 철학적으로 증명된 일련의 권리들은 미국의 헌법사와 불변하는 법의 원칙들의 관점에서도 증명될 수 있으며, 만약 판사들이 이 권리들을 강제한다면, 미 국민이 가진 정부의 종류를 고려할 때, 그들은 하고 있어야 하는 일을 하고 있는 것이다. 리처드 일리, 『민주주의와 불신 Democracy and Distrust』(Cambridge : Harvard University Press, 1980)는 미국의 헌법사에 대해 다른 시각을 제시한다. 일리는 내가 옹호한 두 가지 제약과 아주 비슷한 것을 주장한다. 그 역시 이상 사회는 미국 헌법 너머의 어딘가에 있다고 생각한다. 그것은 정당과 운동에 어울리는 목표이지, 법원에 어울리는 목표는 아니라는 것이다.

논쟁보다도 (철학자의 마음속에 있는) 이상 사회에서 일어나는 토론에 가깝기 때문이다. 게다가 권리는 적은 사람들의 사색에 의해 정확하게 정의될 가능성이, 많은 사람들의 투표에 의해서보다 더 크다고 말하는 게 설득력이 있어 보인다.[22] 그래서 철학자는 판사들에게 자신이 이미 고독한 은둔 속에서 마련해 놓은 주장을 판사 집무실에서 요약한 다음, 우선은 그 주장을 법이나 법을 둘러싸고 있는 전통과 가치에 담고 그 다음으로는 그것의 견지에서 사건을 판결함으로써 그것에 "실제의 효용"을 부여할 것을 요청한다. 필요하다면 판사는 입법부의 결정을 미리 막거나 번복해야 한다. 이것이 결정적인 점인데, 그 이유는 바로 여기서 철학과 민주주의 사이의 긴장이 구체적인 형태를 취하기 때문이다.

입법부는 스스로를 통치하기 위해 모인, 인민 그 자체는 아닐지라도, 적어도 인민의 유효한 대표다. 그것의 구성원은 어떤 영역 내에서 행동할 권리를 갖고 있다. 재판에 의해 강제된 권리들은 이 영역과 관련하여 두 가지의, 서로 다르지만 보완적인 방법으로 이해될 수 있다. 첫째, 그것들은 영역을 둘러싸고 있는 경계다. 이 관점으로부터 다음의 단순한 등식이 성립된다. '권리 목록이 포괄적일수록, 재판에 의한 강제의 범위가 넓을수록, 입법부의 선택의 여지는 더 좁아진다.' 판사들이 인민 개개인에게 더 많은 권리를 부여할수록 의사 결정을 하는 전체로서의 인민은 덜 자유로워진다. 또는 둘째, 권리는 정책과 제도

---

22) T. M. 스캔런, 「정당한 법 절차Due Process」, 『노모스Nomos』 22, R. 페녹과 J. 채프만 편집 (New York : New York University Press, 1977), 120~121쪽은 그런 취지의 조심스러운, 아니 차라리 가설적인 주장이다.

를 형성하면서 영역 내의 활동을 조직화하는 원칙이다. 따라서 판사들은 경계가 얼마나 넓든, 얼마나 좁든, 단지 경계에서만 활동하는 게 아니다. 그들의 판결은 입법부의 결정 영역에 깊숙이 침투한다.[23] 한편 내가 앞서 묘사한 인민의 의사 결정에 대한 제약은 세 가지 모두 이 방법들 중 하나로, 즉 방어 또는 침투로 파악될 수 있다. 그러나 나는 세 번째 제약은 분명히 경계를 좁히는 동시에 깊은 침투를 가능케 한다고 생각한다. 철학적인 권리 목록이, 서로 짝을 이루는 법적 차별의 금지와 정치적 억압의 금지 너머로 뻗는 순간, 민주주의의 공간이라고 부를 수 있는 것을 철저히 유린하는 사법부의 활동을 끌어들인다.

그러나 이것은 권리를 단지 형식적인 의미에서만 고찰하고 그것의 내용을 무시하는 거라는 반론이 제기될 수 있다. 그러니까 권리의 내용은 인민의 선택의 자유를 제한하기보다는 강화할 거라는 것이다. 예를 들면, 정치적으로 그리고 그 다음에는 재판에 의해 인정된 복지권을 상상해보자.[24] 그런 권리의 목적은 아주 분명하다. 그것은 개개인의 시민에게 자신의 시민권을 행사할 기회를 보장하겠지만, 만약 그가 굶어 죽어가고 있거나 그 자신과 가족을 위해 필사적으로 피난처를 찾고 있다면, 그것은 그가 갖고 있다거나 의미 있게 갖고 있다고 말하기 어려운 기회일 것이다. 분명히 정당하다고 인정되는 권리이지만 그럼에도 불구하고 내가 방금 개략한 논리는 여전히 유효하다. 왜냐하면

---

23) 피스는 〈정의의 여러 형태The Forms of Justice〉에서 몇 가지 분명한 예를 제공한다.
24) 미쉘먼, 〈복지권Welfare Rights〉과 〈수정헌법 제14조를 통한 빈민 보호에 대해On Protecting the Poor Through the Fourteenth Amendment〉, 《하버드 법학 논총 Harvard Law Review》 83 : 1 (1969년 11월)과 비교.

재판에 의한 복지권의 강제는 민주적인 결정의 범위를 철저하게 축소시킬 것이기 때문이다. 이후로는 판사들이 복지 체계의 범위와 성격이 어떠해야 하는지와 그것이 어떤 종류의 재분배를 필요로 하는지를 결정할 것이고 판례가 쌓임에 따라 점점 더 상세하게 결정할 것이다. 그런 결정은 분명히 국가 예산과, 적어도 간접적으로는, 과세 수준에 대해 의미 있는 사법부의 통제를 수반할 텐데 그것들은 민주주의 혁명을 원래 야기했던 바로 그 문제들이다.

만약 확장된 권리 목록이 헌법에 인민이 통제하는 개정 절차를 통해 포함된다면, 헌신적인 민주주의자들은 그런 종류의 것을 더 편안하게 느낄 것이다. 그렇게 되면 철학자들과 판사들의 새로운 (비민주적인) 권력을 위한 어떤 민주적인 기반이 존재하게 될 것이다. 내 생각에는, 만약 인민이 그런 포함에 동의하여 자신들의 일상적인 권한의 그렇게 큰 부분을 넘겨준다면 그것은 무분별한 일이 될 것이다. 그러나 현대 국가에서는 인민이 이 양도를 대수롭지 않은 문제로 느낄 정도로 그 권한인 것이 간접적으로 행사된다.—그만큼 그것은 실은 일상적인 권한과는 거리가 멀다. 인민에게는 자신들이 개인으로서 얻는 권리(이 경우에는 자애로운 관료 조직으로부터 복지 서비스를 받을 권리)가 구성원으로서 잃는 권리보다 훨씬 더 크게 보일 수 있는 것이다. 따라서 예를 들면 롤스의 정의의 두 가지 원칙 같은 것을 규정한 헌법을 상상해보는 것도 터무니없는 일이 아니다.[25] 그렇게 되면, 분배 정의의 영역 전체가 사실상 법원의 손으로 넘어갈 것이다. 법원이 얼마나 광범위한

---

25) 에이미 거트만, 『자유주의적 평등*Liberal Equality*』 (Cambridge : Cambridge University Press, 1980), 199쪽은 그런 취지의 제안이다.

결정들을 내려야만 하겠는가? 차등 원칙difference principle(사회·경제적 불평등은 (a) 기회 균등의 조건 하에 모든 사람에게 개방된 직위와 직책에 결부되어야 하고, (b) 가장 혜택 받지 못한 사회 구성원들에게 최대의 이익을 줄 수 있어야 정당하다는 원칙 – 옮긴이)의 의미를 시험하는 집단 소송을 상상해보라. 판사들은 소송에서 대변되는 집단이 정말로 사회의 최소 수혜자 집단인지(또는 대변되는 집단의 모두나 충분한 수가 최소 수혜자 집단에 속하는지)를 판단해야 할 것이다. 그리고 만약에 그렇다면, 판사들은 이번에는 현재의 일반적인 물질적 조건 아래서 차등 원칙으로부터 어떤 권리가 생기는가를 판단해야 할 것이다. 의심할 바 없이 그들은 이 판결들을 내리기 위해 전문가들과 관리들의 의견을 들어야 하는 상황에 처할 것이다. 그러나 입법부의 의견을 듣는 것은 그들에게 별로 의미가 없을 것이다. 만약 정말로 권리가 문제되고 있는 것이라면 그 질문들에 대해서는 틀림없이 옳은 대답이 있을 것이기 때문이다. 그리고 그 대답은 평범한 시민들이나 그들의 정치적 대표자들보다는 철학자들, 판사들, 관리들이 알고 있을 가능성이 더 크기 때문이다.[26]

 그럼에도 불구하고 인민은, 자신들이 세운 새 권위에 의해 억압받고 있다고 느끼게 되면, 항상 그것을 무너뜨릴 수 있었다. 비록 입법부의 활력이 점차 쇠퇴하여 법의 개정 절차가 실제에서는 이론에서보다 더 이용되기 어렵게 될 수도 있겠지만 그것은 여전히 이용 가능할 것이다.[27] 부분적으로는 이 이유 때문에, 그리고 부분적으로는 내가 이제

---

26) 로널드 드워킨, 『권리를 진지하게 생각하기Taking Rights Seriously』, 특히 4, 13장.
27) 넓은 의미의 개인의 권리를 위한 사법 개입은 또한—적어도 좌파 진영의—인민의 힘을 쇠퇴시킬 수 있다. 나의 기고 〈좌파와 법원The Left and the Courts〉, 《디센

다루려는 이유들 때문에 나는 철학자들이 너무 성급하게 사법적인(또는 다른 어떤) 수단을 모색해서는 안 되며 판사들도, 비록 그들이 어느 정도는 법철학자여야 하지만, 너무 성급하게 정치철학자가 되서는 안 된다고 주장하고 싶다. 정치철학의 원칙들을 해석을 통해서든 개정을 통해서든 법에 폭넓게 포함시키려는 것은 실수다. 왜냐하면 그것은 양쪽 어느 경우에서든 그 원칙들이 본래 있어야 하는 자리인 정치적 영역에서 그것들을 빼내는 것이기 때문이다. 철학자들의 개입은 그들이 가져오는 선물로서 끝나야 한다. 그렇지 않으면 그들은 마치 선물을 가져오는 그리스인들 같을 것인데 인민은 이들을 조심해야 한다. 그들이 노리는 것은 도시의 점령이기 때문이다.

7

"철학자는 어떤 이념 공동체의 시민도 아니다. 이것이 그를 철학자로 만드는 것이다." 내가 이 문장들을 인용했던 이유는 정치철학자는 정치 공동체와 단절하고 정서적인 유대와 인습적인 사고에서 벗어나야 한다는 것을 말하기 위함이었다. 그런 다음에야 비로소 그는 정치 결사의 의미와 목적, 그리고 공동체(모든 공동체)와 그것의 정부의 적절한 구조에 대해 가장 깊은 질문들을 던지고 대답하려고 노력할 수 있다. 이런 종류의 지식은 오직 밖에서만 얻을 수 있다. 안에서는 어떤 다른 종류의 지식을 이용할 수 있는데, 그것은 성격상 보다 제한적이

《Dissent》(1981년 봄)는 그런 취지의 소론이다.

고 보다 개별적이다. 나는 그것을 철학적이라기보다는 정치적인 지식이라고 부르고자 한다. 그것은 다음의 질문들에 대답한다. '이 단체의 의미와 목적이 무엇인가?' '**우리의** 공동체와 정부의 적절한 구조는 무엇인가?' 설사 이 나중의 질문들에 대해 옳은 대답들이 있다고 할지라도(그런데 설사 일반적인 질문에는 옳은 대답이 있을 수 있다고 할지라도 개별적인 질문에 옳은 대답이 있는지는 의심스럽다), 그래도 존재하는 공동체의 수만큼 많은 옳은 대답이 있게 될 것이다. 그러나 공동체들의 밖에서는 오직 하나의 옳은 대답밖에는 없다. 동굴은 많지만 해는 하나뿐인 것처럼, 정치적인 앎은 개별적이고 다원적인 성격이지만 철학적인 앎은 보편적이고 일원적이다. 따라서 철학자의 정치적인 성공은 다원적인 진리에 일원적인 진리를 강요하는, 즉 예전에는 다원적이었던 모든 공동체에서 이상 사회의 구조를 반복하는 결과를 가져올 것이다. 한 명이 아닌 열두 명의 철학자 왕을 상상해보라. 그들의 왕국은 근절할 수 없는 개성적인 지형 때문에 필요한, 그런 적응을 제외하면 똑같은 모습이고 똑같이 통치될 것이다(만약 신이 철학자 왕이라면 그는 모든 공동체에게 일련의 동일하거나 동등한 지리적 조건을 나누어 주었을 것이다). 원초적 입장에서 세워진 열두 개의 공동체의 경우도 마찬가지일 것이다. 원초적 입장은 하나밖에 없기 때문이다. 일련의 이상적인 구성원들 사이의 변질되지 않은 의사소통에 의해 형성된 열두 개의 공동체의 경우도 역시 마찬가지일 것이다. 왜냐하면 단지 소수의 것들에 대해서만 말할 수 있는 게 보통의 대화와는 다른, 변질되지 않은 의사소통의 특징이기 때문이다.[28]

그런데 우리는 개별주의와 다원주의의 가치를 인정할 준비가 되어 있을 수도, 되어 있지 않을 수도 있다. 어떻게 결정해야 하는지를 알기는 쉽지 않다. 다원주의는 우리가 그 각각에 대해 서로 다르게 느낄 가능성이 매우 높은 다양한 경우들—다양한 의견, 구조, 체제, 정책—을 의미하기 때문이다. 우리는 그 다양성 또는 다양성의 이념을 존중하면서도 수많은 경우들에 경악하여 어떤 배제의 원칙을 찾으려할 수도 있다. 사실 대부분의 다원주의자들은 제한적인 다원주의의 입장을 취하며 그들이 옹호하는 제한은 보편적인 원칙들에서 나온 것이다. 그런데도 그들이 다원주의를 중시한다고 말할 수 있을까? 어쩌면 그들은 단지 다양성을 좋아할 뿐이거나 모든 경우에 대해 결론을 내릴 준비가 아직 되어 있지 않거나 관대하거나 무관심한지 모른다. 또는 도구주의적인 견해를 갖고 있는지도 모른다. 즉, 많은 사회 실험들이 언젠가 (그러나 그 날은 멀다.) 단 하나의 진리로 이끌리라는 것이다. 이 모든 것들은 다양성의 밖에 있는 입장을 필요로 한다는 점에서 철학적인 관점들이다. 그 입장에서 보면 다원주의가 항상 기껏해야 불확실한 가치로 보이지 않을까 생각한다. 하지만 대부분의 사람들은 서로 다른 입장을 갖고 있다. 그들은 그들 자신의 공동체 안쪽에 있고 그들 자신

---

28) 설사 우리가 "생산력 발전의 주어진 단계에서" 일어나는 "담론적 의지 – 형성"을 상상하는 하버마스나, 원초적 입장에서 마련된 원칙들은 오직 "현대적인 조건 아래에 있는 민주 사회"에만 적용된다고 말하는 롤스처럼 철학적 결론들을 어떤 일련의 역사적 상황과 관련시켜야 한다고 하더라도, 그 결론들이 일련의 개별 공동체들에 대해 그 공동체들의 실제 정치와는 상관없이 객관적으로 진리이며 옳다는 것은 여전히 사실이다. 위르겐 하버마스의 『정당성의 위기 *Legitimation Crisis*』(Boston : Beacon, 1975), 113쪽과 롤스, 〈도덕 이론에서의 칸트적 구성주의 Kantian Constructivism in Moral Theory〉, 《철학 저널 Journal of Philosophy》 77 : 9 (1980년 9월), 518쪽을 보라.

의 의견과 전통을 중시한다. 그들은 오직 다른 사람들도 그들 자신과 같은 감정을 갖고 있을 거라고 인정하는, 감정이입과 동일시의 행위만을 통해 다원주의에 이른다. 마찬가지로, 철학자도 자신을 어떤 공동체의 시민도 아니라기보다는 모든 공동체의 시민으로 상상해봄으로써 다원주의에 이를 수도 있을 것이다. 그러나 그렇게 되면 그는 그 자신과, 그를 철학자로 만드는 그의 고독에 대한 확고한 의식을 잃을지도 모르며 그가 가져오는 선물들도 지금보다 가치가 덜할지 모른다.

나는 그 선물들을 과소평가하려는 게 아니다. 그러나 지금 말해야 할 중요한 점은 모든 개별 공동체의 밖에서 보면 다원주의의 가치가 불확실한 것만큼, 개별 공동체의 안에서 보면 보편적인 진리의 가치도 불확실하다는 것이다. 다시 말하지만, 실재하지 않는다거나 무시해도 좋다는 게 아니라 불확실하다는 것이다. 왜냐하면 나는 개별적인 공동체가 보편적인 진리를 실현하기를 열망하거나 철학적인 원칙의 (특정한) 특징들을 공동체 자체의 생활 방식에 구현함으로써 개선될 수 있음을 의심하지 않기 때문이다. 그리고 이것을 시민들도 이해하고 있다. 그러나 그들의 입장에서 보면, 말하자면, 추상적인 남녀들, 어떤 이상 사회의 거주자들의 권리가 왜 지금 여기에서 강요되어야 하는지가 항상 분명하지는 않을 것이다. 그들은 그런 모든 강요에 대해 두 가지 우려를 가질 가능성이 크다. 우선 첫째로, 그것 때문에 그들 자신의 전통과 관습과 기대가 무시될 것이다. 이것들은 물론 쉽게 철학적 비판의 대상이 될 수 있다. 그것들은 창시자나 현인이 "뜻하는 대로 질서정연하게 설계한" 것들이 아니다. 그것들은 역사적 협상과 음모와 투쟁의 결과다. 그러나 바로 그게 중요한 점이다. 공유된 경험의 산물로서 그것들은 인민에 의해 철학자의 선물보다 더 중시된다. 왜냐하면 그것들은 인민에게 속하지만 선물은 그렇지 않기 때문이다. 이는 마치 친숙하고 오래 쓴 소유품을 소중히 여기고 새로운, 보다 완벽한 모델이 불편하게 느껴지는 것과 마찬가지다.

두 번째 우려는 민주주의 원칙과 더 밀접한 관계가 있다. 인민은 자신들의 경험의 친숙한 산물들만을 중시하는 게 아니라 경험 자체, 그 산물들의 생산 과정도 중시한다. 그래서 그들은 왜 추상적인 남녀들의 가설적인 경험이 그들 자신의 역사에 우선해야 하는지를 이해하기 상당히 어려울 것이다. 실제로 영웅적인 철학자는 틀림없이 첫 번째 종류의 경험이 두 번째에 우선해야 할 뿐 아니라 사실상 그것을 대체해야 한다고 주장할 것이다. 보편적인 진리가 확립되어 있는 곳에서는 어디서나 협상과 음모와 투쟁의 여지가 없다. 이 때문에 공동체의 정치 생활이 영원히 중단되어야 할 것처럼 보인다. 시민들은 한때는 자유롭게 움직이던 이 영역의 어떤 중대한 부분 내에서 더 이상 전혀 움직일 수 없게 된다. 그들이 왜 그것을 받아들여야 하는가? 그들은 충분히 진리보다 정치를 선택할 수 있고, 만약 그들이 그런 결정을 하면 그것은 역으로 다원주의에 기여할 것이다. 자신들의 제도와 법을 만드는 구성원들을 가진 역사적인 공동체는 필연적으로 보편적이 아닌 특수한 생활 방식을 창출하게 된다. 이 특수성은 오직 외부로부터만, 그리고 내부의 정치 과정을 억압함으로써만 극복될 수 있다.

그러나 이 두 번째 우려는, 둘 중 더 중요한데, 아마도 과장된 것일 것이다. 법 자체와 마찬가지로 철학적 원칙도 집행되기 위해서는 해석을 필요로 하기 때문이다. 해석은 성격상 특수해야 하고 단지 가설적인 논증이 아닌 실제적인 논증을 불러온다. 만약 철학자가 "완전한 주권"을 자기 손에 넣지 못한다면 그의 승리는 실제로는 정치 활동을 중단시키거나 단절시키지 못할 것이다. 만약 그의 승리가 내가 가정해온 형태를 취한다면, 그것은 단지 정치적 활동의 초점을 입법부에서 법원으로, 입법에서 소송으로 옮길 뿐일 것이다. 다른 한편, 그것은, 일단 승리인 한에 있어서는, 어떤 일반화하는 경향을 가져야 한다. 적어도 그것은 제멋대로 정치의 다원화 경향에 어떤 제한을 가해야만 한다. 판사들이 철학적 원칙의 "엄격한 해석자"일수록, 그들이 지배하는 다양한 공동체가 더 비슷해질 것이며 시민들의 집단적 선택도 더 제한될 것이다. 따라서 과장은 정당하다. 즉, 시민들은 어느 정도가 됐든 자신들의 삶에 대한 지배력을 잃는 것이다. 그렇다면 그들은 판사들의 판결에 따를 이유, 민주적 이유가 없다.

8

물론, 만약 판사들이 "사법 소극주의judicial restraint" 정책을 채택하여 오직 드물고 극단적인 경우에만 입법부의 결정을 미리 막거나 번복한다면 이 모든 것을 피할 수도 있을 것이다. 그런데 나는 사법 개입과 마찬가지로 사법 소극주의도 어떤 보다 깊은 철학적 견해로부터 힘을 얻는다고 말하고 싶다. 역사적으로 소극주의는 회의주의나 상대주의와 관련이 있다.[29] 물론 철학적 견해는 바뀌는 게 사실이고 철학자는

---

29) 예를 들면, 일리, 『민주주의와 불신 *Democracy and Distrust*』, 57~59쪽을 보라.

어떤 일시적 유행에 동조하지 않도록 조심해야 한다. 그러나 내 생각에는, 사법 소극주의는 철학자들이 자기들이 발견하거나 구성하는 진리의 가장 큰 자랑거리로 주장하는 특성과 일맥상통한다. 자연스럽게 그런 주장에 수반되며, 그 주장이 유래하는 이상 사회나 완벽한 회의에 기원을 둔 어떤 태도가 있기 때문이다. 그 태도는 철학적 자제로서, 그것은 다름 아닌, 국외자가 시민들이 자기들끼리, 그리고 자기들을 위해 내리는 결정에 대해 취해야 할 존중이다. 철학자는 공동체에서 물러났다. 그가 찾는 지식이 이 특정한 장소의 내부에서는 어떤 권리도 가져다주지 못하는 이유는 바로 그것이 외부에서만 발견될 수 있기 때문이다.

동시에, 철학자의 물러남은 단지 이론적일 뿐이기에 그가 일반 시민으로서 갖는 어떤 권리도 잃는 게 아니라는 것도 말해야겠다. 그의 의견은 다른 어떤 시민의 의견만큼 가치가 있다. 즉, 그는 다른 어느 누구와 마찬가지로 자신의 의견을 구현하기 위해 노력하고 주장하고 음모를 꾸미고 투쟁하는 등등을 할 권리가 있다. 그러나 만약 그가 이렇게 행동한다면, 그는 참여 철학자, 즉 소피스트나 비평가나 시사평론가나 지식인이며 그 사회적 역할들의 위험을 감수해야 한다. 나는 그가 죽음의 위험을 감수해야 한다고 말하는 게 아니다. 그것은 그의 공동체에서의 참여 조건에 좌우될 것이며 철학자도 다른 시민들과 마찬가지로 내전과 정치적 박해보다는 더 나은 것을 바랄 것이다. 내가 염두에 두고 있는 것은 두 가지 서로 다른 종류의 위험이다. 첫 번째는 패배의 위험이다. 참여 철학자는 자기가 여전히 옳다고 주장할 수는 있지만 옳음의 어떤 특권도 주장할 수 없기 때문이다. 그는 민주주의 정치의 보통의 승산을 감수해야 한다. 두 번째는 개별주의의 위험인데 이것도 어쩌면 또 다른 종류의 철학의 패배일지도 모른다. 참여는 항상—전적이지는 않지만 충분히 심각한—거리와 비판적 시각과 객관성 등의 상실을 수반한다. 소피스트나 비평가나 시사평론가나 지식인은 동료 시민들의 관심사를 다루고 그들의 질문에 대답하고 자신의 주장을 그들의 역사의 직물 안에 짜 넣어야 한다. 더 나아가, 그는 이념 공동체의 **동료** 시민이 되어야 하며, 그렇게 되면 그는 시민이기에 처하게 되는 도덕적 입장과 심지어 감정적 입장까지도 완전히 회피할 수는 없게 될 것이다. 그가 자연법이나 분배 정의나 인권의 철학적 진리들을 고수할 수는 있지만 그의 철학적 주장은 아마도 특정 인민의 필요를 위해 그 진리들을 개작한 어떤 임시판臨時版처럼 보일 것이다. 즉, 원초적 입장의 견지에서 보면 편협하고 이상적 담화 상황의 견지에서 보면 이데올로기적일 것이다.

어쩌면 철학자는 일단 참여하면 이념 공동체에 귀화하여 정치 시인, 즉 루소의 입법자가 아닌 셸리Shelley의 입법자 같아진다고 말해야 할지도 모른다. 비록 그가 여전히 자신의 주장이 자신이 속한 공동체 너머로까지 미치기를 바랄지라도 그는 무엇보다도 우선 "지역적"이다. 따라서 그는 거리와 일관된 설계와 완전한 주권의 특권을 버리고 대신에 "숨 쉬는 생각과 타오르는 언어"로 자신이 속한 인민에게 다가가서 그들의 마음을 움직이려고 해야 한다. 그리고 그는 이상 사회를 세우기 위해 무엇이든 더 직접적인 방법을 사용해서는 안 된다. 이 포기는 철학적 자제다.

사법 소극주의가 그 뒤를 따른다(그리고 전위의 자제와 관료의 자제도

따른다). 판사들은 민주주의 입법부의 결정에 최대한 충실히 따르고 무엇보다도 그 입법부의 성격을 유지하는 데 기여하는 기본적인 정치적 권리들을 강제하고 입법부의 구성원들을 차별적인 입법으로부터 보호해야 한다. 그들은 민주적인 결정에 의해 그 권리들을 넘어서는 권리를 강제할 권한을 부여받지 않는 한, 그런 강제를 해서는 안 된다. 그리고 판사는, 판사로서는, 보다 포괄적인 권리 목록이 다른 곳에서는 증명될 수 있는지, 또는 증명되었는지에 대해서는 신경 쓰지 말아야 한다. 다른 곳은 중요하지 않다.

다시 한 번 말하지만, 나는 권리들이 다른 곳에서는 증명될 수 있음을 부인하려는 게 아니다. 사실 철학과 도덕의 가장 일반적인 진리는 오직 철학의 왕국에서만 증명될 수 있고 그 왕국은 모든 개별 공동체의 밖에, 너머에, 그것과 떨어져서 자리하고 있다. 철학적 증명과 정치적 위임은 서로 완전히 다른 두 가지 문제다. 그것들은 완전히 별개인 두 가지의 인간 활동의 영역에 속한다. 위임은 자기들끼리 자기들을 통치하는 시민들의 일이다. 증명은 철학자가 혼자서 살거나 자신의 사색의 산물들로 채우는 세계에서 혼자서 추론하는 철학자의 일이다. 민주주의는 철학의 왕국에서는 아무것도 요구할 권리가 없고, 철학자들은 정치 공동체에서 어떤 특별한 권리도 없다. 의견의 세계에서는 과연 진리도 또 하나의 의견이며, 철학자는 단지 또 하나의 여론 형성자일뿐이다.

2장
철학적 대화에 대한 비판

1

 나는 이 소론에서 철학자들이 서로 대화한다는 사실에 대해 말하고 있지 않다. 그것에 대해서는 걱정할 게 전혀 없다. 또한 나는 보통 사람들도 때로—필연, 자유, 정의, 삶과 죽음의 의미 등—"철학적인" 문제들에 대해 이야기한다는 사실에 대해 말하고 있지도 않다. 나는 그런 종류의 대화는 정상적이고 해가 없을 거라고 생각한다. 그런 것은 한동안 계속되며 때로는 흥미 있고 때로는 그렇지 않으며, 어떤 결론이든 확실한 결론에 이르지 않고 어느 순간에 그냥 멈춘다. 사람들은 지치거나 지루해지든가, 점심을 먹고 싶어하든가, 다른 할 일이나 같이 이야기하고 싶은 다른 상대를 떠올린다. 그런 것은 어떤 권위적 요소도 갖고 있지 않고 어떤 권위적 주장도 낳지 않는다. 그런 것은 여기서 나의 관심 밖이다. 나는 구성되었거나 설계된 대화, 즉 대화의 결말, 완결된 논증, 합의된 명제—요컨대, 우리 나머지 사람들에게 인정하라고 강요될 진리 값이나 도덕적 타당성을 가진 결론—를 산출함을 그 구성이나 설계의 전적인 목적으로 하는 대화를 고찰하고자 한다.

구성된 대화에는 합의의 가치가 내포되어 있다. 진리 주장이나 타당성 주장의 기초로서 더 강한 것이 있을지는 모르지만 가장 분명한 기초는 그것이다. 실제로, 만약 우리(나 우리의 일부)가 (주제에 대해 철저한 토론을 하면서) 어떤 다른 기초가 더 강하다는 것에 대해서 합의를 보지 못한다면 어떻게 우리가 그것이 더 강한지를 알 수 있겠는가? 심지어는 이의 제기부터 시작했던 어떤 다른 사람의 동의도 강한 인상을 준다. 이해력을 가진 두 사람이 한 결론을 선택하는 게 얼마나 어려운지를 우리가 알기 때문이다. 플라톤의 대화의 힘은 부분적으로 이 앎에서 나온다. 플라톤의 대화는 논쟁으로 시작하여 사실상 전적인 합의로 끝난다. 그것은 결국에는 대화의 특성을 거의 갖지 않는다. 그것은 일인 합창대의 긍정으로 가끔씩 중단되는 독백이다. 여기에 『국가 The Republic』에서 그 역을 맡은 글라우콘의 예가 있는데 그는 소크라테스가 꽤 길게 제시하는 일련의 논증에 반응한다.

분명하다.

물론이다.

필연적이다.

그렇다. 그것은 그럴 수밖에 없다.

틀림없다.

그렇다. 그것은 분명 사실이다.

그렇다.

아니, 말해 달라.

전적으로 동의한다.[1]

이런 종류의 긍정은 철학적 논증의 힘을 더하거나 논증이 보다 강력해 보이도록 하는데(그렇지 않다면 철학자들이 왜 대화를 쓰겠는가?), 그 이유는 순종적인 대화자가 자신을 위해서 뿐 아니라 독자들을 대신하여서도 말하기 때문이다. 플라톤은 우리의 동의를 그의 담론의 일부로 짜 넣었고, 우리는, 항상 동의를 거부할 수 있다고는 하나, 합창에 찬성·동참해야 한다는 어떤 압력을 느낀다. 그럼에도 불구하고, 우리는 철학적 대화가 실제로는 주인공들 중 한 명이 언어적으로 무릎을 꿇고 '예'라고 말할 새로운 방법을 필사적으로 찾는, 이런 방식으로 끝나지는 않음을 알고 있다. 합의는 과연 철학자들 사이에서와, 보다 일반적으로, 사회 전체에 걸쳐 일어난다. 그것은 매우 느리게, 오랜 세월에 걸쳐 형성된다. 그것은 항상 개략적이고 미완성이다. 그리고 그것의 발생 과정은 단지 부분적으로만 대화다. 이 과정에 대해서는 나중에 더 자세하게 말하겠다. 지금 당장은 그것이 내포하는 대화는 실제로는 결코 끝나지 않는다고 말하는 것으로 충분하다. 합창대의 긍정은 아무

---

1) 플라톤, 『국가 The Republic』, F. M. 콘퍼드 옮김 (New York : Oxford University Press, 1945), 312~315쪽(585c~592a).

것도 확정짓지 못한다.

  그럼에도 불구하고, 반대자들을 어쩔 수 없이 동의할 수밖에 없는 처지(이는 철학적으로 전시에 항복하고 포로가 되는 것과 마찬가지다.)에 빠뜨림으로써 그에게 승리하는 철학적 영웅의 위용에는 어떤 매력이 있다. 대화에서 보다 대등한 의견 교환이 오간다면 더 사실적이기는 하겠지만 아마도 더 설득력이 있지는 않을 것이다. 우리가 완전히 확신하지 못하는 이유는 논쟁에 대한 우리 자신의 경험 때문인데, 논쟁에서 우리는 스스로 아주 잘했다고 생각하는 경우에도 플라톤적인 승리는 꿈이나 꿀 수 있을 뿐, 거기에는 도달하지 못한다. 실제 세계에서의 어떤 종류의 논쟁에서는 관례적으로 정해진 어떤 결말이 있는데 이 결말은 종종 이런 또는 저런 종류의 승리를 의미한다. 그러나 그것은 철학적 확실성을 가져오는 승리는 아니다. 예를 들면, (옳은 정책이 문제가 되는) 정치 회의에서 진행되는 논쟁이나 (진실 자체가 문제가 되는) 배심원단의 심의를 생각해보라. 이 논쟁들은 어떤 시점이 되면 투표로 끝나고 그 다음에는 다수의 지지를 얻는 정책이 집행된다. 그러나 정책의 반대자들이 다수가 그것을 지지한다고 해서 그것이 옳은 정책이라고 인정할 가능성은 적다. 그들은 단지 그것이 당장은 집행하기에 옳은 정책이라는 것만을 인정할 것이다. 배심원단의 심의는 철학적 논증에 더 가까운데, 그 이유는 부분적으로 배심원들은 (정치 회의의 구성원들과는 달리) 그들이 내리는 결론과 직접적이거나 물질적인 아무런 이해관계도 갖고 있어서는 안 되기 때문이다. 그들은 **평결**, 즉 참된 말에 이를 때까지 심의하며 우리는 그 평결을 그것이 마치 실제로 참된 것처럼 집행한다. 사실 그것은 단지 협약에 의해서 (사전 합의에 의해서) 참될 뿐이다. 평결의 참됨이 배심원 제도에 권위를 빌려주는 게 아니라 제도가 평결을 권위 있게 만드는 것이다. 우리는 배심원들이 진정으로 공평무사하게 심의하고 만장일치로 결론을 내릴 때에도 실수할 수 있음을 안다.[2] 또한 마찬가지로 우리는 철학자들이 직접적인 반대자들을 설득하는 데 성공했을 때에도 종종 틀렸다는 것을 안다. 적어도 우리에게 그렇게 말하는 다른 철학자들이 항상 나타난다.

플라톤의 실수는—실제의 장소와 잘 알려진 주인공들로—사실성을 내세우면서도 실제로는 철학적인 (또는 다른 어떤) 문제에 대한 우리 자신의 논쟁과 닮지 않은 대화를 쓰는 것이라고 말할 수 있을 것이다. (대화의 설계가 아니라) 대화를 쓰는 사람, 철학적 인물들 사이의 또는 끼리의 논쟁을 상상하거나 보고하는 사람은 누구나 어려운 딜레마에 직면한다. 철학적 이유가 아닌 문학적 이유에서라도 그는 좋은 대화가 실제로 어떠해야 하는가에 대한 독자들의 감각을 어느 정도 충족시켜야 하는데, 그렇게 되면 그의 결론이나 합창대의 긍정은 실제 대화처럼 들리지 않게 되거나 그가 결말 없이 끝내야 한다. 결말 없이 끝내는 예는 많지 않지만 데이비드 흄David Hume의 『자연 종교에 관한 대화Dialogues Concerning Natural Religion』(이하 『대화』)는 그 가능성을 보여준다. 흄의 회의주의는 일종의 "부정적 능력negative capability"—철학적 승리에 저항하고 합창대의 긍정을 멀리하는 태도—을 창출하는 것 같

---

[2] 동시에 우리는 공평무사한 배심원들이 다른 누구보다도 진실에 이를 가능성이 더 크다고 생각하기에 배심원 제도를 지지한다. 그렇다면 왜 이것을 진리를 탐구하는 모든 연구와 심지어는 옳은 것을 찾는 모든 연구의 모델로 삼지 않는가? 정치 논쟁을 이상적인 형태의 사법적 심의로 대체하는 것은 실제로 오늘날의 수많은 철학자들의 목표다.

다. 결과는 사람들이 『대화』를 읽은 후, 인물들 가운데 도대체 누가 흄을 대변하는지 잘 모르는 것이다.3 그의 독자들은 누가 무엇을, 무슨 의도로 말했는지에 대해 다음날 의견이 일치하지 않는, 실제 대화에서의 남녀들과 비슷하다. 자연 종교에 대한 어떤 확실한 진리도 그들에게 전달되지 않은 게 분명하다.

대화로 진리(나 도덕적 타당성)를 전달할 어떤 방법이 있는가? 내 생각에는, 실제의 대화로도 문학적 대화로도 그럴 방법은 없다. 진짜 대화는, 설사 단지 상상된 대화라 할지라도, 의견의 일치만큼이나 자주 의견의 불일치를 조장하며 양쪽 다 단지 일시적일 뿐이다. 더욱이 한쪽의 동기가 다른 쪽의 동기만큼이나 수상하다. 사람들이 종종 단지 이해관계나 자존심이나 앙심 때문에 의견을 달리하는 것처럼, 그들은 또한 종종 단지 우유부단이나 두려움이나 무지 때문에 동의한다. 실제 대화에서 의견 일치는 의견 불일치만큼이나 결정적이거나 근본적이지 않다. 진리를 위해서는 주인공들이 나쁜 찬성과 나쁜 반대, 양쪽으로부터 보호를 받는 가상적 대화(이는 문학의 대화와 같은 것이 아니다.)가 필요하다. 이 때문에 설계, 즉 정확히 누가 주인공들이며 그들이 무엇을 말할 수 있는가를 결정하는 일련의 규칙이 필요하다. 이 설계를 마련해내는 것이 오늘날의 도덕 철학과 정치철학의 주요 과제이다. 기묘하게도, 일단 대화의 설계가 나오면 대화의 필요가 거의 없어진다.

---

3) 헨리 데이비드 에이컨의 흄, 『자연 종교에 관한 대화 Dialogues Concerning Natural Religion』(New York : Hafner, 1951)의 머리말, vii~xvii을 보라. "부정적 능력"에 대해서는 『존 키츠의 편지 The Letters of John Keats』, M. B. 포먼 편집, 4판 (London : Oxford University Press, 1952), 71쪽을 보라.

2

 이미 사용 가능한 많은 설계가 나와 있다. 나는 그것들에 대해 개괄적으로 쓰겠지만 몇 가지 구체적인 언급도 할 것이다. 나는 그 구체적인 언급들이 해당 이론의 복합성과 정교함에 대한 공정한 평가가 될 수 없다는 것을 미리 인정하는 바이다. 실제의 대화를 대체하기 위해서는 큰 이론이 필요하다. 각각의 이론은 어떻게든—특수한 이해利害와 관계와 가치 등—의견 차이의 주된 원인들을 다루어야 하고—위압威壓과 잘못된 정보 등—진짜가 아니거나 옳지 못한 동의의 주된 원인들도 다루어야 한다. 실제의 세계에서는 이 모든 원인들이 어김없이 일어나기에 이론가들이 이상적인 대화의 무대와 그 다음으로는 이상적인 대화자 그리고/또는 일련의 이상적인 대화 행위를 설계하게 된다. 이제 이 이상주의의 있을 수 있는 여러 형태를 살펴보자.

 무대는 분명히 의회나 배심원실이나 다른 어떤 실제의 사회적 또는 정치적 환경일 수 없다. 그 모든 것들은 어떤 제도적 장치들을 전제로 하지만 어떤 제도적 장치들이 바람직한지는 대화가 결정해야 하는 것들 중 하나다. 필요한 것은, 배심원단이 범행 장소의 인근 지역으로부터 보다 멀리 떨어져 있는 어떤 장소로 가서 배심원들이 소문이나 편견이나 두려움에 보다 덜 노출되어 있게 되는 경우와 같은, 재판 장소의 변경이다. 그러나 이 경우에는 알려진 어떤 재판 장소도 적당하지 않다. 가상적 대화는 비사회적인 공간에서 일어난다. 대화자들은 특정한 사회(와 특정한 역사적 시기 : 위르겐 하버마스Jürgen Habermas가 말하는 것처럼, "생산력 발전의 주어진 단계"[4])에 대한 정보를 제공받을 수는 있지만, 가상적으로도, **거기에 있을** 수는 없다. 그들이 직접 정보를 수집하다가 실수하는 것을 막기 위해서다. 배심원들과 마찬가지로 이상적인 대화자들에게도 신문과 잡지와 텔레비전과 다른 사람들에의 접근이 허용되지 않는다. 아니, 더 정확히 말하면, 오직 한 가지 신문 또는 잡지가 허용되어 있고, 이것은, 대화자가 알아야 할 것이 무엇이든, 그것에 대해 이용할 수 있는 가장 좋은 정보를 제공한다. 이는 법정에서 서로 대립하는 법률가들이 어떤 일련의 사실들을 합의 인정하는 것과 아주 비슷하다(물론 이 사실들이 모여 꼭 "이용할 수 있는 가장 좋은 정보"가 되는 것은 아니지만 말이다).

대화자들 자신도 당연히 특정한 말들 외의 다른 말들을 입에 올리지 않도록 이상화되어 있거나 설계 또는 프로그램되어 있다. 우선, 그들은 서로 평등하고 자신들이 서로 평등함을 알아야 한다. 오만과 교만, 굴종과 자기 비하는 그들의 마음에서 근절되어 있다. 이는 '그들이 마치 모든 예속 관계가 폐지되어 있는 것(이라고 생각하는 것)처럼, 말해야 한다.'는 조건에 의해 달성될 수 있다. 대화에서의 평등은 가상적인 사회적 평등을 반영한다(하지만 대화가 다른 무엇보다도 사회적 평등에 대한 찬성론이나 반대론을 산출해야 하는 게 아닌가?). 다른 한편, 대화자들의 평등은 "마치 ~처럼"이 없이, 롤스의 "무지의 베일 veil of ignorance"을 내려 그들이 실제로 존재하는 계급과 신분의 계층 구조에서 자신들이 차지하는 위치를 전혀 모르게 함으로써 달성될 수도 있다. 그렇게 되면, 그들은 자신들의 사회학적 위치와 그것이 낳는 감정에 대해 똑같

---

4) 위르겐 하버마스, 『정당성의 위기 *Legitimation Crisis*』, 토마스 매카시 옮김 (Boston : Beacon, 1975), 113쪽.

이 무지하게 된다.[5] 또는, 일단 대화가 시작되면 그들이 말할 수 있는 것을 규제함으로써 추후적으로 평등을 실행할 수도 있다.

둘째, 대화자들은 실제의 세계에 대해—하버마스가 "그들의 사회의 제한 조건과 기능적 규범"이라고 부르는 것에 대해—완벽하게, 그리고 동일하게 알고 있어야 한다.[6] 모든 대화자들이 단일하고 무비판적으로 전제된 하나의 지식 체계를 공유한다. 그래서 그들은 똑같이 지식이 있고 하나의 사회학 또한 어쩌면 하나의 우주론을 공유한다.

셋째, 그들은 그들 자신의 특수한 이해관계와 가치로부터 해방되어 있다. 이것이 이상화되어 있는 것들 중 가장 복합적인 것이며 그것의 정확한 형태는 가상적 대화의 철학적 목표에 따라 달라진다. 롤스의 모델에서는 이상적인 대화자들이 자기가 자기 자신의 이해관계와 가치를 갖고 있고 그것을 주장하고 싶어 함을 알고 있지만, 이 이해관계와 가치의 내용에 대해서는 아무것도 알지 못한다. 따라서 그들의 대화는 자기주장의 삶을 계획하는 개개인의 남녀들, 즉 자신의 이해관계와 가치가 무엇이든 그것을 극대화하려는 사람들에게 안전한 세계를 만들어낸다. 이에 반해서, 하버마스의 모델에서는 이상적인 대화자들이 완벽한 자기 인식을 갖고 있지만 오직 보편화될 수 있는 이해관계와 가치만을 주장하려는 내면적 결의를 갖고 있다. 어찌된 일인지 다른 모든 이해관계와 가치는 억압된다. 그들의 대화는 일반적 이익·공익 의식意識에 가까운 어떤 것과 협력하는 시민들의 공동체를 위한 일

---

5) 존 롤스, 『정의론A Theory of Justice』 (Cambridge : Harvard University Press, 1971), 136~142쪽.
6) 하버마스, 『정당성의 위기Legitimation Crisis』, 113쪽.

련의 원칙을 만들어낼 것이다. 이 대조는 설계가 담론보다 우위에 있음을 보여준다. 세일라 벤하비브Seyla Benhabib는 하버마스의 모델에 대해 "이상적 담화 상황 속에 넣었던 것을 거기서 끌어낸다."[7]고 쓴다. 원초적 입장의 경우에도 마찬가지다.

대화자들 "속에 넣지" 않는 것은 무엇이든지 그들의 말 속에 넣어야 한다. 누가 무슨 말이든 하기 전에 무엇을 말할 수 있는가에 대해 제한을 두기 위해 대화 행위가 묘사되어야 한다. 하버마스는 "제약 없는 의사소통"을 주장하지만 그는 단지(!) 강압과 사기, 굴종, 두려움, 아첨, 무지의 제약을 배제함을 말하고 있을 뿐이다. 그의 대화자들은 대화를 시작하고 재개하고, 자신의 입장을 주장하고 권하고 설명하고, 다른 대화자들의 입장에 이의를 제기할 동등한 권리를 갖고 있다. 그러나 보편성 요구는 강력한 제약이다. 하버마스는 그것이 단지 상호간에 양해된 실제 대화의 요건일 뿐이라고 주장한다. 과연 "까다로운" 요구이기는 하지만 "이론 이전의"[8] 문제이기도 하다는 것이다. 사실, 보편화는 이론적인 목적을 갖고 있고, 그 목적은 많은 실제의 대화의 목적과 뚜렷하게 대조된다. 보편화의 목적은 교섭과 타협(특수한 이해관계의 절충)을 배제하고 대화자들을 예정 조화 쪽으로 압박하는 것이다. 하버마스의 견해로는, 정의는 참여한 모든 이기적이고 합리적인

---

7) 세일라 벤하비브, 『비판과 규범과 유토피아 : 비판 이론의 기초에 대한 연구 Critique, Norm, and Utopia : A Study of the Foundations of Critical Theory』 (New York : Columbia University Press, 1986), 292~293쪽.
8) 위르겐 하버마스, 「나의 비평가들에 대한 대답A Reply to My Critics」, 『하버마스 : 비판적 논쟁Habermas : Critical Debates』, 존 B. 톰슨과 데이비드 헬드 편집 (Cambridge : MIT Press, 1982), 254~255쪽.

주체들에게 공정한, 협상에 의한 타결, **타협**modus vivendi이 아니다. 그것은 한 시민 집단의 일반 의지에 의해 정해지는 조건—"보편적 규범이 되기를 모두가 한마음으로 원할 수 있는 것"[9]—을 가진 공동생활이다. 하버마스는 루소의 입장과 아주 흡사한 입장을 옹호한다. 그러나 루소는 현명하게도 대화로 그 입장에 도달할 수 있다는 희망을 버렸다. 그는 인민이 심의할 때, 시민들이 "서로 의사소통을 하지 않으면"[10], 일반 의지를 발견할 수 있다고 썼다. 하지만 대화 행위가 전혀 없(이 단지 공익에 대한 내면적 숙고만 있)든, 보편화하는 대화 행위만 있든, 아마도 별 차이는 없을 것이다.

이에 반해서, "자유로운 대화"에 대한 브루스 애커먼Bruce Ackerman의 설명은 보편화에 대한 내면적 의무보다는 외면적 제한을 요구한다. 자신의 이해관계가 우선한다거나 자신의 가치가 우월하다는 대화자들의 어떤 주장도 전혀 허용되지 않고 대화 기록에서 삭제된다. 그는 만약 외부로부터 대화를 통제한다면 대화자나 심지어 대화 행위조차도 이상화할 필요가 없을 거라고 주장한다. 그의 대화의 참가자들은 실제의 사람들(아니, 더 정확하게 말하면, 민주주의자, 엘리트주의자, 유복한 사람들, 혜택 받지 못한 사람들 등 전형적인 사람들이다.—애커먼의 대본은 우의극寓意劇이다.)이며 대체로 실제의 사람들이 대화하는 것처럼 대화한다. 그러나 그들의 대화는 여자 경찰관(그녀의 이름은 지휘관이다.)의 통제를 받는다.[11] 이는 롤스나 하버마스의 경우에서보다 대화자들의 실제

---

9) 이것은 토마스 매카시의 표현으로 하버마스는 이를 「대답Reply」, 257쪽에서 받아들였다.
10) 루소, 『사회 계약론Social Contract』, 2권 3장.

의 말과 서로간 대화의 중요성을 높이려는 것인데 롤스와 하버마스는 대화보다는 설계에 초점을 맞추고 있다. 그러나 이 여경의 권한을 알고 그 권한의 근거를 받아들인다면, 애커먼이 쓰는 것처럼 대화의 대본을 쓰는 것은 쉬운 일이다. 그 대본은 단지 예시적이며 그것이 예시하는 주장은 아마도 독백을 통해 가장 잘 옹호될 수 있을 것이다. 그러나 애커먼의 통제된 대화의 개념은 이 모든 철학적 노력들에 대한 중요한 사실을 가리킨다. 즉, 그 노력들은 이렇게든 저렇게든, 자연스런 대화의 불확정성에 대비한 준비를 갖추고 있는 것이다. 대화는 계획적으로 지정된 결말을 향해 진행한다. 마지막에는 분명히 합의가 이루어지며 일단 합의에 도달하면, 설계가 유효한 한, 합의가 지지될 것(또는 대화가 재개될 때 합의가 재현될 것)도 그에 못지않게 분명하다. 새로운 대화자들은 "옳다고 생각된다."거나 "이의 없다."거나 "전적으로 동의한다." 외에는 별로 할 말이 없을 것이다. 애커먼의 대화에서는 대화자가 이의를 제기하려 할지라도 그들의 이의 제기는 지휘관에 의해 어김없이 금지될 것이며, 이에 따라, 애커먼의 대화에서 종종 그렇듯이, 결말은 "(침묵)"일 것이다.[12]

3

나는 앞에서 대화 프로젝트는 합의의 가치를 전제로 한다고 말했다.

---

11) 브루스 애커먼, 『자유주의 국가에서의 사회 정의 Social Justice in the Liberal State』 (New Haven : Yale University Press, 1980), 24쪽.
12) 예를 들면, 같은 책 169쪽을 보라.

그것은 또한 합의의 가능성도 전제로 한다. 묵인으로는 충분하지 않으며, 그냥 따르거나 분란을 일으키지 않거나 다른 것들에 대해 생각할 용의로도 충분하지 않다. 필요한 것은 이성적이고 명시적인 동의다. 애커먼의 "침묵"은 철학적 패배의 인정이고, 따라서 승리자의 입장에 완전히 동의함의 대역이다. 롤스는 그의 무지의 베일로 합의를 보장하는데 이는 대화자들을 그들이 가질 수 있는 모든 의견 불일치의 이유로부터 격리시킨다. 애커먼의 이야기에 나오는 여경도 비슷한 역할을 한다. 하지만 하버마스는 보다 큰 위험을 무릅쓰고 보다 극단적인 가정을 한다. 그는 아무래도 보편성 제약을 따르는 대화는 대화자들 사이에서 스티븐 루크스Steven Lukes가 "선호의 내생적 변화"라고 부르는 것을 야기해서 "선호, 취미, 가치, 이상, 삶의 계획 등이 상당히 큰 정도로(어느 정도로?) 통합되어 더 이상 충돌하지 않는다"[13]고 믿는 것 같다. 그러나 우리가 도대체 무슨 이유로 이 믿음을 함께해야 하는가? 어쩌면 하버마스는 (예를 들면, 분배의 정의에 대해) 단지 제시되기만을 기다리는 압도적 논거가 있다고 생각하는지도 모른다. 또는 어쩌면 그는 그런 논거가 이미 제시되었지만 이상적인 상황에서 제시되지 않아 응당한 반응, 즉 플라톤적인 긍정의 합창을 받지 못하고 있다고 생각하는지도 모른다. 이 두 가지 견해 모두 타당성이 매우 적다.

철학적인 합의의 가능성이 매우 낮다는 것은 내가 이미 (가상적인 게 아니라) 살아 있는 철학자들의 실제의 결론 없는 대화들로 묘사한

---

13) 스티븐 루크스, 「신들과 악마들에 대해 : 하버마스와 실천 이성Of Gods and Demons : Habermas and Practical Reason」, 『비판적 논쟁Critical Debates』, 144쪽.

것을 생각할 때 가장 잘 알 수 있다. 왜냐하면 이 대화들은 하버마스의 이상적 담화와 어느 정도 닮았기 때문이다. 참가자들의 일부가 더 큰 권위로 말하고 다른 사람들보다 더 큰 존경을 받으며 경청되지만, 참가자들은 대체로 서로를 동등한 사람으로 생각한다. 그들은 항상 사소한 차이를 보이기는 해도 하나의 정보 체계를 공유한다. 또한 그들은 소수의 변절자를 제외하면 아주 확고하게 보편화를 지향한다. 그럼에도 불구하고, 그들은 자기들끼리 어떤 합의에도 이르지 못한다. 그들은 되풀이해서 철학에서의 평결 불성립이라고 할 만한 모습을 보인다. 일부 철학자들은 내부적인 대화를 진지하게 계속해서 자기들끼리 합의에 이르지만 이것은 대외적 합의의 무게를 갖지 못한다. 항상 "다른 사람들"이 문제인 것이다.

그들이 왜 문제일까? 나는, 이상화를 더 진행하면 항상 그 이유와 만날 수 있(거나 그것을 피할 수 있)다고 생각한다. 예를 들면, 철학자들 사이에는 독자적인 입장을 개척하려는, 혼자 힘으로 길을 찾으려는, 독창적인 주장을 하려는 욕구가 있다.[14] 그래서 말하는 사람마다 전에 말한 사람의 주장을 비판하거나 개량하거나 거부한다. 동의의 의미가 무엇이겠는가? 어쩌면 롤스의 베일이 대화자들에게 주의와 칭찬에 대한 이 강한 흥미를 숨겨 그들이 가장 설득력 있는 말에 대한 지지의 합창에 얌전히 동참할지도 모른다. 하버마스는 대화자들이 항상 더 좋은 논증의 구속을 받아야 한다고 주장한다. 이는 우리가 더 좋은 논증을

---

14) "완전히 내 자신에게 속하는 기초에 입각하고 싶다는" 자신의 욕구에 대한 데카르트의 말과 비교. 『방법서설 *Discourse on Method*』, F. E. 서트클리프 옮김 (Harmondsworth : Penguin, 1968), 38쪽.

분간할 수만 있다면 모든 제약 중 가장 엄격한 제약이라고 할 수 있다. 그러나 대부분의 대화자들이 아주 진심으로 자기 자신의 논증이 더 좋은 논증이라고 생각한다. 때로는 그들이 즉석에서는 더 나은 논증을 할 수 없다고 인정할 수도 있을 것이다. 그러면 대화가 끝나거나 (흄의 『대화』에서 "담론의 나중 부분은 전혀 즐기지 않고 …… 이내 이런저런 핑계로 기회를 잡아 모임을 떠나는" 데메아Demea처럼)[15] 대화자들 중 한 사람이 자리를 뜬다. 그러나 그런 사람들은 대개 "……라고 말했어야 했는데"라는 뒤늦은 멋진 생각에 의해 구출된다. 그리고 그들은 그것이 논쟁을 역전시켰을 거라고 혼자서 말한다. 도대체 어떻게 어떤 특정한 대화에서 더 좋은 논증이 있을 수 있는 가장 좋은 논증이라고 확신할 수 있는가? 철학자들 사이에서는 드문 일이지만 너무 일찍 의견이 일치하는 경우는 항상 가능하다.

어쩌면 이 모든 것이 문제가 안 되는지도 모른다. 이상적 대화는 사고 실험이기에 우리는 모든 인간적 약점을 도외시할 수 있다. 만약 대화 자체가 우리의 약점을 드러내는 데 기여한다면, 우리는 대화도 도외시할 수 있다. 그래서 롤스는 자신의 목적을 위해서는 말하는 사람은 한 명밖에 필요하지 않다고 인정한다. 우리가 무지의 베일 뒤로부터 듣는 것은 실은 철학적 독백이다.[16] 이 논쟁은 어떤 의견 교환에도 의존하지 않는다. 만약 거꾸로 우리가 베일 뒤로 간다면 우리도 그냥 의견 일치를 볼 것이다.[17]

---

15) 흄, 『대화Dialogues』, 81쪽.
16) "따라서 우리는 무작위로 선택된 한 사람의 관점에서 원초적 입장에서의 선택을 바라볼 수 있다." 롤스, 『정의론A Theory of Justice』, 139쪽.

그러나 애커먼은 자유주의자들liberals이 서로 이야기할 때 따라야 하는 방식을 묘사하고 있다고 주장한다. 그리고 하버마스의 이상적 대화의 개념은 "민주주의의 자기 이해와 양립한다고" 되어 있다. 그의 주장대로라면, 완벽하게 실현된 민주주의에서는 시민들이 그 방법으로 서로 이야기할 것이다. 따라서 이상적 대화는 실제의 대화 쪽으로 거슬러 올라간다.[18] 그러나 그것의 범위의 강점과 한계는 무엇인가? 우리가 실제의, 자유롭고 민주적인 대화에 대해 무엇을 알고 있는가?

우리가 확실하게 아는 첫 번째는, 이를테면 왕이나 군사 독재자, 이데올로기적 지도자나 성직 정치 지도자의 신민臣民들 사이에서보다 자유주의자들과 민주주의자들 사이에서 의견 일치의 가능성이 더 적다는 것이다. 이것이 애커먼의 여경이 필요한 이유다. 그녀가 강요하는 것은 지배자에 대한 경의가 아니라 보편적인 경의—모든 (관용적인) 생활 방식에 대한 관용—임에도 불구하고 그녀는 권위주의적 검열관의 자애로운 대역이다. 그녀는 다양하고 서로 입장이 일치하지 않는 대화자 집단을 어떤 특정한 종류의 합의로 몰아간다. 즉, 그들은 유익의 개념에 대한 서로의 의견 차이를 인정하고 싸우지 않기로 합의해야 하는 것이다. 그러나 이 합의는 논쟁을 그저 뒤로 미룰 뿐이며 적어도 때로는 결론에 도달하는 게 필요하다. 우리가 자유롭고 민주적인 결론에 대해 아는 것은 그것이 예측할 수 없고 확정적이지 않다는 것이다.

---

17) 어쩌면 이것이 롤스의 이론이 그렇게 법학 교수들의 마음을 끄는 이유인지도 모르는데, 이들은 자신들이, 판사가 자신들의 공정한 지혜를 인식하고 즉각 받아들일 (그리고 강제할) 소송 사건 적요서를 쓰고 있다고 상상한다.
18) 애커먼, 『사회 정의Social Justice』, 1장 ; 하버마스의 프로그램을 묘사하는 벤하비브, 『비판과 규범과 유토피아Critique, Norm, and Utopia』, 283쪽.

그것은 모든 이상적이지 않고 통제되지 않은 (자연적인) 대화의 불확정성을 반영하며 이런 대화에서는 수사의 기술이나 열정적인 웅변이나 간교함이 그날에 (하지만 단지 그날에만) 승리를 거둘 수도 있다. 또는, 그 모든 것이 전혀 아무 효과를 내지 못할 수도 있다. 대화에서는 의견이 오가고 대화자들의 말이 서로에 의해 끊임없이 중단되기에 누구든 설득력 있는 주장을 펴기가 불가능하며 결국 시작한 곳에서 끝내게 되어 자신들의 이해관계를 투표로 관철시키려 하거나 이미 확립되어 있는 이데올로기적 입장을 옹호하려고 한다.

플라톤의 대화가 보여주는 것처럼, 철학자가 조리 있는 주장을 펼치기 위해서는 대체로 수동적인 대화 상대자가 필요하다. 조리 있는 주장은 민주주의에서도 필요하지만(플라톤은 그렇게 생각하지 않는다), 민주주의의 대화자들은 수동적인 경우가 드물기에, 시민들 사이의 정치 논쟁이 항상 대화의 형태를 취할 수는 없다. 에머슨Emerson은 "대화는 원들의 게임"[19]이라고 썼다. 하지만 우리가 일관된 논증, 선 모양의 담론을 들을 필요가 있는 때도 있다. 이때 필요한 것은 누군가가 연설을 하거나 강의를 하거나 강론을 할 수 있도록 (또는 책을 쓸 수 있도록) 해주는 어떤, 대화 없는 상태, 대화의 중지다. 이 모든 것은 자유롭고 민주적인 의사소통의 표준적 형태다. 이는 왕궁에서는 군주의 귀에 속삭이는 게 표준인 것과 똑같다. 청중들 (한가운데가 아니라) 앞에서 사람들(과가 아니라)에게 주장을 펼치며 말하는 연설자, 이 그림은 민주적

---

19) 랠프 왈도 에머슨, 「원들Circles」, 『에세이 모음과 그 밖의 저술Complote Essays and Other Writings』, 브루크스 애트킨슨 편집 (New York : Modern Library, 1940), 284쪽.

인 의사결정에 대한 모든 설득력 있는 설명의 중심을 이룬다. 연설은 공개적이고 연설자들은 자신이 말한 것에 대해 책임을 진다. 듣는 사람들은 그들이 말하는 것을 기억하고 그들에게 책임을 지울 것을 요청받는다. 이에 반해서, 이상적 대화의 결과에는 누가 책임을 져야 하는가? 내 생각에는 작가나 설계자가 져야 하지만, 이들은 우리 나머지 사람들을 연루시키려고 한다. 만약 우리 모두가 동의한다면, 나중에는 책임을 져야 한다고 지목될 수 있는 사람이 아무도 없게 된다. 하지만 민주주의 정치는 고대든 현대든 어떤 형태에서도 바로 이런 종류의 "책임 지움"에 의존한다.

자유주의와 민주주의는 주장이 펼쳐질 수 있도록 하기 위해 대화 없는 상태도 필요로 하지만, 또한 주장(과 말하는 사람)에 대한 검증이 이루어질 수 있도록 하기 위해 철저한 예속도 필요로 한다. 이 때문에 법정에서의 반대 심문, 의회 청문회, 국회 대정부 질문, 기자 회견 등이 중요하다. 이것들 중 어떤 것도 대화식인 것은 없다. 그것들은 하버마스의 이상적 대화의 원칙과는 거의 공통성이 없는, 대체로 엄격한 협약에 의해 지배된다. 한 명 이상의 사람이 질문을 하고 한 사람이 혼자서 질문들에 대답해야 한다. 단, 그는 항상 얼버무리는 대답을 할 수 있고 부지ignorance나 자기부죄self-incrimination나, 국가 안보의 이유 같은 전통적인 예외를 주장할 수 있다. 모든 답변과 답변 거부는 인민의 판단을 받는다.

민주주의의 시민들은 말하고 듣고 질문한다. 그들은 서로 다른 기회에 서로 다른 역할을 한다. 단 하나의 기회에 모든 역할을 한꺼번에 하는 게 아니다. 우리는 민주 사회에서의 의사소통에 대해 아리스토텔레스가 시민권에 대해 생각하는 대로, 차례로, 지배하고 지배되고, 말하고 듣는다고 생각할 수 있다. 이와는 대조적으로, 이상적 대화는 시민권에 대한 루소의 이해에 더 가까운데, 여기서는 시민들이 "자기 자신들에게 법을 부여하면서" 그들 모두가 지배하는 동시에 그들 모두가 지배를 받는다. 내 말은 이상적인 대화자들이 모두 동시에 말한다는 게 아니다. 하지만 그들이 동일한 독백을 읊조릴 경우, 그게 불가능한 것도 아니다. 그들은 동일한 기회에, 적어도 원칙적으로는, 강의도 반대 심문도 모두 배제하는 무대에서 말하고 듣는다. 우리는 물론 시민들이 아리스토텔레스적인 교대를 하는, 여러 기회에 걸친 대화를 상상할 수 있다. 예를 들면, 내가 책을 쓰면 당신은 그 책의 비평을 쓰고 나는 그 비평에 대한 답변을 쓰고 당신은 그 답변에 대한 대답을 쓰는 식이다. 평등주의적인 사회를 가정해보자. 즉, 우리 사이에 어떤 예속이나 의존 관계도 없다고 가정해보자. 또한 우리가 최선을 다해 진리에 도달하려고 하는 정직한 저술가라고 가정해보자. 그래도 여전히 의견 교환을 통해 우리가 서로 더 가까워질지, 아니면 서로 정반대의 입장에 처하게 될지의 문제는 해결되지 않는다. 어쩌면 우리가 서로에게 양보하여 꼭 진리에는 아니지만 서로에게 더 가까워질 수도 있다. 어쩌면 우리가 점점 더 짜증을 내며 각자의 출발점을 옹호할 수도 있다. 양쪽 어느 경우에서도, 우리의 결정은 적어도 부분적으로는 전략적일 것이다. 민주주의의 연설은 교대로 한다는 의미에서 서로 적대적인 속성을 갖는다. 청중들의 지지는 우리 양쪽 모두에게 매우 중대하고 우리는 그 청중들 앞에서 교대로 연설한다. 사람들의 지지는 진리에 대한 우리의 설명을 확인해주는 것처럼 보이고—적어도 그에 못지않게 중요한 이유로서—우리의 설명을 세상에서 유효하게 만드는 데 기여하기에 우리는 그것을 구한다.

이상적 대화는 이 모든 것을 도외시함으로써 보다 친밀한 대화, 어쩌면 정치적으로 각색된 마르틴 부버Martin Buber의 나–너 대화를 만들어낸다. 이상적 대화보다는 실제적 대화를 옹호하는 한스-게오르크 가다머Hans-Georg Gadamer도 그 같은 것을 제안하는데, 그의 옹호는 실은 다음과 같은 아주 극단적인 이상화를 필요로 한다. "대화에서 이해에 도달하는 것은 대화자들이 자신의 입장과는 맞지 않고 반대되는 것의 정당성을 고려하려고 노력하는 것을 전제한다. 만약 이것이 상호적으로 일어나고 각각의 대화자가 자신의 견지를 고수하면서도 동시에 반대 주장을 검토한다면, 관점들이 은연중에 자의恣意적이지 않은 방식으로 전달되면서 대화자들이 궁극적으로 공통의 언어와 공통의 판단에 도달할 수 있다. (우리는 이것을 의견 교환이라고 부른다.)"[20]

괄호 안의 언급에는 어쩐지 우스운 면이 있다. 우리가 웃는 이유는 가다머가 묘사하는 종류의 "교환"이 이루어져도 대화자들의 어느 쪽도 아마 더 깨닫는 게 조금도 없을 것임을 알기 때문이다. 또한 많은 대화 관계가, 대화자들이 세상에서 가장 호의적인 의도를 갖고 있을지라도, 이 정도에까지 이르지는 못할 것임을 알기 때문이다. 어떻든 가다머가 옹호하는, 반목의 단호한 기피는 "민주주의의 자기 이해"를 거의 반영하지 못한다. 그것은 개개인의 연설자들뿐 아니라 정당들과 운동들이 서로 충돌하는 정치의 영역에서 일어나는 일은 물론이고 심지

---

20) 조지아 윈키, 『가다머: 해석학과 전통과 이성Gadamer: Hermeneutics, Tradition, and Reason』 (Stanford: Stanford University Press, 1987), 101쪽에서 재인용.

어 (이상적으로) 일어날 수 있는 일조차도 유용하게 설명하지 못한다. 가다머는 논쟁보다는 심의에 가까운 어떤 것을 묘사하고 있고 단순하게 심의적 토론의 성공을 가정하고 있다.[21]

4

그럼에도 불구하고 공통의 언어와 판단, 합의와 이해, 강하고 포괄적인 교감은 어느 인간 사회에서나 필요하다. 분명히 사람들이 이 정책이나 저 정책에 대해 합의를 본다는 것은 사실이 아니고 그들은 보다 깊은 수준에서 생활 방식과 세계관의 대체적인 윤곽에 대해 합의를 보는 게 틀림없다. 무언가에 대한 이해를 그들이 공유하는 게 틀림없으며, 만약 그렇지 않다면 그들의 의견 불일치는 지리멸렬하게 되고 그들의 주장은 불가능하게 될 것이다. 만약 정치학자들이 제도적 장치와 권한 계통에 대한 "합의"라고 부르는 것이 그들에게 없다면, 정치도 그들에게 있을 수 없다. 사람들은 공동의 삶의 주체들—그들 자신—과 그들의 성격과 이해利害와 열망에 대한 일련의 공유된 개념들 없이는 그 삶을 지속할 수 없다. 하지만 대화는 단지 합의와 공유된 이해理解를 생산하는 복합적인 사회적 과정의 많은 요소들 가운데 하나에 불과하다. 이 과정은 (논증이 아니라 기껏해야 수의 힘으로 해결되는) 정치적 투쟁, 협상과 타협, 입법과 법 집행, 가족과 학교에서의 사회화

---

21) 벤자민 바버, 『강한 민주주의 : 새 시대를 위한 참여 정치Strong Democracy : Participatory Politics for a New Age』 (Berkeley : University of California Press, 1984), 173~178쪽은 "민주적 대화"가 어떤 것인지를 묘사한다.

와 경제적 변화, 모든 종류의 문화적 창조성을 포함한다. 공유되는 이 이해들은 결코 그것 전체를 볼 수 있는 단 한 명의 말하는 사람에 의해 이성적으로 옹호되지는 않을 것이다. 또한 그것들이, 전체를 이루는 서로 다른 조각들을 제공하면서 모든 조각을 포괄하는 결론이 나올 때까지 논쟁하는 여러 대화자의 논쟁 과정에서 생기는 것도 아니다. 그런 게 아니다. 왜냐하면 권위와 갈등과 강제(예를 들면, 사회화도 항상 강제적이다.)가 없다면, 결론도 상상할 수 없기 때문이다. 그럼에도 불구하고 결론은 모종의 구속력을 갖고 있는데, 이 구속력은 앞서 말한 것들이 제공하는 기반 위에서 유지되는 공동의 삶에서 나온다.

　이상적 대화를 이 결론의 검증 수단으로 생각할 수도 있겠지만 그것이 쉽사리 검증될 수 있는 종류의 것인지는 의문이다. 예를 들면, 우리의 가장 깊은 관념들 중 하나인, 경력이나 프로젝트나 개인의 계획으로서의 (생물학적 인생이 아닌 사회적) 인생의 개념을 생각해보라. "인생 계획"의 개념은 롤스의 정의의 이론에서 매우 중요한 위치를 차지한다.[22] 그러나 그것은 원초적 입장에서 확증되거나 반증될 수 있는 개념이 아니다. 롤스는 그냥 개인은 자신의 삶을 계획한다고 전제한다. 이 전제가 없다면, 롤스는, 그의 이상적 대화자가 자신의 기회를 극대화하고 위험을 극소화할 때 무슨 일이 일어나고 있는 것인지, 그가 생각하고 말하고 동의하는 것이 무엇인지를 우리에게 말하는 것을 시작할 수 없을 것이다. 경력의 개념은, 말하자면, 원초 이전의 문제인 것이다. 우리는 그것이 역사를 갖고 있음을 알고 있지만 원초적 입장

---

22) 롤스, 『정의론 A Theory of Justice』, 92~93, 407~416쪽.

에서는 그것이 그냥 주어진 것이다. 도대체 어떻게 그것이 합리적인 동의의 문제가 될 수 있는가? 우리는 인생의 형태에 대해 전혀 아무것도, 말 그대로 아무것도 모르는 사람을 상상해야 할 것이다. 그렇다면 이 경우에 그는 무엇을 근거로, 예를 들면, 세습된 신분이나 일련의 즉흥적 행위보다는 경력을 선택하겠는가? 경력의 개념이 우리의 자기이해의 중심을 차지하게 된 실제의 과정은 전통적 공동체의 해체에서 시작되었다. 그것은 철학적 논증의 산물인 만큼이나 힘과 속임수의 산물이기도 한 것이다. 그럼에도 불구하고 오늘날, 우리는 자신의 삶을 미리 계획하는—그리고 자신의 삶을 계획할 권리를 가진—개인의 존재를 가정하지 않고는 사회 제도와 정의의 이론에 대해 철학적 주장을 시작하기 어렵다.

인간 실존의 외적인 조건도 그것의 개념적 형태의 경우와 마찬가지다. 원초적 입장이나 이상적 담화 상황 속에 있는 남녀들은 세상이 어떠한가와 자신들이 세상 안의 어디에 있는가에 대해 어떤 이해를 공유하지 않는다면 서로 일관된 논쟁을 할 수 없을 것이다. 그들의 경제는 어떻게 작동하는가? 그들이 사는 특정한 시간과 공간 속에서 생활 물자 부족의 압박은 어떠한가? 그들의 정치적 선택권은 어떠한가? 현재의 과학과 기술의 상황이 제공하는 기회, 제시하는 선택은 무엇인가? 이것들은 담론을 통해 사회와 도덕을 구성하려는 모든 노력에서 고려되어야 할 "제한 조건"과 "기능적 규범"이 있다는 하버마스의 주장이 다루는 몇 가지 문제다. 만약 대화자들이, 말하자면, 정의의 의미를 도출함에 있어 조건이 되는 사회적 매개 변수와 경제적 매개 변수에 대해 의견 차이를 보이는 것에서 시작한다면 그들이 나중에 정의의 의미에 대해 합의에 이를 가능성은 낮다. 따라서 이상적인 대화를 설계하려는 철학자는 누구나 단 하나의 지식 체계를 가정해야 할 것이고, 어쩌면 구체적으로 서술해야 할 것이다. 그것은, 내 생각에는, 가장 권위 있는 경제학자들과 심리학자들과 정치학자들 등에 의해 인증된, 이용할 수 있는 가장 좋은 사회 과학 정보여야 할 것이다.[23] 하지만 그런 지식이 어떻게 생기는가? 어떤 수단을 통해 그것이 철학자의 수중에 들어오는가?

게다가 지식의 생산과 전달도 복합적인 사회적 과정이다. 대화도 분명히 그 과정에서 역할을 한다. 우리는 대화가 가장 큰 역할을 한다고 상상하고 싶어 한다. 학자들의 공동체에서는 학자들의 대화가 매우 중요하다. 논증은 학자들 사이의 교류의 필수적 형태다. 그렇다고 해도 학자들 사이의 교류가 지식 생산의 전체는 아니다. 대학 위원회의 위원이었거나, 학문 저널의 편집을 도왔거나, 교육과정의 내용을 놓고 동료와 다퉜거나, 연구기금 출연 제안을 검토해 본 적이 있는 사람이라면 심지어 학계에서조차 정치가 중심적인 위치를 차지한다는 것을 의심하지 않을 것이다. 여기서도 협상과 타협이 합의보다 중요하고, 권위가 특권을 누리고 압력이 가해질 수 있으며, 지배의 패턴이 나타난다. 여기서도 진리에 대한 관심 외에 이해관계가 작용한다. 미셸 푸코Michel Foucault가, 많은 점에서 틀리지만, 권력과 지식의 공생 관계를 주장한 것은 분명히 옳다.[24] 전문직 권위의 성립과 과학 학과의 발전

---

23) 롤스는 이렇게 쓴다. 원초적 입장에 있는 사람들이 "인간 사회의 일반적 사실들을 아는 것은 당연한 일이라고 생각된다. 그들은 정치 문제와 경제 이론의 원리들을 이해하고, 사회 조직의 기초와 인간 심리의 법칙을 안다." 같은 책, 137쪽.

은 함께 간다.

  이 중 어느 것도 분명히 최종적인 결과를 가져오지는 않지만 지식 생산은 분명히 **결과**를 낳는다. 일부 학문 분야에서는 한동안 전문 기관과 지배적인 지식 체계가 존재한다(때때로 이 지배는 짧다). 다른 분야, 다른 때에는, 한정된 일련의 경쟁 학설들이 있고 각각의 학설은 지배할 수 없기에 마지못해 권력을 분점하는 전문가 옹호자들을 갖고 있다. 경쟁은 항상 권력 분점의 경계를 확립하는 보다 넓은 합의 안에 국한되어 있을 것이다. 따라서 원초적 입장이나 이상적 담화 상황 속의 남녀들은, 예를 들면, 경제와 정치 질서 사이에는 체계적인 관련이 있다는 말을 들을 것이다. 그러나 그들이 이 관련의 성격에 대해서는 어떤 말을 들을까? 시장 경제가 자유주의적이고 민주적인 정치를 조장한다는 말? 아니면 진실로 민주적인 정치는 시장이 야기하는 불평등과 양립할 수 없다는 말? 이 주장들은 각각 서로 경쟁하는 권위들에 의해 상당히 강력하게 권유되는데, 이 권위들은 거의 같은 종류의 역사적 증거와 사회학적 증거를 수집한다. 그들은 사실 단 하나의 "패러다임" 안에서 일하고 있는 것이다. 이상적인 대화자들이 이 패러다임을 검증하기는 어려울 것이다. 그들은 정치/경제 관계에 대해 **어떤** 권위 있는 견해를 받아야 한다. 또한 그들이 일련의 단일한, 역사적이고 사회학적인 "사실들" 역시 제공받지 않고, 시장과 민주주의에 대한 논쟁을 (물론 논쟁에 참여할 수는 있겠지만) 해결할 수 있는지도 의문이

---

24) 미셸 푸코, 『권력/지식 : 인터뷰 모음과 그 밖의 저술, 1972~1977 *Power/Knowledge : Selected Interviews and Other Writings, 1972-1977*』, 콜린 고든 편집 (New York : Pantheon, 1980)을 보라.

다. 그런데 그런 것을 그들에게 제공하는 사람이 누구든, 그는 그것을 통해 논쟁의 결론을 결정할 것이고 그 다음에는 그 결론이, 그들이, 예를 들면, 분배 정의에 대해 어떤 합의에 도달하든, 그 합의의 형태를 결정할 것이다.

경력이라는 원초 이전의 개념은 롤스의 결론을 설명하는 데 크게 도움이 된다. 거의 마찬가지로, 사회(그것이 무엇이든)에 대한 이상 이전의 이론은 하버마스의 결론을 설명하는 데 크게 도움을 줄 것이다. 다시 말하지만, 철학적 대화의 끝은 그것의 시작에 의존한다. 이 말은 대화의 가치가 아니라 단지 대화의 설계의 가치만을 부인하는 것이다. 결코 완전한 정지 같은 결말을 꿈꾸지 말라는 것이다. 우리는 결코 우리가 할 수 있는 유일한 것이 플라톤의 합창대의 역할을 하는 것인 지점에 이르지는 않을 것이다. 설계는 우리에게 도움이 될 수 없다. 왜냐하면 그것의 모든 요소들은, 형식적이든, 실질적이든, 가상적 대화에 필연적으로 선행하기 때문이다. 그것들은 어떤 이상적 과정과도 독립적으로 마련되어야 한다. (그리고 마련된다.) 우리는 그 요소들에 대해 이야기할 수 있고 해야 한다. 그것들은 직접적인 중요성을 갖고 있다. 그것들은 자유와 평등, 인권의 본질, 사회 제도의 구조에 대해 깊은 질문을 제기한다. 그러나 이것은 실제의 대화이지 가상적 대화나 이상적 대화, 철학적 독백이 아니다. 가상의 대화는 실제의 대화가 끝났을 때, 우리가 언론의 자유가 무엇이고 어떤 의미에서 이상적인 대화자들이 서로 평등하고 그들이 어떤 종류의 삶을 살 것이고 그들의 사회제도가 어떻게 작동하는지를 알 때, 비로소 시작될 수 있다. 그러나 실제의 대화에서는 언제나 결론이 나지 않는다. 그것은 권위적인 요소를 갖고 있지 않다. 나는 이런 종류의 대화에 흥미를 갖고 있지 않다는 말로 시작했다. 그러나 그것보다 더 흥미 있는 것도 없을지 모른다.

그러나 이상적인 대화가 널리 인정받는 생각들을 검증하는 역할은 할 수 없다하더라도, (실제의 대화를 포함하여) 그런 생각들이 생성되는 과정을 검증하는 역할은 할 수 있을지도 모른다. 우리는, 예를 들면, 보다 공개적인 토론과 보다 평등주의적인 정치를 지향해야 하지 않을까? 아마도 그렇게 해야 할 것이다. 그러나 그렇게 해야 할 이유가 이상적인 대화를 통해 분명해진다기보다는 그것에 선행한다. 모든 대화자들의 자유와 평등은 롤스와 하버마스, 애커먼뿐 아니라, 내가 알기로는, 비슷한 노선을 따라 글을 써온 다른 모든 철학자들의 첫 번째 가정이다.[25] 동시에 이 모든 저술가들은 과학적 권위와 여경과 자신들과 같은 대화 설계자들의 존재를 가정하는데, 현실에서도 분명히 이 존재들에 상응하는 사람들이 있을 것이다. 그런 사람들의 역할이 정확히 무엇이어야 하는지는 우리가 어떤 것에 대해서든 논쟁을 하는 동안에는 의견 차이를 보이고 계속 논쟁을 벌일 가능성이 높은 주제다. 그리고 이는 우리를 나쁜 의견 일치와 나쁜 의견 불일치로부터 지켜줄 안전하고 확실한 대화의 설계는 없음을 의미한다. 대화의 지속만이 우리를 지켜줄 수 있다.

실제의 대화는 우리에게 인정받는 생각들과 지배적인 이론들을 생성하는 과정의 의식적이고 불가결한 부분이다. 여기서 생각은 분명한

---

25) 예를 들면, 아그네스 헬러, 『정의 너머에 *Beyond Justice*』 (New York : Blackwell, 1987), 5장.

표명이 된다. 우리는 서로 논쟁하면서 우리의 생각을 형성하는 패러다임을 해석하고 수정하고 더 다듬고, 또한 그것에 대해 이의도 제기한다. 이렇게 우리는 과연 (말하자면) 일상생활의 보통의 제약, 즉 시간의 압박, 권위의 구조, 정당과 운동의 규율, 사회화와 교육의 패턴, 제도적 삶의 확립된 절차 등에 의해 제약되는 대화를 통해 정의로운 사회에 대한 어떤 개념에 도달한다. 만약 어떤 제약도 없다면, 대화는 결코 우리가 결정이나 평결이라고 부르는, 협정에 의한 (일시적) 정거장조차도 내놓을 수 없을 것이다. 그리고 이 제약 때문에 모든 정거장은 대화자들의 일부에게 자의적이고 강요된 것으로 보일 것이다. 그들은 대화를 다시 시작하려고 할 것이며 제약에도 불구하고 종종 그렇게 하는데 성공할 것이다. 그렇지만 또 다른 의미에서는, 그 대화가 제약을 거의 받지 않는다. 그 이유는, 모든 대화자들이 당연한 것으로 생각하는 개념들이 있을지는 모르지만, 대화가 진행될 수 있으려면 규정된 개념, 당연한 것으로 생각되어야 할 개념(그리고 당연한 것으로 생각되는 제약)이 없어야 하기 때문이다. 설계가 없는 것이다. 실제의 대화는 불안정하고 끊임없이 움직이며 이 때문에 궁극적으로 이상적 대화보다 더 극단적이다. 실제의 대화는 참가자들의 어느 누구도 예상할 수 없는 이유와 주장에, 따라서 (좋든 나쁘든) 우리의 철학자들이 꿈도 꾸지 못하는 이유와 주장에 이를 수 있다.

3장

객관성과 사회적 의미

1

 나는 아마도 객관성에 대해 객관적인 의견을 갖고 있지 않을 것이다. 객관성을 무시한다고 그렇게 자주 비난받아 왔기에, 지금 이 문제를 다루는 나의 마음은 약간 불안하다. 그래서 나는 제목 속의 '과'가 내 주장의 결론이 어떠할 것인지에 대해 잘못된 선입견을 전달하지 않을까 하는 불안한 마음을 얼마 동안 억누르며 조심스럽게 접근하고자 한다. 다음과 같은 분명하고, 극단적으로 단순화되고, 틀리지만 이 글의 목적을 위해 유용한, 객관성의 정의로부터 시작해보자. '주어진 지각이나 인식이나 이해는, 만약 그것의 내용이 전적으로나 대체적으로 그것의 객체에 의해 결정되기에 일련의 인간 주관들이 서로 다른 장소에 있거나, 서로 다른 개성과 서로 다른, 심지어 상충하는 이해관계를 갖고 있어도, 동일한 객체에 주의하는 한, 동일한 내용에 대하여 의견의 일치를 본다면, "객관적"이라고 불릴 수 있다.' 탁자는 탁자에 대한 객관적 지각을 결정한다. 객관성을 이루는 것은 한마디로 '객체가 강제로 주어진다는 것', 이것이다. 주관은 수동적이고 분별 능력이 없고, 입수할 수 있는 "데이터"의 무차별적 소비자다.

철학자들이 오래전부터 알고 있는 이유로 이것은 옳을 수 없다. 인간은 능동적인 주관이다. 우리의 지각 능력과 인식 능력은, 우리가 최종적으로 무엇을 보고 인식하고 이해하든, 그것을 결정하는 데 도움을 준다. 그러나 우리는 여전히 이 능력들이 우리가 정상적인 주관이라고 부를 수 있는 것을 구성하는 경우에만 지각을 "객관적"이라고 부른다.

---

*이 장에서 나는 몇 년 전에 나의 책 『정의의 영역들*Spheres of Justice*』(New York : Basic Books, 1983)에서 제시된 분배 정의의 이론을 보강하고 뒷받침할 "사회적 의미"에 대한 설명을 개략하려고 했다. 객관성에 대한 나의 견해는 최근의 철학적이고 인류학적인 저작들로부터 지침과 자극과 고무를 받았는데 나는 이를 단지 다음과 같이 몇 가지 중대한 책을 열거하는 것으로써 일반적인 방법으로 확인해 줄 수밖에 없을 것 같다. : 힐러리 퍼트넘, 『이성과 진리의 역사*Reason, Truth and History*』(Cambridge : Cambridge University Press, 1981)와 『사실주의의 많은 얼굴*The Many Faces of Realism*』(La Sall, Ill. : Open Court, 1988) ; 넬슨 굿맨, 『세계를 만드는 방식들*Ways of Worldmaking*』(Indianapolis : Hackett, 1978) ; 토마스 네이글, 『아무 데도 없는 곳에서 보는 시각*The View from Nowhere*』(Oxford : Oxford University Press, 1986) ; 클리포 기어츠, 『현장 지식*Local Knowledge*』(New York : Basic Books, 1986) ; 『합리성과 상대주의*Rationality and Relativism*』, 마틴 홀리스와 스티븐 루크스 편집 (Cambridge : MIT Press, 1982)과 『객관성과 문화적 차이*Objectivity and Cultural Divergence*』, S. C. 브라운 편집 (Cambridge : Cambridge University Press, 1984)에 담긴 에세이 모음. 나는 루스 안나 퍼트넘과 앨런 베르트하이머와 존 골드버그와 토마스 네이글에게 감사한다. 이들은 본고의 초기 본을 읽고 잘못된 점이 무엇인지 나에게 말해주었다. 마사 누스바움은 나에게 본고를 쓰라고 권유하고 제목도 붙여주었지만, 그녀는 본고의 탄생에만 책임이 있고 본고의 주장에는 책임이 없다.

따라서 지각은 객체와 정상적인 주관에 의해 공동으로 결정될 때 객관적이다. 만약 깊이 감각이 없는 어떤 사람이 어떤 탁자의 존재에 대해 나머지 사람들이 보는 그 탁자와 다르게 이야기한다면 그의 이야기는 주관적인 이야기다. 탁자와 탁자를 보는 정상인(이는 "나머지 사람들"을 의미한다.)이 함께 탁자가 객관적으로 무엇인가(어떠한가)를 결정한다. 여전히 객체가 강제로 주어지지만 지각은 수용 기관의 성격에 의해 제약되고 "객관성"의 개념은 이 제약의 결과들을 포함한다.

그러나 이것도 옳을 수 없으며, 이번에는 일련의 긴, 복합적이고 어렵고 때로는 야심적인 철학적 주장들을 불러일으킨 이유 때문이다. 우리는 인지 능력뿐 아니라 관심과 개념을 통해 객체에 도달한다. 그래서 우리가 보고 인식하고 이해하는 것은 (절대적으로는 아니지만 강하게) 우리가 찾는 것, 즉 우리의 인식의 관심과 발견하는 것을 묘사하는 우리의 방법, 즉 우리의 개념 **체계**에 의존한다. 우리의 관심과 우리의 체계를 고려할 때, 이제 객체가 강제로 주어질 수 있는 어떤 기회가 있을까? 우리는 강제로 주어지는 것을 막는 갑옷을 입고 우리 자신의 목적대로 세상의 모양을 만드는 것처럼 보인다.

그러나 나는 그렇게 빨리 객관성을 포기할 생각이 없다. 실은 오히려 오늘날 가장 집요하게 객관적 지각이라고 불러달라고 요구하는 것은 강한 목적성에 의해 추진되고, 정교하고 매우 사변적인 체계에 의해 조직되어 있는, 세계에 대한 과학적 지각이다. 이 요구는 많은 상이한 형태를 취하지만 어떤 형태에서든 그것은 설사 객체가 강제로 주어지지는 않는다 하더라도 객체는 여전히 개념적이고 의도적인 자의恣意에 반항한다는 입장을 취해야 한다. 과학적 개념은 객체를 담아야 한다. 객체가 나타나는 대로는 아닐지 모르지만 그것이 **실제로** 있는 대로는 담아야 한다. 나는 이 마지막 주장에 대해 적어도 우리 중 대부분의 사람들에게는 현상이 실재의 중요한 측면이라는 것을 말하는 외에는 논평하지 않겠다. 그러나 나는 객관성은 (어떤 방식으로든) 인식하는, 탐구하는 주관에 의한 객관의 수용에 의존한다는 주장은 받아들이고 싶다. 인식 주관은 객체의 형체를 결정하지만 자기 마음대로 결정하지는 못한다. 즉, 그는 어떤 탁자가 이를테면 둥글거나 사각의 형체를 갖고 있다고 그 탁자에 관계없이 그저 결정할 수는 없는 것이다. 마찬가지로 세상을 친구와 적과 읽을거리와 식용 식물로 구분하는 개념 체계를 자신 있게 적용하는 사람은 탁자를 오인(객관적으로 오인)하거나 탁자를 전혀 파악하지 못하여 그것의 실재를 부인할 텐데, 그렇게 된다면 이것은 단지 그만의 독특한 (주관적인) 부인일 것이다.

이것도 여전히 객관성에 대한 매우 단순한 설명이며 나의 직접적인 인식적 관심 너머에뿐 아니라, 아마도 또한 내가 마음대로 사용하는 개념의 체계 너머에 있는 철학적 난제들에 대한 소박하고 상식적인 접근이다. 그러나 이 설명은 단순한 세계-안의-객체들에 대해서는 대체로 잘 작동한다. 내가 이제 묻고 싶은 질문은 그것이 우리가 용도와 가치를 부여하는 객체, "사회적 의미social meanings"[1]를 지니는 객체에 대해

---

1) 사회적 의미가 없는 객체가 있을까? 어쩌면 "단순한 세계-안의-객체들"이라는 표현은 공집합에 붙여진 이름인지도 모른다. 그러나 나는 우리가 어떤 사물에 대해서는 그것의 사회학적 의미와 아무런 필연적 상관이 없이 직접적으로 그것을 수용하고 그것의 형체를 결정한다고 가정할 것이다. 돌은, 나의 목적에서는, 주춧돌이나 묘비나 숫돌이나 표석이나 디딤돌이나 문 앞의 계단이 되기 전에는(또는 더 극적으로는, 즉위의 돌로 쓰이거나 신성한 역사의 표지석으로 세워지기 전에는) 단순한 세계-안의-객체다. 탁자에 대해서는 아래의 논술을 보라.

서 조금이라도 작동하느냐는 것이다. 인류학에서 차용된 이 용어는 객관적 지식임을 내세우는 모든 주장에 어두운 그늘을 드리우는 것처럼 보인다. 사회적 의미는 주관들의 집단에 의해 구성된 객체이며 일단 그런 구성물이, 말하자면 확립되면, 그 객체에 대한 이해는 그 주관들에 의해 결정되어온 것처럼 앞으로도 결정될 것이다. 새로운 주관 집단들은 그 구성을 알게 된 다음, 그것을 존중하거나 객체를 최소한으로만 수용하면서 수정한다. 객체는 주관 집단이 하는 구성 작업을 제한할 수도, 않을 수도 있다. 분명히 탁자가 대륙간 탄도탄으로 구성될 수는 없다. 그러나 탁자는 책상도, 작업대도, 푸줏간의 도마도, 제단도 될 수 있고, 이들 각각은 "단순한" 탁자가 우리에게 어떤 분명한 실마리도 주지 않는 의미를 가질 수 있다. 이것들 같은 객체, 즉 의미를-가진-객체의 지각을 도대체 객관적이라고 부를 수 있을까? 어떤 사람의 제단이 다른 사람에게는 푸줏간의 도마인 상황을 상상하기는 별로 어렵지 않다. 그러나 우리는 분명히 사회적 구성물social constructions에 대한 진술을 받아들인다. 그런데 (진술의) 객관성은 그 구성물을 인정하느냐에 달려 있다. 제단이 무엇인가, 우리가 그것을 무슨 용도로 만들었는가에 대해 우리가 공유하는 이해가 제단인-탁자에 대한 우리의 지각을 결정한다. 제단의 신성함도 동일한 구성물의 일부이기에 마찬가지로 객관적이다. 사회적 의미의 체계 안에 사는 모든 정상인들은 신성한-제단인-탁자의 객관적 실재에 대해 비슷한 진술을 할 것이다.

그러나 이것은 지나친 말일 수 있다. 어떤 탁자들이 신성한 제단으로 인정되는 사회 내에서 의견을 달리하는 목소리들, 즉 그 구성을 거부하고 "거기에는 오래된 탁자 밖에 없다."고 공언하는 사람들이 있다고 가정해보자. 이것도 일종의 객관적인 진술이다. 그것이 불완전한 진술이며 실제로 중요한 어떤 것을 놓치고 있다고 말할 수 있을까? 다음과 같은, 보다 완전한 진술을 상상해보자. "어떤 사람들은 그것이 제단이라고 주장하고 마치 신성한 것처럼 그것을 다루지만 거기에는 오래된 탁자밖에 없다." 이제는 불완전하지 않고 이제야 비로소 의견 차이를 다음과 같이 객관적으로 진술할 수 있다. "**나는** 거기에는 오래된 탁자 밖에 없다고 **생각한다**." 탁자의 어떤 본질을 근거로 해서도 우리는 그것이 신성한 제단인지 아닌지를 말할 수 없을 것이다. 제단은 그것이 객관적으로 거기에 있다고 이해하는 사람들에게만 객관적으로 거기에 있다. 그것은 그것의 신성함을 인정하는 사람들에게만 신성하다. 따라서 그들이 객관적으로 진술하려 할 때 말해야 할 것은 그것이 **자신들에게** 신성하다는 것이다.

신자들은 이보다 더 많은 말을 하고 싶을 것이다. 그들은 신이 탁자를 신성하게 하여 신성한 제단이 되게 했고, 따라서 세상의 사물이 실제로 어떤가를 아는 사람이면 누구나 그것의 신성함을 알 거라고 말하고 싶을 것이다. 그러나 나는 제단도, 신성함도, 똑같이 인간의 창작이라는 것을 이미 알고 있는 사실로 간주할 것이다. 그렇다면, 자신들의 제단의 신성함을 보편적으로 인지될 수 있는 (객관적인) 사실로 간주하는 것은 신자들의 잘못이다. 제단은 단지 그들이 그것을 신성하게 만들었기에, 그리고 신성하게 만든 한에 있어서만 신성하다. 그런 창작과 관련해서는 우리 나머지 사람들이 다수결 원칙의 구속을 받지 않는다. 오직 인민 전체의 음성만이 신의 음성과 닮았기 때문이다. 사회적 구성물에 대한 우리의 진술에 절대적인 객관성, 대명사 없는 객관성이 어쨌든 있으려면 사회적 구성물은 일반적인 의견의 일치를 반영해야 한다.―또는, 더 정확하게 말하면, 결코 표결을 하지 않기에, 합의가 있어야 한다. (외부의 관찰자가 하는 진술은 항상 "그들의 제단"이나, 보다 확장된 형태로, "그들이 제단으로 사용하는 이 탁자들" 등과 같이 대명사를 필요로 할 것이다.) 구성물이 더 복합적이고 구체적일수록 실제로 합의에 도달하는 것이 더 놀라운 일이 될 것이다. 이것을 가능하게 만드는 사회적 과정은 강제와 기만, 토론과 동의, 오랜 동안의 습관화를 포함하는 혼합된 과정이다. 전체적으로, 그것은 여전히 불가사의하다.

"제단"에 비하면 "탁자"는 복잡하지 않은 동시에 불확정적이다. 이 때문에 그것의 의미가 중대하고 떠들썩한 이의를 불러일으키는 일은 거의 없을 것이다. 누군가가 적당한 높이의 지지대를 갖춘 평평한 나무 한 개를 가리키면서 "저것은 탁자가 아니다."라고 말한다면, 우리는 아마도 실수라고 말하지 의견 차이라고 말하지 않을 것이다. (나는 탁자 같지만 탁자라고 하기 어려운 이상한 객체들의 경우를 상상하기 위해 여기서 멈출 생각은 없다.) 우리는 약간의 정상적 이해력의 결핍을 의심해볼 것이다. 탁자는 과연 물리적 구조물일 뿐 아니라 사회적 구성물이기도 하지만 사회적 구성 작업은 아주 기초적이어서 우리가 여기서 객체에 대한 일반 명사의 할당보다 훨씬 더 많은 것을 인식할 가능성은 적다. 또 우리는 정상적인 이해력을 가진 사람들이 이 명사를 기억할 것을 기대한다. 그것을 기억함에 따르는 일은 별로 없다. 즉, 평평한 나무 한 개 등이 탁자로 구성됨으로 인해 우리가 탁자를 어떤 특정한 방식으로 사용하고 평가할 필요는 없다. 이와는 대조적으로, 보다 특수한 구성물은 규범적인 결과들을 불러온다.

신성한–제단인–탁자는 어떤 원칙과 규칙에 따라 다루어져야 한다. 나는 예를 들면 사회적 의미에 대해 세속적인 에세이를 쓰기 위한 책상으로 제단을 사용할 수 없다. 제단이 그런 사용에 저항하거나 신이 나를 쳐 죽이기 때문이 아니라 내가 속한 사회에서 (나에게, 같은 사회 구성원들에게) 제단이 어떤 것인지를 생각할 때 그렇게 하는 것은 잘못이겠기 때문이다. 또한 나는 교회당이 매우 추울지라도 그것을 패서 장작을 만들 수도 없다. 또는 그것을 개인적인 이익을 위해, 이를테면, 새 정장 한 벌이나 오페라의 정기 입장권이나 증권 거래소에서의 일자리와 교환할 수도 없다. 그것은 잘못된 짓일 것이다. 그러나 그것이 객관적으로 잘못일까? 이런 질문을 너무 일찍 하는 것일 수도 있다고 생각된다. 분명히 사용과 평가의 규칙들은 "단순한" 탁자에 의해 결정되지 않는다. 또한 그것들은 탁자와 탁자를 보는 정상인에 의해 공동으로 결정되지도 않는다. 또한 그것들은 인식 주관이나 과학적인 관찰자에 의한 탁자의 수용을 의미하지도 않는다. 그 규칙들은 탁자를 신성한 제단으로 사회적으로 구성함에서 생기며, 그것들은 단지 구성에 참가하거나 구성의 결과를 인정하는 남녀들에게만 객관적인 규칙들인 것으로 보인다. 다른 사람들은 동료들의 의견에 대한 어떤 "예의 바른 존중"의 개념에 의해 구속될지는 모르지만 신성함의 개념에 의해 구속되지는 않는다.

그러나 우리는 어쩌면 이보다 약간 더 나아갈 수 있을지도 모른다. 만약 우리가 제단의 신성함을 고립된 구성물이 아니라 보다 복합적인 전체나 문화 체계나 생활 방식의 한 특징으로 생각한다면, 그 규칙들의 힘은 현저하게 증대된다. 신성한 – 제단인 – 탁자를 일련의 연결된 구성물들, 즉 사회적으로 의미 있는 때(성일聖日)와 공간(교회당)과 임직자(사제와 주교)와 행사(종교 의식)와 텍스트(성서, 기도문, 설교, 교리 문답)와 신념(신학이나 우주론) 내에서 생각해보면, 결과는 개인이 그렇게 쉽게 벗어날 수 없는 어떤 것이 된다. 언젠가 긴 사회 변화의 과정(말하자면, "세속화")으로부터 대안이 되는 때와 공간과 임직자와 행사와 텍스트와 신념이 등장할 것이다. 그렇게 되면 사람들은 동료에게 왜 그 제단이 (실제로는) 신성하지 않은지를 설명할 수 있을 것이다. 그러나 지금은 제단을 그것의 사용과 평가의 규칙에 따라 다루지 않으려는 어떤 반대자나 반항자의 태도는 아마도 그것의 신성함을 단순히 부인하는 게 아니라, 문자 그대로, 특정한 탈신성화 행위, 즉 그 특정한 제단이 신성화된 과정을 되돌리려는 노력일 것이다. 그리고 탈신성화에 헌신하는 종교적 반항자는 초기 프로테스탄트들의 호소와 거의 마찬가지로 기존의 문화 체계나 생활 방식의 다른 특징, 스스로 말하기를, 그가 하는 것의 이유를 그에게 제공한다는 특징에 호소할 가능성이 높다. 체계가 전체적으로는 그에게 여전히 객관적인 가치를 갖고 있다. 그는 사회적 구성물들로 이루어진 환경 속에 살고 있는 것이다. 그렇지 않으면 어디서 그가 살 수 있겠는가?

2

그럼에도 불구하고, 우리는 이곳이 객관적으로 살기에 가장 좋은 장소인지 물을 수 있다. 그러나 나는 지금까지의 나의 논술이 갖는 중대한 함의를 보다 완전하게 조사하기 위해 이 질문을 또 다시 미루고자 한다. 그 함의는 사회적 구성은 도덕적 입법이기도 하다는 것이다. 우리가 객체에게 부여한 의미는 규범을 낳는다. 나는 이 규범을 "사용과 평가의 규칙들"이라고 불러왔다. 그것들은 분배의 규칙들이기도 하다. 즉, 그것들은 우리가 사물과 맺는 관계뿐 아니라 다른 사람들과 맺는 관계도 규율한다. 많은 철학자들이 도덕은 인간의 발명품이라고 주장하면서 대개 우리가 발명하는 것은 도덕 생활을 지배하는 규칙들이라는 듯이 글을 쓴다. 우리가 신 앞에서의 평등이나 개인의 자율이나 가장 큰 행복 같은 원칙들로 도약한 다음, **십계명** 같은 목록을 만든다는 것이다. 때로는 우리가 그렇게 할지도 모른다. 그러나 도덕 세계의 조밀함과 인간관계의 촘촘함은 근본적으로 다른 종류의 발명을 암시한다. 우리가 이 조밀함과 촘촘함에 이르는 방법들 중 하나는 (모든 종류의) 객체의 사회적 구성을 통해서다. 사회적 구성은 복합적이고 풍부한 세계를 만드는 데 기여하며, 이런 세계의 많은 특징들은 우리에게 너무 분명해 보여서 우리는 그것들이 있을 수 있는 모든 세계의 있을 수 있는 모든 특징 중에서 가장 좋은지를 물을 생각도 들지 않을 것이다. 그것들은 보다 직접적인 객관성을 가질 것이다. 따라서 우리는 우리의 세계에서 객체가 갖는 의미에 따라 그 객체를 사용하고 평가할 것이며 그것의 용도와 가치에 따라 그것을 교환하고 공유하고 분배할 것이다. 우리는 어떤 객체가 (실제로) 무엇이고 무엇을 위한 것인지를 이해하는 순간, 우리가 다른 사람들에게 그 객체를 주어야 하는지도 알게 될 것이다. 또한 다른 사람들에 대한 우리의 행동도 대부분 이 사회적 의미의 분배적 함의에 의해 지배될 것이다.

비록 신성한-제단인-탁자의 난제들이 결코 샅샅이 다루어진 상태는 아니지만 이 시점에서 또 하나의 예를 드는 것이 도움이 될 것 같다. 나는—생물학적 삶이 아닌 사회적 삶, 수명壽命이 아닌 특정한 사회, 즉 우리 자신의 사회에서의 인생길을 의미하는—인생이라는 구성물에 대해 고찰하고자 한다. 우리가 구성한 것은 재능-있는-사람에게-열려-있는-성공의-길인-삶이다. 분명히 인생의 본질에 인생이 성공의 길로 구성되도록 결정짓는 것은 아무것도 없다. 주어진 어떤 형태의 인생길도 수명의 제약을 받기에 청년기와 성숙기와 노년기는 훈련과 직업 활동과 은퇴 같은 패턴을 낳는다. 그러나 이 나중의 세 가지가 그 자체로 성공의 길을 구성하는 것은 아니다. 성공의 길은 개인적인 성취다. 그것은 선택과 자격으로 이루어진다. 비록 성공의 길의 패턴이 집단적으로 확립되고 반복적으로 실행된다 하더라도, 성공의 길은 여전히 선택된 불확실한 미래로 자신을 던지는 것이다. 이런 계획이 가능한 것은 내가 "직위"라고 부르려는, (전문직이든 관직이든) 모종의 자리와 지위가 열리기 때문이다. 직위가 성공의 길의 목표다. 이 둘의 사회적 구성은 제단과 제물처럼 같이 간다. 만약 성공의 길이 재능 있는 사람에게 열려 있다면 직위는 틀림없이 능력주의 원칙에 따라 자격을 갖춘 사람들에게 분배될 것이다. 만약 우리가 재능-있는-사람에게-열려-있는-성공의-길을 계획하는 개인 남녀들을 상상한다면 우리는 또한 직위를 얻으려는 경쟁도 상상해야 한다. 만약 경쟁이 있다면, 경쟁자들을 폭력뿐 아니라 차별로부터도, 즉 경쟁자들의 자격에 정직하게 주의를 기울이기를 거부하는 모든 행위로부터도 보호하는 규칙이 있어야 한다.

일단 성공의 길과 직위가 정착되면 정실주의는 잘못된 관행이 된다. 예를 들면, 내가 어떤 후보 추천 위원회의 위원인 경우, 보다 나은 자격을 갖춘 후보보다 나의 형제를 우위에 둔다면, 그것은 잘못일 것이다. 내가, 매우 강하고 내 생각에는 무엇보다 중요한, 가족 간의 성실에 대한 신념을 갖고 있을지라도 그것은 중요하지 않다. 나는 규범적인 함의를 가진 일련의 복합적인 사회적 구성물들 안에 처해 있기 때문이다. 어떤 사람이 신성한 - 제단인 - 탁자를 존중하지 않는다고 해서 그가 그 탁자에 해를 끼치는 것은 아니며, 이 거부가 개인적인 한, 다른 남녀들에게 해를 끼치는 것(그들을 불쾌하게 만드는 것)도 아니다. 그의 죄는 사소한 죄다. 그러나 구성이 분배를 결정하는 경우라면 개인적인 거부가 보다 심각한 해악을 조장한다. 그리고 행동이 문제인 경우에는 일반적인 합의는 더 이상 옳고 그름의 필요조건이 아니다. 예를 들면, 정실주의를 금하는 규칙은 직위는 가족의 소유물이고 성공의 길의 목표가 아니라고 주장하는 개인들에게도 구속력이 있다. 그러나 직위가 가족의 소유물이라고 실제로 주장하는 사람은 많지 않을 것이다. 있음직하지는 않지만 강한 가족 이상주의가 재능 - 있는 - 사람에게 - 열려 - 있는 - 성공의 - 길이 속하는 바로 그 사회적 구성물들의 집단의 일부인 경우는 예외인데, 이때에는 우리가 공개적인 정실주의자들을 충분히 양심적인 반대자로 인정할 수 있을 것이다. 거부 행위나 반대 행위는 대개 모순되는 구성물들의 공존에 그런 기반을 두고 있다. 이때에는 사람들이 오직 자신들이 사는 복합적인 사회적 세계에 대한 최선의 판단에 입각해서 선택을 해야 할 것이다.

나는 가족 - 소유물로서의 - 직위를 옹호하는 주장을 채택하는 게 객관적으로 틀린 것은 아니라는 점을 강조하고 싶다. 다수결 원칙은 사회적 의미에 대한 논쟁을 지배하지 않는다. 그것은 단지 행동을 지배할 뿐이다. 따라서 행동의 규칙들은 지배적 의미와 일치하면 객관적으로 맞지만 지배적 의미가 객관적으로 맞(거나 틀리)는 것은 아니다. 그것, 즉 다소간 정확한 진술의 객체는 그저 객관적으로 **존재할** 뿐이다. 성공의 – 길인 – 삶은 시간이 흐르면서 전혀 다르게 구성될 수 있고 직위도 이 차이에 대응하여 재구성될 수 있으며, 그렇게 된다고 해서 틀린 것은 전혀 없다. 그렇게 된다고 해서, 삶이나 직위가 어떤 방식으로든 오해되는 것이라든가 새로운 체제 아래서 삶을 영위하거나 직위를 담당하는 (또는 담당하지 않는) 남녀들이 불공정한 대우를 받게 되는 것도 아니다.

나의 주장은 도덕 전체가 이런 식으로 객관적으로 상대적(상대적으로 객관적?)이라는 게 아니라 다만 도덕의 어떤 부분이든, 그것이 객체의 사회적 구성 안에 포함되어 있다는 것뿐이다. 여기서도 우리는 객체와 인간 주관에 의해 공동으로 결정된 구성의 결과로 동일한 규범적 함의가 모든 또는 거의 모든 인간 사회에서 되풀이해서 나타나는 경우가 있는지를 물을 수 있다. 이 경우에는 동일한 행동이 모든 인간 사회에서 동일한 이유로 나쁠 것이다. 또한 도덕은 여전히 사회적 구성에 입각하면서도 특수주의적인 성격은 잃을 것이다. 가장 쉬운 예가 우리가 "음식"이라고 부르는 것이다. 문화가 다르면 사람들이 선택하는 먹는 것과 못 먹는 것의 구분도 다르기에 식용으로 알맞은가라는 문제 자체는 (부분적으로) 사회적으로 결정되지만, 그럼에도 불구하고 인체를 고려할 때 먹을 수 있는 객체의 구성은 완전히 자유로운 구성이 아니다. 어쨌든 배고픔의 경험이나 예측과, 어떤 것들은 먹을 수 있다는 게 함께 작용하여 그것들의 일부가 인간의 음식이 되며 이 사실로부터, 음식은 그것을 필요로 하는 사람들에게 제공되어야 한다는, 즉 음식은 배고픈 사람이 가져야 한다는 결론은 자연스러워 보인다. (누가 제공해야 하며 그 비용은 누가 부담해야 하는지는 대답하기 쉽지 않은 질문들이다.) 보다 복잡하고 특수한 구성은 여전히 문화적으로 상대적일 것이다. 예를 들면, 우리는 특정한 음식을 축제 때에만 먹거나 신들 앞에서 태우거나 사치스러운 잔치에서 낭비한다. 그러나 배고픈-사람들을-위한-음식인-것들이라는 원래의 구성물은, 내 짐작으로는(이는 확인 가능할 것이다), 항상 인정되어온 어떤 분배의 규칙들을 포함한다. 음식이 무엇을 위한 것인지를 생각할 때, 예를 들면, 기근이 들었을 때 사재기하는 사람들은 나쁜 짓을 하는 것이다.

나는 권위의 중심으로부터의 전파보다는 반복적인 사회적 구성이, 여러 사회에서 동일하거나 비슷하게, 사용되거나 평가되는 객체의 출현을 더 잘 설명한다고 생각한다. 권위의 중심, 의미 전파의 출발지가 되는 예루살렘은 없다. 따라서 비슷하게 구성되어 있는 용도와 가치의 목록은 우리가—구성이 반복적으로 같은 형태를 취할 때의 사회적 구성에 대응하고 동일한 주장이 항상 우세를 보일 때의 그 우세한 주장에 대응하는—보편적이고 객관적인 도덕이라고 생각할 수 있는 것을 구성한다. 우리는 보다 과감한 설명을 할 수도 있을 것이다. 그것은 만약 어떤 세상-속의-것이 되풀이해서 같은 방식으로 구성된다면 아마도 그 구성의 원인은 그것의 본질 속의 어떤 것 그리고/또는 인간 주체의 본질 속의 어떤 것일 거라는 것이다. 음식의 예가 보여주는 것처럼, 원인은 자연적인 원인일 가능성이 매우 크다. 그러나 나는 비슷한 구성물들의 목록이 매우 길 거라고 생각하지 않는다. 또한 그것은 도덕 생활의 조밀함의 원인이 되는 복잡하고 특수한 구성물들을 포함하지도 않을 것이다. 예를 들면, 먹기 위한 음식은 목록에 오르겠지만 제물로 바치는 음식은 오르지 않을 것이다. 이것이 '복잡한 건 자유'라는 말의 의미다. 즉, 구성이 더 복잡할수록 문화적 차이의 여지는 더 큰 것이다. 복잡한 구성물은 반복적으로 나타나지 않으며, 설득력 있고 만족스럽게, 자연스럽게 설명되지 않는다.

사회적 구성의 보편적 모델은 없으며 실제 결과들 사이의 차이의 폭도 매우 넓다. 그러나 이는 단지 구성 작업이 매우 다양한 불리하거나 유리한 (대개는 불리한) 조건 아래서 일어나기 때문에 그렇다고 주장할 수도 있을 것이다. 오직 영양 섭취의 필요 같은 공통의 필요가 같음에 기여한다. 그러나 우리가 이상적인 조건에서의 (그리고 이상적인 조건이 단 하나의, 조건들의 집합일 경우의) 사회적 구성을 상상해보면, 모범적인 결과, 즉 자유로운 동시에 가장 좋은 구성을 얻을 수 있을 것이다. 유감스럽게도, 나는 이것이 불가능한 꿈이라고 생각한다. 왜냐하면 우리가 어떤 조건이 이상적인지를 가설적으로가 아니라 정말로 알아야 비로소 실제의 사회적 구성을 가설적인 사회적 구성으로 대체할 수 있기 때문이다. 그런데 우리가 그것을 알면, 우리는 이미 모범적인 결과도 아는 것이다. 우리는 그저 상상된 (이상적인, 원초적인, 자연적인) 조건들에 대한 우리의 이야기 속으로 우리가 사회를 구성하는 재료로 원하는 그 모든 재료들을, 그리고 오직 그 재료들만을 끌어온다. 이럴 바에는 차라리 자유로운 구성이라는 개념을 포기하고 아예 좋은 사회의 청사진을 그리는 편이 나을 것이다.

3

그러나 만약 우리가 모범적인 결과를 알고 있지 않다면 도대체 어떻게 실제의 결과를 비판할 수 있을까? 나는 이런 질문이 실제의 결과가 무엇인지를 오해하기 때문에 생긴다고 생각한다. 사회적 구성은 본질적으로 무엇보다도 개념이다. 신성한 제단과 재능-있는-사람에게-열려-있는-성공의-길은 개념이고 그것에 따르는 분배의 규범도 개념이다. 이런 개념들이 세상에서 완전하게 구현되는 일은 결코 없다. 신성함과 열려 있음은 침해하는 것이 존중하는 것인 경우가 더 많다. 사회 비평가들이 보통 하는 일은 개념을 구현하는 실례에 그 개념이나 그 개념에 대한 어떤 다소간 정교한 해석을 대비시키는 것이다. 또는 그만큼이나 흔한 일이지만, 그 개념이나 그 개념을 구현하는 실례들에, 역시 사회적 구성의 산물인, 어떤 다른 개념이나 개념들의 복합체를 대비시킨다. 그들은, 만약 성공의 길이 재능 있는 사람에게 열려 있다면, 왜 유대인이나 흑인이나 여성으로서 재능 있는 사람들에게는 열려 있지 않느냐고 말한다. 또는 만약 우리 사회가 가족들의 연합체이고 민주적이고 협력적인 시민 공동체라면, 어떻게 우리가 재능-있는-사람에게-열려-있는-성공의-길이 야기하는 치열한 경쟁을 용인할 수 있느냐고 말한다.

이런 종류의 비판은 객관적 가치에 의존하며 객관성은 사회적 의미에 대한 참된 진술이다. 그러나 비판 자체는 객관적으로 참이거나 거짓이지 않다. 왜냐하면 그것도 사회적 의미에 대한 해석에 의존하며 해석은 (특이한 경우가 아니라면) 단지 어느 정도로만 설득력이 있고 계몽적이기 때문이다. 하지만 우리에게는 분명히 이보다 더 강한 말을 하고 싶을 때가 있다. 우리는 비록 진술이 객관적으로 참이기는 하지만 의미가 잘못되어 있(고 **우리만 그것이 잘못되어 있다고 생각하는 게** 아니)다라고 말하고 싶은 것이다. 또는 제단이나 성공의 길 등에 대해 그렇게 생각해서는 안 된다고 말하고 싶어 한다. 또는 심지어 제단이나 성공의 길이 **실제로는** 그게 아니라고 말하고 싶어 한다.

사회 전체가 그렇게 근본적으로 현실을 오해할 수 있을까? 이게 내가 미뤄온 문제이고 이제 그것을 다뤄야 할 때가 왔다. 우선 문제가 정확히 무엇인지를 명확히 해두자. 분명히 한 사회의 개인들이 현실을 오해, 그것도 근본적으로 오해할 수 있고 개인들이 모인 집단들도 그럴 수 있다. 우리는 나치Nazi의 경우를 이 관점에서 보아야 할 것이다. 나치의 경우 같은 복합적 의미의 세계를 아주 자세하게 묘사하는 것은 상상력에 무리를 가하는 일이 될 것이다. 어쨌든 그런 세계는 존재한 적이 없다. 독일이나 유럽이나 서양 문화 내에서 나치는 일탈이었고 우리가 그들의 분배 원칙—아리아인에게는 공기를, 유대인에게는 독가스를—을 파악하는 한, 그것은 객관적으로 잘못이고 부도덕하고 극악무도하다고 즉시 말할 수 있다. 이런 종류의 판단에 필요한 모든 자원은 이미 이용 가능하며 사회적 구성의 긴 역사의 산물들이 그것이다. 나치를 어려운 경우라고 생각한다면 그것은 큰 실수다. 어려운 경우는, 사회적 구성의 긴 역사가 어쩐지 잘못된 길로 흘러왔다는 생각이 들게 하는 경우다.

그래서 이번에는 여성들(모든 여성들)이 사회적으로 교환의 대상으로 구성되어온 것처럼 보이고 이 구성에서 교환의 규칙들이 생겨나는 사회를 생각해보자. 나는 내부적으로 교환이 실제로 어떻게 일어나며 교환에 결부된 의미가 무엇인지에 대해서는 이야기하지 않겠다. 어쩌면 우리가 이해하는 "대상"이나 심지어는 "교환"의 개념조차도 참여자들에게는 없을지 모른다. 내가 이 시점에서 이 사회적 구성에 대해 말하고 싶은 것은 여성이 마치 교환의 대상인 것처럼 가정 사이에서, 하나의 가부장적 관할권에서 다른 가부장적 관할권으로 양도된다는 것이 전부다. 우리가 이에 대해 어떻게 생각해야 할까? 교환이 객관적으로 정당한 규칙에 따라 이루어지고 있는 것인가?

여기에는 많은 가능성이 있다. 여성들이 구성 작업에 참여해왔을 수도, 참여해오지 않았을 수도 있다. 또한 그들이 그것의 결과에 동의할 수도, 동의하지 않을 수도 있다. 또는 도덕적 주체나 성공의 – 길로서의 – 삶 같은 우리 자신의 개념의 색채를 덜 띠는 언어로 말하자면, 그들은 잠자코 따를 수도, 따르지 않을 수도, 결과에 순종할 수도, 순종하지 않을 수도 있다. 만약 그들이 참여해오지도 않았고 순종하지도 않는다면, 이 교환은 정당하다고 말할 수 없다. 우리는 단지 의견 차이에 대해 말할 수 있을 뿐이다. 또는 내가 말하고 싶은 바이기도 하지만, 우리는 어쩌면, 이 경우에는 객체가 (탁자와 삶과는 달리) 순종하거나 하지 않을 수 있는 인간 주체이기도 하며 구성된 객체의 저항은 구성을 무효화하기에 이 교환이 부당하다고 말할 수 있을지도 모른다. 저항이 분명히 표현되지 않거나 수동적이거나 숨겨져 있거나 개인적일지라도 상관없다. 우리가 어떻게든 그것을 발견할 수만 있다면, 우리에게 그것의 실재를 믿을 개연성 있는 근거만 있다면, 그 사회적 구성은 실패할 것이다.

관련된 여성들은 자신들을 사회적-구성에-참여하는-사람들로 묘사할 수 있을 수도, 없을 수도 있다. 내가 여기서 사용한 어휘는 아마도 그들이 사용하는 어휘는 아닐 것이다. 하지만 우리는 그들의 저항이 세계에서 어떻게 "작용하며" 구성이 왜 실패하는지를 알 수 있다. 만장일치나 합의의 원칙도 이 실패를 설명하는 데 기여하지만 그 이상의 어떤 것이 관련되어 있다. 인간을 구성하는 것은 자유롭지 않다. 이는 우리가 인간 남녀를 대륙간 탄도탄 미사일로 만들 수 없다는 분명한 의미에서뿐만이 아니다. 사회적 구성의 이론은 (모종의) 인간 주체를 내포하며 인간 남녀를 (모종의) 주체로 인정함을 필요로 한다. 우리는, 개념 자체를 우리가 만든 어떤 것으로 보면서, 인간-주체가-참여하는-사회적-구성이라는 구성은 어떤 도덕적 함의들을 갖고 있다고 말할 수 있을지도 모른다. 이 함의들 중에는 주체적인 무효화의 권리, 즉—상품이나 "일손"이나 노예 등과 같은—주어진 객체의 신분을, 그것이 무엇이든, 거부할 수 있는 주체의 권리가 있다.[2]

---

2) 한 친구가 이 "권리"에 대한 비판으로 이렇게 썼다. 어떤 사회 체계에서든 구성원의 일부는 "자신들에게 주어진 위치나 정체성에 저항하거나, 분개하거나, 반발할 것이다. …… 저항한다고 다 무효화되는 것은 아니다." 따라서 우리는 각각의 경우마다 저항이 정당한지 아닌지를 판단해야 하고, 이는 사회적 구성 활동과 무관한 기준을 필요로 한다. 즉, 우리는 저항이 단지 특정한 남녀가 지게 된 특정한 의무를 회피하는 방편이 되고 있는 게 아닌지를 판단해야 할 것이다. 주체성이 부정될 수는 없지만 주체가 한 약속이 일방적으로 파기될 수 있는 것도 아니다. 그러나 주체성의 부정은 항상 거부될 수 있고 그 귀결은 본문에서 계속해서 묘사하는 바와 같다. 무효화의 권리는 다름이 아니라 객체화의 어떤 사회적 과정에 맞서서도 자신의 주체성을 주장할 수 있는 주체의 권리이며, 내 생각에 그것은 객체화를 인간 주체의 작용으로 보는 견해에서 생겨난다.

그러나 여성들이, 이유가 어찌됐든 간에, 자신들이 교환의 대상이라는 것에 실제로 동의하고 있고 자진해서 교환의 규칙에 따라 살고 있다면 어찌 되는가? 여기서 "이유가 어찌됐든 간에"라는 구절에는 가설적인 예를 들기 좋아하는 철학자들이 무시하기 쉬운 문제가 감추어져 있다. 이 여성들이 도대체 어떤 이유를 갖고 있을 수 있을까? 우리는 어떤 이유로 그들이 반대 의견을 숨기거나, 노여움을 참거나, 단지 은밀하게 또는 단지 다른 여성들과 함께 있을 때만 분노를 표출할지를 쉽게 알 수 있다. 그러나 만약 교환의 대상으로 취급되는 경험이 우리가 그런 경험이라고 생각하는 종류의 경험이고 교환되는 여성들이 우리와 같은 존재라면 그들이 동의할 이유가 무엇일까? 다른 한편, 만약에 그 경험이 우리가 그런 경험이라고 생각하는 것과 일치하지 않고 이 가설적인 여성들이 다른 종류의 존재라면 여기서 철학적으로 문제될 것이 무엇인가? 우리가 전혀 알지 못하는 경험과 존재에 대해 우리가 무슨 말을 할 수 있으며 도대체 어떤 말이든 하고 싶어 할 이유가 무엇인가?

그래도 이 가설을 가장 극단적인 형태로 가정해보자. 여성들이 실제로 자신들이 교환의 대상으로 구성됨에 동의하는 사회가 여기에 있다고 하자. 그들이 세뇌되었거나, 어떤 화학적 과정이나 지금까지 알려지지 않은 어떤 사회적 과정에 의해 도덕적으로 로봇이 되었거나 예속이 반사 행동이 되어버렸기에 동의하는 게 아니라고 하자. 왜냐하면 이 경우에는 그들이 무엇을 하고 말하든 그것이 동의를 구성하지 않기 때문이다. 또한 그들이 선택의 여지가 없거나 물리적으로 강제되거나—자식들을 먹여 살리기 위해 자신을 노예로 파는 여자처럼—절박한 곤경에 처해 있어 동의만이 유일한 출구이기에 동의하는 것도 아니라고 하

자. 왜냐하면 이런 환경이라면 그들의 동의가 스스로를 교환의 대상으로 구성한 거라고 간주될 수 없기 때문이다. 그것은 단지 허울, 즉 그들이 거부하거나 빠져나갈 수 없는 역할을 싫고 분하지만 받아들이는 것을 의미할 뿐일 것이다. 우리는 다른 종류의 이유들을 생각해보아야 할 것이다. 여성의 교환이 적어도 일부 여성들에게 이익을 가져다 줄 수도 있을 것이다(이때 남성들에게 돌아가는 이익이 훨씬 더 클 수도 있을 것이다). 또는 교환이, 상징적으로 묘사되고, 의식(儀式)을 통해 표현되고 확인되며, 많은 세대에 걸쳐 어머니 세대에서 딸의 세대로 이어져 내려오는 믿음의 체계와 결부된 보다 넓은 관계 패턴의 일부일 뿐일 수도 있을 것이다. 그래서 여성들이 그 구성을 받아들이고 심지어는 거기에 참여하는 것일 수도 있다. 이에 따른 규범적 결과는 무엇일까?

있을 수 있는 하나의 대답은 어떤 결과도 생기지 않는다는 것이며 이유는 주체성은 양도할 수 없기 때문이라는 것이다. 이것은 루소의 주장으로 그가 이것을 여성의 자기 예속에 적용하지는 않았지만 분명히 적용할 수는 있다. "자유를 포기하는 것은 인간이기를 포기하는 것이며 인간의 권리와 심지어는 인간의 의무조차 포기하는 것이다. …… 그런 포기는 인간의 본성과 양립할 수 없다. 인간의 의지에서 모든 자유를 제거하는 것은 인간의 행위에서 모든 도덕을 제거하는 것이다."[3] 인간은 본질적으로 주체이고 필연적으로 자신이 만드는 세계에 대한 책임을 지기에 주체성의 포기는 원천적으로 효력이 없다는 것이다. 사회적 구성에 입각한 논증은 보편적이고 무조건적인 도덕적 **주체**

---

3) 장-자크 루소, 『사회 계약론 The Social Contract』, G. D. H. 코울 옮김 (London: Dent), 9쪽.

에 의존할 수 없기에 이보다 더 어렵다. 즉, 주체는 사회적으로 생산되면서도 주체 자체가 이 생산에 참여하고 있는 것이다. 우리가 (우리의 지각과 이해력과 이론으로) 교환의 – 대상인 – 여성을 도덕적 함의를 가진 사회적 구성물로 인식하기 위해서는 반드시 또한 바로 그 여성을 그 구성에 동의할 수(도, 하지 않을 수도) 있는 도덕적 주체로 인식해야 한다는 게 여전히 사실이다. 그녀가 (도덕적으로) 객체가 될 수 있으려면, 그녀는 반드시 동시에 자신의 객체의 신분을 승인할 수 있는 주체여야 한다. 그녀는 그녀의 예속적 신분이 (도덕적으로) 그녀 자신의 동의나 묵인에 의존하고 따라서 예속 자체와 모순된다는 의미에서 모순으로 구성되어 있다. 그리고 여기에 그녀의 자유가 있다. 그녀는 결코 그저 교환의 대상이기만 할 수 없다. 언제든 그녀가 자신의 객체의 신분을 거부하기만 하면 그녀가 즉시 그리고 완전하게 주체가 된다는 게 이를 증명한다. 교환의 규칙이 즉시 효력을 잃는 것이다. 그러나 그녀가 교환의 규칙을 인정하는 한 (그리고 보통 그럴 테지만, 설사 그녀의 인정이 명시적인 동의가 아닌 다른 어떤 형태를 취한다 할지라도), 그것은 효력을 유지한다. 즉, 그녀는 부분적으로 객체인 것이다.[4] 여성이나 남성의 본질에 이런 종류의 모순을 배제하는 것은 아무것도

---

[4] 나는 이 이상의 말을 하고 싶지 않다. 내 말은 그 여성이 그 구성물을 승인하니까 그 구성물이 옳다는 게 아니고, 단지 그것이 도덕의 세계에서 유효하게 성립된다는 것뿐이다. 그녀의 동의(나 묵인)는 정당화하는 능력이 아니라 증거 능력을 가졌다. 동의는 오직 동의가 옳음을 구성한다고 이해하는 도덕 체계 내에서만 옳음을 구성하며, 그런 체계에서는 보통 주체의 자유와 주체가 이용할 수 있는 지식 등에 대한 조건을 붙임으로써 동의의 위험을 줄인다. 따라서 교환의 – 대상인 – 여성의 교환이 정당할 수도 정당하지 않을 수도 있지만 객체화의 내용 자체가 그 여성의 동의에 의해 정당해지는 것은 아니다.

없다. (내 생각에는, 이 경우는 어느 정도 칸트Kant의 수단 – 목적의 대립과 비슷하다. 우리는 우리가 만나는 모든 사람을 어떤 경우에나 자기 목적적 존재로 대할 필요는 없다. 왜냐하면 자기가 시민으로서 갖는 권리의 일부를 포기하면서까지 스스로 동료 시민들의 수단이 되는 좋은 공무원 같이 사람들은 수단이 되는 것에 동의할 수 있기 때문이다. 그러나 그들은 항상 도움이 되기를 그만 둘 수 있다.)

  교환의 – 대상인 – 여성이 자신은 대상이라고 자인하는 한, 그녀의 존재의 모순은 객관적인 모순이다. 우리는 이에 대해 참된 진술을 할 수 있다. 누가 그 여성은 전적으로 대상이라고 주장한다면 그것은 틀린 말이다. 그러나 그 여성이 전적으로 주체라는 주장도 틀리다(그것은 우리가 항상 어떤 경우에나 공무원을 자기 목적적 존재로 대해야 한다고 주장하는 것과 별 다를 바 없다). 논술의 이 마지막 반전이 아마도 많은 독자들에게 너무 상대주의적이고 마르크스주의자들이 "허위의식"이라고 부르는 것에 굴복하는 것처럼 보일 것이다. 그러나 우리가 일단 세뇌나 강제의 경우를 배제한다면 가치 체계를 가진 하나의 생활 방식에서 교환의 – 대상인 – 여성이 갖는 나름의 이유와 위치를 부인할 수 있는, 도덕적으로 타당한 방법은 없다고 나는 생각한다. 이는 우리가 대상의 신분(이라고 우리에게 생각되는 것)을 거부할 더 좋은 이유라고 생각하는 것을 제시하면서 그 여성과 논쟁할 수 없다는 뜻이 아니다. 내 말은 일단 그런 논쟁이 시작되면 그 여성은 어떤 이유가 객관적으로 가장 좋은가에 대해 어떤 확신도 갖고 있지 못한 상태에서, **자신에게 더 좋은 이유라고 생각되는 것을 선택할 수밖에 없다는 것이다.** 그러나 우리는 그 선택은 참으로 그녀의 선택이라고 말할 수 있고, 내 생각에는, 그것이 우리가 말하고자 하는 전부여야 한다.

　이것이 길을 잘못 든 것처럼 보이는 사회적 구성에 대한 설득력 있는 설명이 아닐까? 만약 자연이 구성의 설계도를 제공한다면 이 과정이 (적어도 겉으로 보기에) 그토록 자주 길을 잘못 들지는 않을 것이다. 만약 성 평등 같은 것이 구성 과정이 필연적으로 수반하는 단일한 함의이고 모든 내재적 모순이 선험적으로 배제되어 있다면 평등을 주장하기가 실제보다 훨씬 더 쉬울 것이다. 사회적 의미들로 이루어진 복합적 체계를 만나는 것은 하나의 도덕 세계에 들어감을 의미하며, 그 세계의 실재를 부인한다면 그것을 창조한 사람들에 대한 예의가 아닐 것이다. 사회적 의미는 이유가 있어서 구성되고 수용되고 수정되는 것이며 우리는 이 이유를 적용해야 한다. 만약 우리가 교환의-대상인-여성의 경우에서처럼 외래의 이유를 적용한다면, 우리는 마치 원주민에게 새로운 생활방식을 설교하는 선교사들 같을 것이다. 그래서 우리로서는 그들이 자신들의 전통적 생활방식에서 가치 있거나 만족스럽다고 여기는 것을 추출해내는 게 도덕적으로나 정치적으로나 가장 현명하다. 보다 자주 일어나고 보다 중요한 사실은 전통적 방식에 대한 비판은 사회 변화의 오랜 과정의 결과로 내부로부터 일어난다는 것이다. 의미를-지닌-대상의 구성과 이에 따른 도덕 세계의 구성은 끊임없이 계속되기 때문이다. 이는 우리 모두가 참여하는 지속적인 과정이다. 보수주의자들은 이 과정을 동결하려 하지만 이런 시도는 단지 (그것 역시 이유를 가진) 구성 활동의 또 하나의 사례, 인간의 주체적 활동의 또 하나의 표현에 불과하다. 비판도 형식에 있어 다르지 않다.

　예를 들면, 여성이 여전히 교환의 대상이 되고 있는 어떤 사회가 재능-있는-사람에게-열려-있는-성공의-길이라는 구성물을 갖고 있다고 생각해보자. 어떤 기간 동안, 대부분 남성이겠지만, 사회의 어떤 구성원들이 자신의 삶을 계획하는 것이 가능하도록 (또는 필요하도록) 만드는 제도나 관습이 형태를 갖추고, 또 같은 기간 동안, 이런 삶이 토의와 논의를 통해 의미를 갖게 된다. 이 과정에서 여성은 자신의 '대상' 신분을 포기할 새로운 이유를 발견한다. 자기 자신의 경력을 개척하려면 그렇게 해야 하기 때문이다. 몇몇 여성이 이 이유를 붙잡을 것이고 그 후 점점 더 많은 여성이 동참할 것이다. 그래서 언젠가 교환의-대상인-여성들은 과거의 유물이나 슬픈 기억이 될 것이고 예속에 동의했던 그들의 태도는 이해하기 어려운 것이 될 것이다. 만약 소수의 사람들이 그 교환의 규칙을 행동으로 나타내려 한다면 그들은 돈키호테처럼 보일 것이고 옛 방식의 수호자라기보다는 시간의 어릿광대처럼 보일 것이다. 이는 고고학 유물의 안내자가 우리에게 이렇게 말할 때와 비슷하다. "이것들은 신적 존재가 도원향桃源鄕을 지배하던 시절, 도시의 신성한 제단이었습니다."

4

결국 내가 처음에 인정했던 것으로 돌아오게 된다. 내가 사회적 의미에 결부시킨 종류의 객관성은 아마도 객관성을 추구하는 철학자들이 흥미를 느끼는 종류가 아닐 것이다. 그들은 사물을 있는 그대로, 또는 틀림없다고 여겨지는대로 파악하고자 한다. 그러나 나는 사회적 구성물을 제외하고는, 있는 그대로의 사물에 대해 아는 게 거의 없다. 특정한 구성물들은 여러 사회에서 잇달아 반복적으로 나타나는 게 사실이다(우리는 이에 대해 객관적인 진술을 할 수 있다). 반복의 범위와 반복의 이유—이것은 경험적인 문제다. 정확히 어떤 증거가 있을 때 우리가 이러이러한 구성물은 다르게 될 수 없다거나 결코 다르게 되어서는 안 된다고 말할 수 있는지, 나는 모르겠다. 어떻든, 그런 종류의 증거는 흔하게 구할 수 없을 것이다. 흥미 있는 객체들, 그만큼 더 복잡한 구성물들이 항상 다르게 될 수 있다. 탁자가 제단일 필요는 없는 것이고 삶이 경력일 필요도 없는 것이다.

하지만 의미는 항상 구성되는 것이라는 게 객관적으로 사실이 아닌가? 만약 자연에 담긴 의미를 발견했다고 주장하는 남녀가 있다면, 그들은 분명히 자신들의 활동을 잘못 진술하고 (잘못 구성하고) 있는 것이다. 이는 그들이 우리에게 아담이 아니라 하느님이 동물들에게 이름을 지어주었다고 말하는 것과 다름없다. 어떤 특정한 의미도 객관적으로 참이거나 맞거나 필연적이지는 않지만, 그래도 여전히 의미의 구성은 실제의 과정이라는 게 사실이다. 인간 남녀가 실제로 탁자를 제단으로, 삶을 경력으로 만들었던 것이다. 이것이 지금까지 나의 논술의 전제였고 나는 심지어 그것이 가질 수 있는 도덕적 함의까지도 지적했다. 내가 이제 와서 이 입장을 버릴 생각은 없다. 그러나 그것이 우리가 만들고, 또 고쳐 만들 수밖에 없고 결코 만들기를 끝내거나 정확하게 만들 수도 없는 세상에서 우리를 표류하게 만드는 이상한 "객관성"인 것은 사실이다.

4장
자유주의와 분리의 기술

1

　나는 자유주의를 사회·정치 세계의 지도를 그리는 어떤 방법으로 생각하자고 제안하는 바이다. 자유주의 이전의 오래된 지도는 강과 산, 도시와 마을이 있지만 경계는 없는, 대체로 분화分化되지 않은 대륙을 보여주었다. 존 던John Donne이 쓴 대로 "모든 사람이 대륙의 일부다." 그리고 이 대륙은 동질적이었다. 사회는 유기적이고 통합된 전체로 여겨졌다. 사회를 종교나 정치나 경제나 가족의 측면에서 볼 수는 있었지만 이 모든 것들이 서로 융합되어 단일한 현실을 이루고 있었다. 교회와 국가, 교회 국가church-state와 대학교, 시민 사회와 정치 공동체, 왕조와 정부, 공직과 재산, 공적 생활과 사적 생활, 가정과 상점,

이 각 쌍은, 신비스럽게든, 신비스럽지 않게든, 둘이 하나였고 서로 분리될 수 없었다. 이 세계에 맞서 자유주의 이론가들은 분리의 기술을 주장했고 실천했다. 그들은 경계를 정했고 서로 다른 영역들을 나누었고 우리에게 여전히 친숙한 사회 정치적 지도를 만들었다. 가장 유명한 경계는 교회와 국가 사이의 "벽"이지만 다른 경계들도 많다. 자유주의는 벽들의 세계이고 각각의 벽은 새로운 자유를 만든다.

이게 분리의 기술이 작동하는 방식이다. 교회와 국가 사이의 벽은 종교 활동, 공적·사적 예배, 종교적 집회와 양심의 영역을 만들어내며 정치인과 관리가 이 영역에 침입해서는 안 된다. 엘리자베스Elizabeth 여왕은 "사람들을 거기에 가두기 위해 그들의 영혼에 창문을 내지는"[1] 않을 거라고 말했는데 이 말은, 최소한이기는 해도, 마치 자유주의자의 말처럼 들린다. 신자들은 모든 종류의 공적·법적 강제로부터 해방되어 있다. 그들은 개인적으로든 집단적으로든 스스로 구원의 길을 찾아갈 수 있다. 또는 길을 찾아가지 못할 수도 있다. 또는 길찾기를 거부할 수도 있다. 결정은 전적으로 그들 자신의 것이다. 이것이 우리가 양심의 자유나 종교적 자유라고 부르는 것이다. 마찬가지로 옛 교회 국가(또는 국가 교회state-church)와 대학교를 나누는 자유주의자들의 구분은 학문의 자유를 만들어내어 신자가 자유롭게 믿을 수 있는 만큼 교수가 자유롭게 가르칠 수 있게 했다. 대학교는 일종의 벽으로 둘러싸인 도시의 모습으로 나타난다. 중세의 위계적 세계에서는 대학교가 법의 벽으로 둘러싸여 있었다. 즉, 학생과 교수는 일반인에게 가해지

---

1) J. E. 닐, 『엘리자베스 여왕Queen Elizabeth』 (New York : Harcourt Brace Jovanovich, 1934) 174쪽.

는 형벌과 처벌로부터 보호되는 특권 집단이었다. 그러나 이는 대학교와 교회(학생과 교수는 성직자 신분이었다.), 또 다음으로는 교회와 국가가 통합되어 있었기에 나타나는 결과였다. 바로 이 통합 때문에 학자들은 이단적 사상의 특권을 누리지 못했다. 오늘날 대학교는 법의 벽은 아니지만 지성의 벽으로 둘러싸여 있다. 즉, 학생과 교수가 법적 특권을 갖고 있지는 않지만 지식의 영역에서는 적어도 원칙적으로는 절대적으로 자유롭다.[2] 개인적으로든, 집단적으로든, 그들은 자신들이 속한 사회의 기성 신조들을 비판하거나 믿지 않거나 의심하거나 거부할 수 있다. 또는, 어디서든 비교적 안정된 사회에서라면 더 가능성이 높은 일이지만, 그들은 기존의 신조들을 대개는 전통적인 방식으로, 그러나 때로는 새롭고 실험적인 방식으로 더 다듬을 수도 있다.

또한 마찬가지로 시민 사회와 정치 공동체의 분리는 경제적 경쟁과 자유 기업의 영역, 즉 상품 시장과 노동 시장과 자본 시장을 만들어냈다. 나는 이 세 가지 중 우선 첫 번째에 초점을 맞출 것이고 시장의 자유에 대한 가장 폭넓은 시각을 채택할 것이다. 이 시각에 따르면 상품의 매수인과 판매인이 전적으로 자유롭게 자신들이 원하는 어떤 매매 계약이든 맺을 수 있어 국가 공무원의 간섭을 받지 않고 어떤 가격이든 자신들이 합의하는 가격으로 어떤 것이든 사고 팔 수 있다. 공정 가격 같은 게 없거나 적어도 공정 가격의 강제는 없다. 또 마찬가지로 사치 금지법도, 고리高利 제한도, 품질이나 안전 기준도, 최저 임금 등도

---

2) 대학생의 징집 면제는 어쩌면 현대판 중세의 자유인지도 모른다. 그것은 국가와 대학교 사이에 있는 자유주의의 벽을 깨뜨린다. 그 이유는 그것이 학문의 자유를 침해하기 때문이 아니라 오히려 정치의 통일성(시민의 평등)을 침해하기 때문이다.

없다. 매입자의 위험 부담 caveat emptor, 즉 '매수인이 조심하라.'는 원칙은 시장의 자유는 소비자들에게 어떤 위험 부담을 초래함을 암시한다. 그러나 그것은 종교적 자유도 마찬가지다. 어떤 사람들은 안전하지 않은 제품을 사고 어떤 사람들은 그릇된 가르침으로 전향한다. 자유로운 남녀는 그런 위험을 감수해야 한다. 나 개인적으로는, 안전하지 않은 제품은 실제적인 위험을 제기하지만 그릇된 가르침은 단지 이론적인 위험만을 제기하기에 이 비교에 의심이 가긴 하지만 이 문제를 여기서 더 논하고 싶지는 않다. 나의 당면 목적은 자유주의자들이 그린 지도를 비판하는 게 아니라 묘사하는 것이고, 이 지도에서는 적어도 신조에 주어진 만큼이나 많은 자리가 상품에 주어졌다.

다른 예를 들어보자. 왕조 정부의 폐지는 가족과 국가를 분리하고 정치적 형태의 "재능 - 있는 - 사람에게 - 열려 - 있는 - 성공의 - 길"과 최고 형태의 노동 시장을 개척한다. 왕은 특정한 가계家系의 가장 나이 많은 남자만 될 수 있지만 대통령이나 수상은 누구나 될 수 있는 것이다. 더 일반적으로 말하자면, 정치·사회적 위치를 가족 관계와 분리시키는 경계는 직위의 영역과 그 다음으로는 관직이나 전문직을 얻으려고 경쟁하거나 어떤 직업을 갖거나 임용 신청을 하거나 전문 분야를 개발하는 등의 자유를 창출한다. 인생은 프로젝트라는 개념은 어쩌면 여기에 기원을 두고 있는지도 모른다. 이것은 인생은 유산이라는 개념과 대비될 수 있다. 즉, 한편에는 출생과 혈통의 운명이, 다른 한편에는 투쟁과 성취의 자기결정이 있는 것이다.

끝으로, 공적 생활과 사적 생활의 분리는 개인과 가족의 자유, 사생활과 가정생활의 영역을 창출했다. 가장 최근에는 이것이 성적 자유의 영역으로 묘사되고 있다. 맞는 말이기는 하지만 원래, 또는 일차적으로 그런 것은 아니다. 그것은 일련의 매우 넓은 이해관계와 활동을 망라하도록 설계되어 있다. 즉, 책을 읽는다든지, 정치를 논한다든지, 일기를 쓴다든지, 아는 것을 자녀에게 가르친다든지, 정원을 가꾸는 (또는 이 일을 소홀히 하는) 등의 근친상간과 강간과 살인을 제외하고, 우리가 우리의 가정 내에서나 친구와 친척끼리 하고자 하는 모든 것이 여기에 포함된다. 우리의 집은 우리의 성이며 여기서는 우리가 공적인 감시로부터 자유롭다. 어쩌면 이것이 우리가 가장 당연하게 여기는 자유인지도 모른다.—쌍방향 텔레비전 스크린이 등장하는 오웰G. Orwell의 『1984』는 특히 공포심을 불러일으키는 사이언스 픽션물이었다.—그래서 그것이 인류 역사에서 얼마나 드문 자유인지를 강조할 필요가 있다. "우리의 집은 우리의 성이다."는 무엇보다도 성을 집으로 가진 사람들의 주장이었고 매우 오랜 세월 동안 오직 그들에게만 유효한 주장이었다. 이제는 만약 그것을 부정하면 평범한 시민들조차 분노하고 분개한다. 우리는 사적으로 이상하고 흥분되는 일을 하든 안 하든, 우리의 사생활을 귀중히 여긴다.[3]

---

3) 존 롤스의 『정의론A Theory of Justice』에서처럼 분리의 기술은 여전히 오늘날의 자유주의의 중요한 특징이다. 롤스는 자신의 두 가지 원칙에 대해 이렇게 쓴다. 그것들은 "사회 구조가 두 개의 다소간 서로 다른 부분으로 나뉠 수 있다는 것을 전제로 하며 첫 번째 원칙은 그 중 한쪽에, 두 번째 원칙은 다른 한쪽에 적용된다. 그것들은 사회 체계에서 시민의 평등한 자유를 정의하고 보장하는 측면들과 사회·경제적 불평등을 구체화하고 성립시키는 측면들을 구별한다." 『정의론A Theory of Justice』 (Cambridge : Harvard University Press, 1971), 61쪽. 롤스는 국가와 시장 사이의 오래된 경계를 다시 획정하지만, 내가 아래에서 제안할 방법과는 좀 다르다.

2

분리의 기술은 좌파, 특히 마르크스주의 좌파에서는 크게 존중받지 못해왔는데, 여기서는 그것을 대개 실제적인 일이라기보다는 이데올로기적인 일로 보고 있다. 좌파는 일반적으로 여러 사회 영역의 근본적인 상호 의존성과 동시에 경제로부터 바깥쪽으로 방사되는 직간접적인 인과 관계를 강조해왔다. 마르크스주의의 견해에 따르면, 자유주의의 지도地圖는 허울이고 교묘한 위선이다. 왜냐하면 지배적인 종교적 신조는 사실은 자본주의 사회의 이데올로기적 요구에 적합하게 되어 있고, 대학교는 자본주의 노동 인구의 상류층을 재생산하도록 조직되어 있고, 대기업과 대형 법인의 시장 지위는 자본주의 국가에 의해 뒷받침되고 보장되고, 직위는, 법적으로 상속할 수는 없지만, 그래도 자본주의 파워 엘리트 내에서 양도되고 교환되고, 우리는 집에서도 우리가 거기서 하는 것이 자본주의 질서에 무해하고 손상을 주지 않는 한에서만 자유롭기 때문이다. 자유주의자들은 선을 긋고 마치 그것이 벽돌이나 돌의 물리력을 가진 것처럼 그것을 벽이라고 부르지만, 그것은 단지 일차원적이고 교조적이고 실질이 없는 선에 불과하다. 오늘날의 사회는 아직도 유기적인 전체이고 사람들이 생각하는 것만큼 봉건주의와 다르지 않다. 동산動産이 토지를 대신하여 지배적 재화가 되었고 이 교체가 사회생활의 모든 영역에서 울려 퍼지고 있지만 영역들 사이의 깊은 연관성이 이로 인해 바뀌는 것은 아니다.

이렇게 말하면서도 마르크스Marx는 또한 자유주의의 분리의 기술이 너무도 성공적이었고, 유대인 문제에 대한 에세이에서 쓴 것처럼, 그것이 "공동체로부터 분리되어 있고, 자기 안으로 물러나 있고, 전적으로 사익私益에 집착하고, 개인적 충동에 따라 행동하는 개인"[4]을 만들어냈다고 믿었다. 나는 이 주장을 나중에 다시 다루고자 한다. 왜냐하면 그것이 자유주의적 노력의 이론적 기초에 대해 중요한 주장을 하고 있기 때문이다. 하지만 지금으로서는, 마르크스의 눈에는 분리된 개인의 이기주의조차도 실제로는 생산 관계에 의해 요구되어 사회적 활동의 모든 영역에서 재생산되는 사회적 산물이라는 것을 말하는 것으로 충분하다. 사회의 구성원들이 연계 감각을 잃어버렸을지라도 사회는 여전히 조직된 전체였다. 이 감각을 회복시키는 것, 또는, 더 정확하게 말하면, 사람들에게 자신들의 연계성을 새롭게 인식시켜 자신들의 공동생활을 지배할 수 있게 하는 것이 마르크스주의 정치학의 목표였다. 마르크스는, 실재하는 분리가 있다면, 그것은 극복되어야 할 어떤 것이라고 생각했다. 교회도, 대학교도, 심지어는 가족조차도, 그것이 분리되어 있는 제도라면 그의 프로그램에 있을 자리가 없었다. 그런 것들의 독특한 문제는 오직 사회 혁명에 의해서만 해결될 것이다. 마르크스에 따르면, 사회는 항상 하나의 전체로서 지금은 단 하나의 계급에 의해, 그리고 궁극적으로는 서로 협력하는 모든 사회 구성원들에 의해 통치된다.

하지만 자유주의적 분리에 대한 좌파의 비판은 자유주의가 특정한 사회적 이해관계에 봉사했고 자유주의의 기술을 그 목적에 제한했고 적합화했다고 평가하면서 다른 형태를 취할 수도 있다. 필요한 것은

---

4) 카를 마르크스, 『초기 저작Early Writings』, T. B. 보토모어 옮김 (London : C. A. Watts, 1963), 26쪽.

이 기술을 공정하게 만드는 것이다. 또는, 만약 그게 이상적이지만 비현실적인 계획이라면, 적어도 그것이 보다 넓은 일련의 이해관계에 봉사하도록 만드는 것이다. 시민 사회의 제도들이 국가 권력으로부터 보호된 것처럼, 이제는 그것들뿐 아니라 국가도 시민 사회 자체의 내부에서 등장하는 새로운 권력, 즉, 부富의 권력으로부터 보호되어야 한다. 요점은 마르크스처럼 분리를 거부할 게 아니라 분리를 지지하고 확대하며 자유주의의 기술이 사회주의에 봉사하도록 해야 한다는 것이다. 확대된 분리의 기술의 가장 중요한 예는 사설 정부private government와 산업 민주주의와 관계가 있으며 나는 이 확대를 어느 정도 자세하게 변호하고자 한다. 하지만 먼저 이미 이룩된 분리도, 설사 항상 실제로 가지지는 않을지라도 원칙적으로는, 나름의 가치를 갖고 있음을 강조하는 게 중요하다. 심지어 재능 - 있는 - 사람에게 - 열려 - 있는 - 성공의 - 길조차도 자유주의자들뿐 아니라 좌파도 필요로 하는 것이다. 왜냐하면 로베르트 미헬스Robert Michels가 묘사하는 것처럼, 교육받은 전문직 중산층 출신의 집정자들이 자신들의 후계자들을 뽑는, 노인이 지배하는 과두 정치가 사회주의 정당과 운동을 이끄는 한, 사회주의는 결코 성공할 수 없기 때문이다.[5] 사람들은 정력적이고 정치적수완이 좋은 일꾼과 지식인이 지도자의 위치에 오르는 것을 원할 텐데, 그렇다면 그런 사람이 자신의 재능을 개발하고 경력을 쌓을 수 있는 기회가 있어야 한다. 보다 일반적으로, 개인과 집단의 자기 결정에 관한 마르크스의 이상은 (그 자신은 깨닫지 못했지만) 의미 있는 선택이

---

5) 로베르트 미헬스, 『정당들Political Parties』, 이든 폴과 시더 폴 옮김 (New York : Dover, 1959).

이루어질 수 있는 **보호된 공간**의 존재를 필요로 한다. 그런데 그런 종류의 공간은 부와 권력이 벽으로 둘러싸여 제한되어 있을 때 비로소 존재할 수 있다.

사회는 사회의 여러 부분이 서로 가족 유사성을 갖고 있다는, 즉 내부의 (생물학적이 아니고 사회학적인) 유전적 성질을 외부로 반영한다는 의미에서 과연 동질적이다. 그러나 이 가족 유사성은 형제 간 경쟁과 부부 간 불화와 각자 자기 방을 가진 성장한 자녀들에 비유될 수 있는 사회학적 형태일 여지를 많이 남겨두고 있다. 예를 들면, 교회의 감독은 국방 정책을 비판하고 대학교는 급진적 반체제 인사들의 은신처가 되어주고 국가는 기업 활동을 지원하면서도 또한 규제하는 등등이다. 각각의 경우에 제도는 체계에 의한 결정에 빠른 반응을 보이면서도 동시에 자체의 내적 논리에도 빠른 반응을 보인다. 내적 논리의 역할은 오직 압제와 경계 침해와 분리의 기술에 의해 세워진 벽의 파괴를 통해서만 억압될 수 있다. 자유주의를 그런 억압에 대한 반대론으로서 이해하는 것이 자유주의를 가장 잘 이해하는 것이다. 만약 독립적인 교회와 대학교, 자치적인 국가가 세상에 실제로 존재하지 않거나 실제로 존재할 수 없다면 자유주의는 의미 없는 주장이 될 것이고 전제專制는 불필요한 정치가 될 것이다. 그러나 그것들은 존재할 수 있고 때로는 실제로 존재한다. 분리의 기술은 착각이거나 공상적인 것이 아니다. 그것은 도덕적으로나 정치적으로나 필요한, 현대 생활의 복합성에 대한 적응이다. 자유주의 이론은 장기적인 사회 분화의 과정을 반영하고 강화한다. 나는 자유주의 이론가들이 이 과정을 종종 오해한다고 주장하고 싶지만 그들은 적어도 그것의 중요성을 인식하고 있다.

마르크스주의 저술가들은 이 과정의 중요성을 부인하는 경향이 있다. 그들의 견해에 따르면, 그것은 실질적인 차이를 야기하지 못하는 변화, 대체로 현상의 세계에서 일어나는 사건 또는 일련의 사건들이다. 자유주의적 자유는 모두 실체가 없다는 것이다. 노동자의 형식적인 자유가 단지 임금 노예 제도의 가면인 것처럼, 종교적 자유와 학문의 자유와 자유 기업 제도와 자기 결정과 사생활도 계속되거나 반복되는 예속의 가면이다. 즉, 형식은 새롭지만 내용은 낡은 것이다. 이 견해의 난점은 그것이 오늘날의 정치에 대한 어떤 실제의 경험과도 전혀 설득력 있게 연결되지 않는다는 것이다. 즉, 그것은 추상적이고, 이론적으로 자의적이다. 반자유주의 국가에서 살아본 어느 누구도 자유주의적 자유의 범위에 대한 이런 평가절하를 받아들이지 않을 것이다. 자유주의의 업적은 불완전하기는 하지만 실제적이다. 하지만 마르크스주의의 틀 안에서는 이 업적을 인정하기가 어렵다. 왜냐하면 유기적인 전체와 깊은 구조적 변화를 믿는 한, 분리된 영역들과 자치적인 제도들을 쉽사리 수용할 수 없기 때문이다. 그리고 여기서의 나의 목적도 그런 수용을 이끌어내려는 게 아니다. 그런 게 아니라 나는 자유주의자들이 자신들의 기술에 충분히 충실하지 않았다는 다른 비판을 펼치고자 한다. 그리고 그들이 그것에 충실했던 곳에서는 부적절하고 잘못된 이론을 따라왔다고 주장하고자 한다. 사회생활과 정치 행위의 다른 형태들과 마찬가지로 자유주의적 노력은 한 가지 이상의 방법으로 해석될 수 있다.

3

분리의 기술은 자유뿐 아니라 평등에도 기여한다. 내가 처음에 든 예들을 다시 한 번 하나씩 검토해보자. 종교적 자유는 정치 당국자와 성직자의 강압적 권력을 무효화한다. 이 때문에 그것은 원칙적으로 모든 신자가 사제司祭이게 만든다. 즉, 모든 신자가 자유롭게 자기 자신의 구원을 추구할 수 있게 한다. 그리고 실제적인 문제로서, 그것은 사제들보다는 평신도들이 지배하는 교회를 만들어내는 경향을 보인다. 학문의 자유는 자치적인 대학교에게, 항상 실제적인 보호는 아니더라도, 이론적인 보호를 제공하는데, 자치적인 대학교에서는 부자나 귀족의 자제들에게 특권적 지위를 유지해주기가 어렵다. 자유 시장은 인종과 종교에 관계없이 오는 사람 누구에게나 열려 있다. 외국인과 하층민도 똑같이 자유 시장의 기회를 이용한다. 그리고 비록 자유 시장이 동등하지 않은 결과를 가져오기는 하지만 그 결과가 결코 단순히 혈통이나 신분, 또는 그런 의미의 "장점"의 위계질서를 재생산하지는 않는다. "재능 있는 사람에게 열려 있는 성공의 길"은, 그것이 정말로 열려 있다면, 동등한 재능을 가진 개인들에게 동등한 기회를 제공한다. 사생활의 개념은, 적어도 권력에 관한 한, 모든 사적 생활의 동등한 가치를 전제로 한다. 즉, 평범한 가정에서 일어나는 일도 성에서 일어나는 일만큼이나 보호를 받을 자격이 있고 성에서 일어나는 일만큼의 보호를 받을 자격이 있다.

분리의 기술의 비호 아래, 자유와 평등은 함께 간다. 물론 우리는 그것들을 단 하나의 정의定義로 정의하고 싶다. 즉, 우리는 (현대의 복합적이고 분화된) 사회는, 한 제도적 환경에서의 성공이 다른 제도적 환경에서의 성공으로 전환되지 않을 때, 다시 말해, 분리가 유지될 때, 그러니까 정치권력이 교회의 모습을 결정하거나 종교적 열정이 국가의 모습을 결정하거나 하지 않을 때, 자유와 평등을 동시에 누릴 수 있다고 말할 수 있다. 물론 각각의 제도적 환경 내에서 제약과 불평등이 있겠지만, 만약 그것들이 제도와 관습의 내적 논리를 반영한다면, (또는 내가 이미 『정의의 영역들』에서 주장한 것처럼, 만약 호의와 지식과 부와 직위 같은 사회재social goods[6]가 그것이 무엇이고 무엇을 위한 것인지에 대한 공유된 이해에 따라 분배된다면,) 그것들에 대해 걱정할 이유는 거의 없을 것이다. 그러나 너무도 자주 분리가 유지되지 않는다. 지금까지의 자유주의의 업적은 많은 중요한 제도와 관습을 정치권력으로부터 보호한 것, 정부의 범위를 제한한 것이다. 자유주의자들은 경찰이 이론적 진리의 이름으로 소수 종교를 탄압하거나 경제 계획의 이름으로 프티 부르주아의 기업을 폐쇄하거나 도덕이나 법과 질서의 이름으로 개인의 집에 침입할 때 재빨리 자유와 평등에 대한 위협을 알아챘다. 그들은 이 모든 경우에 옳았지만 그것들이 자유와 평등이 위협을 당하는 유일한 경우들, 또는 유일한 종류의 경우들은 아니다. 우리는 어떻게 부가, 일단 전제 정치가 폐지되자, 그것 자체가 전제적인 형태를 취하는지를 자세히 볼 필요가 있다. 제한된 정부는 분리의 기술이 거둔 큰 성공이지만 바로 이 성공이 정치학자들이 **사설** 정부라고 부르는 것에 길을 열어주고 있고 당연하게도 자유주의에 대한

---

6) 마이클 왈저, 『정의의 영역들 : 다원주의와 평등의 우호 *Spheres of Justice : A Defense of Pluralism and Equality*』 (New York : Basic Books, 1983).

좌파의 비난은 사설 정부에 대한 비판으로부터 시작되고 있다.

정치 공동체와 시민 사회 사이의 경계는 강제적인 의사 결정과 자유로운 교환을 구분하기로 되어 있었다. 이게 관직매매가 금지되고, 재판을 하고 군인을 징집할 수 있는 과거의 남작男爵의 권리가 국가 공무원에게 이전된 이유였다. 또한 이게 바로 그 관리들에게 시장 거래에 간섭할 권리가 인정되지 않은 이유였다. 그러나 시장에서 일어나는 모든 것이 자유로운 교환이고 거기서는 강제가 전혀 없다고 주장한다면 그것은 틀린 시민 사회관이고 나쁜 사회학이다. 시장에서의 성공은 세 가지, 서로 밀접하게 연관된 방법으로 (자유) 시장의 제한을 무효화한다. 우선 첫째로, 부의 극단적인 불평등은 그것 자체의 강제력을 발생시켜 많은 교환이 단지 형식적으로만 자유롭게 되도록 한다. 둘째, 기업 구조를 갖도록 조직된 특정한 종류의 시장 지배력은 심지어는 교환의 절차조차도 정부와 매우 비슷해 보이는 것에 의해 지배되는, 명령과 복종의 패턴을 발생시킨다. 그리고 셋째, 막대한 부와 생산력의 소유나 통제는 쉽게 엄격한 의미의 정부로 변화한다. 자본은 어김없이, 그리고 성공적으로 국가의 강제력에 호소하는 것이다.[7]

여기서 더 중요한 문제는 용기가 없는 것이 아니라 지각력이 없는 것이다. 자유주의 이론가들은 개인의 부와 기업의 권력을 시장 가치와는 다른, 말하자면, 정치적 비중을 가진 사회적 힘으로, 문자 그대로, "보지" 않았다. 그들은 자유 시장을 창출하려고 노력했고, 국가의 간섭에 반대하고 기업인들을 해방하는 것으로써 할 일을 충분히 했다고

---

7) 시장 권력의 정치 권력화에 대한 최근의 가장 뛰어난 설명은 찰스 E. 린드블롬, 『정치와 시장*Politics and Markets*』 (New York : Basic Books, 1977), 특히 5부다.

생각했다. 그러나 자유 시장은 내가 위에서 열거한 세 가지 종류의 강제가 (대체로) 효과를 나타내지 못하는 곳으로서 명확한 구조를 필요로 한다. 자유로운 교환은 저절로 유지되지 않는다. 그것은 제도와 규칙과 관습과 관행을 통해 유지될 필요가 있다. 잠시 종교의 경우와 비교하여 생각해보자. 분리의 기술은 국교제를 폐지하고 교회로부터 부와 권력을 박탈함으로써 국가 교회와 교회 국가에 불리하게 작용했다. 또 그것은 이 일을 개인의 믿음의 이름으로 뿐만이 아니라 회중 자치의 이름으로 했다. 회중교회주의congregationalism가, 교회와 국가가 분리되었을 때의 자연스럽거나 있을 수 있는 유일한 제도적 틀이어서가 아니라, 그것이 분리를 강화하기에 가장 적합하고 분리를 강화할 가능성이 가장 높은 문화 형태이기 때문이다. 경제의 영역에서도 마찬가지다. 분리의 기술은 국가 자본주의에도 자본주의 국가에도 불리하게 작용해야 하지만, 만약 그것이 폐지와 박탈을 수반하지 않는다면, 그리고 적절한 문화 형태가 경제 영역 내에서 발전되지 않는다면, 그것은 성공적으로 작용할 수 없다. 개인의 양심에 대응하는 것은 개인 기업이고 회중의 자치에 대응하는 것은 공동 소유제다.

박탈과 공동 소유제가 없다면, 시장은 반드시 분리의 기술에 대항하는 형태를 갖춰가게 되어 있다. 빠르게 새로운 유착 관계가 형성된다. 이미 지적한 것처럼, 이것은 무엇보다도 국가와의 유착이며 지금은 국가 쪽보다는 시장 쪽에서 시작되고 있지만 깊고 강력하기는 마찬가지다. 게다가 무한한 부는 시민 사회의 모든 제도와 관행—학문의 자유, 재능 있는 사람에게 열려 있는 성공의 길, "가정"과 "성城"의 평등—을 위협한다. 그것은 국가의 강제보다 덜 공공연하고 더 음흉하지만 아무도 부가 쉽게 권력과 특권과 지위로 전환될 수 있음을 의심할 수는 없다. 시장을 가두는 벽은 어디에 있는가? 원칙적으로, 그것은 어쩌면 이미 존재하고 있을지도 모르지만 국립 교회가 사회화된 것과 똑같이 사설 정부가 사회화될 때까지는, 즉 벽을 구성하는 참여자들에게 양도될 때까지는 결코 효력을 발휘할 수 없다. 산업 민주주의에서도 종교적 민주주의에서와 같은 일이 일어날 게 틀림없다. 나는 여기서 어떤 특정한 일련의 제도적 틀들을 일일이 열거하고 싶지는 않다. 다음의 두 가지 요건에 부합하는 많은 체제가 있을 수 있을 것이다. 그 요건은 복음 전도자와 "회중" 교회gathered church에 활동 기회가 있는 것과 똑같이 창업가創業家와 새로운 기업도 활동 기회가 있어야 한다는 것과 고위 성직자들이 일상적으로 "세속 권력"을 끌어들일 수 있는 여지가 없어야 하는 것처럼 경제 권력이 공공 정책을 형성하고 결정할 수 있는 여지도 없어야 한다는 것이다.

이 비교를 통해 우리는 일관성 있는 자유주의, 즉 민주 사회주의로 넘어가는 자유주의를 언뜻 볼 수 있다. 하지만 이것은 여전히 자유주의적인 종류의 민주 사회주의다. 이것은 시장의 폐지(나 종교의 폐지)가 아니라 시장을 제자리에 국한시킬 것을 요구한다. 비자유주의적인 사회주의에서는 국가가 경제생활을 전적으로 통제하는데, 이 경우에는 같은 원칙이 반대의 방향으로, 즉 시장을 국한하는 것이 아니라 시장을 정치의 영역으로부터 독립시킬 것을 재차 주장하는 방향으로 작용할 것이다. 따라서 미국에서는 분리의 기술이 기업 권력의 제한과 변화를 요구한다. 소련에서는 같은 기술이 무엇보다도 개인 기업의 해방을 요구할 것이다.

4

분배의 정의는 (대체로) 경계를 바르게 하는 문제다. 하지만 우리가 그 일을 어떻게 할 수 있을까? 우리가 어떻게 교회와 학교, 국가와 시장, 관료제도와 가족이 각각 제자리를 찾을 수 있도록 사회의 지도를 그릴 수 있을까? 우리가 어떻게 이 서로 다른 제도적 환경의 참여자들을 권력자들과 부자들과 집안이 좋은 자들 등의 압제적 침입으로부터 보호할 수 있을까? 역사적으로 자유주의자들은 개인주의와 자연권의 이론을 자신들의 기반으로 삼아왔다. 그들은 개인의 존재와 자유로운 활동을 보장할 수 있도록 경계를 구획한다. 이런 식으로 구상되어 있기에 분리의 기술은 매우 극단적 계획인 것처럼 보인다. 다시 말해, 그것은 모든 사람, 즉 한 사람 한 사람의 모든 남녀가 서로 분리되어 있는 세계를 낳는다. 그래서 마르크스는 이렇게 말한다. "이른바 인간의 권리는 그저 다른 사람들과 공동체로부터 분리되어 있는 이기적인 인간의 권리일 뿐이다."[8] 제도적 자율은 분리 과정의 최종 목표가 아니라 중간 지점일 뿐이다. 최종 목표는 모든 외부의 간섭으로부터 보호되어, 남자든 여자든 자신의 권리의 원 안에서 자유로운 개인이다. 자유주의 사회는, 이론적으로, 단지 이 원들 안에 혼자 사는 거주자들이 자발적으로 체결하는 모든 접점들과 실제적인 겹침 부분들로 결합되어 있는, 그 원들의 집합일 뿐이다.[9] 교회, 학교, 시장, 가족은 모두 개

---

8) 마르크스, 『초기 저작 Early Writings』, 24쪽.
9) 나는 여기서 20세기 초기의 다원주의자들에 대해 어떤 논의도 하지 않겠지만, 그들 중 일부는 자유주의자로 불리며 그것은 타당한 일이다. 논의하지 않는 이유는 그들

인들 사이의 자발적 합의의 산물로서 그것들이 구현하는 합의 때문에 가치가 있지만 동시에 분열, 중단, 취소, 이혼의 가능성을 안고 있다. 종교적 자유는 개인이 그의his(이 대명사는, 그것이 여성 대명사여도 상관없기에, 남성 대명사라는 점이 아니라 단수이고 소유격이라는 점에서 중요하다.) 하느님을 공적으로든 사적으로든, 어떤 방식으로든 그리고 그가 선택하는 어떤 사람과든 숭배할 수 있는 권리다. 그것은 유대-기독교의 교리·제도적 성격과 아무 상관이 없거나 아무런 특별한 상관이 없다. 학문의 자유도 사회적 무대 장치인 대학교와 아무런 특별한 상관이 없다. 그것은 그저 남자든 여자든 자기가 좋아하는 대로 연구하고 말하고 들을 수 있는 개인의 권리일 뿐이다. 다른 모든 자유도 비슷한 방식으로 설명된다.

개인적 합의는 분명히 우리 제도의 중요한 근원이고 개인의 권리는 우리의 자유의 중요한 근원이다. 그러나 다른 단서들을 붙이지 않고 이것들만을 종합하면, 또다시 나쁜 사회학이 만들어진다. 그것들은 사회의 결속에 대해 풍부한 이해도 현실적인 이해도 제공하지 못한다. 또한 그것들은 시행되고 있는 제도의 틀 속에서 개인들이 실제로 살고 있는 삶과 개인들이 실제로 누리고 있는 권리를 설명하지도 못한다. 자유주의가 분리의 기술의 목표로 설정한 것—남녀를 불문하고 자신의 원 안에 있는 개개인—은 달성할 수 없는 목표다. 완전히 제도와 관계의 바깥에 서 있다가 원하는 때에 원하는 대로만 그 안으로 들어오는 개인, 이런 개인은 존재하지 않고 상상할 수 있는 어떤 사회에서

의 주장이 결코 개인의 권리에 대한 원칙이라고 불릴 만큼 높은 철학적 지위에 도달하지 못했기 때문이다.

도 존재할 수 없다. 나는 우리가 만약 어떤 사람의 전기傳記, 즉 그의 동의와 관계의 역사를 연구하면 그의 의무를 이해할 수 있다고 쓴 적이 있다.[10] 그것은 맞지만 단, 개인사가 사회사의 일부임을 인정할 때만 맞다. 즉, 전기는 문맥을 갖고 있는 것이다. 개인이 자기가 참여하는 제도를 만드는 게 아니다. 또한 개인이 자기가 떠맡는 의무를 전적으로 형성하는 것도 아니다. 개인은 자기가 만들지 않은 세계 속에서 산다.

자아와 사회적 역할의 저자인 자유주의적 주인공은 신화적 허구다. 다름 아닌, 그 귀족 전사이며 시민의 적인, 셰익스피어Shakespeare의 코리올레이너스Coriolanus가 "자기가 자신의 저자이고 다른 혈족이 없는 것처럼"[11] 산다고 주장한다. (그러나 그렇게 살지는 못한다.) 이 주장이 철학적 이상과 사회 정책이 되면 무서운 함의를 갖게 된다. 왜냐하면 그것이 무한히 해체적이기 때문인데, 어쩌면 부모와 인연을 끊을 자식의 권리나 자식과 인연을 끊을 부모의 권리에 대한 최근의 논의는 그것이 도달한 일종의 정점인지 모른다. 그러나 이것은 극단적인 개인주의이고 내 생각에는 오래 지속될 가능성이 적다. 자유주의적 주인공은 철학적 이상으로서보다는 사회학적 가면으로서 더 중요하다. 그 또는 그녀는 교회와 학교와 시장과 가족에 대해, 이런 종류의 제도가 실제로 그리고 전적으로 개인들의 자발적 행위를 통해 창조되는 것처럼

---

10) 마이클 왈저, 『의무들 : 불복종과 전쟁과 시민권에 대한 에세이들Obligations : Essays on Disobedience, War, and Citizenship』(Cambridge : Harvard University Press, 1970), x.
11) 윌리엄 셰익스피어, 『코리올레이너스Coriolanus』, 5.3.

허위 묘사할 길을 연다. 이 속임수는 실제적인 목적에 봉사한다. 즉, 그것은 제도적 삶에 대한 국가의 간섭을 배제한다. 국가는 본질적으로 강압적이기 때문이다. 그러나 그것은 (내가 이미 사설 정부라고 부른 국가의 모조품을 포함하여) 다른, 보다 미묘한 종류의 간섭들을 인식하는 것을 매우 어렵게 만든다. 보다 구체적으로 말하면, 그것은 정치 권력의 사용은 제한하면서 돈은 놓아준다. 왜냐하면 권력이 강제로 빼앗는 것을 돈은 단지 구입할 뿐이며 구입은 개인들 간의 자발적 합의처럼 보이기 때문이다. 실은 그것은, 우리가 구입의 전후 관계를 살피고 구입의 동기와 결과를 따져보면 알 수 있는 것처럼, 종종 보기와는 다르다. 이런 경우, 우리는 아마도 국가가 해서는 안 되는 일들이 있는 것과 똑같이 돈으로 살 수 없는 것도 분명히 있을 거라는 결론을 내릴 것이다. 그것은 투표나 관직이나 배심원 결정이나 대학교의 자리—이것들은 비교적 쉬운 예들이다.—그리고 또한 자본의 지배에 수반되는 다양한 종류의 전국적 영향력이나 지역적 지배력 등이다. 하지만 한계를 바르게 정하기 위해서는 제도적 삶에 대해 자유주의적 개인주의가 제공하는 이해보다 더 복합적인 이해가 필요하다.

교회, 학교, 시장, 가족은 개개의 역사를 가진 사회 제도다. 그것들은 사회마다 다른 형태를 취하며 각각의 형태는 믿음, 지식, 상품, 친족의 의무에 대한 서로 다른 이해를 반영한다. 그것은 어떤 경우에도 전적으로 개인적 합의에 의해 결정되지 않는다. 왜냐하면 이 합의는 항상 특정한 패턴의 규칙, 관습, 협력의 틀 내에서 일어나거나 항상 그것들의 속박을 받기 때문이다. 따라서 분리는 (생물학적 현상이지 사회적 현상이 아닌) 개인의 개별성에 뿌리를 두고 있거나 그것에 의해

보장되는 게 아니다. 분리는 사회의 복합성에 뿌리를 두고 있고 그것에 의해 보장된다. 우리는 개인들을 분리하지 않는다. 우리는 서로 다른 종류의 제도와 관습과 관계를 분리한다. 우리가 긋는 선은 교회와 학교와 시장과 가족을 둘러싸지 너와 나를 둘러싸지 않는다. 우리는 고독한 개인의 자유가 아니라 제도 보전이라는 표현으로 가장 잘 부를 수 있는 것을 목표로 하거나 해야 한다. 과연 개인은 모든 종류의 방식으로 자유로워야 하지만 우리는 사람을 다른 사람과 분리시켜 그를 자유롭게 만들지는 않는다.

그럼에도 불구하고, 분리되어 있는 개인이 제도와 관계보다 더 근본적인 것처럼 보이며 정치철학과 사회 철학을 위해 더 견고한 기초가 되어 주는 것처럼 보인다. 자유주의자의 눈에는 개인으로부터 시작하여 건설하는 게 기초부터 철저하게 건설하는 것처럼 보인다. 그러나 기초는 항상 사회적이다. 즉, 사회-속의-사람들이지 홀로-서 있는-사람들이 아닌 것이다. 우리가 홀로-서 있는-사람들을 만나는 일은 결코 없으며 그런 사람들을 꾸며내려는 시도도, 큰 노력을 기울이고 있음에도 불구하고, 합의된 결과를 내놓지 못하고 있다. 우리는 우리 자신을 서로에게 이방인이거나 완전히 이질적인 사람이거나 고립되어 있는 사람으로 알고 있지 않으며 그런 "개인"이 자유롭다는 게 무슨 의미인지를 명확하게 말하거나 이해할 방법도 없다. 남자든 여자든 사람은 자율적인 제도 속에서 살고 있을 때 자유롭다. 우리는 자유 국가, 즉 식민지나 피정복지가 아닌 국가, 외부의 힘보다는 내부의 힘에 의해 지배되는 국가의 개념을 모델로 삼을 수 있을 것이다. 그런 국가의 거주민은 단지 어떤 특수하고 제한된 의미에서만 자유로울 뿐이지만, 군사 점령을 겪어본 사람은 누구나 아는 것처럼, 그 의미는 실제적이고 중요하다. 그리고 만약에 바로 그 개인들이 내부적으로도 자유로운(이게 무슨 의미인지는 잠시 후에 설명하겠다.) 국가 안에 살고, 자유로운 교회와 자유로운 대학교와 자유로운 회사와 기업 등에 참여한다면 우리는 어떤 시점이 되면 그들이 일반적으로 자유롭다고 말하고자 할 것이다. 자유는 부가적이다. 즉, 자유는 활동 무대 내에서의 권리들로 구성되어 있고, 만약 우리가 이 권리들을 보장하고 싶다면 활동 무대들을 하나씩 이해해야 한다. 마찬가지로, 각각의 자유는 특정한 형태의 평등을, 또는, 더 정확하게 말하자면,—정복자와 피정복자, 신자와 불신자, 재단 이사와 교사, 소유주와 노동자의—특정한 불평등의 부재를 수반하며 이 부재들의 총합이 평등주의적 사회를 이룬다.

5

자유주의의 견해에 따르면, 남자든 여자든 사람은 국가 안에서 자유롭다기보다는 국가로부터 자유롭다. 그리고 사람은 법 앞에서 평등하다. 즉, 각각의 사람이, 혼자인 개인에게 엄청난 위협이 되는 물리력의 독점자로 간주되는 정치권력으로부터 보호되는 것이다. 정치권력은 엄청나게 위협적이며 나는 권력의 제한이 자유주의의 역사적 업적임을 다시 한 번 강조하고자 한다. 그러나 우리가 개인에서 제도로 주의를 돌리면, 정치권력 자체가—외국의 정복으로부터뿐만 아니라 국내 세력의 강점으로부터도—보호받아야 한다는 게 분명해진다. 일단 一團의 족벌이나 성직자들이나 공무원들이나 부유한 시민들이 권력을 강탈하고 쥐고 있다면 국가는 자유롭지 않다. 왕조와 성직 정치와 관료 정치와 금권 정치의 지배는 모두 부자유, 그리고 또한 불평등을 조장한다. 나는 능력주의적인 지배가 실현된 적은 없다고 생각하지만, 어쨌든 그것도 비슷한 결과를 낳을 것이다. 대학교와 전문학교로부터 졸업장을 받은 사람들이 정치적으로 우쭐대지 않는 것은 아니지만 그래도 그것들은 가족, 교회, 공직, 기업에 비하면 상대적으로 약하다. 복합적인 사회에서 자유 국가는 다른 모든 제도로부터 분리되어 있는 국가, 말하자면, 시민 일반의 수중에 있는 국가다.—이는 자유로운 교회가 신자들의 수중에 있고 자유로운 대학교가 학자들의 수중에 있고 자유로운 회사가 노동자들과 경영자들의 수중에 있는 것과 똑같다. 이 경우에 시민들은 국가로부터 자유로울 뿐 아니라 국가 안에서 자유롭게 된다. (실은 그들은 시민으로서가 아니라 신자나 학자나 기업인이나 노동자나 부모 등으로서 국가로부터 자유로운 것이다.) 그리고 법 앞에서 평등할 뿐 아니라 법의 제정에서도 평등하게 된다.

분리의 기술은 사회의 활동 무대들을 서로 분리하는 작용을 한다. 그러나 그것은 분명히 완전한 고립 같은 것을 달성하지도, 할 수도 없다. 왜냐하면 그렇게 되면 사회가 전혀 존재하지 않을 것이기 때문이다. 종교적 관용을 옹호하는 글을 쓰면서 존 로크John Lock는 이렇게 주장한다. "교회는 국가로부터 절대적으로 독립적이고 개별적인 것이다. 그 경계는 고정되어 있고 움직일 수 없다."[12] 그러나 내 생각에는 이것은 교회와 종교 활동에 대한 이해보다는 개인의 양심에 대한 이론으로

---

12) 존 로크, 『관용에 대한 편지A Letter Concerning Toleration』, 패트릭 로마넬 편집 (Indianapolis : Bobbs-Merrill, 1950), 27쪽.

부터 나온 너무 극단적인 주장이다. 하나의 제도적 무대에서 진행되는 일은 다른 모든 제도적 무대에 영향을 끼친다. 어찌되었건, 동일한 사람들이 그 서로 다른 무대에서 살고 있고 그들은 역사와 문화를 공유하는 것이다. 그리고 종교는 크든 작든 그 안에서 역할을 한다. 게다가 국가는 항상 특별한 영향력을 갖는다. 왜냐하면 국가는 분리의 주체이고, 말하자면, 사회 지도地圖의 수호자이기 때문이다. 국가는 강제와 물리적 공격으로부터 개인을 보호하는 야경꾼이라기보다는 교회, 대학교, 가족 등등을 압제적인 간섭으로부터 보호하는 벽의 건설자이고 수호자다. 이 제도들의 구성원들도 물론 최선을 다해 자기 방어를 하지만 위협을 받을 때 그들의 최후 수단은 국가에 호소하는 것이다. 이는 심지어 그 위협이 다름 아닌 국가로부터 올 때도 마찬가지다. 이 경우에 그들은 한 공무원 집단이나 정부의 한 부문에 불복하여 다른 공무원 집단이나 정부의 다른 부문에게 항소하거나 정부 전체에 불복하여 시민 전체에게 호소한다.

　국가의 행위를 평가하는 한 가지 방법은 그것이—국가 자체의 보전을 포함하여—제도의 보전에 기여하는가를 묻는 것이다. 비교적 경미한 안전 규제의 예를 보자. 앞서 말한 것처럼, **매입자의 위험 부담**, 즉 '매수인이 조심하라.'는 시장의 규칙이지만 단지 일정한 범위의 주의만을 내용으로 한다. 그것은 실망("나는 새 옷을 입었지만 기대한 만큼 멋지게 보이지 않는다.")과 좌절감("광고문에서 '이해력만 있으면 비전문가도 읽을 수 있다'고 해서 이 책을 샀는데 지금 보니 이해할 수 없을 것 같다.")과 심지어는 알려져 있고 예측할 수 있는 위험("이 담배는 내 건강에 해롭다.")과도 관계가 있다. 옷과 책과 담배가 시장 상품인 것은 당연하다. 그런

데 이 주의의 범위는—예를 들면, 안전하지 않은 차나 공기를 오염시키는 차의 경우에서처럼—알려져 있지 않거나 예측할 수 없는 위험이나 집단적 위험에까지 이르지는 않는다. 우리가 우리의 고속도로 위에서나 우리가 공유하는 환경에서 감수해야 하는 위험의 정도는 정치적 결정의 문제다. 이 문제는 말하자면 시장과 시장의 구매자와 판매자가 아니라 국가와 국가의 시민들에게 속하는 것이다. 적어도, 내가 이해하는, 국가와 시장에 대한 우리의 현재의 이해에 따르면 그렇다. 실망의 위험과 재앙의 위험을 가르는 선을 긋는 분리의 기술은 인위적이며 이는 적절한 일이다.

그러나 이 인위성은, 구체적인 경우가 문제가 될 때는, 항상 논란의 소지가 많다. 여기에는 정보의 문제와 해석의 문제가 있다. 이 또는 저 제도적 무대에서 진행되는 일이 무엇인가? 그리고 진행되는 일의 내적 논리는 무엇인가? 이 문제들에 대해 우선은 개별적인 제도의 무대에서, 그 다음으로는 일반적인 국가의 무대에서 토론이 이루어져야 한다. 분리의 기술은 대중 예술이지 비술秘術이 아니다. 그러나 자유주의자들이 그것의 대중적 성격을 항상 인정해온 것은 아니다. 왜냐하면 개인의 권리가 문제가 되는 경우에는 철학자들과 판사들이 그것이 요구하는 바에 대한 어떤 특별한 이해를 주장할 수 있기 때문이다. 법원이 권리의 범위를 정의하고 순찰하는 것이다.[13] 제도와 관행과 관계에 초점을 맞추는 것은 행위의 주체를 바꾸는 것이고 분리의 기술을 사회

---

13) 로널드 드워킨, 『권리를 진지하게 생각하기 *Taking Rights Seriously*』 (Cambridge : Harvard University Press, 1977)에는 권리의 수호와 관련된 법원의 역할에 대한 강한 언급이 있다.

화하는 것이다. 신자들과 학자들과 노동자들과 부모들이 경계를 세우고 지킨다. 그러면 그 다음에는 시민들이 전체로서 정치적 과정을 통해 그렇게 한다. 사회의 지도가 사회적으로 결정되면 자유주의는 분명히 민주 사회주의로 이행한다.

그러나 만약 어떤 정치적 다수가 이 또는 저 제도적 무대의 자율을 오해하고 무시하면 어찌 되는가? 이것은 피할 수 없는 민주주의의 위험이다. 경계가 로크가 생각한 만큼 분명하고 확실하지 않기에, 경계선이 여기저기에, 실험적이고 때로는 틀리게 그어질 것이다. 정치와 교환 사이의 경계선은 잘못 그어진 지 이미 오래 되었다. 그리고 우리는 시장 권력의 남용으로 고통 받고 있다. 따라서 우리는 경계선의 위치에 대해 논쟁하고 그것을 다르게 긋기 위해 (민주적으로) 싸워야 한다. 아마도 우리는 결코 그것을 정확하게 바로 잡을 수는 없을 것이고 국가와 시장의 성격이 변하기에 어차피 경계선도 꾸준히 수정될 필요가 있으므로 논쟁도 싸움도 끝은 보이지 않는다.

또 만약 압제자가 이 또는 저 교회, 대학교, 회사, 가족을 장악하면 어찌 되는가? 미셸 푸코는 최근에 어떤 음울하고 엄격한 훈육이 일련의 제도들 전체에 강제되어 왔고 그것은 정치 관료들이 아니라 내부의 엘리트들, 즉 과학적 지식을 갖고 있다고 주장하는 전문직 남녀들의 소행이라고 주장했다.[14] 그러나 나는 그가 이 엘리트들의 성공과 그들

---

14) 특히 미셸 푸코의 『감시와 처벌 : 감옥의 탄생 Discipline and Punish : The Birth of the Prison』, 앨런 셰리단 옮김 (New York : Vintage, 1979)을 보라. 이 주장은 훈육의 대상이 시민으로서나 신체적으로나 정신적으로나 무력화되어 있는, 감옥과 병원과 보호소 같은 제도에 가장 잘 적용되지만 푸코는 그것을 학교와 공장에도 적용하고자 한다. 293쪽 이하.

이 국가 권력의 도움 없이 자신들의 훈육을 유지하는 능력을 과장하고 있다고 생각한다. 오직 제도 보전을 체계적으로 침해하는 전체주의 국가에서나 푸코의 "훈육 사회"가 조금이라도 그가 묘사하는 형태와 비슷하게 실현될 가능성이 있다. 우리 가운데 있는 위험은 종류가 다르다. 그것은 전문직 종사자들의 오만과 세력 확대를 포함하지만 그것에 국한되지는 않는다. 또한 우리는 내부의 부패, 관료의 특권, 대중의 공포, 수동성에 대해서도 걱정해야 한다.

이 모든 위험은 어쩌면 다양한 제도적 무대 자체가 사회화되어 그것의 참가자들이 대체로 평등하게 됨으로써 어떤 신자 집단도, 어떤 지식인 집단도, 어떤 소유주 집단도 정치권력을 추구할 수 없게 될수록 더 줄어들지 모른다. 만약 남자든 여자든 사람들이 자신들의 서로 다른 사회적 역할을 즐긴다면, 그들이 그 역할이 수행되는 무대를 존중할 가능성은 더 커진다. 이것이 자기 자신의 원 안에서 안전한 개인은 다른 사람의 원을 침해하지 않을 것이라는 자유주의적 희망의 사회주의적 형태다. 이것도 여전히 의문스러운 희망이지만 내 생각에는 더 현실적인 희망이기도 하다. 왜냐하면 그 원들 안은 쓸쓸하지만 제도적인 삶은 보다 활기차고 보다 만족스럽기 때문이다.

5장
지금 여기의 정의

　우리는 대부분의 지적 목적을 위해서는 정치에 대한 철학적 사색과 실제의 철학적 논쟁을 구별한다. 그것은 유용한 구분이라고 생각되지만 인위적이며 때로는 사람을 오도하는 구분이기도 하다. 왜냐하면 철학은 당대의 정치 문화를 반영하고 명확히 표명하며 정치는 철학의 주장을 나타내고 실행하기 때문이다. 물론 편파적인 철학자들은 자신들이 반영하는 것을 왜곡하고, 단순하고 당파심이 강한 정치인들은 자신들이 실행하는 것을 훼손하지만 운동이 쌍방향이라는 것은 의심의 여지가 없다. 철학은 평온 속에 성찰되는 정치이고, 정치는 혼란 속에 실행되는 철학이다. 이 둘 사이의 연계 또는 이론을 실천과 연결시키는 것은 한때 좌파의 특별한 관심사인 것으로 생각되었다. 철학자와 정치인 사이의 분업을 극복하는 것, 철학자들에게 어느 정도 직접적인 정치 투쟁의 의무를 지움으로써 정치적 승리의 기쁨 같은 것에 참여할 수 있는 기회를 그들에게 주는 것이 좌파의 목표였다. 좌파 저술가들은 미래의 평온을 위해 현재의 혼란을 격화시킬 준비가 되어 있었다. 그러나 오늘날 가장 분명한 철학과 정치 사이의 연결의 예는 우파에서 온다. 그것은 시장 이데올로기와 그것의 바로 옆 짝인 신 자유방임주의 정치다.

바로 이 예가 또한 편파적인 철학자들과 단순하고 당파심이 강한 정치인들에 대한 연구를 위해 훌륭한 자료를 제공한다. 왜냐하면 시장 이데올로기는 우리의 정치 문화에 대한 매우 왜곡된 반영으로서 공동체의 협력과 국가 행위의 예들을 무시하고 억압하며 공중 보건과 산업 민주주의와 작업장 안전과 환경 관리 등을 위한 정치적 투쟁의 중요성을 부인하기 때문이다. 또한 자유방임주의 정치는 복지 국가에 대한 조야한 공격의 형태를 취하고 있으면서도 자본주의 기업에 대한 대규모의 공공 보조금에 대해서는 언급하지 않는다. 그러나 나는 약간 다른, 보다 전향적인 프로젝트를 진행하면서 부수적으로 하는 경우 외에는 이 진부한 비판들을 더 다듬을 생각이 없다. 나는 현재의 정치 논쟁에서 부각되는 쟁점들의 일부에 초점을 맞추고, 내가 오늘날의 미국에서 필요한 분배 정의의 특징들이라고 생각하는 것을 묘사할 것이다. '오늘날의 미국에서'를 강조하는 게 중요하다. 그것은 '미국인들의 삶과 가치, 공통의 관습을 생각할 때 미국인들에게'라는 의미다. 여기서 나의 목적은 보편적인 선언을 하려는 게 아니고 실재하는 특수한 미국 문화의 다원주의를 고찰하고 이 다원주의로부터 도출되는 사회 정책의 패턴을 제안하는 것이다. 만약 우리가 서로를 억압하거나 해치고 싶지 않다면 우리는 어떻게 함께 살아야 할까?

1

분배 정의의 첫 번째 요건은 공유되는 경제·사회·문화적 기반 시설, 즉 우리의 사적 생활의 범위를 확장하는 동시에 그것에 어떤 일정한 형태를 부여하는 공공 부문이다. 다시 말해 도로와 교량, 대중교통, 국립공원, 통신망, 학교, 박물관 등이다. 이 분야에서는 위대한 건설의 시대가 이미 지난 일일 수 있다. 확실히 우리는 우리의 일상적 사회생활에 필요한 집단적 기반과 이 기반을 유지하는 데 필요한 정치적 결정과 경제적 비용에 대한 감각을 상실했다. 지금은 우리가 그 기반을 유지하고 있지 않다. 우리는 그것이 서서히 퇴락하는 것을 지켜보고 서 있을 뿐이다. 나는 기반 시설의 퇴락 자체는 정의나 부당의 문제가 아니라 오히려 지혜와 어리석음의 문제라고 생각한다. 그러나 현재의 어리석음은 미래 세대에게 비용을 지우고 있고 그것은 부당한 비용 전가일 수 있다. 어쨌든 우리 사회에서는 우리가 사적 풍요를 위해 공적 빈곤을 선택할 수 있는 모든 권리가 있다. 단, 이 선택이 민주적인 결정을 반영해야 하고 사회 전체가 그 빈곤과 풍요를 나눠야 한다. 그러나 이 조건이 충족되는 일은 드물다.

기반 시설의 목적은 시민 대중이 필수적이거나 존중되는 사회 활동들에 참여할 수 있게 하는 것이다. 따라서 그것의 건설과 수리는, 어떤 상당히 민주적인 방식으로 결정될 경우, 그 활동들에 대한 동시대의 이해에 관한 대략적인 목록을 제공한다. 오랜 기간에 걸쳐 반복적으로 지출이 승인되어야 하고 비용이 분담되어야 한다. 쉽고 분명한 예를 들자면, 우리가 고속도로와 교외에 보조금을 지급해야 할까 아니면 지하철과 도시에 보조금을 지급해야 할까? 우리가 안전과 레크리에이션과 고급문화에 얼마나 투자할 준비가 되어 있는가? 이런 결정들은 삶의 방식에 구체적인 형태를 부여한다. 기반 시설이 퇴락하고 개인 시설로 대체되면, 일부 시민들 외의 다른 시민들은 그 삶의 방식에 참여할 수 없게 되거나 배제되는 결과가 생긴다. 또는 우리의 공통의 방식을 형성하는 민주적 과정을 약화시키는 결과가 생긴다.

마지막에 언급한 이 결과를 캘리포니아의 한 연구소 소장이 코네티컷에서 일어난 교량 붕괴를 계기로 내놓은 제안을 예로 들어 설명하겠다. (연구소와 교량의 위치도 의미가 없지 않다.) 연구소의 소장은 우리에게 우리의 고속도로들과 교량들을 "경쟁적이고 재원을 자체 조달하는 영리적 개발 사업으로 그것들을 운영할 민간 기업들에게" 파는 게 더 좋을 거라고 말한다. 그렇게 되면 "교량 붕괴 사고가 나면 수백만 달러의 배상 책임을 질 것이 예상되기에 새 소유주들이 재건축에 신속한 대규모의 투자를 할 것이기"[1] 때문에 여행이 지금보다 더 안전해질 거라는 것이다. 이것은 흥미 있는 주장이지만 그것이 내세우는 것처럼 자유방임주의적인 주장은 아니다. 민간 기업의 안전 기록은 국가가 안전을 강제하는 경우 외에는 결코 그다지 좋지 못하며 이 제안의 경우에도 "수백만 달러의 배상 책임"의 형태로 국가가 안전을 강제하게 된다. 요컨대, 고속도로와 교량을 민간 기업에게 팔자는 이 제안

---

1) 로버트 풀, 〈I-95의 부실한 교량들을 어떻게 고쳐야 할까? 팔아 치우면 된다〉, 《뉴욕 타임스New York Times》 (1983년 7월 9일), 사설의 반대쪽 페이지.

은 안전 기준과 사용자 비용(user costs, 도로의 시공·보수·폐기로 인한 교통 통제로 도로 이용자에게 발생하는 비용 – 옮긴이)을 정하는 데 입법부보다는 법원에 의존하자는 제안이다.[2] 정부는 여전히 매우 중요하지만 이제는 정부의 가장 민주적인 부문보다는 가장 덜 민주적인 부문이 결정적인 역할을 수행하게 된다. 만약 기준이 너무 높게 정해지면, 유지비와 보험료가 도로를 이용하는 사람들에게 전가될 것이다. 만약 이 기준을 충족시키면서도 여전히 상당한 이윤폭을 유지할 수 없게 된다면, "새 소유주"는 재빨리 국가에 보조금을 신청할 것이다. 그렇게 되면 과연 입법부가 결정을 내려야겠지만 심한 (그리고 이미 친숙해진) 제약 아래서 결정하게 될 것이다. 그도 그럴 것이 이 소유주들은 필수적인 서비스를 제공하고 있지 않은가? 동시에 어떤 이익이 나든 그것은 소유주 혼자의 재량대로 투자될 것이다. 그렇다면 우리가 어떻게 어떤 새 도로와 교량을 건설해야 하는지를 결정할 수 있겠는가? 이것들은 단지 시장적 의사결정일뿐이라고 간주하는 것은 잘못이다. 그것들은 여행과 레크리에이션의 패턴뿐 아니라 개발과 주거와 노동의 패턴도 결정한다. 그리고 소유주가 알지도 못하고 결코 의견을 묻지도 않을 사람들의 삶에 영향을 끼친다. 법원도 이 사람들의 의견을 묻지 않을 것이다. 왜냐하면 책임에 관한 법원의 판결은 적어도 처음에는 비용의 패턴 전체를 결정하겠지만 단지 특정한 개인들의 자격과 관련해서만 그럴 것이기 때문이다. 설사 이 사람들이 공정한 대우를 받는

---

2) 로버트 노직은 『무정부 상태와 국가와 유토피아 Anarchy, State, and Utopia』 (New York : Basic Books, 1974) 4장에서 이 입장을 옹호하는 전면적인 철학적 변호를 제공한다.

다고 가정할지라도 그 후 기반 시설의 모습은 우리 나머지 사람들 모두에게는 불공정하게 결정될 것이다.

  이 경우에 불공정은 정치적인 것으로 (민주 정치를 신봉한다고 공언하는 나라에서 일어난) 민주주의의 실패를 의미하는 것일 것이다. 그런데 이런 종류의 실패는 충분히 또 다른 종류의 불공정을 초래할 수 있다. 예를 들면, 우리가 지하철에 보조금을 지급하기로 결정할 때는 어떤 특정한 종류의 도시에서, 즉 이동이 용이하고 문화 시설을 널리 이용할 수 있으며 개인이 이웃에 얽매어 있지 않은 도시에서 살고 싶기에 그렇게 하는 것이다. 만약 이런 관점이 널리 공유되고 있다면, (공공 기관의 무관심으로 인해) 지하철망이 퇴락하거나 (민영화로 인해) 보조금이 폐지될 경우, 어떤 사람들은 도시의 경제와 문화에 완전하게 참여할 수 없게 될 가능성이 크고, 그렇게 되면 그들은 당연히 자신들이 부당한 대우를 받고 있다고 주장할 것이다. 우리는, 이를테면, 각각 나름의 내부 생활을 가진 여러 개의 인종 "구역"으로 나뉘어 있고, 대중교통의 부재나 낙후는 단지 도시 생활에 대한 공유된 인식을 확인해줄 뿐 어느 누구도 그것을 부당한 취급이라고 여기지 않는 도시를 상상해 볼 수 있다. 그러나 우리는 그런 도시들에 살고 있지 않고 우리 중에서라면 그것을 분명히 부당한 취급이라고 여길 것이다. 아니, 나는 조건법을 쓰지 않고 '그것을 분명히 부당한 취급이라고 여긴다.'고 말할 수 있다. 불평등한 사회에서는 기반 시설의 퇴락이 차별적 효과를 나타내 어떤 사람들의 행동을 속박하고 범위를 제한하지만 다른 사람들에게는 그렇게 하지 않는다. 이 속박은 결코 민주적으로 승인된 일이 없으며 어찌 되었든 민주적인 사회생활과는 상반된다.

2

분배 정의의 두 번째 요건은 공공 공급의 체계다. 기반 시설은 능력을 부여하지만 모든 사람이 능력이 있는 것은 아니며, 우리는 병든 사람들과 늙은 사람들과 허약한 사람들과 가난한 사람들과 실업자들 등을 돌봐야 한다. 국가는 복지 국가여야 한다. 나는 이것은 모든 국가에 대한 일반적 진실이고 도덕적 사실이라고 생각한다. 역사와 비교 정치학을 연구하면서 내가 만난 모든 국가는 어떤 의미에서 (꼭 정복되었거나 포로가 된 국민들의 복지까지는 아니지만) 자국민의 복지를 추구하거나 추구한다고 주장한다. 모든 국가의 공무원들이 무역로와 곡물 공급을 확보하고, 경작지의 관개를 정비하고, 신들을 달래고, 외적을 물리치고, 공중 보건에 힘쓰고, 과부와 고아를 돌보는 일 등을 한다. 또는 이런 일을 하는 체 거들먹거리며 법석을 떤다. 아닌 게 아니라 그것들이 그들이 해야 하는 종류의 일들이다. 그들이 구체적으로 무엇을 해야 하는지는 현지의 정치 문화와 사회생활에 대한 공유된 이해에 달려 있을 것이다. 예를 들면, 우리 자신의 복지 국가는 압도적으로 신체의 건강과 장수를 강조한다. 우리가 보건 의료에 쓰는 돈의 액수는 아마도 인류 문명사에 유례가 없을 것이다. 이 강조가 직접적으로 정의의 문제는 아니다. 즉, 우리가 주택이나 교육 심지어 과학과 예술에 더 많은 돈을 쓴다고 해서 그것이 부당할 것은 없다. 그러나 그것이 주로 강조되는 것을 생각할 때, 정의는 우리가 제공하는 보호가 시민 전체에게, 즉 병든 모든 사람에게 제공될 것을 요구한다. 나는 다른 곳에서 그것은 다른 한편으로 국민건강보험제도 같은 것과 이 제도를 위한 의사의 징집과 징병을 필요로 한다고 주장한 바 있다.[3] 나는 여기서 그 주장을 반복하지는 않겠다. 주장의 핵심은 단순히 국가는 사회적으로 인정된, 국가 구성원들의 요구에 응답해야 한다는 것이다. 이것이 국가가 존재하는 이유다.

이 응답은 여러 가지 형태를 취할 수 있다. "공공 공급의 체계"가 꼭 단일한, 중앙집권화되고 획일적인 체계를 의미하는 것은 아니다. 공평이 요구하는 것은 엄밀한 것이 아니다. 그것은 비슷한 병일 경우, 모든 개인이, 말하자면, 정확히 같은 치료를 받을 권리가 있다든지 하는, 개인의 권리에 대한 원칙에서 도출되는 것이 아니다. 만약 그렇다면, 모든 병원이 같은 방식으로 조직되어 장비도 의료 방법도 같아야 할 것이다. 지역적 차이는, 설사 그것이 예산과 채권 발행과 병원 행정 등에 관한 민주적 결정에 의해 형성되었다 할지라도, 배제될 것이다. 마찬가지로 모든 학생들이 비슷한 설비와 장비를 갖춘 같은 종류의 학교에 다니면서 비슷한 교육을 받은 교사들의 지도 아래 동일하게 구성된 학생 집단 속에서 같은 교과 과정을 이수해야 할 것이다. 이것들 중 어느 것도 필요하지 않다. 왜냐하면 문제가 되고 있는 권리는 사회적 권리이기 때문이다. 그것은 공유된 사회생활에 기원을 두고 있고 그 생활의 임시변통적 성격을 갖고 있다. 만약 우리가 복지 국가를 불가피하고 궁극적으로는 편안한 인간 사회의 불결함과의 전쟁, 즉 사회를 "깨끗하고 밝게 밝혀진 장소"로 변화시키려는 체계적인 노력으로 그리는 묘사를 묵인한다면, 그것은 큰 실수다. 물론 우리의 병원은 깨끗해야

---

3) 마이클 왈저, 『정의의 영역들 : 다원주의와 평등의 옹호 *Spheres of Justice : A Defense of Pluralism and Equality*』 (New York : Basic Books, 1983), 3장.

하고 우리의 도시 거리는 밝게 밝혀져 있어야 한다. 그러나 복지 국가에는 기회와 위험, 지역적이고 다양한 제도, 강제적 조직과 자발적 조직, 전문가의 냉철함과 아마추어의 온정에 모두 공평하기 위해 필요한 것들을 충족시킬 수 있는 여지가 많다.

정부가 우리를 "못살게 굴어서는 안 된다."는 오늘날의 우익의 요구는 정부 기관이 인종적이거나 종교적이거나 지역적인 집단적 자조自助 노력을 방해하는 경우에는 항상 전적으로 정당하다. 그러나 그 요구가 (대개 그렇듯이) 집단의 책임을 회피하려는 것일 경우에는 정당하지 않다. 이 회피를 종종 자발성과 다원주의에 대한 옹호로 위장하기도 하지만 때로는 직설적이고 솔직하게 정당화하기도 한다. 그들은 말한다. 집단의 책임이 너무 부담스럽게 되었다. 복지 국가의 비용이 너무 크다. 그리고 어찌되었건, 사적 생활과 심지어 개인적 풍요도 미국 문화의 중심적 가치가 아닌가? 나는 이런 종류의 말에 대한 전형적인 자유주의-좌파의 반응을, 즉 우리는 이미 우리의 복지 국가를 싸게 운영하고 있으며 과세와 지출이 다른 서구 국가들에 비해 상대적으로 낮다는 반응을, 그것이 중요하고 대체로 옳지만, 차치하겠다. 더 높은 과세 수준을 정당화하기 어려울 정도로 미국 사회의 공동체 의식과 실천적 연대 의식이 희박해져 있을 수 있다. 그러나 오늘날 미국의 복지비용이 너무 크다면 시민의 평등한 지위를 존중하는 방식으로 그것을 삭감해야 한다. 정치적으로 취약한 남녀들과 어린이들에게만 공공 공급을 줄이는 것은 분명히 부당하다. 그렇게 하는 정부 관리들이 자신들이 하고 있는 것에 대해 거짓말을 해야 할 정도로 분명히 부당하다.

절박한 처지에 놓인 사람들이나 낙후된 지역을 대상으로 하는 기금

뿐 아니라 노인 의료 보험과 실업 보험과 사회보장제도를 포함하는—보다 일반적인 삭감을 하려고 한다면 결코 대중의 지지를 얻지 못할 것이다. 이게 우리가 의존적인 사람들, 자립할 의지도, 어쩌면 능력도 없이 손을 벌리고 있는 남자들과 여자들을 만들어 놓았기 때문일까?[4] 이런 말은 교만할 뿐만 아니라 틀리다. 우리는 시민 대중이 오랜 정치적 투쟁 끝에 민주주의 국가를 일종의 조합기업으로 이해하고 그 기업의 성과에 대해 권리를 주장하게 되었다고 말하는 편이 더 나을 것이다. 민주주의 국가의 목적은 소수의 권력을 떠받치고 부를 부자들에게 재분배하는 것이 아니라—그러나 이게 국가들이 보통 해온 일이다. 부자들은 항상 손을 벌려왔던 것이다.—국가의 모든 시민들의 생명과 최소한의 복지를 평등하게 보장하는 것이다. 이게 옳은 이해다. 설사 우리가 집단적으로 어려운 시기를 만나더라도, 설사 국민이 공공 공급의 수준을 낮추기로 결정하더라도, 이 목적은 여전히 가장 중요한 목적으로 남을 것이다. 따라서 삭감은 말하자면 꼭대기에서 시작되어야 하며 가장 약한 시민들의 처지를 악화시키지 않는 방식으로 진행되어야 한다. 이것은 가설적 동의뿐 아니라 실제의 동의도 얻고 있는 롤스의 차등의 원칙에 대한 한 가지 해석이다. 이것은 "안전망 safety net"의 개념으로 표현되고 있는데, 이 개념을 진지하게 받아들일 경우, 그것은 현재의 복지 수준에 대한 어떤 삭감도 배제할 것이다. 왜냐하면 도덕적으로 가능한 삭감은 정치적으로 불가능하고 정치적으로 가능한 삭감은 도덕적으로 금지되기 때문이다.

---

4) 이게 복지 국가에 대한 일반적 비난이다. 예를 들면, 조지 길더, 『부와 빈곤 Wealth and Poverty』 (New York : Basic Books, 1981), 특히 2부를 보라.

"안전망"의 개념은 보통 생각하는 것보다 더 강력한 개념이다. 그것은 복지 국가의 첫 번째 의무는 그것의 가장 약한 구성원들에 대한 의무임을 의미한다. 그들의 지위가 보장될 때까지는 다른 아무것도 할 수 없다. 어떤 것이 안전으로 간주될 수 있느냐는 정치적 논쟁의 문제다. 즉, 우리가 얼마나 높이 망을 걸어야 할까? 그러나 이 질문에 대한 대답은 자의적이지 않다. 안전은 상대적인 용어로서 사회의 가치와 사회 구성원들의 공통적 기대와 더불어 이해되어야 하는 것이다. 유복한 구성원들은 자신들의 사생활을 보호할 권리가 있다.―자유주의 사회에서 그들은 어차피 그렇게 하려고 할 것이다. 단, 그들은 그 생활 자체가 얼마나 공동체 전체에 의해 보호받고 있는가를 인정해야 하며 다른 모든 구성원들에게까지 공동체의 보호를 확대시킬 준비가 되어 있어야 한다. 오늘날의 미국에서는 그런 확대가 평등한 보호를 위해 복지 국가의 상당한 재편을 필요로 할 것이다. 이것이 또한 복지 국가의 재원 조달 방법의 재조정을 필요로 하는지의 문제는 다루지 않겠다. 내 짐작으로는, 재편은 도덕적 논리 때문이 아니더라도 정치적 논리 때문에 더 큰 지출을 수반할 것이지만, 만약 우리가 부자들이나 아주 성공한 사람들의 삶을 향상시키는 돈을 더 적게 쓸 준비가 되어 있다면 우리는 아마도 그저 돈을 덜 쓸 수 있을 것이다. 요점은, 우리가 우리 문화의 중심적 가치라고 생각하는 것이 무엇이든, 그것이, 즉 우리가 서로에게 **같은** 시민으로 서기 위해 필요한 것들이 모든 사람에게 보장되도록 안전망을 구축해야 한다는 것이다.

3

분배 정의의 세 번째 요건은 "기회의 평등equality of opportunity"이라는 자유주의의 고전적 표어에 잘 나타나 있다. 그러나 이 표어를 친숙한 경쟁 형태를 정당화하는 것으로 받아들여 마치 경쟁의 목표는 주어져 있고 경쟁자의 수와 핸디캡만이 문제가 되는 것처럼 생각한다면 그것은 이 표어를 잘 이해하는 게 아니다. 사실, 이 단어, "기회의 평등"은 어떤 기회가 이용될 수 있어야 하는지에 대해 우리에게 아무것도 말하지 않는다. 기회들의 일반적 구성이 영원히 변치 않는 것은 아니다. 또한 자유주의 사회에서조차 기회들이 반드시 개인의 선호에 호응하는 것도 아니다. 예를 들면, 주위에 영주나 전제 군주가 되기를 열망하는 사람들이 있더라도, 우리가 봉건 영주나 전제 군주에 이르는 성공에의 길을 여는 데 착수할 필요는 없다. 우리는, 필요하다면 강제로, 그런 열망을 단념시킨다. 그리고 그것을 단념시키는 것은 결코 부당하지 않다. 또한 우리가 보다 높은 형태의 자본주의적 소유권을 얻으려는 야망을 단념시킬지라도 그것은 부당하지 않을 것이다. 우리는 야심에 찬 관리들에게 거기까지만 제도의 사다리를 오를 수 있다고, 즉 무제한의 권력을 손에 넣을 수는 없다고 말한다. 마찬가지로 우리는 야심에 찬 기업인들에게도 거기까지만 축재할 수 있다고, 즉 무제한의 부(말하자면 주요 생산 수단의 소유)를 손에 넣을 수는 없다고 말할 수도 있을 것이다. 기회의 범위가 어떠해야 하는가도 정치적으로만 결정될 수 있고 항상 일련의 구체적 문화 가치와 사회 인식과 관련해서 결정되어야 하는 문제다.

오늘날의 미국에서는 기회의 평등과 관련이 있는 세 가지 사회재가 있다. 첫 번째는 (관료제도와 전문직에서의) 직위, 두 번째는 돈 또는 시장 권력이며, 세 번째는 정치권력이다. 세 가지 모두와 관련하여 강한 반권위주의적 경향이 작용하고 있고 상당한 기간 동안 작용해오고 있는데 이는 자유주의적이고 민주적인 문화의 가장 깊은 가치를 반영한다. 우리는 이 경향이 이용할 수 있는 기회에 제한을 가하고 있다고 생각할 수 있다. 외부 전문위원회, 동의 요건, 단체 교섭, 고충 처리, 라디오와 텔레비전 방송국의 정부 허가, 민주 정치 자체—이 모든 수단은 직위와 부와 권력을 가지고 할 수 있는 것을 제한한다. 그런 재화를 추구하거나 갖고 있는 사람들은 아마도 이 제한으로 인해 그것을 덜 **좋게**, 덜 매력적으로 느낄 것이다. 반면에 그런 재화를 추구하거나 갖고 있지 않은 사람들에게는 그것이 이 제한으로 인해 분명히 덜 위험해진다. 어쨌든 기회의 성격이 바뀜에 따라 경쟁의 성격도 바뀐다. 재화의 (수가 아니라) 가치가 제한되면 성공은 더 쉬워지고 실패는 덜 비참해진다. 야심과 이점利點의 언덕이 될 가파를수록 기회 평등의 가능성은 더 커진다.

이 법칙은 두 가지 이유로 진실이다. 첫째, 무제한의 직위와 부와 권력은 그런 재화를 획득한 사람들이 다른 모든 사람에게 기회가 가지 않도록 할 수 있게 만든다. 사실 어느 한 영역에서 제한이 없으면 다른 모든 영역에서도 기회의 평등이 위태로워진다. 왜냐하면 무제한의 부는 직위와 권력을 살 수 있고, 무제한의 권력은 시장을 통제하고 직업을 형성하는 등의 일을 할 수 있기 때문이다. 이것은 역사의 공통적인 패턴이고 전형적 불평등의 대부분을 설명한다. 오늘날의 기회 불평등은 어제의 승리와 패배에서 생긴다. 그것은 과거로부터 물려받은 것이고 유전자 조직이 아니라 사회 조직, 즉 조직화된 권력과 부와 직업적 신분에 의해 전달된다. 그러나 이 법칙은 두 번째 이유 때문에도 진실이다. 우리가 예전부터 있어 왔던 기회를 새로운 경쟁자 집단들에게 개방했을 때 생기는 즉각적인 효과는 경쟁의 격화, 고전적인 과열 경쟁의 발생이다. 그런데 과열 경쟁은 기회의 평등을 위해서는 이상적인 환경이 아니다. 과열 경쟁은 오직 비열한 자들에게만 기회를 제공한다고 말할 수 있을지도 모른다. 이 진술이 어쩌면 과장일 수도 있지만 전적으로 틀린 것은 아니다. (걸려 있는 이해관계가 너무 크기에) 경쟁이 너무 격렬해지면 온갖 종류의 사회적·심리적 메커니즘이 작동하기 시작하여 어떤 사람들 사이에서는 공격적이고 무자비한 행동을, 다른 어떤 사람들 사이에서는 후퇴와 체념을 조장한다. 결과로서 생기는 패턴은 보다 오래된 계급이나 집단의 예속 패턴과 어느 정도는 일치할 것이고 어느 정도는 새로운 형태일 것이다. 그러나 만약 우리가 자유주의자들과 민주주의자들이 전통적으로 상상해온 것처럼, 기회의 평등을 개방적이고 유동적이고 활기찬 사회생활을 만들어내는 방법으로 상상한다면, 과열 경쟁은 실패를 의미한다. 말하자면 야심과 이점의 가파른 언덕에는 충분한 여유가 없는 것이다.

이 언덕이 평평해져야 기회의 평등이 작동할 것이다. 그리고 이것은 직위와 부와 권력에 대한 민주주의적 이해가 요구하는 것이기도 하다. 따라서 그것은 정의가 요구하는 것이다. 우리 사회와 같은 사회에서는 전문직의 권위를 행사하고 시장에서 돈을 벌고 정치권력을 획득하는 것이 여전히 가능해야 한다. 그런 기회는—특권적 지위, 즉 다른 사람들은 습격을 통해서만 점령할 수 있고 항상 필사적으로 사수되는 사회적 아성을 세우지 않는 방식으로만 이용 가능한—정당한 기회다. 많은 기회가 매혹적인 동시에 배타적이기에 경쟁은 불가피하며 승리와 패배도 불가피하다. 또한 승리는 앞으로도 달콤할 것이고 패배는 앞으로도 쓸 것이다. 그러나 승리가 오만과 지배를 낳지 않고 패배가 굴종과 예속을 낳지 않으며 승자와 패자가 서로 입장을 바꾸어서 생각해볼 수 있는—우리 자신의 사회와는 다르기는 해도 거기에서 생겨나는—어떤 사회를 묘사할 수 있다. 이게 결국은 참된 민주 정치의 경험이다. 남자든 여자든 권력을 가진 사람이 선거에서 지면 권력을 내놓는다. 그들은 권력을 내놓고 사적 생활로 돌아갈 준비가 되어 있어야 한다. 그렇지 않다면, 반대는 너무 위험한 일이 될 것이고 반대의 권리가 완전히 정착되거나 널리 행사될 수 없을 것이다. 마찬가지로 기회의 평등은 직업과 부에 따른 계층을 (비교적) 용이하게 오르내릴 수 있을 것을 요구한다. 개인과 관련해서나 가족과 관련해서나 이런 이동성이 쉽게 확립될 수는 없지만, 만약 직위와 돈과 결부된 이점이 지금보다 덜 광범위하다면 그것이 받아들여질 가능성도 더 커질 것이다.

만약 우리가 기회의 평등을 지지한다면, 이점의 언덕의 기울기를 낮추는 것이 가장 잘하는 일이다. 이것은 오늘날의 차별 철폐affirmative action 프로그램들이 지향하는 목표가 아니다. 그 프로그램들의 목표는 그게 아니라 여성과 소수 집단들이 직위와 돈을 얻기 위한 기존의 쟁탈전에 보다 쉽게 참여할 수 있게 하여 이 새로운 개방성을 통해 그 쟁탈전을 보다 공정하게 만드는 것이다. 쟁탈전은 보다 공정해야 한다. 그런 프로그램이 엄격한 할당제를 피하는 한, 기꺼이 그것을 정당하다고 인정할 수 있다. 그러나 나는 만약 그것이 밀어주는 남자와 여자가 단순히 기존의 지위를 이어 받는다면, 그것은 단지 제한적이고 지역적인 효과밖에 거두지 못할 거라고 주장하고 싶다. 중요한 것은 지위의 성격을 변화시켜 다음 차례의 남녀들에게 보다 활기차고, 덜 격렬하고, 얻을 수 있는 기회의 범위는 더 넓은 경쟁의 전망을 제공하는 것이다.

4

분배 정의의 네 번째 요건은 강한 민주주의다. 어떤 의미에서 기회 평등은 민주주의에 대한 찬성론을 포함한다. 왜냐하면 그것은 정치권력이 시민들에게 널리 이용될 수 있어야 할 것을 요구하기 때문이다. 이 요구는 두 가지 이유에서 중요하다. 첫째, 권력은 가질 만한 좋은 것이기 때문이다(그것은 심지어 나눌 만한, 즉 가장 엄격한 의미보다는 완화된 의미에서 "가질" 만한 좋은 것이기도 하다). 둘째, 권력은 기반 시설과 복지 국가의 우선순위를 결정할 뿐 아니라 다른 분야에서도, 이용할 수 있는 기회의 구성을 결정하는 결정적 수단이기 때문이다. 그것은 고유한 가치와 도구적 가치를 갖고 있고 민주 사회에서는 이 가치들을 널리 그리고 쉽게 누릴 수 있어야 한다.

그런데 정의는 권력의 영역의 개방성뿐 아니라 그것의 보전도 요구한다. 권력의 행사가 정치적 형태를 취하는 곳에서는 어디서나, 그리고 그것이 지속적이고 진지하고 광범위한 곳에서는 어디서나, 그것은 민주 정치의 분배 규칙에 따라야 한다. 나는 지금으로서는 이 규칙들―언론의 자유, 집회의 자유, 주기적인 선거 등―의 존재와 중요성을 그냥 전제할 것이다. 내가 제기하려는 질문은 그것들이 강제되는 영역과 관계가 있다. 자본주의 사회에서는 역사적으로 강제가 시장에서 배제되어 있다. 기업인들과 지주들은 민주주의가 요구하는 것들을 면제받고 있다. 경제와 정치 공동체 사이에 경계가 그어져 있는 것이다. 국가의 후원 또는 적어도 보호 아래 수립된 노동조합과 단체 교섭은 이 경계를 모호하게 하고 있다. 꾸준히 증가하는 정부 규제도 마찬가지다. 이제 노동조합과 규제의 이유에 대해 생각해보고 보다 명시적이고 근본적인 경계 재설정을 시도할 때다.

노동조합과 규제의 이유는 경제의 영역에서 진행되는 것과 관련이 있다. 만약 우리가 좁게 기업인의 활동과 프티 부르주아의 기업에 초점을 맞춘다면, 우리는 어쩌면 "순수한" 경제를 말할 수 있을지도 모른다. 즉, 자유로운 교환의 언어로 설득력 있게 모든 거래 또는 압도적 다수의 거래에 대해 이야기할 수 있을지도 모른다. 그러나 우리가 현대의 법인에 초점을 맞추면 그런 모든 설득력은 사라진다. 왜냐하면 법인은―이는 미국의 정치학에서 어느덧 평범한 말이 되어버렸다.―사설 정부이기 때문이다. 법인의 거래는 아주 정치적인 성격을 띠고 있고 자유로운 교환보다는 명령과 복종의 형태를 취하고 있다. 법인의 소유자와 대리인은 다른 사람들이 감수해야만 하는 비용과 위험을 결정하는 결정들을 내린다.[5] 바로 이 사설 정부의 경험이 내부의 노동조

---

5) 사설 정부에 대해서는 많은 문헌이 있다. 찰스 E. 린드블롬, 『정치와 시장 Politics and Markets』(New York : Basic Books, 1977), 13, 14장은 최근에 나온 매우 유익한 논의다.

합의 반대와 외부의 국가의 간섭을 불러일으킨다. 노동조합은 법인 권력의 직접적 지배를 받는 남녀를 대표한다. 반면에 국가는 법인의 결정에 의해 근본적 영향을 받는 남녀를 대표한다. 그러나 이 두 가지 형태의 대표는 단지 이따금씩만 효과가 있고 그때에도 단지 제한적으로만 효과가 있다. 왜냐하면 법인 권력의 핵심부는 여전히 민주주의 규칙의 적용을 받지 않기 때문이다. 요즘에는 이 면제를, 사설 정부가 결국은 정당하다는 주장이 아니라 사설 정부가 존재함을 부인하는 것으로 변호한다. 즉, 이곳에는 우리 기업인들 밖에는 없다는 것이다. 이 부인이 거짓이기에 우리는 정의를 위해 이 면제에 이의를 제기하고 사설 정부의 대안, 즉 공유제public ownership와 노동자에 의한 통제workers' control와 이 두 가지의 다양한 조합을 체계적으로 개척해야 한다.

마르크스주의자들은 오래전부터 (만약 **도덕적** 문제라는 게 있다면) 자본주의 경제의 근본적인 도덕적 문제는 착취이지 지배가 아니며, 생산 과정을 통해 잉여 가치를 빼내가는 것이지 압제적인 생산관리가 아니라고 주장해왔다.[6] 착취의 이론은, 적어도 보통 이해되어온 바로는, 노동자들이, 노동자들, 즉 오직 노동자들만이 창출하는 가치를 문자 그대로 강탈당해 왔다는 강력한 주장을 한다. 그들은 일하지만 자신들의 노동의 수익을 완전히 거두지 못하고 있으며 누군가 전혀 일하지

---

6) 로버트 터커는 『마르크스의 혁명 사상The Marxian Revolutionary Idea』(New York, Norton, 1969)에서 국가뿐 아니라 경제에서도 지배의 개념이 중심적 위치를 차지한다고 주장한다. 마르크스주의의 정의관(正義觀)에 대해서는 수년 전부터 많은 논쟁이 있어왔다. 가장 뛰어난 진술들의 일부를 마셜 코헨과 토마스 네이글과 토마스 스캔론 편집, 『마르크스와 정의와 역사Marx, Justice, and History』(Princeton, Princeton University Press, 1980)에서 볼 수 있다.

않는 다른 사람이 이익을 얻는다는 것이다. 적어도 우리가 마르크스의 가치 창조론을 받아들인다면 불공평이 확실하다. 마르크스가 고려하는 것보다 창조의 범위를 더 넓게 인정한다고 해도 아마 여전히 불공평이 확실할 것이다. 노동자들이 그들의 도움으로 창조된 잉여의 "공평한 몫"을 받지 못하고 있다고 여전히 말할 수 있을 것이기 때문이다. 실제로 이것이 노동자들이 더 높은 임금을 요구할 때 보통 하는 말이다. 그러나 **불공평한 몫**에 대한 불평이 그들의 불평들 중 가장 중요한 것은 아니다. 왜냐하면 착취는 경제생활에서의 민주주의 부재의 한 결과에 불과하기 때문이다. 임금이 매우 낮으면, 그것이 노동 계급의 전투성의 핵심이자 필연적인 초점인 것처럼 보인다. 그러나 그것은 그것만으로 다룰 수 있는 문제가 아니다. 사설 정부가 보다 우선적인 문제다. 이론에서뿐만이 아니다. 그것은 항상 실제로 우선한다. 가장 초기적이고 가장 분명한 형태의 계급투쟁은 소유주와 현장 감독의 압제, 작업장의 일상적 규율, 자의적인 정리 해고와 해고에 맞선 투쟁이다. 그리고 노동자 계급의 가장 초기적이고 가장 큰 승리는 노조 인정과 고충 처리 제도와 연공서열 제도 등을 가져다주는 승리다. 결정적인 것은 권력의 분배이지 잉여 가치의 분배가 아닌 것이다. 권력은 잉여 가치의 획득에 도움이 되지만 이것이 권력을 추구하는 유일한 이유는 결코 아니다. 시민권과 자존심도 걸려 있다.

도덕가가 아닌 정치 경제학자로서 마르크스는 자본주의는 거대한 집단적 기업들collective enterprises을 만들어 놓았고 그것들은 필연적으로 집단의 통제를 받게 될 거라고 주장했다. 나는 이 주장이 맞는지는 모른다. 나는 정치 경제학자가 아니다. 하지만 이 주장은 "받게 될 거라고"를 "받아야 한다고"로 대치하는 도덕적 상응 형태를 가지며 이것은 분명히 맞다. 집단적 기업들은 그런 정부가 어떻게 작동해야 하는가에 대한 공유된 이해에 따라 집단적으로 통치되어야 한다. 우리에게는 그 이해가 민주주의다. 따라서 산업 민주주의의 필요가 다시 한 번 제기된다.

산업 민주주의는 "공평한 몫"에 기여할 것이지만 이는 오직 어떤 특정한 공평의 개념이 다른 어떤 특정한 개념을 제치고 선택되며 이 개념이 폭넓은 지지를 얻게 된다는 특별한 의미에서다. 실제로—기업인의 수익과 자본 비용, 투자, 복지·안전·환경 보호 등의 사회적 비용, 관리 비용, 연구비, 돈이나 시간으로 지불될 수 있는 노동자의 몫 등—잉여 가치에 대한 많은 권리 주장과 공정하거나 현명한 분배를 위한 여러 가지 많은 제안들이 있다. 시장적 고려가 이 모든 주장과 관련이 있기는 하지만 우리는 정치적 선택도 해야 한다. 착취의 이론은 우리가 이 선택을 하는 데 큰 도움이 되지 못한다. 왜냐하면 여기에는 이만큼 저기에는 저만큼 잉여 가치를 할당하는 그 자체로 정의로운 분배 방법은 없기 때문이다. 하지만 민주 시민들의 활동 결과로서의 분배는 적어도 정의에 대한 현재의 이해를 반영할 것이고 더 나은 이해에의 길을 열어 둘 것이다.

이 장 내내 나는 정치의 중요성을 강조했다. 사회기반시설과 공공 공급의 패턴과 기회의 범위와 잉여가치의 분배, 이 모든 것이 정치적으로 결정되어야 한다. 비록 항상 그 자체가 보다 깊은 사회 과정을 통해 생긴 공유된 이해와 관련해서이기는 하지만 말이다. 따라서 정치적 정의나 민주주의는 직접적인 형태의 정의다. 그러나 민주주의는 비록 궁극적으로는—1인 1표의—실질적 권력 분배에 기초를 두고 있지만 실제로는—주로 자유선거를 통한—권력의 절차적 할당의 형태를 취한다. 그리고 선거의 결과는 예측할 수 없다. 결과로서 생기는 분배 결정은 때때로 불공평하다. 이렇게 정의는 정의 자체가 위험에 노출되어 있을 것을 요구한다. 이는 기반 시설의 우선순위나 필요한 복지 형태나 이용할 수 있는 기회의 성격이나 이 공장 또는 저 공장의 수익의 분배에 관해 당신이나 내가 선호하는 구상이 거부될 수도 있음을 의미한다. 정의는 정의에 관한 어떤 단 하나의 철학보다는 시민들에게 자신들의 공동생활의 도덕적 현실을 포착하는 것으로 보이는, 이런, 그 다음에는 저런, 철학적 견해를 실행함으로써 달성될 수 있을 가능성이 크다. 그리고 내가 처음에 말한 것처럼, 실행은 항상 "혼란스러운 가운데" 일어난다. 정의는 즉각적이고 정확한 것이 아니다. 따라서 그것은 정치 싸움의 결말이 될 수도 없다.

싸움은 끝이 없지만 철학적으로 통제되어 있지 않은 것은 아니다. 정치적 주장은 우리의 승리를 도울 수 있는 주장이나 예나 전례를 무엇이든 닥치는 대로 찾는 문제가 아니다. 그것은 수사적 제스처나 단순한 방편의 문제도 아니다. 개인들과 집단들은 물론 최선을 다해 자신들의 개별적 이익을 지키겠지만 자신들이 속한 사회의 공동의 이익과 공유된 가치도 고려해야 한다. 그들은 이기적 주장뿐 아니라 집단적 해석의 과정에도 참여하고 있는 것이다. 오늘날의 미국에서는 그 과정이 시민권의 의미에 대한 어떤 설명에 기원을 두고 있다. 나도 그런 설명을 가정해왔고 그것은 나에게 평등주의의 기초를 제공했다. 왜냐하면 민주국가에서의 시민권은 평등을 함의하기 때문이다. 그러나 시민권이 사회생활의 모든 영역에서 평등을 재생산하는 것은 아니다. 심지어는 정치 자체에서도 재생산하지 않는데, 여기서는 선거를 통한 권력의 할당으로 일부 시민들이 다른 시민들보다 더 큰 권력을 갖게 된다. 각각의 영역에 얼마만큼의 평등이 적절한가는 어려운 문제다. 왜냐하면 그것은 확실성을 결여한 해석과 최종성을 결여한 결정에 의존하기 때문이다. 우리는 현실을 오해할 수 있다. 사실, 우리가 현실을 오해하여 우리의 시민들을 불가피한 만큼보다 더 불평등하게 만들었다는 것이 이 장에서 내가 주장한 것이었다. 우리는 우리의 사회생활이 필요로 하는 기반 시설을 유지하지 않았다. 우리는 공공 공급에 충분한 만큼 마음을 쏟지 않았다. 우리는 기회를 충분히 폭넓게 제공하지 않았다. 우리는 사설 정부의 권력에 도전하지 않았다. 정의는 우리가 이 모든 것들을 할 것을 요구한다. 하지만 정의는 또한 우리가 그것들을 민주적으로 할 것을 요구한다. 따라서 평등주의 철학자가 받아들여야 할 짐은 민주 시민권에 대한, 그리고 그 다음으로는, 시민들이 서로에게 분배하는 재화와 기회에 대한, 설득력 있는 해석을 제공하는 것이다.—나는 정당하게 (결코 최종적인 결정일 수는 없지만) 결정의 권한을 갖고 있는 지금 여기의 미국 시민들을 말하고 있다.

6장
배제와 불공평과 민주국가

1

누가 안에 있고 누가 바깥에 있는가? 이것은 모든 정치 공동체가 스스로에 대해 던져야 하는 첫 번째 질문이다. 개개의 공동체는 그것이 내놓는 대답에 의해, 더 정확하게는 누구의 대답이 중요한지를 결정하는 과정에 의해 구성된다. 이는 그 결정이 최종적이지 않더라도, 즉 내부인과 외부인 사이에 절대적인 경계선을 긋지 않는다 할지라도 참이다. 사실 여기서는 절대주의가 좀처럼 가능하지 않다. 예를 들면, 고대 그리스 사람들과 이스라엘 사람들은 비교적 단순한 혈족 관계에 입각하여 자신들과 외국인들을 구별했다. 그러나 이들의 정치 공동체는 시민들과 동포들 외에도 중간 집단인 거류 외국인들을 포함했는데, 각각

메틱metic과 **게림**ge'rim으로 불리는 이들은 동족이 아니었지만 외국인도 아니었고 공동체 구성원의 권리와 의무를 모두는 아니지만 일부를 공유했다. 어쩌면 더 중요한 것은, 계급과 성의 경계선이 이 모든 범주들을 가로질렀기에 그리스에서나 이스라엘에서나 힘없는 구성원들과 강력한 이방인들이 있었다는 사실일 것이다. 포함과 배제에 관한 형식적 규칙들은 실제의 정치적 (또는 일상적인 사회·경제적) 의사 결정 과정을 결정하지 못했다. 그리고 여자들과 노예들과 도시 노동자들과 "시골 사람들(**암하레츠**am ha-aretz)"이—설사 그 땅 태생이고 족보상으로도 문제가 없을지라도—그들이 속한 공동체의 통치에 거의 또는 전혀 발언권이 없는 것에 대해 그리스의 철학자들과 유대 현인賢人들은 신경 쓰지 않았을 것이다. 그런 사람들의 배제는 아마도 거류 외국인들의 배제보다도 문제가 덜 되었을 것이다.

우리에게는 엄청난 외국인 노동자 인구와 불법 이민자 인구로 옛날의 중간 계급이 다시 생겼다. 우리에게도 거류 외국인들이 있고 그들의 권리와 의무는 오늘날에도 2천 년 전 만큼이나 논란거리가 되고 있다. 그러나 우리는 다른 한 종류의 배제는 적어도 극복한 척하고 있다. 우리는 시민권과 형제 관계에 대한 고대의 개념을 확장하여 계급과 성의 장벽을 철폐하고, 여성과 노예와 노동자를 포함시켜 현대의 포괄적인 **데모스**demos(시민)를 만들어 냈다. 모든 사람, 모든 남녀가 구성원으로서 복지, 안전, 부, 교육, 직위, 정치권력 등의 분배에 참여하면서—또한 이 참여의 범위와 그것을 관리하는 방법에 대한 논쟁에도 참여하면서—정의의 모든 영역에 동등하게 참가하거나 동등하게 참가하기로 되어 있다.

이 참가는 (운이 조금 따라준다면!) 구성원들의 "복합적 평등complex equality"을 낳을 거라는 게 나의 책 『정의의 영역들』의 주장이었다.[1] 모든 재화가 모든 구성원에게 평등하게 분배될 거라는 게 아니다. 재화의 본질, 즉 사회적 의미와 관습적 용도를 고려할 때 평등한 분배는 바람직하지도 가능하지도 않다. 오히려 서로 다른 재화가 서로 다른 이유로 서로 다른 중개자에 의해 서로 다른 사람에게 분배될 것이다. 그 결과, 어떤 단일한 인간 집단도 여러 영역 전체를 지배하지는 못할 것이다. 또한 부나 권력이나 가족의 명성 같은 한 재화를 소유한다고 해서 다른 모든 재화도 잇따라 얻게 되지는 못할 것이다. 한 분배의 영역에서 실패한 사람이 다른 분배의 영역에서는 보다 성공하게 될 것이고 그 결과는 수평적이고 사회적으로 확장된 형태의, 아리스토텔레스의 "교대로 이루어지는 지배와 피지배"가 될 것이다. 누구도 언제나, 그리고 어디서나 지배하거나 지배받지는 않을 것이다. 누구도 철저하게 배제되지는 않을 것이다.

그러나 이것은 만약 사람들이 실제로 분배 활동에 참여하고 영역들의 자율성을 성공적으로 지킨다면 상황이 결국은 어떻게 되겠는지를 묘사하는 이상적인 그림, 또는 비판의 기준이다. 지키는 것은 항상 필요하다. 사회적으로 중요한 재화는 무엇이든—자본주의 사회에서의 돈은 그 분명한 예다.—다른 모든 재화로 전환되어 그것을 소유하는 사람들에게 지배의 수단으로 이용될 가능성이 크다. 불평등은 항상 어떤 그런 수단을 통해 야기되었다. 토지, 돈, 정치권력, 인종적 또는 종

---

1) 마이클 왈저, 『정의의 영역들Spheres of Justice』(New York : Basic Books, 1983).

교적 정체성(이나 이것들의 어떤 부분 집합)이 모든 종류의 사회재에 접근할 수 있는 수단이 된다. 자율적 분배의 중개자는 사실상 권한을 박탈당한다. 그리고 그렇게 되면 가난한 사람들과 인종적 또는 종교적 소수의 구성원들과 비정통적인 남녀들은 자국의 번영에는 최소한도로밖에는 참여하지 못하고, 경제 침체의 타격을 가장 크게 받고 좋은 학교와 직위로부터 배제되고 어디서나 실패의 낙인을 안고 살게 된다. 이것은 고대 세계의 내적 배제, 즉 시민권도 힘도 직업도 없는 소외된 사회 구성원들을 다시 만들어 낸다.

우리는 이 사람들을—파산자들, 하층 계급, 참으로 혜택 받지 못한 사람들, 사회적으로 고립되어 있는 사람들, 소외된 빈곤층 등—어떻게 불러야 할지 확실히 알지 못하며 그들을 분류함에 따르는 이 혼란은 그들의 존재에 대한 더 깊은 당혹감을 반영하고 있다. 왜냐하면 우리는 한때 현대의 (복지국가주의적 또는 사회적) 민주주의는 전적으로 소외와 배제의 재생산을 점점 더 어렵게 만드는 것을 지향한다고 생각했기 때문이다. 공무원 시험과 "공평 고용 관행fair employment practices"을 요구하는 법은 누구든 재능 있는 시민들이 갈 수 있는 성공의 길을 열고 혈연이나 민족적·종교적 인맥이나 학연을 통한 직위와 직업의 분배를 봉쇄한다. 공립학교와 능력을 중시하는 입학 허가 정책은 인종이나 종교와 상관없는 교육 기회의 분배를 보장한다. 보편적 수급권은 복지가 정치적 후원의 한 형태로 이용되는 것을 방지한다. 국선 변호인과 뇌물 수수 금지와 새로운 정치 기부금 제한법은 사법 제도와 정치적 과정을 부에 의한 부패로부터 보호한다. 종교적 관용과 문화적 다원주의는 개개인의 남녀가 정치적 또는 경제적 처벌을 두려워하지

앉고 독립적으로, 인습에 얽매이지 않고, 믿음을 실천하고 생활할 수 있게 해준다. 이 모든 방법과 다른 많은 방법으로 우리는 정의의 영역들의 경계를 지킨다. 그런데도 왜 우리는 아직도 복합적 평등으로부터 그렇게 멀리 떨어져 있는 것일까?

2

나는 이 질문에 대한 대답으로 두 가지 주장을 하고 싶다. 첫째, 사회재의 전환성과 그것이 가능하게 만드는 지배는 현대 사회에서 점점 더 미묘하고 간접적인 형태를 취해가고 있다는 것이다. 아직은 그것들이 민주적 통제 아래 놓이게 된 것이 결코 아닌 것이다. 그리고 둘째, 배제된 집단들이 여전히 존재함을 고려할 때, 복합적 평등을 지향하는 운동에서 내가 10년 전 이 문제에 대해 쓸 때 예상했던 것보다 국가가 더 큰 역할을 해야 한다는 것이다. 첫 번째 주장은 현재의 분배 정의에 대한 과대평가와, 두 번째 주장은 국가가 분배 정의의 동력으로서 할 수 있는 역할에 대한 과소평가와 관계가 있다.

지배적 재화와 지배 계급에 초점을 맞추고 있는 불평등과 배제에 대한 설명들은 여전히 많은 영향력을 갖고 있지만, 그것들이 근년에는 배제되거나 소외된 집단들 사이에서 경험적 분석에 부합하지 않는 체계적 억압의 이론이나 음모론을 낳는 경향을 보여 왔다. 실은, 오늘날에는 적극적 지배가 눈에 덜 띈다. 민주 사회의 일원이라는 지위는 아무도 공개적으로 도전할 생각을 하지 못하는 중요한 보호를 수반한다. 배제된 집단의 구성원 개개인은 이런 보호를 받으며 앞으로 또는 위로 나아가서 적어도 적은 몫의 사회재를 획득할 수 있다. 그래서 모든 음모론에 반대되는 신화라고 할 수 있는 어떤 음흉한 신화가 탄생했는데, 그것은 남아 있는 배제는 더 이상 불공평하지 않으며 사실은 정의 자체의 예상치 못한 산물이라고 주장한다. 남자든 여자든 배제된 사람은 그 사람이 받아 마땅한 것, 또는 그 사람이 선택한 것을 받는 것이거나 불운한 희생자라는 것이다. 따라서 어떤 다른 사람이 그 사람의 운명에 책임이 있는 게 아니다. 책임 소재가 여기서 문제가 되는데, 이는 사회 정책에 광범위한 귀결을 가져온다.

내 생각에는, 공정하거나 정당한 배제의 신화는 오늘날의 사회과학의 고전적 반反이상향인 마이클 영Michael Young의 『능력주의 사회의 등장 The Rise of the Meritocracy』으로 거슬러 올라간다.[2] 영이 쓴 것은 사실은 어떤 종류의 사회주의적 연대의식도 없는 능력주의적 분배에 대한 맹렬한 비판이었다. 그는 기회 평등은 사회를 두 계급으로, 즉 스스로 기회를 잡을 수 있는 사람들과 없는 사람들로 나눌 거라고 주장했다. 두 번째 집단은 인류사에 유례가 없는 하층 계급이 될 거라고 했다. 노예가 된 것도, 탄압을 받는 것도, 착취를 당하는 것도 아니고 정확히 자기 자신의 노력 (또는 태만)으로 이르게 된 곳에 서 있고 요구를 하기 위해 모일 명분조차도 없는 사람들이다. 영의 주장은 오늘날 그것의 비판적 목적이 제거된 채 되풀이되고 있다. 예속과 배제는 지배보다는 무능과 무기력과 무관심의 결과라는 것이다. 배제된 사람들은 그저 여러 가지 자질이 모두 부족한 남녀들의 집단이기에, 작동하기로 되어

---

2) 마이클 영, 『능력주의 사회의 등장 The Rise of the Meritocracy』(London : Thames and Hudson, 1958).

있는 대로 정확히, 자율적으로 작동하는 분배 과정은 그들에게 어떤 재화도, 또는 그들이 유용하게 이용할 수 있는 어떤 재화도 가져다주지 않는다. 교묘하거나 우회적인 방법은 그들의 운명과 아무 관계가 없다. 왜냐하면 우리는 대체로 여성이나 노동자나 흑인이나 유대인에 대한 집단적 배제를, 말하자면, 정당한 이유로 가려낸 개인들에 대한 새로운 배제로 대체했기 때문이다.

평등의 승리, 시민권의 민주적 확대는 (이 견해에 따르면) 결국 잔인한 장난이 된다. 그것은 그저 한때 성과 인종과 계급이라는 잘못된 추상 개념들에 의해 숨겨져 있던 것을 드러냈을 뿐이다. 그것은 시민권의 기준을, 심지어 다원화된 기준들조차도 충족시킬 수 없는 (또는 충족시킬 생각이 없는) 남녀들의 존재다. 할 수 있는 사람들은—항상 누군가는 당해야 할 운명인 불운의 경우가 아니라면—한다. 모든 영역에서의 실패는 억압과 불공평의 결과가 아니며 따라서 그것들을 나타내는 표지도 아니다. 따라서 실패한 사람들을 돕는 유일한 동기는 동정이나 인도적인 감정이어야 한다. 우리는 이 일에 조심해야 한다. 왜냐하면 이를 통해 우리가 (소수계 우대 정책affirmative action이나 "역차별reverse discrimination"의 경우에서처럼) 재화의 자율적인 분배를 제한하거나 과도한 복지 체계를 건설하는 등 불공평하게 행동하게 될 수 있기 때문이다. 인도적 감정이 요구하는 것은 인도주의적 구제가 전부다. 즉, 공정하게 가장 탐나는 사회재를 거부당한 사람들이 냉담하게 생존마저 거부당하지 않도록 해주는 "안전망"인 것이다.

배제가 여전히 불공정하다는 나의 주장을 이 신新 영주의neo-Youngian 적 주장에 맞서 변호해야겠다. 어쩌면 그것의 자유주의적 이형異形에도 맞서야 할지 모르는데, 이것은 우리가 복지 체계를 축소하고, 시장에 대한 규제를 풀고, 소수계 우대 정책을 포기하기 전에는 지배의 마지막 흔적들이 제거되지 않을 거라고 주장한다. 모든 사람이 능력주의 사회와 "자유 기업 제도"의 황금 같은 기회뿐 아니라 혹독한 자극에도 노출되어야 비로소 우리는 누가 정말로 공정하게 (또는 불공정하지 않게) 배제된 사람인지를 알 수 있을 것이다. 그들은 두 집단으로 나뉠 것이다. 저임금 직업에서 일하면서 사회의 가장자리에서 간신히 살아가는 사람들과 일을 할 수 없거나 하고 싶지 않아서 안전망에 떨어지는 사람들이다. 내 생각에는, 그런 사람들에 대해 더 이상 어떤 책임도 지지 않겠다는 확고한 결의가 1980년대 보수주의 사회 정책의 기초다. 우리는 그것이 (비록 영의 풍자에서처럼 노골적인 경우는 드물지만) 지능과 범죄와 빈곤과 복지를 다루는 최근의 학술 문헌에 분명하게 표현되어 있는 것을 발견할 수 있다. 또한—지역 신문의 칼럼과 라디오 토크쇼와 일상의 대화 등—보다 대중적인 형식으로도 볼 수 있는데, 이런 것은 종종 단지 자기중심주의와 저열함만을 표현하고 있다고 여겨지지만 이것 뒤에도 어떤 정의관이 있으며, 이에 따르면 "그 사람들"을 위해 해야 되는 일은 이미 다 했다. 이게 내가 다뤄야 할 주장이지만 우선 신 영주의의 시각에서 본 "그 사람들"의 한 사람에 대한 표본 묘사를 제시하는 게 도움이 될 것이다.

이제 시민, 즉 법적 정의定義에 따른 정식 성원인 남자나 여자를 상상해보라. 그는 복지 명부에 올라 있지만 그가 받는 보조금으로는 결코 독립적인 삶을 영위할 수 없었고 자립이나 상호 부조 능력이 없는, 국가의 수동적 피보호자였는데, (정당한) 예산 삭감으로 이제는 복지 망에서 밀려나게 되었다. 그는 시장에 기술이나 자원을 가져오지 못하며 겨우 단속斷續적으로만 고용되어 있고 자영의 능력이나 활력을 보이지 못한다. 그는 법이 요구하는 최소 기간 동안 표준 공교육을 받았지만 그것은 결코 그의 정신적·물질적 관심을 끌지 못했고 대체로 무익했다. 따라서 그는 공무원직이나 채용직이나 연구직에 합당한 자격을 갖추지 못했다. 그는 그가 해야 할 몫보다 훨씬 더 많은 고된 또는 더러운 일을 하고 있을 가능성이 크다. 그는 종종 실업 상태거나 (합당한 이유로) 수감 중이기에 시간이 남아돌지만 우리가 "여가"라고 부르는 종류의 시간은 많지 않다. 그는 붕괴된 가정에서, 또는 가족의 도움이 전혀 없이, 혼자, 때로는 문자 그대로 집 없이 산다. 그는 같은 시민들로부터 인정도 존중도 받지 못하며 그 결과로 자존감 상실로 고통 받는다. 그는 참정권을 갖고 있음에도 불구하고 정치적으로 무력한데, 그 이유는 그가 고려될 필요가 없는 사람들, 즉 조직되어 있지 않고 뚜렷하게 부각되지 않고 따라서 대변되지도 않는 남녀 대중에 속하는 것으로 분류되기 때문이다. 그리고 마지막으로, 그는 아마도, 구원이 그가 가장 쉽게 구할 수 있는 사회재임에도 불구하고, 순회하는 (또는 라디오·텔레비전의) 복음 전도자의 손에조차 구원받지 못했을 것이다.

 이 사람이 불공평한 대우를 받아온 것일까? 그의 이야기는 그저 개인적 불행과 실패에 관한 슬픈 이야기일 뿐이고, 분배 담당자들은 그들이 해야 할 일을 최대한으로 그리고 항상 분배의 원칙들에 따라 하고 있는 것이 아닌가? 사회복지사들과 교사들은 그를 도우려고 했다,

인사 담당자들은 그의 재능 또는 재능의 결여에 주의를 기울였다. 민주주의 정치가들은, 실패하기는 했지만, 그와 같은 사람들 사이에서 "기반을 구축하려고" 노력했다 등등 그는 외국인 취급을 받아오지 않았다. 그는 처음부터 관심도 받지 못한 채 배제된 게 아니다. 이 관심을 고려할 때 그가 무슨 이유로 배제에 대해 불평할 수 있겠는가? 이런 상황에 처한 개인은 오직 욥Job처럼 신에게 불평할 수 있을 따름이다. 그의 경우는 어쩌면 부당하게 고통 받는 좋은 사람의 경우일지는 모르지만 이는 신의 불공평이지 인간의 불공평이 아닌 것이다.

3

나는 이런 설명이 어느 정도 설득력을 가질 수 있는 사회를 상상할 수 있고 이것이 정의의 이론과 관련하여 제기할 수 있는 난제들을 나중에 다시 다루고자 한다. 가난한 사람들과 힘없는 사람들이 불평의 이유를 가질 수 없는 사회를 만드는 게 우리의 목표일 수 있을까? 이게 **정의로운** 사회의 정의定義일까? 어쨌든 우리는 현재 그 같은 사회에서 살고 있지 않다. 우리에게서는 배제된 남녀들이 한 사람 한 사람, 한 영역 한 영역, 차례로 거부된 일련의 무작위적인 실패한 개인들이 아니다. 실패는 다문화적인 미국 사회 전역에 걸쳐 무작위로 분배되지 않는다. 그게 아니라, 배제는 대개 집단적으로 발생하며 그 각 집단의 구성원들은 공통의 경험, 그리고 상당히 자주, 가족(인종·민족·성) 유사성을 공유한다. 실패는 이 영역에서 저 영역으로 정형화와 차별과 무시의 형태로 그들을 따라다니기에 그들의 상황은 실은 일련의 자율적 결정들의 산물이 아니라 오히려 단 하나의 체계상의 결정이나 상호 연관된 하나의 집합의 산물이다. 그리고 배제는 그들의 자녀들에게 대물림된다. 배제를 낳는다고 여겨져 온 (그리고 배제에 정당성을 부여할 수 있을지 모르는) 특성들이 이제는 배제의 결과가 된 것이다.

이 같은 집단들은 압력이 작용할 때만 형성되고 재생산된다. 그러나 압력이—이를테면, 미국의 흑인들이 한때 당했던 노예제나 백인 우월주의자들이 흑인들에게 가하려고 하는 속박 같은—조직적이고 계획적인 억압의 형태를 취해야 작용할 수 있는 것은 아니다. 흑인들의 예가 보여주는 것처럼, 덜한 것으로도 그렇게 될 수 있다. 나는 백인 우월주의자들이 여전히 정치적으로 활동하고 있다는 것을 아는 것도 흑인 미국인들의 일상생활에 어느 정도 영향을 끼친다고 생각하지만, 그들이 미국의 주류 사회로부터 (부분적으로) 배제되어 있는 것을 설명하는 데 보다 중요한 것은, 한쪽 끝에 있는 인종차별주의에서 시작하여 먼 길을 거쳐 결국 다른 쪽 끝에 있는 완전히 평등주의적인 정중함이나 우정에 이르는, 태도와 관습의 연속체다. 이 연속체의 어딘가에 나타나는 태도나 관습을 가진 사람들의 대다수가 질문을 받을 경우 분명히 인종차별주의에 대해 거부감을 표시하겠지만 그들의 습관과 예상과 입 밖에 내지 않는 두려움은 말하자면 남아 있는 인종 편견을 내포하고 있고 중대한 사회적 힘을—설사 아무도 이 힘의 결과를 의도하지 않는다 할지라도—구성한다. 이들 중 많은 사람이 복지 기관이나 학교의 상담소나 허가·추천 위원회나 정당과 정치 운동에서 활동하는 분배 담당자다. 그들 모두가 유권자다. 즉, 그들 모두가 손에, 또는, 더 정확하게 말하면, 마음과 눈에 승인권을 갖고 있다. 내가 오늘날의, 경계를 초월하는 지배적 재화의 사용과 결과적으로 나타나는 배제의 형태들이 미묘하고 간접적이라고 말했을 때, 나는 이 사람들을 염두에 두고 있었으며 나는 물론 그들 중 한 사람이다. 우리가 하는 것을 지휘하는 전체 계획이 없을지라도, 또한 우리가—연속체 위에서 보다 우측에 서 있느냐, 보다 좌측에 서 있느냐에 따라—서로 다른 방식으로, 그리고 서로 다른 정도로 행동할지라도 배제된 남녀의 곤경은 오늘날에도 여전히 개인의 책임일 뿐 아니라 사회적 책임이기도 하다. 즉, 그나 그녀의 책임일 뿐 아니라 우리의 책임이기도 한 것이다.

이 논리는 배제가—나는 대개 그럴 거라고 생각하는데—인종(이나 민족이나 종교)의 문제인 만큼이나 계급의 문제일 경우에도 똑같이 적용된다. 『정의의 영역들』에서 지배를 묘사하면서 나는 지배적 재화를 행사할 수 있는—예를 들면, 결코 팔려고 내놓아서는 안 되는 것을 사기 위해 자신의 재산을 사용할 수 있는—개인이나 집단에게 지배가 어떻게 작동하는가에 초점을 맞추었다. 이제 재산이 없어서 실제적으로 매매되는 모든 재화를 잃을 수밖에 없는 사람들을 생각해보라. 경제적 빈곤으로 말미암아 그들은 모든 면에서 가난해진다. 이 경우에도 그들의 배제는 미묘하고 간접적인 형태를 취할 수 있다. 문자 그대로 직접 현찰을 받고 입학 허가나 공무원직이나 정치적 영향력이나 법원 판결을 주는 방식에 의존하지는 않는 것이다. 돈의 힘은 돈의 소유자가 훈련과 개인 교습을 받는 방식, 복장과 대화 방식, 베풀 수 있는 후함, 받을 수 있는 시중, 자신에게 끌 수 있는 주의 등에서 나타난다. 그리고 여기서도 역시 우리 모두가 크든 적든 이런 것들이 우리 자신과 다른 사람들의 분배 결정에서 중요한 역할을 하도록 허용하는 공범이다.

의심할 바 없이, 계급 사회의 배제는 물론이고 심지어 인종차별주의 사회의 배제조차도 성격상 구조적이며 단순히 개인의 태도에만 바탕을 두고 있지 않다. 그러나 구조가 구조주의자들이 "실제 생활"이라고 부르는 것에 끼치는 영향은 개인의 생각과 행동에 의해 전달되기에 이 영향은 인종차별주의나 속물근성으로부터 시민 간의 우정까지 뻗어있는 태도의 연속체를 따라 개인들이 현재 어떻게 분포되어 있느냐에 따라 크게 다를 수밖에 없다. 확립되어 있는 구조들은, 말하자면, 연속체에서 왼쪽에 있는 남녀들에 의해 면밀히 조사되고 이의 제기를 받기가 더 쉽다. 그러나 (적어도 오늘날 미국에서는) 대부분의 사람들이 확립되어 있는 구조들에 만족하고 있는데, 그 이유는 바로 그들이 배제하고 있는 사람들이 "그 사람들", 즉 흑인들이나 가난한 사람들이나 어떤 식으로든 오명을 쓰고 있는 사람들이기 때문이다.

나는 죄의식을 불어넣으려고 이 주장을 하는 게 아니다. 내가 많은 같은 시민들이 "하고" "허용한다고" 말한 종류들은 대체로 죄의식 없이 이루어지고 있는 것으로 보인다. 나는 인종과 계급에 대한, 남아 있는 편견을 자신에게서 깨끗이 씻을 능력을 가진 사람은 우리 중 많지 않을 거라고 생각한다. 나의 주장에서 귀결되는 것은 개인적 후회나 양심의 가책이 아니라 사회적 의무다. 배제된 집단들이 있음을 고려할 때, 정의는 그 집단들의 구성원들이 사회에 다시 참여하고 모든 분배 영역에서 독립적인 역할을 할 수 있게 해주는 지속적인 공공의 노력을 요구한다. 사실 이게 서로 밀접하게 관련된 두 가지 사회재인 복지와 교육의 중심 목적이다. 이 두 가지를 차례로 고찰해보자. 왜냐하면 그것들은 우리의 지속적인 무능과 부인에도 불구하고 우리가 얼마나 포괄적인 사회를 지향하고 있는가를 보여주기 때문이다.

복지는 때때로 단순한 구제로 이해되고 있다. 국가를 빈민을 위한 무료 급식소로 여기는 것이다. 이것이, 배제된 남녀들의 운명은, 누군가에게 책임이 있다면, 그들 자신에게 책임이 있다고 생각하는 오늘날의 저술가들과 정치인들의 견해다. 그들의 실패를 예상하고 우리가 안전망을 친다는 것이다. 그들을 위해서건, 우리를 위해서건, 그것은 문제가 되지 않는다. 하지만 나는 이것이 (이를테면 자선과 구별되는) 실제의 복지 관행에 대한 일반적 이해이거나 최상의 해석이었던 적은 없다고 생각한다. 일할 능력이 있는 가난한 사람들에 대해서는 처음부터 결코 단순한 구제가 목표가 아니었다. 국가 관리들은 최선을 다해 그런 사람들을 달래거나 강요하여 다시 노동 인구의 일원이 되고 스스로 길을 개척해나가도록 했다. 선택된 수단은 종종 징벌적이었다. 나는 그런 것을 추천하고 싶지는 않다. 그러나 이 계획은, 징벌성만 없다면, 구성원에 대한 민주적 개념에 잘 부합하는 것으로 보인다.

나는 『정의의 영역들』에서 어떻게 중세 유럽의 유대인 공동체들이 이 특정한 계획을 염두에 두고 복지체계를 설계했는지를 묘사했다. 유대인들은 이 분야의 선구자가 되었는데, 이는 그들이 박해받는 소수인 상황으로 인해 민주주의가 아닌, 어떤 매우 강력한 형태의 상호의존 관계로 몰리게 된 때문이었다. 그래서 배제를 막기 위해 공동체의 자원을 동원하여 학교와 신부 지참금과 사업 자금 융자와 직업과 종교 물품과 음식과 옷을 제공하기 위해 사용했다. 목적은 구성원들이 제

역할을 하도록 유지하는 것이었다. 자원 동원의 명시적 목적은 정의로운 사회를 건설하는 게 아니었지만 구성원 개개인의 의무는 정의의 문제인 것으로 여겨졌다. 그렇지만 나는 아무도 배제되지 않는 사회가, 말하자면, 배제되거나 소외된 남녀들, 싫든 좋든 자신이 속해 있는 세계에 참여하고 있지 못한 사람들을 포함하는 사회보다 더 정의롭다고 생각한다. "복지 의존welfare dependency"에 대한 오늘날의 비판은, 그것의 정치적 동기가 무엇이든, 공적 부조의 목표는 경제와 정치 공동체에 능동적으로 참여하는 사람들을 만들어내는 것이지 의존 상태를 영속시키는 게 아니라는 견해를 지지한다.

그런데 이 마지막 주장은 배제되어 있는 사람들도 모두 참여 능력이 있음을 전제한다. 그들은 적절한 포부와 잠재적 재능을 갖고 있고, 약간의 도움만 있다면 적어도 몇몇 분배 영역에서는 기회를 잡을 수 있다는 것이다. 이것은 보편적 공교육을 견지하는 우리 자신의 입장의 기본 전제이기도 하다. 즉, 우리의 강요로 학교에 다니는 아이들은 실제로 그 경험에서 이익을 얻어 능동적 시민이자 유능하고 자립적인 직업 종사자가 될 수 있다는 것이다. 우리는 서로에게 그런 종류의 시민들과 직업 종사자들을 재생산해줄 의무가 있다. 이 의무는 우리 자신 같은 사람들로 이루어진 사회를 유지하자는 우리의 합의로부터 생기며 그런 사회에서는 안전하고 품위 있는 생활이 가능하다. 또한 우리는 아이들에게도 그런 의무가 있는데, 그 이유는 우리 또는 우리의 일부가 그들을 낳았기 때문이고, 우리가 그들의 배제를 막을 수 있었는데도 막지 못했다면 우리가 그들의 배제의 고통과 불행에 대해 책임이 있을 것이기 때문이다.

그러나 어쩌면 그것을 막을 수 없을지도 모른다. 어쩌면 공교육의 유일한 실현 가능한 목적은 가능한 한 공정하게 아이들을 분류하여 포함되는 아이들과 배제되는 아이들로 나누는 것일지 모른다. 분명히 요즘의 많은 대도시 빈민가의 학교들은 그것 밖에는 안 하는 것 같고, 게다가 공정성에는 별로 신경 쓰지 않는 것 같다. 왜냐하면 배제 대상으로 가려진 아이들이 압도적으로 동일한 "가족들" 출신이기 때문이다. 그러나 민주 사회의 모든 학교처럼 이 학교들도 시민들을 교육시키고 있기에, 아무리 공정하게 배제한다고 해도 배제는 실패를 의미한다. 민주주의 교육은 보편적이거나 거의 보편적인 자격에 거는 내기다. 아니, 더 정확하게 말하면, 민주주의 자체가 내기이고 교육은 승리의 결정적 수단이다. 물론 개인의 능력은 많을 수도 적을 수도 있다. 또 승리는 항상 부분적이다. 그리고 학교들도, 비록 안과 밖의 극단적 이분법을 세우고 강화할 수밖에 없는 것은 아닐지라도, 그에 가까운 방법으로 많은 분류를 한다. 그러나 교사들은 민주주의의 내기를 해야 한다. 이게 그들의 직업의 도덕적 전제 조건이기 때문이다.

그래서 복지와 교육의 영역에서 일어나는 대규모의 실패, 또는, 더 구체적으로 말하면, 특정한 집단들에게 엄청난 영향을 끼치는 실패는 (실패하려고 작정한 게 아니라면) 정신적·물질적 자원을 터무니없이 적게 제공하고 있음을 나타내는 게 틀림없다는 결론이 나온다. 돈도, 사람도, 이 일에 대한 믿음도, 창의성과 실험도 부족한 것이다. 어떤 상태가 자원 결핍의 상황인가는 시대에 따라 달라진다. 현대의 정치·경제 생활이 더 복잡해질수록 필요한 출자도 더 많아진다. 사회적 재생산과 구제는 오늘날 대규모의 자원을 필요로 한다. 이는 가깝든 멀든 과거에는 전례가 없던 필요인데, 과거에는 그 두 가지 일 모두가 대개 전문적인 훈련도 받지 않고 별로 조직적인 지원의 방법을 취하지도 않은 가족 구성원들과 공동체의 자원 봉사자들에 의해 유지되었다. 나는 친족들과 자원 봉사자들이 아직도 필요한 일을 많이 할 수 있다고 생각하지만 그들은 학교나 병원이나 사립 요양원 등의 조직적인 체제 안에서 일을 가장 잘할 수 있을 것이다. 이 체제들 자체는 남을 돕는 직업들에 의존한다. (부분적으로는 아주 많은 시민들이 전문적인 도움의 필요를 야기하는 사회 문제에 대해 생각하고 싶어 하지 않기 때문에) 이 직업들을 평가절하고 그 결과로 재능 있는 남녀를 교사와 간호사와 상담역과 사회 복지사로 채용하지 못하는 현대 사회는 모두 배제를 낳고 재생산할 것이다(현대 사회가 대부분 그렇다). 그리고 그것은 불공평한 배제일 것이다. 왜냐하면 이 경우에는 그들이 민주 사회의 모든 구성원이 마땅히 받아야 하는 관심을 받지 못한 게 될 것이기 때문이다.

나는 이게 정의의 문제이기는 하지만 꼭 직접적인 국가 행위의 문제는 아닐 수 있다는 점을 강조하고 싶다. 국가의 역할은 중요하며 나는 이에 대해 나중에 자세히 말하고자 한다. 하지만 배제된 남녀들의 어려움 가운데 많은 것은 시민 사회 내에서 가장 잘 다루어질 수 있고 여기서는 국가가 기껏해야 장려금이나 보조금을 제공할 수 있을 뿐이다. 모든 자발적 단체―교회, 노동조합, 협동조합, 이웃 모임, 이익 단체, 이런저런 것의 보존이나 금지를 위한 협회, 박애주의 단체, 사회 운동―는 포함시키는 역할을 한다. 시민 사회 단체들은 그것들이 밝히는 목적이 무엇이든 그것 외에도 인정, 권한, 훈련과 심지어는 고용까지도 제공한다. 그것들은 무대들과 행위자들을 증가시키고 분배 기준의 더 다양한 해석을 (예를 들면, 교회와 사회 운동과 스포츠클럽과 현대 국가의 행정 기관에서 "장점"을 각각 다르게 이해하는 것을 생각해보라.) 보장함으로써 영역들의 분산에 기여한다. 이 단체들의 관계자들과 직원들이 모두 함께 비공식적인 행정 기관, 사회적 관료 제도를 이루며, 비록 민주주의 사회의 본질상 이 사람들에게 직무를 할당해서는 안 되지만 그럼에도 불구하고 그들의 중심적 위치를 인정하는 것은 중요하다. 국가는 그들의 일을 지휘해서는 안 되지만 그것을 도울 수는 있고 따라서 도와야 한다. 모든 정의의 영역들이 자발적 단체들의 활동 안에 내포되어 있다. 현대의 상황에서는 복합적 정의가 상당히 그것들의 성공에 달려 있다.

4

그래서 우리는 모든 영역에서 패하여 희생자가 되는 남자들이나 여자들을 다르게 묘사할 수 있다. 자기가 이런 신분이라고 주장하는 사람은 큰 정치적 (그리고 또한 어쩌면 심리적일 수도 있는) 실수를 하는 것이지만, 그럼에도 불구하고 이는 정확한 말이다. 왜냐하면 이 사람들은 복지와 교육의 영역에서 정의가 요구하는 관심이나 도움을 받지 못했고 거기서의 그들의 패배는 시장과 정치 공동체와 가족의 영역으로 이어져 반복되는 패배를 야기했는데, 이 패배들의 합이 바로 배제이기 때문이다. 이것은 개인이 자신의 상황에 아무 책임도 없다거나 어디서나 불공평한 대우를 받아왔다거나 문자 그대로, 억압적이거나 착취적인 지배 계급의 먹이가 되었다는 말이 아니다. 그들은 우리가 노예나 강제 수용소의 수감자나 국적 없는 난민들을 칭하는 말로나 쓸 수 있을, 전적인 희생자가 아니다. 그들의 상황은 보다 복잡하며 우리가 그들을 우리에게 많은 요구를 할 수 있는 같은 사회 구성원으로 인정하는 한 우리도 그들에게 많은 요구를 할 수 있다.

그러나 의문은 계속된다. 만약 우리가 그들이 정당하게 요구할 수 있는 모든 것을 제공했는데도 여전히 도움이 안 되거나 충분한 도움이 안 된다면 어찌 되는가? 도와줄 수 없는 사람들, 스스로를 도울 수 없거나 도우려고 하지 않는 사람들이 있게 마련이다. 그들은 학교에서 공부하지 않거나 공부를 해도 지적으로 향상되지 않는다. 그들은 열심히 일하지 않거나 엉망으로 일을 해놓는다. 그들은 대인 관계가 서투르거나 무자비하다. 그들은 정치 무대를 회피하거나 정치 무대에서 일관성 없는 행동을 한다. 그들은 범죄 생활이 제공하는 기회나 손쉬운 성공을 추구한다. 그들은 상도常度에서 벗어난 행동을 하는데, 그 이유는 그것을 자유라고 생각하기 때문이다. 어떤 시점이 되면 우리는 그들에 대한 최소한의 의무만을 인정한 채 그들을 회피하고 싶어 할 수 있다. 나는 정의로운 사회를—우리가 안전망을 제자리에 유지하고만 있다면—회피도 불공평하지 않을 사회로 상상하는 게 터무니없다고 생각하지 않는다. 우리(중 일부)가 더 많은 것을 하고자 한다면 그것은 단지 인정이나 동정 때문일 것이다. 하지만 나는 그런 사람들이 많은 정의로운 사회를 상상할 수는 없다. 가난과 소외는 특이한 성벽에 따른 선택일 수는 있어도 대중적인 선택일 수는 없다. 그리고 가난한 사람들과 소외된 사람들의 무능력의 적어도 일부는 치료할 수 있다.

공정하거나 정당한 배제의 신화는 어떤 가설적 미래로 옮겨졌을지라도 여전히 신화다. 그것은 개인에 대한 어떤 허술한 견해에 입각하고 있거나 의존하고 있는데, 이에 따르면 그의 모든 자질은, 단적으로 말해, 같은 종류다. 그는 물론 각각의 정의의 영역마다 가려질 강점과 약점을 갖고는 있지만 어쨌든 전반적으로 유능하고 의욕적이든지 전반적으로 무능하고 수동적이며 어디서나 실패자. 복합적 평등은 단지 가려짐을 반영할 뿐이다. 그러므로 분배 과정이 자율적으로 작동한다면 유능한 남녀는 이 이상이 제시하는 방식으로 서로 평등해질 것이다. 그러나 무능한 사람들은 복합성과 평등, 양쪽으로부터 배제될 것이다. 그들의 삶은 단순하고 그들의 사회적 지위는 전반적으로 예속적일 것이다. 정의는 복합적 평등의 자격이 있는 사람들과 그렇지 않은 사람들 사이의 근본적 양분에 의해 지배된다.

그러나 이 근본적 양분은 이데올로기적 창작이다. 복합적 평등은 (재화의 차이뿐 아니라) 개인 차와 개인 안의 자질과 관심과 능력의 차이와도 조화된다. 사람이 두 종류만 있는 것은 아니다. 또한 어떤 개인도 총체적인 하나의 "종류"가 아니다. 자질과 관심과 능력의 범위는 매우 넓으며, 나는 특정 개인에게 이것들이 극단적으로 좋은 것들만 또는 나쁜 것들만 밀집되어 있는 경우가 있다는 어떤 증거도 알지 못한다.—내 자신의 경험으로는 증거가 분명히 없다. 이 뛰어난 수학자가 정치적으로는 바보다. 이 재능 있는 음악가가 다른 사람들과 어떻게 어울려야 하는지는 조금도 모른다. 이 능숙하고 애정 어린 부모가 사업 수완은 전혀 없다. 이 대담하고 성공적인 사업가가 도덕적으로는 비겁자. 이 거리의 거지나 감옥의 죄인이 유능한 공예가나 숨은 시인이나 뛰어난 웅변가다. 이런 쉬운 대조는 흔하고 분명하지만 남녀 개개인의 실제의 복합성에는 도저히 미치지 못하는데 우리는 이들 각각에 대해 서로 다를 뿐 아니라 모순되는 자질, 관심, 능력의 긴 목록을 작성할 수 있을 것이다. 이게 자율적 분배의 결과가, 적어도 개인과 관련해서는, 그토록 전적으로 예측할 수 없는 이유다. 그러나 우리는 이 분배가—자율성 자체가 심각하게 부패하지 않았다면—개인들의 집단을 철저히 구별되는 "가진 자"와 "못 가진 자"의 두 집단으로 나누는 일은 전혀 없을 것임을 확신할 수 있다.

만약 개개인의 남녀가 복합적으로 구성되어 있는 분할된 자아가 아니라면, 복합적 평등은 나쁜 유토피아적 이상주의의 한 예—실은, 매력 없는 현실을 정당화하기 위한 가짜 이상—일 것이다. 왜냐하면 이 경우에는 그저 무능하기만 한 사람이라면 그를 철저히 배제해도 불공평한 게 아니라는 말이 될 것이기 때문이다. 이미 말한 것처럼, 그들에게는 불평할 수 있는 이유가 없게 될 것이다. 또 그들을 위한 사회 운동을 조직하기도 매우 어려울 것이다. 왜냐하면 조직자들이 같은 시민들의 도덕적 양심에 호소할 수 없을 것이기 때문이다. 그러나 그저 무능하기만 한 사람들은 없거나 적어도 그런 종류의 사람은 없다. 공정하거나 정당한 배제에 대한 불안은 잘못된 것이다. 민주주의의 내기는 분명히 내기에 이기려는 진지하고 지속적인 노력 없이는 이길 수 없되 부분적으로도 이길 수 없는 내기기는 하지만 일반의 내기에 비하면, 틀림없이 이기는 내기다. 재화가 분화되어 있고 분배 과정이 자율적이어야 한다고 되어 있는 사회라면 어디서나 전면적 배제는 불공평하며 불공평하다고 불려야만 한다. 그렇다면 그것은 정치적 항의의 정당한 사유가 된다.

5

정치적 항의는 국가를 겨눈다. 그것은 이런저런 종류의 국가 행위(때로는 국가 행위의 중단)를 요구한다. 공무원들이 이런저런 것을 해야 한다는 (또는 이런저런 것을 하기를 중단해야 한다는) 것이다. 『정의의 영역들』에서 내가 그들이 하고 있다고 상상한 종류의 것들은, 내가 이미 제시한 목록에서처럼, 대체로 영역들의 경계선을 지키는 것과 관계가 있었다. 즉, 능력주의적인 입학·임용 절차를 요구하는 것과 반차별법을 강제하는 것과 사법 제도의 보전을 유지하는 것 등이었다. 국가는 또한, 예를 들면, 선거에서 표를 파는 것을 불법화하거나 선거운동 기부금을 규제하거나 전직 공무원의 로비 활동을 제한함으로써 국가 자체의 보전을 유지하고 국가 자체의 경계를 지킨다. 스스로를 위해 행동하면서 국가는 정치 영역의 이중적 성격을 드러낸다. 한편으로 이것은 그냥, 높이 평가되는 하나의 사회재―정치권력―가 분배되는, 경계가 있는 분야 또는 영역이다. 다른 한편으로는 이것을 토대로 이것으로부터 그 권력이 사회의 모든 경계를 따라―그리고 때로는 물론 경계를 넘어―배치된다. 우리가 배제에 대해 항의할 때, 우리는 정치권력의 재분배와 재배치를 위해 일하는 것이다. 이 둘은 내가 나의 예전의 분석에서는 포착하지 못한 방식으로 함께 가며 정치의 이 두 측면의 결합은 광범위한 결과를 낳는다.

배제는 각각의 영역에서 되풀이되는 상태이며 정치의 영역은 그 영역들 가운데 하나다. 따라서 항의자들의 첫 번째 목표는 배제된 남녀들을 동원하여 그들을 국가 안으로 데려오는 것이다. 그들은 이미 시민이기에 이것은 그들을 위해 정치권력의 몫을 얻어냄을 의미한다. 그리고 국가에 대한 첫 번째 요구는—예를 들면, 미국에서 연방 정부가 흑인 미국인들의 투표권을 강제했을 때처럼—국가가 이 과정에서 도와 달라는 것이다. 우리는 이 강제를 권력은 모든 시민의 동의를 얻어 분배되어야 하며 어떤 인종적으로 구별된 일부 시민들에 의해 분배되어서는 안 된다는, 민주주의 정치에 내재하는 원칙에 따른, 정치적 자율성의 옹호로 볼 수 있다. 그러나 흑인 미국인들에 대한 권력의 재분배에서는 단순한 소유나 즐김(권력이 과연 즐거운 것이기는 하지만)이 아니라 사용도 중요했는데, 이 경우에는 어떤 매우 특정한 사용, 즉 지금까지 배제되어 왔던 바로 이 남녀들에게 다른 모든 영역들도 개방하는 것이었다. 만약 시민들과 관리들이 국가를 개혁하는 행동을 하고 있다면 그들은 동시에 보다 넓은 사회를 개혁하는 행동을 하고 있는 것이기도 하다. 그들은 복합적 평등의 옹호자이자 실행자가 되는 것이다.

일단 권력이 재분배되면 그것은 또한 재배치될 것이다. 그리고 그 목적은 단지 영역들의 경계를 지키는 것뿐이 아닐 것이다. 왜냐하면 배제된 남녀들의 집단이 존재한다는 것은 경계들이 크게 훼손되어 있어 그것들을 지키기에 앞서 이제 다시 획정해야 함을 의미하기 때문이다. 그리고 그것들은 걸려 있는 재화의 사회적 의미를 고려하면서 안으로부터 다시 그어져야 한다. 예를 들면, 소수계 우대 정책에 대한 주장은 직위의 개념과 그것이 포괄하게 된 직무 능력의 종류를 다루어야 한다. 결과는 어떤 직위의 "자격"이 의미하는 바를 변경해야 한다는 요구일 수 있지만, 이것이 단지 이 정당 또는 저 정당의 정략적 주장에 따른 자의적 변경이어서는 안 된다. 그럼에도 불구하고 국가 행위자들—정치적으로 행동하는 시민들과 관리들—은 관련된 의미들을 해석하고 적절한 분배 계획을 입안하는 데 이제 한몫하게 될 것이다. 그들만이 역할을 맡지는 않을 것이다. 왜냐하면 그들은 보다 현지에서 보다 직접적으로 활동하는 사람들, 즉 사회복지사들, 교사들, 의사들과 간호사들, 기업인들, 노동조합원들, 부모들 등의 권위를 빼앗을 수 없기 때문이다. 그러나 시민들도 고유의 권한을 갖고 있는데 그것은 영역들의 경계는 주어지는 것이 아니라 쟁취되는 것이라는 사실에서 나온다. 배제는 경쟁이 안 좋게 흘렀다는 표지이고, 그러니 경쟁을 바로 잡으라고 국가를 초청하는 것이다. 정치적 항의자들은 이 초청을 전달한다.

정치는 모든 분배 논쟁에 내포되어 있다. 국가는 정의의 여러 영역에서 일어나는 일을 무시할 수 없는 것이다. 예를 들면, 만약에 교회와 국가 사이의 "벽"이 제자리에 세워져 있고 제대로 기능하고 있다면, 국가 공무원들은 교직church office의 분배(그 기준은 세습이나 능력주의나 선거 등 무엇이든 될 수 있다.)나 구원과 영원한 생명 같은 종교적 재화의 분배에 대해 아무 할 말이 없다. 그들은 단지, 이를테면, 복혼複婚이나 동물 제물(아니, 어쩌면 단지 인신 제물만?)에 반대하여 개입하는 등 일종의 최소한의 도덕을 옹호할 수 있을 뿐이다. 마찬가지로, 만약 시장이 적절한 경계 내에서 작동하고 있다면, 국가의 역할은 어린이들을 착취로부터 보호하는 법이나 소비자들을 안전하지 않은 제품으로부터 보호하는 법 같은 법에 국한되어야 한다. 그러나 교회가 결혼과 이혼을 통제하고 이 통제를 비정통적 견해를 탄압하는 데 사용하는 곳 또는 시장 관계가 비시장 재화의 분배를 결정하는 곳에서는 국가가 항의하는 시민들의 압력을 받아 최대주의적인 활동, 즉 비록 단지 한계를 설정하기 위함일지라도, 종교적 권위와 교환 관계의 의미를 규정하는 활동을 하는 상황에 처하게 될 가능성이 높다.

그러나 이것도 정당한, 어쩌면 심지어 필요한, 국가 행위의 영역을 망라하지 못한다. 왜냐하면 배제를 다루는 가장 좋은 방법은, 뭐든 이미 있는 것을 재분배하는 것보다는 어떤 쓸모 있는 재화의 양을 늘리는 것일 것이기 때문이다. 교사 대 학생의 비율과 입학 정원은 분명한 예다. 더 많은 학교를 짓거나 더 많은 교사를 채용하거나 새 대학교를 설립하는 결정은 교육의 영역 내부에서 내릴 수 없다. 그 결정은 헌법상 내릴 권한이 중앙 정부에게 있건 지방 정부에게 있건 정치적인 결정이다. 복지 서비스의 확대와 개혁은 사회복지사와 그들의 보살핌을 받는 사람들의 투표로 달성될 수는 없다. 그것은 시민 전체의 정치적 책임이다. 시장을 확대하고 일자리 수를 늘리려는 노력도 마찬가지로 정치적인 것으로서 기반 시설 투자와 세제 혜택과 대외 무역 등에 관한 결정들을 필요로 한다.

그런 결정들에서는 많은 동기가 작용한다. 예를 들면, 제3세계의 정부가 대학 졸업자들에게 일자리를 확보해주기 위해 정부 자체의 관료 조직을 확대한다면, 그것은 정치 안정을 목표로 하고 있는 것이지, 어떤 종류든, 평등주의를 목표로 하고 있는 게 아니다. 국가 권력이 직위의 영역을 지배하고 학위가 실제의 자질을 대체한다. 그런 구조에서 손해를 보는 사람들은 학교에 갈 형편이 안 되거나 공무원들의 능력에 의존해야 하는 사람들이다. 그들은 사회생활의 가장자리로 밀려난다. 제3세계에서든, 제1세계에서든, 만약 국가 공무원들과 적극적인 시민들이 그런 사람들을 사회의 주류 속으로 데려오는 것을 명시적 목표로 삼지 않으면, 그것이 이루어질 가망은 거의 없다. 국가는—또는, 적어도, 현대의 민주국가는—국가의 모든 시민을 위해 복합성과 평등의 가치를 수호해야 한다. 따라서 국가는 논란이 되고 있는 사회재의 의미와 관련하여 중립적이거나 어느 편도 아닐 수는 없다. 관료 조직의 크기에 대한 결정은 직위와 그것의 목적에 대한 특정한 견해에 달려있다. 시장의 범위에 대한 결정은 상품과 기업인의 성공에 대한 견해에 달려 있다. 입학 정원에 대한 결정은 교육에 대한 견해에 달려 있다. 그리고 이 모든 결정은, 어떤 거의 근본적인 의미에서, 시민권에 대한 이해에 의해 보증되고 (부분적으로는) 결정된다.

포함은 시민권으로부터 시작되며, 그런 다음에는 시민권이 민주적 정치 활동을 통해 정의의 모든 영역에서 반복되는 가치의 역할을 한다. 반복은 걸려 있는 재화의 성격에 의해 한정된다. 영역이 달라지면 참여의 형태도 달라지는 것이다. 그러나 민주적인 정치 공동체를 특징짓는 것은 시민들을 벼랑으로 모는,—교육받지 못하고 직업이 없고 인정받지 못하고 힘없는—배제된 남녀들의 계급을 만들어내는 모든 사회적 과정은 공동체 생활 어디에서도 항상 불공평하다는 인식이다.

7장
자유주의에 대한 공동체주의의 비판

1

 지적 유행은 대중적인 음악이나 미술이나 복식에서의 유행만큼이나 단명인 것으로 유명하다. 그러나 규칙적으로 다시 나타나는 것으로 보이는 어떤 유행들이 있다. 주름 바지나 짧은 치마처럼, 그것들은 가끔씩 인기를 끌며, 보다 넓고 보다 꾸준하게 유행하는 어떤 현상—이 경우에는 어떤 복식—의 일부다. 그것들은 짧지만 되풀이해서 나타난다. 우리는 그것들의 덧없음을 알고 있고 그것들이 다시 돌아올 것을 기대한다. 물론 유행 후에도 바지가 영원히 주름 잡혀 있게 되거나 치마가 영원히 짧게 되는 경우는 없다. 반복이 전부인 것이다.

 비록 문화적 중요성으로 보면 훨씬 더 높은 수준(무한히 더 높은 수준?)에서 이루어지지만, 자유주의에 대한 공동체주의의communitarian 비판도 바지에 주름을 잡는 것과 같다. 즉, 그것은 덧없지만 분명히 다시 돌아온다. 그것은 자유주의 정치와 사회 조직에서 끊임없이 간헐적으로 나타나는 특징이다. 자유주의가 어떤 성공을 거둘지라도 공동체주의가 영구히 매력을 잃게 되는 일은 없을 것이다. 동시에 공동체주의의 비판도, 그것이 아무리 예리할지라도, 간헐적으로 나타나는 자유주의의 특징 이상의 것이 되는 일은 없을 것이다. 어쩌면 언젠가 귀족풍의 반바지에서 평민의 바지로의 이동 같은 보다 큰 변화가 일어나서 자유주의와 그것을 비판하는 사람들, 양쪽 모두가 의미를 잃어버리는 일이 생길지도 모른다. 그러나 나는 현재 어떤 것이든 그 같은 것을 나타내는 어떤 전조도 보지 못하며 우리가 그런 것을 고대해야 하는지에 대해서도 회의를 품고 있다. 우선은 반복되는 비판에 대해 할 말이 많은데, 그런 비판을 하는 사람들은 작은 승리나 부분적인 편입만을 바랄 수 있을 뿐이며, 만약 거절당하거나 거부당하거나 흡수되면 한동안 사라졌다가 반드시 다시 돌아온다.

공동체주의를 사회민주주의와 대조하는 게 도움이 되는데, 사회민주주의는 자유주의 정치 옆에서, 그리고 때로는 그것과 결합된 상태로 항구적으로 확립되는데 성공했다. 사회민주주의에 대해서도 간헐적으로 유행하는 비판들이 있는데 그것들은 대개 무정부주의와 자유주의적인 성격을 갖고 있다. 사회민주주의는 특정한 종류의 공동체 의식을 후원하기에 자유주의보다 비판을 덜 받는다. 그러나 그것도 결코 그런 비판을 완전히 피하지는 못한다. 왜냐하면 자유주의자나 사회민주주의자나 똑같이 경제 성장을 공약하고 있고 성장이 빚어내는 고립된 사회 형태들을 (서로 다른 방법이기는 하지만) 다루고 있기 때문이다. 공동체 자체는 현대 사회에서 대체로 이데올로기적인 위치를 차지하고 있다. 공동체 자체에 대해 되풀이해서 일어나는 비판은 없다. 공동체는 간헐적으로 유행하는데, 그 이유는 단지 그것이 이제는 결코 전성기에 있지 않기 때문이며, 그것은 유행할 때만 비판을 받는다.

  그럼에도 불구하고 공동체주의의 비판은 강력한 비판이다. 만약 그것이 우리의 마음과 감정을 끌지 않는다면 그것은 되풀이되지도 않을 것이다. 이 에세이에서 나는 현재의 미국판 공동체주의 비판들의 힘을 조사한 다음, 내 자신의 공동체주의 비판을 제시하고자 한다.—어쩌면 내가 먼저 다루려는 것들보다는 덜 강력할지 모르지만 자유주의(나 사회민주주의) 정치에 편입시키기에는 더 적합하다. 나는 비록 공동체주의가 현재 나타나고 있는 형태보다는 더 일관성 있고 예리한 형태로 다시 나타나기를 바라지만, 공동체주의를 잠재우려는 게 아니다 (나는 도저히 그럴 힘도 없다). 오늘날의 공동체주의 비판의 문제는—내가 이런 말을 처음으로 하는 사람이 아니다.—그것이 자유주의에 대해 두 가지 서로 다르고 깊이 모순되는 반론을 제시하고 있다는 것이다. 이 주장들 가운데 하나는 자유주의의 실제를, 다른 하나는 자유주의의 이론을 겨누고 있지만 그것들이 둘 다 옳을 수는 없다. 각각의 주장이 부분적으로 옳을 수는 있지만—실제로 나는 바로 이 부분적인 타당성을 주장하려고 한다.—각각의 주장은 서로의 타당성을 약화시키는 방식으로 옳다.

2

첫 번째 주장은 자유주의 정치 이론이 자유주의 사회의 실제를 정확하게 나타낸다고 간주한다. 마치 이데올로기적 반영에 대한 마르크스주의의 설명이 문자 그대로 참이고 여기에 예시되어 있다는 듯이, 오늘날의 서양 사회(특히 미국)를 철저하게 고립되어 있는 개인들과 합리적인 이기주의자들과 실존적 주체들과 양도할 수 없는 권리로 보호되고 분리된 남녀들의 본고장으로 여긴다. 자유주의는 자유주의자들이 창조하는 이기주의적인 사회에 대해 진실을 말해준다.―자유주의자들은 실은 그들의 이론이 주장하는 것과는 달리 **무無에서**가 아니라 전통과 공동체와 권위에 맞선 투쟁을 통해 창조하지만 그것들에서 벗어나자마자 그것들을 잊었기 때문에 자유주의의 실제는 역사가 없는 것처럼 보인다. 이 투쟁 자체는 의식儀式적으로 기념되지만 성찰되는 일은 드물다. 자유주의 사회의 구성원들은 어떤 정치적 또는 종교적 전통도 공유하지 않는다. 그들은 그들 자신에 대해 단 하나의 이야기만을 할 수 있을 뿐인데, 그것은 **무로부터**의 창조에 관한 이야기이며 자연 상태나 원초적 입장에서 시작된다. 개개인은 자신이 완벽하게 자유롭고 아무 방해도 받지 않고 독자적이라고 상상한다. 그리고 단지 자신의 위험을 최소화하기 위해 사회의 의무를 받아들이면서 사회 안으로 들어간다. 그의 목표는 안전이며, 안전은 마르크스가 쓴 바에 따르면, "그의 이기주의의 보장"이다. 그리고 그가 상상하는 자신의 모습은 그의 **실제이기도** 하다. "즉, 공동체로부터 분리되어 있고, 자기 안으로 물러나 있고, 전적으로 사익에 집착하고, 개인적 충동에 따라 행동하는 개인인 것이다. …… 인간들men 사이의 유일한 유대는 자연적 요구와 필요와 사익뿐이다."¹ (나는 나의 문장들을 마르크스의 문장들에 맞추기 위해 남성 대명사들을 사용했다. 그러나 여기서 다루지는 않겠지만 이 최초의 공동체주의 비판이 여성들women의 경험에 상응하는 게 아닌가라는 문제는 흥미 있는 문제다. 필요와 사익이 여성들 사이의 유일한 유대가 아닌가?)

청년 마르크스의 저술은 초기 공동체주의 비판의 하나이며 1840년대에 처음으로 제시된 그의 주장은 오늘날에도 강력한 영향을 끼치고 있다. 현대의 정신 · 문화 생활의 비일관성과 서사 능력narrative capacity의 상실에 대한 알라스데어 매킨타이어Alasdair MacIntyre의 묘사는 새로운, 최신의, 이론적 언어로 비슷한 주장을 하고 있다.² 그러나 자유주의에 대한 공동체주의의 비판에 필요한 유일한 이론은 자유주의 자체다. 비판가들은 비판가들이 해야 할 일은 자유주의 이론을 심각하게 받아들이는 게 전부라고 말한다. 모든 관계로부터 해방되어 공통의 가치나 유대나 관습이나 전통도 없이―눈도 없고, 이도 없고, 맛도 모르고, 아무것도 없이―자신의 의지로만 이루어져 있는 개인의 자화상을 불러내어, 이것은 이미 구체적인 가치 부재의 상태라고 평가절하하기만 하면 된다는 것이다. 그런 사람의 실제 생활이 어떻겠는가? 자신의 이익을 극대화하는 그를 상상해보라. 그러면 사회는 토마스 홉스가 쓴

---

1) 칼 마르크스, 「유대인 문제에 대하여On the Jewish Question」, 『초기 저작Early Writings』, T. B. 보토모어 옮김 (London : C. A. Watts, 1963), 26쪽.
2) 알라스데어 매킨타이어, 『덕德 이후After Virtue』 (Notre Dame : University of Notre Dame Press, 1981).

대로, "최고가 되는 것 밖에는 다른 목표도 다른 영예도 없는"³ 만인의 만인에 대한 전쟁, 친숙한 생존 경쟁으로 변한다. 자신의 권리를 누리고 있는 그를 상상해보라. 그러면 사회는 고립된 자아들의 공존으로 축소된다. 왜냐하면 이 첫 번째 비판에 따르면 자유주의의 권리는 "항의"보다는 "탈퇴"와 더 관계가 깊기 때문이다.⁴ 그것은 분리, 절연絕緣, 고독, 사생활, 정치적 무관심으로 구체적으로 표현된다. 그리고 끝으로 매킨타이어에 따르면, 개인의 삶을 이 두 가지 철학 언어, 즉 효용의 언어와 권리의 언어로 묘사할 수 있다는 사실 자체가 그것의 비일관성을 나타내는 또 하나의 표지다. 즉, 자유주의 사회의 남녀는 더 이상 어떤 단일한 도덕 문화 속에서 자기가 어떻게 살아야 하는지를 배울 수 있는 기회를 갖고 있지 못한 것이다.⁵ 좋은 삶에 대한 어떤 합의도, 어떤 공개적 마음의 교류도 없기 때문에, 예를 들면, 일상적 변덕의 이데올로기적 반영인 사르트르Sartre의 실존주의가 보여주는 것처럼 개인적 충동이 승리한다.

우리 자유주의자들은 자유롭게 선택할 수 있고 선택할 권리도 있지만, 우리의 즉흥적인 이해관계와 욕망에 대한 우리 자신의 즉흥적 이해 외에는 우리의 선택을 지배하는 어떤 기준도 갖고 있지 않다. 그래서 우리의 선택은 일관성과 연속성이 없다. 우리는 어제 한 일도 잘 기

---

3) 토마스 홉스, 『법의 원리 *The Elements of Law*』, 1부, 9장, 22절. 나는 홉스와 사르트르가 이 첫 번째 종류의 공동체주의 비판가들이 가장 좋아하는 두 저술가라고 말한 바 있다. 만약 자유주의의 본질이 이 두 사람에 의해 가장 잘 드러난 것일 수 있다면, 누가 평범한 의미의 자유주의자가 전혀 아닐 수 있겠는가?
4) 앨버트 허쉬만의 『탈퇴와 항의와 충성 *Exit, Voice, and Loyalty*』 (Cambridge : Harvard University Press, 1970)를 보라.
5) 매킨타이어, 『덕德 이후 *After Virtue*』, 2장, 17쪽.

억하지 못하며 내일 할 일도 확실하게 예측하지 못한다. 우리는 우리 자신에 대해 제대로 이야기하지 못한다. 우리는 함께 앉아 뜻이 통하는 이야기를 할 수 없고 무조無調 음악과 비구상非具象 미술에 상응하는 문학인, 줄거리 없는, 단편적 이야기들을 읽을 때나 비로소 우리가 읽는 이야기에서 우리 자신을 발견한다.

 이 첫 번째 공동체주의 비판에 비추어 보면, 자유주의 사회는 실제로는 분열 상태다. 반면에 공동체는 정반대로 응집과 관계와 서사 능력의 본고장이다. 그러나 나는 여기서 이 잃어버린 에덴동산에 대해 제공될 수 있는 여러 가지 이야기보다는 이 상실 후의 현실은 분열되어 있다는, 되풀이되는 주장에 더 관심이 있다. 이것은 신보수주의의 한탄과 신마르크스주의의 비난과 신고전주의나 공화주의의 회한에서 나타나는, 오늘날의 모든 공동체주의의 공통 주제다. ("신"이라는 접두사가 필요하다는 사실도 공동체주의 비판의 간헐성과 반복성을 다시 한 번 보여준다.) 나로서는 이것은 부자연스러운 주제가 아닐까라는 생각이다. 왜냐하면 자유주의 이론에 대한 사회학적 주장이 옳아서 사회가 실제로 남김없이 문제가 많은 개인들의 공존 상태로 해체되어 있다면, 우리는 자유주의 정치가 해체의 문제를 다루는 가장 좋은 방법이라고 가정해도 좋을 것이기 때문이다. 만약 우리가 많은 고립된 자아들로부터 인위적이고 탈역사적인 연합체를 창조해야 한다면, 자연 상태나 원초적 입장을 우리의 개념적 출발점으로 삼지 않을 이유가 무엇인가? 우리의 분열을 생각할 때 우리가 무엇이 좋은 것인가에 대해 합의에 도달하기는 어렵다고 본다면, 표준적인 자유주의 방식대로 절차적 정의가 좋은 것의 실질적 개념보다 우선한다고 인정하지 않을 이유가 무엇인가? 마이클 샌들Michael Sandel은 정의를 가장 중요시하는 사람들의 사회가 도대체 타인들로 이루어진 사회 이상일 수가 있느냐고 묻는다.[6] 이 질문은 좋은 질문이지만 그것을 뒤집은 형태가 더 직접적으로 중요하다. 즉, 만약 우리가 실제로 타인들의 사회라면, 정의를 가장 중요시하지 않고 달리 어떻게 할 수 있겠는가?

3

우리는 자유주의에 대한 두 번째 공동체주의 비판을 통해 이 아주 그럴 듯한 주장의 방향으로부터 빠져나올 수 있다. 두 번째 비판은 자유주의 이론이 실제의 삶을 근본적으로 잘못 나타내고 있다고 생각한다. 세상은 그렇지 않고 그럴 수도 없다는 것이다. 모든 사회적 유대를 떠나 자유롭고, 문자 그대로 아무 방해도 받지 않고, 각자가 자신의 삶의 유일무이한 발명가로서 이 발명을 인도하는 어떤 기준도, 어떤 공통의 규범도 갖고 있지 않은 남녀들—이는 신화적 인물들이다. 어떤 인간 집단이든, 집단의 각 구성원은 부모가 있어 태어나고 이 부모는 친구, 친족, 이웃, 직장 동료, 같은 종교 신자, 같은 시민—이는, 사실은, 선택했다기보다는 전달되고 물려받은 관계다.—을 갖고 있는데, 그 집단의 구성원들이 어떻게 서로 모르는 사람일 수가 있는가? 자유

---

[6] 이것은 리처드 로티가 요약하는 샌들의 주장이다. 『버지니아 종교 자유령The Virginia Statue for Religious Freedom』, 메릴 D. 피터슨과 로버트 C. 본 편집 (Cambridge : Cambridge University Press, 1982)에 있는 「철학에 대한 민주주의의 우선권The Priority of Democracy to Philosophy」.

주의가 전적으로 계약적인 관계의 중요성을 높일 수는 있겠지만, 홉스가 때때로 주장하는 듯 보이는 대로, 우리의 모든 관계가 성격상 임의적이고 이기적인 단순한 "시장의 우정"에 불과하며 그것이 가져다주는 이익보다 더 오래 지속될 수는 없다고 주장하는 것은 분명히 옳지 않다.[7] 다름 아닌 인간 사회의 본질에 따라, 인간 사회 안에서 양육된 개인은 관계의 패턴과 힘의 네트워크와 의미의 공동체 안에 사로잡혀 있게 된다. 여기에 어떻게 사로잡혀 있느냐가 그를 특정한 종류의 사람으로 만든다. 그리고 그러고 나서야 비로소 그는 자신이 무엇인지를 성찰하고 자신이 싫든 좋든 속해 있는 패턴과 네트워크와 공동체 안에서 다소간 독특하게 행동함으로써 (지엽적으로) 다른 종류의 사람이 될 수 있다.

두 번째 비판의 취지는 자유주의 사회조차도 그것의 심층 구조는 사실은 공동체적이라는 것이다. 자유주의 이론은 이 현실을 왜곡하며, 우리가 이 이론을 채택하게 되면, 공동체에 뿌리박고 있음에 대한 우리 스스로의 경험을 더 이상 즉각적으로 의식하지 못하게 된다. 자유주의의 수사법은—이것이 『마음의 습관들Habits of the Heart』의 저자들의 주장이다.—우리 자신의 마음의 습관들에 대한 우리의 이해를 제한하며, 우리를 개인들로서 결합하고 개인들을 하나의 공동체로 결속시키는 신념들을 분명하게 표현할 수 있는 방법을 우리에게 전혀 제공해주지 않는다.[8] 여기서의 가정은 우리는 실제로 개인이며 우리는 실제로

---

7) 토마스 홉스, 『시민론De Cive』, 하워드 워렌더 편집 (Oxford : Oxford University Press, 1983), 1부, 1장.
8) 로버트 벨라 등, 『마음의 습관들Habits of the Heart』 (Berkeley : University of

결속되어 있다는 것이다. 자유주의 이데올로기인 분리주의는 우리로부터 개성과 결속을 빼앗을 수 없다. 그것이 실제로 빼앗는 것은 우리의 개성과 결속에 대한 의식이며 그렇게 되면 이 상실이 자유주의 정치에 반영된다. 이것은 왜 우리가 단결된 연대와 안정된 운동과 정당을 형성하지 못하는지를 설명해주는데, 만약 그런 것들이 있다면 우리의 신념들이 세상에 드러나고 효과를 발휘할 수 있을 것이다. 이것은 또한 왜 우리가 철저하게 중앙 정부에 의존하고 있는지(홉스의 『리바이어던Leviathan』에 이것이 훌륭하게 미리 암시되어 있다.)를 설명해준다.

하지만 공동체의 경험과 자유주의 이데올로기, 개인의 신념과 공적인 수사, 사회적 유대와 정치적 고립 사이의 엄청난 괴리를 어떻게 이해해야 할까? 이 질문은 두 번째 종류의 공동체주의 비판가들에 의해 다루어지지 않는다. 첫 번째 비판이 통속적 마르크스주의의 반영 이론에 의존하고 있다면, 두 번째 비판은 그에 못지않게 통속적인 이상주의를 필요로 한다. 자유주의 이론이 이제 마치 인류사에서 몇 안 되는 이론들에게나 인정되었던, 현실의 삶을 능가하고 그것에 대립하는 힘을 가진 것처럼 보이는 것이다. 명백히, 공동체주의 이론에는 그런 힘이 인정되지 않고 있는데, 공동체주의 이론은 첫 번째 주장에서는 자유주의적 분리주의의 현실을 극복하지 못하고 두 번째 주장에서는 이미 존재하는 사회적 관계의 조직들을 불러내지 못하는 것이다. 어쨌든 이 두 가지 비판적 주장은 서로 모순된다. 즉, 그것들이 둘 다 옳을 수는 없는 것이다. 자유주의적 분리주의는 일상생활의 상황을 제대로 나

California Press, 1985), 21, 290쪽. 로티의 논평, 「우선권Priority」, 275쪽, 12번을 보라.

타내고 있든지, 아니면 잘못 나타내고 있을 것이다. 물론 그것이 둘 다를 조금씩 하고 있을 수도 있지만—즉, 흔히 있는 뒤죽박죽일 수도 있지만—이것은 공동체주의의 입장에서는 만족스러운 결론이 아니다. 왜냐하면 분리와 분리주의에 대한 설명이 부분적으로라도 맞다면 우리는, 말하자면, 심층 구조가 어느 정도나 깊이 있느냐는 질문을 제기해야 하기 때문이다. 그리고 만약에 우리 모두가 내심으로는 어느 정도 공동체주의자라면, 사회적 분열에 대한 묘사는 비판의 힘을 잃어버릴 것이다.

4

그러나 이 두 가지 비판적 주장은 각각 부분적으로 옳다. 나는 각각의 주장에서 무엇이 옳은지를 말한 다음, 그 부분들로 어떤 설득력 있는 것을 만들 수 있는가라는 질문을 던져보겠다. 그럼, 첫째로, (미국에 사는) 우리가, 개인들이 비교적 분리되어 있고 서로 분열되어 있는, 또는 더 정확하게 말하면, 개인들이 끊임없이 서로에게서 분리되고 있는—끊임없이 움직이고 있고, 종종 물리학자들이 브라운 운동Brownian movement이라고 부르는 것을 흉내 내고 있는 것처럼, 단독적이고, 임의적으로 보이는 운동을 하고 있는—사회에 살고 있다는 것에는 의심의 여지가 별로 없다. 따라서 우리는 매우 불안정한 사회에 살고 있는 것이다. 우리는 가장 중요한 움직임들을 추적함으로써 불안정의 형태들을 가장 잘 파악할 수 있다. 그래서 (중국식을 모방하여) 다음의 네 가지 이동성Four Mobilities에 대해 생각해보자.

1. 지리적 이동성

미국인들은 분명히 내전이나 외적과의 전쟁에 휩싸인 유목민 부족들과 가족들을 제외하면 적어도 야만족의 이주 이래 역사상 어떤 사람들보다도 주거를 더 자주 옮긴다. 미국에서는 한 도시나 읍에서 다른 도시나 읍으로 사람들과 그들의 재산을 옮기는 게 하나의 주요 산업이며, 게다가 많은 사람들이 스스로 이사를 해낸다. 물론 어떤 의미에서는 우리 모두가 스스로 이사한다. 즉, 피난민이 아니라 자발적인 이주자들인 것이다. 장소에 대한 감각이 이 광범위한 지리적 이동성에 의해 크게 약해지는 것은 틀림없지만 그것이 단지 무감각으로 대치되는지, 아니면 많은 장소에 대한 새로운 감각으로 대치되는지를 판단하기는 어렵다. 어느 쪽이든, 공동체의 일원으로서 느끼는 감정은 중요성이 줄어들 가능성이 커 보인다. 공동체는 단순한 장소 이상의 것이지만 영구적인 장소가 있을 때 가장 자주 성공적이다.

2. 사회적 이동성

이 장은, 기준이 소득이든, 교육이든, 계급이든, 신분적 위계질서 안에서의 위치든, 사회적 지위를 묘사하는 가장 좋은 방법이나 변화를 측정하는 방법에 초점을 맞추지 않을 것이다. 우리가 비교의 대상으로 삼을 수 있을 만큼 아는 어떤 사회와 비교해도, 미국인들은 더 적은 수가 부모가 서 있던 바로 그 위치에 서 있거나 부모가 하던 것을 하고 있음을 말하는 것으로 충분하다. 미국인들이 부모로부터 많은 것을 물려받고 있는지는 모르지만, 설사 단지 다르게 생계를 꾸려서일 뿐일지라도, 그들이 얼마나 서로 다른 삶을 살고 있는지를 생각할 때 사회의 상속, 즉 신념과 관습적 방식의 전달은 기껏해야 불확실하다고 말할 수 있다. 이로 인해 아이들이 서사 능력을 잃고 있든 그렇지 않든, 그들은 부모가 했던 이야기와는 다른 이야기를 하고 있을 가능성이 커 보인다.

3. 결혼의 이동성

오늘날 별거·이혼·재혼율은 우리 사회의 과거 어느 때보다도 높고, 아마도 다른 어느 사회의 과거 어느 때보다도 더 높을 것이다(어쩌면 고대 로마의 귀족 사회는 예외일지 모른다. 그러나 내가 그 시대의 통계를 알고 있는 것은 아니고 단지 일화들을 알고 있을 뿐이다). 처음의 두 가지 이동성, 즉 지리적 이동성과 사회적 이동성도 가족 생활을 혼란에 빠뜨리며, 그 결과, 예를 들면, 형제자매가 종종 서로 멀리 떨어져 살게 되고 나중에 삼촌이나 아주머니가 되어서는 조카와 조카딸과 동떨어져 살게 된다. 그러나 우리가 "결손 가정"이라고 부르는 것은 파경, 즉 남편이나 아내가 이사를 나가는 것—그리고 그 다음에는 새로운 반려자에게로 옮겨가는 것—의 산물이다. 가정이 첫 번째 공동체이고 민족 정체성과 종교적 신념을 가르치는 첫 번째 학교이기에 이런 종류의 파괴는 공동체주의에 반하는 결과를 가져올 수밖에 없다. 그것은 아이들이 종종 자기와 함께 사는 어른들로부터 연속적이거나 동일한 이야기를 듣지 못함을 의미한다. (대다수의 아이들이 그런 이야기를 들은 적이 있을까? 한쪽 배우자가 죽고 다른 쪽 배우자가 재혼하는 일이 한때 오늘날의 이혼과 재혼만큼이나 일반적이었을 수도 있다. 하지만 다른 종류의 이동성들도 고려해야 한다. 오늘날에는 남자나 여자나 계급·

민족·종교의 경계를 넘는 결혼을 할 가능성이 더 커졌다. 이에 따라—어쩌면 역사상 전례가 없을 정도로—재혼은 종종 엄청나게 복잡하고 사회적으로 다양한 가족들을 만들어낸다.

4. 정치적 이동성

장소와 사회적 지위와 가족 관계가 개인 정체성의 형성에 덜 결정적인 역할을 하게 됨에 따라, 지도자와 운동과 정당과 클럽과 도시의 원외단院外團에 대한 충성은 급격히 감소하는 것으로 보인다. 자유주의 시민들은 모든 정치 조직의 바깥에 있다가 자신들의 이상과 이해관계에 가장 도움이 되는 정치 조직을 선택한다. 그들은 원칙적으로 독립적인 투표자들, 즉 여기저기 옮겨 다니는 사람들이다. 다시 말해, 그들은 부모들처럼 투표하기보다는 자유로이 선택하며 타성에 따르기보다는 매번 새롭게 선택한다. 그들의 수가 증가함에 따라 변덕스러운 유권자들이 늘어나고, 이에 따라 제도의 불안정이, 특히 지역 수준에서, 증가되는데, 지역 수준에서는 한때 정치 조직이 공동체의 유대를 강화하는 역할을 했던 것이다.

이 네 가지 이동성의 효과는 지식의 발전과 기술의 진보 등 우리가 운동이라는 공통의 은유를 사용하여 논하곤 하는 다른 여러 사회적 발전에 의해 다양하게 강화된다. 그러나 나는 여기서는 오직 개인의 실제 운동에만 관심이 있다. 자유주의는, 가장 단순하게 말하면, 이 운동의 이론적 추천이며 정당화다.[9] 따라서 자유주의의 시각에서는 이 네 가지 이동성이 자유의 실행과 (사적 또는 개인적) 행복의 추구를 의미한다. 이렇게 구상되어 있는 자유주의는 진정으로 대중적인 신념이라고 해야 할 것이다. 여기에 묘사된 네 영역에서의 이동성을 억제하려는 어떤 시도도 강력하고 엄격한 공권력의 적용을 불러일으킬 것이다. 그럼에도 불구하고, 이 대중성은 간헐적으로 명확하게 표현되는 슬프고 불만족스러운 이면을 갖고 있는데, 공동체주의는, 가장 단순하게 말하면, 이 감정의 간헐적인 명확한 표현이다. 그것은 상실의 느낌을 반영하며 이 상실은 실제적이다. 사람들이 항상 오랜 이웃이나 고향을 기꺼이 또는 기쁘게 떠나는 것은 아니다. 이사는 우리의 표준적 문화 신화에서는 개인적 모험일지 모르지만, 실제의 삶에서는 그만큼이나 자주 가족의 정신적 충격이다. 사회적 이동성과 관련해서도 마찬가지인데, 사회적 이동성은 사람들을 위로뿐 아니라 아래로도 이동시키며, 해내기가 결코 쉽지 않은 적응을 요구한다. 파경은 때로는 새롭고 더 강한 결합을 야기할 수도 있지만, 동시에 가족의 파편이라고 생각될 수 있는 것, 즉 편부모 가정과 고립되고 고독한 남녀들과 버림받은 아이들도 증가시킨다. 그리고 정치적 독립성은 종종 그리 멋지지 않은 고립일 뿐이다. 즉, 의견을 가진 개인이 프로그램을 가진 집단과 분리되어 있을 뿐인 것이다. 결과는 "존재감the sense of efficacy"의 감소이고, 이는 책임감과 사기에도 영향을 미친다.

 비록 우리가 과거의 사람들에 비해 다른 사람의 더 많은 측면을 보고, 그 또는 그녀에게서 (계속 앞으로 나아갈 가능성을 포함하여) 더 넓은 범위의 가능성들을 인정하고 있는지는 모르지만, 대체로 우리 자

---

9) 그리고 또한 재능-있는-사람에게-열려-있는-성공의-길과 자유 이동권과 합법적 이혼 등과 같은 그것의 실제적 구현이다.

유주의자들은 아마도 과거의 사람들에 비해 서로를 더 잘 모르고 덜 확실하게 알고 있는 것 같다. 우리는 의지할 수 있는 이웃이나, 가까이 살거나 친한 친척이나, 직장 동료나 동지가 없어, 과거의 사람들에 비해 더 자주 외롭다. 이것이 첫 번째 공동체주의 주장이 가진 진실이다. 우리는 이제 이 진실의 한계를 두 번째 주장의 진실을 찾음으로써 정해야 할 것이다.

우리는 사실 근본적으로는 공동체적 존재라는, 최초 형태의 두 번째 주장은 분명히 옳지만 그 의의는 불분명하다. 장소, 계급 또는 신분, 가족의 인연, 그리고 심지어 정치적 인연조차도 놀라울 만큼 네 가지 이동성을 이기고 살아남는다. 네 가지 가운데 마지막 것에서 한 예만 들어보자. 오늘날, 이 가장 자유주의적이고 이동성이 큰 사회에서조차도 사람들이 어떻게 투표할 것인가를 예보해주는 가장 강력한 지표는 그들의 부모가 어떻게 투표했는가에 대한 우리의 지식이다.[10] 뭐든지 의무적으로 따라하는 그 모든 젊은 공화당원들과 민주당원들은 마음의 독립성과 자발성을 자유주의 신봉자들의 표지로 만들려는 자유주의의 실패를 입증한다. 부모의 행동이 갖는 예측 지표적 가치는 독립적인 투표자들에 대해서조차 적용된다. 즉, 그들은 다름 아닌 독립적 투표 성향을 물려받은 것이다. 그러나 우리는 이렇게 상속되는 공동체의 자원이 어느 정도나 줄고 있는지 알지 못한다. 각 세대는 받은 것보다 더 적게 넘겨주고 있을 수 있다. 사회 질서의 완전한 자유주의화, 자기 자신을 발명하는 개인들을 생산하고 재생산하는 것은 오랜 시간,

---

10) 앵거스 캠프벨 등, 『미국의 유권자 The American Voter』 (New York : Wiley, 1960), 147~148쪽을 보라.

자유주의자들 자신이 예측했던 것보다 실로 훨씬 더 오랜 시간이 걸릴 수 있다. 그러나 이것은 공동체주의 비판가들에게 별로 위안이 되지 못한다. 왜냐하면 그들이 구식 생활 방식의 존속을 인식하고 중요시할 수는 있지만 그 방식의 생명력에 의지할 수 없을 뿐더러 그에 대해 불안을 느낄 수밖에 없기 때문이다.

그러나 두 번째 비판이 가진 진실에 이르는 또 다른 방법이 있다. 네 가지 이동성이 얼마나 크든, 그것은 우리를, 우리가 더 이상 서로 이야기를 할 수 없을 정도로, 서로 멀리 떼어놓지는 못하는 것 같다. 우리는 종종 서로 의견을 달리하지만 서로 이해할 수 있는 방법으로 의견을 달리한다. 나는 매킨타이어가 개탄하는 철학적 논쟁은 실은 사회적 분열의 표지가 아니라는 게 아주 분명하다고 생각한다. 기사들이 있는 곳에는 마상馬上 시합도 있게 되는 것처럼, 철학자들이 있는 곳에는 논쟁도 있을 것이다. 그러나 이것은 매우 의례화된 활동으로 주인공들의 분리가 아니라 연결을 증명한다. 자유주의 사회에서는 정치적 갈등조차도 갈등의 주인공들을 협상, 타협, 절차적 정의, 의사 표현의 가능성 자체에서 배제할 정도로 극단적인 형태를 취하는 경우는 드물다. 미국의 민권 투쟁은 우리의 도덕/정치 언어가 갈등에서 완벽하게 적절성을 발휘했고 발휘하고 있는 훌륭한 예다. 이 투쟁이 단지 부분적 성공밖에는 거두지 못한 사실은 언어의 부적절성이 아니라 오히려 정치적 실패와 패배를 반영한다.

마틴 루터 킹Martin Luther King의 연설들은 어떤 명백한 전통, 일련의 공통의 가치들을 환기시켰고, 그 결과, 사회적 의견 불일치는 그것들이 어떻게 (또는 얼마나 빨리) 가장 잘 실현될 수 있느냐에 초점이 맞춰질 수밖에 없었다.[11] 그러나 그것은, 말하자면, 전통주의자의 전통, **공동체**Gemeinschaft의 전통, 자유주의 이전 과거의 잔재가 아니다. 그것은, 의심할 바 없이, 다른 종류의 잔재들에 의해 수정된 자유주의 전통이다. 이 수정은 아주 분명하게 프로테스탄트적이고 공화주의적인 성격을 갖고 있지만 전적으로 그런 것은 아니다. 대량 이민 기간 동안 매우 다양한 민족적·종교적 기억들이 미국의 정치 안으로 흘러 들어왔다. 그러나 그것들 모두에 관계가 있는 것은 자유주의다. 한마디로,—자발적 결사, 다원주의, 관용, 분리, 사생활, 언론의 자유, 재능 - 있는 - 사람에게 - 열려 - 있는 - 성공의 - 길 등—개인의 자유를 말하는 언어를 피할 수는 없다. 우리 중 누가 정말로 거기서 빠져나가려 할 수 있겠는가? 두 번째 공동체주의 비판이 믿는 대로, 우리가 정말로 상황 속의 자아라고 할 때, 이 상황은 대체로 그런 어휘로 표현된다. 이것이 두 번째 비판의 진실이다. 그렇다면, 자유주의로 인해 우리가 우리를 결속하는 유대를 이해하거나 유지하지 못하고 있다고 주장하는 것이 어떤 의미든 가질 수 있을까?

그것은 어떤 의미를 갖는다. 왜냐하면 자유주의는 이상한 원칙으로서 지속적으로 스스로를 무력화하고, 스스로의 전통을 업신여기고, 매 세대에서 역사와 사회 양쪽으로부터의 더 절대적인 자유를 향한 새로운 희망을 불러일으키는 것 같기 때문이다. 로크에서 롤스까지, 대부분의 자유주의 정치 이론은 자유주의적 해방의 끝없음을 끝내기 위해 이 원칙을 고정시키고 안정시키려는 노력이다. 그러나 모든 통용되고

---

11) 킹이 환기시킨 것을 『마음의 습관들Habits of the Heart』, 249, 252쪽에서 보라.

있는 형태의 자유주의 너머에는 항상 초超자유주의가 있으며, 이것은, 로베르토 웅거Roberto Unger가 자기 자신의 원칙에 대해 말하는 대로, "국가와 사회에 대한, 그리고 의존으로부터의 해방과 사회적 관계의 의지적 지배에 대한, 자유주의의 전제들을 그것들이 하나의 거대한 야망으로 융합되는 지점까지 밀고 나간다. 그 야망은 자기 자신의 정신적 또는 사회적 구조물의 생성 규칙을 항상 위반할 수 있는 자아에게 덜 이질적인 사회 세계를 구축하는 것이다."[12] 웅거는 한때 공동체주의자로 분류되었음에도 불구하고, 이 야망은—과연 거대하다!—자유주의 원칙의 안정화뿐 아니라 공동체의 회복이나 창조도 완전히 막으려는 것처럼 보인다. 왜냐하면 항상 규칙을 위반하려는 자아에게 이질적이지 않은 공동체는 전혀 상상할 수 없기 때문이다. 만약 우리를 하나로 묶어주는 구속이 우리를 **구속하지** 못한다면, 공동체 같은 것은 있을 수 없다. 만약 공동체주의가 아무것도 아닌 게 아니라면, 그것은 위반과 모순이어야 한다. 그리고 규칙을 위반하려는 자아는 심지어 그것을 창조하고 후원하는 자유주의 사회와도 모순된다.[13]

자유주의는 자기전복적인 원칙이다. 이 때문에 그것은 정말로 주기적인 공동체주의의 수정을 필요로 한다. 그러나 자유주의가 문자 그대로 모순적이라든지, 또는, 말하자면, 표면 바로 아래나 시계視界 바로

---

12) 로베르토 M. 웅거, 『비판법학운동 The Critical Legal Studies Movement』 (Cambridge : Harvard University Press, 1986), 41쪽.
13) 유피(朔皮) 코트(로버트 에버라드)가 푸트니 논쟁에서 한 이 말과 비교해보라. "어떤 의무에 내가 매여 있어야 하든, 나중에 하느님의 계시가 있으면, 하루에 백 개씩이라도, 나는 그것을 즉시 깰 것이다." 『청교도주의와 자유 Puritanism and Liberty』, A. S. P. 우드하우스 (London : J. M. Dent, 1938), 34쪽. 유피 코트가 최초의 초자유주의자인가, 아니면 웅거가 현대판 청교도 성도인가?

밖에서 기다리고 있는, 어떤 자유주의 이전의 또는 자유주의에 반대되는 공동체에 의해 대치될 수 있다고 말하는 것은 그다지 도움이 되는 형태의 수정이 아니다. 기다리고 있는 것은 아무것도 없다. 미국의 공동체주의자들은 저 밖에는 분리되고 권리를 갖고 있고 자발적으로 제휴하고 자유롭게 의사 표현을 하는 자유주의적 자아들 밖에는 아무도 없다는 것을 인정해야 한다. 그러나 우리가 이 자아들에게 자신이 사회적 존재이고 자유주의적 가치들의 역사적 산물이자 부분적으로는 구현이라는 것을 알라고 가르치는 것은 좋은 일일 것이다. 왜냐하면 자유주의의 공동체주의적 수정은 바로 그 가치들의 선별적 강화이거나, 마이클 오크쇼트Michael Oakeshott의 유명한 경구를 전용하자면, 그것들 안에 있는 공동체의 암시를 추구하는 것일 수밖에는 없기 때문이다.

5

이 추구의 출발점은 자유주의의 이념인 자발적 결사인데, 이것은, 내가 보기에는, 자유주의자들 사이에서도, 그들을 비판하는 공동체주의자들 사이에서도, 그다지 잘 이해되고 있지 않다. 자유주의는 이론과 실제 양쪽에서 해체의 경향과 함께 강한 연합의 경향도 나타낸다. 자유주의의 주인공들은 집단을 형성하기도 하고 자신들이 형성하는 집단에서 탈퇴하기도 한다. 그들은 가입하기도 하고 물러나기도 하고 결혼하기도 하고 이혼하기도 한다. 그러나 기존의 연합 패턴이 전적으로 또는 대체적으로라도 자발적이고 계약적이라고, 즉 의지만의 산물이라고 생각하는 것은 실수이되 전형적인 자유주의자의 실수다. 다른 모든 사회에서와 마찬가지로, 자유주의 사회에서도 사람은 매우 중요한 집단 종류 속으로 태어나는데, 예를 들면, 남자 또는 여자, 노동자 계급, 가톨릭교도 또는 유대인, 흑인, 민주 사회의 일원 등 정체성들을 갖고 태어난다. (그들이 그 후에 쌓는 경력처럼) 그들이 그 후에 맺는 결합 관계들의 많은 부분이 단지 이 기본적 정체성들을 표현하는 것에 불과하며, 이것들 자체가 선택이라기보다는 일어난 일이다.[14] 자유주의를 구별 짓는 것은 이 정체성들에 입각하여 집단을 형성하는 자유라기보다는 집단과 때로는 정체성마저도 뒤로 하고 떠날 수 있는 자유다. 자유주의 사회에서는 결합이 항상 위험에 처해 있다. 집단의 경계는 순찰되지 않는다. 사람들은 오고 가거나 자신이 떠났다고 완전히 인정하는 일이 없이 그저 멀리 사라진다. 이것이 자유주의가 무임 승객 문제로—구성원의 신분과 정체성의 이익을 계속 누리면서도 그 이익을 생산하는 활동에는 더 이상 참여하지 않는 사람들로—골치를 썩는 이유다.[15] 이와는 대조적으로, 공동체주의는 무임 승객이 전혀 없는 상태를 꿈꾼다.

---

14) 나는 여기서 결정론적 주장을 하려는 게 아니다. 우리는 대개 물려받은 세계들 내에서 돌아다니는데, 그 이유는 우리가 그런 세계들이 편안할 뿐더러 심지어 삶을 향상시킨다고 믿기 때문이다. 그러나 우리는 그것들이 갑갑하게 느껴지면 거기서 나가기도 한다. 그리고 자유주의는 이 탈출이 자유주의 이전의 사회들에서보다 훨씬 더 쉽도록 만든다.
15) 나는 『미국의 민족 집단들에 관한 하버드 백과사전*Harvard Encyclopedia of American Ethnic Groups*』, 스테판 선스트롬 편집 (Cambridge : Harvard University Press, 1980), 781~787쪽에 있는 「다원주의 : 하나의 정치적 관점 Pluralism : A Political Perspective」에서 민족 집단에서 무임승차가 어떻게 작동하는지를 묘사한다.

자유주의 사회의 참모습은 롤스가 묘사한, 사회적 연합체들의 연합체다. 즉, 관용과 민주주의라는 공유 이념들에 의해 결합되어 있는 다원주의인 것이다.[16] 그러나 모든 집단이 불안정하고 항상 해체되거나 버려지기 직전에 있다면, 이 더 큰 연합체도 약하고 취약할 수밖에 없다. 또는 그 대신에 그것의 지도자들과 관리들이 이 연합의 실패들을 보충하기 위해 그들 자신의 연합체, 즉 중앙 국가를 자유주의가 설정한 한계 이상으로 강화해야 하는 상황으로 몰리게 될 것이다. 이 한계는 개인의 권리와 시민의 자유라는 말로 가장 잘 표현되지만 그것은 또한 국가의 중립성에 관한 규정도 포함한다. 좋은 삶은 개인에 의해 추구되고 집단에 의해 후원된다. 국가는 추구와 후원을 통할統轄하지만 양쪽 어느 쪽에도 참여하지 않는다. 통할은 성격상 단수적이고 추구와 후원은 복수적이다. 따라서 보통 사람들의 연합의 열정과 에너지가 장기적으로 네 가지 이동성을 견디고 살아남아 다원주의의 요구에 부합할 만큼 충분하다고 입증될 수 있느냐는 자유주의의 이론과 실제에 결정적인 문제다. 적어도,—약간의 도움이 없다면—그것이 충분하지 않다고 판명될 것이라는 어떤 증거가 있다. 그렇다면, 한 오래된 질문을 되풀이하자면, 우리의 도움이 어디서 올까? 기존의 사회적 연합체들 가운데 몇몇은 신의 도움을 기대하며 산다. 나머지 사람들에게는, 우리는 단지 서로 도울 수 있을 뿐이며 그런 종류의 도움을 가장 신속하게 전달해줄 수 있는 기관은 국가다. 그렇다면 연합 활동을 조장하는 국가는 어떤 종류의 국가일까? 아주 다양하고 상충되는 사회

---

16) 존 롤스, 『정의론 A Theory of Justice』 (Cambridge : Harvard University Press, 1971), 527쪽 이하.

적 연합체들을 합병하지 않고 포함하는 사회적 연합체는 어떤 종류의 사회적 연합체일까?

그것은 분명히 자유주의적인 국가와 사회적 연합체다. 다른 어떤 종류도 공동체와 개인, 양쪽 모두에게 너무 위험하다. 공동체주의의 이름으로 어떤 대안 국가를 옹호한다면, 그것은 이상한 일일 것이다. 왜냐하면 그것은 우리 자신의 정치적 전통에 반하는 주장을 하는 것이고, 어떤 것이든, 우리가 이미 갖고 있는 공동체를 부인하는 것이 되기 때문이다. 그러나 공동체주의적 수정은, 비록 역사적으로는 이례적이지 않지만 개념적으로는 이례적인, 어떤 특정한 종류의 자유주의 국가를 필요로 하는데, 그것은 주권의 어떤 일부 영역에서는 의도적으로 비중립적인 국가다. 표준적인 자유주의적 중립 옹호론은 사회적 분열 상태로부터 이끌어낸 결론이다. 분리된 개인들은 어떤 삶이 좋은 삶인지에 대해 결코 의견의 일치에 이를 수 없을 것이기에, 국가는 "가장 좋음"의 의미에 대한 어떤 특정한 이해를 지지하거나 후원하지 않고, 개인이 존 스튜어트 밀John Stuart Mill의 타자위해他者危害의 원칙(harm principle, 인간은 다른 사람에게 해를 끼치지 않는 범위 내에서 행동의 자유를 누릴 수 있다는 원칙 - 옮긴이)을 지키는 한, 그가 가장 좋다고 생각하는 대로 살도록 허용해야 한다는 것이다. 그러나 여기에는 문제가 있다. 개인들의 분리가 심해질수록 국가가 더 강해질 가능성이 큰 것이다. 왜냐하면 국가가 유일한 또는 가장 중요한 사회적 연합체가 될 것이기 때문이다. 그리고 그렇게 되면 모든 개인이 유일하게 공유하는 좋은 것인, 국가 구성원의 신분이 "가장 좋은" 좋은 것으로 보이게 될 가능성이 크다.

이에 관해서는 단지 첫 번째 공동체주의 비판을 되풀이하기만 하면 된다. 그러면 그것은, 국가는 사실은 유일하지도, 그리고 일상생활을 사는 보통 사람들에게는, 심지어 가장 중요하지도 않은 사회적 연합체라는 두 번째 비판 같은 반응을 불러일으킨다. 개인의 권리의 승리와 이 승리를 분명하게 보여주는 네 가지 이동성과 이 승리로 인해 가능해진 무임승차에도 불구하고, 온갖 종류의 다른 집단들이 계속해서 존재하면서 구성원들의 삶에 형태와 목적을 부여한다는 것이다. 그러나 이 집단들은 항상 위험에 처해 있다. 따라서 만약 국가가 계속해서 자유주의 국가로 남고자 한다면, 국가는 이 집단들 가운데 일부, 즉 자유주의 사회의 공유 가치들과 잘 어울리는 형태와 목적을 제공할 가능성이 가장 높아 보이는 집단들을 지지하고 후원해야 한다.[17] 의심할 바 없이, 여기에도 문제들이 있으며 나는 그것들의 어려움을 부인하고 싶지 않다. 그러나 나는 어떤 그런 진술을 피할 길은 없다고 보는데, 이는 단지 이론적 이유 때문만이 아니다. 가장 좋은 사회민주주의 국가의 실제 역사처럼, 가장 좋은 자유주의 국가의 실제 역사도(그런데 이 국가들은 점점 더 같게 되어가는 경향을 보인다.) 이 국가가, 종종 매우 불충분하기는 하지만, 바로 그렇게 행동하고 있음을 보여준다.

비교적 친숙한 이런 종류의 국가 행동의 예 세 가지를 들어보겠다. 첫째, 1930년대의 와그너 법Wagner Act이다. 이것은 조합 조직을 방해하는 것들을 방해하는 표준적인 자유주의 법률이 아니다. 왜냐하면 이것은 적극적으로 조합 조직을 조장할뿐더러 바로 무임 승객의 문제를 해

---

17) 조셉 라즈, 『자유의 도덕 The Morality of Freedom』 (Oxford : Clarendon Press, 1986), 5, 6장에 있는, (중립보다는) 온건한 "완벽주의"를 옹호하는 주장을 보라.

결함으로써 그렇게 하기 때문이다. 와그너 법은 조합이 다수의 지지(꼭 만장일치의 지지일 필요는 없다.)를 얻는 경우에는 항상 단체교섭이 이루어져야 한다고 규정한 다음, 유니언 숍(union shop, 새로 고용된 노동자는 노동조합에 가입해야 하는 사업장-옮긴이)도 허용함으로써 적어도 어느 정도는 노사 관계의 형태를 결정할 수 있는 강한 노동조합의 등장을 후원했다.[18] 물론 노동자 계급의 연대 의식이 없다면 강한 노동조합도 있을 수 없을 것이다. 노동조합 조직은 기저에 놓인 감정과 신념의 공동체들에 기생한다. 그러나 와그너 법이 통과될 당시에는 이 기저에 놓인 공동체들이 네 가지 이동성에 의해 이미 침식되고 있는 중이었고 따라서 법은 자유주의의 해체 경향을 저지했다. 그럼에도 불구하고 그것은 자유주의적인 법이었다. 왜냐하면 그것의 도움으로 등장한 노동조합들은 노동자 개개인의 삶을 향상시켰고 그것들이 언제고 그렇게 하기를 멈추면 자유주의의 원칙에 따라 해체되고 버려지게 되어 있었기 때문이다.

두 번째 예는 여러 가지 종교 집단이 탁아소와 양로원과 병원 등의 광범위한 조직을 운영할 수 있도록 세금을 면제해주거나 세금으로 매칭그랜트(matching grant, 임직원이 내는 기부금만큼 기업도 후원금을 내는 제도-옮긴이)를 운용하는 것이다. 이는 복지 국가 안의 복지 단체들이다. 나는 이 사설 다원적 단체들이 미국 복지국가의 조잡함을 보상하는 것처럼 꾸미려는 게 아니다. 그러나 그것들이 서비스의 전달을 보다 직접적인 공동체적 연대의 작용으로 만듦으로써 그것을 개선하는

---

18) 어빙 번스타인, 『격동의 세월 : 미국 노동자의 역사 Turbulent Years: A History of the American Worker, 1933-1941』(Boston : Houghton Mifflin, 1970), 7장.

것은 사실이다. 여기서 국가의 역할은, 최소 기준을 설정하는 것과 함께, 무임 승객의 문제를, 이 경우에는 국가가 완전히 해결할 수 없으므로, 줄이는 것이다. 설사 상당수의 남녀가 한 번도 가톨릭 자선 단체에 기부한 적이 없었음에도 불구하고 결국 가톨릭 양로원에 들어가게 되더라도, 그들은 적어도 세금은 냈을 것이다. 하지만 왜 복지 체계 전체를 국유화하여 무임승차를 없애지 않는가? 자유주의의 대답은 사회적 연합체들의 사회적 연합체는 항상 두 가지 수준에서 작동해야 한다는 것이다. 만약 복지 체계가 전적으로 민간 비영리 단체에 의해 운영된다면, 그것이 제공하는 혜택은 위험할 정도로 불충분하고 불공평할 것이다. 그리고 만약 체계가 완전히 국유화된다면, 지역적이고 다원주의적인 연대의식이 표현될 기회가 없어질 것이다.[19]

세 번째 예는 직업과 거주의 지역 공동체들에게 어느 정도 보호를 제공하기 위해 마련된 공장 폐쇄법의 통과다. 거주자들은 오랜 이웃을 떠나 다른 곳에서 직장을 찾도록 강요하는 시장의 압력으로부터, 비록 당분간이기는 하지만, 보호를 받는다. 비록 시장이 매우 이동성이 높은 노동력을 "필요로 하지만" 국가는 (실업 보험과 직업 재훈련 프로그램을 통한) 복지국가주의적인 방법 뿐만이 아니라 공동체주의적인 방법으로도 다른 필요들을 고려한다. 그러나 국가가 이와 비슷하게 모든 이웃 공동체를 보존할 의무를 떠맡은 것은 아니다. 국가는 민족과 거주의 공동체들에 대해서는 전적으로 중립적이어서 전입하려는 외부

---

19) 『민주주의와 복지국가 Democracy and the Welfare State』, 에이미 거트만 편집 (Princeton : Princeton University Press, 1988), 13~26쪽에 있는 나의 에세이 「복지국가의 사회화 Socializing the Welfare State」를 보라.

인들을 막지 않는다. 여기서는 지리적 이동성이 여전히 긍정적인 가치, 시민의 한 권리로 남아 있다.

노동조합과 종교 단체와 이웃은, 설사 역사적으로도 항상 그런 것은 아닐지라도, 원칙적으로 자유주의 국가의 등장에 선행하는 감정과 신념에 의존한다. 이 감정과 신념이 얼마나 강하며 그것들의 생존가(survival value, 생존 투쟁에서의 유용성 – 옮긴이)는 어느 정도인지, 나는 말할 수 없다. 노동조합이 좋은 이야기가 만들어지는 데 도움이 될 정도로 조합원들의 상상력을 사로잡고 있는가? 처음으로 이야기되고, 그다음에 다시 이야기되고, 때로는 심지어 다시 연기되기까지 하는 좋은 이야기들이 몇몇 있기는 하다. 그러나 그 줄거리는 결코 과거의 노동자 계급의 연대 의식을 유지하기에 충분할 만큼 젊은 노동자들에게 흡인력이 있어 보이지 않는다. 또한 그것은 종교 단체가 구성원이 더 이상 종교 의식에 관심을 갖지 않게 되었을 때에도 그에게 생활에 밀착된 서비스를 제공할 만큼 충분하지도 않다. 또한 이웃 사회도 시장의 압력에 오랫동안 견딜 수는 없다. 그럼에도 불구하고, 공동체적 감정과 신념은 우리가 한때 예상했던 것보다 상당히 더 안정적인 것 같고, 자유주의 사회에서의 제2차 단체들의 급증도—비록 그것들 가운데 많은 수가 수명이 짧고 회원들도 일시적인 회원들이지만—놀랄 만하다. 우리는, 첫 번째 공동체주의 비판이 주장하는 것처럼, 혼자 힘으로, 혼자서, 각자 그럭저럭 살아가는 게 아니라 함께 일하고 대처하려는 사람들을 느끼는 것이다.

6

좋은 자유주의 (또는 사회 민주주의) 국가는 협력적 대처의 가능성을 높인다. 존 듀이John Dewey는 『공중과 그것의 문제들The Public and Its Problems』에서 그런 국가에 대한 한 유용한 설명을 제공했다. 1927년에 출판된 이 책은 그 전의 일련의 공동체주의 비판에 대한 논평이자 부분적인 지지다. 듀이는 스스로를 "다원주의자"라고 불렀던 그 당시의 비판가들과 주권 국가에 대한 불안을 공유했지만, 그들의 대부분처럼 아주 불안해하지는 않았다. 그는 또한 그가 국가 내의 "제1차 집단들"이라고 부른 것에 대한 감탄도 공유했지만, 그들보다는 더 자신의 감탄을 한정하는 경향을 보였다. 그는 제1차 집단들은 "좋거나 나쁘거나 좋지도 나쁘지도 않으며" 그것들이 단순히 있다는 사실만으로 국가 행위의 한계를 정할 수는 없다고 썼다. 국가는 "한 집단의 다른 집단에 대한 침해를 막고 고치는 심판일 뿐만이 아니다." 그것은 보다 넓은 기능을 갖고 있다. "그것은 바람직한 단체를 더 견고하고 더 통일성 있게 만든다. …… 그것은 해로운 단체들에게 불신의 딱지를 붙이고 그것들의 존속을 위태롭게 만들며 …… 소중한 단체의 구성원 개개인에게 더 큰 자유와 안전을 제공하고 그들의 애로를 덜어준다. …… 그것은 개개인의 구성원이 합리적인 확신을 갖고 다른 사람들이 무엇을 할 것인지를 예측할 수 있게 해준다."[20] 이것들은 **자유주의** 국가가 하기에는 너무 광범위한 과제처럼 보일지 모르지만 개인의 권리

---

20) 존 듀이, 『공중과 그것의 문제들The Public and Its Problems』 (Athens, Ohio : Swallow Press, 1985), 71~72쪽.

를 헌법에 제정함으로써 의무가 되어 있는 것들이다.—개인의 권리 자체가 (실용적 관점에서 보면) 개인의 본연이나 본질을 인정한 것이라기보다는 개인이 되거나 할 것에 대한 희망의 표현이다. 개인들이 특정한 방식으로 함께 행동하지 않으면, 듀이가 추천한 종류의 국가 행위는 시작될 수 없을 것이다. 예를 들면, 우리가 "평화롭게 모일 시민의 권리"를 인정한다면, 우리는 시민의 집회를 바라고 있는 것이다. 그 다음에 우리가 그런 집회들을 구별한다면, 우리는 정말로 감정과 신념의 공동체들을 표현하고 자유주의적 결사의 원칙을 위반하지 않는 집회들만을 장려하기 위해 특정한 근거들에 입각하여 그렇게 한다.

요즘에는, 내가 정당화하려고 상당히 노력한 활동들을 하는 비중립적 국가를 공화주의의 견지에서 가장 잘 이해할 수 있다는 주장을 종종 한다. 부활한 신고전新古典 공화주의는 오늘날의 공동체주의 정치의 내용 가운데 많은 부분을 제공한다. 이 부활은 대체로 비실제적이라고 말할 수밖에 없다. 즉, 듀이 시대나 우리 시대의 다른 형태의 공동체주의들과는 달리, 그것은 외부의 대응물을 갖고 있지 않은 것이다. 미국 사회에는 실제로 노동조합들과 교회들과 이웃 사회들이 있지만 공화주의 단체의 예는 사실상 없고 그런 결사를 촉진하기 위한 운동이나 모임도 없다. 듀이는 아마도 그의 "공중"을, 그리고 롤스는 그의 "사회적 연합체"를 공화주의의 한 형태로 인정하지 않을 텐데, 그 이유는, 다른 것은 제쳐놓고라도, 이 두 경우 모두에서 역량과 헌신이 단 하나뿐이며, 좁은 의미로 정치적인 단체로부터 보다 다양한 시민 사회 단체들로 유출되었기 때문이다. 이와는 대조적으로 공화주의는 역량과 헌신이 주로 정치의 영역에 집중되어 있는 통합되고 단일한 원칙이다. 공화주의는 (고전적 형태에서나 신고전적 형태에서나) 작고 동질적인 공동체의 필요에 맞춰진 원칙이고 그런 공동체에서는 시민 사회가 거의 분화되어 있지 않다. 어쩌면 이 원칙을 확장하여 "공화제들의 공화제", 즉 자유 민주주의의 지방 분권적이고 참여적인 수정을 포괄하도록 할 수 있을지도 모른다. 이 경우에는 다원주의적으로 다양한 사회 영역들 속에서 시민의 덕성이 계발되고 발휘되는 것을 촉진하기 위해 지방 정부를 상당히 강화하는 게 필요할 것이다. 이것은 과연 자유주의 **내의** 공동체의 암시들을 추구하는 것이다. 왜냐하면 이것은 루소보다는 존 스튜어트 밀과 더 관계가 있기 때문이다. 이제는 우리가 시와 읍과 자치구에 권한을 부여하는 비중립적 국가를 상상해야 한다. 이것은 주민 위원회와 심의 위원회를 후원하고 지역 일에 대해 책임을 맡을 준비가 되어 있는 시민 집단들을 항상 앙망한다.[21]

이것 중 어느 것도 기저에 놓인 공동체의 침식이나 지역에 대한 충성의 죽음을 막는다는 보증이 되지 못한다. 원칙의 문제로서, 공동체는 항상 위험에 처해 있을 수밖에 없다. 자유주의 사회의 큰 역설은 이 원칙에 대항하면, 그 사회의 전통적 관습과 공유된 이해에도 대항할 수밖에 없다는 것이다. 여기에서는 전통주의가 위기에 처해 있어야 전

---

21) 이런 종류의 다원적 공화주의는 또한 내가 『정의의 영역들 Spheres of Justice』 (New York : Basic Books, 1983)에서 "복합적 평등"이라고 부른 것의 전망을 더 밝게 할 가능성이 크다. 나는 여기서 이 문제를 더 다룰 수는 없지만, 자유주의든 공동체주의든 평등주의의 형태를 취할 수도, 비평등주의 또는 반평등주의의 형태를 취할 수도 있음은 주목할 만하다. 마찬가지로, 자유주의의 공동체주의적 수정은 전통주의적 생활방식의 오랜 불평등을 강화할 수도 있지만 자유주의 시장과 관료주의 국가의 새로운 불평등을 약화시킬 수도 있다. "공화제들의 공화제"는 두 번째 종류의 효과를 나타낼 가능성이 크지만 결코 확실한 것은 아니다.

통을 존중할 수 있다. 만약 첫 번째 공동체주의 비판이 전적으로 옳아서 어떤 공동체도, 어떤 전통도 없다면, 우리는 그저 새로운 공동체와 전통의 발명에 착수하면 된다. 두 번째 비판이 부분적으로라도 옳아서 공동체를 발명하는 작업이 잘 시작되어 계속 진행되고 있다면, 우리는 듀이가 묘사하는 종류의 수정과 향상에―이것은 실은 이 표현들이 주는 인상보다는 더 과격할 것이다.―만족해야만 할 것이다.

7

지금까지 나는 종종 자유주의자들과 그들을 비판하는 공동체주의자들 사이의 중심 쟁점으로 여겨지는 문제―자아의 구성―를 피해왔다.[22] 자유주의는 사회 이전의 자아, 즉 사회에 맞서 홀로, 때로는 영웅적으로 싸우며, 이 싸움이 시작되기 전에 완전히 형성되어 있는 개인의 개념에 기반을 두고 있다고 대개 말한다. 그러면 공동체주의 비판가들은, 첫째, 불안정과 분열이 그런 종류의 개인이 가져오는 실제의 실망스러운 효과이며, 둘째, 그런 종류의 개인은 실제로는 있을 수 없다고 주장한다. 다른 한편 이 비판가들은 처음부터 사회와 얽혀 있어 그 자체가 사회적 가치를 구현하고 있기에 결코 사회와 "맞서 싸울 수" 없는 철저하게 사회화된 자아를 믿고 있다고 대개 말한다. 이 의견 차이는 매우 분명한 것처럼 보인다. 그러나 사실 실제로는 전혀 분

---

22) 이 쟁점은 마이클 샌들의 『자유주의와 정의의 한계 Liberalism and the Limits of Justice』 (Cambridge : Cambridge University Press, 1982)에 뚜렷하게 제기되어 있다. 최근 논의의 대부분은 샌들의 책에 대한 논평이거나 그것과의 논쟁이다.

명하지 않다. 왜냐하면 입장 정리를 넘어 정교한 주장을 개발하려는 사람이면 누구나 이 두 관점 중 어느 것도 오래 견지할 수 없기 때문이다.[23] 또한 자유주의 이론이나 공동체주의 이론이 그런 종류의 관점들을 필요로 하는 것도 아니다. 오늘날의 자유주의자들은 사회 이전의 자아를 주장하지 않으며, 단지 자신의 사회화를 지배해 온 가치들을 비판적으로 반성할 수 있는 능력을 가진 자아를 주장할 뿐이다. 반면에 공동체주의 비판가들은 바로 그 일을 하고 있지만, 그들도 사회화가 모든 것이라고까지는 도저히 주장하지 못한다. 이것은 철학과 심리학의 쟁점으로서는 매우 근본적인 문제이지만 정치와 관련해서는 이 전장에서 얻을 것이 별로 없다. 다른 편의 양보를 얻어내는 것이 너무 쉬워서 승리로 간주될 수 없기 때문이다.

정치 이론에 관한 한, 중심 쟁점은 자아의 구성이 아니라 구성된 자아들의 연결, 즉 사회적 관계의 패턴이다. 자유주의에 대한 가장 훌륭한 이해는 자유주의는 자발적 연합을 중심으로 하며 자발성을 단절과 탈퇴의 권리로 이해하는 관계의 이론이라고 보는 것이다. 결혼의 자발성을 구성하는 것은 지속적인 이혼 가능성이다. 모든 정체성과 소속의 자발성을 구성하는 것은 다른 정체성과 소속을 쉽게 가질 수 있는 가능성이다. 그러나 이 쉬움이 쉬울수록 우리의 모든 관계는 더 불안정해지기 쉽다. 네 가지 이동성이 정착됨에 따라 사회는 끊임없이 움직이고 있는 것 같고, 그 결과, 자유주의 현실의 실제 주관은 사회 이전

---

23) 윌 킴리카, 〈자유주의와 공동체주의Liberalism and Communitarianism〉, 《캐나다 철학저널Canadian Journal of Philosophy》 18 : 2 (1988년 6월), 181~204쪽을 보라.

의 자아가 아니라, 가장 일시적이고 제한적인 제휴 이외의 모든 것으로부터 결국은 해방된, 사회 이후의 자아라고 말할 수 있게 되었다. 그런데 이 자유주의의 자아는 자유주의 사회의 분열을 반영한다. 이 자아는 철저하게 미정未定이고 분열되어 있어 각각의 사회적 계기에 맞춰 자신을 새로 창조해야 한다. 어떤 자유주의자들은 이 자유와 자기 창조를 찬양한다. 반면, 모든 공동체주의자들은 그것이 인간의 조건일 수 없다고 주장하면서도 그것의 도래를 한탄한다.

나는 자유주의는 불안정하게 하고 해체하는 경향이 있기 때문에 주기적으로 공동체주의의 수정을 필요로 한다고 주장했다. 롤스의 "사회적 연합체들의 사회적 연합체social union of social unions"는 그것 전의 그런 수정인, 듀이와 랜돌프 본Randolph Bourne과 호러스 캘런Horace Kallen 같은 미국 저술가들의 저작을 성찰하고 기초로 삼고 있다. 롤스는 대大이민 후 미국은 "민족들로 이루어진 민족nation of nationalities"이고 앞으로도 그래야 한다는 캘런의 주장의 일반화된 형태를 우리에게 제공했다.[24] 하지만 실은, 비록 1960년대 말과 1970년대처럼 민족이 간헐적으로 다시 부각되기는 해도, 민족성의 침식은 자유주의적 사회생활의 특징인 것으로 보인다. 이것으로부터 우리는 사회적 연합체를 가능하게 만드는 모든 기본적 유대가 많게든 적게든 꾸준히 희석되고 있다고 추론할 수 있다. 네 가지 이동성과 그것의 기초인 단절과 분리의 권리를 반자유주의적으로 감축하는 것이 아니라면, 공동체의 희석을 확실하게 또는 항구적으로 치료할 수 있는 방법은 없다. 공동체주의자들은

---

24) 호러스 캘런, 『미국의 문화와 민주주의Culture and Democracy in the United States』(New York : Boni and Liveright, 1924).

때때로 그런 감축을 꿈꾸지만 그것을 주장하는 일은 드물다. 그들 대부분이 실제로 알고 있는 유일한 공동체는 어쨌든 항상 위태롭고 항상 위험에 처해 있는 이 자유주의적, 연합체들의 연합체뿐인 것이다. 그들은 이 자유주의를 이길 수 없다. 단지 때때로 자유주의 내부의 연합 능력을 강화할 수 있을 뿐이다. 이 강화는 일시적일 수밖에 없는데, 그 이유는 해체 능력도 강하게 내재화되어 있고 높이 평가되고 있기 때문이다. 이것이 공동체주의 비판이 영원히 되풀이될 수밖에 없는 운명—이것은 별로 끔찍한 운명이 아닐 것이다.—인 이유다.

8장
시민 사회론
사회 재건에 이르는 길

1

여기서의 나의 목표는 사회와 정치에 관한 어떤 복합적이고, 불분명하고, 결정적인 점들에서, 불확실한 설명을 변호하는 것이다. 정치생활과 정신생활의 그 많은 안정된 대립 쌍들이 무너져버린 이 역사적 상황에서 나는 이론적 단순성의 기대를 갖고 있지 않다. 뿐만 아니라, 나는 단순성을 바라지도 않는데, 그 이유는 이론이 완벽하게 파악할 수 있고 깔끔하게 설명할 수 있는 세계는 기분 좋은 장소가 아닐 거라고 생각하기 때문이다. 그래서 당연히 나의 변론은 정연하지 않을 것이고, 비록 내가 변론은 퍼레이드의 군인들처럼, 이어지는 문장들의 행진이 되어야 한다고 생각하지만, 오늘의 나의 행진 경로는 구불구불하게 비틀려 있을 것이다. 나는 최근에 중부와 동부 유럽의 지식인들에 의해 되살아난 시민 사회 개념으로부터 시작하여 이어서 국가와 경제와 국민에 대해 논하고 그 다음에 시민 사회와 국가에 대해 다시 논할 것이다. 이것들은 우리가 살고 있는 핵심적 사회 구조물들이지만 우리는 현재 그것들 중 어느 것에서도 편안하게 살고 있지 못하다. 그리고 이런저런 단순화하는 대大 이론에 따라—마치 우리가 운명적으로 언젠가는 가장 좋은 사회 구조물을 발견하게 되어 있다는 듯이—그것들 가운데 선택하는 방법을 상상하는 것도 불가능하다. 나는 선택에 대한 반론을 펴려고 하지만, 이 반론을 가장 잘 이해하기 위해서는 시민 사회 내부로부터 이해해야 한다는 것도 주장할 것이다.

"시민 사회"는 강제되지 않은 인간 결합의 공간과 이 공간을 채우는—가족, 믿음, 이익, 이데올로기를 위해 형성된—관계 네트워크들의 집합을 부르는 말이다. 중부와 동부 유럽의 반체제 운동은 매우 제한적인 형태의 시민 사회 내에서 번성했고, 이 반체제 인사들이 만들어낸 새 민주주의의 첫 번째 과제는 노동조합, 교회, 정당과 운동, 협동조합, 이웃 사회, 학파, 이런저런 것을 촉진하거나 막기 위한 협회 등의 네트워크들을 재건하는 일이었다고 한다. 이에 반해서, 서방의 우리는 오랫동안 시민 사회에서 살아왔지만 그것을 의식하지 못했다. 또는, 더 정확하게 말하면, 스코틀랜드 계몽주의 또는 헤겔Hegel 이래로 그 말이 그런 것을 아는 사람들에게는 알려져 있었지만 그들이 다른 사람들의 주의를 모으는 역할을 하는 경우는 드물었다. 이제 헝가리와 체코슬로바키아와 폴란드의 저술가들이 이 사회적 구조물이 어떻게 확보되고 활기를 얻는지를 생각해보도록 우리에게 권유한다.

우리에게는 이 권유를 받아들일 우리 나름의 이유가 있다. 결사에 입각한 삶associational life이 "발달된" 자본주의 국가와 사회민주주의 국가에서 점점 더 위태로워지고 있는 것으로 보인다. 시사평론가들과 훈계자들은 일상의 협력과 시민 간의 연대가 지속적으로 희석되고 있다고 경고한다. 그리고 이번에는 그들이 평소와는 달리 공연한 호들갑을 떨고 있는 게 아닐 수 있다. 우리의 도시들은 실제로 예전보다 더 시끄럽고 더 지저분하다. 가족의 유대와 상호부조와 정치적 동질성—이 모든 것이 예전보다 덜 확실하고 덜 실질적이다. 다른 사람들, 즉 길에서 보는 낯선 사람들도 예전보다 덜 믿을 만하게 보인다. 사회에 대한 홉스주의적 설명이 예전보다 더 설득력을 갖는다.

어쩌면 이 근심스런 그림이 우리가 연대와 신뢰에 대해 충분히 생각하지 않아 왔거나 그것들의 미래에 대해 계획을 세우지 않아 왔다는 사실에 기인하는지도—부분적으로, 더 이상 그렇지는 않지만, 정치 이론가가 다른 어떤 말을 할 수 있겠는가?—모른다. 우리는 시민 사회와 경쟁하는, 다른 사회 구조물들에 대해 너무 많이 생각해왔다. 그래서 우리는 시민 의식의 생산과 재생산의 수단이 되는 네트워크들을 등한시해왔다. 한두 세기 전에 정치 이론가들과 도덕 철학자들에게 이런 질문을 했다고 상상해보라. "좋은 삶을 위해 더 좋은 무대, 가장 유리한 환경은 무엇인가? 우리가 어떤 종류의 제도를 지향해야 하는가?" 19세기와 20세기의 사회사상은 이 질문에 대해 네 가지 서로 다른, 이제는 친숙한, 대답을 제공한다. 이것들을 자기가 완전하고 옳다고 서로 주장하는 네 가지 경쟁 이데올로기로 생각해보라. 그것들은 각각 심각한 오류를 갖고 있다. 그것들은 각각 어느 **시민** 사회에나 필요한 다원주의를 등한시하고 있다. 그것들은 각각 내가 비판하려는 가정, 즉 그런 질문은 단 하나의 대답을 얻어야 한다는 가정에 입각해 있다.

2

나는, 그것이 나에게 가장 잘 알려진 입장이기에, 두 가지 좌파의 대답으로부터 시작하겠다. 둘 중 첫 번째는 좋은 삶을 위해 더 좋은 무대는 정치 공동체, 민주국가이며, 여기서 우리는 시민, 즉 자유롭게 참여하고, 최선을 다하는, 결정을 내리는 구성원일 수 있다고 생각한다. 그리고 이 견해에 따르면 시민이 되는 것이 단연 가장 좋은 것이다. 잘 사는 것은 같은 시민들과 함께 일하고 집단적으로 공동의 운명을 결정하면서 정치적으로 활동하는 것이다. 이것의 목적은 이런 또는 저런 결정이 아니라 그 일 자체인데, 이 일에서 우리는 이성적이고 도덕적인 행위자로서 우리의 가장 고등한 능력을 표현할 수 있다. 우리는 우리 자신을 제안하고 토론하고 결정하는 인간으로서 가장 잘 아는 것이다.

이 주장은 그리스인들로 거슬러 올라가지만 우리는 그것의 신고전주의적 형태를 알아볼 가능성이 가장 크다. 그것은 루소의 주장이다. 또는 루소의 주장에 대한 표준적인 좌파의 해석이다. 시민을 도덕적 주체로 보는 그의 이해는 민주적 이상주의의 가장 중요한 근원들 중 하나다. 우리는 그것이 존 스튜어트 밀 같은 자유주의자들 안에서 작용하고 있는 것을 볼 수 있는데, 그의 저술에서는 그것이 예기치 않게 생디칼리슴(오늘날에는 "노동자 통제workers control"라고 불리는 것)과, 보다 일반적으로, 사회민주주의의 옹호를 야기했다. 그것은 19세기와 20세기의 급진적 민주주의자들 사이에서 종종 인민주의적으로 매우 강렬하게 나타났다. 여성과 노동자와 흑인과 새로 이민 온 사람들이 자기들도 포함시켜 달라고 사회에 대해 되풀이해서 요구하는 과정에서도 그것은 역할을 했는데, 그들 모두는 행위자로서의 자신들의 능력을 요구의 기반으로 삼았다. 그리고 바로 이 신고전주의적 시민 개념이 신좌파New Left의 참여 이론에서 다시 등장했다. 그러나 여기서는 그것이, 많은 후기의 부흥에서처럼, 매우 이론적이었고 현장의 호응을 결여했다.

오늘날 미국의 공동체주의자들은, 어쩌면 1960년대 말의 정치적 재앙으로 인해, 루소의 이상주의에 역사와의 관련성을 부여하려고 안간힘을 쓰면서 초기 미국 공화국을 되돌아보고 시민 덕성의 부활을 부르짖고 있다. 그들은 현 사회의 분열을 치료하는 해독제로 시민 정신을 처방한다. 왜냐하면 이 이론가들은, 루소와 마찬가지로, 분열을 존중하고 싶어 하지 않기 때문이다. 그들의 손에서는 공화주의가 여전히 단순화의 신조다. 정치가 우리의 최고의 소명이라고 생각하기에 우리를 다른 모든 활동으로부터 불러낸다(또는 다른 모든 활동을 정치의 관점에서 재정의한다). 그래서 우리의 에너지를 민주국가에서의 정책 형성과 의사결정으로 모은다.

나는—비록 우리가 실제로 만나는, 플래카드를 들고 구호를 외치는 일부 행동주의자들이 그리 매력적인 것은 아니지만—적극적이고 활동적인 시민이 매력적인 인물임을 의심하지 않는다. 좋은 삶을 묻는 질문에의 이 첫 번째 대답에 대한 가장 예리한 비판은, 그 삶이 좋은 삶이 아니라는 게 아니라 현대 세계의 아주 많은 사람들의 "실제 삶"일 수 없다는 것이다. 이는 두 가지 의미에서 그렇다. 첫째, 민주국가의 권력이 부분적으로는 (그리고 정당하게) 적극적인 시민들의 요구에 따라 엄청나게 커졌지만 이 국가가 완전히 시민들의 손 안에 있다고는 말할 수 없다. 그리고 이 국가가 커질수록 그것은 여전히 직접적인 참여로 운영되는 보다 작은 단체들을 더 많이 접수한다. 시민의 지배는 여러 중대한 의미에서 착각에 불과하다. 평범한 남녀의 국가 활동에의 참여는 (그들이 공무원이 아니라면) 대체로 대리적인 참여에 지나지 않는다. 심지어는 과격한 당원들조차도 실제로 결정하기보다는 항의하고 불평할 뿐일 가능성이 더 높다.

둘째, 공화주의 이데올로기의 외곬성에도 불구하고, 정치가 정치의 주인공이어야 할 시민들의 관심을 전적으로 끄는 일은 드물다. 그들에게는 걱정해야 할 다른 일들이 너무 많은 것이다. 무엇보다도 그들은 생계를 꾸려야 한다. 그들은 정치 공동체보다는 경제에 더 깊이 참여하고 있다. (한나 아렌트 Hannah Arendt 같은) 공화주의 이론가들은 이 참여를 시민적 덕성에 대한 위협으로만 인식한다. 그들의 주장에 따르면 경제는 필연의 영역에, 정치는 자유의 영역에 속한다. 이상적으로는, 시민들이 일할 필요가 없어야 한다. 그들이 의회에 모여 동료들과 함께 국사를 논할 수 있도록, 노예가 아니면 기계가 그들을 위해 일해야 한다는 것이다. 그러나 실제로는 일도, 비록 필연에서 시작되기는 하지만,—경력에의 헌신과 잘한 일에 대한 자부심과 직장동료 의식으로 표현되는—그것 나름의 가치를 갖게 된다. 이 모든 것이 시민 정신의 가치와 경쟁 관계에 있다.

3

좋은 삶을 위한 더 좋은 무대에 대한 좌파의 두 번째 입장은 공화주의 정치를 외면하고 경제 활동에 초점을 맞춘다. 우리는 이것을 내가 처음에 던진 질문에 대한 사회주의적 대답이라고 볼 수 있다. 이것은 마르크스와, 또한 주장이 좀 다르기는 하지만, 그가 자신의 등장으로 소임을 다했다고 보고자 했던 공상적 사회 개량가들 중에서도 발견된다. 마르크스는 더 좋은 무대는 협력 경제이고, 여기서는 우리 모두가 생산자―예술가(마르크스는 낭만주의자였다.)이자 발명가이자 장인―가 될 수 있다고 생각한다. (조립라인 노동자들은 그다지 해당되는 것 같지 않다.) 여기서도 이것이 되는 것이 단연 가장 좋은 것이다. 마르크스는 유용하고 아름다운 객체를, 이런저런 객체가 목적이어서가 아니라 **공작인**homo faber, 즉 만드는-사람으로서의 우리의 "유적 존재species-being"의 최고의 표현인 창조 자체를 위해, 만드는 창조적인 남녀를 그린다.

이 견해에 따르면, 국가는 생산성을 해방하는 방식으로 경영되어야 한다. 경영자들이 이 목표에 헌신하고 합리적으로 이 목표를 추구하는 한, 그들이 누구인지는 문제가 되지 않는다. 그들의 일은 기술적으로는 중요하지만 실질적으로 흥미롭지는 않다. 일단 생산성이 해방되면 정치는 한마디로 어느 누구의 관심도 끌지 못하게 된다. 그런 시대가 오기 전인 지금 여기의 마르크스주의자들은 정치 갈등을 경제 갈등의 상부 구조적 표현으로 보며 민주주의를, 주로 그것이 승리를 위한 사회주의 운동과 정당의 조직을 가능하게 해주기에, 소중히 여긴다. 그

가치는 도구적이고 역사적으로 한정적이다. 민주국가는 좋은 삶이 아닌 계급투쟁을 위해 선호되는 무대다. 투쟁의 목적은 승리이고 승리는 민주주의라는 수단을 종식시킨다. 민주주의에는 어떤 내재적 가치도 없으며 정치가 우리 같은 존재에게 항구적인 매력을 갖는다고 생각할 어떤 이유도 없다. 우리 모두가 생산 활동에 종사하게 되면, 사회적 분업과 그것이 야기하는 갈등은 사라질 것이고, 국가도, 한때 유명했던 표현대로, 시들 것이다.

사실은, 만약 이 이상이 언젠가 실현된다면, 시드는 것은 정치일 것이다. 경제적 조정을 위해 여전히 일종의 행정기관이 필요할 것인데 이 기관을 국가라고 부르기를 거부하는 것은 단지 마르크스주의자들의 자만에 불과하다. 마르크스는 『독일 이데올로기 The German Ideology』에서 "사회가 일반적 생산을 규제하여 내가 마음먹은 대로 오늘은 이 일을, 내일은 저 일을 할 수 있게 해준다."[1]고 썼다. 이 규제가 비정치적이기에 개개인의 생산자는 시민의 의무로부터 벗어난다. 그것 대신에 그는 그가 하는 것들과 그가 맺는 협력적 관계들에 주의를 기울인다. 정확히 어떻게 그가 다른 사람들과 함께 일하면서도 여전히 자기가 하고 싶은 대로 할 수 있는지가 나에게는 불분명하며 아마도 마르크스를 읽는 다른 대부분의 사람들에게도 불분명할 것이다. 이 문헌들은 규제자들의 능력에 대한 엄청난 신뢰를 보여준다. 이 정도의 신뢰를 보내는 사람은 오늘날 전혀 없다고 생각되지만, 어떤 이런 것이, 심지어 자유민주주의 국가조차도, 최근의 특수용어들 가운데 최악의 것으로 말

---

[1] 칼 마르크스, 『독일 이데올로기 The German Ideology』 (1845), 1부, A, 4절.

하자면, "분쇄해야" 할 장애물이라고 보는 일부 좌파의 경향을 설명하는 데 도움을 준다.

마르크스주의의 반反정치의 진정성을 잘 보여주는 것이 생디칼리슴에 대한 마르크스 자신의 혐오다. 생디칼리스트들이 제안했던 것은 좋은 삶을 묻는 질문에 대한 첫 번째 대답과 두 번째 대답의 깔끔한 혼합물이다. 그들이 생각하는 더 좋은 무대는 노동자들이 통제하는 공장이며 여기서는 사람들이 남자든 여자든 시민이면서 동시에 생산자이고 결정을 내리고 물건을 만든다. 마르크스는 이 결합이 불가능하다고 생각한 듯하다. 즉, 공장이 민주적이면서 동시에 생산적일 수는 없다는 것이다. 이것이 권위에 대해 엥겔스Engels가 쓴 짧은 에세이의 요지인데,[2] 나는 그것이 마르크스의 견해도 표현하고 있다고 생각한다. 보다 일반적으로, 직장에서의 자치는 "사회적 규제"나 국가의 계획의 정당성을 훼손하는데, 마르크스는 후자들을 통해서만 개개인의 노동자가 주의를 뺏기지 않고 자신의 일에 전념할 수 있다고 생각했다.

그러나 이 협력 경제의 이상 뒤에는 믿을 수 없는 배경—비정치적인 국가, 갈등 없는 규제, "사물들의 관리"—이 펼쳐져 있다. 모든 실제의 사회주의 정치 경험에서 국가는 빠르게 전면으로 나왔고, 적어도 서방에서는, 대부분의 사회주의자들이 첫 번째 대답과 두 번째 대답으로 그들 나름의 혼합물을 만들지 않을 수 없게 되었다. 그들은 자신들을 **민주주의적인** 사회주의자라고 부르면서 경제뿐 아니라 (사실은, 경제보다 훨씬 더) 국가에도 초점을 맞춤으로써 좋은 삶을 위한 무대를 두

---

2) 프리드리히 엥겔스, 『권위론On Authority』 (1872).

가지로 만들었다. 나는 하나보다는 둘이 더 좋다고 믿기에 이를 발전이라고 생각한다. 그 너머로의 발전이 어떨지를 그려 보이기에 앞서 좋은 삶을 묻는 질문에 대한 다른 두 가지 이데올로기적 대답을 묘사해야겠는데, 그중 하나는 자본주의적 대답이고 다른 하나는 민족주의적 대답이다. 좌파들만 단일성을 좋아한다고 생각할 이유는 전혀 없다.

4

세 번째 대답은 좋은 삶을 위한 더 좋은 무대는 시장이고, 여기서 개개인의 남녀는 생산자로서보다는 소비자로서 가장 다양한 선택권을 누릴 수 있다고 생각한다. 자신의 여러 가능성 앞에 서 있는 자율적인 개개인의 남자, 그리고 이제는 또한 여자—이것이 되는 것이 단연 가장 좋은 것이다. 잘사는 것은 정치적 결정을 내리거나 아름다운 객체를 만드는 것이 아니다. 개인적인 선택을 하는 것이다. 어떤 특정한 선택을 말하는 게 아니다. 왜냐하면 어떤 선택도 그 자체로서 가장 좋은 선택인 것은 아니기 때문이다. 중요한 것은 자율성에 기여하는 선택 활동이다. 그리고 선택이 이루어지는 시장도 사회주의 경제처럼, 대체로 정치를 필요로 하지 않는다. 그것은 기껏해야 최소의 국가를—"사회적 규제"가 아니라 단지 경찰을—필요로 할 뿐이다.

생산도, 비록 마르크스의 이상상理想像에서처럼 자유롭게 창조적이지는 않을지라도, 자유롭다. 그러나 생산자보다, 자율성의 영웅이며 기회의 소비자인 기업인이 더 중요한데, 이들은 다른 모든 소비자들이 무엇을 원하든, 또는 원하도록 설득당하든, 그것을 공급하기 위해 경쟁한다. 기업인의 활동은 소비자의 선호를 추적한다. 그것 자체의 묘미도 없지는 않지만 그것은 대개 수단에 불과하다. 모든 기업인(과 생산자)의 목표는 시장 지배력을 증가시키고 자신의 선택권을 극대화하는 것이다. 그들은 서로 경쟁하며 탐나는 물건들로 시장을 채움으로써 다른 모든 사람들의 선택권도 극대화한다. 시장은 그것의 충만함 때문에 (정치 공동체와 협력 경제보다도) 선호된다. 자본주의의 관점에서는 자유가 풍부의 기능이다. 선택의 여지가 많아야 비로소 선택할 수 있기 때문이다.

안타깝게도, 쓸 수 있는 재산이 있어야 비로소 (단지 생각이나 마음으로만이 아닌) 유효한 선택을 할 수 있다는 것도 사실이다. 그러나 사람들은 극도로 서로 차이가 나는 재산을 갖고 시장에 온다. 어떤 사람들은 사실상 전혀 아무것도 없이 온다. 모든 사람이 상품 생산 경쟁에서 성공을 거둘 수 있는 것은 아니며, 따라서 모든 사람이 상품을 입수할 수 있는 것도 아니다. 자율성은 결국은 위험성이 높은 가치임이 밝혀지는데, 많은 남녀들이 친구의 도움이 있어야 비로소 그것을 깨달을 수 있다. 하지만 시장은 상호부조를 위해서는 좋은 무대가 아니다. 왜냐하면 나는 (적어도 단기적으로는) 내 자신의 선택권을 축소하지 않고는 어떤 다른 사람을 도울 수 없기 때문이다. 그리고 나는, 자율적인 개인으로서, 어떤 다른 사람을 위해 어떤 종류의 어떤 축소도 받아들일 이유가 없다. 내가 여기서 주장하는 것은 자율이 자기중심주의로 전락한다는 게 아니라 시장에서의 자율은 사회적 단결에 기여하지 않는다는 것뿐이다. 자본주의 생산의 성공에도 불구하고, 소비자 선택이라는 좋은 삶이 어디서나 가능하지는 않다. 많은 사람이 시장 경제에서 떨어져 내리거나 그것의 가장자리에서 위태롭게 살고 있다.

부분적으로는 이 때문에, 자본주의도 사회주의처럼—단지 도둑질을 막고 계약을 강제하기 위해서뿐만이 아니라 경제를 규제하고 참가자들의 최소의 복지를 보장하기 위해서도—국가 행위에 크게 의존한다. 그러나 이 참가자들은, 그들이 시장 활동가인 한, 국가에서는 적극적이지 않다. 이상적 형태의 자본주의는, 다시금 사회주의와 마찬가지로, 시민 정신에 기여하지 않는다. 또는, 그것의 주인공들이 시민권을 경제의 관점에서 이해함으로써 시민이 자율적 소비자로 바뀌는데, 이것은 자신의 시장에서의 위치를 강화해주겠다고 가장 설득력 있게 약속하는 집단이나 프로그램을 찾는 존재다. 그들은 국가를 필요로 하지만 국가와 어떤 도덕적 관계도 맺고 있지 않으며 단지 소비자가 상품의 생산자를 통제하는 방식처럼 공무원들이 하는 것을 사거나 사지 않음으로써 그들을 통제할 뿐이다.

시장은 정치적 경계를 갖고 있지 않기에 자본주의 기업인들은 관료의 통제도 교묘히 피한다. 그들은 국가를 필요로 하지만 국가에 충성하지는 않는다. 즉, 이윤 동기로 인해 그들은 민주적 규제와 갈등 관계에 처하게 되는 것이다. 그래서 안전법과 최저임금법을 피하기 위해 무기 상인은 외세에 최신 군사 기술을 팔고, 제조업자들은 공장을 외국으로 이전한다. 다국적 기업들은 모든 정치 공동체의 바깥에 (그리고 어느 정도는 그것과 대립하고) 있다. 그것들은 단지 상표로만 알려져 있고, 상표는, 가족명이나 국가명과는 달리, 애정이나 연대감이 아닌 선호를 불러일으킨다.

5

좋은 삶을 묻는 질문에 대한 네 번째 대답은, 비록 역사적으로는 다른 근원도 갖고 있지만, 시장의 무도덕성과 불충不忠에 대한 반응으로 이해될 수 있다. 이 네 번째 대답에 따르면, 더 좋은 무대는 민족이고, 이 안에서 우리는 피와 역사의 인연으로 서로 결속된 충성스러운 구성원이다. 확실한 구성원의 자격을 가진, 문자 그대로 유기적 전체의 일부인 구성원—이것이 되는 것이 단연 가장 좋은 것이다. 잘사는 것은 다른 남녀들과 함께 민족 유산을 기억하고 함양하고 전수하는 데 참여하는 것이다. 민족주의의 견해에 따르면, 이것은 유산이 자기 자신의 것인 한, 즉 선택의 문제가 아니라 타고나는 문제인 한, 유산의 구체적 내용과는 상관없이, 그렇다. 민족주의자는 물론 누구나 자신의 전통에서 가치를 발견하려 하겠지만 가장 높은 가치는 발견이 아니라 의지, 즉 개인을 민족과 역사와 확고하게 동일시하는 것에 있다.

민족주의는 역사적으로 종종 민주주의, 심지어는 사회주의와도 결합하여 좌파의 이데올로기가 되었다. 그러나 민족주의는 특성상 무엇보다도 우파의 이데올로기다. 왜냐하면 민족주의의 구성원 개념은 귀속적이기 때문이다. 즉, 민족주의는 의식儀式적인 시인是認 이상의 정치적 선택이나 활동을 요구하지 않는다. 그러나 민족이 외국인들의 지배를 받을 때에는 의식적인 시인만으로는 부족하다. 이때에는 민족주의가 보다 영웅적인 충성, 즉 민족해방투쟁에서의 자기희생을 요구한다. 그런 희생을 구성원들로부터 이끌어내는 민족의 능력은 이 네 번째 대답의 중요성을 보여주는 증거다. 이상적으로는, 이 태도가 해방 투쟁

이후에도 살아남아 사회적 단결과 상호부조의 기초를 제공해야 한다. 어쩌면 어느 정도는 그렇게 하고 있는지도 모른다. 확실히 복지국가는 민족적으로 동질적인 국가에서 가장 큰 성공을 거둬왔기 때문이다. 그러나 일단 해방이 성공하면, 민족주의적인 남녀들이 공동체에 실제적으로 참여하기보다는 보통 대리 참여에 만족하는 것도 사실이다. 민족주의의 관점에서는 대리 참여가 전혀 잘못된 것이 아니다. 왜냐하면 좋은 삶은 활동보다는 정체성의 문제이기 때문이다. 비종교적인 의미로 말하는 것이지만, 말하자면, 행위가 아닌 믿음의 문제인 것이다.

현대 세계에서는 민족이 보통 국가이기를 추구한다. 왜냐하면 주권이 없다면, 민족의 자율성은 항상 위태로울 것이기 때문이다. 그러나 민족이 어떤 특정한 종류의 국가를 추구하는 것은 아니다. 또한 어떤 특정한 종류의 경제 체제를 추구하는 것도 아니다. 민족주의자들은, 그들의 근친近親이자 (종종) 숙적宿敵인 종교 신자들과는 달리, 어떤 권위적 법전이나 일련의 경전에 묶여 있지 않다. 그들은 해방 외에는 어떤 프로그램도 없고 그저 역사를 지속하겠다는, "삶의 방식"을 유지하겠다는, 막연한 다짐만 있을 뿐이다. 그들 자신의 삶은 감정적으로 강렬할 거라고 생각되지만, 사회와 경제와 관련해서는 이것은 위험할 정도로 막연한 열성이다. 난국에서는 이것이 쉽게 다른 민족들, 특히, 내부에 있는 다른 사람들, 즉 소수자들과 외국인들과 이방인들에 대한 공격으로 변할 수 있다. 민주적 시민 정신, 노동자들의 연대, 자유 기업과 소비자의 자율성—이 모든 것은 민족주의보다 덜 배타적이지만 그것의 힘에 항상 저항하는 것은 아니다. 시민과 노동자와 소비자가 쉽게 열렬한 민족주의자가 되는 것은 좋은 삶을 묻는 질문에 대한 처음 세 대답이 불충분함을 보여주는 표지다. 민족주의적 열성의 성격은 네 번째 대답도 불충분함을 보여준다.

6

이 모든 대답들은 그것들의 일률성 때문에 옳지 않다. 그것들은 인간 사회의 복합성, 헌신과 충성의 불가피한 갈등을 놓치고 있다. 그래서 나는 좋은 삶을 묻는 질문에 대해 다섯 번째의 최종적으로 옳은 대답이 있을 거라는 생각을 좋아하지 않는다. 그러나 다섯 번째의 대답, 최신의 대답(이것은 19세기와 20세기의 사회사상에서 비교적 덜 중심적이었던 주제들에 입각하고 있다.)이 있고 이것은 좋은 삶은 분열과 투쟁의 영역이지만 동시에 구체적이고 진정한 연대의 영역이기도 한 시민 사회에서만 살 수 있고 여기서는 우리가 포스터E. M. Forster의 명령, "좀 연결해봐"를 실행함으로써 사교적이거나 공동체적인 남녀가 된다고 생각한다. 그리고 이것이 되는 것이 물론 단연 가장 좋은 것이다. 여기서는 어떤 특정한 형성체—가족이나 부족이나 민족이나 종교나 지방 공동체나 남자들 또는 여자들로 이루어진 친목 단체나 이익 집단이나 이데올로기적 운동—를 위해서가 아니라 교제 자체를 위해 자유롭게 단체를 결성하고 서로 의사소통하고 온갖 종류의 집단을 조직하고 재편하는 사람들을 그리고 있다. 왜냐하면 우리는 정치적이거나 경제적인 존재이기 이전에 천성적으로 사회적인 존재이기 때문이다.

나는 시민 사회론은 좋은 삶에 대한 네 가지 이데올로기적 설명과 나란히 서 있는 다섯 번째의 설명이라기보다는 그것들을 교정하는 것—부분적으로는 부인이고 부분적으로는 편입—이라고 말하고 싶다. 이것은 그것들의 일률성에 이의를 제기하며 그것 자체는 일률적이지 않다. "사회적 존재"라는 표현은, 시민이고 생산자이고 소비자이고 민족 구성원이고 그 밖의 많은 것인 남녀들을 묘사한다.—그러나 그들은 이 정체성을, 선천적으로 또는 그것이 가장 좋은 것이기에, 갖는 것이 아니다. 시민 사회의, 결사에 입각한 삶이 모든 형태의 좋은 것이 마련되고, 검증되고, …… 부분적이고, 불완전하고, 궁극적으로는 불만족스럽다고 판명되는 실제의 장소다. 이 장소에서 사는 것이 그-자체로-좋은-것일 수는 없다. 다른 살 곳이 없을 뿐이다. 분명한 것은 우리의 정치·경제 활동과 민족 문화의 특성은 우리의 결사들의 힘과 활력과 밀접하게 연관되어 있다는 사실이다.

시민 사회는, 이상적으로는, **무대들의 무대**다. 모든 무대가 포함되며 어떤 무대도 우선권을 갖지 못한다. 시민 사회론은 네 가지 대답의 자유주의적 형태로서 그 대답들을 모두 수용하지만 각각의 대답에게 다른 대답들이 있을 여지를 남겨놓으라고 요구함으로써 그 대답들 가운데 어느 것도 최종적으로 수용하지는 않는다. 자유주의는 여기서 반反이데올로기로 나타나며 이것은 현대 세계에서는 매력적인 입장이다. 나는 시민 사회가 네 가지 대답을 실제로 어떻게 편입하고 부인하는지를 설명하면서 이 매력을 강조할 것이다. 그러나 나는 나중에는 아주 상냥하고 온화한 이 입장에도 문제가 있음을 주장해야만 할 것이다.

정치 공동체와 협력 경제, 이것으로부터 시작해보자. 이 두 좌파식 좋은 삶은 시민과 노동자 계급을 제외한 모든 집단을 조직적으로 과소평가했다. 그것들을 주장하는 사람들은 정치 공동체들 사이의, 그리고 계급들 사이의 갈등을 상상할 수는 있었지만, 그 둘 각각의 내부 갈등을 상상하지는 못했다. 그들은 개별주의와 그것의 모든 부문들의 폐지 또는 초월을 목표로 했다. 이와는 대조적으로, 시민 사회 이론가들은 공동체와 경제에 대해 보다 현실적인 견해를 갖고 있다. 그들은 갈등, 즉 정치적 대립과 경제적 경쟁에 대해 보다 개방적이다. 그들은 결사의 자유를 근거로 일련의 시장 관계를 정당화하는데, 이 시장 관계가 꼭 자본주의적 무대일 필요는 없다. 단체들의 네트워크 속에 얽혀 있고 복수화된 소유 형태를 가진 시장이 의심할 바 없이 시민 사회론과 가장 일치하는 경제 구조다. 바로 이 논리가 공화주의적 국가보다 더 자유롭고 다원적인 종류의 (시민들의 덕성에 그토록 철저하게 의존하지 않는) 국가를 정당화하는 데도 쓰인다. 앞으로 보겠지만, 단체들이 번성하려면 과연 이런 종류의 국가가 필요하다.

   시민권도, 생산도, 일단 시민 사회 안으로 편입되면, 다시는 모든 것을 흡수할 수 없다. 그것들을 신봉하는 사람들도 있겠지만 이 사람들이 나머지 사람들의 모범이 되지는 않을 것이다. 또는 그것들이 어떤 사람들에게 삶의 어떤 시기에 모범이 되겠지만 다른 사람들에게나 다른 시기에는 그렇지 않은, 부분적 모범만이 될 것이다. 이 다원주의적 관점은 부분적으로는 어쩌면 일의 낭만의 상실, 새로운 생산 기술과 서비스 경제의 성장에 대한 경험에 기인하는지도 모른다. 서비스는 **공작인**보다 인간을 사회적 동물로 보는 관점과 더 쉽게 조화된다. 간호사나 학교 교사나 결혼 상담원이나 사회복지사나 텔레비전 수리공이나 정부 관리가 무엇을 **만든다고** 말할 수 있을까? 오늘날의 경제는 많은 사람들에게 마르크스주의적 창의성을 발휘할 기회를 제공하지 않는다. 또한 마르크스(나 주류 전통의 모든 사상가)는 전적으로 다른 사람들을 돕는 것으로 이루어지는 경제 활동을 하는 남녀들에 대해서는 별로 할 말이 없다. 주부 같은 협력자들이 노동자 계급에 흡수된 적은 결코 없는 것이다.

마찬가지로, 현대 민주국가에서의 정치도 루소적 자기 결정의 기회를 많은 사람들에게 제공하지 않는다. 시민권은, 그것 자체로 보았을 때, 오늘날 대개 수동적인 역할이다. 시민은 투표하는 구경꾼인 것이다. 선거들 사이에 시민은 좋든 나쁘든 공무원의 서비스를 제공받는다. 그들은 전혀 공화주의 신화의 영웅들인, 민회에 모여 (밝혀진 바처럼, 어리석게도) 시칠리아 섬을 침공하기로 결정한 고대 아테네의 시민들 같지 않다. 그러나 시민 사회의 단체의 네트워크들, 즉 노동조합들과 정당들과 운동들과 이익 집단들 등에서는 바로 이 사람들이 많은, 보다 작은 결정들을 내리고 보다 먼 국가와 경제의 결정들을 어느 정도 형성한다. 그리고 보다 조밀하게 조직되어 있고 보다 평등주의적인 시민 사회에서는 그들이 이 두 가지 모두를 더 효과적으로 할 것이다.

이 사회 참여적인 남녀들—시간제 조합임원, 운동가, 충실한 당원, 소비자보호 운동가, 복지 자원봉사자, 교회 신도, 가장家長—은 보통 생각하는 시민들의 공화국 밖에 있다. 그들은 단지 간헐적으로만 덕을 발휘한다. 개별성에 너무 열중해 있기 때문이다. 그들은 대개 많은 부분적 성취들을 추구하며, 더 이상 단 하나의 최종적 성취를 추구하지 않는다. 현실의 영역에서는 (만약 국가가 이 영역을 강탈하지 않는다면) 시민권이 매우 다양한 (때로는 분파적인) 의사 결정 역할들로 변해간다. 또한 마찬가지로 생산도 많은 (때로는 경쟁적인) 사회적으로 유용한 활동들로 변해간다. 그렇기 때문에, 정치와 일을 서로 대립 관계로 놓는 것은 잘못이다. 이상적 성취도, 본질적 인간 능력도 없다. 우리는 여러 가지 좋은 삶을 살기 위해 많은 무대를 필요로 하는 것이다.

그러나 이 모든 것이 우리가 자본주의적 형태의 경쟁과 분할을 받아들이지 않으면 안 된다는 것을 의미하는 것은 아니다. 시장을 좋은 삶을 위한 더 좋은 무대로 보는 이론가들은 시장을 가능한 한 많은 삶의 측면을 담는 실제의 무대로 만드는 것을 목표로 한다. 그들의 외곬성은 시장 제국주의의 형태를 취한다. 민주국가와 대립하면서 그들은 민영화와 자유방임주의를 주장한다. 그들의 이상은 모든 상품과 서비스가 기업인들에 의해 소비자에게 공급되는 사회다. 시장에서 일부 기업인들이 실패하고 많은 소비자들이 속수무책인 상황에 처할 것이라는 것—이것은 개인의 자율성의 대가다. 이것은 확실히 우리가 이미 치르고 있는 대가다. 즉, 모든 자본주의 사회에서 시장은 불평등을 조장하는 것이다. 시장의 제국주의가 성공적일수록 불평등은 더 커진다. 그러나 시장이 확실하게 시민 사회 안에 자리하고 정치적 통제를 받으며 개인의 창의뿐 아니라 공동체의 창의에도 열려 있으려면, 시장의 불평등한 결과에 한계를 두어야 한다. 이 한계의 정확한 성격은 (이제는 정치 공동체를 포함하는) 단체 네트워크들의 강도와 밀도에 의해 결정될 것이다.

불평등의 문제는 단순히 어떤 사람들은 자신들의 소비자 선호를 실현시킬 능력이 더 크고 어떤 사람들은 더 적다는 것뿐이 아니다. 이 문제는 어떤 사람들은 다른 사람들보다 더 멋진 아파트에서 살거나, 더 잘 만든 차를 몰거나, 보다 이국적인 장소에서 휴가를 즐기는 것이 아닌 것이다. 이것들은 시장에서 거두는 성공의 정당한 대가라고 생각할 수 있다. 문제는 불평등이 대개 지배와 극단적인 박탈로 이어진다는 점이다. 여기서 동사 "이어진다"는 사회적인 중재의 과정을 묘사하며, 이 과정은 중재 구조에 의해 촉진되거나 억제된다. 지배당하고 박탈당하는 사람들은 가난해질 뿐더러 혼란에 빠지기 쉬운 반면에, 강한 가족이나 노동조합이나 정당, 민족적 연대를 가진 가난한 사람들은 오랫동안 지배당하거나 가난하지 않을 가능성이 높다. 게다가 이 사람들은 심지어 시장에서도 혼자일 필요가 없다. 자본주의적 대답은 기업인의 진취성과 소비자의 선택이라는 좋은 삶은 주로 개인에 의해 영위되는 삶이라고 가정한다. 그러나 시민 사회는 가족기업, 공공기관이 소유하는 회사나 지자체 회사, 노동자 공동체, 소비자 협동조합, 아주 여러 종류의 비영리 단체 등 다양한 시장 행위자들을 포괄하거나 할 수 있다. 이 모든 것들이, 기원을 외부에 두고 있음에도 불구하고, 시장에서 기능한다. 그리고 민주주의의 경험이, 국가 안에 있지만 국가에서 나오지 않은 집단들에 의해 확장되고 향상되는 것처럼, 소비자의 선택도, 시장 안에 있지만 시장에서 나오지 않은 집단들에 의해 확장되고 향상된다.

단지, 국가 안에 있지만 국가에서 나오지 않은 집단들 중에는 시장 조직들이 있고, 시장 안에 있지만 시장에서 나오지 않은 집단들 중에는 국가 조직들이 있다고 덧붙이는 게 필요할 뿐이다. 모든 사회 형태는 시민 사회론에 의해 상대화되며 실제의 영역에서도 상대화된다. 이는 또한 모든 사회 형태가 논쟁의 여지가 있음을 의미한다. 또한 이 논쟁을 선호되는 무대에 대한 이런저런 설명에 호소하여 이길 수 없음을 의미한다. 예를 들면, 시장 조직은, 효율적인 한, 민주적이지 않아도 된다거나 국영 기업은, 민주적 통제를 받는 한, 시장의 제약 내에서 운영되지 않아도 된다고 말하는 것으로 충분한 게 아니라는 뜻이다. 결사에 입각한 삶의 구체적 성격은 논쟁의 대상이 되어야 하는 어떤 것이며 바로 이 논쟁 과정에서 우리는 민주주의의 형태, 일의 성격, 시장 불평등의 범위와 효과, 그 밖의 많은 것을 결정한다.

민족주의의 특성도 시민 사회 내에서 결정되는데, 여기서 민족 집단들은 가족들과 종교 공동체들(좋은 삶을 묻는 질문에 대한 현대주의적 대답에서 대체로 등한시되고 있는 두 가지 사회적 형성물)과 공존하거나 겹치며 여기서 민족주의는 학교와 운동, 상호부조 단체, 문화협회와 역사협회 등을 통해 표현된다. 시민 사회가 길들여진 민족주의를 기대할 수 있게 해주는 것은 바로 이런 집단들이 종류는 비슷하지만 목표는 다른, 다른 집단들과 얽혀있기 때문이다. 단일 민족에 의해 지배되는 국가에서는 다양한 집단들이 민족주의의 정치·문화를 다양화한다. 다민족국가에서는 네트워크들의 조밀함이 극단적인 단절을 방지한다.

우리가 알고 있는 시민 사회는 종교의 자유를 얻으려는 투쟁에 기원을 두고 있다. 종종 폭력적이었음에도 불구하고, 이 투쟁은 평화의 가능성을 열어놓고 있었다. 로크는 관용에 대해 "이 한가지의 확립이 양심 때문에 생기는 불평과 소란의 모든 근거를 제거할 것이다."[3]라고 썼다. 근거 없는 불평과 소란도 쉽게 상상할 수 있지만 로크는 관용이

---

3) 존 로크, 『관용에 관한 편지 A Letter Concerning Toleration』 (1689).

종교 갈등의 날을 무디게 할 거라고 믿었(고 그것은 대체로 옳았)다. 일단 걸려 있는 이해관계가 적어지면 사람들은 위험을 무릅쓸 생각을 덜 할 것이다. 시민 사회는, 단적으로 말해, 걸려 있는 이해관계가 보다 적고, 적어도 원칙적으로는, 단지 평화를 유지하기 위해서만 강제가 사용되고 모든 단체가 법 앞에서 평등한 장소다. 시장에서는 이 형식적 평등이 종종 아무 실질도 없지만 신앙과 정체성의 세계에서는 그것이 충분히 현실적이다. 종교들이 (때때로) 신자를 얻기 위해 경쟁하는 것처럼, 민족들이 구성원을 얻기 위해 경쟁하지는 않지만, 민족들에게 시민 사회의 결사의 자유를 허용해야 하는 이유도 비슷하다. 그들은 자유롭게 자신들의 역사를 기념하고 고인들을 추모하고 (부분적으로) 자녀들의 교육을 결정할 때, 자유롭지 못할 때보다 해롭지 않을 가능성이 더 크다. 로크가 "사람들을 모아 폭동에 이르게 하는 것이 단 한 가지 있는데 그것은 탄압이다."[4]라고 말했을 때 그가 이 주장을 너무 강하게 표현한 것일지는 모르지만 철저한 관용의 실험을 정당화하기에 충분할 만큼 진리에 가까웠다.

그러나 탄압이 폭동의 원인이라면, 탄압의 원인은 무엇일까? 여기서 어떤 유물론적 이야기가 기다리고 있음을 믿어 의심치 않지만, 나는 이데올로기적 외곬성이 담당하는 중심적 역할을 강조하고 싶다. (대부분의) 종교들의 편협한 보편주의와 (대부분의) 민족들의 배타성이 그 예다. 시민 사회를 실제로 경험할 수 있을 경우, 그것은 그 두 가지에 대항하는 작용을 하는 것 같다. 어떤 평자들은, 그것이 실제로 아

---

4) 같은 책.

주 잘 작용하기 때문에, 종교적 신앙도, 민족 정체성도, 자유 단체 네트워크에서 오래 살아남지 못할 거라고 생각한다. 그러나 우리는 신앙과 정체성이 어느 정도나 강제에 의존하는지, 그것들이 자유의 조건에서 재생산될 수 있는지 실제로는 알지 못한다. 나는 그것들이 둘 다 아주 깊은 인간의 욕구에 부응하고 있기에 현재의 조직 형태들이 없어진 뒤에도 남아 있을 거라고 생각한다. 어쨌든 이 문제는 두고 볼 가치가 있는 것 같다.

7

그러나 권력과 강제에서 벗어날 길, 옛 무정부주의자들처럼, 시민 사회만을 선택할 수 있는 가능성은 없다. 수년 전, 『반정치Anti-Politics』라는 제목의 책에서 헝가리의 반체제 인사, 조지 콘라드George Konrad는 전체주의 국가와 함께, 하지만, 말하자면, 그것에 등을 돌린 채 사는 방법을 묘사했다. 그는 같은 반체제 인사들에게 권력을 장악하거나 공유하겠다는 생각 자체를 거부하고 종교 · 문화 · 경제 · 직업적인 단체에 힘을 쏟으라고 촉구했다. 시민 사회는 그의 책에서 국가의 대안으로 나타나는데, 그는 국가는 변화시킬 수 없고 구제불능일 정도로 적대적이라고 간주한다. 내가 그의 책을 처음 읽었을 때 그의 주장은 나에게 옳은 것처럼 보였다. 헝가리와 그 밖의 곳에서 공산 체제가 무너진 지금 뒤돌아보면, 그 주장이 얼마나 시대의 산물인가—그리고 그 시대가 얼마나 짧았는가!—를 쉽게 알 수 있다. 시민 사회와 완전히 멀어지면 어떤 국가도 오래 살아남을 수 없다. 국가는 국가 자체의 강제 기구보다 더 오래 지속될 수 없으며, 문자 그대로 화력火力이 없으면 끝장이다. 충성, 시민 의식, 정치 역량 그리고 권위에 대한 신뢰의 생산과 재생산은 결코 국가만의 일이 아니며 자력으로 행하려는 노력—이것이 전체주의의 한 의미다.—은 결국 실패하게 되어 있다.

그런데 이 실패가 엄청난 비용을 초래했기에 오늘날의 반정치의 매력은 이해할 수 있는 것이다. 중부와 동부 유럽의 반체제 인사들은, 심지어 권력을 잡은 후에도, 그것의 사용에 여전히 신중하고 조심스러우며, 또 그래야만 한다. 전체주의적 계획은 관료주의적 잔인성에 대한 지속적 의식을 남겨놓았다. 그것은 궁극적 형태의 정치적 외곬성이었고, 그것의 토대였던 "민주주의" (그러니까 여기서는 "공산주의") 이데올로기는 가짜였음에도 불구하고, 보다 참된 민주주의의 침투까지도 이 기억으로 인해 의심을 받고 있다. 게다가 전체주의 이후의 정치인들과 저술가들은 보다 오래된 자유 기업의 반정치를 알게 되었고, 그 결과, 오늘날 동구에서는 자유방임주의 시장이 시민 사회의 필수적인 제도들의 하나로, 또는 더 강하게, 지배적인 사회 구조로 옹호되고 있다. 이 두 번째 견해는 전체주의적 경제 계획이 가져온 엄청난 재앙 때문에 설득력을 얻고 있다. 그러나 그것은, 정치적 외곬성과 똑같이, 결사에 입각한 삶의 다원주의를 이해하지 못한 데 기인한다. 첫 번째 견해는 종종 보다 흥미롭고 보다 순수하게 자유주의적인 착각으로 이어지는데, 그것은 다원주의는 자급자족적이고 자기 유지적이라는 생각이다.

이것이 과연 반체제 인사들의 경험이기는 하다. 즉, 국가가 그들의 노동조합, 교회, 자유 대학교들, 불법 시장들, **사미즈다트**(samizdat, 특히 옛 소련의 지하 출판-옮긴이) 출판을 파괴할 수 없었던 것이다. 그럼에도 불구하고, 나는 시민 사회에 대한 찬양에 보통 따르는 반정치적 경향을 조심하라고 경고하고 싶다. 단체 네트워크는 국가 권력을 행사하는 기관들을 합병할 수는 있지만 그것들을 필요로 하지 않을 수는 없다. 즉, 사회주의적 협력도, 자본주의적 경쟁도, 국가 없이 기능할 수는 없는 것이다. 이것이 그토록 많은 반체제 인사들이 현재 장관長官인 이유다. 동·서방에서 과연—환경, 페미니즘, 이민자들과 소수 민족들의 권리, 작업장과 제품의 안전 등을 지향하는—새로운 사회 운동들이, 한때 민주 운동과 노동 운동이 목표로 했던 것처럼, 권력 장악을 목표로 하지 않는다는 것은 사실이다. 이것은 이데올로기적 측면에서만큼이나 감성적 측면에서도 중요한 어떤 변화를 나타내며 전체보다 부분을 중시하는 새로운 가치평가와 완전한 승리보다 더 적은 것에도 만족할 수 있는 새로운 태도를 반영한다. 그러나 국가 기구를 어느 정도 통제하거나 사용함을 포함하지 않는 승리는 결코 없다. 전체주의의 붕괴로 시민 사회의 구성원들이 권한을 얻고 있는 이유는 바로 그것으로 인해 국가에 접근하는 것이 가능해졌기 때문이다.

여기에 시민 사회론의 역설이 있다. 시민의 신분은 시민 사회의 구성원들이 수행하는 많은 역할들 중 하나이지만 국가 자체는 다른 모든 단체들과는 다르다. 국가는 시민 사회의 틀을 이루는 동시에 그것 안에서 공간을 차지한다. 국가는 (정치 활동을 포함한) 모든 단체 활동의 경계 조건과 기본 규칙을 정한다. 국가는 단체의 구성원들에게 좋은 삶에 대한 그들 나름의 개념을 넘어 공익에 대해서도 생각하도록 강제한다. 예를 들면, 심지어 실패한 전체주의인 폴란드 공산국가조차도 폴란드 자유노조Solidarity에 이 정도의 영향은 주었다. 즉, 그것은 폴란드 자유노조가 폴란드 국경 내의 경제 제도와 노동 정책에 초점을 맞춘 폴란드의 노동조합이도록 결정지었던 것이다. 민주국가는 다른 단체들과 연결되어 있으며 동시에 그것들의 질과 활력에 대해 더 큰 발언권을 갖고 있다. 민주국가가 시민 사회의 구성원이자 동시에 시민인 남녀들에 의해 만들어진 단체 네트워크의 요구를 충족시키거나 충족시키지 않는 것이다. 미국의 경험에서 이끌어낸 몇 가지 분명한 예만 들어보겠다.

부모가 일하는 가정은 공립 탁아 시설과 효과적인 공립학교의 형태로 국가의 도움을 필요로 한다. 소수 민족들은 그들 나름의 교육 프로그램을 마련하고 유지하는 데 도움을 필요로 한다. 노동자들이 소유하는 기업과 소비자 협동조합은 국가의 융자나 융자 보증을 필요로 한다. 자본주의 기업인과 회사도 (심지어는 더 자주) 그렇다. 자선사업과 상호부조, 교회와 사립 대학교는 면세에 의존한다. 노동조합은 법적 인정과 "부당 노동행위"를 금지한다는 보장을 필요로 한다. 전문적 협회들은 그것들의 면허 절차에 대한 국가의 지원을 필요로 한다. 그리고 어떤 종류의 단체에서든 개개인의 남녀는 관리나 고용주나 전문가나 당수黨首나 공장 감독이나 소장이나 성직자나 부모나 후원자의 권력으로부터 보호될 필요가 있다. 그리고 작고 약한 집단은 크고 강한 집단으로부터 보호될 필요가 있다. 왜냐하면 시민 사회는, 혼자 내버려둘 경우, 극단적으로 불평등한 권력 관계들을 만들어내며, 오직 국가만이 그것들에 도전할 수 있기 때문이다.

시민 사회도 국가 권력에 도전하는데, 가장 중요한 경우는 단체가 외국에 자원이나 지지자들을 갖고 있을 때다. 세계 종교와 범민족 운동과 새로운 환경 단체와 다국적 기업이 그 예다. 국가의 실질적이지만 상대적인 중요성을 알고 난 후라 특히, 우리는 이 도전에 대해 다른 느낌을 갖게 된다. 예를 들면, 다국적 기업은 제국주의 야망을 가진 국가처럼 제약을 받아야 한다. 가장 좋은 제약은 아마도 집단 안전 보장, 즉 경제적 규제가 어떤 국제적 효과를 나타낼 수 있게 하는 다른 국가들과의 동맹일 것이다. 같은 메커니즘이 새로운 환경 단체들에게도 유용한 것으로 판명될지 모른다. 첫 번째 경우에서는 국가가 기업에 압력을 가하는 반면, 두 번째 경우에서는 국가가 환경보호론자들의 압력에 반응한다. 이 두 경우는 시민 사회가 정치 행위를 필요로 함을 다시금 보여준다. 그리고—비록 단체 네트워크들이 항상 국가 관료들의 조직 충동에 저항함도 사실이지만—국가는 없어서는 안 될 행위자다.

오직 민주국가만이 민주적인 시민 사회를 만들어낼 수 있다. 그리고 오직 민주적인 시민 사회만이 민주국가를 유지할 수 있다. 민주 정치를 가능하게 만드는 시민 의식은 오직 단체 네트워크들에서만 배울 수 있다. 이 네트워크들을 유지하는 대체로 균등하고 널리 퍼져 있는 역량들은 민주국가에 의해 촉진되어야 한다. 시민은 시민 사회의 구성원이기도 하기에, 고압적인 국가에 직면하면 자치적인 단체들과 시장 관계들(과 또한 지방 정부와 분권화된 관료조직)을 위한 공간을 만들기 위해 안간힘을 쓸 것이다. 그런데 국가는, 자유주의 이론에서 묘사하는 것처럼, 시민 사회의 단순한 틀일 수는 결코 없다. 국가는 공동생활에 특정한 형태를 부여하기 위해 사용되는 투쟁 수단이기도 한 것이다.

따라서 시민권은 우리가 갖고 있거나 가질 수 있는 모든 회원권 가운데 어떤 실제적인 우위를 갖고 있다. 이것은 우리가 항상 시민이어야 하고, 루소가 촉구한 것처럼, 정치에서 우리 행복의 대부분을 찾아야 한다는 말이 아니다. 우리 대부분은 다른 곳에서 더 행복할 것이며 국가적인 문제에는 가끔씩만 참여할 것이다. 그러나 우리는 이 가끔씩의 참여에 국가가 열려 있도록 해야 한다.

또한 우리는 항상 단체의 일에 얽매여 있을 필요도 없다. 민주적인 시민 사회는 단일한 자기 결정 과정이 아니라 수많은 서로 다르고 조율되지 않은 과정들을 통해 구성원들에 의해 통제된다. 이 과정들이 모두 민주적일 필요는 없다. 왜냐하면 우리는 많은 단체의 회원이기 쉽고 그것들 중 몇몇은 우리의 이익을 위해서뿐 아니라 우리가 없을 때에도 관리되기를 바라기 때문이다. 시민 사회는, 그것의 부분들 중 적어도 일부에서 우리가 우리 자신을 권위를 가진 책임 있는 참여자로 인식할 수 있다면, 충분히 민주적이다. 국가는 이런 종류의 참여를 유지하는 능력으로 평가받는데, 그런 참여는 루소적 시민의 영웅적 치열성과는 매우 다르다. 그리고 시민 사회는, 적어도 때로는, 자신과 동료들보다 더 넓은 이해관계를 갖고 있으며 단체 네트워크들을 조장하고 보호하는 정치 공동체를 보살피는 시민을 낳을 능력으로 평가된다.

8

나는, 어색하기는 하지만, "비판적 단체주의critical associationalism"라고 부를 수 있을 어떤 관점을 옹호하려고 한다. 나는 시민 사회론에 합류하고자 하지만 시민 사회론이 좀 불안하게 느껴진다. 오로지 민주적 시민권이나 사회주의적 협력이나 개인의 자율이나 민족 정체성만을 내세우는 주장은 포기해도 아무것도 잃는 게 없다고 말할 수는 없다. 이 프로젝트들에는—역량의 집중, 분명한 방향 감각, 친구와 적에 대한 불굴의 인식 등—일종의 영웅주의가 있었다. 그것들 중 하나를 자신의 입장으로 받아들이는 것은 심각한 결단이었다. 시민 사회 옹호론은 그것들과는 그다지 비교할 수 없는 것 같아 보인다. 단체 활동이 다른 어떤 프로젝트 못지않게 중요한 프로젝트라고 생각할 수는 있지만, 그것의 가장 큰 미덕은 포괄성이고 포괄성은 영웅주의에 도움이 되지 않는다. "네가 선택한 단체에 가입하라."는 정치 투사들을 규합할 수 있는 구호가 아니다. 그럼에도 불구하고, 그것이 시민 사회가 요구하는 것이다. 즉, 시민 사회는—국가와 경제와 민족과 또한 교회와 이웃 사회와 가족 그리고 그 밖의 많은 무대에—적극적으로 참여하는 남녀들을 필요로 하는 것이다. 이 목표에 도달하는 것은 말처럼 쉽지 않다. 많은 사람들, 어쩌면 대부분의 사람들이 이 네트워크들 내에서 매우 느슨한 관계 속에 살고 있다. 철저하게 고립되어 있는 것처럼 보이는 사람들—무기력하게 국가의 사회 복지 혜택을 받고 있는 사람들, 시장에서 낙오한 사람들, 비분강개하는 민족주의자들 등—이 점점 더 많아지고 있다. 게다가 시민 사회 프로젝트는 다른 모든 프로젝트와 달리 활력을 불어넣는 적대감에 직면하지도 않는다. 그것의 주역들은 뚱한 무관심, 두려움, 절망, 냉담, 회피와 만날 가능성이 더 크다.

    중부와 동부 유럽에서는 시민 사회가 여전히 슬로건이 되고 있다. 왜냐하면 그것은 전체주의 국가의 해체를 필요로 하고 단체의 독립이라는 고무적인 경험을 가져오기 때문이다. 우리 사이에서 필요한 것은 그렇게 거창한 것이 아니다. 그리고 그것은 일률적 묘사에 적합하지도 않다. (하지만 동구의 앞날에도 이것이 기다리고 있다.) 시민 사회 프로젝트는 오직 다른 모든 프로젝트들을 통해서만 묘사될 수 있고 이때 그것들의 일률성은 거부되어야 한다. 여기의 나의 설명은 그에 따른 것으로, 그것은 ① 국가를 분권화하여 시민들이 국가 활동(의 일부)의 책임을 맡을 기회가 더 많아지도록 하고 ② 경제를 사회화하여 개인이든, 공동체든, 시장의 주체를 더 다양화하고 ③ 종교의 모범에 따라 민족주의를 다양화하고 순화하여 역사적 정체성을 실현하고 유지하는 방법을 다양화할 필요가 있다고 말한다.

이 중 어느 것도, 자원을 재분배하고 가장 바람직한 단체 활동을 후원하고 보조하기 위해, 정치권력을 사용하지 않으면 달성될 수 없다. 그러나 정치권력 혼자서는 그중 어느 것도 달성할 수 없다. 국가에 대해 연구하는 이론가들이 논의하는 종류의 "행동"들은 어떤 근본적으로 다른 것에 의해 보완되어야 한다. (그러나 대치되어야 하는 것은 아니다.) 그것은 정치적 동원보다는 오히려 노동조합의 조직에 가깝고, 의회에서 논쟁하는 것보다는 오히려 학교에서 가르치는 것에 가깝고, 정당에 가입하는 것보다는 오히려 병원에서 자원 봉사하는 것에 가깝고, 선거 운동에 참여하는 것보다는 오히려 민족 단체나 페미니스트 상조회相助會에서 일하는 것에 가깝고, 국가의 재정 정책을 결정하는 것보다는 오히려 협동조합의 예산을 짜는 것에 가깝다. 그러나 이 지역적이고 소규모인 활동들 가운데 어느 활동이라도 시민권의 명예를 누릴 수 있을 때가 있을까? 때로는 그것들이 편협하고 부분적이고 개별주의적인 게 사실이다. 따라서 정치적 수정을 필요로 한다. 하지만 더 큰 문제는 그것들이 너무 평범해 보인다는 점이다. 시민 사회에서 사는 것은 산문으로 말하는 것과 같다고 사람들이 생각할 수 있는 것이다.

그러나 산문으로 말한다는 것은 구문법을 이해하고 있음을 의미하는 것처럼, 이런 행동 형태들(의 다양화)은 시민 정신을 이해하고 있음을 의미한다. 그리고 이것은 오늘날 우리가 갖고 있다고 전적으로 확신할 수 있는 이해가 아니다. 현대 세계에서 우리는 밀도 있는 단체적 삶을 되찾고 그것에 수반되는 활동과 이해를 다시 배워야 할 필요가 있다는 신보수주의자들의 주장에는 높이 살 만한 점이 있다. 만약 그렇다면, 좌파로부터는 보다 적극적인 주장이 요청된다. 그것은 우리가 바로 이 조밀함을 자유와 평등의 새로운 조건 하에서 재건해야 한다는 주장이다. 활기차고 적극적이고 유능한 남녀들의 **사회**—여기서는 "행동"의 명예가 소수가 아닌 다수의 것이다.—가 존재함은 사회 민주주의의 기본 요건처럼 보인다.

폭력, 노숙자 문제, 이혼, 유기, 고립, 중독 등 점증하는 혼란을 배경으로 보았을 때, 그런 종류의 사회는 편안한 현실이라기보다는 오히려 달성해야 할 목표에 가까운 것으로 보인다. 그리고 사실 그것은 소수의 사람들 외에는 결코 편안한 현실이 아니었다. 대부분의 남녀들은 이런저런 예속 관계에 갇혀 있어 왔고 여기서 그들이 배운 "시민 의식"은 독립성이나 적극성보다는 공손함이었다. 이것이 민주적 시민권, 사회주의적 생산, 자유기업 제도, 민족주의가 모두 해방적인 프로젝트였던 이유다. 그러나 그것들 중 어느 것도 아직 일반적이고 일관되고 지속적인 해방을 이뤄내지 못했다. 그리고 그것들을 편협하게 신봉하는 사람들은 국가나 시장이나 민족의 유효성을 과장하고 네트워크들을 등한시함으로써 아마도 오늘날의 삶의 무질서를 촉진해왔을 것이다. 이 프로젝트들은 상대화되고 결합되어야 하며 그것을 하는 장소가 무대들의 무대인 시민 사회다. 여기서 그것들은 각각 부분적으로 성취되며 이 부분적 성취가 그것들 각각이 차지할 자격이 있는 전부다.

시민 사회 자체가 시민이나 노동자 계급이나 소비자 대중이나 민족보다 훨씬 더 작은 집단들에 의해 유지된다. 그 모든 것들은, 구체화될 때에, 반드시 다양화된다. 그것들은 가족과 친구와 동지와 동료의 세계의 부분이 되고, 여기서 사람들은 서로 연결되며 서로에 대해 책임을 지게 된다. 연결과 책임, 이것 없이는 "자유와 평등"도 우리가 한때 예상했던 것보다 덜 매력적이게 된다. 나는 연결을 맺고 책임감을 강화하기 위한 마법의 공식 같은 것은 없다. 그것은 역사적 보증으로 보장될 수 있거나 단일하고 통일된 노력으로 달성될 수 있는 목표가 아니다. 시민 사회는 프로젝트들의 프로젝트다. 그것은 많은 조직 전략과 새로운 여러 형태의 국가 행위를 필요로 한다. 그것은 지역적이고 특수하고 우연적인 것에 대한 새로운 감수성을 요구하며, 무엇보다도, (한 유명한 문장["악마는 세부 사항들에 있다." – 옮긴이]을 활용하자면) 좋은 삶은 세부 사항들에 있다는 새로운 인식을 필요로 한다.

9장

심의, 그리고 그 밖에는?

　최근 쏟아져 나오는, 심의 민주주의에 대한 책들과 논문들은 매우 인상적이고 이 주장들 중 많은 주장들이 설득력이 있다. 그러나 심의에 대한 의견 차이는 거의 없었기에—게다가 심의의 배경과 보완책에 대해 생각해보려는 노력은 전혀 없었다.—이 개념은 진부하고 무익해질 위험에 처해 있다.[1] 그래서 나는 반골 충동에 따라 민주 정치가 정당하게, 그리고 어쩌면 심지어 반드시, 포함하는 모든 비심의적 활동

---

1) 미국의 주장들의 대륙적 상응물이며 그것들의 원천일 수도 있는 하버마스의 소통이론은 방대한 비평 문헌의 주제가 되어왔는데 그것의 대부분은 소통이론의 전문 철학적 측면들에 초점을 맞추고 있다. 미국의 저술가들은 대개 전문적인 논증을 피하기에 이 비평의 공격을 받지도 않았다. 그러나 린 샌더스, 「심의에 대한 반론Against Deliberation」, 『정치이론Political Theory』 25 : 3 (1997년 6월)과 나의 「철학적 대화에 대한 비판Critique of Philosophical」, 이 책, 2장을 보라.

의 목록을 만들려고 한다. 나는 이 목록이 완전할 거라고 생각하지는 않지만 고의로 빠뜨린 것은 없다. 곧 밝혀지겠지만, 나는 심의를 생각의 동의어로 만들어놓지 않았다. 즉, 나의 목록은 생각 없는 활동들의 목록이 아닌 것이다. 심의는 여기서 어떤 특정한 생각의 방식을 묘사한다. 그것은 명상적이고 사색적이고 광범위한 증거에 열려 있고 다른 의견들을 존중하는 생각의 방식이다. 이것은 입수할 수 있는 자료들을 비교 검토하고 선택할 수 있는 길들을 숙고하고 관련성과 중요성을 따져본 다음에 가장 좋은 정책과 인물을 선택하는 이성적인 과정이다. 그렇다면, 그밖에는 우리가 무엇을 하는가? 정치 세계에서 심의 외에 어떤 일이 일어나는가?

이 질문들의 요점은 심의의 중요성을 부인하거나 에이미 거트만Amy Gutmann과 데니스 톰슨Dennis Thompson이 『민주주의와 의견차이Democracy and Disagreement』에서 제시한 설명 같은, 심의가 무엇을 필요로 하는가에 대한 이론적 설명들을 비판하는 것이 아니다.[2] 또한 나는 이 두 사람이나 심의에 대해 연구하는 다른 어떤 이론가가 나의 대답에서 열거될 활동들의 중요성을 부인할 거라고 말하려는 것도 아니다. 그러나 그들이 나와는 좀 다르게 그 활동들을 묘사하기는 할 것이다. 왜냐하면 나는 거의 모든 경우에서 매우 동조적으로 묘사할 생각이기 때문이다. 그러나 여기서의 나의 주목적은, 나의 목록이 분명히 보여주는 것처럼, 주로 비심의적인 민주적 정치 과정에 심의가 어떻게 부합될 수 있는가를 알아내는 것이다. 그래서 거트만과 톰슨이 묘사하는 "함께 의

---

2) 에이미 거트만과 데니스 톰슨, 『민주주의와 의견 차이Democracy and Disagreement』 (Cambridge : Belknap Press of Harvard University Press, 1996).

논하는 것"의 가치를 인정함과 동시에 잠시 보류하기로 하자. 이 묘사에 따르면, 이성은 상호성과 공개성과 책임성에 의해 제한을 받는다. 정치는 이성 외에도, 종종 이성과 긴장 관계에 있는 열정, 헌신, 연대의식, 용기, 경쟁 등(이것들도 모두 제한을 받아야 한다.)의 다른 가치들도 갖고 있다. 이 가치들은 일련의 광범위한 활동들로 구체화되며, 이 활동들의 과정에서 사람들은 때때로 "함께 의논할" 기회도 가질 수 있다. 그러나 이 활동들은 다른 관점에서 더 잘 묘사될 수 있다.

1. **정치 교육** 사람들은 정치적이 되는 법을 배워야 한다. 사람들은 배우는 것의 일부를 학교에서 배운다. 그것은 민주주의 정치사의 대체적 개요, 결정적인 사건들과 행위자들, 연방제에 대한 기본 지식, 정부의 세 부문, 선거의 구조와 시기, 또한 어쩌면 주요 이데올로기들에 대한 적어도 풍자적인 설명 등이다. 그러나 정당, 운동 집단, 노동조합, 이익 집단도 일종의 학교이며 구성원들에게 집단이 설립 목적으로서 추구하는 이상들을 가르친다. 옛 공산당이 "선전 선동"이라고 부른 것도 일종의 정치 교육이다. 심의를 신봉하는 이론가들은 그것은 나쁜 형태의 교육이며 실제로는 주입이라고 말할 것이다. 그리고 정당과 운동 집단이 구성원들에게 주입하려 한다는 것, 즉 구성원들이 어떤 주의를 받아들이도록—그리고 할 수 있을 때마다 그것을 대변하고 그것의 주요 신조들을 (비록 인기가 없을 때라도) 되풀이함으로써, 주의를 주입받은 구성원 개개인이 주의의 전파자가 되도록—노력한다는 것은 문자 그대로 사실이다. 이런 것이 좋든 나쁘든, 그것은 정치 생활에서 대단히 중요하며, 그 이유는 대부분의 사람들, 또는 보다 정확하게 말하면,

정치가 끌어들인 대부분의 사람들의 정치적 정체성이 이런 식으로 형성되기 때문이다. 이것이 그들이 의견을 가진 행위자가 되는 방식이다. 물론 정치적 정체성은 가족생활을 통해서도 형성된다. 즉, 의견을 가진 행위자가 비슷한 의견을 가진 행위자와 결혼하고 자녀를 키우면서 자녀에게 이 의견을 대개 성공적으로 전해주는 것이다. 가장 이른 정치교육인, 가족 안에서의 사회화는 바로 사랑으로 하는 선전 선동이다. 그러나 전달되는 의견은 가족 밖에서 개발되고 여러 공적인 무대에서 매우 다양한 공공 매체를 통해 주입되는 주의·주장을 반영한다.

2. **조직** 정치 교육, 또는, 적어도, 선전 선동과 주입의 목표들 중 하나는 사람들이 특정한 조직과 일체감을 갖거나 그것을 위해 일하도록 하는 것이다. 그러나 조직 자체는 매우 특별한 활동으로서 이것은 사람들이 실제로 가입하고 정식 회원이 되고 규율을 받아들이고 회비를 내고 그들 자신이 쓰지 않은 강령에 따라 행동하는 것을 배우도록 하는 것을 포함한다. "조합이 우리를 강하게 한다!"는, 비록 비민주적인 무대에서도 유효하기는 하지만, 민주적인 원칙이다. 이것은 민주주의의 다수결주의를 반영하며 다수결주의는 결사와 결합을 높이 평가한다. 그러나 조합도 군대와 마찬가지로, 만약 구성원들이 지도부가 명령하는 모든 행동에 대해 심의하기 위해 일을 멈춘다면, 강하지 못할 것이다. 지도자들이 다른 모든 사람들을 대신하여 심의하며, 구성원들이 지도자들의 심의가 어떤 결론에 이를 것인가를 추측할 수 있도록 심의의 과정은 어느 정도 공개적이다. 그러나 조직자들은 사람들이 추측하거나 심의하는 개인으로보다는 일치하여 행동하도록 설득하려고 한다.

3. **동원** 대규모의 정치 행동은 조직 이상의 것을 필요로 한다. 개개인의 남녀가 자극받고 선동되고 활력을 받고 흥분하고 전투 준비를 명받아야 한다. 군사적 은유가 적절하다. 군대는 앞에 나서지 않는 타성적 조직일 수 있고 군인들은 가끔씩 훈련이나 하며 병영에 앉아 무기를 소제할 수 있다. 그들이 전쟁을 해야 한다면 그들은 동원되어야 한다. 정치 생활에서도 어떤 비슷한 것이 적용된다. 평범한 구성원들이 적어도 어떤 특정한 활동이 지속되는 동안에는 투사로 변해야 하는 것이다. 여기서는 그들의 관심을 사로잡고 그들의 역량을 집중하고 그들을 강하게 단결시켜 그들이 사실상 당의 성명서를 읽고 당을 대변하여 말하고 주장하고 당의 시위에서 행진하고 깃발을 들고 구호를 외치도록 하기 위해 특별히 격렬한 종류의 선전 선동이 필요하다. 나는 구호를 외치는 많은 사람들의 이미지가 심의 민주주의자들에게는 반민주적 정치를 연상시킬 것임을 안다. 그러나 정치의 성격은 구호에 좌우되며 구호는 종종 친민주적이었다. 실제로 심의 민주주의를 위한—즉, 정치적 평등과 자유 언론과 결사의 권리와 소수를 위한 민권 등을 위한—투쟁이라고 불릴 수 있는 것도 많은 구호 외침을 필요로 해왔다. 대중 동원이 필요 없게 된 민주 정치를 상상하기는 쉽지 않다. (그것이 우리의 이상이 되어야 하는가는 내가 이 목록의 마지막에서 비로소 다루려는 문제다.)

4. **시위** 민주적 동원의 요점은 관청을 습격하고 문자 그대로 국가 권력을 잡는 것이 아니라 개인의 열성과 수적인 세력과 주의·주장에 대한 확신을 과시하는 것이며, 이것들은 모두 대중 권력의 핵심을 이룬다. 행진이나 퍼레이드, 정당 집회, 플래카드와 깃발, 참가자의 외

침, 지도자의 연설과 그것이 불러일으키려는 박수가 여기에 기인한다. 여기에는 조용한 심의의 여지가 없다. 왜냐하면 그것은 이 사람들의 관심, 열렬한 헌신과 연대의식, 특정한 정치적 목표를 달성하려는 그들의 결의를 세상에 보여줄 수 없을 것이기 때문이다. 여기서도 목표는 과시다. 즉,—때로는 보다 일반적으로 같은 시민들에게, 때로는 보다 좁게 뿌리 깊은 엘리트에게—어떤 메시지를 전달하는 것인 것이다. 메시지는 이렇다. '여기 우리가 있다. 이것이 우리가 실행되어야 한다고 믿는 것이다. 그리고 우리는 이것을 어쩌다 믿고 있는 것이 아니다. 이것은 여론 조사가 포착할 수 있는 종류의 "의견"이 아니다. 이것은 우리가 오늘 믿다가 내일은 믿을 수도 믿지 않을 수도 있는 것이 아닌 것이다. 우리는 이길 때까지 계속해서 다시 올 것이다. 따라서 너희가 만약 평상적인 정치를 계속하고 싶다면 우리의 이 요구(나 이 17개항의 요구)를 받아들이는 게 좋을 것이다.' 물론 이 모든 것을 정치적 결의보다는 이데올로기적이거나 종교적인 절대주의를 반영하는 광신적인 방식으로 말할 수도 있을 것이다. 그러나 지금 열성과 확신을 과시함이 나중에 협상함을 꼭 배제하는 것은 아니며, 이 두 가지의 조합은 금주령이나 총포 규제나 최저 임금제 같은 실질적이지만 논란이 되는 개혁을 옹호하기 위해서 뿐 아니라—투표나 파업이나 결사의 자유 같은—민주적 권리를 옹호하기 위해서도 쓰일 수 있고 또 쓰여 왔다.

5. **성명** "성명을 내는 것"이 시위의 목적이지만 성명은 보다 언어적인 형태를 취할 수도 있다. 나는 이미 당의 성명을 언급했는데, 과격한 당원들이 그것을 지지하고 되풀이한다. 때로는 성명을 (종교 공동체의 신앙 고백과 비슷한) 이런저런 이데올로기적 확신을 확언하거나

어떤 보다 직접적인 쟁점에 대해 입장을 표명하는 신조나 선언으로 줄여서 사람들에게 서명을 요청하는 것이 정치적으로 유용하다. 사람들의 이름이 첨부된 신조의 공표는 세상에게 이 사람들의 헌신과 공개적으로 입장을 표명할 용의를 보여준다. 신조의 작성자들은 무엇을 말할까에 대해 숙고했을 수 있고, 그것을 어떻게 말할까에 대해 숙고했을 가능성은 더 크다. 서명을 요청받는 사람들은 아마도 서명을 할 것인가 말 것인가에 대해 숙고할 것이다. 그러나 신조 자체는 주장의 형태를 취하고 있고, 이것이 반박 주장들의 결과로 수정될 가능성은 거의 없다. 정치적 갈등이 심할 때는 신문과 잡지가 이런 종류의 성명들—이를테면, 이런저런 정책에 대한 찬반 선언들—로 가득 찰 것이다. 그러나 이것들을 모두 합쳐도 민주적 심의를 구성하지는 못한다. 왜냐하면 서로 다른 진영의 작성자들과 서명자들이 언제나 논증을 하는 것은 아니며, 그들이 논증을 하더라도 상대방의 논증을 읽는 일은 드물기 때문이다.

6. **토론** 성명과 반박 성명은 일종의 토론 같은 것을 구성한다. 그러나 우리는 보통 토론자들이 서로에게 직접 말하면서, 격식을 차린 신조와 선언의 교환에서 가능한 것보다 더 빠르고 더 자연스럽고 더 뜨겁게 엎치락뒤치락하며 논쟁하기를 기대한다. 토론자들은 서로의 말을 경청해야 하지만, 이 경우 경청은 결코 심의 과정 같은 것을 낳지 않는다. 그들의 목적은 그들 사이에 의견의 일치에 도달하는 것이 아니라 토론에서 이기는 것, 즉 다른 어떤 입장보다도 이 입장이 가장 좋은 입장이라고 청중을 설득시키는 것이기 때문이다. (그러면 청중 중에 어떤 사람들은—자기 마음속으로 여러 가지 입장을 검토하면서—

자기들끼리 또는 자기들 내부에서 심의를 할지도 모른다.) 토론은 말로 싸우는 선수들이 대결하는 시합이며 목표는 승리다. 수단은 수사기교의 사용과 유리한 증거의 동원과 (불리한 증거의 은폐와) 다른 토론자들의 신용을 떨어뜨리는 것과 권위자나 저명인사를 내세우는 것 등이다. 국회나 의회에서의 정당 토론과, 선거 때에 이루어지는 후보들 사이의 또는 후보들끼리의 토론에서 이 모든 것을 분명히 볼 수 있다. 그러나 이것들은 순회강연이나 신문과 잡지에서도 서로 다른 입장을 대표하는 사람들이 상대방의 주장을 비판하도록 요구받을 때마다 나타나는 전형적인 행동이다. 다른 사람들은 경쟁자이며 동료 참가자가 아니다. 그들은 이미 철저한 주의·주장을 가지고 있고 설득될 수 없다. 다시 말하지만, 토론자들의 목표는 청중이다. 물론 그들 중 많은 사람들이 그저 자기편을 응원하러 온다. 그러나 그것도 유용한 정치 활동이 될 수 있다.

7. **교섭** 시위나 성명이나 토론에서 옹호되는 입장이 때로는 숙고의 결과이지만 아주 종종 그것은 자기주장과 이해관계를 가진 개인들 사이의 길고 복잡한 협상의 산물이다. 이는 그것이 가장 좋은 입장에 대한 어느 누구의 관점을 대변하는 게 아님을 의미한다. 그것은 어느 누구도 전적으로 만족하지는 않는 타협인 것이다. 그것은 논증의 무게가 아니라 힘의 균형을 반영한다. 보통 교섭은 서로 다른 당사자들의 상대적 힘이 검증되기 전에는 시작되지 않는다. 때로는 더 이상의 값비싼 또는 피를 보는 검증을 피하기 위해 교섭을 한다. 그래서 당사자들이 서로 타협하기로 합의하는데, 각자의 정확한 몫은 그 전의 힘의 검증에 따라 결정된다. "균형형 공인 후보자 명부(balanced tickets, 예를

들면, 부통령 후보처럼 다양한 유권자들을 끌기 위해 선택된 후보자들의 명부-옮긴이)"도 같은 방식으로 결정된다. 그리고 민주주의에서의 정부 정책은 어떤 심의 과정보다는 이런 종류의 협상 과정의 결과일 때가 더 많다. 가장 좋은 정책은 가장 많은 수의 이해관계를 수용하거나, 더 정확하게 말하면, 바로 정치적 자기주장을 할 수 있는 이해관계들을 수용하는 정책이다. (그렇기 때문에 조직과 동원이 중요하다.) 나는 사람들이 개별적 이해에도 기여해야 한다는 제약을 고려하면서 모든 개별적 이해를 넘어 어떻게 공익에 기여할 수 있을까를 논의하는 것을 상상할 수 있다. 그러나 전자는 상당히 강한 제약이며 결과는 분명히 심의보다는 주고받는 거래에 더 가까울 것이다. 거트만과 톰슨은 이기적인 교섭과 상호 적응을 서로 구별할 것을 주장하면서 후자는 정식적인 심의 과정이라고 말한다.[3] 그러나 나는 정치 생활에서 상호성은 항상 이해관계에 의해 제한되며 갈등에 의해 시험된다고 생각한다. 배심원단의 예를 생각해보면 심의의 본질을 더 잘 알 수 있다. 우리는 형사 소송에서 배심원들이 서로 흥정하는 것뿐 아니라 "당신이 두 번째와 세 번째 소인訴因에 대해 나를 따라 투표해주면 내가 첫 번째 소인에 대해 당신을 따라 투표해주겠다."는 식으로 서로 타협하는 것도 원치 않는다. 우리는 그들이 최선을 다해 증거를 비교 검토하고, 평결, 즉 유죄냐 무죄냐에 대한 참된 진술을 내놓기를 원한다. 그러나 정치인들은 정당하게 배심원들에게는 금지된 바로 그 행동 방식으로 행동할 수 있다. 오히려 교섭은 종종 정치적 지혜의 대부분을 차지한다.

---

3) 같은 책, 352~353쪽.

8. 로비 활동 민간 당사자가 공무원을 친구로 얻는 일은 민주주의 무대에서나 비민주주의 무대에서나 널리 퍼져 있다. 아마도 민주주의 사회에서는 민간 당사자가 공무원과 논쟁을 하거나 적어도 공무원에게 논리를 제공할 가능성이 더 클 것이다. 왜냐하면 민주적 책임을 지고 있는 공무원들은 이런저런 공개 토론회에서 자신의 입장을 변호해야 할 것이기 때문이다. 아직도 가장 효과적인 로비 활동을 위해서는 밀접한 인간관계의 구축이 필요하다. 이것은 연줄과 개인적 친분에 기반을 두고 있다. 좋은 로비스트는, 논리에 부족한 점이 있다면, 그것을 매력과 연줄과 내부자 지식으로 보충한다. 그리고 그가 내세우는 논리는 아마도 당면 문제보다는 그의 로비 대상이 되고 있는 공무원의 정치적 미래와 더 관계가 깊을 것이다.

9. 캠페인 때로는 이 군사적 은유가 어떤 특정한 목적을 위해 조율된 모든, 조직과 동원과 시위 등의 프로그램을 가리키기 위해 사용된다. 그러나 나는 여기서는 단지 선거 유세, 즉 유권자의 지지를 얻기 위한 민주적 노력만을 묘사하려고 한다. 선거 유세는 분명히 우리가 지금까지 열거한 활동들의 대부분을 포함하지만,—부분적으로는 이것이 심지어 정당이 강할 때라도 특정한 인물들, 즉 선거 공약과 지명도와 인지도와 경력을 갖춘 지도자에게 초점을 맞추고 있기 때문에—이것 나름의 특별한 성격도 갖고 있다. 바로 이 지도자들이 선거 때에 집중적인 공격을 받고, 같은 시민들에게 표를 간청하고, 공약을 내고, 신뢰감을 주려고 노력하고, 적수들에 대한 불신을 불러일으키려 한다. 우리는 그들이, 말하자면, "공명 선거 운동"을 정의하는 일련의 제한 또는 법적·도덕적 규범 내에서 활동하는 것을 상상할 수는 있지만, 오늘날

실제로는 여론에 의해 강제되는 제한 외에는 사실상 어떤 유효한 제한도 없다. 공명 선거 운동의 규범들은 어떤 것일까? 그것들은 분명히 법정에서 말할 수 있는 것과 없는 것에 대한 규범과는 별로 닮지 않았을 것이고, 이에 대한 이유 역시, 정치인들과 마찬가지로, 우리도 유권자들이 배심원들 같지 않다고 믿기 때문이다.

10. 투표 시민들이 선거 때 어떻게 해야 할까? 분명히 그들은 여러 후보들이 펴는 주장과 정당 강령에 주의를 기울여야 한다. 그들은 그들 자신을 위해서 뿐 아니라 그들이 속하는 여러 집단과 나라 전체를 위해 이 후보 또는 저 후보의 승리가 가져올 결과를 생각해보아야 한다. 그럼에도 불구하고, 시민 집단은 이를테면 상원이나 대통령직에 가장 적격한 후보를 심의하는 선발 위원회가 아니다. 선발 위원회의 위원들은, 필요한 자격에 대해 비슷한 이해를 갖고 있고 후보들을 공명정대하게 심사한다고 (때로는 잘못) 가정된다는 점에서, 배심원들과 비슷하다. 하지만 이 가정들 중 어느 것도 시민의 경우에는 정당하지 않다. 어떤 시민들은 이런저런 문제에 대한 단호함과 헌신이 대통령직에 필요한 자격이라고 생각하는 반면, 어떤 시민들은 모든 문제에서 타협을 이뤄내는 능력이 가장 좋은 자격이라고 생각한다. 어떤 시민들은 후보 X가 과거에 자신들의 이익과 가치를 옹호했기에 그녀와 일체감을 가지거나, 후보 Y가 자신들의 민족이나 종교 공동체, 또는 자신들의 노동조합이나 이익 집단의 구성원이기에, 또는 자신들과 비슷한 정치사를 갖고 있기에 그와 일체감을 가질지도 모른다. 다시 말하지만, 우리는 분명히 유권자들이 입수할 수 있는 증거를 신중하게 검토하고, 서로 경쟁하는 후보들과 정당들의 주장에 대해 오래 그리고

깊이 생각하기를 바란다. 그러나 유권자들은 자신의 현재의 이해관계와 예전의 활동 때문에 개개의 경쟁자들에게 똑같은 관심을 기울일 수 없거나 기울이고 싶지 않더라도 자신을 부적격자로 간주할 필요가 없다. 또한 심의와는 관계없이 자신이 중점적으로 검토하고 숙고하려는 문제들을 선택하는 것이 그들에게 금지되어 있는 것도 아니다. 오히려 유권자들은 자신의 이해관계나 열정이나 신봉하는 이데올로기에 비추어 문제와 후보를 선택할 수 있으며, 대부분의 유권자들이 바로 그렇게 하고 있다. 어쩌면 시민들이 심의의 주제로 삼는 (또는 삼지 않는) 문제들이 대체로 심의와는 관계가 없는 정치 과정을 통해 발생한다는 것이 일반적인 진실일지 모른다. 열정과 이해관계가 동원되어야 우리는 비로소 빈곤이나 부패나 착취의 (지금만의) "문제"인 것에 본격적으로 관심을 갖게 되는 것이다.

11. **모금** 돈 없이 할 수 있는 일은 정치에서 별로 없다. 텔레비전 시대 전에도 급료, 사무실 임대료, 전단지·회보會報·광고·대량 우편의 비용, 여행·회의장·정당 대회의 경비를 지불하기 위해 모금을 해야 했다. 모금의 범주에 속하는 다양한 활동들보다 정치 생활에서 더 공통적인 것은 없다. 역사적으로 미국에서는 아마도 이런 활동들이 참여 민주주의의 가장 좋은 예들을 제공해왔을 것이다. 그 이유는 바로 그것들이 쟁점 연구·공개 토론·연설·심의 위원회 활동을 필요로 하지 않기 때문이다. 물론 부자들에게 돈을 요청하는 것은 일반 시민의 일이 아니지만 보다 작은 규모의 모금—모금을 위한 추첨, 바자회, 가정에서 구운 빵을 파는 행사, 만찬회, 무도회, "소액 기부금 모으기"—은 실제로 수천 명의 남녀가 참여하는 대중적 활동이다. 그

리고 이렇게 모금된 돈은 의심할 바 없이 일종의 접착제가 된다. 돈을 기부한 사람들과 모금을 도운 사람들은 단지 명분이 옳다고 생각할 이유만을 가진 사람들보다 명분에 더, 그리고 더 오래 충성하기 때문이다.

12. 부패 매우 비판적인 이 용어는 민주 정치에서 배제되어야 할 가장 명백하고, 아마도 가장 일반적인 것들일 노골적 매수買收와 독직瀆職 같은 일련의 활동들을 묘사한다. 이런 활동들의 총체가 내가 드는 유일한 부정적 예를 이루며, 나의 관심사는 그것들을 배제해야 하는 이유다. 매수는 다른 많은 활동들과 마찬가지로 심의와는 관계가 없는 활동이다. (그러나 물론 매수를 꾀하는 사람들이 누구를 매수할 것이며 얼마를 제공해야 할지를 함께 심사숙고할 수는 있을 것이다.) 그러나 더 중요한 것은 그것이 심의를 방해하는 활동이라는 사실이다. 이것이 매수가 어떤 사회 무대와 정부 무대에서 금지되는 이유지만, 매수가 일차적인 정치 무대, 즉 선거 정치의 영역에서 금지되는 이유는 아니다. 판사와 배심원을 매수하는 것이 잘못인 이유는 바로 그것이 공평한 심의 과정을 반영하지 않는 결과를 낳기 때문이다. 면허나 보조금을 교부하는 공무원을 매수하는 것이 잘못인 이유는 그것이 자격이 있는 사람들과 가치 있는 프로젝트들을 찾는 정직한 노력을 반영하지 않는 결과를 낳기 때문이다. 그러나 유권자들을 매수하는 것이 잘못인 이유는 오직 그것이 다름 아닌 유권자들을 민주적으로 대표하는 것을 방해하기 때문일 뿐이지 유권자들에게 요구되는 어떤 활동을 방해하기 때문이 아니다. 즉, 우리는 유권자들의 이해관계나 관심사나 의견에 대한 정확한 그림을 얻지 못하게 되는 것이다. 매수로

인한 결과는 민주적 정당성을 결여하지만, 그것이 정당성이 없는 이유는 공정한 심사숙고가 그 결과가 나오는 데 아무 역할도 하지 않았기 때문이 아니다. 예를 들면, 실업을 줄이겠다고 약속하는 후보는 이해관계가 있는 실업자들(과 그들의 모든 친구와 친족)에게 심사숙고와는 무관하게 호소력을 갖지만, 그녀의 이 호소력이 정치 과정을 부패시키는 것은 아니다. 사실은, 우리가 얼마나 많은 사람이 이 특정한 이해관계를 공유하고 있고 그것에 높은 우선순위를 부여하는지를 발견하는 것은 그녀의 호소력이 가져오는 중요하고 전적으로 정당한 결과다. 그러나 그녀는 실업자들에게 돈을 주고 그녀에게 투표하도록 시켜서는 안 되는 것이다.

13. **허드렛일** 봉투들 속에 내용물을 넣는 것, 의자들을 놓는 것, 플래카드를 만드는 것, 전단지를 나누어 주는 것, (서명 또는 돈을 요청하거나, 사람들이 집회에 가도록 또는 선거일에 투표하도록 하기 위해) 전화를 거는 것, (같은 목적으로) 문을 두드리는 것, 정당 대회에서 인쇄물 탁자에 앉아 있는 것 등과 같이 정치 참여로 통하는 것 중 많은 것, 그리고 조직이나 유세의 성공을 위해 결정적인 활동 중 많은 것이 그것 자체로는 정치적 성격이 전혀 없는 지루하고 반복적인 일이다. 비록 이런 일을 하려는 마음을 먹기까지는 종종 많은 생각과 심지어는 어느 정도의 창의를 필요로 하지만, 그것들 중 어느 것도 많은 생각을 필요로 하지는 않는다. 허드렛일은 필요하기에—"누군가는 그것을 해야 한다."—그것이 어떻게 수행되는지를 잠시 살펴볼 가치가 있다. 분명히 헌신이 주된 역할을 하지만 나는 이 헌신이 경쟁 체제 안에 존재하는 것이 중요하다고 생각한다. 경쟁의 흥분, 이길 수 있다는 느낌,

패배에 대한 두려움—이 모든 것들이 다른 경우라면 하지 않을 일들을 맡도록 사람들을 압박한다. 심지어는 정치가 위험한 것이 되기 시작할 때에도, 허드렛일을 할 사람들을 모집하는 것은 별로 어렵지 않다. 위험에는 그것 나름의 흥분이 있기 때문이다. 심사숙고형 남녀들은 물론, 봉투 채우는 일을 하는 사람들을 모조리 두들겨 패겠다고 위협하는 사람이 없을지라도, 봉투 채우는 일을 하기를 꺼릴 것이다. 그들은 아마도 정책 방침서들을 읽기에 너무 바쁠 것이고 경쟁의식에 사로잡히지도 않을 것이다. 허드렛일이 어김없이 완수되는 것은 비심의적 정치 활동의 매력을 보여주는 가장 분명한 예일 것이다.

14. 통치 허드렛일이 정치의 하단이라면 통치는 상단이다. 아리스토텔레스는 민주주의에서의 시민의 신분을 "교대로 이루어지는 통치와 피치被治"라고 정의했다. 그러나 보통 높이 평가되는 것은 이것들 중 첫 번째 것이다. 반면에 "피치"의 수용은 민주주의 원칙에의 적응이다. 모든 사람이 통치를 경험할 수 있으려면, 우리는 교대해야 한다. 물론 실제로는 일부의 사람들이 오랜 기간 동안 통치하고 다른 사람들은 항상 통치를 받는다. 민주적 통치와 비민주적 지배의 차이는 전자가 동의에 의해 정당화된다는 것이다. 그러나 통치의 정당성이 무엇이든(한편, 민주주의에서도 지배는 있다.), 통치는 대부분의 통치자에게 즐거운 활동이다. 아리스토텔레스는 이 즐거움의 일부는 이성을 대규모로, 말하자면, 대중의 관심을 끄는 의제 전체에 대해 행사하는 것에 기인한다고 생각했던 것 같다. 그러나 명령의 즐거움은 결코 전적으로 이성적이지는 않으며, 만약 그렇지 않다면 사람들이 그토록 열렬히 통치하고 싶어 하지는 않을 것이다. 또한 우리는 때로는 너무 많이 심사

숙고할 것 같지 않은 통치자를 원한다. 즉, 햄릿처럼 "결의에 찬 본래의 낯빛"이 "파리한 사색의 그림자로 창백해지지"[4] 않은 통치자를 원하는 것이다.

이것이 나의 목록인데, 내가 '그 밖에는?'이라는 질문으로 시작하지 않았다면 심의가 목록에 오를 수 있었을까는 어려운 질문이다. 심의가 "조직"과 "동원"과 "시위" 등을 포함하는 집합에 속하는가? 만약 우리가 배심원들이 하는 것을 심의 과정의 모범으로 생각한다면, 그것은 아마도 그렇지 않을 것이다. 물론 법원은 헌정 구조 안에 존재하고 있고, 입법의 권한이나 행정의 권한을 행사하는 공무원들과 때때로 갈등을 빚는다는 점에서 정치 제도다. 그러나 민·형사 소송이 진행 중일 때에는 정치적 고려가 배제되기로 되어 있다. 그것을 배제하는 이유는 우리가 재판에서는 단 하나의 공정한 결과밖에는 없으며, 배심원단은 단결해서 그것을 추구하고 있거나 추구해야 한다고 가정하기 때문이다. 그런 가정은 정치 생활에서는 불가능한데, 정치 생활은 대립일 뿐 아니라 본질적이고 항구적으로 갈등이기 때문이다. 문자 그대로의 의미에서 "평결"인 정치적 결정은 거의 없다. 나는 우리가 X를 하는 것이 도덕적으로 옳고, 심지어는 의무라고까지 주장하는 것이 언제나 불가능하다고 말하는 게 아니다. 그러나 X가 무엇이며 그것을 하는 것이 필요하다는 데 의견을 같이 하는 사람들조차도 그것을 어떻게, 또는 얼마나 빨리, 또는 누구의 경비로 해야 하는가에 대해서는 의견이 서

---

4) 윌리엄 셰익스피어, 『햄릿Hamlet』, 3.1.

로 다를 가능성이 높다.

꼭 카를 슈미트Carl Schmitt의 정치관을 채택해야 서로 다른 이해관계들과 이데올로기적 입장들이 종종 서로 화해할 수 없다는 것을 알 수 있는 것은 아니다. 물론, 갈등의 당사자들은 협상하고 합의하고 그 다음에는 이 합의를 수용하지만, 그들은 협상 과정에서 무엇인가를 잃었다고 느끼고 상황이 유리해진 것처럼 보이면 언제라도 논의를 재개할 권리를 유보할 가능성이 크다. 범죄자는 동일한 범죄로 두 번 기소당하는 것으로부터 보호받지만 정치인은 동일한 문제로 되풀이해서 이의 제기를 당하는 것으로부터 보호받지 못한다. 영구적으로 유효한 해결은 정치 생활에서 드문데, 그 이유는 바로 논란이 되는 쟁점들에 대해 어떤 평결 같은 것에 도달할 방법이 없기 때문이다. 열정은 사라지고, 사람들은 특정한 활동을 청산하고, 이익 집단은 새로운 제휴를 맺고, 지구는 돈다. 그러나 좌파와 우파의 의견 차이 같은, 어떤 깊은 의견 차이들은 놀랍도록 지속적이며 지역적 형태의 종교적 또는 인종적 갈등도 참여자들에게 자연스럽게 느껴질 정도로 정치 문화에 깊이 뿌리박고 있는 경우가 많다. 그래서 정치는 이런 의견 차이들과 갈등들의 영원한 회귀이며, 그것들을 통제하고 수용하는 동시에 얻을 수 있는 모든 일시적 승리들을 쟁취하려는 노력이다. 민주적인 승리 방법은 상대편보다 더 많은 사람들을 교육하고 조직하고 동원하는 것이다. "더"가 승리에 정당성을 부여하는 것이며 걸려 있는 실질적 문제들에 대해 좋은 주장을 펼 수 있다면 정당성이 강화되겠지만, 좋은 주장을 편다고 승리를 얻게 되는 경우는 드물다.

그러나 심의가 나의 목록에서 빠진 것은 항구적인 갈등 때문만이 아니라 오히려 무엇보다도 보편적인 불평등 때문이다. 이데올로기적 형태를 취하지 않는다면, 정치사는 대개 부와 권력의 위계질서가 서서히 형성되거나 강화되는 이야기다. 사람들은 싸워서 이 위계질서의 정상에 도달한 다음에는 최선을 다해 어떻게든 자신의 지위를 지키려고 한다. "지배 계급"은 마르크스주의 이론이 말하는 것보다는 훨씬 덜 단결되어 있을지 모르지만, 그럼에도 불구하고 어떤 그 비슷한 것이 어느 정도 자기의식을 갖고 존재하면서 자기를 유지하려고 한다. 대중적인 조직과 동원만이 이에 대항하는 유일한 방법이다. 그것들이 가져오는 결과는 위계질서를 평등하게 하는 것이 아니라—적어도 지금까지는 그런 일이 없었다.—그것을 재편하고, 새 사람들을 들이고, 어쩌면 그것이 정의하고 확립하는 차별을 제한하는 것이다. 따라서 민주 정치는 변화된 형태의 정치사를 가능하게 한다. 즉, 이제는 정치사가 불평등의 확립과 **부분적 폐지**의 이야기가 되는 것이다. 나는 이 이야기의 끝없는 반복을 피할 길, 그것에 따르는 투쟁을 심의 과정으로 대체할 길은 없다고 생각한다. 누가 심의하겠는가? 어떤 쟁점들에 대해? 어떤 사실들과 이론들에 비추어? 그리고 만족하지 못하는 시민들이 왜 심의의 결과를 받아들이겠는가? 그들은 항상 가장 훌륭한 사상가들이, 가장 훌륭한 조건에서 심의하면서, 가장 훌륭한 생각을 하더라도 그것은 단지 권력자들의 이해관계를 반영할 뿐이라고 주장할 수 있지 않을까? 물론,—참여자들에게, 이를테면, 무지의 베일 뒤에서 심의하라고 요구하고 그들이 입수할 수 있는 사실들과 이론들을 철저히 통제함으로써—그런 이해관계를 완전히 배제하는 심의 과정을 설계할 수는 있다. 그러나 그것은 현존하는 어떤 정치 세계에서도 실현할 수 없는 유토피아적 설계다.

　우리가 그것을 실현함을 목표로 삼아야 할까? 정치적 갈등과 계급 투쟁과 인종·종교적 차이가 모두 순수한 심의로 대치된 세계, 이것이 우리의 유토피아, 헌신적 민주주의자들의 꿈인가? 조지프 슈와르츠 Joseph Schwartz가 최근에 주장한 것처럼, 좌파 이론가들은 종종 그것이 그들의 궁극적인 목표인 것처럼 써왔다.[5] 그러나 슈와르츠가 옳게 주장하는 것처럼, 그런 종류의 이론은 반反정치적 성향을 반영하며 갈등의 억압을 통해서가 아니면 실현될 가망이 없다. 틀림없이 억압은 이론가들과 그들의 친구들이 학술 세미나나 망명 지식인들의 공동체나 정치권력과는 거리가 먼 전위정당의 위원회 같은, 불완전하지만 그렇다고 납득할 수 없지도 않은 심의 무대에서 오랫동안 열심히 생각해온 정책들을 옹호하기 위해서나 사용될 것이다. 하지만 헌신적인 민주주의자는 억압을 지지하기 어렵다.

　심의는 민주 정치에서 과연 자리를, 사실 중요한 자리를 차지하고 있지만 나는 그것이 독립적인 자리―말하자면, 그것 자체의 자리―를 갖고 있다고 생각하지 않는다. 정치 세계에서는 배심원실과 똑같은 무대는 없는데, 우리는 배심원실에 있는 사람들에게는 심의 **외의** 어떤 것도 하지 않기를 바란다. 마찬가지로, 정치는 다른 무엇보다도 위원회 활동을 더 많이 필요로 한다고 종종 말들 하지만, 교수를 임명하려는 추천 위원회나 그해의 최우수 소설을 가리려는 시상 위원회와

---

5) 조지프 M. 슈와르츠, 『정치의 영원성 : 정치를 초월하려는 급진적 욕구에 대한 민주적 비판 The Permanence of the Political : A Democratic Critique of the Radical Impulse to Transcend Politics』 (Princeton : Princeton University Press, 1995).

똑같은 정치 위원회는 없다. 물론 후보자들을 찾아내거나 상을 수여하는 활동도 종종 정치화되지만, 그럴 경우, 결과가 의심받기 쉽다. 이에 반해서, 사람들은 정당이나 운동집단의 위원회에서는, 그리고 심지어 의결 위원회와 행정 위원회에서조차도 정치적 고려가 주된 역할을 할 거라고 생각한다.―적어도 그런 고려를 정당하게 끌어들일 수 있다. 만약 그것이 아무 역할도 하지 않는다면, 민주적 과정에 무언가 이상이 있는 것이다. 일단의 관리들이―다수의 사람들의 선호에 대한 기록이나, 현재 다수를 구성하는 연합 집단의 이해관계를 고려하지 않고―많은 시간에 걸쳐 매우 진지하게 심의한 후에 그들이 해야 옳다고 결론 내린 것을 하는 것을 상상해보라. 심의 관리들이 선택한 정책이 "가장 좋은" 정책일지는 모르지만 민주 정부에게 옳은 정책은 아니다.

심의의 적절한 자리는 심의가 구성하거나 통제하지 않는 다른 활동들에 의존한다. 우리는 우리가 보다 엄밀한 의미의 정치 활동에 제공하는 보다 큰 공간 속에 심의를 위한 공간을 마련하며, 또 그렇게 해야 한다. 이를테면 우리는 정치 교육 활동에 어느 정도의 차분한 성찰과 정연한 논리를 도입하려고 노력한다. 선전 선동조차도 더 좋거나 나쁠 수 있으며, 만약 그것의 논리가 정직한 정보에 입각해 있고 당과 운동이 직면한 가장 어려운 문제, 가장 어려운 도전을 다루고 있다면, 분명히 더 좋을 것이다. 마찬가지로 우리는 정당 강령이 정치적으로 매력 있고, 도덕적으로 정당하고, 경제적으로 현실적인 제안들을 목표로 하는 사려 깊은 남녀들에 의해 작성되는 것을 상상할 수 있다. 우리는 그저 최대한 유리하게 협상하려고 버티기보다는 (자신의 이익을 여전히 지키면서도) 상대편의 이해관계도 이해하고 수용하려는 사람들이 협상하는 과정을 상상할 수 있다. 우리는 의회 토론에서 대립하는 사람들이 서로의 말을 경청하면서 자신의 입장을 수정할 용의를 갖고 있는 것을 상상할 수 있다. 그리고 마지막으로 우리는 시민들이 후보자나 정당 정책 또는 자신들을 대표하는 사람들이 맺은 협정 또는 그들이 펴는 주장을 평가할 때 정말로 공익을 생각하는 것을 상상할 수 있다.

어떤 실제적 제도가 시민들이 공익을 생각하도록 하는 데 도움이 될 수 있는가는 흥미로운 질문이며, 이 문제를 가장 창의적으로 다룬 사람은 제임스 피시킨James Fishkin[6]이다. 그러나 나는, 그 제도가 무엇이든, 그것이 내가 열거한 무대들과 활동들을 대치할 수 있거나 해야 한다고 생각하지 않는다. 피시킨은 과학적 표본 추출이 선거 정치를 대신하는 시민 배심제citizens' juries를 옹호하는데, 그의 주장은 심의 민주주의의 중심적 문제를 보여준다. 즉, 심의는 시민이 할 수 있는 활동이 아닌 것이다. 내 말은 평범한 남녀는 논리적인 판단을 내릴 능력이 없다는 것이 아니라 단지 1억 명의 남녀, 아니, 심지어 1백만 명이나 10만 명일지라도, 그들이 "함께 의논할 수는" 도저히 없다는 것뿐이다. 그렇다면 그들이 함께할 수 있는 것들을 하지 못하도록 막는 것은 큰 실수

---

6) 제임스 피시킨, 『민주주의와 심의 : 민주적 개혁의 새 방향 Democracy and Deliberation : New Directions for Democratic Reform』 (New Haven : Yale University Press, 1991). 만약 배심원단의 목적이 단지 정치의 장(場)에서 이미 토론되고 있는 여러 가지 의견과 제안에 그것 나름의 결론을 더하는 것뿐이라면, 그것은 두뇌집단과 대통령자문위원회와 똑같은 의미에서 유용하다. 만약 그것이, 어떤 종류든, 민주적 권한을 갖고 있다고 주장된다면, 만약 표본이 모집단을 대신한다면, 그것은 위험한 것이 된다.

일 것이다. 그렇게 되면 권력자들에게 맞설 효과적이고 조직적인 대항 세력이 없어질 것이기 때문이다. 그런 행동의 정치적 결과는 쉽게 예측할 수 있다. 즉, 저지당한 시민들은 그들이 아마도 이기고자 했고 이길 필요가 있었을 싸움에서 지게 될 것이다.

10장

종교와 정치의 구분

1

옛날에는 미국인들이 종교가 사적인 문제라고 배웠다. 그러나 전 세계적으로, 그리고 미국에서도, 종교는 점점 더 정치적인 문제가 되고 있다. 종교 신자들은 정치적 행동주의자가 되어 때로는 민주적이고 헌법적인 틀 속에서, 때로는 그 밖에서 공공 정책을 형성하거나 국가 권력을 장악하려고 한다. 분명히 또 다시 이런 질문을 던져야 할 때다. '종교와 정치의 철저한 분리가 있을 수 있는가, 있어야 하는가?'

옛날에는, 좌파 또는 적어도 비종교적인 좌파에 속하는 사람들, 자

---

* 이 논문은 원래 1998년 11월, 유타 대학교 법과대학의 리어리 강연(Leary Lecture)으로 발표되었다.

유주의적 계몽주의의 옹호자들은 종교가 심지어 사적인 문제로서도 사라질 거라고, 평범한 남녀들이 사회와 경제를 장악함에 따라 다른 불합리한 것들과 함께 없어질 거라고 믿었다. 그러나 종교는 사라지지 않았다. (우리도 장악하지 못했다. ……) 종교는 지속될 뿐 아니라 주기적으로 재유행하며, 현재는 그것의 투사들이 자유주의적이고 비종교적인 상대방들보다 자신들의 계획에 대해 오히려 더 큰 열정과 확신을 갖고 있다. 그들이 정치에 끼지 못하도록 할 수 있을까? 그렇게 해야 하는 것일까?

자유주의와 좌파의 세속주의자들은 한때 완전한 배제를 바랐는지 모른다. 즉, 종교적 동기를 가진 과격파뿐 아니라 그들에게 동기를 부여하는 정서와 신조도 정치적 의사결정에서 어떤 역할도 하지 못하게 되리라는 바람이다. 그러나 그런 배제는 민주 사회에서는 가능하지 않다. 종교적 신념을 가진 남녀에게 정치적 영역으로 들어가는 입구에서 그 신념을 벗어놓기를 기대할 수는 없다. 좌파도 그들의 종교적 친구들과 동지들에게 그렇게 하도록 일관되게 요구하지 않았다. 종교에 입각한 많은 노예제도 폐지론자들, 영국 노동당에 그토록 강한 영향을 끼친 토니R. H. Tawney 같은 기독교인 사회주의자들, 흑인 교회에 뿌리를 두었고 침례교 목사들이 이끌었고 자유주의적인 신부들과 랍비들의 지원을 받았던 1960년대 미국의 민권 운동가들, 라틴 아메리카의 가톨릭 해방 신학자들, 핵 억지력에 반대하고 경제 정의를 옹호하는 교서教書를 쓴 미국의 주교들을 생각해보라.

또한 만약 이런 종류의 것을 인정한다면 다른 종류의 개입들도 예상해야 한다. 그것들은, 예를 들면, 기독교 여자 절제회Women's Christian

Temperance Union의 금주령 쟁취 운동 참여, 낙태와 음란물과 남의 도움을 빌리는 자살assisted suicide에 반대하는 미국의 현대 복음 교회의 캠페인, 합법적 이혼에 반대하는 운동에서 아일랜드 주교들이 수행하는 역할, 대大이스라엘 운동에서 유대인 메시아주의자들이 갖는 영향력 등이다. 민주주의 사회는 시민들의 정치적 견해가 어떻게 또는 어디서 형성되는지를 조사해서는 안 되며, 그 견해가 표현되는 교리적 또는 수사적 형식을 검열해서도 안 된다.

그럼에도 불구하고, 종교와 정치의 분리는 중요한 민주적 가치이며 자세히 묘사될 필요가 있는 정책적 함의들을 갖고 있다.[1] 나는 여기서는 성공적 분리를 위해 필요한 세 가지 기본 요건에 초점을 맞추는 짧은 묘사만을 제공할 수 있다. 경계선을 그을 때에, 나는 미국의 정치 지형의 윤곽과 전통에 따르고 "교회와 국가를 분리하는 벽"[2]에 대한 전통적 이해에 최대한 충실할 것이다. 동시에 나는 이 이해를 최대한 강하게 제시하려고 노력할 것이며, 이 장의 제2절에서도 같은 방식으로 쓸 것인데, 제2절에서는 표준적인 분리주의의 입장에 대한 두 가지 비판적 시각을 소개하고 그것들을 가능한 한 설득력 있게 제시하려고 한다. 나는 이 첫 두 절에서도 내 자신이 생각하는 강함과 설득력의 기준에 따를 것이지만, 내가 전적으로 내 자신의 목소리로 말하는 것은 제3절뿐이다.

---

1) 아이작 크램니크와 R. 로렌스 무어, 『신의 존재를 인정하지 않는 헌법 : 종교적 올바름에 대한 반론The Godless Constitution: The Case Against Religious Correctness』 (New York : W. W. Norton, 1996)은 약간 곤경에 처한 어조로 쓰인, 표준적 견해의 강한 진술이다.
2) 같은 책, 14쪽.

다음은 분리주의의 세 가지 요건이다.

1) 분리는 분명한 제도적 경계선을 요구한다. 이는 단적으로 국가가 강제력을 실제로 독점해야 하고, 종교 단체는—그것이 사회적 압력의 형태로 동원할 수 있는 것 외에는—강제력을 전혀 가져서는 안 되며, 그것의 종교적 목적을 추진하기 위해 국가의 강제력을 끌어들일 능력도 없어야 함을 의미한다. 종교 단체는 (비록 그것의 구성원들이 자신이 신의 지배 아래 살고 있다고 믿는다 할지라도) 자발적 결사의 성격을 가지며 어떤 종교 단체도, 또한 종교 단체들을 모두 합친 것도 국가의 지원을 받을 권리가 없다.[3] 국가는 서로 다른 종교들 사이에서 중립을 지켜야 할 뿐 아니라, 종교 집단과 비종교 집단 사이에서도 중립을 지켜야 한다. 이에 따라 공식적인 사법권을 가진 교회 재판소는 있을 수 없고, 국가의 관료가 교회의 문제에 어떤 역할이든 할 수 없고, 다수 종교에게조차도 어떤 종류든 특별대우를 해서는 안 되고, 종교적 또는 무종교적 소수에 대해 어떤 차별도 해서는 안 되고—가장 중요한 것으로, 학교에서 특정한 종교적 신조에 따라 아이들을 교육하는 것을 포함한—종교 프로젝트의 촉진을 위해 세금을 사용하는 것이 금지된다.

2) 분리는 국가의 공적인 의식儀式과 기념행사가 종교 집단의 의식과 기념행사와는 완전히 별개일 것을 요구한다. "시민 종교"[4]는 순수

---

3) 그것들은 비영리 자선 단체로서 세금을 면제받는 것이지, 종교 단체로서 세금을 면제받는 게 아니다. 만약 그것들이 유일한 비영리 단체라면, 표준적인 분리주의의 관점에서 볼 때 면제는 아마 문제가 있을 것이다.
4) 로버트 벨라, 『깨진 계약 : 시련기의 미국 시민 종교The Broken Covenant: American Civil Religion in Time of Trial』 (New York : Seabury, 1975), 142쪽.

하게 시민적이어야 한다. 미국 독립 기념일 같은 시민 종교의 축일祝日은 정치사에 근원을 두고 있어야 한다. 시민 종교의 의식은, 그것이 얼마나 많이 (서로 다른) 종교 집단들의 의식을 흉내 내고 있든, 순수하게 정치적으로 해석될 수 있는 여지가 있어야 한다. 미국 대통령의 취임식을 생각해보자. 그것은 때때로 우리의 공공 문화가 기독교에 의해 식민화된 예로 간주되어 왔다.[5] 그러나 대통령 선서는 기독교의 관습이 아닌 봉건적 관습에서 유래하며 세계의 많은 지역에서 흔한 일이다. 그런 행사에서 시를 낭송하는 것은 고대로부터의 관습으로서—예를 들면, 성서의 이스라엘(시편 중의 어떤 시가들은 보통 대관식의 시로 여겨지고 있다.)뿐 아니라 고대 그리스 등으로부터의—많은 예가 있다. "왕좌에서의 연설"은 군주제에서 베낀 것으로, 군주제에서는 그것이 거의 보편적이다. 단지 손을 성서 위에 얹는 것만이 특정적으로 기독교적이지만, 미국의 법은 어떤 대통령 당선인이 언제고 세속주의적 주장을 밝힌다면 그것이 아닌 다른 것을 할 수 있도록 하고 있다.

시민 종교는, 실정 종교positive religion 없이, 종교성을 지향한다.[6] 국가는 숭배의 대상이 아니거나, 적어도, 아니어야 한다. 또한 국가의 법률

---

5) 엘리자베스 M. 바운즈는 미국의 정치 문화에 대한 나의 설명을 비판한다. 엘리자베스 M. 바운즈, 「상충되는 조화들 : 마이클 왈저의 공동체관Conflicting Harmonies : Michael Walzer's Vision of Community」, 《종교윤리 저널Journal of Religious Ethics》 22 : 2 (1944년 가을), 370쪽 : "그러나 미국의 공공 문화나 시민 종교는 …… 서양의 기독교 문화와 전적으로 일치한다. 이것은 어떤 대통령 취임식에서나 쉽게 볼 수 있는 사실이다."를 보라.
6) 시민 종교론에 대해서는 장-자크 루소, 『사회 계약론The Social Contract』, 4권 8장을 보라. 이 용어를 오늘날의 미국의 관행에 적용한 것은 벨라의 저서, 『깨진 계약The Broken Covenant』이다.

과 헌법도, 설사 그것들이 거의 신성한 텍스트처럼 취급되더라도, 숭배되지는 않는다. 그러나 우리는 정치 공동체와 그것의 역사와 제도에 대한 일종의 존경과 또한 강한 동료 의식, 시민들 사이의 상호 관심의 느낌, 종교 공동체의 구성원들을 결합하는 유대 같은 어떤 것을 불어넣기를 원한다. 나는, "거의 ~처럼", "일종의", "같은 어떤 것"이라는 이 수식어들을 강조하고 싶다. 정치적 유대는 종교적 유대와 동일하지 않다. 그것은 사람들을 하나의 신비체 또는 하나의 신성한 회중으로 결합하지 않는다. 정치는 보다 냉정한 유대 관계를 형성하며, 이 유대 관계의 성격과 조직과 목적은 신에 의해 정해진 것이라거나 영원한 것으로 구상되어 있지 않다. 그것들은 인간에 의해 인간의 시간 속에서 세워졌고 항상 개조될 수 있다. 어떤 미연방대법원 판사가 기표소를 민주국가의 "신전"으로 묘사한 적이 있다.[7] 어쩌면 그럴지도 모르지만, 우리는 종종 대제사장에게 반대 투표를 하러 그곳에 간다.

3) 분리는 경계선을 중심으로 정치 쪽에 있는 모든 주장과 입장과 제휴의 개방성, 실용성, 일시성, 불확실성, 불확정성, 포용성을 받아들일 것을 요구한다. 이것은 세 가지 요건 중 가장 어려운 요건이다. 왜냐하면 이것은 법으로 강제할 수 있는 문제가 결코 아니(고 강제해서도 결코 안 되)기 때문이다. 이것은 정치 문화와 공교육과 관계가 있다. 종교의 언어는, 적어도 어떤 시기에는, 절대론적 성격을 보인다. 그것은 또한 분명히 추론적이고 사변적이고 논쟁적이기도 하지만,—신앙과 신비와 교리와 정교正敎의 형태의—절대론은 종교에는 이질적

---

7) 데이비드 J. 브루어, 『미국 시민권 American Citizenship』 (New York : Scribner's, 1902), 79쪽.

이지 않은 반면에, 정치에는 이질적이거나 이질적이어야 한다. "누구든지 이 진실한 계시를 믿지 않는 자는 천년 왕국millennial kingdom에서 있을 곳이 없을 것이다."는—그것의 내용은 물론이고 그것의 어조로도—정치 운동의 수사에서는 있을 곳이 없는 종류의 진술이다. 정치적 언어는, 맹렬하고 크게 말해질 때라도, 의문과 이견과 수정에 열려 있어야 한다.

 정치가 나빠지면, 우리는 정치를 묘사하기 위해 종교적 언어를 사용한다. 예를 들면, 개인 숭배, 종파적 독단론, 정당 강령을 주문처럼 외우기, 이단자 찾기, 구세주인 척하기 등이다. 건강한 정치적 경쟁에는 다른 묘사어가 어울린다. 심지어—전쟁을 벌이다, 작전을 채택하다, 적의 (좌 또는 우) 측면을 포위하다 등—전쟁의 언어조차도 종교의 언어보다 정치에 더 적합하다. 왜냐하면 전쟁에서는 적어도 적을 존경하는 것이 가능한 반면에, 대부분의 세계 종교의 역사에서는 이교도와 배교자가 존경받은 적이 없기 때문이다.[8] 요제프 글렘프 추기경Jozef C. Glemp은 1995년의 폴란드 선거에 대해 이것은 "기독교의" 가치와 "새로운 이교의"[9] 가치 사이의 대결이라고 말했는데, 이것은 적절한 정치적 설명이 못 된다. 글렘프의 견해에 따른다면, 기독교인들이 승리했을 때 그들이 이교도인 적을 어떻게 다뤄야 하겠는가? 만약 그들이 패

---

8) 닐 우드가 마키아벨리의 『전쟁술The Art of War』(Indianapolis : Library of Liberal Arts, 1996)에 쓴 머리말은 전쟁의 언어에 대한 논의로서 마키아벨리의 정치 담론에 나타나는 군사적 이미지들의 역할을 서술하고 있지만(특히 5절), 이 이미지들은 보다 넓게 쓰이고 있고 보다 일반적으로 유용하다.
9) 제인 펄레즈, 〈공산당원이었던 사람이 바웬사를 이기고 폴란드의 대통령이 될 것 같다〉, 《뉴욕 타임스New York Times》 (1995년 11월 20일), A1.

한다면(실제로 패했다), 그들이 어떻게 자신들의 패배의 정당성을 인정할 수 있겠는가?

따라서 종교적으로 형성된 견해를 가진 사람들은 그 견해를 정치화하기를 배우는 것이 매우 중요하다. 그들이 정치 영역으로 들어올 때 그것을 뒤에 놓아둘 필요는 없지만, 그것의 절대주의를 포기하지 않으면 안 된다. 이후로는 이 견해가 (이를테면, 신적 권위를 내세우는 것보다는) 증거와 논증으로 변호되어야 할 것이고, 심지어는 가장 좋은 논증조차도 도전을 받을 것이고 완전한 승리를 가져오지 못할 것이므로, 그것을 변호하는 사람들은 다른 견해를 가진 사람들과 타협해야 할 것이다. 따라서 미국의 주교들이 핵 억지력을 비판하기 위해 가톨릭의 정의로운 전쟁의 이론을 원용할 때, 그들은—그들이 이 이론을 교리가 아닌 논증으로 취급하고, 그들의 비판을 단지 부분적으로만 반영하거나 전혀 반영하지 않는 민주적 결정의 정당성도 인정하는 한—민주적 과정에 참여하고 있는 것이다.[10]

종교적 과격파와, 보다 최근에는, 그들의 신 보수 동맹자들이 이 요건들을 모두 비판했다. 그들은 우리의 공적 생활의 도덕 수준은 (의기양양한) 세속적인 분리 옹호자들에 의해 유지될 수 없고, 그들에 의해 유지되고 있지도 않다고 주장한다. 세속주의자들이 도덕이 없기 때문

---

10) 로버트 어우디, 〈교회와 국가의 분리와 시민권의 의무〉, 《철학과 공공의 문제 Philosophy and Public Affairs》 18 : 3 (1989년 여름), 259~296쪽은—정치 영역에서는 종교적 담론이 있어서는 안 된다는—배제주의적 주장을 매우 강하게 진술한다. 핵 억지력에 대한 주교 교서의 내용은 짐 카스텔리, 『주교들과 폭탄 : 핵 시대의 평화 유지 The Bishops and the Bomb: Waging Peace in the a Nuclear Age』 (Garden City, N.Y. : Image Books, 1983), 185~276쪽에 실려 있다.

이라기보다는 그들이, 말하자면, 그들 자신의 도덕 개념들을 확실히 파악하고 있지 못하기 때문이다. 그것들은 대개 그들이 저버린 종교적 전통에서 이월된 것들이다. 오직 종교만이 도덕에 기초를 제공한다. "세속적 인본주의자"들은 이 기초에서 탈출한 사람들인데, 지금은 좋은 의도에 의해 떠 있기는 하지만, 나침반과 조종 장치 없이 상대주의의 바람이 부는 대로 이리저리 떠다니고 있다. 국가 정책과, 보다 일반적으로, 사회와 문화는 이 세속주의자들의 혼란을 반영하는데, 이것은 범죄·마약 사용·복지 수당 사기·탈세·가족 해체·10대 임신·아동 학대·음란물·무작위적 폭력의 원인이거나 적어도 그것들을 막지 못하고 있다. 유일한 치료 방법은 신을 광장(과, 물론, 공립학교)에 되돌리는 것이다.[11]

설득력 있는 분리 반대론들도 있지만, 내가 보기에는 이것은 그것들에 속하지 못한다. 세속적인 철학자들과 사회·정치 이론가들이 도덕의 궁극적 기초에 대해 의견일치를 보지 못하고 있는 것은 분명히 사실이다. 그들 중 어떤 사람들은 궁극적 기초는 없다고 주장한다. (그럼에도 불구하고, 그들은 강한 도덕적 요구를 한다.) 그러나 이 의견 불일치보다도 여러 종교의 신학자들과 설교자들 사이에서 나타나는, 그 궁극적 기초를 어떻게 가장 잘 묘사할 수 있는가와 어떤 실제의 도

---

11) 리처드 존 노이하우스, 『벌거벗은 광장: 미국의 종교와 민주주의 The Naked Public Square: Religion and Democracy in America』(Grand Rapids: Eerdmans, 1984)는 내가 풍자적으로 묘사한 이 주장에 대한 논의다. 또한 노이하우스가 편집장으로 있는 잡지 《중요한 것들 First Things》을 어느 호든 보라. 패트 로버트슨, 『조류의 역전: 자유주의의 몰락과 상식의 부상 The Turning Tide: The Fall of Liberalism and the Rise of Common Sense』(Dallas: W. Pub. Group, 1993)은 풍자할 수 없는 주장이다.

덕률이 그것에 입각하고 있는가에 대한 의견 불일치는 더하면 더했지 못하지 않다. 세속주의에 반대하는 주장을 펴는 사람들은 어떤 단일하고 일반화된 다목적 종교의 실물 모형을 마음에 두고 있는 것처럼 보인다. 그들은 분명히 다원주의 사회에서 공존해야 하는 많은 실제의 종교들을 생각하고 있지 않고, 원래 분리의 개념을 탄생시킨 박해와 종교 전쟁을 기억하지 못하고 있다.

사람들은 정치에 대해 의견이 다른 것처럼 도덕에 대해서도 의견이 다르다. 심지어는 하나의 신을 믿는 사람들도 신이 그들에게 무엇을 원하는지에 대해 하나의 견해를 갖고 있지 않다. 또 믿음이 하나의 보편적인 효과를 나타내는 것도 아니다. 보수적인 저술가들은 종교는 시민의 신뢰성과 일상생활에서의 높은 수준의 도덕적 행동에 기여한다고 말한다. 과연, 어떤 종교들은 어떤 시기에 그렇게 하지만, 다른 종교들은 (또는 같은 종교라도 다른 시기에는) 정치적 은둔이나 개인적 수동성에 기여하고, 또 다른 종교들은 강박 관념과 광신주의에 기여한다. 세속적 이데올로기와 마찬가지로 종교도 다양한 것들의 집합인 것이다.

따라서 결정적인 질문은 이렇다. '이 불가피한 의견 불일치가 국가 권력의 사용에 영향을 끼친다면, 그것을 어떻게 조정해야 할까?' 분리주의자들의 표준적인 주장은 그것이 정치적으로—즉, 논증과 심의와 교섭과 타협을 통해—조정되어야 한다는 것이다. 논증이 어디서 오는지는 문제가 되지 않는다. 만약 믿음을 가진 사람이 가장 좋은 논증은 신이나 신의 대언자代言者나 신에게서 권위를 받은 텍스트로부터 온다고 확신한다면, 그는 그렇게 말해야 할 것이다. 그럼에도 불구하고, 그는 여전히 같은 시민들을 설득해야 한다. 그러나 만약 그가 이 마지막 요구에 응한다면, 그는 사실상 분리주의자들의 견해를 받아들인 것이고 따라서 싸움에 진 것이 아닐까? 이후로는, 공적 이성이라는 낯선 땅에서 경쟁을 해야 하게 된 것이 아닌가?[12] 어느 정도는 분명히 그렇다. 대부분의 세계 종교의 권위 구조는 자유 민주주의의 권위 구조와는 정반대이고, 따라서 신자들에게 정치 영역의 규칙들을 지킬 것을 요구하는 것은 그들에게 익숙하지 않은 방법으로 말하고 행동하라고 요구하는 것이 된다. 그럼에도 불구하고, 모든 주요 종교들은 민주적인 용도에 맞게 고칠 수 있는 논증의 전통을 갖고 있고 미국의 가톨릭 주교들과 흑인 침례교 목사들과 자유주의적 랍비들이 서로 다른 방식으로 이를 증명했다. (논증을 적합시켜 민주적 토론에 참여하기를 거부하는 종교 집단들은—정치 영역의 밖에 있지만 여전히 그것의 규칙들의 보호를 받는—종파적 존재 방식을 선택할 수 있다.)

그러나 정치는 논증의 문제만은 아니며, 가장 좋은 논증이 항상 이기는 것도 아닐뿐더러, 어쩌면 그런 경우는 오히려 드물다. 열정과 권력도 결정적이다. 그리고 자유주의적 분리주의자가 가장 두려워하는 것은 종교적인 남녀가 그들의 생각을 정치의 영역에 가지고 오는 것이 아니라 종교적 열의로 권력을 추구하고 기회를 잡자마자 열광적으로

---

12) 존 롤스, 『정치적 자유주의 Political Liberalism』, (New York : Columbia University Press, 1993)은 이 낯선 땅에 대한 철학적 설명이다.
13) 이것이 크램니크와 무어에게 동기를 부여하는 두려움이다. 특히 『신의 존재를 인정하지 않는 헌법 Godless Constitution』, 8장("신의 존재를 인정하지 않는 헌법에 비추어 우리가 용납할 수 없는 것은 종교적 확신이 언젠가 정치를 이기거나 정부 정책이, 어떤 식으로든 다원주의적 정치 과정을 대치하는 방식으로, 종교적 믿음에 특권을 주거나 그것을 법제화하는 것이다.")을 보라.

지배하는 것이다.[13] 표준적인 분리관分離觀은 정치에서 열정을 배제하지 않지만 그것을 회피하려는 성향, 심지어는 (18세기 영국 휘그당원들의 열광에 대한 혐오 같은) 그것에 대한 편견을 만들어낸다.[14] 물론 열정이 항상 종교의 꼬리표를 달고 있는 것은 아니다. 20세기에는 열렬한 반反종교적 절대론을 포함하여 많은 세속적 열정의 예들이 나타났다. 이 예들은 다양한 것들의 집합이 내포하는 위험을 보여준다. 분리주의자들은 이 위험을 감수해야 하지만, 또한 그것을 줄이고 민주주의 문화의 지적·제도적 방벽을 강화함으로써 열광의 정치적 효과를 제한하려고 노력할 것이다.

분리주의자들의 이상은 신의 말씀이 특별한 권위를 갖지 않는 정치 세계다. 그러나 시민들은, 말씀을 알고 있다고 생각한다면, 자유롭게 그것을 선포할 수 있고, (그들이 우리를 영원한 벌과 지옥불로 위협하지 않는 한) 우리는 다른 어떤 동료 시민의 말과 똑같이 그들의 말에도 귀를 기울여야 한다. 나는 구원이 우리의 경청에 있다고 생각하지 않는다. 오늘날 우리를 괴롭히는 모든 사회적 병리 현상들은 종교가 우리에게서보다 훨씬 더 지배적이었던 사회에서도 존재해왔다. 극단적 불평등과 그것에 수반되는 상류 계급의 거만과 타락과 파렴치는 특히 (어떤) 종교적 사회들에서 만연해왔다. 동시에, 그리고 어쩌면 그 때문에, 불평등과 타락에 대한 가장 강한 비난들 중 일부가, 이를테면,

---

14) 예를 들면, 데이비드 흄, 『도덕의 원리에 관한 연구 *An Enquiry Concerning the Principles of Morals*』, 3절, 2부("내전 동안에 영국에 이런 종류의 종교적 광신자들이 있었음을 우리는 역사로부터 배운다. 그러나 이 원칙들의 명백한 성향은 인간에게 큰 공포를 불러일으켜 위험한 광신자들이 머지않아 자신의 신조를 포기하거나 적어도 숨길 수밖에 없게될 가능성이 크다.")를 보라.

아모스Amos의 시대부터 마틴 루터 킹의 시대까지 서로 다른 많은 신앙들의 대변자들과 설교자들에 의해 종교적 언어로 선포되어왔다. 자유주의 좌파는 그것 자체의 종교적 군단들을 소유해왔고 앞으로도 소유할 것이다. 분리주의 원칙은 자유주의자들에게 그런 종류의 지원을 포기할 것을 요구하지 않지만, 만약 자유주의자들이 그것을 받아들인다면(그들은 실제로 그렇게 하고 있다), 그들은 절대주의적 허세를 부리지 않고, 믿음을 가진 사람들에게 적의를 품지도 않고, 그들의 신앙을 (너무) 두려워하지도 않으면서, **정치적으로** 분리를 지켜야 한다.

2

지금까지 나는 종교와 정치의 분리를 옹호하는 표준적인 주장을 설명했다. 이것이 도덕적이거나 법적인 형태의 옹호론이라기보다는 정치적 형태의 옹호론인 것은 내가 보기에 이 정치적 형태가 가장 설득력이 크기 때문이다. "정치적"이라 함은 경계선이 절대적이거나 단 하나의 위치를 갖는 게 아님을 의미한다. 그것은 협상을 통해 정해져야 하고 항상 재협상될 수 있다. 그럼에도 불구하고, 지금까지의 주장은 분명하고 체계적인 분리의 옹호다. 그것은 조직화된 종교, 특히 보다 교조적인 형태의 조직화된 종교는 정치에 좋지 않고, 종교와 정치 사이의 경계선이 어떻게 그어지든, 정치로부터 어느 정도 격리되어 있어야 한다고 전제한다. 내가 검토한 유일한 반론은 세속주의는 우리가 알고 있는 문명의 종말을 초래할 거라는 (실제로 초래하고 있다는) 신보수주의의 주장뿐이다. 즉, 신 없이는 타락과 대혼란만 있을 뿐이라는 것이다. 내가 이미 충분히 논한 이유로, 나에게는 그것이 도저히 타당한 주장으로 여겨지지 않는다. 그러나 분리주의 입장에 대해 타당한 반론을 펼칠 수 있으며, 나는 그중 두 가지를 지금 살펴보고자 하는데, 첫 번째는 자유주의적 세속주의에 대한 대중주의적 반론이고, 두 번째는 공동체주의적 또는 다원주의적 성격을 갖고 있다. 이번에도 나는 그것들을 최대한 설득력 있게 제시하려 하지만, 그것들을 내 자신의 주장으로 삼을 생각은 없다.

1) 일단 분리가 확립되면, 경계선을 중심으로 "정치" 쪽에서의 정치는 세속적이고, 기교적이고, 신중하고, 실용적인 스타일이 되기 쉽다. 그것은 점점 더 학자 전문가들의 도움을 받고, 이익 집단들의 로비를 받으며, 단지 일정한 기간마다 "인민"의 승인을 받을 뿐인 직업 정치인들의 지배를 특징으로 하게 될 것이다. 분리는 이 전문 직업인들의 이데올로기로 가장 잘 이해될 수 있는데, 이들에게 정치 토론은 대개 기술적이고 평범하고 사무적인 일일 뿐이다. 이에 반해서, 의미심장하고 지속적인 대중 참여는 그런 사람들이 기꺼이 들려주고자 하는 것보다 더 광대한 이야기를 필요로 한다. 이 이야기는 좋은 삶과 좋은 사회에 대한 미래상을 불러일으키고, 단지 실험적인 수용보다는 참된 믿음을 요구하고 흥분과 열광을 불러일으켜야 한다.[15] 이런 이야기들은 목적론적 또는 섭리론적 성격을 띠기 쉽다. 즉, 종교적이거나 거의 종교

---

15) 자유주의 정치는 좋음의 문제를 정치의 영역에 들여오기를 거부하기 때문에 저급하다는 생각은 미국의 공동체주의자들의 공통된 주제인데, 이것을 가장 분명하게 표현한 것은 아마 알라스데어 매킨타이어, 『덕 이후 : 도덕 이론 연구After Virtue: A Study in Moral Theory』 (Notre Dame, Ind. : University of Notre Dame Press, 1981)일 것이다.

적인 이야기이기 쉽다. 그것들은 세계사에 대한 신학적 설명이나 신학을 흉내 내는 이데올로기적 설명에서 생겨난다. 예를 들면, 그것들은 우리의 현재 상황을 묘사하기 위한 압제와 위험과 절망의 묘사로부터 시작해서 약속의 땅이나 천년 왕국 같은 평화와 번영과 정의의 시대로 끝난다. 공화주의 정치나 대중 정치가—사보나롤라Savonarola의 피렌체, 청교도의 영국, 식민지 아메리카에서처럼—종교적 부흥에 기원을 두거나—(크레인 브린톤Crane Brinton이 유용하게도 프로테스탄트의 "신앙 간증干證 모임"과 비교한)[16] 프랑스 혁명 동안의 자코뱅 클럽의 고백 의식이나, 마르크스주의자들의 정치적 구원주의나,[17] 순국선열들을 기억하고 신성한 국토를 지키겠다는 그토록 많은 민족해방운동의 발기 선서에서처럼—종교의 세속적 모방으로부터 시작되는 경우가 그토록 많은 것은 그런 이야기들이 가진 힘 때문이다.

  이런 종류의 정치는 잘못된 것이 아니다. 그것의 적들이나 그것을 그렇게 묘사한다. 그것은 정당한 정치다. 또는, 더 정확하게 말하면, 대중 정치다. 이 견해에 따르면, 평범한 남녀를 정치적 행동주의자로 변화시키기 위해서는 종교적이거나 거의 종교적인 약속이 필요하다. 물론 이 약속은 결코 정치적으로 성취되지 못하지만, 이는 그것이 불어넣는 행동주의가 아무 결과도 가져오지 못한다는 말이 아니다. 이

---

16) 클래런스 크레인 브린톤, 『자코뱅 당 : 새 역사의 시도 The Jacobins: An Essay in the New History』 (New York : Russell and Russell, 1961).

17) 마르크스와 엥겔스가 사회주의 운동에 거는 "구세의 기대"를 불러일으켰다고 말하는 제이콥 L. 탈몬, 『민족의 신화와 혁명의 이상 : 20세기의 이데올로기적 양극화 Myth of the Nation and Vision of Revolution: Ideological Polarization in the Twentieth Century』 (London : Secker and Warburg, 1980)를 보라.

행동주의는 정치적 흥분과 대중의 참여, 전진 운동, 즉 "왼쪽"으로의 운동을 가능하게 만드는 유일한 근원이다. 그것은 사람들을 잘못된 방향인 "오른쪽"으로 움직일 수도 있지만, 이는 정말로 피할 수 없는, 다양한 것들의 집합이 내포하는 위험일 뿐이다.

종교가 대중 정치에 무엇을 가져올까?[18] 첫째, 그것은 급진적인 희망의 느낌, 대규모의 변화와 역전이 가능하다는 믿음을 가져온다. 그것은 종래의 패턴을 불안정하게 한다. "첫째였다가 꼴찌가 되고, 꼴찌였다가 첫째가 되는 사람들이 많을 것이다."[19] 둘째, 그것은 신(이나 이성이나 정신이나 역사)에 의해 보장되는 해방 또는 구원의 이야기, 자체의 내부적 드라마들과 영웅들과 위기들—이것들은 모두 학술적으로뿐 아니라 대중적으로도 해석될 수 있다.—을 내포하는 확장된 이야기를 가져온다. 셋째, 그것은 비록 많은 신봉자들조차도 전적으로 믿지는 않지만, 어쨌든 큰 위로가 되는 최후의 날 또는 정치 운동의 먼 목표에 대한 그림을 가져온다. 넷째, 그것은 세속적인 것에 대한 금욕, 대의를 위한 조직적 노력, 결의, 인내, 복종 등 긴 행군에 필요한 규율을 가져온다. 이에 반해서, 실용적인 참여로는 운동에 필요한 이 모든 유용한 특질들이 부족하기 쉽다. 그리고 마지막으로 다섯째, (이는 위험한 것이기도 한데) 그것은 압제자 · 이교도 · 이단자 · 배교자 · 배신

---

18) 귄터 루이, 『종교와 혁명Religion and Revolution』 (New York : Oxford University Press, 1974)은 정치에 대한 종교의 정치적 함의와 귀결을 논하는 일반적인 설명이다. 마이클 왈저, 『성도聖徒의 혁명The Revolution of the Saints』 (Cambridge : Harvard University Press, 1965), 『탈출기와 혁명Exodus and Revolution』 (New York : Basic Books, 1985)은 종교와 급진 정치 사이의 연결을 논한다.

19) 마태의 복음서 19 : 30.

자·반역자 등 대의의 적에 대한 분명한 관점을 가져온다. 마음을 흥분시키는 데 증오 만한 것은 없다. 우리가 성공적으로 우리의 적들을 체계 안으로 끌어들이고, 그들과 협상하고 타협하고, 연립 정부에서 권력을 나누고, 선거의 승패에 따라 교대로 권력을 잡는 한, 대중의 흥분은 틀림없이 사라진다. 정치인들이 거래를 하면, 평범한 남녀는 정치의 영역에서 물러나는 것이다.

이 첫 번째 비판에 따르면, 이 다섯 가지 요소의 전부나 대부분이 없이는 대중 동원은 절대 불가능하다. 헤겔의 말처럼, 순수하게 세속적인 정부는 오직 전쟁 경험을 통해서만 그것들을 제공받을 수 있다.[20] 왜냐하면 전쟁이 요구하는 긴박성과 증오와 규율만이 (자유주의적 세속주의가 담으려고 하는) 사생활과 가족생활에 빠져 있는 사람들을 끌어낼 수 있기 때문이다. (내가 앞서 언급한) 정치적 경쟁을 묘사하기 위한 군사적 언어의 사용은 사소한 것에 지나지 않는다. **진짜 전쟁이야말로 국가의 생명인 것이다.**

한나 아렌트의 민주주의론도 어느 정도 비슷한 형태를 갖고 있다. 그녀는 시민권과 결부된 유쾌한 해방감과 책임감은 "살림살이"—경제 정책이나 복지 문제—에 대한 토론을 통해서는 유지될 수 없다고 주장한다.[21] 대중 참여는 "보다 높은" 의제라고 생각될 수 있을 만한

---

20) G. W. F. 헤겔, 『법철학 *Philosophy of Right*』, T. M. Knox 옮김 (Oxford : Oxford University Press, 1942), 209~210쪽을 보라.
21) 한나 아렌트, 『인간의 조건 *The Human Condition*』 (Chicago : University of Chicago Press, 1958)은 폴리스Polis와 살림살이, 노동, 일, "말과 행동을 통한 행위자의 드러남"(이것이 의회에서 일어나는 일이다.)에 대한 아렌트의 견해를 가장 분명하고 가장 완전하게 진술한다.

것을 필요로 한다.[22] 아테네 시민들은 민회에 모여 밀로스 섬을 파괴해야 하는가, 또는 시칠리아 섬을 침공해야 하는가에 대해 논쟁했는데, 이것이 민주 정치의 전형적 순간이었다.[23]

그러나 대중주의적 분리 비판가들은 그렇게까지 강한 입장을 취할 필요가 없다. 그들은 국내 문제에 대한 토론이 갖는 보다 지역적인 흥미를 더 좋아할 가능성이 크며, 이것을 그들 나름의 방법으로 단순한 살림살이 이상의 것으로 만든다. 계급 전쟁이나 문화 전쟁, 심지어 종교 전쟁의 장점은, 아테네와 시칠리아 섬은 거의 항상 실제의 문제인 반면에, 그것들은 모두, 적어도 때로는, 단지 은유적인 전쟁일 뿐이라는 것이다.

실제의 문제가 아니더라도, 우리는 여전히 주님의 전쟁을 치르기 위해 선과 되풀이되는 악 사이의 투쟁에 참여할 수 있으며, 이 첫 번째 비판에 따르면, 바로 이 투쟁으로부터 국내 정치가 필요한 열기를 얻는다. 따라서 분리는 심각한 실수다. 정치와 종교 사이의 경계선을 결코 최종적으로 그을 수 없음은 물론이고, 종교 자체가 민주적 토론의 주된 주제의 하나고 민주적 에너지의 주된 근원의 하나다. 이는 항상 그럴 것이고, 또 그래야 하는데, 그 이유는 종교적이거나 종교에 가까운 헌신과 열정이 정치 생활의 결정적 특징이기 때문이다. 따라서 학교에서의 기도, 교과 과정의 내용, 종교적 축일의 기념, 종교적 상징물의 전시, 신성모독과 악덕에 대한 공개적 비난 등에 대한 논쟁은 잘못된 경계선 침범이 아니다. 또한 핵 억지력을 반대할 때는 결코 보여주

---

22) 같은 책.
23) 같은 책.

지 않았던 열정과 단호함으로 낙태 반대론을 펼치는 미국의 가톨릭교도들도 부당한 정치적 관심을 표명하고 있는 게 아니다. 종교적 절대주의는 하나의 있을 수 있는 민주적 정치 언어인 것이다.

이 견해에 따르면, 강경한 반反세속주의 정치, 이를테면, 심지어 미국은 "기독교 공화국"이거나 이어야만 한다고 주장하는 정치까지도 헌법을 근거로, 또는 경계선의 **이쪽**은 중립 지역이므로 "기독교의" 같은 형용사가 적용될 수 없다는 논리로 배제될 수 없다.[24] 여러 해 동안 세속 국가를 적대적인 세력으로 경험해온 기독교 공화국의 옹호자들은 아는 바지만, 중립 지역은 없다. 게다가 이들도 같은 시민이다. 따라서 그들의 관심사도 중요하며 그들의 결집도 민주적인 사건이다. 그들도 공개적으로 포용되어야(나는 '반대되어야'라고 말하고 싶다)한다. 민주 정치는 이런 종류의 포용으로 이루어지며 이는 불가피하게 친구와 적, 승자와 패자 등의 분열을 낳는다. 분리의 이데올로기가 표현하는 것은 이 모든 것에 대한 강한 혐오, 일종의 멸균된 자유주의다. 즉, 종교적 열광에 대한 경멸이며 대중 동원에 대한 두려움인 것이다.

분리에 대한 이 첫 번째 비판은 사람들을 큰 이상의 정치에 끌어들일 수 있는, 종교와 마르크스주의 · 민족주의 같은 종교의 세속적 대용물들의 능력을 강조한다. 이것은 중립적인 국가의 단순히 기술적이거나 관료적인 보편성과 대조되는데, 중립적인 국가는 과연 그것의 모든 시민들에게 봉사하지만 그들에게 자기 자신에게 봉사해야 할 이유, 정치 과정에 참여해야 할 이유를 제공하지는 않는다. 오직 종교적이거나

---

24) 크램니크와 무어, 『신의 존재를 인정하지 않는 헌법 *Godless Constitution*』, 1장(「미국이 기독교 국가인가?」)을 보라.

종교에 가까운 확신만이 유효한 이유를 제공할 수 있다. 그러나 어떤 분리 비판가들은 전혀 다른 주장의 방향을 따른다. 그들은 아마도 이 첫 번째 비판이 궁극적 질문과 정치적 위기와 도덕 개혁 운동 같은 역사적 멜로드라마에 너무 많이 초점을 맞추고 있다고 말할 것이다. 어쨌든, 그것의 과격론은 그들에게 매력이 없다. 그것은 종교가 일상생활에서 하는 역할을 이해하고 있지 못하고, 실제로 어디서 국가의 중립성과 상충되는지를 오해하고 있고, 분리의 동기가 되는 두려움을 잘못 묘사한다.[25] 두 번째 비판은 여기에서 기인한다.

2) 종교는 우선적으로 개별주의 세력으로서 어쩌면 의미와 보호와 강렬함에 대한 인간의 욕구의 가장 중요한 표현일지 모른다. 그것은 매우 강력한 공동체적 유대를 만들어내는데, 분리는 이 유대를 약화시킴으로써 그것이 보다 멀지만 보다 포괄적이기도 한 시민들의 "우정"을 왜곡시키지 못하도록 막으려는 노력으로 이해될 수 있다. 족벌주의와 그 외 형태의 가족 정실주의에 대한 금지처럼, 분리도 모든 시민이 개인으로서 평등하게 대우받도록, 즉 그가 누구인가에 의해서가 아니라 무엇을 하는가에 의해서 평가받도록 보장하는 것을 목표로 한다. 분리의 동기는 신자들이 오직 서로를 우대하고 개별주의적 계획을 뒷받침하기 위해 정치에 들어와서, 보다 큰 공동체에서의 자신들의 지위를 향상시키기 위해 국가 권력을 사용할 거라는 두려움이다. 그렇게

---

25) 두 번째 비판은 다원주의적이고 다문화주의적이다. 내가 한 설명에서는 자세히 다루지 않았지만, 일례로 마이클 W. 맥코넬, 〈기로에 선 종교의 자유〉, 《시카고 대학교 법학지University of Chicago Law Review》 59 : 1 (1992년 겨울), 특히 3부(〈다원주의 국가를 위한 종교 조항 법학〉)를 보라.

되면 그들은 똑같은 것을 하려는 다른 종교 집단들과 갈등을 빚게 되고, 공적 공간은 편협한 행동과 종파적 대립으로 오염될 것이다. 또는 그들이 비종교적 집단·개인들과 갈등을 빚게 될 것인데, 사람들은 그들이 아마도 이들을 박해하고 배제할 거라고 말한다.

두 번째 비판은 이것도 역시 정치 생활에 대한 멸균된 관점이라고 주장한다.―하지만 이번에는 회피되는 감염이 대중주의적 호전성이 아니라 동일성과 차이의 정치다. 세속주의자들은 차이가 그것에 특유한 형태의 정열과 편협성을 낳는 것이 허용되는 사적인 영역과 완전히 냉정한 심의가 이루어져야 하는 공적인 영역을 분명하게 구분해야 한다고 주장한다. 그들은 차이 자체에 대한 깊은 불안에 사로잡혀 있다. 그들은 경계선을 중심으로 정치 쪽에서는 모든 시민이 똑같은 모습으로 똑같이 행동해야 한다고 생각한다. 하지만, 비판가들에 따르면, 차이는 경계선의 양쪽 어디에서도 지워질 수 없고, 서로 다른 집단들이 국가를 집처럼 느낄 수 있게 하기 위해서는 차이가 어떤 공적 표현을 가질 수 있도록 허용되어야 한다.[26]

자유주의적 세속주의는, 이 두 번째 비판에 따르면, 낯선 세계, 낯선 사람들의 사회를 낳는다. 이에 반해서, 종교는 단지 또는 우선적으로 동원하는 힘인 것이 아니라 도덕적 유대와 정치적 애착을 강화하는 데

---

26) 노이하우스, 『벌거벗은 광장Naked Public Square』, 20~38쪽과 스티븐 L. 카터, 『불신의 문화: 미국의 법과 정치가 종교적 헌신을 어떻게 비하하는가The Culture of Disbelief: How American Law and Politics Trivialize Religious Devotion』 (New York : Basic Books, 1993), 105~124쪽은 이 견해에 속한다. 에이미 거트만과 데니스 톰슨, 『민주주의와 의견 차이Democracy and Disagreement』 (Cambridge : Harvard University Press, 1997), 55~68쪽은 심의에 대한 자유주의적 설명이다.

기여할 수 있고, 또 역사적으로 기여해온, 결합하는 힘이기도 하다. 이것이 신앙 공동체가—서로 다른 문화와 체제를 가진 많은 나라에서—강한 복지 제도를 만들어내고, 여러 가지 일상적 형태의 상호 부조에 높은 수준으로 참여하도록 대중을 고무할 수 있었던 이유다. 현대 국가는 이 능력에 의존한다. 어떤 세속적 시민 사회 단체에게도 그런 능력이 없다. (좌파 정당과 운동이 한때 노동 계급 문화의 연대 의식에 입각해 광범위한 복지 서비스들에 대해 지원을 했었다. 그러나 노동자 계급의 통합과 문화적 독립성의 약화로 이 성과는 퇴색했다.[27]) 따라서 시민 종교가 지역의 실정 종교들의 특징들을 받아들이고, 종교적 상징물들이 공공장소에 펼쳐지고, 국가 행사에서 기도를 드리고, 국가적 애도일에 교회 종이 울리는 등의 일이 일어난다면, 그것은 오늘날의 삶의 도덕적 현실을 적절하게 인정하는 것이 된다. 광장에-있는-신은—우리가 그를 묘사할 때 어느 정도의 다원주의를 실천할 수 있고 소수의 권리가 보호되기만 한다면—의지와 도움이 될 수 있는 존재다.

이 두 번째 비판에 따르면, 종교적 관용이 종교와 정치의 분리보다 더 중요하고, 또 어느 정도는 그것과 갈등 관계에 있다. 왜냐하면 우리가 묵인하는 종교는 사람들의 사적 행동 방식뿐 아니라 공적 행동 방식도 결정함을 목표로 하기 때문이다. 즉, 종교의 주목표들 중 하나가

---

[27] 예를 들면, 제1차 세계대전 전의 독일에서 일어난 노동 운동의 내부 분열을 논하는 칼 E. 쇼스케, 『독일 사회민주주의 *German Social Democracy, 1905-1917: The Development of the Great Schism*』 (Cambridge : Harvard University Press, 1983)를 보라.

정체성과 이해관계와 염려와 열망을 형성하는 것이기 때문이다. 이것들이 자유주의적 세속주의자들을 얼마나 불편하게 만들든,—그리고 세속주의자들이 종교적 감정과 의견을 공개적 영역 안으로 가져오려는 모든 사람들을 얼마나 불편하게 만들려 하든,—그것들 중 어느 것도 정치 토론이나 더 나아가 정치 생활 전반으로부터 배제될 수는 없다. 이 감정과 의견을 배제할 수 없다면, 그것들을 수용해야 한다. 왜 모든 사람이 불편을 겪어야 한단 말인가?

수용은 민주적인 방향으로 이루어질 수 있다. 만약 대다수의 국민이 단 하나의 종교 신앙을 공유하고 있다면, 심지어 (교회 출석법이나 이단 재판은 없을지라도) 국교國敎도—세속주의 원칙에 대한 이 엄청난 침해가 자유 민주주의와 양립할 수 있음을 보여주는 예인 영국에서처럼—있을 수 있다. 영국의 경우, "국교주의"에 의해 가능한 종교와 정치의 겹침은 역사에 의해 승인되었고 또한 수정되었다. 이것은 분명히 신자가 아닌 사람은 2등 시민이라는 것을 의미하지 않는다(그러나 한때는 그랬다). 어떤 종교도 다수의 지지를 얻고 있지 못한 나라에서는 보다 다원주의적이고 복잡한 체제가 필요하며, 이것은 복지형 종교 단체뿐 아니라 교육형 종교 단체도 망라하는 종교 단체들에 대한 대규모 예산 지원을 포함할 수 있다.

물론, 그런 모든 종교 수용은 갈등을 낳을 것이다. 그러나 이상하게도 그것에 반대하는 사람들이 가장 걱정하는 것은 갈등 자체가 아니다. 오늘날 종교의 수용에 반대하는 가장 일반적인 세속주의 논리는 수용이 아무리 진전되더라도 누군가는 제외되고, 그 후 배제로 인해 위협이나 박탈감이나 굴욕을 느낄 수밖에 없다는 것이다.[28] 현충일 기념식에는 성직자들의 무대만 잔뜩 있다. 그러나 총출연한 목사들과 신부들과 랍비들의 말을 들으며 무신론자들은 무슨 생각을 해야 할까? 공립학교에서 기도가 낭독되면 무신론자들의 자녀들은 무슨 생각을 해야 할까? 그러나 공적 생활이 종교적 표현과 상징을 결여한다면, 신자들은 배제된 느낌을 받을 것이다. 사적으로 얼마든지 신앙을 함양할 수 있지 않느냐는 주장은 그들에게 설득력이 없다. 그들은 무신론자들이야말로 사적으로 자신들의 불신을 함양할 수 있지 않느냐고 반문하기 때문이다.

3

이 두 가지 비판은 모두 소중하지만, 둘 중 어느 것도 전적으로 옳지는 않다. 나는 정치에서의 – 정열과 대중 동원과 대의를 대변하는 주장을 부인하는 것은 불가능하다고 생각한다. 공동체와 연대 의식을 대변하는 주장을 부인하는 것도 똑같이 불가능하다. 그러나 동시에 이 주장들을 제한함으로써, 서로 다른 대의에 헌신하는 사람들과 서로 다른 공동체들이 함께 살 수 있고 공동의 민주 정치에 참여하도록 하는 게 필요하다. 우리는 여전히 분리주의적 경계선을 그을 필요가 있다. 두 가지 비판은 우리가 분리를 더 잘 이해할 수 있도록 도와주지만, 우리에게 분리를 거부할 이유를 제공하지는 않는다. 오히려 나는 그것들이 우리에게 분리의 범위를 확장해야 할 이유를 제공한다고 말하고 싶다.

---

28) 일종의 종교적 축도祝禱가 필요하거나 어울릴 것 같은 시민 행사의 기획을 도운 사람들이면 누구나 이 논리를 익히 알고 있을 것이다.

다시 말하지만, 내가 새로 제시할 분리주의 논리는 오늘날의 미국에만 적용된다. 즉, 내가 옹호하려는 경계선은 다른 시대와 장소에서는 다르게 그어질 수 있고 아마도 다르게 그어져야 할 것이다.

그럼에도 불구하고, 나는 일반론부터 시작하고 싶다. 대중의 흥분과 열광을 너무 많이 용인한다는 게 민주주의에서도 있을 수 있다. 대중 동원은 실제로 종종 반민주적이다. 그것은—때로는 종교적이고, 때로는 이데올로기적이고, 때로는 민족주의적인—아주 나쁜 정치에 기여할 수 있으며, 우리는 그것을 어렵지 않게 알아볼 수 있어야 한다. 만약 종교적 광신자들이 이교도들을 강제로 개종시키거나 박해하거나 공적인 삶에서 배제한다면, 신(이나 민족이나 대의)의 이름으로 살인이 저질러진다면, 만약 인종적 과격파가 그들의 영토에서 외국인이나 소수 거주민을 "청소한다면", 승리한 혁명가들이 "계급의 적"을 재교육 수용소로 보낸다면, **그것**은 잘못된 정치다. 우리는 결코 "나쁨"의 실재를 부인하거나 그것의 변론인이 되어서는 안 된다. 미국은 지금까지 이런 종류의 나쁨을 회피할 수 있었고, 종교와 정치의 분리가 결정적으로 중요한 회피 수단이었다.

그것은 사실 모범적인 수단이다. 대중 동원에 대한 논쟁의 도움으로 우리는 종교 집단에게 강제력을 허용하지 않는 것이 인종·민족 집단, 문화 공동체, 사회 운동, 심지어는 정당의 경우에서도 되풀이되어야 함을 분명히 알 수 있다. 미국의 헌법은 종교만을 특정하고 있지만, 이는 아마도 미국 식민지 개척자들이 종교적인 전쟁과 박해에 대해 생생한 기억을 갖고 있었기 때문일 것이다. 20세기 말에는, 우리가 비슷하지만 보다 확장된, 종교뿐 아니라 이데올로기와 지방자치주의와도 결부된 전쟁과 박해의 기억도 갖고 있기에, 같은 논리를 내가 방금 열거한 집단들에까지 확대하는 것이 전적으로 타당하다.

그것들은 모두 (적어도 탈퇴의 장애물이 없다는 최소한의 의미에서) 자발적 결사이다. 즉, 그것들은 국가가 만들어내고 구성하는 열린 공간 안에서 활동하는 것이다. 물론, 이 공간은 중립적인 영역이 아니다. 우리는 이것을 시민의 영역 또는 심지어 세속적인 영역으로 생각해야 한다. 이는, 거기서는 종교적 주장을 할 수 없다는 의미가 아님은 물론, 거기서는 종교 의식을 거행할 수 없다는 의미조차도 아니다. 이는 단지 종교가 그곳에 기초를 둘 수 없다는 것, 어떤 교회도 그곳에서 국교회國敎會가 될 수 없다는 것, 거룩한 국가나 이슬람 공화국이나 유대교 율법 국가가 그곳에서 세워질 수 없다는 것, 하느님의 왕국이 그곳에서 실현될 수는 없다는 것을 의미할 뿐이다.—하지만 이것은 매우 중요하다. 역사의 종말은 어떤 다른 곳에서 일어나야 한다. 민주 사회 속의 시민 공간은 최종성에 적대적인 것이다. 또한 마찬가지로, 어떤 민족·인종 공동체도 그곳에 세워질 수 없고, 만약 공산주의 사회가 조금이라도 천년 왕국의 시대와 비슷한 것이라면 어떤 공산주의 사회도 그곳에 세워질 수 없다. 민주주의의 틀 속에서는 **최후의** 혁명이나 하느님의 왕국이 있을 수 없다. 종교와 정치의 분리와, 그와 유사한 모든 분리는 일시적인 것과 또한 일시성의 보증이다.[29]

---

29) 내가 특정적으로 미국에 대해서 이야기하고 있음이 이제는 분명해졌을 것이다. (쉬운 예를 들자면) 노르웨이 같은 민족국가에서는 민족이 세워져 있다. 또, 국가가 문화 재생의 동력이며 분리주의 원칙은, 실사 적용된다고 해도, 미국에서보다 훨씬 더 제한적으로 적용될 수밖에 없다.

그러나 이 보증 때문에 우리가 좋은 사회에 대한 이런저런 이상을 적극적으로 추구할 수 없는 것은 아니다. 그것의 귀결은 단지, 여러 가지 이상이 있는 한, 어떤 실현도 최종적일 수는 없다는 것뿐이다. 경계선을 중심으로 종교나 이데올로기의 쪽에서는 좋은 사회가 항상 절대적인 형태를 취할 수 있지만, 정치 쪽에서는 그것이 항상 일시적일 뿐이다. 국가 권력이 전적으로 그것의 안정이나 영속을 위해 사용되어서는 결코 안 된다. 권력은 서로 경쟁하는 좋음의 개념들을 옹호하는 남녀들에게 잠재적으로 항상 이용 가능해야 한다. 그 개념들이 종교적인지 세속적인지는 문제가 되지 않는다. 그것들의 대변자들은 완전히 똑같이 경쟁에 참여하고, 지지자들을 동원하고, 그들의 정열과 확신에 호소할 권리를 갖는다. 만약 멸균된 자유주의가 이런 종류의 것을 경멸이나 두려움으로 대한다면, 그 멸균법은 재고될 필요가 있다. 그것은 감염이 아니라 정상적인 민주적 참여이기 때문이다. 분리가 요구하는 것은 **완전히 똑같은 방식으로** 종교적 참여 시민들이든, 세속적 참여 시민들이든, 결코 전면적인 승리를 거두지 못하게 막는 것이 전부다.

따라서 국가는 다음의 특정한 의미로 중립적이어야 한다. 즉, 국가는 시민 공간의 개념에 충실하고 최종성을 적극적으로 경계해야 하지만, 종교 집단들이나 그밖의 집단들 사이의 경쟁에 개입해서는 안 된다. 또, 국가는 한 종교·민족·인종 공동체를 다른 것보다 우대하거나, 한 이데올로기 집단이나 운동을 다른 것보다 우대해서는 안 된다. 그러나 이 제한적 중립성조차도 항상 완전히 달성되지는 못할 것이고 그것의 정확한 의미가 무엇인지도 항상 논란이 될 것이다. 1960년대의 민권운동이나 1990년대의 복음주의 운동 같은 대중 반란은 보통

"우대 집단"의 지위라고 불릴 수 있는 것을, 따라서 엄격한 중립성의 중지를 국가에게 요구한다. 소수계 우대 정책과 공립학교의 기도 시간과 교과 과정 속의 창조론은 모두 이것의 (미국적) 예다. 이 요구들 중 일부에 대해서는 지지를, 일부에 대해서는 반대를 해야 한다.

  때로는 정의가 분리의 관행과 충돌하고 그것에 우선한다. 소수계 우대 정책의 경우가 그 예인데, 여기서는 오랜 인종 차별의 역사로 인해 인종 우대 정책, 즉 인종들이 극단적으로 불평등한 경우에 한해 중립성을 거부하는 것이 필요한 것 같다("극단적으로"가 중요하다. 즉, 국가가 완벽한 평등을 강요할 수는 없지만 시민들 사이의 극단적 불평등에 반대하여 행동할 수 있고, 또 해야 한다). 때로는 정의와 분리가 일치할 수도 있다. 나는 공립학교의 기도 시간의 경우가 그 예라고 생각하는데, 여기서는 학생들에 대한 교사의 권위로 인해 예배가 전체 공동체에서는 있을 수 없는 방식으로 강제성을 띠게 된다(기독교인 교사에 대한 제한은, 이를테면, 공산주의자 교사에 대한 제한과 다를 바가 없다). 그러나 학생들이 모임을 만들어 종교적(이거나 이데올로기적) 성격의 과외 활동을 할 수 있는 권리를 인정하지 않는 것은 있을 수 없다. 이런 활동은 강제적이 아니기 때문이다. 마찬가지로 마을 공동 목초지에 아기 예수 탄생 그림이나 맨해튼의 헤럴드 스퀘어에 구지九枝 촛대menorah를 세우는 것은 강압적인 행동이 아니다(큐클럭스클랜Ku Klux Klan이 공동 목초지에 세운 십자가는 의미가 다르다). 나는 미국인들이 이런 경우들에 대해 의견이 일치하지 않을 거라고 생각한다. 그러나 그것들은 분리주의적 경계선을 어떻게 그을 것이냐에 대한 의견 불일치다. 이런 활동을 피할 수 있는 길은 없다.

분리는 관용의 체제를 만들어내는데, 여기서는 하나의 국가가 다양한 종교 집단들을 묵인하며 이 집단들이 서로를 묵인하도록 (또는 묵인하는 것처럼 행동하도록) 강제한다. 이 체제의 확장은 민족 집단들과 정당들 등의 사이에서도 비슷한 관용을 확립한다. 그러나 관용은 이 집단들 사이의 경쟁을 배제하지 않을뿐더러, 경쟁이 (때때로) 야기하는 대중 동원과 열정적인 정치 참여를 억제함을 목적으로 하지도 않는다. 겉보기에는 이런 차이가 있다. 즉, 정당이 선거 경쟁에서 이기고 정강을 법제화하는 것을 상상할 수는 있지만, 종교 집단이나 민족 집단은 아마 그렇게 할 수 없을 것이다.

그러나 사실은 정당과 교회는 분리의 관행과 관련하여 서로 다르기보다는 비슷하다. 이 유사성에 대한 하나의 설명이 분리가 실제로 무엇을 의미하는가를 이해하는 데 도움을 줄 수 있을 것이다. 승리한 정당은 단지 자유주의적이고 민주적인 종류의 정치적 또는 헌법적 한계 내에서만 행동할 수 있다. 예를 들면, 정당은 선거 승리의 영속을 보장하기 위해 국가 권력을 사용할 수 없다. 또, 정당은 공립학교에서 매일 정당 강령을 낭독하도록 요구할 수도 없다. 또, 정당은 정당사政黨史를 필수 과목으로 만들 수도 없다.[30] 이 차이에 주의하라. 즉, 정당은 그것의 강령이 법이 되게 할 수는 있지만, 학교의 문답 교과서가 되게 할

---

[30] 물론, 이게 바로 전체주의 국가의 정당이 하는 것인데, 전체주의 국가는 이를테면 오늘날의 이란 같은 종교 공화국에 정확하게 대응한다. 그러나 나는 민주 사회의 학교에서는 필수 과목이 있을 수 없다고 말하고 싶지는 않다. 고등학교에서 국민 윤리를 가르쳐야 한다고 주장하는 정당이, 선거에서 이긴 후, 국민 윤리 과목의 신설을 요구할 수 있을 것이다. 하지만 이 과목은 다른 정당들의 존재와 합법성을 인정해야 할 것이다.

수는 없는 것이다. 정당에 확립의 분위기를 부여하는 것, 정당의 권위를 최종적인 것—개정할 수 있는 법률의 문제가 아니라 신조의 정통성의 문제—으로 만드는 것은 모두 배제된다. 이는 마치 헌법이 "의회는 정당의 확립에 관해서는 어떤 법도 제정해서는 안 된다."고 말하고 있는 것 같은 상황이다.

마찬가지로, 종교 집단이 정치 영역에서 정당하게 할 수 있는 것들도 있다. 가톨릭 주교들이 해오고 있는 것처럼, 종교 집단은 자연법의 이름으로 복지 국가를 옹호하거나 핵 억지력에 반대할 수 있다. 또, 자유주의적 랍비들이 해오고 있는 것처럼, 대언자의 정의prophetic justice의 이름으로 민권과 소수계 우대 정책을 옹호하는 주장을 펼 수도 있다. 또, 복음주의 기독교인들이 해오고 있는 것처럼, 가족법과 학교 교육과정과 음란물에 대한 검열을 둘러싼 논쟁에 참여할 수도 있다. 그리고 이런 종류의 활동을 하는 과정에서 종교적 개념에 호소할 수도 있다. 민주적 조건에서는, 이기고 싶다면 가능한 한 광범위하게 그런 호소를 할 수밖에 없을 것이다.

그러나 종교 집단이 정당하게 할 수 없는 것들도 있다. 예를 들면, 그것은 종교적 교리문답을 공립학교에 강요할 수 없다. 제한은 분리의 추상적 원칙이 아니라 관용 체제의 구체적 필요에 의해 정해진다. 만약 종교 프로그램이 다른 종교를 위협하거나 모든 시민의 법적 평등을 저해하거나 정치 영역의 시민적 성격을 위태롭게 한다면, 그것은 법으로 제정될 수 없다. 따라서 분리되는 것이 종교와 정치라고 묘사하는 것은 아마도 가장 좋은 묘사가 아닐 것이다. 우리는 종교를 국가 권력과, 또 민족을 국가 권력과, 또 심지어는 정치를 국가 권력과 분리하는 것이다.

따라서 분리의 세 가지 요건 중 첫 번째 요건은 유지되고 확대되어야 한다는 결론이다. 즉, 강제력은 오직 국가만의 것이며 교회 당국자들과 카리스마적인 종교 지도자들뿐 아니라 민족주의 활동가와 당 간부와 이런저런 이데올로기의 정신적 스승에게도 주어져서는 안 된다. 그러나 국가는, 예를 들면, 일요일에 관청을 열지 않는 것에서 보여주는 것처럼, 시민들 또는 대다수 시민들의 습관에 따를 수 있다. 여기서는 상식이 분리주의적 순수함보다 우위에 선다. 주간 휴일을 정하기 위해 어떤 무작위 선택 방식을 발견할 필요는 없다. 이런 종류의 존중을 강제라고 볼 수 없기 때문이다. (만약 다른 모든 날에는, 또는, 다른 날이면 어느 날에든 일하라고 요구한다면, 그것은 강제일 것이다.) 그러나 부활절을 국가 공휴일로 지정한다면 그것은 잘못일 것이고,[31] 국민들이 심각하게 계급투쟁에 열중하고 있는 나라에서 메이데이May Day를 국가 공휴일로 지정한다면 그것도 똑같은 이유로 잘못일 것이다. 이에 반해서, 노동절Labor Day은 괜찮다. 이것은 전형적으로 실용주의적인 미국적 타협이다. 이것은 중립적 형태의 메이데이로서 노동 운동의 정치적 목표에 대해 지지 표시를 하지 않으면서도 국민 생활에서의 노동의 역할을 기린다. 휴일이나 중립적 기념은, 그것이 어떤 특정한 종교적 또는 정치적 의미를 간직하고 있더라도, 널리 이롭다.

---

31) 나는 부활절이 크리스마스보다 더 분명한 예라고 생각한다. 기독교인들이 크리스마스라는 기독교의 축일을, 말하자면, 일반적인 소비를 위한 축일로 바꾸는데 공범자의 역할을 해왔기 때문이다. 그렇다하더라도, 대통령이 내셔널 크리스마스트리를 점등하는 것은 분리주의 원칙에 위배되는 것으로 보인다.

마찬가지로, 종교 조직과 정치 조직의 많은 실제 활동들도, 설사 특정한 종교적·정치적 목적에도 기여한다 할지라도, 널리 이롭다. 따라서 첫 번째 요건도 수정될 수 있다. 즉, 종교 집단이 함께 자금을 제공하고, 또 운영하는, (쉬운 예를 먼저 들자면) 탁아소·병원·양로원 같은 복지 시설에 공적인 재정 지원이 허용될 수 있도록 해석될 수 있다.[32] 단지 이 같은 재정 공급이 보다 폭넓게 신앙 공동체뿐 아니라 비슷한 서비스를 조직하는 데 성공하는 모든 공동체에게도 이루어지는 게 필요할 뿐이다. 이런저런 양로원의 프로그램이 종교 달력을 따른다는 사실이 반대의 이유가 될 수는 없다. 이 양로원에서는 부활절을, 저 양로원에서는 유월절逾越節을, 또 다른 곳에서는 메이데이를 기념한다면, 시설의 노인들은 그들이 받아야 할 것—노년의 친숙한 장소와 관습적 일상—을 받는 것뿐이며, 납세자들에게 그것의 제공을 도울 것을 요청하는 것은 정당하다.

교육은 훨씬 더 어려운 문제들을 제기한다. 왜냐하면 어린이들은 아직 장소와 일상을 습득해야 하고 강압에 특히 취약하기 때문이다. 사립학교나 교구敎區 학교가 특정한 종교 교육을 하는 한, 그런 학교들에게는 국가의 돈을 주지 않았고, 또 아마도 그렇게 하는 게 옳을 것이다.[33] 만약 특정한 민족적 또는 정치적 정체성을 육성하는 것—이를테

---

32) 밀트 프로이덴하임, 〈빈민 구제 자선단체들은 정부 보조금을 받지 못하게 될까 걱정하고 있다〉, 《뉴욕 타임스New York Times》 (1996년 2월 5일), B8은 구체적 숫자들을 제시하며 이런 종류의 자금 제공을 설명한다.
33) 내가 "아마도"라고 말하는 이유는—공립학교에서 여러 종교의 대표자들을 정해진 시간에 오게 하여 종교 교육을 하게 하는 비용을 국가가 치르는—일부 유럽 국가들의 제도를 미국에서도 본따는 것을 상상할 수 있기 때문이다. 그러나 미국 종교의

면, 헌신적인 이탈리아인이나 헝가리인 또는 자유주의자나 사회주의자를 양성하는 것—을 목표로 하는 학교들이 있다면, 이것도 같은 경우가 될 것이다. 그러나 학교가 (국가가 지시하는) 세속적 과목들을 가르치거나, 장애아障碍兒들을 돕거나, 공공 위생 조치를 강제하거나, 경력 상담을 제공할 때는 복지 기관과 대략 같아 보인다. 이런 종류의 활동을 지원해야 하는지, 그것을 어떻게 지원해야 하는지, 어떤 조건을 붙여야 하는지, 얼마나 많은 지원을 해야 하는지는 정치적인 문제로서 정당하게 서로 다른 방법으로 결정될 수 있다. 교구 학교에 국가의 지원을 제공하는 것에 전적으로 반대하는 주장은 원칙적인 주장이 아니라 단지 신중한 주장일 뿐이다. 그것은 "모세 5경 주위에 울타리를 쳐야" 한다는 유대 법의 권고와 비슷하다. 즉, 원칙이 결코 위태롭게 되는 일이 없도록 하기 위해 원칙이 위태롭게 되기 전에 경계선을 긋고 그 안에 틀어박히는 것이다. 그러나 이 경계선을 어떻게, 어디에 그어야 하는지는 원칙의 문제가 아니다.[34] 나는 여기서 문제가 되는 원칙은 종교와 정치가 분리되어야 한다는 것(이것은 목적을 위한 수단이다.)이 아니라 정치 영역은 시민적 성격을 가져야 한다는 것임을 강조하는 바

분열 번식적 경향을 생각할 때, 이것은 엄청나게 분열적인 것으로 판명되거나 어떤 이른바 종교가 진지하거나 진짜인지에 대한 국가의 결정을 필요로 할지도 모른다. 이는 불가능하지 않을지는 모르지만 바람직하지도 않다.

34) 20년 전의, 관련된 여러 법정 공방에 대한 연구가 프랭크 J. 소라우프, 『분리의 벽 : 종교와 국가의 헌법 정치 The Wall of Separation: The Constitutional Politics of Church and State』(Princeton : Princeton University Press, 1976)에 실려 있다. 내 자신의 견해는 이 재판들 가운데 많은 재판에서 법원이 전혀 가장 훌륭한 판결을 내리지 못했다는 것이다. "모세 5경 주위에 울타리를 침"에 대해서는 조엘 로스, 『할라하 과정 The Halakhic Process: A Systematic Analysis』(New York : Jewish Theological Seminary, 1986), 189쪽 이하를 보라.

이다. 즉, 국가는 국가의 모든 시민들을 위한 국가여야 하는 것이다.

분리의 두 번째 두 요건도 비슷하게 종교(나 그밖의) 단체들의 가치와 그것들이 그토록 많은 사람들의 삶에서 하는 중심적 역할을 인정하는 마찬가지의 방향으로 수정될 수 있다. 시민 종교는 과연 분명하게 시민적이어야 하고 따라서 가능한 한 많은 시민들을 포함해야 하지만, 서로 다른 종교들의 관행과 서로 다른 민족들의 역사에 있는 요소들을 서로 혼합하고 조화시키는 것도 정당한 포함 방법이 될 수 있다. 설사 이 포함이 완벽하지 않다 할지라도 정당한데, 개개의 어떤 경우에서도 포함이 완벽할 수는 없다. 정치 토론의 스타일은 우리(분리주의자들)가 달성할 수 있는 한 최대로 실용적이고 개방적이어야 하지만, 절대주의적인 확신과 열정을 가진 사람들을 배제하지 않고 그것들을 배제할 수 있는 길은 실제로는 없다. 따라서 그들의 의사표현을 환영하고 민주적 주장의 압력이 절대주의가 마지막 결론이 되지 않도록 보장하기를 바라는 것이 더 좋다. 헌법의 테두리 내에서라면, 종교 운동과 이데올로기 운동이 그것들이 동원할 수 있는 모든 종류의 열정을 동원할 수 있다. 민주 정치는 이 점에 있어서는 관대할 수 있고 관대해야 한다.

그런데 헌법적 제한은 정치적 경쟁의 이해관계를 낮추는 데 기여한다. 이것이 헌법적 제한이 있는 이유다. 하느님과 사탄 중 누가 통치할 것이냐를 두고 미국의 선거가 치러지는 게 아니며, 이는 정치를 덜 "흥미롭고" 덜 위험하게 만든다. 요컨대, 정치 생활에서 신의 권위를 부인하는 것이 끝없이 의견 차이와 갈등을 빚을 수밖에 없는 운명인 인간에게 정치를 안전하게 만드는 길이다. 그것은 정치 자체에 대해 정치를 안전하게 만든다고 말할 수도 있다. 왜냐하면 종교적이거나 종교에 가까운 동원은 종종 대단히 반정치적이기 때문이다. 천년 왕국의 꿈, 의회주의적 타협에 대한 경멸, 적들이 누구인지에 대한 너무나도 분명한 의식, 무시무시할 정도로 엄격한 규율, 이것들이 합쳐져서 일종의 현실 도피를 이루는데, 여기서 도피되고 있는 것은 매일매일 일어나는 차이의 절충이다.

광장에서 거행되는 시민 행사와 공립학교(와 또한 사립학교)의 국민 윤리 과목은, 그밖에 무엇을 가르치든, 이 절충의 기초가 되고 그것을 가능하게 만드는 가치들, 즉 정치적 평등과 상호 존중을 가르쳐야 한다. 이것들은 (이교도, 이단자, 배교자, 배신자를 포함하기에) 천년 왕국에 반하는 가치들이며, 따라서 충분히 정치와 종교 사이에—또한 정치와 정치적 구세주의, 그리고 정치와 모든 종류의 종파적 또는 공동체주의적 절대주의 사이에—긴장을 조장할 수 있다. 대부분의 경우에는 이 긴장이 종교 신자이거나 정치적으로 과격한 많은 시민들을 가진 어느 민주주의 사회에서나 자연스러운 좋은 것이다. 그러나 만약 그것이 종교적이거나 이데올로기적인 갈등으로 분출되고 분리주의 경계선이 직접적으로 도전받는다면, 우리는 주저 없이 그것을 방어해야 하고, 비록 이 전투의 승리가 평범한 삶, 공존, 일시적 평화를 위한 것에 불과할지라도, 이기기 위해 최선을 다해야 한다. 이 승리는 참으로 아주 중요한 것이기에 우리는 보다 자극적인 방식으로 그것을 묘사해도 좋을 것이다.

아마겟돈Armageddon, 즉 악의 힘과의 마지막 결전, 최후의 혁명—그리고 그 직후에 있을 영원한 평화, 완벽한 조화—의 비전을 통해서만 사람들을 정치 활동에 동원할 수 있다는 게 정말로 사실일까? 만약 그렇다면, 사람들이 동원되지 않는 게 더 좋을 것이다. 그러나 실제로는 자유주의적이고 민주적인 체제들의 역사는, 종교적이거나 종교에 가까운 믿음으로 추진된, 보다 부분적이고 단기적인 동원의 예들로 가득하다.[35] 민주 정치는, 잘 작동할 때는, 경계선의 다른 쪽에도 영향을 끼쳐 종교적 (민족적, 공동체적, 종파적, 당파적) 헌신의 힘을 변화시킴으로써 열정에서 시작하지만 타협으로 끝나는 정치의 길을 연다.

종교적 투사에게든 세속적 투사에게든 똑같이, 모든 투사들에게, (깃발을 날리는 것은 허용하지만) 칼은 허용하지 않는 이 확장되고 한정된 의미에서 종교로부터 분리된 정치는 서로 공존해야 함을 이해하는 사람들 사이의 이해관계와 가치를 둘러싼 끝없는 갈등이다. 갈등도, 공존도, 항구적인 조건으로서, 영원의 유혹으로부터 보호받을 필요가 있다. 우리는 되풀이해서 신의 이름으로 승인되어온 종결뿐 아니라, 신의 이름을 대신하는 모든 세속적 대용물에 의해 승인된 다른 모든 종류의 종결에 대해서도 강경히 반대해야 한다. 오직 잘못된 정치의 위험을 전혀 경험해보지 못했거나, 자신도 경험할 수 있음을 상상할 수 없는 사람만이 그것에 대해 불평할 수 있을지 모른다.

---

35) 오늘날 미국의 복음주의 정치는 이것의 유용한 예를 제공한다. 카터, 『불신의 문화 *Culture of Disbelief*』, 265~266쪽은 기독교 우파에 호의적인 설명이거나 적어도 그것이 민주주의에 가장 위험한 것이라고까지는 할 수 없는 것처럼 보이게 하는 설명이다. 나는 이 기독교 행동주의자들을 적수로 보고 그들이 패배하기를 바라지만 그들에게 정치에서 물러나라고 말할 어떤 훌륭한 민주적 이유도 생각해 낼 수 없다.

11장

차이의 정치학

다문화 세계에서의 국가와 관용

1

나는 좋은 교수처럼 몇 가지 구별을 하는 것으로부터 시작하고자 한다. 나는 이 장에서 (맨 끝 부분을 제외하고는) 시민 사회에서나 심지어는 국가에서의 별나거나 의견을 달리하는 사람들을 관용하는 것에 초점을 맞추지 않을 것이다. 개인의 권리가 모든 종류의 관용의 근원에 있겠지만 나는 주로 그 권리가 (자발적 결사나 예배나 문화적 표현의 과정에서) 공동으로 행사되거나 집단이 구성원을 대신하여 그것을 주장할 경우에 그것에 관심을 갖는다.

혼자만의 차이를 가진 별난 개인을 관용하기는 아주 쉽고 동시에 별남에 대한 사회적 혐오와 저항도, 분명히 매력적이지는 않지만, 엄청나게 위험하지도 않다. 그러나 별나고 의견을 달리하는 집단의 경우에는 문제가 훨씬 더 크다.

나는 여기서 반대 운동과 반대당에 대한 정치적 관용에 초점을 맞추지도 않을 것이다. 이들은 정치권력을 놓고 다투는, 민주 체제에서는 없어서는 안 될 경쟁자들이며, 민주 체제는 사실상 문자 그대로 (대안을 가진) 대안 지도자가, 설사 결코 선거에서 승리하지 못할지라도, 있어야 한다고 요구한다. 그들은 농구 시합의 상대팀 선수들처럼 같은 참가자다. 이들이 없이는 시합이 성립될 수 없고, 따라서 이들에게는 득점하고, 할 수 있다면 이길 권리가 있다. 문제는, 여전히 선수의 권리와 규칙의 보호를 주장하면서도 시합을 방해하려는 사람들의 경우에 발생한다. 이 문제는 종종 어렵지만 민주 정치에 내재하는, 차이의 관용과는 별로 관계가 없고 그보다는 방해(나 방해의 위험)의 관용과 관계가 있다. 즉, 완전히 다른 문제인 것이다.

나의 여기서의 관심은 문제가 되는 차이가 문화적이거나 종교적이거나 생활방식의 차이일 때—다른 사람들이 같은 참가자가 아니고, 공동의 시합도, 차이에 대한 내재적 필요도, 없을 때—의 관용이다. 자유주의 사회라 할지라도, 다양한 민족 집단이나 종교 공동체를 필요로 하지는 않는다. 또, 이 집단들 중 어느 집단도 다른 어느 집단 또는 다른 모든 집단을 필요로 하지는 않는다. 이 집단들은 서로 경쟁하면서, 특정한 신념을 신봉하고 있지 않거나 느슨하게 신봉하는 사람들 사이에서 개종자와 지지자를 얻으려 하겠지만, 그들의 주된 목표는 자체 구성원들의 생활방식을 유지하면서 그들의 문화나 믿음을 후대에 물려주는 것이다. 그들은 우선적으로 내부에 초점을 맞추는데, 이것이 바로 정당이 할 수 없는 일이다. 동시에 그들은 집회, 예배, 토론, 기념, 상호 부조, 학교 교육 등을 위해 (가정 바깥의) 일종의 확대된 사회 공간을 필요로 한다.

그렇다면, 이런 종류의 집단들을 관용한다는 게 무슨 뜻일까? 관용은, (특징적인 행동이 따르는) 마음의 태도나 상태라고 보았을 때, 여러 가지 가능성을 묘사한다. 이것들 중 첫 번째는 16·17세기의 종교 관용의 기원을 반영하며, 단적으로 말해, 평화를 위한 차이의 체념적 수용이다. 사람들이 여러 해 동안 서로 죽이다가 다행스럽게도 기진맥진하는데, 우리는 이것을 관용이라고 부른다. 그러나 우리는 일련의 보다 실질적인 수용도 발견할 수 있다. 있을 수 있는 두 번째 태도는 "세상에는 별별 사람이 다 있다."는 식의 수동적이고 느긋하고 너그럽게 무관심한 태도다. 세 번째는 다른 사람들에 대한 개방성과 호기심과 존중과 경청하고 알려는 마음을 표현한다. 그리고 이 패턴 분포의 맨 끝에는 차이에 대한 열광적 지지가 있다. 이것은 만약 차이를 넓고 다양한 신의 창조물이나 자연 세계의 문화적 형태로 볼 경우에는 심미적 지지고, 만약 차이를 개개인의 남녀에게 그들의 자율성에 의미를 부여하는 선택을 제공하는 인간 번영의 필수 조건으로 볼 경우에는 실용적 지지다.

그러나 어쩌면 이 마지막 태도는 내 주제에 속하지 않을지도 모른다. 어떻게 실제로는 지지하는 것을 관용한다고 말할 수 있느냐고 물을 수 있기 때문이다. 만약 내가 다른 사람들이 **여기**, 이 사회에, 우리 가운데 있기를 원한다면, 나는 다름을 관용하고 있는 게 아니다. 지지하고 있는 것이다. 하지만 내가 반드시 이런저런 형태의 다름을 지지할 필요는 없다. 나는 충분히 문화적으로 또는 종교적으로 나의 행동과 믿음에 더 가까운 (또는, 어쩌면 더 멀고 이국적이고 경쟁자가 될 위험이 없는) 또 다른 다른 사람을 선호할 수도 있다. 따라서 나는 차이의 이념은 지지하지만 주어진 구체적인 차이들은 관용한다고 말하는 게 타당하다고 생각된다.

게다가 어느 민주 사회에서나, 다원주의 정신이 아무리 잘 확립되어 있다 하더라도,—이런저런 형태의 숭배나 가족 제도나 음식 규범이나 복장 규정 등의—어떤 특별한 차이를 관용하기를 매우 어려워하는 사람들이 항상 있게 마련이다. 나는 체념과 무관심과 호기심과 열광의 패턴 분포에서 어디에 서 있든 그런 종류의 차이를 정말로 수용하는 모든 사람을 관용의 미덕을 가진 사람으로 부를 것이다.

마찬가지로, 나는 차이를 편입시키고, 차이와 공존하고, 차이에 사회적 공간의 몫을 허용하기 위해 사용될 수 있는 모든 사회 제도를 바로 이 미덕의 제도화된 형태로 간주할 것이다.

역사적으로, 관용에 기여하는 네 가지 서로 다른 종류의 제도, 관용 사회의 네 가지 모델이 있어 왔다. 나는 이것들을 짧고 대략적으로 묘사한 다음, 오늘날 (이것들이 실제로 작동한다면—관용은 항상 위태로운 성취다.) 이것들이 실제로 작동하도록 만드는 남녀들의 자기 이해에 대해 좀 말하고자 한다. 우리가 차이를 관용할 때 우리가 하는 것이 정확히 무엇일까?

2

가장 오래된 제도는—우리의 목적에서 보았을 때는 페르시아와 로마에서 시작되는—다민족 대제국들의 제도다. 여기서는 다양한 집단들이 상당한 범위의 그것들의 활동들에 걸쳐 자치를 하는 문화/종교적일 뿐 아니라 정치/법적인 성격의 자율 공동체로 성립되어 있다. 이 집단들은 서로 공존할 수밖에 없다. 왜냐하면 이 집단들 사이의 상호작용은 제국 관리들에 의해, 로마의 **만민법** jus gentium 같이, 제국 중심부의 공정성 개념에 비추어 어떤 최소한의 공정성을 유지할 목적의 제국 법전에 따라 규율되기 때문이다.

그러나 보통은 관리들이—세금이 걷히고 평화가 유지되는 한—공정성이나 그밖의 목적을 위해 자치 공동체의 내부 생활에 간섭하지는 않는다. 따라서 그들은 여러 가지 생활 방식을 관용한다고 말할 수 있고, 서로 다른 공동체들의 구성원들이 서로를 관용하든 말든, 제국의 체제는 관용의 체제라고 불릴 수 있다. 제국의 지배 아래서는 여러 공동체의 구성원들이 싫든 좋든 일상의 교류에서 관용을 보여야 하고, 그들의 일부는 어쩌면 차이를 수용하여 내가 묘사한 패턴 분포의 어딘가에 서 있게 될지도 모른다. 그러나 서로 다른 공동체들의 생존이 이 수용에 달려 있는 것은 아니다. 그것은 오직 관료들의 관용에 달려 있고 관료들의 관용은 (비록 개개인의 관리들은 여러 가지 동기를 가져왔고, 그들 중 몇몇은 차이에 호기심을 가졌거나 심지어 차이를 열정적으로 옹호한 것으로 유명하지만) 대개 평화를 목적으로 유지된다.

이것이 아마 차이를 편입시키고 평화로운 공존을 조장하는('요구하는'이 더 정확하다.) 가장 성공적인 방법일 것이다. 그러나 이것은 민주적 방법이 아니거나 적어도 민주적 방법이었던 적이 없다. 서로 다른 "자치체들"의 성격이 어떻든 간에, 합병하는 체제는 전제적이다. 나는 이 전제 정치를 이상화하고 싶지 않다. 그것은 아시리아와 이스라엘, 로마와 카르타고, 스페인과 아즈텍 사람들, 러시아와 타타르 사람들의 역사가 충분히 보여주고 있는 것처럼 정복지를 지키기 위해 야만스런 억압을 펼칠 수 있다. 그러나 정착된 제국주의 지배는 종종 관용적이고 이렇게 관용적인 이유는 바로 그것이 어디서나 전제적이기 때문이다. 다시 말해, 어떤 피정복 집단의 이해관계나 편견에도 얽매이지 않고 모든 피정복 집단과 같은 거리를 유지하기 때문이다. 로마의 이집트 총독이나 영국의 인도 통치자는 어느 지방 군주나 폭군이 했었을 것보다 더 공평하게, 오늘날의 지방 다수파가 하고 있을 것보다 더 공평하게 지배했다.

제국에서의 자율은 개인을 그의 공동체 안에, 따라서 단 하나의 민족적 또는 종교적 정체성 안에 가두는 경향을 보인다. 그것은 집단들과 그것들의 권위 구조와 관행을 관용하는 것이지 (몇몇 국제 중심지와 수도를 제외하고는) 자유로이 움직이는 남녀를 관용하는 게 아니다. 고독한 반항자나 이단자나 문화 방랑자나 다른 민족 간에 결혼한 부부나 그들의 자녀는 제국의 수도로 도피할 것이고, 그 결과 제국의 수도는 매우 관용적인 장소(로마와 바그다드와 빈을 생각해보라.) 그리고 사회적 공간이 개인의 취향에 맞춰진 유일한 장소가 될 가능성이 크다. 다른 모든 사람들은 동질적인 이웃이나 구역에서 살 것이고 거기서는 관용되지만, 어떤 경계선이 그들을 다른 사람들과 분리하고 있든, 그 경계선 너머에서는 환영받지도, 심지어는 안전하지도 않을 가능성이 크다. 그들은 오직—이를테면, 시장이나 제국의 법정과 감옥 등의—중립적 공간에서만 편안하게 어울릴 수 있다. 그럼에도 불구하고, 그들은 거의 항상 지리적 경계뿐 아니라 문화적 경계도 존중하면서 서로의 곁에서 평화롭게 산다.

오늘날 이 모든 것, 즉 자율적 제도와 조심스럽게 보호되는 경계와 민족을 표시한 신분증과 광범위한 관료 조직 등은 사라졌다. (소련이 마지막 제국이었다.) 자율은 결국 큰 의미가 없었다. (어쩌면 이것이 제국 쇠퇴의 한 이유일지 모른다.) 자율의 범위는 현대적 주권 개념의 영향과 차이의 수용에 적합하지 않은 전체주의 이데올로기들에 의해 크게 축소되었다. 그러나 민족적·종교적 차이는 살아남았고, 어느 정도 대표성이 있는 지방 기관들은, 어디에 지역적 기반을 두고 있었든, 어떤 최소의 기능과 어떤 상징적 권위를 유지했다.

제국이 붕괴하자 그 지방 기관들은 주권을 목표로 하는 민족주의 이데올로기에 힘입어 그 기능과 권위를 일종의 국가 기구로 전환할 수 있었다. 물론, 주권은 국제 사회 회원권을 가져다주는데, 국제 사회는 모든 사회 중 가장 관용적인 사회지만 아주 최근까지도 거기에 가입하기는 그렇게 쉽지 않았다. 이 논문에서 국제 사회를 조금이라도 자세히 다룰 생각은 없지만, 대부분의 집단이 관용받기를 선호하는 장소와 방식은 국제 사회라는 것을 인식하는 것은 중요하다. 즉, 정부와 군대와 국경을 갖추고 다른 민족국가들과 상호 존중 관계에 있거나, 적어도 일련의 (강제되는 일은 드물지만) 공동의 법 아래에 있는 민족국가

(나 종교 공화국)의 지위를 원하는 것이다.

3

민족국가를 관용적일 수 있는 사회로 고찰하기 전에, 나는 다민족 제국과 도덕적으로 비슷하지만 정치적으로는 보다 유망할 것 같지 않은 다민족 제국의 후계인 연합국가 또는 2민족·3민족국가를 짧게 다루고자 한다.

벨기에, 스위스, 키프로스, 레바논, 사산된 보스니아 같은 예들은 여기서의 가능성의 범위뿐 아니라 재앙의 위험도 보여준다. 정치 연합은 영웅적인 계획이다. 왜냐하면 그것은, 제국의 관리들도, 이 관리들을 어느 정도 공정한 지배자로 만든 거리도 없이, 제국적 공존을 유지함을 목표로 하기 때문이다. 이제는 서로 다른 집단들이 단 하나의 초월적 권력에 의해 관용되는 게 아니다. 그들은 서로를 관용해야 하고 그들끼리 공존의 조건을 이끌어내야 한다.

이것은 불가능하지 않다. 성공의 가능성은 크기나 정치권력이 대충 대등한 두 집단만 있는 곳 그리고 이 대등함이 지속적으로 안정되어 있는 곳에서 가장 크다. 이럴 경우에는 자원과 공직의 균형 잡힌 배분이 비교적 쉽고 어떤 집단도 다른 집단의 지배를 두려워할 필요가 없다. 각각의 집단은 방해받지 않고 자체의 관습을 따르거나, 어쩌면 심지어 자체의 관습법을 강제할지도 모른다. 연합을 깨는 것은 다른 집단의 방해, 더욱이, 지배를 받게 될지 모른다는 두려움이다. 상호 관용은 서로의 선의에 대한 신뢰보다는 악의의 효과를 차단하는 제도적 장치에 대한 신뢰에 달려 있다. 내가 어떤 위험한 다른 사람 옆에서 관용하며 살 수는 없는 일이다. 내가 두려워하는 위험이 무엇일까? 그것은 연합이 보통의 민족국가로 와해되고 내가 거기서 소수의 일원이 되어 더 이상 나의 관용을 필요로 하지 않는 옛 동료의 관용을 구해야 하는 처지가 되는 것이다.

4

국제 사회를 구성하는 대부분의 국가들은 민족국가다. 그 국가들을 그렇게 부르는 것은 그 국가들이 민족적으로 (또는 인종적으로 또는 종교적으로) 동질적인 인구를 갖고 있음을 의미하지 않는다. 동질성은 오늘날의 세계에서 없지는 않다 하더라도, 드물다. 그것은 단지 단 하나의 지배 집단이 자신들의 역사와 문화를 반영하는 방식으로 공동 생활을 조직하고, 만약 일이 의도대로 진행된다면, 그 역사를 진전시키고 그 문화를 유지함을 의미할 뿐이다. 바로 이 의도가 공교육의 성격, 공적 생활의 상징과 의식儀式, 국가의 달력, 그것이 정하는 공휴일을 결정한다.

역사와 문화를 두고는 민족국가가 중립적이지 않다. 그것의 국가 기구는 민족적 재생산의 동력인 것이다. 그럼에도 불구하고, 그것은 동시에 소수를 관용할 수 있고, 실제로 자유주의적이고 민주적인 민족국가는 보통 그렇게 한다. 이 관용은 여러 가지 형태를 취하지만 옛 제국에서와 같은 완전한 자치에 이르는 경우는 드물다. 지역 자치는 특히 가능성이 적은데, 그 이유는 그럴 경우 그 지역에 사는 지배적 민족의 구성원들이 자신들의 나라에서 "이민족의" 지배를 받게 될 수 있기 때문이다.

민족국가에서의 관용은 보통 집단이 아니라, 구성원이라는 상투적 개념으로 일반화되어 있는, 집단의, 즉 소수파의 구성원들에 초점이 맞춰져 있으며 이들에게는 자발적 결사와 상호 부조 단체와 사립학교와 문화협회와 출판사 등을 결성하는 것이 허용되어 (또는 기대되고) 있다. 이들에게는 법인의 형태를 유지하거나 같은 집단에 속하는 사람들에 대해 합법적 사법권을 갖는 것이 허용되지 않는다. 소수 종교·문화·역사는 사적 공동체라고 불릴 수 있는 것의 문제이며, 공적 공동체, 즉 민족국가는 그것을 항상 의심의 눈으로 본다.

소수 문화를 공공연히 행동으로 표현할 권리를 주장하는 어떤 주장도 다수의 불안을 야기하기 쉽다. (공립학교에서서의 이슬람 히잡hijab 착용에 관한 프랑스에서의 논쟁은 여기에 기인한다.) 원칙적으로 개인을 강제하지는 않지만, 지배적 민족에 동화시키려는 압력은, 적어도 공적 관행과 관련해서는, 과거부터 아주 일반적이며 최근까지 아주 성공적이었다. 19세기 독일의 유대인들이 자신을 길에서는 독일인이고 집에서는 유대인이라고 묘사했을 때, 그들은 사생활을 관용의 조건으로 삼는 민족국가의 규범을 열망하고 있었던 것이다.

언어와 관련된 정치는 이 규범이 강제될 뿐 아니라 도전도 받는 한 주요 영역이다. 다수파는 모든 소수파들이, 적어도 공적 교류에서는, 지배적인 민족의 언어를 배우고 사용할 것을 요구한다. 소수파들은, 충분히 강하고, 특히 지역적 기반을 가진 경우에는, 학교와 공문서와 공공 표지 등에서 자신들의 언어를 합법화하려고 할 것이다. 때로는 소수 언어들 중 하나가 제2공용어로 인정받고, 더 잦은 경우로, 지배적인 민족이 자기들의 언어가 소수파의 사용에 의해 변화되는 것을 지켜본다. (나는 이것도 관용의 시금석이라고 생각한다.)

민족국가에서는 다민족 제국이나 연합에서보다 차이를 위한 공간이 더 적다. 관용되는 소수 집단의 구성원들도 권리와 의무를 가진 시민이기에, 그 집단의 행동은 다민족 제국에서보다 다수파의 감시를 받기가 더 쉽다. 그럼에도 불구하고, 다양한 차이, 특히 종교적 차이가 자유주의적이고 민주적인 민족국가에서 성공적으로 유지되어 왔다. 소수파들은 종종 실은 다수 민족으로부터 압력을 받기에 오히려 공동의 문화를 아주 잘 유지한다. 개개인은 떠내려가 버리거나 다수파의 구성원인양 행세하거나 다수파의 생활 방식에 서서히 동화될지 모른다. 그러나 대부분의 사람들에게는 이 자기변화가 너무 어렵거나 너무 굴욕적이어서, 그들은 자기 자신의 정체성을 고수하고 비슷한 정체성을 가진 것으로 여겨지는 남녀들과 어울린다.

소수 민족이 위험에 처할 가능성이 가장 높은 집단이다. 만약 그들이 지역적으로 밀집되어 있다면, 그들은, 어쩌면 당연하게도, 자신들의 국가를 세우거나 자신들의 민족적 친족이 주권을 가진 이웃 국가로 합병되기를 바란다는 의심을 받을 것이다. 전시戰時에는 (그들이 지역적으로 밀집되어 있든 아니든) 민족국가에 대한 그들의 충성이—제2차 세계대전의 처음 몇 달 동안 프랑스에서 반反나치 독일인 망명자들이 받은 것처럼, 심지어는 입수할 수 있는 모든 증거에 반하여—쉽게 의심을 받을 것이다.

소수파가 위험해 보이거나 민족주의 선동자들이 소수파가 위험해 보이도록 만들 수 있다면, 관용은 또 다시 실패한다. 몇 년 후의, 일본계 미국인들의 운명도 같은 문제를 제기한다. 즉, 다른 미국인들이, 말하자면, 전형적인 민족국가를 흉내 낸 것이다. 일본인들은 미국에서 소수 민족이 아니었고 지금도 아니다. 적어도 통상적인 의미에서는 아니다. 다수 민족이 어디 있는가? 민족국가는 항구적 다수를 결정적 특징으로 하지만, 미국의 다수는 성격상 일시적이고 목적과 경우에 따라 다르게 구성된다. 민족국가에서의 관용은 오직 하나의 근원만을 가지며, 움직이던, 움직이지 않던, 방향은 오직 하나뿐이다. 미국의 경우는 일련의 매우 다른 체제를 나타낸다.

5

공존과 관용 가능성의 네 번째 모델은 이민 사회다. 이 경우에는 서로 다른 집단들의 구성원들이 그들의 근거지, 고향을 떠나 개인적으로 또는 가족 단위로 하나씩 새 땅으로 와서 그 위에 퍼졌다. 그들은, 도시와 국가와 지역에서 항상 다른 비슷한 집단들과 섞여 있기는 하지만, 위안을 얻기 위해 언제나 비교적 작은 수의 무리들을 이루고 산다. 따라서 어떤 종류의 영토적 자치도 불가능하다. (퀘벡Quebec은 여기서 아주 중대한 예외다. 또, 피정복 원주민들도 또 다른 예외로 해야 한다. 그러나 나는 주로 이민자들에 초점을 맞출 것이다.) 만약 민족 집단과 종교 집단이 자기 유지를 바란다면, 그것들은 자발적 결사로서 그렇게 해야 한다. 이는 그것들이 다른 사람들의 불관용보다 자체 구성원들의 무관심에 의해 더 위험에 처할 수 있음을 의미한다.

국가는, 일단 첫 번째 이민자들(이들은 항상 자신들이 자신들의 민족국가를 이루고 있다고 생각한다.)의 손아귀에서 벗어나면, 국가를 이루고 있는 어떤 집단에도 얽매이지 않는다. 국가는, 요즘 말로 하면, 집단들 사이에서 중립적이고 모든 집단을 관용하고 국가의 독자적 목적을 추구하는 것이다.

국가는, 집단의 구성원으로서보다는 개인으로서의 국가의 모든 시민에 대해, 배타적 사법권을 갖는다. 따라서 관용의 대상은 엄격히 말해, 개인의 선택과 행동이다. 즉, 지지 행위와 회원 의식·숭배 의식에의 참가와 문화적 차이의 실행 등이다. 개개인의 남녀는 서로를 개인으로서 관용하라는 독려를 받는데, 이 각각의 경우에서 말하는 차이는 (전형적이라기보다는) 개인화된 형태의 집단 문화다. 이는 또한 각 집단의 구성원들이 관용의 미덕을 발휘하고자 한다면 서로의 서로 다른 형태도 받아들여야 함을 의미한다. 모든 개개인이 다른 모든 개개인을 관용해야 하는 것이다. 강제로 회원을 모집하거나 공적 공간을 장악하거나 공적 자원을 독점하는 것은 어떤 집단에게도 허용되지 않는다. 원칙적으로, 공립학교는 국가의 역사와 "국민 윤리"를 가르치는데, 이 때 국가는 민족 정체성은 갖지 않고 정치적 정체성만 갖는다고 간주된다. 여러 가지 집단의 역사와 문화는 전혀 가르치지 않거나, 최근의 미국(의 일부 지역)에서처럼, 같은 분량으로, "다문화적으로" 가르친다. 마찬가지로, 국가는 어떤 집단에도 도움을 제공하지 않거나—예를 들면, "당신이 선택한 교회에 다니라"고 미국인들에게 촉구하던 1950년대 지하철·버스 광고에서처럼 일종의 일반적 종교성을 장려하면서—모든 집단을 똑같이 지원한다.

이 마지막 금언이 보여주는 것처럼, 중립성은 항상 정도의 문제다. 어떤 집단들은 실제로 다른 집단들보다 우대받는다. 이 경우에는 "교회"와 연계된 집단이 그런 집단이다. 그러나 다른 집단들도 여전히 관용된다. 또한 교회에 다니는 것이나 다른 어떤 특정한 문화 관습을 갖는 것이 시민권의 조건이 되지도 않는다. 따라서 자신이 속한 집단을 탈출하여 지배적인 정치적 정체성("미국인")을 취하는 것이 비교적 쉽고 결코 굴욕적이지도 않다. 그러나 이민 사회의 많은 사람들은, 이를테면, 이탈리아계-미국인에서처럼 문화적/정치적 경계선을 따라 차별화된, 하이픈으로 연결된 또는 이중적인 정체성을 선호한다. 둘을 연결하는 하이픈은 다른 미국인들에 의한 "이탈리아적인 것"의 수용과, "미국인"은 강한 또는 특정한 문화적 요구와 결부되어 있지 않은 정치적 정체성이라는 것의 인정을 상징한다. 결론은 당연히 "이탈리아계"는 정치적 요구와 결부되어 있지 않은 문화적 정체성을 나타낸다는 것이다. 오직 이런 형태로만 이탈리아적인 것이 관용되며, 따라서 그것이 유지될 수 있다면, 또는 유지될 수 있는 한, 그것은 헌신적인 이탈리아인들의 자발적 노력과 기여를 통해 사적으로 유지되어야 한다. 그리고 이것은 원칙적으로 소수파뿐 아니라 (그러나 다시 말하지만, 항구적 다수파는 없다.) 모든 문화·종교 집단에 적용된다.

집단이 이런—자치도, 국가권력을 이용하거나 공식적인 인정을 받을 수 있는 방법도, 지역적 기반이나 항구적 다수의 확고한 반대도 없는—조건에서 유지될 수 있는지는 여전히 대답을 기다리는 질문이다. 종교 공동체는, 분파적 종류든, "교회적" 종류든, 미국에서 지금까지 그럭저럭 잘해왔다. 그러나 그들이 비교적 성공한 이유 중 하나는 그들 중 많은 사람이 실제로 부딪쳤던 상당한 불관용 때문이라고 생각할 수 있다. 이미 말한 것처럼, 불관용은 종종 집단을 유지시키는 효과를 갖기 때문이다. 이민 사회에 특징적인 관용의 형태는 여전히 출현 중이며 아직도 완전히 실현되지 않았다. 우리는 그것—개인의 선택과 개인화된 형태의 문화와 종교의 관용—을 최대한의 (또는 가장 강한) 관용의 종류로 평가할 수 있다. 그러나 다시 말하지만, 이 최대주의의 장기적 효과가 집단생활의 조장일지 해체일지는 아직 철저히 불분명하다.

머지않아 유별난 개인들만이 관용의 유일한 대상이 될 거라는 두려움 때문에 어떤 집단들(또는 그것들의 가장 헌신적인 구성원들)은—이를테면, 할당제도나 보조금 형식의—국가로부터의 분명한 지원을 구하고 있다. 그러나 다문화주의의 논리를 생각할 때, 국가의 지원은 모든 사회 집단에게 똑같이 제공되어야 한다. 할당이나 보조금을 그런 규모로 제공할 수는 없기에, 만약 그것들 같은 정책이 언제고 채택된다면 어려운 선택들을 해야 할 것이다. 관용의 범위는, 적어도 잠재적으로는, 무한하다. 그러나 국가는 오직 어떤 일련의 정치적·재정적 한계 내에서만 집단생활을 후원할 수 있다.

6

이 네 가지 체제를 우선 그것들이 함의하는 세력 관계의 측면에서, 그리고 다음으로는 그것들이 관용하는 (도덕적으로 의심스러운) 관습들의 범위의 측면에서 고찰함으로써 지금까지의 논의를 요약해보자. 관용은 필연적으로 불평등한 관계이며 이 관계에서는 관용되는 집단이나 개인이 열등한 위치에 처해진다고 종종 말한다. 따라서 우리는 관용을 넘어 상호 존중 같은 어떤 더 좋은 것을 목표로 해야 한다는 것이다. 그러나 우리가 일단 네 가지 체제를 정밀하게 관찰하면, 이야기는 더 복잡해 보인다. 상호 존중은 관용이 취할 수 있는 형태들 중 하나다. 어쩌면 가장 매력적인 형태일지 모르지만 꼭 가장 안정된 형태인 것은 아니다.

다민족국가에서는 권력이 중앙 관료들에게 있다. 편입된 모든 집단은 스스로를 똑같이 힘없고, 따라서 이웃을 강제하거나 박해할 능력도 없는 존재로 생각하도록 독려된다. 어떤 지역적인 강제의 시도도 중앙에의 호소를 불러일으킬 것이다. 그래서 예를 들면, 그리스인들과 터키인들은 오스만 제국의 지배 아래 평화롭게 공존했다. 그들이 서로를 존중했을까? 그들 중 어떤 사람들은 아마 그랬을 것이고 어떤 사람들은 그러지 않았을 것이다. 그러나 그들의 관계의 성격은 상호 존중에 의존하지 않았다. 상호 종속에 의존했다. 이에 반해서, 정치 연합은, 적어도 서로 다른 집단들의 지도자들 사이에서는, 상호 존중을 필요로 한다. 왜냐하면 이 집단들은 단지 공존만 하면 되는 게 아니라 그들끼리 공존의 조건도 협정해야 하기 때문이다. 그리스와 터키에 분할 귀속되기 전의 키프로스는 실패한 예를 보여준다.

민족국가에서는 권력이 다수 민족에게 있고, 우리가 이미 본 것처럼, 다수 민족은 국가를 그들 자신의 목적을 위해 사용한다. 이것이 꼭 개인들 간의 상호성에 장애가 되지는 않으며, 개인들 간의 상호성은 실은 민주국가에서 번성할 가능성이 높다. 그러나 소수 집단은 수적으로 열세이기에 공공 문화에 관한 대부분의 문제에서 민주적으로 압도될 것이다.

이민 사회 역사의 초기에도 상황이 비슷했는데, 이때는 첫 번째 이민자들이 민족국가를 열망했던 것이다. 잇따른 이민의 물결이, 이번에도 원칙적으로, 중립적인 국가인 것, 제국 관료 제도의 민주적 형태를 탄생시켰다. 그러나 이 국가는 집단보다는 개인에 초점을 맞추고 있고, 이에 따라 모든 개인이 다른 모든 개인을 관용할 것이 요구되는 열린사회를 만든다. 많이 예고된 "관용 너머로의" 이동이 아마 지금은 가능할 것이다. 그러나 내가 이미 주장한대로, 일단 이 이동이 일어나면, 존중해야 할 집단의 차이가 얼마나 남아 있을지는 여전히 불분명하다.

7

관용의 폭은 여기서 고려하지 않은 경우인 국제 사회에서 의심할 바 없이 가장 넓다. 여기서는 어느 누구에게도 이런저런 집단이나 관습을 관용해야 하는지 말아야 하는지를 결정할 권한이 없다. 국제법은 대학살이나 극단적 박해나 대량 추방의 경우에는, 능력만 있다면 어떤 국가든 "인도적 개입"을 할 수 있다고 인정한다.

따라서 우리는 그런 행위들은, 적어도 원칙적으로는 관용되지 않는다고 말할 수 있고, (국제사에서는 비교적 드물지만) 만약 개입이 실제로 이루어진다면, 그때마다 우리는 그런 행위들이 실제로도 관용되지 않는다고 말할 수 있다고 생각된다. 그러나 일반적으로 국제 사회의 행위자들—정치 지도자들과 외교관들—과 어쩌면 또한 그들이 대변한다고 주장하는 국민들도 국경 너머에서 진행되는 일에 대해서는 놀랍도록 관용적이다. 그들은 체념해서든 무관심해서든 호기심을 가져서든 열광하기 때문이든(그것은 거의 문제가 되지 않는다), 개입하고 싶어 하지 않는다. 물론, 그들이 이웃의 문화와 관습에 반대하지만 국제 사회의 환경 때문에 개입의 비용을 지불하고 싶지 않을 수도 있다. 또는, 문화적으로는 관용하지 않지만, 주권의 논리를 받아들이는 것일 수도 있는데, 주권의 논리는 일종의 제도적 관용을 명령하기 때문이다.

내가 직접적으로 다루고 있는 정치 체제들 중에는 다민족 제국이 가장 비슷한 논리를 받아들인다. 각각의 자치 공동체는 자체의 법률 제도를 갖고 있고, 공동체의 구성원이 다른 공동체의 구성원과—예를 들면, 상업적으로—교류하기 전에는 공동체가 내부적으로 공유하는 합법적 행동의 개념을 강제하는 것이 그 공동체에게 허용될 가능성이 높다. 공동 시장에서는 외래의 상업 관습이 관용되지 않을 것이지만, 말하자면, 내부적인 문제를 다루는 지방 법원의 업무에 대한 간섭은 별로 없을 것이다.

영국인들이 1829년에 마침내 영국령 인도 국가들에서 수티suttee(힌두교 미망인이 남편을 화장火葬하는 장작더미 위에서 자신을 제물로 바치던 풍습)를 금지할 때 얼마나 많이 주저했는지를 생각해보라. 오랜 세월 동안, 처음에는 동인도 회사East India Company가, 그리고 그 다음에는 영국 정부가, 20세기의 한 역사학자가 "힌두 신앙과 이슬람 신앙을 동시에 존중하고 종교적 권리의 자유로운 행사를 허용하려는 그들의 공언된 의도"라고 부르는 것 때문에, 이 관습을 관용했다. 같은 이 역사학자에 따르면, 힌두 신앙을 전혀 존중하지 않았던 이슬람 지배자들조차도 단지 산발적이고 건성으로만 이 관습을 금지했다. 그렇다면, 제국의 관용은—이 관습의 실제 내용에 대한 영국의 보고에 비추어 볼 때—아주 극단적인 수티까지도 포함하는 것이 된다.

정치 연합 체제도, 만약 결합된 공동체들의 세력이 거의 균형을 이루고 있고 한 공동체의 지도자들이 이런저런 관습에 강하게 헌신하고 있다면 비슷한 관용을 낳을 수 있다고, 적어도 상상할 수는 있다. 그러나 정의定義상 세력이 한쪽으로 치우쳐 있는 민족국가는 소수 민족이나 소수 종교의 수티 같은 관습을 관용하지 않을 것이다. 그리고 그 정도의 관용은 이민 사회에서도 있을 법하지 않은데, 여기서는 각각의 집단이 다른 모든 집단에 대해 소수파이기 때문이다. 미국의 모르몬교Mormon敎의 경우는 상궤를 벗어난 관습은, 설사 그것이 전적으로 내부적이고 "단지" 내부 생활에 관한 것일 뿐이라 할지라도, 관용되지 않음을 보여준다. 이 마지막 두 가지 경우에서는 국가가 국가의 모든 구성원에게 동등한 시민권을 부여하고 단일한 법을 강제한다. 지방 자치적인 법원은 없다. 전국이 하나의 관할권이며, 그 안에서는 공무원이 할 수만 있다면 자살 시도를 막아야 하는 것과 마찬가지로, 이를테면, 진행 중인 수티도 막아야 한다. 그리고 만약 수티에, 종종 그랬던 것처럼, 강제적인 조력이 이루어진다면, 공무원은 실제로 이 강제를 살인으로 취급해야 한다. 종교적 또는 문화적 핑계는 있을 수 없다.

보다 큰 공동체—다수 민족이나 소수파들의 제휴—의 도덕적 가치가 직접적인 도전을 받지 않는 다른 종류의 경우들에서는 종교적 또는 문화적 이유가 받아들여지고 표준이 아니거나 심지어는 불법적인 관습조차도 관용될 수 있다. 미국의 아미시Amish나, 하시딤Hasidim 같이 기반이 좁거나 종파적인 소수파가 그런 경우인데, 이들에게는 국가 당국이 때때로 기꺼이 이런저런 타협안을 제시한다. (또는 법원이 중재한다.) 그러나 보다 크고 보다 강한 집단에게는 비슷한 양보안이 제시되지 않을 것이며 심지어는 기존의 타협의 산물도, 남자든 여자든 자신의 민권을 주장하는 어느 분파 구성원으로부터도 항상 도전을 받을 수 있다.

프랑스의 공립학교에서 이슬람 소녀들이 히잡을 쓰는 것을 허용하는 협정이 도출되었다고 상상해보라. (프랑스에서는 이슬람교도가 좁은 기반을 가진 소수가 아니라는 사실이 그런 모든 협정을 가로막고 있지만, 예를 들기 위해 그것을 무시하자.) 이것은 프랑스 교육의 **세속주의** 전통의 굴욕이 되겠지만, 후자는 계속해서 학사 일정과 교과 과정을 결정할 것이다. 예를 들면, 어느 시점에, 많은 이슬람 소녀들이 가족들에 의해 히잡을 쓰도록 강제당하고 있으며 타협 협정이 이 강제를 조장한다고 주장하는 것을 가정해보자. 이 경우, 어쩌면 타협의 결과를 재협상해야 할지 모른다. 다민족 제국에서는 그렇지 않지만, 민족국가와 이민 사회에서는 그런 강제로부터 보호받을 권리가 소수 종교나 소수 문화의 가치보다 우위에 설 것이다.

8

나는 몇 가지 관용의 한계에 대해 말했지만 불관용의 체제에 대해서는 아직 아무 말도 하지 않았는데, 많은 제국과 민족국가가 실은 불관용의 체제다. 이것은 때로는 차이를 없애는 데 성공하지만, 때로는 (대량 학살과 대량 추방 또는 "인종 청소"까지는 하지 않을 경우) 오히려 차이의 강화에 기여한다. 그것은 소수 집단의 구성원들을 구별하고 그들을 그들의 소속 때문에 박해하여 그들이 서로 의지하고 강한 연대 의식을 구축할 수밖에 없도록 만든다. 그럼에도 불구하고, 그런 집단의 지도자들뿐 아니라 가장 헌신적인 구성원들도 불관용의 체제를 선택하지는 않을 것이다. 기회가 주어진다면, 그들은 보통 어떤 개인적 또는 집단적 관용의 형태를 추구한다. 즉, 시민들로 이루어진 사회에 동화되거나 자신들의 입장이 국내나 국제 사회에서—자치나 정치 연합이나 주권 국가 같은—이런저런 수준의 자치권과 함께 인정되기를 원하는 것이다.

우리는 이 두 가지를 현대 민주 정치의 중심 프로젝트들로 간주할 수 있을 것이다. 그것들은 표준적으로 서로를 배제하도록 구상되어 있다. 개인과 집단 중 어느 한쪽만 박해와 무명성無名性으로부터 해방되는 것이다. 그리고 개인은 오직 집단을 저버릴 때만 해방될 것이다. 그래서 장 폴 사르트르Jean-Paul Sartre는 유대인 문제에 대한 초기 민주주의자의 견해를 이렇게 묘사한다. "민주주의자는 유대인을 그의 종교와 가족과 민족 공동체에서 분리하여 민주주의의 도가니에 처넣고, 그가 거기서 벌거숭이로 혼자, 다른 모든 입자들과 마찬가지로 개별적이고 고립된 입자로서 나오기를 원한다."[1] (이 프로젝트는 분명히 보다 긍정적으로도 묘사될 수 있지만, 그것은 여기서의 나의 주제가 아니기에 내가 그것에 대해 어떤 말이든 더 할 필요는 없을 것이다.) 대안은 집단 전체에 목소리와 장소와 그것 나름의 정치를 제공하는 것이다. 정치적 좌파에 속하는 많은 사람이 한때 이것은 노동자 계급과 사회주의 운동의 모델에 따라 부르주아 도시의 벽을 습격하여 깨뜨리는, 포함되기 위한 투쟁을 필요로 한다고 생각했다. 그러나 여기서 내가 관심을 갖는 집단들은 경계를 얻기 위한 투쟁을 필요로 한다.

이 투쟁의 결정적 표어는 "자결自決"이며, 자결에는 일정한 영토나, 적어도 일련의 독립적 제도—따라서 지방 분권과 권한 이양과 자치와 분할과 주권—가 필요하다. 지리적 측면과 기능적 측면, 양쪽에서 동시에 경계를 바르게 하는 것은 엄청나게 어렵지만, 서로 다른 집단들이 자신들의 생활을 의미하게 통제하고 어느 정도 안전하게 그 일을 하고자 한다면 반드시 필요하다.

이 일은, 옛 제국 제도를 채택하고 현대의 국제 체제를 확장하고 민족국가와 자치 지역과 지방 자치체 등을 확산하면서, 오늘날에도 계속되고 있다. 무엇이 여기서 인정받고 관용되고 있는가에 주목하라. 그것은 항상 집단과 그것의 구성원들, 즉 민족적 또는 종교적 성격의 단일하거나 주된 정체성을 가진 남녀들이다. 이 일은 분명히 이 사람들의 동원에 의존하지만, (군사적 성격의 충돌 외에는) 경계를 넘어, 일

---

1) 장 폴 사르트르, 『반유대주의자와 유대인Anti-Semite and Jew』, 조지 J. 베커 옮김 (New York : Grove Press, 1962), 56~57쪽.

대일로, 실제로 서로 상대하는 사람들은 단지 그들의 지도자들뿐이다. 자치는 전통적 엘리트의 권위를 강화한다.

정치 연합은 바로 이 엘리트들 사이의 일종의 권력 분배 협정이다. 민족국가들은 외교단과 정치 지도층을 통해 서로 교류한다. 대다수 집단 구성원들과 관련해서는, 분리가 관용을 유지한다. 이 분리는, 이 사람들은 자신들을 **구성원으로** 이해하며 대개 자기들끼리 교제하기를 원한다는 가정에 입각해 있다. 로버트 프로스트Robert Frost의 시, 〈돌담 손질Mending Wall〉에 나오는 한 인물처럼, 그들은 "좋은 담장이 좋은 이웃을 만든다."고 믿는 것이다.

그렇지만 나의 마지막 관용 모델은 다른 패턴과, 어쩌면, 포스트모던postmodern 프로젝트를 보여준다. 이민 사회에서는 (그리고 지금은 이민 압력을 받고 있는 민족국가에서도) 사람들이 경계도 없고 확실하거나 단일한 정체성도 없는 삶이라고 생각될 수 있는 것을 경험하고 있다. 차이는, 말하자면, 분산되어 있어, 어디서나 매일 부딪치게 되는 것이다. 개인들은 서로 어울리지만, 반드시 공동의 정체성으로 융합되지는 않는다. 집단이 구성원들을 장악하는 힘은 과거 어느 때보다도 약하지만 결코 완전히 없어진 것은 아니다. 그래서 결과는 모호한 정체성을 가진 개인들의 지속적 혼합과 그들 사이의 결혼과 이에 따른 문자 그대로의 다문화성인데, 이 다문화성은 사회 전체뿐 아니라 개개의 모든 가족 속에, 심지어는 개개의 모든 개인 속에 구현되어 있다. 이제는 관용이 집에서 시작되는데, 여기서 우리는 종종 배우자와 인척과 자녀, 그리고 하이픈으로 연결되어 있거나 분열된 우리 자신의 자아와 민족적·종교적·문화적 평화를 이뤄야 한다. 종교적 근본주의는 부분적으로 그런 모든 평화에 대한 거부, 모호성에 대한 공격으로 이해되어야 한다.

불가리아계-프랑스 저술가인 줄리아 크리스테바Julie Kristeva는 이 포스트모던 프로젝트의 가장 중요한 이론적 옹호자로서 우리에게 이방인들의 세계를 인식하고 우리 자신 안에 있는 이방인을 인정하라고 촉구한다. 내가 여기서는 다룰 수 없는 심리학적 주장과 함께, 그녀는 매우 오래된 도덕적 주장을 다시 말하는데, 그것의 최초 형태는 성서에 나오는 이 명령이다. '이방인을 학대하지 말라. 너희도 이집트 땅에서 이방인이었기 때문이다.' 크리스테바는 오늘날에 맞는 재현을 위해 동사의 시제와 장소를 이렇게 바꾼다. '이방인을 학대하지 말라. 너희도 바로 **이** 땅에서 이방인**이기** 때문이다.' 물론 우리가 우리 자신 안에 있는 다른 존재를 인정한다면, 다름을 관용하기가 더 쉬울 것이다. 그러나 나는 이 인정이 그것만으로 또는 단순한 도덕적 형태로 충분할 거라고는 생각하지 않는다. 우리가 항상 이방인들의 세계에서 살지는 않는다. 또한 우리는 서로의 낯섦을 일대일로 뿐만 아니라, 여전히, 집단적으로, 도덕이 정치에 의해 뒷받침되어야 하는 상황에서도 부딪친다.

포스트모던 프로젝트는, 역사의 단계에 대한 어떤 거대 담론에서 말하는 것처럼, 단순히 모더니즘modernism을 대체할 뿐인 게 아니다. 한쪽이 다른 쪽 위에, 그것을 전혀 지우지 않고, 겹쳐져 놓여 있다. 경계선은 여전히 있지만, 그 모든 횡단으로 인해 흐려져 있다. 우리는 여전히 우리 자신이 이러하거나 저러하다는 것을 알지만, 이 앎에는 확신이 없는데, 그 이유는 우리가 또한 이렇기도 **하고** 저렇기도 하기 때문이다. 강한 정체성을 지닌 집단들이 존재하고 정치적 자기주장을 하지만, 그 구성원들의 충성도는 단계적으로 넓게 분포되어 있고 점점 더 많은 수가 먼 쪽 끝에 모인다. (이것이 가까운 쪽 끝에 있는 과격파의 소리가 요즈음에는 그토록 귀에 거슬리는 이유다.)

이 모던 · 포스트모던의 이원성은 차이가 이중적으로, 즉 먼저 개인적 · 집단적으로 단일한 형태로, 그리고 난 다음에는 다원적이고 분산되고 분열된 형태로, 수용되어야 할 것을 요구한다. (순서는 반대일 수 있다. 나는 순차성의 논리에 얽매이고 싶지는 않다. 그러나 내가 방금 말한 순서가 개연성이 더 높다.) 우리는 시민이자 구성원으로서뿐 아니라 이방인으로서도 관용되고 보호받을 필요가 있다.

자결은 정치적이면서 동시에 개인적이어야 한다. 이 둘은 서로 관련되어 있지만 같은 것은 아니다. 개인을 자치적이거나 주권을 가진 집단에 속박했던 전통적 차이 개념은 의견을 달리하거나 양면적 태도를 가진 개인들의 저항을 받을 것이다. 그러나 오직 의견을 달리하는 사람들에게만 초점을 맞추는 어떤 새 개념도 공동의 종교 · 문화 전통을 실천하고 다듬고, 수정하고, 전수하려고 노력하는 남녀들의 저항을 받을 것이다. 따라서 차이는, 체념과 무관심과 호기심과 열광이 어떻게 배합되어 있는 태도로든,—두 가지 경우에서 배합이 같을 필요는 없다.— 이중적으로 관용되어야 한다.

심지어 우리 중 열광적인 사람들조차도, 문화적이든 개인적이든, 우리에게 폐를 끼치는 차이에 대해서는 반대할 수밖에 없다. 왜냐하면 우리는 증오와 잔인성까지 관용하고 싶어 하지는 않기 때문이다. 또한 차이에 대한 우리의 존중이 집단 내의 억압적 관습에까지 적용되지는 않는다. (제국 관리들은 그것을 보통 관용했다.) 우리가 더 친밀하게 함께 살수록, 관용의 한계는 점점 더 일상의 문제가 된다. 그리고 친밀성은 포스트모던 프로젝트의 한 목표다. 따라서 옛 문화·정치 지도 위의 실선은 점선으로 바뀌었지만, 이 선을 따라서 그리고 이 선을 넘나들며 이루어지는 공존이 여전히 문제인 것이다.

12장

민족과 보편

제1부 두 가지 보편주의

1

　근년 들어 도덕적 절대주의와 도덕적 상대주의, 정초주의foundationalism와 맥락주의contextualism, 일원론과 다원론, 보편주의universalism와 개별주의particularism―그 모든 열렬한 **주의들**―에 대해 많은 저술이 있어왔지만 이 단순한 대립 쌍들에 대한 우리의 이해는 발전하고 있는 것 같지 않다. 자유주의적 계몽주의의 옹호자들은 공동체적 전통의 옹호자들과 대립하고, 세계적 유효성을 열망하는 사람들은 지역적 친밀성을 그리워하는 사람들과 대립한다. 우리 모두는 서로의 노선을 안다. 어떤 토론에서나 우리는 개시 작전을 예견할 수 있다. 우리는 표준적인 응수와 후속 조치들을 기억해 놓고 있다. 어느 누구의 화려한 맺음말도 전혀 놀랍지 않다. 서로 다른 입장은 훌륭하게도 형편없게도 옹호될 수 있다. 아직도, 체스 게임을 이기듯이, 우월한 기술로 또는 상대방의 실수를 재빨리 포착함으로써 토론을 이기는 게 가능하다. 그러나 이런 종류의 승리는 폭넓은 반향을 일으키지 못한다. 그래서 나는 승리하려는 게 아니라 설득하는 방법, 전통적 대립 쌍들을 피하거나, 적어도, 논쟁의 소지가 덜한 용어로 그것들을 다시 묘사하는 방법을 찾아왔다. 나는 나와 그 밖의 많은 사람들이 적진敵陣이라고 생각해온 것의 안에서부터 주장을 펴고자 한다. 나는 보편주의자들 사이에서 나의 입장을 취하고 비표준적인 종류로서 도덕적 개별주의의 매력을 포함할 뿐 아니라 어쩌면 심지어 그것을 설명하는 데 도움이 되기까지 하는, 또 다른 보편주의가 있음을 보여주고자 한다.

나는 유대교라는 역사적 예로부터 주장을 펴나가려고 하는데, 유대교는 종종 그야말로 개별주의적 신조의 상징인 부족 종교라는 비판을 (이유가 있기에) 받아왔다. 그럼에도 불구하고, 유대교는 두 가지 보편주의의 주요 근원들 중 하나인데, 두 가지 보편주의 중 첫 번째는 기독교에 채택됨으로써 표준이 되었다. 그것은 아마, 고대 세계에서 기독교가 아닌 유대교가 승리했더라도,—그것이 유대인들 사이에서 강했기 때문만이 아니라, 앞으로 분명해지겠지만, 첫 번째 보편주의와 승리의 개념 또는 경험 사이에 어떤 연결도 있었기에—표준이 되었을 것이다.

첫 번째 보편주의는 신이 하나인 것처럼, 모든 인류에게 법도 하나고 좋은 삶이나 좋은 사회나 좋은 체제에 대한 이해도 하나고 구원도 하나고 구세주도 하나고 천년 왕국도 하나라고 생각한다. 나는 이것을 "총괄법covering-law" 형태의 보편주의라고 부르고자 한다. 물론 기독교 교리에서는 모든 곳의 모든 남녀에게 "총괄적으로 적용되는" 것이 법이라기보다는 하느님의 아들의 희생이다. 따라서 "그리스도께서는 여러분의 죗값을 치르기 위해 죽으셨습니다."라는 구절은, 정해져 있지 않은 무한한 사람들을 가리키는 대명사를 가졌기에, 모든 시간·장소의 모든 사람들에게 말을 걸 수 있고 항상 참이게 된다. 죄인이 얼마나 많든, 그리고 그들이 누구이든, 그리스도는 그들을 위해 죽은 것이다. 그러나 나는 여기서는 유대교의 "율법주의"(와 후대의 자연법 이론)를 따르고자 하는데, 여기서의 목표는 죄를 짓지 않는다거나 잘 산다거나 적어도 바르게 산다는 것의 의미가 무엇인지에 대한 설명을 제공하는 것이다. 총괄법 보편주의covering-law universalism는 유대교 내에서 "대안" 교리라고 불려왔지만, 대언서의 시대에는 이미 그것이 확립된 대안이었고, 어쩌면 적어도 유대인들의 기록 문헌에서는, 심지어 지배적 교리였을지 모른다.[1] 유대인의 종족 중심주의는 그때에는 이미 보편적 목적을 위한 수단으로 재해석되고 재구성되어 있었다. 유대인들은 어떤 목적을 위해 선택되었는데, 그 목적은 그들 자신의 역사뿐 아니라 인류의 역사와도 관계가 있다는 것이다. 이것이 이스라엘을 "민족들

---

1) 폴 D. 핸슨, 『부름받은 사람들: 성서 속 공동체의 성장The People Called : The Growth of Community in the Bible』(San Francisco : Harper and Row, 1986), 312~324쪽.
2) 『이사야Isaiah』 49:6 ; 42:6과 비교. 모든 성서 인용의 출전은 킹 제임스 영역 성서다.

의 빛"²으로 그리는 이사야의 묘사의 의미다. 하나의 빛이 모든 민족들을 비추고 이들은 결국에는 일률적으로 밝아질 것이다. 그러나 이 빛이 좀 어둡고 민족들이 반항적이어서 이것은 긴 시간이 걸릴지도 모른다. 세상이 끝날 때까지 걸릴지도 모른다.

이 끝은 보편화하는 종족의 승리로 호전적이고 승자의 자부심을 나타내는 어조로 묘사될 수도 있고, 또는 보다 온건하게 민족들의 "들어옴"이나 "올라감"으로 묘사될 수도 있다. "그리고 많은 사람이 가면서 말할 것이다. 자, 주님의 산으로 올라가자."³ 그것의 형태가 어떻든, 결과는 똑같이 종교적·도덕적 단일성의 승리다. 즉, 많은 사람이 하나의 산을 오르게 되는 것이다. 이런 종류의 승리에 대한 희망은 다음과 같이 매일의 기도에 포함되었다. "그날에는 주가 하나일 것이고 그의 이름도 하나일 것이다."⁴ 그날까지는 이 첫 번째 보편주의가 사명의 성격을 띨 수 있고, 실제로도 기독교의 역사와, 나중에, 기독교인임을 자칭했던 민족들의 제국주의에서도 종종 그러했다. 누구나 키플링Kipling의 「영국인들의 노래A Song of the English」에 나오는 다음 연聯을 기억할 것이다.

　　법을 지켜라—즉각적으로 완전히 복종하라—

---

3) 『이사야Isaiah』 2 : 3.
4) 『매일의 기도서 : 하-시두르 하-샬렘Daily Prayer Book:Ha-Siddur Ha-Shalem』, 필립 번바움 옮김 (New York : Hebrew Publishing, 1977), 138쪽. 조지 푸트 모어, 『기독교 시대의 초기 수세기 동안의 유대교 : 탄나임의 시대Judaism in the First Centuries of the Christian Era : The Age of the Tannaim』 (Cambridge : Harvard University Press, 1962), 1 : 228~231, 2 : 371~374.

땅의 악을 없애고, 도로를 닦고

강에 다리를 놓아라.

개개인에게 그 자신의 것을 보장하여

그가 심은 곳에서 거두게 하라.

우리의 민족들에게 평화가 오기까지, 우리가 주님을 위해 일하고 있음을 사람들이 알게 하라.[5]

결국, 도로와 교량이 건설되고 평화가 확보되면, "우리의 민족들", 즉 모든 피지배 민족들은 스스로 주를 섬기게 될 것이다. 따라서 지금은 "우리"가 그들을 지배해야 한다. 법을 지키지 않는 민족들의 경험은 철저히 평가절하된다. 이것은 총괄법 보편주의의 공통된 특징이다. 주님의 종들이 역사의 중심에 서서 그것의 주류를 이루는 반면, 다른 사람들의 역사는 수많은, 무지와 의미 없는 싸움의 기록들일 뿐이다. 실제로—헤겔주의/마르크스주의 체계에서처럼—그들에게는 역사가 전혀 없다는 주장도 있다. 세계사적 중요성을 가진 일이 그들에게는 일어난 적이 없기 때문이라는 것이다. 그들이 주류 쪽으로 움직여 그것과 합류하지 않는 한 세계사적 중요성을 가진 일은 그들에게 결코 일어나지 않을 것이다. 기독교식의 그런 것, 즉 많은 전도 활동을 불러일으키는 영감은 잘 알려져 있고, 그것의 세속적 유사물들도 마찬가지다. 또 유대교식도 있는데, 이에 따르면 유대인들이 고향에서 끌려나

---

5) 러디어드 키플링, 「영국인들의 노래」, 『러디어드 키플링의 시 : 전집, 1885-1926 *Rudyard Kipling's Verse : Inclusive Edition, 1885-1926*』 (New York : Doubleday, Page, 1927), 194~195쪽.

와 이산된 것은 한편으로는 그들의 죄에 대한 벌이지만 다른 한편으로는 신의 세계사 계획의 중심이다. 그것은 진정한 일신론 신앙이 확실하게 세계 어디서나 지역적 추종자들을 얻고 정착되도록 하기 위함이었다. 따라서 분산된 빛이지만 여전히 하나의 빛인 것이다.[6] 실향은 개개의 일들에서는 괴롭지만 전체적으로는 좋은 것이다. 이 시각에서는, 문명이 키플링의 영국인들의 짐이고 공산주의가 마르크스의 노동자계급의 짐인 것처럼, 일신론은 유대인들의 짐이다.

주어진 어떤 시점에서든, 어떤 사람들은 법을 알고 어떤 사람들은 모르고, 어떤 사람들은 법을 지키고 어떤 사람들은 지키지 않을 것이기에, 이 첫 번째 보편주의는 아는 사람들과 지키는 사람들—선택된 사람들, 선민選民, 진정한 신자들, 선봉—에게 어떤 자부심을 불러일으킨다. 물론, 교만의 배척이 대개 총괄적인 법들의 하나고, 이미 지적한 것처럼, 신은 그의 종들이 승자로서의 자부심을 느낄 수 없는 방식으로 승리할 수 있다. 그럼에도 불구하고, 이 남녀들(그들이 누구인지에 대해서는 의견 차이가 있을 수 있다.)은 항상 모든 남녀들이 언젠가는 모방하게 될 방식으로 바로 지금 살고 있는 게 사실이다. 그들은 언젠가는 보편적으로 받아들여질 지식 체계와 법전을 바로 지금 소유하고 있다. 그런 사람들에게 어울리는 마음과 감정의 상태가 무엇일까? 자부심이 아니라면, 틀림없이 자신감일 것이다. 우리는 총괄법 보편주의를

---

6) 유다 하레비, 『쿠자리 : 이스라엘의 신앙을 위한 변증 The Kuzari : An Argument for the Faith of Israel』, 하트쉬그 허쉬펠드 옮김 (New York : Schocken Books, 1964), 226~227쪽 ; 샘슨 라파엘 허쉬, 『호렙 : 유대의 법과 의식의 철학 Horeb : A Philosophy of Jewish Laws and Observances』, I. 그런펠드 (London : Soncino Press, 1962), 1 : 143~144.

그것이 불어넣는 자신감으로 알 수 있는 것이다.

두 번째 보편주의는 유대교의 역사에서 정말로 대안적인 교리다. 우리는 그것을 성서 속의 단편적 언급들로부터 복구해야 하는 것이다. 그것은 한때 유대교가 기독교와 전면적 갈등 관계에 있을 때는 억압되어 있다가 18·19세기 낭만주의에서 세속적 형태로 다시 등장한다. 결정적인 언급은 대언자代言者 아모스에게서 오는데, 그는 신이 이렇게 묻도록 한다.

> 오, 이스라엘의 자손들아,
> 너희는 내게 에티오피아 사람들의 자손들과
> 같지 아니하냐? ……
> 내가 이스라엘을
> 이집트 땅에서,
> 필리스티아 사람들을 카프토르에서,
> 시리아 사람들을 키르에서 이끌어 내지 않았느냐?[7]

기독교 교리는 속죄贖罪 제물은 하나밖에 없다고 말하는 반면, 이 질문들은 모든 인류에게 하나의 대탈출과 하나의 신의 구원과 하나의 해방의 순간만 있는 것은 아니라는 함의를 갖는다. 해방은 억압받는 모든 민족에게 되풀이될 수 있는 개별적인 경험인 것이다. 동시에 그것은 어떤 경우에나 좋은 경험인데, 그 이유는 신이 공통의 해방자이기

---

7) 『아모스Amos』 9 : 7.

때문이다. 개개의 민족이, 모든 억압을 미워한다고 여겨지는 단 하나의 신, 어느 경우에나 동일한 신의 손에 의해 **그들 자신의** 해방을 얻는 것이다. 나는 이 주장을 반복적 보편주의reiterative universalism라고 부르자고 제안하는 바이다. 그것이 총괄적 보편주의와 다른 점은 그것의 개별주의적 초점과 복수화複數化 경향이다. 우리는 필리스티아 사람들이나 시리아 사람들의 대탈출이 이스라엘의 대탈출과 동일하다거나, 어떤 비슷한 계약에서 절정에 이른다거나, 심지어는 세 민족의 법이 동일하거나 동일해야 한다고도 생각할 아무 이유가 없다.

이스라엘의 이집트 대탈출 같은 역사적 사건을 상술하는 두 가지 서로 매우 다른 방법이 있다. 그것을, 마치 모든 인류가 그 바다와 그 산에 직접 있지는 않았지만 적어도 상징적으로는 거기에 있었던 것처럼, 보편적 역사의 중추로 삼을 수 있다. 이 경우에는 이스라엘의 해방 경험이 모든 사람의 것이 된다. 또는 그것을 일례로, 단지 개별적 역사의 중추로만 삼을 수도 있는데, 다른 민족은 그것을 그들 나름의 방식으로 되풀이할 수 있다. 아니, 그 경험을 어떻든 그들의 것으로 만들려면, 되풀이**해야 한다**. 이집트 탈출은 그 탈출을 한 민족인 이스라엘만을 해방하지만, 다른 해방들도 항상 가능하다. 이 두 번째 견해에 따르면, 보편적 역사가 아니라 일련의 역사들(이 역사들은 아마 수렴되지 않거나—공산주의에 이르는 많은 민족적 경로처럼—신화적인 역사의 종말에서나 수렴된다.)이 존재하며, 이 역사들의 각각에서 가치를 발견할 수 있다. 나는 아모스가 "동등한 가치"라고 말하지는 않았을 거라고 생각하며 반복의 개념에서 그런 동등성이 귀결된다고 주장하고 싶지도 않다. 그럼에도 불구하고, 아모스의 질문들의 목적은 이스라엘 사람들의 자만을 꾸짖는 것이다. 그들은 유일하게 선택되었거나 유일하게 해방된 민족이 아니다. 이스라엘의 하느님은 다른 민족들에게도 주의를 기울인다. 이사야도, 아마도 같은 목적으로, 더욱 극적으로, 같은 주장을 한다. "왜냐하면" 이집트 사람들은 "박해자들 때문에 주님께 부르짖을 것이기 때문이다. 그러면 그는 한 구원자, 지도자를 보내어 그들을 구하실 것이다. 그러면 주님께서는 이집트에 알려지실 것이고, 그날 이집트 사람들은 주님을 알게 될 것이다. …… 그날 이스라엘이 이집트와 아시리아와 더불어 셋이 땅의 한가운데서 복이 될 것이다. 만군萬軍의 주님께서 그들에게 복을 주시며 말씀하시기를, 내 백성, 이집트와 내 손으로 만든 아시리아와 내 소유, 이스라엘아, 복을 받아라 하실 것이기 때문이다."[8] 많은 민족과 하나의 산 대신에, 여기 있는 것은 하나의 신과 많은 축복이다. 게다가 축복들이 서로 다르기에, 세 민족의 역사는 단 하나의 역사로 수렴되지 않는다.

반복적 보편주의는 항상 총괄법의 형태를 부여받을 수 있다. 우리는, 예를 들면, 박해는 항상 나쁘다거나, (사람들이 때때로 말하는 바, 신이 하는 대로) 박해받는 모든 사람의 부르짖음에 반응해야 한다거나, 모든 해방을 평가해야 한다고 주장할 수 있다. 그러나 이것은 특별한 종류의 총괄법이다. 첫째, 이것은 다름—이스라엘, 필리스티아인들, 시리아인들—과의 역사적 상호작용을 통해 경험으로부터 배우는 것이다. 둘째, 우리가 이것을 이렇게 배우기에, 이것은 우리에게 개별성과, 서로 다른 예속과 고통의 경험과, 그 경험을 하는 서로 다른 민

---

8) 『이사야Isaiah』 19 : 20~25.

족의 해방이 서로 다른 형태를 취한다는 사실에 대한 존중을 강요한다. 그리고 끝으로 이것은 차이에 의해 한정되어 있기에 이것을 아는 사람들에게 자신감을 불어넣을 가능성이 더 적다. 실제로 이런 종류의 총괄법은 항상 그것의 있음직한 의도에 모순되는 정신적·도덕적 결과를 초래할 수 있다. 즉, 우리는 인간 생활의 완전한 이질성에 압도되어 우리 자신의 역사가 누구든 다른 사람에게 의미를 가질 수 있다는 믿음을 완전히 포기할 수도 있는 것이다. 또, 만약 우리의 역사가 그들과 상관이 없다면, 그들의 역사도 우리와 상관이 없을 것이다. 우리는 안으로 물러나서 무관심하게 된다. 차이를 인정하는 것은 무관심을 조장한다. 설사 우리가 이집트인들의 해방의 가치를 인정한다 하더라도, 우리에게는 그것을 조장할 아무 이유가 없다. 그것은 신의 일이다. 또는 이집트인들의 일이다. 우리와는 관련이 없다. 우리는 세계사적 사명을 갖고 있지 않은 것이다. 우리는, 그저 애초부터 그럴 뿐일지라도, 불간섭주의의 옹호자다. 그러나 그저 애초부터 그럴 뿐인 게 아니다. 왜냐하면 반복적 보편주의는 부분적으로 자기 자신의 역사를 갖는다는 것의 의미에 대한 어떤 특정한 견해에서 유래하기 때문이다. 그래서 불간섭주의는 어떤 분명한 근거를 주장할 수 있다. 그것은 이 두 번째 보편주의에 가장 적절한 마음과 감정의 상태는 관용과 상호 존중이라는 것이다.[9]

---

9) 데이비드 B. 윙, 『도덕적 상대성 Moral Relativity』 (Berkeley : University of California Press, 1984), 12장.

2

  일신론 신앙의 "짐"을 생각할 때, 반복적 보편주의는 항상 유대교 내의 한 가능성에 지나지 않았다. 그러나 역사 속에서 활동하며 세계에 관여하는 신의 개념으로 인해 그것은 항상 살아 있는 가능성이다. 그런 신을—더구나 전능하고 동시에 어디에나 존재하는 신을—유대인의 역사에, 아니 심지어 유대인이 보는 세계사에 제한할 아무 이유가 없다. 강한 그의 손이 어디서나 눈에 띄지 않는가? 게다가 그는 모든 민족에게 공평하지 않은가? 『예레미야서』에 나오는 다음 구절을 보라.. (이번에도 신이 말하고 있다.) "어느 때 내가 어떤 민족에 관해, 또는 어떤 왕국에 관해, 그것을 뽑고 쓰러뜨리고 멸망시키겠다고 말하든, 만약 내가 말한 그 민족이 그 악에서 돌이키면, 나는 그들에게 나쁜 것을 하려던 생각을 돌이킬 것이다. 또, 어느 때 내가 어떤 민족에 관해, 또는 어떤 왕국에 관해, 그것을 세우고 심겠다고 말하든, 만약 그것이 나의 말을 듣지 않고 내가 보기에 악한 짓을 하면, 나는 그들에게 베풀겠다고 말한 좋은 것을 하려던 생각을 돌이킬 것이다."[10] 분명히 여기서 가리키는 것은 모든 민족이지만, 각 민족은 다른 민족들과는 독립적으로, 저마다의 "때"에 고려되고 있다. 우리는 신이 모든 민족을 같은 기준으로 심판한다고 가정할 수도 있을 것이다. "내가 보기에 악한 짓"이라는 표현이 항상 일련의 동일한 나쁜 행위들을 가리킨다고 생각할 수 있기 때문이다. 그러나 꼭 그렇지는 않다. 만약 신이

---

10) 『예레미야Jeremiah』 18 : 7~10.

각 민족과 개별적으로 계약을 맺거나 각 민족에게 서로 다른 복을 주면, 그가 각 민족에게 개별적인 기준을 설정한다고 말할 수 있을 것이다. 각각의 민족에 대해 나쁜 행위들의 집합이 하나씩 있을 수 있다. 이 경우, 물론 각각의 집합이 분명히 서로 겹칠 것이다. 또, (살인, 배신, 박해 등의 겹치는 부분으로 확정된) 나쁜 행위들의 집합이 오직 하나밖에 없다 하더라도, 좋은 것들의 집합은 여전히 여럿 생길 수 있다. 왜냐하면 좋음은 단순히 악의 반대가 아니기 때문이다. (나는 두 번째 강의에서 이 문제를 다시 다룰 것이다.) 좋은 것들의 집합이 여럿이고 종류가 여러 가지기에 축복도 여럿이어야 하는 것이다. 이 양쪽 어느 견해에서나, 신 자신이 반복적 보편주의자이며, 따라서 인류의 다양성을 관리하고 제한하지만 무효화하지는 않는다.

그럼에도 불구하고, 이 두 번째 보편주의는, 우리가 신 자체가 다양하고 복수複數라는 생각과 일종의 화해를 해야, 가장 잘 작동한다는 주장도 있을 수 있다. 유대교 성서에는 그에 대한 암시가 거의 없지만, 대언자 미카Micah는 다음의 행들에서 그런 주장에 근접한다. (이 중 첫 번째 행이 두 번째 행보다 더 자주 인용된다.) "그리고 사람마다 자기 포도나무와 자기 무화과나무 아래 앉을 것이다. 아무도 그들을 두려움에 빠뜨리지 않을 것이다. …… 왜냐하면 모든 민족이 각기 자기 신의 이름으로 행할 것이나, 우리는 주님이신 우리 하느님의 이름으로 영원히 행할 것이기 때문이다."[11] 두 번째 행은 보통 민족마다 각기 자기 신을 갖고 있고 이스라엘의 신은 단지 많은 신들 중 하나일 뿐이라고

---

11) 『미카Micah』 4 : 4~5.

생각하는 어떤 옛 믿음의 잔재라고 간주된다. 그러나 그렇게 간주하는 것은 보존을 설명하지 못한다. 왜 뒤이은 편집자들이 두 번째 행을 보존하고 포함시켰을까? 어쨌든 두 행은 서로 잘 들어맞는다. 그것들은 대구對句 형태이고 "왜냐하면"(헤브라이어 : 키ki)이라는 접속사로 연결되어 있어, 마치 첫 번째 행에서 묘사되는 행복한 "앉음"이 두 번째 행에서 묘사되는 복수의 "행함"의 결과처럼 보인다. 어쩌면 이것이 미카가 말하고자 하는 것인지도 모른다. 분명한 것은 그것이 고취하는 관용이 평화를 증진한다는 주장이 반복적 보편주의를 옹호하기 위해 가장 자주 펼쳐지는 주장들 중 하나라는 것이다. 일단 첫 번째 보편주의의 집행자들이 모든 사람이 총괄법의 적용을 제대로 받도록 보장하기 위해 일을 시작한다면, 우리 중 몇 명이나 우리의 포도나무와 무화과나무 아래 평화롭게 앉아 있게 되겠는가?

그러나 어쩌면 포도나무와 무화과나무 아래서의 다원주의는 저 위 하늘에서의 다원주의가 아니라, "왜냐하면 모든 민족이 각기 자기 신의 이름으로 행할 것 …… 이기 때문이다."라고 되어 있는 것처럼, 단지 여기 땅 위에서 신의 이름이 여럿일 것만을 필요로 하는지도 모른다. 그렇다면 이 복수성은, 적어도 원칙적으로는, 남자와 여자를 자신의 형상대로—따라서 창조적인 남녀로—창조한 단 하나의, 전능한 이스라엘의 하느님과 양립할 수 있을 것이다. 왜냐하면 이럴 경우 신 자신이 그들의 복수성 그리고 창조성과 일종의 화해를 해야 하기 때문이다.[12] 그들 중 예술가들이 모두 같은 그림을 그리지는 않을 것이다.

---

12) 탈무드의 랍비들에 따르면, 인간의 차이는, 인간의 창조성만큼은 아니더라도, 신의 창조의 특별한 특징이다. "사람이 하나의 주형鑄型에서 여러 동전을 주조하면,

또 극작가들이 같은 희곡을 쓰지도 않을 것이고 철학자들이 좋은 것에 대해 같은 설명을 하지도 않을 것이다. 마찬가지로 신학자들도 신을 같은 이름으로 부르지 않을 것이다. 인류가 공통으로 갖고 있는 것은 단지 이 창조적인 힘뿐이며, 이것은 같은 것을 같은 방법으로 하는 힘이 아니라 서로 다른 많은 것을 서로 다른 방법으로 하는 힘이다. 이것은 (희미하게) 비쳐지고, 분배되고, 개별화된 신의 전능인 것이다. 여기에 반복적 보편주의 원칙을 뒷받침하는 한 창조의 이야기—이것이 지배적 형태가 아님은 인정한다.—가 있다.[13]

3

그러나 신의 창조성과 관련된 사정이야 어떻든 간에, 인간의 창조성에서 나오는 가치들과 미덕들은 반복적인 형태일 때 가장 잘 이해될 수 있다. 독립, 주체성, 개인주의, 자기 결정, 자치, 자유, 자율, 이 모든 것은 보편적 가치로 간주될 수 있지만 모두 개별주의적 함의도 갖고 있다. (개별주의가 훨씬 더 강하기는 하지만, 독창성과 진정성과 비순응 등 낭만주의의 주요 가치들의 경우도 마찬가지다.) 우리는 어렵지 않게 "자기 결정은 모든 국민/민족의 권리다." 같은 총괄법을 상

그것들이 모두 서로 닮지만, 지고하신 왕들의 왕은 …… 최초의 사람이라는 압형押型으로 모든 사람을 만드셨음에도 불구하고, 어떤 사람도 다른 사람을 닮지 않는다." (『바빌로니아 탈무드 Babylonian Talmud』, Sanhedrin 37a)

13) 나는 여기서 『살아 있는 계약 : 전통 유대교 속의 혁신 정신 A Living Covenant: The Innovative Spirit in Traditional Judaism』 (New York : Free Press, 1985), 특히 22~24, 265~266쪽에 있는, 창조의 도덕적 의미에 대한 데이비드 하트만의 설명에서 도움을 얻었다.

상할 수 있는 것이다. 그러나 이런 것은 이내 구체적 적용을 할 수 없는 법이다. 이런 법은 그것의 실질적 결과를 구체적으로 결정할 수 없는 것이다. 왜냐하면 우리는 결과가 자기 결정에 의할 때만 그것을 존중하고 결정은 '자기'에 따라 달라지기 때문이다. 반복되는 자기 결정 행위는 차이의 세계를 낳는다. 물론, 이 과정이 계속되면서 새 총괄법들이 효력을 발휘할 수 있다. 그러나 자기 결정이 법에 의해 완전히 "총괄된다면", 즉 모든 점에서 법적으로 결정된다면, 그것이 무슨 가치가 있는지 알기 어렵다. 모세Moses가 (이번에도 신을 대신해 말하면서) 이스라엘 사람들에게 "내가 너희 앞에 삶과 죽음을 …… 두니 삶을 선택하여 너희와 너희 자손들이 살고"라고 말할 때, 우리가 이 선택이 어떤 의미에서 자유롭다는 데 동의할 수 있을지는 모르지만, 선택되는 삶은 분명히 자기 결정에 의한 것은 아니다.[14] 이에 반해서, 나중에 유대인들이 신의 법의 해석을 둘러싸고 논쟁을 벌이면서 하나의 **삶의 방식**을 만들어 나가는 것은 정확히 자기 결정의 과정이라고 부를 수 있는 것이다.

  자기 결정은, 일단 그것을 옹호한다면, 설사 부당하거나 잘못된 선택이 종종 이루어질 거라고 생각한다 할지라도, 옹호해야 하는 가치다. (그러나 나는 어떤 특정한 경우에, 만약 그 경우에 행위자의 선택이 결정적으로 중요한 도덕적 원칙을 틀림없이 또는 사실상 틀림없이 위반하게 될 거라면, 자기 결정에 반대할 수도 있을 것이다. 그럼에도 불구하고, 나는 여전히 나 자신을 자기 결정의 옹호자로 간주할 것이

---

14) 『신명기Deuteronomy』 30 : 19.

다.) 민족은 독자적으로 선택해야 한다. 각 민족이 독자적으로 선택해야 한다. 따라서 우리는 우리의 삶의 방식을 결정하고, 그들도 그렇게 하며, n번째 그들까지 그렇게 한다.—그래서 각각의 결정은 앞서의 결정뿐 아니라 동시 발생적인 결정과도 의미심장하게 다를 것이다. 분명히 우리는 서로의 행위를 비판할 수 있고, 예를 들면, 그것이 우리의 행위와 보다 비슷해져야 한다고 촉구할 수도 있지만, 우리의 삶과 자유 (또는 무고하다고 추정되는 다른 남녀들의 삶과 자유)가 침해되거나 위협받지 않는 한, 우리는 강제적으로 간섭할 수 없다. 우리는 경찰의 역할을 하면서 법을 강제할 수는 없는 것이다. 왜냐하면 (심각한 침해의 경우 외에는) 법의 집행에 필요한 구체적 법 적용을 할 수 없기 때문이다. 우리의 행위나 그들의 행위에 대해 충분할 만큼 완전한 청사진을 제공하는 총괄법이나 법의 집합은 없다. 또한, 한 민족이 동의한 법들이 다른 모든 민족들에게도 "총괄적으로 적용되어" 내용의 모방이 절차적 반복을 대체하게 될 수 있는 것도 아니다. 만약 자율에서 나오는 가치들과 미덕들이 실제적인 가치들과 미덕들이라면 그런 대체는 있을 수 없다.

같은 논리가 국민/민족에게뿐 아니라 개인에게도 적용된다. 만약 우리가 자율을 가치 있다고 여긴다면, 우리는 개개인의 남녀가 그들 자신의 삶을 갖기를 원할 것이다. 그러나 만약 모든 삶이 철저히 단 하나의 총괄법 집합의 적용을 받는다면, "독자성"의 개념은 어떤 외연도 가질 수 없다. 개인의 자율은 다양한 방식으로 제약될 수 있고 분명히 제약되고 있지만 전적으로 통제될 수는 없고 통제되고 있지도 않다. 자기 자신의 삶을 "갖는" 유일한 방식은 없는 것이다. 우리는 그런 삶은, 가질 수 있게 되기 전에, 먼저 만들어져야 한다고 생각하는 경향이 있다. 즉, 우리는 개인의 삶을 하나의 프로젝트, 경력, 사업, 계획하고 그 계획에 따라 수행하는 어떤 것으로 보는 것이다. 그러나 이것은 그저 개성에 대한 우리의 (집단적) 이해일 뿐이다. 그것이 사실 자체의 파악은 아니다. 그것이 개인이 되는 유일한 정당하거나 참된 길을 제시하는 것은 아닌 것이다. 실제로는, 삶을 상속받고도 그것을 자기 자신의 삶으로 소유하는 것이 전적으로 가능하다. 또 전혀 아무 사전 계획 없이 하나의 삶을 발견하는 것, 문자 그대로 그것과 우연히 마주치는 것도 가능하다. 자율에 대한 어떤 설명에서든, 서로 다른 자기 결정뿐 아니라 서로 다른 종류의 자기 소유의 여지도 있어야 한다.

반복적 보편주의는 단지 자아의 다양성에만 관계가 있는 게 아니다. 애착에서 나오는 가치들과 미덕들도 반복적인 형태일 때 가장 잘 이해된다. 사랑, 충성, 신의, 우정, 헌신, 의무, 애국심, 이것들 각각 또는 모두는 보편적으로 명령될 수 있지만, 이 명령은 필연적으로 추상적이다. 그것은 실질적인 경험을 결정하지 못하는 것이다. "네 이웃을 사랑하라."는 잘 알려진 총괄법이지만, 그것이 총괄하는 개개의 모든 사랑 관계는 유일무이하다. 가족 등 제1차 집단을 구성하는 집단 애착을 포함한 집단 애착들의 경우에도 마찬가지다. 톨스토이Tolstoi가 "모든 행복한 가족은 서로 닮았다."[15]고 주장한 것은 잘못이다. 소설가들에게는 가족의 불행에 초점을 맞출 훌륭하고 충분한 이유들이 있겠지만, 만약 행복한 가족이 (무엇보다도) 서로 애착을 느끼는 구성원들을 가

---

15) 레오 톨스토이, 『안나 카레리나Anna Karenina』, 1부, 1장.

진 가족이라면, 이 애착은 복합적이고 다양하며 가족마다 다를 뿐 아니라 가족 내에서도 다를 게 분명하다. 게다가 문화가 다르면 분명히 더욱더 다를 것인데, 문화가 다르면 가족 애착의 개념 자체가 다르게 이해되기 때문이다. 우리는 연인들이나 가족 구성원들이 서로를 어떻게 대해야 하는지에 대해 단지 가장 일반적인 방식으로만 명확히 말할 수 있다. 그러나 이것은 이 관계에 그것의 특수성과 가치를 부여할 수 있는 방식이 아니다.

어느 연인이나 자신의 사랑을 해야 한다. 그가 상대방에게 주는 사랑은 어떤 보편적인 사랑이 아닌 **그자신의** 사랑이어야 하는 것이다. 물론, 기독교 내에는 우리가 다른 사람들에게 줄 수 있는 유일한 사랑은 우리를 향한 신의 넘쳐흐르는 사랑뿐이라는 주장이 있다.[16] 그러나 그의 사랑이 항상 동일한 사랑이라고 말한다면, 그것은 유대교의 신은 물론 기독교의 신을 오해하는 것이고, 그의 전능성의 의미를 파악하지 못하는 것이라고 나는 생각한다. 우리는, 그 대신에, 신의 사랑은 특정한 한 사람에게 초점이 맞추어질 때마다 달라진다고 가정해야 할 것이다. 그렇지 않다면 그것은 **나**(또는 당신)**에 대한** 그의 사랑이 아닐 것이다. 그러나 설사 신의 사랑이 이렇게 달라지지 않는다 해도, 인간의 사랑은 확실히 달라진다. 다른 사람들에게 전해질 때는 그것이 서로 다른 강도를 띠고, 서로 다른 방식으로 표현되고, 서로 다른 감정적 · 도덕적 함축을 갖는 것이다. 이 차이는 때로는 개인적이고 때로는 문화

---

16) 안더스 니그렌, 『아가페와 에로스 *Agape and Eros*』, Philip Watson 옮김 (Chicago : University of Chicago Press, 1982).

적이지만, 어느 경우에서나 경험에 결정적이다. 우리는 사랑의 차이로 사랑을 알며 그것이 일단 완전히 관습화되거나 총괄법의 규칙에 따르게 되면, 그것을 사랑으로 인정하지 않을 것이다.

애국심 또는 나라에 대한 사랑도 마찬가지로 그것의 차이로 알게 된다. 만약 자기 나라가 다른 모든 나라들과 구별될 수 없다면, 그것을 사랑하는 게 어떻게 가능하겠는가? 서로 다른 나라는 서로 다른 종류와 정도의 충성심을 불러일으킨다. 이것이 "민족자결national self-determination"이라는 표현에 있는 "자기self"를 구성하는 애착이며, 결정determination이 자기에 따라 달라지는 것처럼, 민족적 자기는 애착의 종류에 따라 달라진다. 정치 생활에서는 자율의 가치와 충성의 가치가 협력하여 다양성―서로 다르게 표현되고 구현되고 찬양되는 상호 애착을 가진 남녀들의 서로 다른 결사―을 낳는다. 에드먼드 버크Edmund Burke는 사람들이 자기 나라를 사랑할 수 있으려면 그 나라가 사랑스러워야 한다고 썼다.[17] 맞다. 그래서 우리는 어쩌면 모두가 인정하는, 사랑스러움에 대한 어떤 최소한의 기준(또는, 보다 있음직한 일로서, 널리 경험되기에, 널리 인정되는 어떤 추함의 형태들)을 발견할 수 있을지도 모른다. 그러나 대부분의 경우 무엇이 사랑스러운가는 보는 사람에 따라 다르다. 나라에 대한 보편 미학은 없는 것이다.

보편 윤리는 있는가? 정의는 분명히 총괄법적으로 설명되어야 한다고 주장되는 가치들과 미덕들 중 가장 중요한 것이다. 아모스는 말한다. "다만 정의가 홍수처럼, 공평이 큰 강처럼 흐르게 하라."[18] 일반적

---

17) 에드먼드 버크, 『프랑스 혁명에 관한 고찰Reflections on the Revolution in France』 (London : J. M. Dent 'Everyman's Library', 1910), 75쪽.

이해에 따르면, 윤리의 지리학에서는 단 하나의 큰 강, 범람하여 온 세상을 비옥하게 하는 하나의 나일 강 또는 미시시피 강만 있다. 단 하나의 정의로운 사회질서만 있고 정의의 이론의—살인, 고문, 박해, 기만, 사기 등을 금지하는—그 모든 부정적 명령들은 총괄법적 표현을 불러들이는데, 그것은 일반적이고 절대적인 "하지 말라!"다. 마찬가지로, 그런 법에 대한 어떤 예외도 표준적인 예인 정당방위로 죽이는 것에서처럼 어느 곳의 어느 누구에게나 예외여야 한다.

정의는 자율과 애착이 반복적인 것과 같은 이유—도덕의 세계를 창조하고, 그 창조성 덕분에 자기 자신의 삶과 나라를 갖게 된 인간 행위자들에 대한 인정과 존중—로 성격상 보편적인 것처럼 보인다. 인간 행위자들의 창조물들은 매우 다양하고 항상 특수하지만, 그들의 창조성에는 어떤 단일하고 보편적인 것이 있고, 이미 시사한 것처럼, 모든 인간 행위자는 창조자인 신의 형상대로 창조되었다는 주장에서 나타나는, 행위에 대한 어떤 엄중한 사실이 있다. 정의가 우리가 그 엄중한 사실과 신의 형상에게 바치기를 배우게 된 공물이다. 인간 행위자들을 보호하고 그들이 창조적(반복적) 과업을 수행할 수 있도록 그들을 해방하기 위해 여러 세기에 걸쳐 정의의 원칙들과 규범들이 마련되어왔다. 즉, 하나의 행위자 집합에 대해 하나의 원칙 집합이 마련되어온 것이다. 그러나 여기에는 문제가 있다. 분명히 행위를 기초로 정의의 이론을 세울 수는 있다. 행위자들에 대한 똑같은 존중(과 똑같이 행위자인 모든 남녀)에서 시작한다면, 정의로운 사회에 대한 어떤 완벽하게 구체

---

18) 『아모스Amos』 5 : 24.

화된 묘사에까지 이르지 않고 멈출 수 있는 분명한 지점은 아마 없을 것이다. 그러나 우리는 이 구체적 묘사를 보면서 아마도 우리가 행위를 너무 구체화했다고 느낄 것이다. 왜냐하면 우리가 그것을 더 많이 구체화할수록, 그것이 구체화할 수 있는 것은 점점 더 적어지기 때문이다. 인간의 행위에 선택과 창조의 여지를 전혀 허용하지 않을 거라면, 도대체 왜 그것을 존중하는가?

만약 우리가 정의를 다양하게 만들어진 하나의 사회적 발명품, 인간의 창조성의 또 하나의 산물일 뿐으로 생각한다면, 정의를 만들어내는 일도 실용적으로 자율과 애착을 만들어내는 일과 그리 달라 보이지 않는다. 우리가 단일하고 보편적인 정의를 기대해야 할 이유가 무엇인가? 그것은 마치 극작가들에게 모두 같은 희곡을 쓰라고 요구하면서 그들이 다수 존재하도록 보호해주겠다는 것과 같지 않을까? 그러나 모든 극작가가—물론, 냉정한 관객과 혹평이 아니라 검열과 박해로부터—같은 보호를 필요로 하지 않는가? 우리가 총괄법과 반복적 도덕 사이에 어떻게 경계선을 그어야 할까?

4

나는 이제 이 중대한 경계선을 그으려는, 이 시대의 한 철학자의 시도—스튜어트 햄프셔Stuart Hampshire의 에세이, 『도덕과 인습Morality and Convention』[19]—를 살펴보고자 한다. 햄프셔는 "현지의 기억과 현지의

---

19) 스튜어트 햄프셔, 『도덕과 갈등 Morality and Conflict』 (Cambridge : Harvard University Press, 1983), 6장.

애착"에 뿌리를 둔 개별적 삶의 방식들의 요구들과, "공통의 인간성과 전적으로 일반적인 합리성의 기준에서 생기는" 보편적 도덕의 요구들을 똑같이 잘 이해하고 있기 때문에 특히 유용한 논리를 제공한다. 그는 첫 번째 종류의 요구들은 "성 윤리와 가족 관계와 친구의 의무를 지배하는 금지령들과 규칙들"과 관계가 있는 도덕의 영역들에서 가장 강하다고 생각한다.[20] 여기서 "지배하다"는 개별성을 나타내는 동사들의 하나다. 즉, 적어도 이 영역에서는 우리가 우리 자신의 금지령과 규칙을 결정해야 하는 것이다. 두 번째 종류의 요구들은 권리의 원칙들과 분배의 규칙들을 그것의 고유 영역으로 갖고 있다. 여기서 "원칙들"과 "규칙들"은 전 세계적 유효성을 갖는 명사다. 어떤 특정한 개인에게도 속하지 않는 이성이 그것들의 내용을 제공하기 때문이다.

이것은 반복적 보편주의와 총괄법 보편주의의 구별과 정확하게 일치하는 것 같이 보이는 방식으로 자율과 애착을 정의와 구별하는 것이다. 햄프셔는 혈족 관계와 친교와 관련해서는 "다를 자유"를 인정한다. 분배와 관련해서는 "수렴의 요구"를 인정한다. 그가 말하는 "자유"는 서로 다른 많은 역사를 고려하고 있다. 그가 말하는 "요구"는 단일성을 지향하는 지속적(이고 눈 익은) 압력을 가리킨다.[21] 자율과 애착에서 나오는 가치들과 미덕들은 관습과 감정과 습관의 문제다. 그러므로 그것들이 서로 다른 사회에서 같아야 할 이유는 없다. (따라서 그 "자유" 자체는 보편적이다.) 정의에서 나오는 가치들과 미덕들은

---

20) 같은 책, 134~135쪽.
21) 같은 책, 139쪽.

이성적 논증의 문제다. 그것들은 원칙적으로 어디서나, 동일하지는 않더라도, 비슷해야 한다.

그렇지만 이 구별의 실질적 의미를 이해하기는 쉽지 않다. 잠시 가족 관계, 즉 혈족 체계의 문제를 생각해보자. 인류학자들이 연구하는 대부분의 사회에서 (그리고 어느 정도는 우리 사회에서도 여전히) 혈족 관계의 규칙들은 분배 정의의 규칙들이기도 하다. 그것들이 누가 누구와 살고, 누가 누구와 자고, 누가 누구에게 복종하고, 누가 누구를 지배하고, 누가 누구에게 지참금을 주고, 누가 누구에게 상속을 받는지를 결정한다. 그런데 일단 이 모든 것이 결정되고 나면, 합리적이고 보편적인 분배 규범이 강요될 수 있는 여지는 그리 많이 남지 않는다. 이제는 다를 자유와 수렴의 요구가 확연히 서로 충돌한다. 왜냐하면 그것들이 둘 다 같은 영역을 지배하는 것 같아 보이기 때문이다.

햄프셔는 정의가 자율과 애착에 대해 일종의 부정적 제약의 역할을 한다고 주장함으로써 이 충돌을 해결하려고 한다. 그는 합리성이 요구하는 것은 "'이 경우에는, 성 윤리의' 규범들과 관습들이 명백하고 피할 수 있는 불행을 야기하거나 일반적으로 인정되는 공평의 원칙들을 위반해서는 안 된다는 것"이라고 쓴다. 이것은 오직 이성 (또는 상식: "일반적으로 인정되는"이 무슨 뜻이겠는가?)만을 제약으로 삼는, 문화 다양성 옹호 제안이고, 이 제안은 그 제약이 얼마나 많은 제약을 가져오는가에 따라 더 많거나 더 적게 매력적으로 느껴질 것이다. 햄프셔에게 문화 다양성의 모델은 철저히 서로 다르고, 겉보기에는 자의적인 것 같은 문법과 "경어법敬語法"을 가진 자연 언어들의 다양성이고, 이성적 제약의 모델은 "모든 언어의 가설적 심층 구조"다.[22]

그러나 언어와의 이런 비교에는 어려움도 따른다. 왜냐하면 정말로 모든 자연 언어에서 반복되는 언어의 심층 구조는 다양한 문법들을 규제한다기보다는 구성하기 때문이다. 만약 우리가 언제든 다른 심층 구조를 가진 언어를 발견한다면, 우리는 보편성 가설을 포기해야 할 것이다. 또한, 비정상적 언어를 "바로잡겠다고" 나설 수도 없을 것이다. 그러나 도덕에서의 총괄법들—예를 들면, "일반적으로 인정되는" 정의의 "원칙들"—의 성격은 정확히 규제적이다. 즉, 만약 햄프셔가 총괄법을 갖추지 않은 도덕을 발견한다면, 그는 아마 그것을 비판하고 바로잡으려 할 것이다.

물론, 반복으로 만들어진 우리의 도덕들과 삶의 방식들이 공통의 심층 구조를 갖고 있을 수 있다. 그러나 우리에게 더 중요한 질문은 그것들이 공통의 본질을 갖고 있느냐이다. 모든 도덕의 핵심 어딘가에 위치하여 자율과 애착의 모든 도출을 규제하는 단 하나의 원칙들의 집합이 실제로 있을까? 이렇게 표현하니, 이 질문은 다음과 같은 부정적인 대답을 유발한다. '그저 인류학 책을 뒤져보기만 하면 된다.' 반복은 차이를 조장한다. 그러나 우리는 서로 겹치는 수많은 집합들을 발견할 것이고, 각각의 집합은 다른 집합들과 가족 유사성을 지닐 것이다. 따라서 우리는 그것들이 (모두) 정의의 원칙들임을 알게 될 것이고, 이를테면, 국가들과 민족들의 교류로 인해 그것들의 공통적 특징들을 강조하는 방향으로 해석하게 될 것이다. 그러나 우리의 해석들은 정의에서 나온 **분화殊化된 공통점**들밖에는 보여주지 못할 것이다. 왜냐하면 이

---

22) 같은 책, 136쪽.

공통적 특징들은 항상 어떤 특정한 체계 속에 내포되어 있고 매우 독특한 방식으로 구체화되어 있기 때문이다. 우리는 이 차이들을 어떤 보편적 규범, H. L. A. 하트Hart의 "최소한의 자연법"[23] 같은 것으로 추상화한다. 그러나 자연법을 최종적으로 완벽하게 표현하는 유일한 실정법들의 집합이 있을 수 없는 것처럼, 그 규범에 대한 유일한 정확한 진술도 결코 있을 수 없다. 어떤 진술이나, 말하자면, 철학적 짐을 진 해석이기도 한 것이다. 게다가 그것은 그 외에도 그것이 진술되는 언어로 인한 문화적 짐까지 지게 될 가능성이 높다.

어쨌든 세계가 점점 더 좁아짐에 따라 성과 혈족 관계의 영역에서도 똑같이 공통점을 찾고 똑같이 추상화할 수 있다. 따라서 추상화된 규범이 사회적 관행에 어떤 제한을 가한다면, 그 규범은 단지 정의에 관해서 뿐만이 아니라 도덕 생활 전반에 걸쳐 그렇게 할 것이다. 그리고 분화의 가능성도 전반적으로 존재한다. 여기에는 영역의 구별, 총괄법 보편주의가 지배적인 역할을 할 수 있는 구분된 사회 영역이 없는 것이다. 우리가 결정적인 경계선을 그으면, 반대편에는 아무것도 없게 된다. 총괄법이 모든 것을 총괄하든지—또는 더 정확하게 말하면, 민족마다 자신들의 민속춤이 있다는 식으로, 사소한 것들만 반복되든지—아니면 정의를 포함한 모든 것이 반복되고 반복의 과정에서 (부분적으로) 분화되는 것이다.[24]

---

23) H. L. A. 하트, 『법의 개념 The Concept of Law』 (Oxford : Clarendon Press, 1961), 189~195쪽.
24) 햄프셔의 주장과 어느 정도 비슷한 주장이 오렐 콜나이의 에세이 「잘못된 양심 Erroneous Conscience」에 제시되어 있다. 콜나이는 도덕적 경험의 농밀함과 다양함에 대한 섬세한 감각을 갖고 있다. 그럼에도 불구하고, 그는 "서로 다른 도덕들"이

5

그러나 반복적 보편주의도 보편주의의 한 형태다. 나는 이미 그것이 어떻게 총괄법적 표현을 불러들이는가를 시사했다. 즉, (햄프셔의 다를 자유 같은) 반복의 권능 자체는 보편적이라고 말했다. 내 말은 이 권능이 모든 반복의 노력에 앞서 존재한다는 게 아니라—그러나 우리가 그것을 신이 준 권능이라고 생각한다면, 그것은 앞서 존재할 것이다.—단지 도덕을 만들 수 있다는 모든 주장, 삶의 방식을 결정할 수 있다는 모든 주장이 뒤따르는 권리 주장들을 정당화한다는 것뿐이다. 또, 반복의 경험은 적어도 사람들이 주장들의 다양성을 인정할 수 있게 해준다. 우리가 어떤 특정한 역사를 우리 자신의 역사로, 다른 어떤

있다는 주장에 반대한다. 도덕은 성격상 필연적으로 단일하지만 우리의 "소속"에 의해 다양화된다는 것이다. 왜냐하면 도덕적 경험은 항상 어떤 시간과 장소에 위치하면서 특정한 다른 사람들에 애착을 갖는 특정한 사람들의 경험이기 때문이다. "따라서 우리가 나면서부터 속하거나 자유로운 선택을 통해 가입하는 사회적 실체는, 무엇보다도, 어떤 독특한 도덕적 특징과 관행과 방점을 갖는다. …… 그것에 대한 우리의 충성은 일반적인 도덕적 요구들", 즉 "총괄법"을 "충족시키며, 이어서 어떤 파생된 도덕적 의무들을 낳는다. 우리의 가족·민족·종교·정치적 등의 소속으로부터 우리 각자에게 일련의 도덕적 부칙들이 생기는 것이다." 이 부칙들이 서로 다른 가족과 민족을 그것들의 "우연한 적용점"으로 갖고 있기 때문만이 아니라, 그것들이 반영하는 소속이 나름의 "특징과 관행과 방점"을 가진 독특한 "생활의 틀" 또는 "의무 영역"을 이루고 있기 때문에, 그것들은 독특하다. 도덕은 콜나이가 "도덕과 관계없는 사실들"(집단의 성향, 열렬한 애착)이라고 부르는 것의 작용을 통해 개별화된다. 그런데 이 "사실들"에 의해 시작된 과정은, 서로 다른 도덕은 아니더라도, 도덕에 대한 서로 다른 이해와 경험—따라서 서로 다른 생활 방식—을 낳는 데 매우 큰 도움이 되는 것처럼 보일 거라고 한다. "정직이라는 도덕적 의무"는 의심할 바 없이 이 과정에서 약간만 변하고 살아남겠지만, 분배 정의의 규범들이 이 과정에서 크게 분화되지 않을 거라고 생각하기는 어렵다는 것이다. (『윤리와 가치와 현실: 오렐 콜나이의 논문 선집 *Ethics, Value and Reality: Selected Papers of Aurel Kolnai*』, 버나드 윌리엄스와 데이비드 위긴스의 서문 (Indianapolis: Hackett, 1978), 21~22쪽.)

역사를 다른 어떤 사람의 역사로, 그리고 이 두 가지 모두를 인간의 역사로 인식할 수 있는 것처럼, 우리는 자율과 애착에 대한 어떤 특정한 이해를 우리 자신의 이해로, 다른 어떤 이해를 다른 어떤 사람의 이해로, 그리고 이 두 가지 모두를 도덕적 이해로 인식할 수 있다. 우리는 가족 간의 유사성을 보면서도 동시에 각각의 가족 구성원의 개별성을 인정할 수 있는 것이다. 앞에서 시사한 것처럼, 이 인정은 부가적이고 귀납적이어서 (총괄법으로 즉시 도약할 수 있는 발판이 되는) 외부적 견지나 보편적 시점을 필요로 하지 않는다. 우리는 우리가 있는 곳에 서서 다른 사람들과의 마주침을 통해 배우는 것이다. 우리가 배우는 것은 우리가 어떤 특별한 지위를 갖고 있지 않다는 것, 우리가 하는 권리 주장을 그들, 즉 이스라엘의 자손들과 에티오피아인들의 자손들도 하고 있다는 것이다. 그러나 이렇게 다름을 인정하는 것은 도덕적 행위다. 만약 반복이, 내가 믿는 대로, 참된 이야기라면, 그 이야기에는 보통 총괄법 보편주의에서만 온다고 말하는 도덕적 제약을 담고 있을 것이다.

반복은 반복의 계기에서도 보편적이다. 우리는 우리 자신의 도덕을 만들 수 있지만 그것을 닥치는 대로 또는 아무렇게나 만들지는 않는다. 자율적이고 애착을 가진 행위자들은 일정한 종류의 개인들, 도덕적으로 창조적인 인간들이며 그들이 창조하는 도덕은 그들의 경험에 상응해야 한다.[25] 도덕 만들기를 촉진하는 경험은 지배권과 예속, 즉 억압과 취약성과 공포와, 일반적으로, 권력의 행사와 관련된 경우가

---

25) 앤서니 스미스, 『민족의 인종적 기원The Ethnic Origins of Nations』 (New York : Basil Blackwell, 1988).

가장 많다. 다시 말해, 우리에게 스스로를 정당화하고 서로에게 도움을 호소하기를 요구하는 경험인 것이다. 우리는 이 요구에 창조적으로, 따라서 서로 다르게 반응하는데, 이때 어쩌면 우리가 우리의 반응이 유일하게 정당한 반응이라는 잘못된 확신을 갖는 경우가 가장 흔한지 모른다. 그러나 역사 기록이 보여주는 것은 있을 수 있는 반응은 아주 다양하며, 최소한, 경험에 상응한다는, 그리고 계기의 요구를 충족한다는, 이 의미에서 정당한 실제의 반응은 아주 많다는 것이다.

이 요구가 충분히 또는 진정으로 충족되지 못할 수는 있지만 전혀 부응되지 않는 경우를 상상하기는 어렵다. 예를 들면, 기존의 도덕들이 압제의 사실을 은폐함으로써 압제자들의 이익에 봉사한다는 주장은 흔하고 종종 정확한 비판이다. 그러나 인간들이 인간의 경험에 직면하여 만든 어떤 도덕도 압제자들의 이익에만 봉사할 수는 없다. 왜냐하면 어떤 개별적 인간 이익에 봉사하기 위해서는 항상 보다 폭넓은 봉사에의 길을 열지 않을 수 없기 때문이다. 탈출기 Exodus의 이야기를 다시 생각해보자. 이것은 분명하게 압제에 대한 이스라엘의 의식을 시발점으로 하고 있다. "이스라엘 자손들이 노예 생활 때문에 탄식하며 부르짖으니, 노예 생활 때문에 그들이 부르짖는 소리가 하느님께까지 올라갔다."[26] 노예 생활이 부르짖음의 이유였고, 이는 자유로운 인간의 삶이 어떤 것인지 또는 어떤 것일지에 대해 이해가 이미 확립되어 있음을 보여준다. 그런 삶이 사회적으로 어떻게 배정되어 있든, 누구나 그것을 요구할 수 있는 것이다. 우리는 필리스티아인들과 시리아인

---

26) 『탈출기 Exodus』 2 : 23.

들도 비슷한 (그러나 같지는 않은) 요구를 했을 거라고 확신할 수 있다. 이들의 부르짖음이 이스라엘인들의 부르짖음과 표현과 주제에서 다르기는 했지만 그들도 "부르짖은" 것이다. 도덕 만들기는 항상 이 부르짖음이 의미를 가질 수 있게 해주는 정의의 원칙들을 제공함으로써 (또는 조만간 제공해줌으로써) 그것을 포괄하고 그것에 권한을 부여한다.

도덕적 계기에 대한 어떤 반응도 과거의 또는 동시적인 반응의 견지에서 비판받을 수 있다. 우리는 서로에게 배울 수 있고, 이때 배우는 교훈은 상대방이 가르치려 한 것과 정확히 일치하지 않을 수도 있다. 선물의 가치가 주는 사람에 의해 정해지는 게 아닌 것이다. 어쨌든 선물에는 가치가 있다. 민족들은 실제로 서로에게 "빛"이 될 수 있는 것이다. 도덕을 만드는 사람들(입법자들과 신의 대언자들과 또한 평범한 남녀들)은 모방을 위해서가 아니라 자기 자신의 작품을 강화하기 위해 서로의 스타일을 채택하거나 심지어는 구상까지 빌리는 예술가들이나 작가들과 비슷하다. 이렇게 우리는 서로 같아지지 않으면서도 개선될 수 있다. 오히려 우리는 우리의 창조력을 부인하거나 억압하지 않고는 서로 같아질 수 없다. 더구나 부인과 억압 자체가 바로 그 힘의, 비뚤어졌지만, 창조적인 사용이며 항상 다른 여러 가지 사용이 그 뒤를 따른다.

이제 비슷한 도덕적 계기에 대한, 우리의 서로 다른 반응의 보다 구체적인 실례를 생각해보자. 이 시대에 총괄법의 지위를 얻기에 가장 유망한 후보로부터 시작하겠다. 그것은 인간은 똑같은 존중과 관심을 받을 자격이 있다는 원칙이다.[27] 관련된 도덕적 계기는—정복되고 노예화되고 배척되고 하층민이 되는 '등의—굴욕이나 전락의 경험이다. 정복되거나 노예화되거나 배척되거나 사회적 지위가 낮아진 남녀들 중 일부는—기존 도덕의 자원에 입각하여—존중론으로 반응할 것이다. 그러나 이 반응이 여러 가지 상황에서 여러 가지 자원을 이용하여 되풀이해서 반복되어야 하기에, 존중의 개념 자체가 분화되고 그것의 이름도 명예, 품위, 가치, 지위, 인정, 평가 등 여러 가지가 된다. 충분히 추상적으로 묘사된다면, 그것들이 어쩌면 모두 같은 것일지 모르지만, 현실에서는, 일상생활에서는, 그것들이 서로 매우 다른 것들이다. 우리가 그것들 모두에 따라 모든 사람을 대할 수는 도저히 없다. 그뿐 아니라 총괄법임에도 불구하고, 우리가 모든 사람을 동등하게 그것들 중 어느 하나에 따라 대할 수 있는지도 사실은 의문이다. 총괄법의 명령은 그것을 통해 창출하려는 보편성을 전제로 한다. 오직 신만이 자신의 형상대로 창조한 피조물들 개개인에게 똑같은 존중과 관심을 보여줄 수 있다. 이것이 개개인의 남녀와 개별적인 형태의 관계를 맺는 것을 배제하는 것은 아니지만, 성서의 신이—예를 들면, 아벨의 제물을 카인의 제물보다 선호할 때처럼—통례적으로 나타내는 종류의 편애는 배제한다. 심지어는 신도 편애한다고 상상되는 것을 볼 때, 우리가 다르게 행동하는 것을 상상하기가 우리에게 얼마나 어려울지를 알 수 있다.

다시 현실을 말하자면, 우리는 우리의 역할이 그것을 요구할 때만, 그리고 그 경우에도 그 역할과 관계된 사람들에 대해서만 똑같은 존경

---

27) 로널드 드워킨, 『권리를 진지하게 생각하기 Taking Rights Seriously』 (Cambridge : Harvard University Press, 1977), 180~183쪽을 보라.

과 관심을 보인다. 오늘날에는 이 명령이 국가 공무원들을 향하는 경우가 가장 많다. 즉, 그들은 국가 시민들과의 모든 관계에서 그런 평등주의를 발휘해야 하는 것이다. (그러나 그밖의 사람들과의 관계에서는 발휘해서는 안 된다.) 시민들은, 말하자면, 집단적으로 그들의 편애를 받는 사람들이고, 시민들을 구별하여 더 편애하는 것은 허용되지 않는다. 그런 다음 동일한 명령이 다른 공무원들과 다른 시민 집합들에 대해서도 반복된다. 유효한 총괄법은 모든 공무원이 자신들과 **같은** 시민들을 똑같은 존중과 관심으로 대해야 한다는 것이다. 그러나 이것 역시 즉시 차이를 조장하는 총괄법들 중 하나다. 같은 시민 의식이나 같은 존중의 개념은 보편적으로 공유되는 게 아닐 것이다. 게다가 존중을 요구하는 것은 단지 간접적으로만 개인 자체고, 보다 직접적으로는 개인이 같은 시민들과 공유하는 삶의 방식, 존중과 관심의 문화다. 따라서 법은 이런 형태를 갖는다. '사람들은 자신들이 어떻게 대우받아야 하는지에 대한 그들 자신의 관념에 따라 (또는, 오만과 주제넘음을 막고 열등감이나 마르크스주의자들이 "허위의식"이라고 부르는 것을 가진 사람들을 보호하기 위한 표현으로, 그들 자신의 생활방식에 대한 이상적 표준에 따라) 대우받아야 한다.' 이것이 중요하지 않은 도덕률은 아니지만, 그것은 아마도 총괄법의 형태에서보다는 반복적인 형태일 때 가장 잘 이해될 수 있을 것이다.

 우리가 이 도덕률의 서로 다른 결과들을 비슷한 계기에, 그러나 서로 다른 역사적 상황과 서로 다른 세계관의 영향 속에서 수행된 우리 자신의 도덕적 노력의 반복으로 인식하는 한, 우리는 그것들을 존중하는 것이다. 결과들을 존중한다고 해서 그것들을 비판할 수 없는 것은 아니며, 또한 그 때문에 우리가 결과들의 기반이 되는 신념들에 대해 이의를 제기할 수 없는 것도 아니다. 비판이 일어나는 가장 일반적인 계기는 실제의 결과가 개념적 결과에 상응하지 못하는 것이다. 즉, 실행 성과가 약속에 미치지 못하는 것이다. 예를 들면, 우리는 우리 자신의 자녀들에 대해 특별한 관심을 표하고 어떤 다른 부모 집단이—비록 그들의 실제 행동, 그들의 관심이 표현되는 구체적 행동은 우리 자신의 행동과 매우 다를지라도—같은 것을 하고 있다고 인정했을 수 있다. 그런 후 우리는 또한, 관심을 표한다는 게 무엇인지를 알기에, 진정한 관심은 전혀 없었고 오히려 학대나 방치(또는 똑같은 관심이 아니라 편애와 차별)였던 경우들을 인식할 수 있을 것이다. 국가와 공무원의 경우도 마찬가지다. 우리는 어렵지 않게, 말이야 어떻게 하든,—예를 들면, 1845~1849년의 영국 공무원들과 아일랜드 농민들의 경우에서처럼[28]—요구되는 도덕적 노력이 실제로는 이루어지지 않는 상황들을 인식할 수 있다. 그러나 이것은 도덕적 노력이 이루어질 때는 항상 같은 방식으로 이루어져야 한다는 말이 아니다.

즉, 나는 내 자신의 자녀들과 나의 친구들과 나의 동료들과 나와 같은 시민들에게 특별한 관심을 갖고 있다. 그리고 당신도 마찬가지다. 반복적 보편주의가 요구하는 것은 우리가 이 반복된 도덕적 특수화 행위의 정당성을 인정하는 것이다. 나는 어떤 사람들을 특별하게 만들지만 그것은 단지 그들이 나에게 특별함을 의미할 뿐이다. 나는 당신에게는 다른 사람들이 특별하다는 것을 인정할 수 있고 **인정해야 한다**. 이

---

[28] C. B. 우드햄-스미스, 『대기근 : 아일랜드 1845-1849 *The Great Hunger : Ireland 1845-1849*』 (London : Harper and Row, 1962).

렇게 되면, 제한된 또는 개별화된 총괄법이라고 생각될 수 있는 것이 특수화된 각 영역을 포괄한다. 그러나 상호 인정과, 그 다음으로는, 반복에서 생긴 분화된 공통점들에 대한 우리의 (서로 다른) 설명들이 제공하는 총괄 외에는 모든 영역들을 총괄하는 것은 없다. 어쩌면 모든 영역이 총괄되어야 한다는 일반 규칙이 있는지도 모른다. 도덕적 계기의 요구를 충족해야 한다는 것이다. 우리는 우리의 입장을 해명하고, 옹호하고, 우리의 불평의 근거를 제시하고, 우리의 주장을 정당화하고, 도덕적 세계 내에 위치해 있고, 그것의 건설과 재건에 최선을 다해 기여해야 한다. 그러나 우리는 이 모든 것을 우리끼리, 어떤 구체적인 지금 여기에서, 일련의 현지의 개념들과 가치들을 이용하여 수행한다. 이는 다른 말이 아니라 단지 반복은 참된 이야기라는 것일 뿐이다.

반복적 보편주의는 대개—대문자 "R"로 쓰는 이성Reason 자체가 아니라 우리의 이성과 그들의 이성 같은—우리의 한계와 그들의 한계 내에서 작동한다. 그것은 다른 사람들에 대한 존중을 요구하며, 이들은 바로 우리만큼이나 도덕을 만드는 사람들이다. 이는 우리가 만드는 도덕과 그들이 만드는 도덕이 동등한 가치(나 부정적 가치)를 갖는다는 말이 아니다. 단 하나의 일률적이거나 영원한 가치 기준은 없다. 기준도 반복되기 때문이다. 언제라도 어떤 주어진 도덕이 그것의 계기에 적당치 않음이 판명되거나, 그것의 실제가 그것 자체의 기준 또는 새로 발전되었거나 희미하게 부각된 일련의 대안적 기준에 부합하지 못할 수 있다. 왜냐하면 반복은 지속적이고 논쟁을 불러일으키는 활동이기 때문이다. 따라서 도덕의 가장 큰 요구, 모든 보편주의의 핵심 원칙은 우리가 다른 행위자들과 평화롭게 살면서 그 활동에 참가하는 어떤 방법을 발견하는 것이다.

제2부 민족 문제의 재고再考

6

나는 이 장의 제2부에서는 제1부에서 발전시킨 논리가 어떤 중요한 일을 하도록 하려고 한다. 즉, 총괄법과 반복적 보편주의의 개념을 민족 문제에 대한 논의에서 사용하려고 한다. 나는 이 두 가지 개념을 다시 진술하는 것부터 시작할 것인데, 이때 덜 친숙한 두 번째 개념을 잠시 자세히 설명하려고 한다. 총괄법 보편주의는 모든 인간 활동과 모든 사회 제도와 모든 정치 행위를 단 하나의 원칙들의 집합이나 단 하나의 옳음 또는 좋음의 개념으로 포괄하려는 표준적인 철학적 노력을 묘사한다. 이에 반해서, 반복의 개념은 도덕이 되풀이해서 만들어진다는 이해를 반영한다. 따라서 단 하나의 안정된 총괄법은 있을 수 없다. 도덕적 창조성은 그것의 발생에 있어 여럿이고 그것의 결과에 있어 분화되어 있다. 그러면서도 그것은, 마치 모든 도덕의 행위자들과 주체들이 공통의 혈족 관계를 갖고 있지 않은 것처럼, 완전히 분화되어 있지는 않다. 실제로는 그들이 자기 자신과 서로를 도덕을 만드는 사람들로 인식할 수 있고, 이 인식으로부터 반복의 최소주의적minimalist 보편주의가 생긴다.

한 대략적인 비유가 내 주장의 설명에 도움이 될 것이다. 서로 다른 시대와 장소에 있는 백 명의 건축가가 각자 같은 종류의 건물, 이를테면, 주택이나 신전이나 학교의 설계에 몰두하고 있다고 생각해보라. 그들은 각자 이 건물을 최선을 다해 바르게 이해하려고 노력하고 있고, 이것은 그들이 도덕을 만드는 사람들과 공통적으로 갖고 있는 목표다. 그러나 그들은 동일한 건물, 즉 단 하나의 완벽한 건물을 설계하려고 하지 않는다. 만약 그들 중 누군가가 그것을 바르게 이해한다면, 미래의 모든 설계는 불필요하게 될 것이다. (우리는 반복해서 그 한 건물만 계속 지을 것이다.) 원칙적으로는, 설사 그들의 모든 건물이 서로 철저히 다르다 할지라도, 그들 모두가 그것을 바르게 이해한 것일 수 있다. 왜냐하면, 비록 그들의 노력을 불러일으킨 계기가 주거나 기도나 학습의 장소에 대한 필요로 비슷하다 할지라도, 그들의 환경과 관념은 서로 다르기 때문이다. 즉, 그들은 장소와, 또한 주거와 기도와 학습을 서로 다르게 이해하는 것이다. 실제로는 물론 그들이 그것을 바르게 이해하는 일이 일어나지 않을 것이다. 그들의 모든 건물은 논란의 소지가 많을 것이고, 비판받고 개선될 것이고, 결국에는 새로운 설계와 설계에 대한 새로운 이해의 배경 구실을 하게 될 것이다. 동시에 그들은 모두 인간을 위해 건물을 설계하고 있기에, 그 모든 건물에는 어떤 공통적인 특징들이 있을 것이고, 이 특징들에 관해 반복되는 이론들이 항상 건축 비평의 한 원천이 될 것이다.

마찬가지로, 도덕적으로 창조적인 남녀들도 서로 다른 많은 도덕을 만들어내며, 그것들 중 어느 것도 그들의 창조성을 불필요하게 만드는 단 하나의 완벽한 도덕이 아니다. 이 창조물들의 분화된 공통점들로부터 우리는 그것들 모두가 인간의 손의 작품임을 알 수 있고, 무엇이 왜 공통적인지에 대한 우리의 설명은 우리에게 일련의 (그 자체 결코 완벽하게 이해되거나 명시되지 않는) 보편적 제약을 제공한다. 그러나 이 제약들을 너무 중시하면, 그것들이 창조적인 노력을 압도하여 단 하나의 이상, 이런저런 종류의 실제적 정통론에 따라 살도록 우리 모두를 압박할 수 있다. 나는 이것이 총괄법적 입장의 일반적 경향이며 건축에서든 도덕에서든 차이 반복의 여지를 남겨놓는 것이 더 좋다고 주장했다. 그러나 우리가 만드는 것들(건물들, 법체계들, 나라들)이 추악하다는 게 판명된다면 어찌 되는가?

7

도덕뿐 아니라 부도덕도 인간의 역사에서 반복된다. 그러나 이 두 가지 반복 사이에는 중요한 차이들이 있다. 우리는 부도덕을 "만든다고" 말하지 않고 단지 부도덕하게 행동한다고만 말할 것이다. 왜냐하면 우리는, 부도덕하게 행동할 때, 어떤 부도덕의 이론에 따라 행동하지 않으며 우리의 행동을 개념화하거나 그것에서 어떤 일련의 정교한 명령이나 규범을 추출하지도 않기 때문이다. 우리는 보통, 때로는 다른 사람들에게, 때로는 우리 자신에게, 우리가 하고 있는 것에 대해 거짓말을 한다. 우리는 좋은 일을 하고 있다고 생각하거나 그런 체 하면서 나쁜 짓을 하는 것이다. 따라서 나쁜 짓을 할 때마다 말과 행동 사이에는 모순이 있게 된다. 그러나 도덕의 경우에는 널리 퍼져 있는 이론과 실제 사이의 모순이 비도덕의 경우에는 전혀 없다. 악의 이론적 구성, "나쁜 짓의 원칙"이 없기에 그것을 실제로 어길 수도 없는 것이다.

이 논점은 논리적인 논점은 아니다. 우리는 아주 쉽게 소심했던 악의 이론가—따라서 자기가 옹호한 기준에 부합하는 악한 삶을 살지 못한 위선자—를 상상할 수 있는 것이다. 어쩌면 사드 후작Marquis de Sade이, 몇몇 천박한 기행奇行에도 불구하고, 그런 종류의 사람이었을지 모른다. 그러나 지금까지 그런 사람들이 많지는 않았다. 분명한 부도덕 원칙의 창조, 부도덕을 만드는 것은 부도덕의 실행이 흔한 만큼이나 희귀하다. 사람들은 좋은 일을 하는 것과 똑같은 반복적 방식으로 나쁜 짓을 하지만 악에 대해 같은 방식으로 생각하지는 않는다. 어쩌면, 적어도, 좋음은 보다 쉽게 이론화되고 분화되지만 악은 보다 단일하고 획일적인 성격을 갖고 있다는 의미에서, 생각할 것이 더 적기 때문인지도 모른다.[29] 풍부한 상상력이 잔악 행위에 이용될 수 있음을 부인하려는 것은 아니지만 상상력이 풍부한 잔악 행위는 실제이지 이론이 아니다. 나쁜 생활에 대해서는, 일련의 설명은 고사하고, 하나의 설명을 발전시키려는 것도 창조적 에너지의 낭비일 것이다. 우리는 부정적이거나 반대하는 견지에서 나쁜 삶을 이해한다. 그러나 좋은 삶의 형태마다 나쁜 삶의 형태가 대립하고 있는 것은 아니다. 나쁨의 표준적 형태는 그게 아니라 모든 좋음의 형태를 가능케 만드는 원칙들과 규칙들을 반대하거나 부인하는 것이며 이 경우에는 악이 공공연하고

---

29) 나는 이 주장을 아디 오우퍼를 통해 접했다. 배링턴 무어가 『인간 불행의 원인들과 그것들을 제거하기 위한 어떤 제안들에 관한 고찰Reflections on the Cause of Human Misery and upon Certain Proposals to Eliminate Them』 (Boston : Beacon Press, 1972), 1장에서 논하는 "불행의 단일성과 행복의 다양성"과 비교해보라.

적극적이고 창의적인 반대다.

다른 사람들에게 반복의 권한 또는 내가 이제 반복의 권리라고 부르려는 것, 즉 자율적으로 행동할 권리와 좋은 삶에 대한 어떤 특정한 이해에 따라 애착을 형성할 권리를 인정하지 않는 것은 항상 부도덕한 행위다. 또는, 부도덕은 보통 우리가 우리 자신은 갖고 있다고 주장하는 도덕적 능력과 창조력을 다른 사람들에게는 인정하기를 거부하는 것으로 나타난다. 그리고 이 거부가 고의적이고 폭력적이어서, 다른 사람들을 그들의 의사에 반해, "인간 이하의" (또는 우리보다 덜 인간다운) 존재로 바꿀 때 부도덕은 악이 된다. 이런 종류의 행동에는 보통 이론적 정당화가 수반될 것이지만, 이것이 창조적 부도덕의 형태를 취하지는 않을 것이다. 정당화는 성격상 항상 도덕적이며 악의 정당화도 예외가 아니다. 도덕적 창조성의 중심 문제는 그것이 악한 행동도 포괄하고 정당화한다는 것이다. 이 장 제2부에서의 나의 목적은 가장 흔하게 반복되는 자율과 애착의 이론인 민족주의 이론을 어느 정도 자세하게 고찰하면서 이 문제를 다루는 것이다.

분명히 우리의 국내 사회에서도, 우리끼리도, 가족과 학교와 시장과 회사와 주州 안에 많은 악이 있다. 그러나 인류 역사에서 가장 큰 악행들은 민족들 사이에서 발생해왔고 계속해서 발생하고 있다는 게 아마 사실일 것이며, 어떤 특정한 종류의 민족주의가 이 악행들을 이론적으로 정당화해왔고 정치적으로 매개해왔다. 우리 자신의 민족을 어떤 특정한 방식으로 보는 것은 어떤 다른 민족들 또는 다른 모든 민족들에게 악의를 품는 것이기도 하다. 그러나 동시에 민족주의는 집단적 자율과 애착의 가장 직접적인 표현들 중 하나다. 이것이 내가 제1부에서 민족 자결을 도덕적 반복의 전형으로 본 이유다. 즉, 먼저 한 국가, 그 다음으로 어떤 다른 국가, 식인 것이다. 물론, 이 전형은 개념적으로 제한적이고 역사적으로 우연하다. 민족은 결코 도덕적 개념들과 삶의 방식들이 정밀하게 고안되는 과정을 내포하는 집단들 중 가장 중요한 집단이 아닌 것이다. 이 점에 관해서는 고대 이스라엘의 경험이 매우 이례적이다. 민족이라는 단위는 그것 자체가 서로 다른 역사적 시대에 서로 다르게 구성되고 이해되어 왔고, 심지어는 자결과 관련해서도, 쉽게 씨족이나 부족이나 도시 국가나 신앙 공동체에 의해 대치될 수 있다.[30] 주장은, 결과가 좋든 나쁘든, 같은 주장일 것이다. 어떤 집단이나 좋은 삶의 개념을 마련하는 데 필요한 제도적 조직과 행위 패턴을 제공할 수 있다. 또한 어떤 집단이나 오늘날 우리가 깡패 국가rogue nation와 연관짓는 이기주의와 오만과 일반적 추악성을 나타낼 수 있다. 어쨌든, 나는 이런 연관성을 고찰하려고 한다.

8

민족은 우리에게 개별성의 가장 중요한 대표자다. 그리고 한 표준적인 철학적 견해에 따르면, 개별성은 추악성을 조장한다. 민족 같은 집단들은, 정치적으로 조직되자마자, 열심히 자기 확장과 경쟁 집단들을 장악하고 지배하고 파괴하는 일에 착수한다는 것이다. (이 경쟁 집단

---

30) 그렇지만 앤서니 스미스, 『민족의 인종적 기원 The Ethnic Origins of Nations』 (New York : Basil Blackwell, 1988)을 보라. 이 책은 민족주의 이데올로기와는 대조적으로, 민족 공동체는 매우 오래되었다고 주장한다.

들도 할 수만 있다면 똑같이 행동할 것이다.) 에드먼드 윌슨Edmund Wilson은 남북전쟁American Civil War에 대한 그의 책에서 이 견해를 생물학적 언어로 표현한다. "해저 생물을 보여주는 어떤 최근의 영화에는 나새류裸鰓類라고 불리는 원시 생명체가 몸의 한쪽 끝에 있는 구멍을 통해 작은 생물들을 먹어치우는 장면이 나온다. 조금이라도 더 작은 다른 나새류를 만나면, 그것도 집어삼킨다. …… 인간이 싸우는 전쟁도 대개 나새류의 탐욕과 똑같은 본능에 의해 촉발된다."[31]

그러나 이 모델에 입각하여 국제 사회에 대한 설득력 있는 설명을 구축하기는 어려울 것이다. 또한, 만약 본능을 이해관계로, 이해관계를 이해관계에 대한 관념(또는 이데올로기)으로 대체한다면, 결코 일률적인 탐욕 같은 것을 얻게 되지는 않는다. 민족들은, 아니 심지어는 민족국가들조차도 자기들과 세계에서 자기들이 차지하는 위치에 대한 (반복되고 분화된) 이해에 따라 매우 다르게 행동한다. 국내 사회의 개인들에 대해 쓰면서, 마키아벨리는 그런 이해의 계급적 기반을 제시한다. "만약 우리가 귀족의 목적과 인민의 목적을 생각해본다면, 우리는 틀림없이 전자는 지배하려는 강한 욕망을 갖고 있는 반면, 후자는 단지 지배받고 싶지 않다는 바람, 자유를 누리며 살고 싶다는 바람만을 갖고 있음을 알게 될 것이다."[32] "귀족" 민족과 "평민" 민족이 있고, 전자는 항상 위협이 되고 후자는 항상 위협을 받는다고 상상해보자.

---

31) 에드먼드 윌슨, 『애국의 피 : 남북전쟁 문학의 연구Patriotic Gore : Studies in the Literature of the American Civil War』 (New York : Oxford University Press, 1962), xi.
32) 니콜로 마키아벨리, 『로마사론The Discourses』, 1권, 5장, 크리스찬 데트몰드 옮김 (New York : Modern Library, 1940), 122쪽.

이것은 윌슨의 나새류의 경우처럼 본능과 크기만의 문제가 아니라 야망과 명예의 문제이기도 하다. 그렇다면, 지배의 문제에 대한 고전적 해법은 이렇다. 단지 지배받고 싶지 않다는 바람만을 가진, 야망이 덜 하거나 더 작고 더 약한 개인들/민족들이 단결하여 총괄법 보편주의 같은 것을 발명하고 정치 기구—국가—를 만들어 이 법을 집행하는 것이다. 국제 사회에서는, 총괄법 보편주의가, 언젠가 완전한 효력을 가지려면, 보편 국가universal state를 필요로 할 것이다.

그러나 고전적 해법은 귀족이, 비록 보통은 마키아벨리가 조언한 대로 완전히 근절되지는 않았을지라도, 과연 패배했고, 적어도 때로는, 구성원들을 지배로부터 보호해주는 국가가 만들어져 있는 국내 사회에서 가장 잘 작동한다. 언제 어디서 그런 성공이 일어나든, 그것 뒤에 있는 것은 두 계급의 공통의 문화다. 비록 그들의 물질생활이 서로 매우 다르고 그들이 서로 좀 다른 도덕관념과 종종 서로 대립하는 정치를 발전시키고 있을지라도, 그들은, 언어, 종교, 역사적 기억, 달력과 공휴일, 장소감sense of place, 특정한 미술과 음악의 경험 등 광범위한 문화적 산물과, 이것의 일부나 전부의 결과로 생긴, 우리가 "민족 의식"이라고 부르는 것을 공유하고 있을 가능성이 높다. 따라서 신생 민족 국가는 구성원들에게 자율의 행사와 애착의 형성에 적합하고 이미 친숙한 틀로 보일 수 있다. 그들이 그것을 실제로 그렇게 보고 있다는 증거가 1914년에 마르크스주의적 국제 공산주의의 붕괴와 함께 나타났다. 국제 프롤레타리아 계급은 분명히 공통의 문화를 갖고 있지 않았다. 또한, 통찰보다는 기대 때문에 때때로 민족들의 공동체라고 불리는 것에도 공통성은 별로 없다. 따라서 평민 민족들이 보편 국가를 그들 **자신의** 문화가 표현될 수 있는 틀로 생각할 가능성은 (개개인의 평민이 민족국가를 충분히 그렇게 생각할 수 있는 것과는 대조적으로) 거의 없다. 어쩌면 기존의 어떤 문화도 그런 틀에서는 표현될 수 없을지 모른다. 어쩌면 보편 국가의 언어는 에스페란토Esperanto가 되고 그것의 도덕은 에스페란토 같은 규범이 될지도 모른다. 오히려 평민 민족들이 할 수 있는 보다 개연성 높은 예측은 보편주의가 "귀족의" 강요라는 형태로 나타날 거라는 것이다.

실은 귀족 민족들에게도 그렇게 보인다. 바로 여기서 그들의 민족적 야망이 도덕적으로 흥미로워진다. 만약 야망이 단순히 탐욕이라면, 만약 그것이 권력에의 의지, 순전히 지배하는 즐거움을 누리기 위해 (또는 지배의 어떤 다른 이점을 위해) 지배하려는 욕망이라고 만족스럽게 설명된다면, 귀족 민족의 고결성은 단지 심리학적인 중요성만을 가질 것이다. 우리는 그것을 억압하거나 억제하기 위해 그것을 이해해야 할 것이다. 그러나 민족 지도자들과 그들이 끌어들이는 지식인들은 보통 그들이 지배를 추구하는 이유를 제시한다. 그들은 스스로를 정당화해야 하는 것이다. 따라서 그들이 제시하는 이유는 도덕적 이유고 이것은 총괄법 보편주의의 형태를 취한다.—나로서는, 사용할 수 있는 다른 어떤 것이 있는지 모르겠다. 지도자들과 지식인들은 자기들이 단지 법을 집행하기 위해 세력을 확장하려는 것이라고 말한다.

> 개개인에게 그 자신의 것을 보장하여
> 그가 심은 곳에서 거두게 하라.

키플링은 물론 제국주의의 시인이고 우리는 민족주의를 반제국주의 반란의 이데올로기로 생각하기 쉽다. 그러나 현대 세계의 제국들은 민족들에 의해 획득되고 유지되며, 제국주의 이데올로기도 성격상 민족주의적으로서, 사명을 띤 민족을 인정하(고 그들에게 찬성하)라고 요청한다. 자유가 반제국주의 반란의 최우선 목표다. 그러나 제국주의 민족은 더 높은 목표를 갖고 있다. 즉, 문명과 계몽과 현대성과 민주주의와 공산주의 등을 목표로 한다. 민족을 "상상의 공동체"로 다루는 한 뛰어난 책에서 베네딕트 앤더슨Benedict Anderson은 민족주의는 필연적으로 한계를 받아들일 수밖에 없다고 주장했다. "민족은, 가장 큰 민족조차도, 탄력적이기는 하지만, 유한한 경계를 갖고 있고 그 너머에는 다른 민족들이 있기에, **제한되어 있다고** 상상된다." 어떤 민족도 자기들이 인류와 동일한 범위를 갖고 있다고 상상하지 않는다. 가장 구세주의적인 민족주의자들조차도, 어떤 시대에, 이를테면, 기독교인들이 완전한 기독교 행성을 꿈꿀 수 있었던 것처럼, 인류의 모든 구성원이 자기 민족에 합류할 날을 꿈꾸지는 않는다."[33] 이것은 과연 사실이고, 왜 반복적 보편주의가 오래전부터 민족주의 지식인들이 특히 좋아하는 원칙이었는지를 설명하는 데 도움이 된다. 그러나 그것이 유일한 원칙은 결코 아니었다. 설사 모든 인류가 하나의 민족으로 귀화하여 세상에 외국인이 하나도 남지 않는 것을 꿈꾸지는 않았다 하더라도, 인류의 삶이 인류를 구성하는 민족들 중 하나의 가치에 의해 형성되는

---

33) 베네딕트 앤더슨, 『상상의 공동체 : 민족주의의 기원과 확산에 관한 고찰Imagined Communities : Reflections on the Origins and Spead of Nationalism』 (London : Verso, 1983), 16쪽.

것—이를테면, 민주주의의 견지에서 전 세계가 안전하게 되는 것—을 꿈꾼 다른 지식인들도 항상 있어왔던 것이다.

이것은 총괄법 보편주의다. 물론 그것은 같은 것의 종교적 형태와는 다르지만 전적으로 다르지는 않다. 실은, 사명을 띤 민족을 상상하는 것은, 기독교의 보편주의 개념과는 그렇지 않을지라도, 유대교의 보편주의 개념과는 매우 비슷하다. 따라서 민족적 사명의 개념을 옹호하는 가장 강력한 주장들 중 하나가 이 시대의 한 유대인 철학자에게서 오는 것은 어울리는 일이다. 마르틴 부버는 이렇게 쓴다. 자기 보존과 자기주장을 "유일한 과제로 갖고 있는 민족은 세상에 없다. 왜냐하면 자기 보존과 자기주장만을 원하는 개인의 삶은 정당성도 의미도 없는 것과 마찬가지로 다른 어떤 목적도 갖고 있지 않은 민족은 사라져야 마땅하기 때문이다." 부버는 모든 민족이 그들 자신의 "사명"을 갖고 있(거나 빨리 발견해야! 한)다고 말한다. 이 주장은 그의 정치사상의 중심 문제를 설정한다. 그것은 서로 다르고 서로 충돌할 수 있는 민족적 사명들 사이에 어떻게 "경계선"을 그어 그것들 모두가 (반복적으로) 추구될 수 있도록 하느냐다. 그러나 비록 그가 사용한 단어이기는 해도, "사명"은 내게는 부버의 의도를 가장 잘 표현하는 단어가 아닌 것 같다. 왜냐하면 그것은 총괄법의 세계에 속하며 그것은 그의 세계가 아니기 때문이다. 그는 공동의 삶을 고취하고 유지하며 그것을 단순한 자기 보존에서 벗어나게 하는 종류의 신념이나 가치에의 헌신을 주장하고 있는 것이다. 분명히 그는, 적어도 그 자신의 민족에게, 가장 적

---

34) 마르틴 부버, 『이스라엘과 세계 : 위기 시대의 에세이 *Israel and the World : Essays in a Time of Crisis*』 (New York : Schocken, 1963), 221, 248쪽.

합한 신념과 가치에 대한 견해를 갖고 있다. 그러나 그는 동시에 어떤 "가치의 등급"이 있어서 그것으로 민족의 임무에 등급을 매기거나 순위를 정할 수 있는 것은 아니라고 부인한다.[34] 주창자들 사이에서는 이런 부인이, 불가능하지는 않더라도, 드물다. 또한 민족의 사명들을, 특히 고귀한 사명들을, 서로 구분하기도 결코 쉽지 않다. 그것들은 전 세계적인 유효 범위를 갖고 있고, 가장 고결한 염원을 담고 있으며, 반복에 대한 부버의 신념과 양립할 수 없는 종류의 승리를 요구한다. 만약 총괄법을 믿는다면, 어떤 사명들은 다른 사명들보다 고통 받거나 미개한 인간들에게 더 긴급하고 더 가치 있다는 추가적인 믿음을 어떻게 피할 수 있겠는가?

실제로는, 내가 "총괄법 보편주의"라고 불러온 것이 종종 보다 온건한 형태를 취한다. 이런저런 민족의 개화開化 사명은 단지 몇몇 이웃 부족에까지만 미칠 수 있고, 옳은 이데올로기적 입장은 단지 옆 나라에게만 강요될 수 있으며, 비도덕적이고 변태적인 관습은 통합되어 있지 않은 작은 제국의 지방들에서나 근절될 수 있다. 할 수 있는 것을 하는 것이다. 그러나 이런 모든 노력은 정신에 있어 보편주의적이다. 첫째, 그것이 어떤 "법"의 지배를 받고 그 법의 유효 범위는 처음으로 그것이 집행된 민족으로만 제한되어 있지 않기 때문이고, 둘째, 그것이 다른 민족의 이익을 목표로 하기 때문이다. 우리는 오늘날 그 유효 범위의 정당성과 그 목표의 진실성을 의심하는 경향이 있다.—우리 자신의 경우에는 예외인데, 이때는 의심이 대개 억압된다. 그러나 나는 그 정당성과 진실성은 지역적인 경우를 제외하고는 항상 의심받아 왔을 거라고 생각한다. 총괄법 보편주의는 질투하는 신이며 나의 신이외의 다른 모든 신들은 우상이다.

물론 총괄법은 항상 팽창과 착취의 구실이 된다. 그러나 그게 다라고 생각한다면, 그것은 잘못이다. 민족 구성원들(중 일부)의 이상주의에 의존하지 않은, 의존할 필요가 없었던 민족적 세력 확대는 아마 결코 없었을 것이다. 여기서 말하는 이상주의는 이런저런 형태의 총괄법과 자기들이 이 법의 집행자임을 믿는 그들의 믿음이다. 그들은 다른 민족이 동화되어야 할 문화나 이들에 대한 통치가 따라야 할 원칙을 외국에 전한다. 그들은 다른 민족에게 자연법이나 신의 명령이나 역사 발전을 더 잘 표현하는 생활 방식을 가르치는 것이다. 그런 신념이 참인 적이 있을까? 인도에 대한 논문들에서 마르크스는 어떤 특정한 일련의 그런 신념들은 참이라고 주장했다. 그러면서도 동시에 사람들이 이상주의 때문에 그것들을 행동으로 옮기는 것은 아니라고 했다. 보다 발전한 민족들이, 마치 보이지 않는 손에 의해 움직여지는 것처럼, 그들이 정복했거나 압제한 민족에게 도움이 된다는 것이다. "영국이 힌두스탄에 사회 혁명을 야기했을 때, 영국은 단지 가장 비열한 이해관계에 따라 행동했을 뿐인 게 사실이다. …… 그러나 문제는 그게 아니다. 문제는 아시아의 사회적 상태에 근본적인 혁명이 일어나지 않고 인류가 인류의 운명을 충족시킬 수 있느냐이다. 만약 그럴 수 없다면, 영국의 범죄가 무엇이었든지 간에, 영국은 혁명을 불러일으켰을 때 역사의 무의식적인 도구로 쓰인 것이다."[35] 역사의 다음 단계에서는 발전

---

35) 카를 마르크스, 「인도에서의 영국의 지배 The British Rule in India」, 『카를 마르크스의 식민주의론과 현대화론 Karl Marx on Colonialism and Modernization』, 슐로모 아비네리 편집 (Garden City, N. Y. : Anchor, 1969), 94쪽.

한 민족들의 사회주의 정부가 더 큰 자기 인식을 갖고 아마도 덜 폭력적으로 똑같은 혁명적 역할을 수행할 거라는 것이다. 그러나 마르크스의 주장은, 다른 모든 총괄법 보편주의와 마찬가지로, 인류가 단 하나의 운명을 갖고 있고 인류의 모든 구성원이 똑같이 그것을 "충족시켜야" 한다는 추가적인 믿음에 의존한다. 그러나 우리는 우리의 운명을 알 길이 없고, 차이를 기대해야 할 역사적 근거가 아마 더 많을 것이다. 심지어 이를테면, 새롭고 보편적인 기술의 지역적 사용에서조차 그럴 것이다. 단일성을 강제하려는 모든 시도는, 적어도 지금으로서는, 이슬람의 정복이나 기독교 십자군의 시대에 있었던 그런 시도와 똑같이 신앙의 행위다.

마르크스가 영국인들이 인도에서 "단지 가장 비열한 이해관계에 따라 행동했을 뿐"이라고 주장한 것도 잘못이다. 인간의 이해관계가 항상 그렇듯이, 의심할 바 없이, 그들의 이해관계도 복합적이었다. 우리는 아마 동인도 회사의 런던 사무소에서 일했던 존 스튜어트 밀에 대해 그가 단지 개인적인 또는 민족적인 이기심을 동기로 어떤 비열한 짓을 하고 있었다고 말하고 싶지는 않을 것이다.[36] 그러나 우리는 제국주의 팽창과 식민 지배를 호되게 비판하며, 그것은 당연하다. 팽창과 지배는 그것의 희생자들에게 반복의 권리, 즉 자율적으로 발전하고 자유롭게 애착을 선택할 권리를 거부한다. 이 거부는, 설사 그것의 의

---

36) 자신의 역할에 대한 존 스튜어트 밀의 변호를 보라. 이것은 마르크스의 변호와 완전히 다르지 않다. : 『자유론 On Liberty』, 2장, 『존 스튜어트 밀의 철학 The Philosophy of John Stuart Mill』, 마셜 코헨 편집 (New York : Modern Library, 1961), 197~198쪽.

도가, 마르크스나 밀이 책임을 맡고 있었더라면 분명히 그랬을 것처럼, 결국에는 바로 그 권리를 옹호하려는 것일지라도, 즉시 효과를 나타낸다. 왜냐하면 그 자애로운 의도의 기초가 되는 것은 희생자들이 자발적인 능력, 문화적이고 도덕적인 창조성, 자기 자신의 삶을 결정할 능력을 어쨌든 잃었다는, 도덕적으로 위험한 믿음이기 때문이다. 그들은 미개하고 몽매하고 야만적이고 무지하고 수동적이어서 침체된 전통주의에 사로잡혀 있고, 역사 자체와 단절되어 어찌할 도리 없이 보다 발전한 민족들의 구조를 기다리고 있다는 것이다.

9

모두 평민 민족인 이 희생자 민족들은,—인도인들이 영국인들에 의해 야기된 사회 혁명으로부터 이익을 얻기 훨씬 전인 1857년에 일어난 세포이의 항쟁Sepoy Rebellion에서 했던 것처럼—자신들을 지배하는 세력에 저항함으로써, 그때마다 그 믿음이 틀렸음을 증명한다. 더 나아가, 이 저항은 지배 민족의 예속 민족에 대한 시각뿐 아니라, 지배 민족의 자화상도 틀렸음을 곧 입증한다. 자신들의 제국을 유지하기 위해, 계몽 운동의 전파자들은 야만인들의 방식과 방법을 채택해야 하는 것이다. 문명의 총괄법들을 집행하고 진보의 대의를 추진하기 위해서는 무자비한 잔인성이 필요하다. 그리고 저항이 재발하면, 잔인성은 더 커진다. 민족주의는 저항, 특히 억압에 의해 자의식自意識이 고조된 두 번째 단계에서의 저항의 신조로서 가장 잘 알려져 있다. 톰 네른 Tom Nairn이 쓴 것처럼, 그것은 "외세의 압제에서 벗어나기 위해 투쟁하는, 더 약하고 덜 발달한 나라들의 이데올로기다."[37] 민족 운동마다 그것 나름의 이 이데올로기의 이형異形을 낳는다. 나는 실재하거나 있을 수 있는 종류들의 목록을 만들려고 하지는 않겠다. 어쨌든 그것들은 반복의 산물로서 가장 잘 이해될 수 있다. 즉, 그것들은 서로 다른 이데올로기적·실제적 결과를 낳는 비슷한 (또는 적어도 같은 이름을 부여받는) 투쟁들인 것이다. 그러나 그것들은 지금은 반동적인 반복이고,―문화적 생산이 제국주의 세력의 속박과 저항의 요구로부터 자유로워졌을 때의―정상적인 문화적 생산의 과정이라고 생각될 수 있는 것의 어떤 왜곡을 의미한다. 어쩌면 그런 종류의 정상성은 유토피아적인지도 모른다. 즉, 어디에도 없는지 모른다. 그럼에도 불구하고, 왜곡은 (어떤) 새로운 민족들을 그들 자신의 제국주의로 몰아가는 압력을 묘사하는 데 적절한 단어다.

"덜 발달한 나라들"의 민족주의 이데올로기는 종종 촉성 재배되었거나 온실에서 자란 특징을 갖는다. 문화와 도덕을 만드는 일은 특정한 어느 시점에서든 많은 요소들이 작용하는 과정이다. 그런데 긴급한 정치적 요구에 따라 어떤 일관성 있는 민족주의를 만들어내려고 하면, 매우 인위적인 결과가 나온다. 그렇게 하는 주체들이 과정을 유지하는 것보다는 동질적이고 단선적單線的인 "전통"을 발명해내는 것에 관심을 갖기 때문이다. 그리고 나서, 민족주의 운동이나 그것이 만들어낸 국가는 이 발명품에 들어맞지 않는 것은 무엇이나 억압하려 할 것이

---

37) 톰 네른, 『영국의 분열: 위기와 신민족주의The Break-up of Britain : Crisis and Neo-Nationalism』 (London : NLB, 1977), 331쪽.

다. 실제로, 반복의 과정 자체가 반복될 수 있다는 것은 반복의 과정이 안고 있는 한 가지 문제다. 즉, 앤더슨이 쓴 대로, 해방의 개념에 대한 특허는 없는 것이다. 제국의 총괄법들의 전 세계적 유효 범위가 민족주의의 도전을 받는다면, 민족주의의 지역적 유효 범위도—예를 들면, 대大인도에 대한 파키스탄과 카슈미르와 드라비디스탄(Dravidistan, 드라비다족을 위해 세우자고 제안된 독립국-옮긴이)의 도전처럼—제각기 자신들의 문화를 펼칠 권리를 주장하는 보다 국지적이고 한정된 공동체들의 도전을 받을 수 있다. 민족주의 운동의 지도자들과 지식인들은 보통 자신들이 마음에 품고 있는 민족에 대한 최종적이고 절대적인 충성을 요구한다. 그러나 당면한 정치적 목적에 기여하기 위해 고안된 이 민족 개념은 필연적으로 더 발전하고 분화된다.[38] 따라서 모든 민족주의의 시금석은 다음에 등장하는 "민족"이다. 이 문제는 나중에 다시 다루겠다.

민족주의를 "촉성 재배"할 때 생기는 두 번째 결과는 많은 민족주의 이데올로기들의 퇴행적 성격을 설명하는 데 도움을 준다. 급히 덧붙이지만, "퇴행적"은 문화적 창조의 과정들이 단 하나의 방향으로, 어떤 한결같이 인정되는 목표를 향해 움직인다는 인상을 준다는 점에서는 오해를 불러일으키는 용어다. 그러나 그것들은 실제로 **움직이고**, 일관성 있는 이데올로기를 만들어내야 할 필요가 이 운동을 중지시킬 수

---

38) 클리퍼드 기어츠, 「통합적 혁명 : 신생국에서의 원초적 정서와 시민 정치The Integrative Revolution : Primordial Sentiments and Civil Politics in the New States」, 기어츠, 『문화의 해석The Interpretations of Cultures』 (New York : Basic Books, 1973), 255~310쪽.

있는 것처럼, 총괄법 보편주의의 "개화" 목적 또는 진보적 목적에 반대해야 할 필요는 그것을 후퇴시킬 수 있다. 이렇게 되면 새 이데올로기는 민족 유산에서 오래되고 고풍스러운 모든 것을 신성하다고 선언하고, 종교적 근본주의와 문화 보전에 과거 어느 때 부여되었던 것보다 더 큰 가치를 부여할 가능성이 높다. 간디Gandhi의 물레는, 비록 대개는 신화적일지라도, 소중히 여겨지는 과거를 상기시키는, 많은 민족주의자들이 찾는 종류의 상징이다.[39]

보통, 유서 깊은 민족 전통은 지속적으로 (그리고 또한 지속적인 경쟁 속에서) 수정되기 마련이다. 그런데 수정에 앞장서는 사람들은 불충하다고 불리고, 수정의 산물은 가짜라고 불리기 쉽다. 또, 진짜인지는 항상 개별 민족사와 상관이 있다고 (그리고 그런 모든 역사의 실제의 다양성과 내적 모순을 생각할 때, 상관성이 있어도 의심스럽다고) 생각할 수도 있음에도 불구하고, 민족주의 지식인들은 종종 더 강한 주장을 펴려고 한다. 그것은 자기들의 문화와 도덕과 정치는 **한마디로** 진짜고—진실되고, 역사적이고, 유기적이고, 정통적이고, 성실하고, 타락하지 않았고, 순수하고, 강인하고—따라서 다른 민족들이 만들어낸 그 모든 합성되고 부자연스럽고 잡종인 것들보다 우월하다는 주장이다. 여기서 그들은 단 하나의 기준에 따라 여러 민족 문화에 등급을 매길 수 있다고 주장하면서, 자신들이 반대하는 보편주의자들을 모방하고 있다. 그들은 새 기준을 채택하고 옛 순위를 파기하지만 등급 매

---

39) 프랜시스 허친스, 『자연발생적 혁명 : 인도를 떠나라는 운동 Spontaneous Revolution : The Quit India Movement』 (Delhi : Manohar Book Service, 1971), 3~5장을 보라.

기기를 유지한다. 다른 많은 의미에서는 그렇지 않지만, 이런 의미에서는 민족주의의 괴팍성이 개화 운동의 미덕을 닮아 있다.

그러나 제국주의의 개화 운동과 그것의 총괄법에 대한 이 반응, 즉 이렇게 "우월한" 전통을 꾸며내는 것은 종종 그것의 계기에 적합하지 않다. 그리고 그것은 그런 부적합성의 의미와 그것을 어떻게 인지할 수 있는지를 아주 훌륭히 보여준다. 계기는 압제적이고 굴욕을 주는 지배의 역사다. 반응은 이데올로기적인 동시에 실제적인데 계기를 해결하기보다는 재생산하기 때문에 부적합하다. "우월한" 전통을 가진 민족은 더 작고 더 약한 민족들에게, 그들 속에서 또는 그들의 국경에서, 자기들의 의견을 강요하기를 잘하고, 이사야 벌린Isaiah Berlin이 헤르더Herder에 대한 에세이에서 "자발적이고 자연스런 형태의 인간의 자기 표현에 대한 야만적인 무시"[40]라고 부른 것을 되풀이하기를 잘한다. 자기들이 최상위 등급의 자연스러움과 자발성을 갖고 있다는 새 압제자들의 주장은 무시를 더 쉽게 만들 뿐이다.

10

문화에 등급을 매기는 것은 그것이 평가절하하는 문화를 가진 남녀들을 항상 위협한다. 마치 격려만 되고 불쾌하지는 않은 등급을 줄 수 있을 것처럼, 무해하게 등급을 매길 수는 전혀 없다. 낮은 등급은 "야만적인 무시"에의 초대이자 그것의 잠재적 명분이며, 야만적인 무시

---

40) 이사야 벌린, 『비코와 헤르더: 두 가지 사상사 연구 Vico and Herder: Two Studies on the History of Ideas』 (New York: Vintage, 1977), 159쪽.

는 너무나도 자주 정복과 탄압의 정치로 이어진다. 그러나 나도 방금 어떤 민족 문화들에 낮은 등급을 매긴 게 아닐까? 등급 매기기를 신봉하는 민족들에 낮은 등급을 매기는 등급 매기기를 제안한 게 아닐까? 맞다. 나는 바로 그렇게 했다. 반복을 지배하는 최소주의적 보편주의에 따라, 나는 매우 제한된 등급 매기기를 제안했고, 이것은 (대부분의) "자발적이고 자연스런 형태의 인간의 자기표현"을 무시하기보다는 인정하는 것과 조화된다. 그러나 나는 "야만적인 무시"도 때로는 자발적이고 자연적일 가능성을 열어두고 싶다. 만약 그렇다면, 그것은 이론적 평가절하와 정치적 통제를 필요로 한다. 이는 단지 (대언자 이사야가 선언한 대로) 모든 민족이 축복받을 수 있지만, 모든 민족주의가 축복받는 것은 아님을 인정하는 것일 뿐이다.

이런 종류의 제한된 등급 매기기의 목적은 민족들의 공동체를 "귀족" 민족들과 또한 귀족 민족들의 대열에 끼기를 갈망하는 평민 민족들로부터 보호하는 것이다. 이 목적은, 마키아벨리가 귀족은 항상 지배하려 할 거라고 생각한 대로, 귀족이 지배하려 할 때마다, 그들을 평가절하하는 것이다. 나는 다양한 형태로 나타나는 총괄법 보편주의가 이 "귀족" 민족주의를 정당화하는 (야기한다고 말하지 않는다.) 가장 중요한 원칙이라고 주장했다. 나는 이제 반복적 보편주의 이론이 민족주의 전반에 대한 가장 좋은 설명과 민족주의의 다양한 부도덕성에 대한 가장 적절한 제약을 제공한다고 주장하고 싶다. 이 적절성은 물론 개념적이지 실제적이지 않다. 실제적 제약에 대해서는 별로 할 말이 없다. 그러나 그렇다면, 왜 이 적절성의 기준이 정복과 압제를 금지하는 단 하나의 총괄법에 의해 완벽하게 충족되지 않는 걸까? 대부분의 형태의 총괄법 보편주의가 그런 종류의 법을 내포하고 있지 않은가? 문제는 다른 법들인데, 이것들은 대개 민족 문화가 단 하나의 기준에 따를 것을 요구하고, 거기에 미치지 못하는 민족 문화를 평가절하한다. 어떤 원칙의 개념들 중 하나가 그 밖의 모든 개념들의 침해를 받는 한, 그 개념 덕분으로 그 원칙이 개념적으로 적합해질 수는 없다. 마르크스주의(또는 마르크스-레닌주의)는 이번에도 유용한 예를 제공하는데, 그것이 민족자결권을 지지하는 동시에 역사 발전의 힘에 저항하는 민족들에 맞선 혁명전쟁을 옹호하기 때문이다. 마르크스주의의 발전 단계의 개념은, 규범적이기보다는 예견적인 말로 표현되어 있을 때조차도, 자결의 개념과 어울리지 않는다.[41]

이에 반해서, 반복적 보편주의는 전혀 예견하지 않는다. 또는, 적어도 이어지는 반복들의 내용에 대해서는 예견하지 않는다. 제1부에서 인용한, 만약 우리 각자가 자기 신과 함께 살면, 우리 모두가 우리의 포도나무와 무화과나무 아래 평화롭게 앉아 있게 될 거라는 『미카서』의 그 상궤에서 벗어나는 구절이 제시하는 일반적인 예견은 있다. 종교적 관용을 옹호하기 위해 로크도 비슷한 예견을 한다. 그는 이렇게 쓴다. "이 한 가지의 확립이 양심 때문에 생기는 불평과 소란의 모든 근거를 제거할 것이다." 근거 없는 불평과 소란은 없을 거라고 말하는 것은 대단한 낙관주의의 한 예라고 생각되지만, "사람들을 모아 폭동에 이르게 하는 것이 단 한 가지 있는데 그것은 탄압이다."라는 게 로

---

41) 워커 코너, 『마르크스-레닌주의의 이론과 전략에서의 민족 문제 The National Question in Marxist-Leninist Theory and Strategy』 (Princeton : Princeton University Press, 1984)는 마르크스주의 주장에 대한 완전한 설명이다.

크의 주장이다.[42] 국제 사회에 대해서도 비슷한 주장을 편다면, 그것은 탄압이 현대 사회를 괴롭혀온 모든 민족해방·민족통일 전쟁의 유일한 근원이라는 주장이 될 것이다. 포도나무와 무화과나무의 평화는 양심이 더 이상 제약받지 않고 민족들이 해방될 때 마침내 찾아올 것이라는 것이다.

나도 과거에는 약화되고 완화된 형태의 그런 주장을 옹호했다.[43] 그러나 평화는 보다 직접적으로는 민족 해방보다는 종교적 관용의 산물인 것 같다. 이에 대한 가장 명백한 이유는 교회는 영토에 애착을 갖지 않으며, 따라서 교회를 분열시키고 분할하는 반복의 과정이 영토 분쟁을 불러일으키는 일이 별로 없다는 것이다. 물론 성지聖地에 대한 통제권을 놓고 분쟁이 벌어지지만, 문제가 되는 것은 대개 저 세상의 영토다. 이에 반해서, 민족주의는 훨씬 더 장소의 이데올로기로서 의미를 갖는다. 새 민족주의는, 인구가 혼합되어 있기 때문이든 국경이 분명하지 않기 때문이든, 영토 분쟁을 조장한다. 그리고 이 분쟁은 쉽게 유혈 사태로 나타난다. 그러나 민족주의 지도자들과 지식인들이 그들이 싸우는 목적이 되고 있는 장소에 대해 무슨 말을 하든, 어떤 땅덩어리도 솔로몬 왕 앞에 들려온 아기의 몸 같지는 않다. 즉, 그것은 나뉘어도 죽지 않는 것이다. 영토 분쟁에서 분할은 (말끔한 경우는 드물지만) 거의 항상 사용할 수 있는 해결책이다.

---

42) 존 로크, 『관용에 관한 편지A Letter Concerning Toleration』, 패트릭 로마넬 편집 (Indianapolis : Bobbs-Merrill, 1950), 52, 54쪽.
43) 마이클 왈저, 「국제 체제의 개혁The Reform of the International System」, 『전쟁과 평화의 연구Studies of War and Peace』 (Oslo : Norwegian University Press, 1986), 227~240쪽.

새 민족주의는 아마 국지적인 영토 주장을 할 때보다 보편주의적 사명을 자임할 때 더 위험할 것이다. 이 경우, 그것은 종교가 관용에 의해 길들여지기 전의 옛 종교들 같이 될 것이고 종종 종교적 성격을 띨 것이다. 그렇게 되면, 계몽적 보편주의의 옹호자들은 이 영역에 자기들만 있는 게 더 이상 아님을 발견하고 깜짝 놀랄 것이다. 예를 들면, 세속주의적 현대화론자들은 갑자기 종교적 근본주의자들, 즉 미래가 과거에 열광하는 남녀들에 의해 압도당하는 것에 흐뭇해하는 남녀들과 대면하게 될 것이다. 반복의 이론가들도 똑같이 문화적 또는 정치적 민족주의의 다음 형태를 예견할 수 없지만 적어도 놀라게 되리라는 것은 예상한다. 그들은 민족주의적 주장들이 잇따를 것에 대비하고 있고 잇따라 등장하는 민족들에 대해 어떤 (적절한) 평가를 내릴 준비가 되어 있다.

11

어느 민족주의에게나 결정적인 시험은 새로운 민족의 느닷없는 등장 또는, 더 정확하게 말하면, 독립국의 지위를 요구하는 새로운 해방운동에 대처해야 할 때 찾아온다. 이 경험은 상당히 일반적이고, 내 생각에는, 이 시험에는 대개 떨어진다. 터키와 아르메니아 사람들, 나이지리아와 이보족族, 이라크와 쿠르드 사람들, 이스라엘과 팔레스타인 사람들 등 많은 예가 있다. 마지막 두 가지 예에서는 상황이 아직 끝나지 않았지만, 처음의 두 가지 예에서는 사망한 아르메니아 사람들과 이보족의 수가 이 시험에 떨어지는 데 따르는 해악의 정도를 보여주고 이데올로기로서의 민족주의에 그토록 자주 가혹한 평가가 내려지는 것을 설명하는 데 도움을 준다. 그러나 이 경우들에서는 민족주의가 희생자들의 이데올로기이기도 했다는 것을 강조하는 게 중요하며, 비록 항상 양쪽 모두를—승자들에게는 그들이 실제로 저지른 살인에 대해, 그리고 희생자들에 대해서는 저질렀을 살인에 대해—비난할 수 있지만, 나는 적어도 패한 민족이 덜 가혹한 반대에 부딪쳤다면 평화를 선택했을 가능성을 고려하는 게 더 적절하다고 생각한다. 때로는 그들이 그렇게 했을 것이고 때로는 그렇게 하지 않았을 것이다. 마치 모든 민족주의자가 어디서나 어떤 보편적 총괄법을 무시하고 있다는 듯이 단 하나의 판단만을 내릴 수는 없다. 에릭 홉스봄Eric Hobsbawm은 "민족주의는 정의상 특정한 '민족'의 이해관계에 다른 모든 이해관계를 종속시킨다."44고 씀으로써 거의 그렇게 도매금으로 비난하는 것에 찬성하는 주장을 폈다. 이는 민족주의를 집단 이기주의의 한 형태로 이해하는 것이다. 그러나 민족주의는 집단적 개인주의의 한 형태로 더 잘 이해될 수 있다. 다시 말해, 민족주의 운동과 민족국가는 개개인의 남녀와 마찬가지로 올바르게도 올바르지 못하게도 행동할 수 있고 그에 따라 평가되어야 한다.45

---

44) 에릭 홉스봄, 〈영국의 분열에 관한 몇몇 고찰Some Reflections on the Break-Up of Britain〉, 《New Left Review》 105호 (9-10월 1977), 9쪽.
45) "이기주의"는 자아를 다른 모든 자아보다 더 높게 평가한다. 반면에, "개인주의"는 그런 함축을 갖고 있지 않다. "인종주의", "성차별주의", "쇼비니즘"도 대체로 비슷하게 인종, 성, 국가에 대한 등급 매기기를 함축한다. 그렇지만 "민족주의"는 다르게 작동한다. 그것은 동일한 척도로 비교할 수 없다는 (부버의 이론 같은) 이론이나 등급과 서열에 대한 단순한 불가지론과 완벽하게 양립한다. 민족주의자는 다른 민족에게서 나타나는, 자기 자신의 헌신과 비슷한 헌신을 존중하고 평가할 수 있다

예를 들면, 주세페 마치니Giuseppe Mazzini가 옹호한 민족주의 정치에서 우리가 비난해야 마땅하다고 느낄 만한 것은 아무것도 없는데, 그는 청년이탈리아당Young Italy을 결성했고 그 다음에 계속해서 청년스위스당과 청년독일당의 결성을 도왔다. 어느 결혼식에서나 춤추고 싶어 하는 사람처럼, 마치니는 이탈리아의 민족 투쟁이 반복될 때마다 그 반복을 열렬히 지지했지만 그는 평생 동안 이탈리아 민족주의자로 남아 있었다. 그의 자유 민족주의는, 적어도 그가 실천한 대로는, 반복적 보편주의의 고전적 예다. 그러나 그것에 대해 쓸 때는, 그가 반복의 힘을 항상 완벽하게 표현한 것은 아니었다. 유명한 그의 보편적 오케스트라의 이미지를 생각해보라. 이 오케스트라에서는 개개의 민족이 그들 자신의 악기를 연주하지만 분명히 그들 자신의 음악을 연주하지는 않는다. 왜냐하면 마치니는 결과가 단 하나의 화음 좋은 교향곡이라고 말하는 것 같기 때문이다.[46] 이 행복하다고 상상되는 그림을 마르크스가 『자본론Capital』 제3권에서 사회주의 공장에서의 협동작업의 모델로 언급하는 오케스트라와 비교하는 것은 쓸모가 있다.[47] 그

는 점에서 애국자와 보다 비슷하다. 게다가 민족주의자는 이기주의자와 달리 다른 민족의 민족주의자를 경쟁자나 적대자로 보지 않고도 그렇게 할 수 있다. (이것은 집단적 형태의 이기주의와 정치적 형태의 인종주의를 채택하고 있는 민족주의자들이 많지 않다는 말이 아니다.)

46) 예를 들면, "화음"과 "사명"이라는 은유가 서로 섞인다. "'각 민족의' 사명의 화음으로부터 모든 민족의 일반적인 사명이 나올 것이다." 『마치니의 살아 있는 사상The Living Thoughts of Mazzini』, 이그나치오 실로네 편집 (Westport, Conn.: Greenwood Press, 1972), 55쪽.

47) 카를 마르크스, 『자본론: 정치경제학 비판Capital : A Critique of Political Economy』, 프리드리히 엥겔스 편집 (New York : International Publishers, 1967), 3 : 383.

언급은, 우리가 대부분의 큰 오케스트라에서 지휘자들이 보이는 독재적 행동에 대해 알고 있는 것을 생각해볼 때 이상하기는 하지만, 적어도 이런 의미에서는 적절하다. 즉, 공장에서 노동자들은 단 한 가지 제품을 생산하기 위해 협동하는 것이다. 국제 사회에서는 유사한 협동이 전혀 없고, 여기서는 서로 다른 민족들이 교향곡보다는 불협화음을 내는 연주를 할 가능성이 높다. 이것은 모더니스트(또는 어쩌면 포스트모더니스트)의 귀에나 음악으로 들릴 것이다. 실제로는 하나의 연주가 아니라 일련의 연주들이 있으며, 마치니 같은 민족주의 지식인들은 다른 연주자들에게도 자기가 좋아하는 것을 연주할 권리가 있음을 인정한다는 점에서 칭찬받아야 한다. 만약 그들이 다른 연주자들이 연주하는 것을 들을 준비도 되어 있다면, 그들은 더욱더 높이 칭찬받아야 할 것이다.

다른 연주자들 중 어떤 연주자들은 연주를 잘하고 어떤 연주자들은 못하지 않는가? 우리 중 우리 자신의 음악에 익숙해져 있는 사람들과 (더욱이) 우리 자신의 음악이 보편 미학이 요구하는 음악이라고 생각하는 사람들에게는 분명히 그렇게 보일 것이다. 그러나 우리가 어떤 식으로든 확신을 갖고 말할 수 있는 것은 그들은 잘하든 못하든 그들이 연주하는 것을 연주하며, 의심할 바 없이 그들에게 그렇게 말하는 그들 자신의 비평가들을 갖고 있다는 것이 전부다. 이런 종류의 비판은 또한 도덕적으로 중요할 수 있으며, 나는 그것을 과소평가할 생각이 없다. 또한 나는 특정한 민족 문화의, 말하자면, 내적 화음과 불협화음에 대한 우리 자신의 덜 확실한 판단을 과소평가할 생각도 없다. 그러나 그것은 민족주의 전반에 대한 판단이거나 특별히 민족주의에 대한 판단인 것은 아니다. 엄밀한 의미에서 민족주의에 대한 판단은 그것이 다른 민족들에게 보이는 태도와 행동과 관계가 있다.

민족 문화의 보편적 모델, 하나든 여럿이든 민족의 발전을 지배하는 총괄법은 없다. 그러나 한 민족이 다른 민족들에 대해 취해야 할 태도의 보편적 모델은 있다. 헤르더는 이 모델이 모든 민족들에게 자연스럽다고 생각했다. 벌린은 이렇게 쓴다. "그는 자신들의 천부적 재능을 발전시키는 데 열중하는 공동체는 당연히 다른 공동체들의 비슷한 활동을 존중할 거라고 생각했다."[48] 이것은 과연 반복적 보편주의의 핵심 원칙이지만, 오랜 민족들뿐 아니라 새로운 민족들조차도 그들 자신이 최근에 압제와 해방을 경험했음에도 불구하고, 반복적 보편주의가 명령하는 존중을 자연적으로 갖게 된다는 증거는 최근의 역사에 없다. 이미 말한 것처럼, 새로운 민족들은 너무나도 자주, 그들의 민족주의 이데올로기의 획일성으로 인해, 또는 참된 문화나 자기들만의 "고결성", 게다가 보편화의 사명까지 갖고 있다고 주장함으로 인해 새로운 압제자가 된다. 때로는 그들이 정말로 자기들이 최근에 생겼음을 의심하며, 자기들 중에 있는 소수 민족들의 위협 때문에 (또한 종종 그들을 필요 이상으로 두려워하여) 자기들의 정치적 통일성과 신변 안전을 걱정한다. 그런 모든 경우에 반복적 보편주의는 "천부적 재능"과 지역 문화를 계속적으로 "발전시키는" 것에 배치되는 정책들을 배제함으로써 하나의 제약으로 작동한다. 그러나 새 민족주의는 자기들의 발전에 "열중한" 나머지 다음 차례로 기다리고 있는 민족을

---

[48] 벌린, 『비코와 헤르더 Vico and Herder』, 164쪽.

문자 그대로 보지 못하기도 한다. 그것은 자기도취에 빠져 눈이 멀어 있는 것이다. 이 경우에 필요한 도덕적 과제는 훈계, 즉 상대의 민족주의를, 말하자면, 도덕적으로 가리키는 것이다. 마르틴 부버는 아주 반복적인 방식의 훌륭한 예를 제공한다. 아랍 민족주의는 "인위적인" (즉, 제국주의의) 창조물이라고 생각하는 동료 시온주의자들에 대한 반응으로 그는 1929년에 이렇게 썼다. "우리는 우리가 참된 민족적 단결과 진짜 민족주의 운동을 갖고 있다고 생각한다. 우리가 이것들이 아랍인들에게는 존재하지 않는다고 생각해야 할 이유가 도대체 무엇인가?"[49]

12

반복적 방식의 강점은 그것이 자기에게 훈계를 받고 있는 것의 가치를 인식하고 있다는 것이다. 반복적 방식은 민족주의의 맹목盲目에 직면하는 경우에도 민족주의의 강점과 의미를 보지 못하지 않는다. (부버는 여전히 시온주의자로 남았다.) 여기서 총괄법 보편주의자들과의 대조가 특히 분명해지며 나는 이 대조를 내 주장의 결론으로 삼고 싶다. 이런저런 형태의 총괄법 옹호자들은 때때로 다음에 등장하는 민족의 대의를 옹호하기도 했다. 우리는 알제리 민족 해방에 대한 사르트르의 지지를 고전적 예로 간주할 수 있을 것이다. (비록 프랑스 자체

---

49) 마르틴 부버, 『두 민족의 땅 : 마르틴 부버의 유대인과 아랍인論 Land of Two People : Martin Buber on Jews and Arabs』, 폴 R. 멘데스-플로어 편집 (Oxford : Oxford University Press, 1983), 91쪽.

는 새로운 민족이 아니었지만, 프랑스도 이제 막 점령과 저항의 시기에서 벗어난 상태였다.) 1950년대의 사르트르의 정치 활동은 매우 용감했다. 그러나 그것은 어떤 맹목으로 눈이 멀어 있기도 했는데, 이 맹목은, 자기도취가 민족주의의 특징인 만큼이나, 보편주의에 특징적인 맹목이었다. 왜냐하면 그의 정치 활동의 기초는 알제리 민족주의자들이 도덕적으로나 정치적으로나 (자신과 같은) 프랑스 좌파와 똑같고, 프랑스 좌파에서 인정되는 보편적 원칙들에 따라 정의로운 사회를 만들려 한다는 확고한 믿음이었기 때문이다.[50] 사르트르는 (놀란 척하면서) 알제리 민족 해방 전선FLN이 자신의 총괄법 보편주의의 역사적 수행자라고 믿었다. 이는 FLN을 철저히 잘못 본 것이었지만, 사르트르가 그것이 잘못임을 깨달았다면 무슨 말을 했을까를 상상하기조차 어려울 정도로 그는 그것을 확신했다. 우리가 그의 저술에서 알 수 있는 한, 그는 그 가능성을 전혀 고려하지 않았던 것이다. 만약 사르트르가 해방이 반복되며 그때마다 새롭고 서로 다르고 종종 도덕적으로도 문제가 있는 결과를 낳는다는 것을 인식했다면, 그의 일반적 입장이 어땠을까?

이 인식이 총괄법 보편주의와 결합되면, 그것은 전적으로 도구주의적인 민족해방관觀을 낳을 수 있다. 에릭 홉스봄에 따르면, 이것이 본래의 마르크스주의의 관점이다. "마르크스주의의 실용적 판단의 근본적 기준은 항상 민족주의 자체나 어떤 특정한 민족주의가 사회주의의

---

50) 프란츠 파농, 『대지의 저주받은 사람들*The Wretched of the Earth*』, 콘스탄스 패링턴 옮김 (New York : Grove Press, 1963), 7~26쪽에 있는 사르트르의 서문을 보라.

대의를 촉진하느냐다."[51] 오직 상황을 바르게 이해하는, 즉 올바른 이데올로기적 입장을 가진 해방 운동만이 지지를 받을 자격이 있다는 것이다. (꼭 그렇지는 않다. 오직 국제적 세력 균형과 관계가 있고 이데올로기와는 아무 관계가 없이, 어떤 특정한 운동을 지지하는 마르크스주의적 이유들이 있을 수 있기 때문이다. 이것은 더욱 극단적인 도구주의지만 그것을 여기서 다루지는 않겠다.) 사르트르의 맹목은 해방 운동을 비판하는 것을 사실상 불가능하게 만든다. 반면에 홉스봄의 실용적 마르크스주의는 분명한 비판 기준을 제공한다. 그러나 이것은 옳은 기준으로 생각되지 않는다. 왜냐하면 사회주의가 유일무이하게 정당한 민족주의의 목표일 수는 없기 때문이다. 만약 "민족 해방national liberation"이라는 표현이 묘사하는 과정이 단 하나의 최종 목적지만을 가질 수 있다고 주장한다면, 그것은 실은 그 표현을 오해하는 일이 될 것이다. 왜냐하면 그것은 그 표현에서 명사를 수식하는 형용사의 능력을 전혀 인정하지 않기 때문이다. 해방은 당연히 그것의 대상, 즉 민족의 역사, 자율적인 문화 창조 과정, 상호 애착의 패턴 등에 의존한다. 내가 이미 주장한대로, 민족주의 운동을 비판할 때는 그것의 내부 생활의 질이 아니라 다른 민족들에 대해 취하는 태도를 보아야 한다. 다시 말하지만, 이것은 우리가 민족주의 운동의 내부 생활은 비판할 수 없다는 말이 아니다. 반복의 권리는 이데올로기적 올바름의 시녀가 아니라는 말이다.

---

51) 홉스봄, 「몇몇 고찰Some Reflections」, 10쪽.

민족은 하나의 의미심장한 장소와 연결되어 있고 하나의 생활 방식을 실현하고 수정해나가는, 정치적 또는 문화적 자결을 목표로 하는 역사적 공동체다. 내가 마지막에야 비로소 이 정의를 제시하는 이유는 민족과 공동체 사이의 관련성이 너무 두드러지는 것을 원치 않기 때문이다. 공동체는 다른 형태를 취할 수 있다. 과거에도 그랬고 의심할 바 없이 미래에도 그럴 것이다. 그러나 그 모든 형태는 다원주의를 공통점으로 갖고 있다. 진짜 공동체라면, 서로 다를 것이다. 그리고 현재는 아마 민족이 이 다원주의의 가장 좋은 예일 것이다. 민족을 생각할 때는 (앤더슨의 주장대로) 경계를 생각하게 되고 그 다음으로는 다른 민족들을 생각하게 된다. 이것은 유용한 지적 발전이다.

반복적 보편주의는 그 경계를 이해하고 정당화하는 한 방법을 제공한다. 민족 생활의 환경을 고려할 때, 그 경계를 바르게 이해하는 확실한 방법은 없다. 또한, 나의 주장 어디에도 그 경계가 항상 국경이어야 한다는 명제는 없다. 정치 주권은 민족 해방의 한 가지 결과지만, 유일한 결과는 아닐 뿐 아니라, 꼭 있을 수 있는 가장 좋은 결과인 것도 아니다. 만약 반복이 민족들의 세계를 촉진한다면, 그것은 또한 미국의 정치 이론가 호러스 캘런이 "민족들로 이루어진 민족"[52]이라고 부른 것도 촉진할 것이다. 그것은 문화 다원주의와 다양한 생활 방식을 허용하는 어떤 정치 틀과도 양립할 수 있다. 다민족 제국은, 비록 민주주의 원칙과는 배치되지만 여러 민족이 자기들의 방식에 따라, 예를 들면, 제정 러시아의 "러시아화 정책"이나 그것과 유사한 역사 속의 모

---

52) 호러스 캘런, 『미국의 문화와 민주주의Culture and Democracy in the United States』 (New York : Boni and Liveright, 1924).

든 것들로부터 자유롭게 살도록 허용하는 한, 반복적 보편주의의 원칙과는 배치되지 않는다.

"러시아화 정책"은 국가 관리들이 문화 창조와 다원주의를 상대로 벌이는 헛되고 의심할 바 없이 부당한 전쟁의 좋은 예를 제공한다. 정치는 여럿으로부터 하나를 이루는 통일을 목표로 한다. 그러나 그것은 서로 매우 다른 방법으로 이룩될 수 있는 통일이다. 그 방법은 (종교적 관용의 경우처럼) 차이의 수용일 수도 있고 차이의 억압일 수도 있고, 포함일 수도 있고 동화의 강요일 수도 있고, 협상일 수도 있고 강제일 수도 있고, 연방이나 협동조합주의적인 제도일 수도 있고 중앙집권 국가일 수도 있다. 반복적 보편주의는 이 양자택일들의 각각에서 첫 번째 것에 찬성한다. 첫 번째 것들이 선택되는 것을 전제한다면, 반복적 보편주의는 여러 민족을 포괄하는 공통의 시민권과 양립할 수 없는 것이 아니다.[53]

그에 반해서, 총괄법 보편주의는 국가와 제국의 내외적 동화와 통합과 통일을 설명하고 정당화하는 방법을 제공한다. 그것은 모든 민족이 동일한 도덕적·정치적 체제로 모이는 시대 또는 민족주의 자체가 완전히 대체되고 경계선이 완전히 지워진 시대를 고대한다. 이 목적지는 세계 민주주의, 국제 공산주의, 세계 정부, 메시아의 지배 같은, 보다 직설적인 용어로 묘사될 수 있다. 나는 이것들 모두를 평가절하하고 싶다. 그것들이 제안하는 법이나 생활 방식이 전혀 매력이 없어서가 아니다. 내가 그것들을 평가절하하려는 이유는 그것들이 우리가 소중

---

53) 기어츠, 「통합적 혁명 *The Integrative Revolution*」, 특히 309~310쪽은 이 "시민" 공동체를 옹호한다.

히 여겨야 할 문화 창조의 과정과 상호 애착의 패턴을 무시하거나 억압하라고 우리에게 요구할 것이기 때문이다. 게다가 우리는 가장 중요한 총괄법을 어기지 않고는—물론 항상 "고귀한" 의도겠지만, 부도덕하게 행동하지 않고는—그 무시와 억압을 유지할 수 없을 것이다.

13장

국가의 도덕적 지위

네 명의 비평가에 대한 대답

1

『정의로운 전쟁과 정의롭지 못한 전쟁Just and Unjust Wars』의 주장은 다양한 방식으로 비판받아왔는데, 이것들 중 대부분은 마치 클라우제비츠Clausewitz의 유명한 금언을 응용하여 '전쟁에 대해 쓰는 것은 정치에 대해 쓰는 것의 연장이다.'라고 생각하고 있는 것처럼, 명백히 정치적인 성격을 보인다.[1] 그것이 전적으로 틀린 금언은 아니다. 나중에 분명해지겠지만, 그것은, 실제로, 피할 수 없는 진실을 담고 있다. 그렇지만, 이런저런 경우에 어떻게 적용되든, 영구적으로 어떤 특정한 정치

---

1) 마이클 왈저, 『정의로운 전쟁과 정의롭지 못한 전쟁Just and Unjust Wars』 (New York, 1977).

적 신념이나 어떤 국가 또는 정당에 봉사하는 수단으로 이용될 수는 없는 원칙들을 마련하는 것이 정의로운 전쟁에 대한 **이론**의 목적이다. 그 원칙들은 비판의 원칙들이며 모든 국가와 정당을 도덕적 비판에 노출시킨다. 내가 제안한 원칙들도 그런 종류이며, 나는—적어도 여기서는—그것들을 낳은 결의론決疑論적 판단보다는 주장의 전체적 구조를 변호하는 데 관심을 갖고 있다.

그런데 전체적 구조에 대해 깊은 의문을 제기하기에 내가 여기서 대답하고 싶은 일련의 비판들이 있다. 네 명의 저술가가 실질적인 평론이나 논문에서 같은 입장을 채택하고 어느 정도 서로 다른 방식으로 그것을 발전시켜 공통된 결론에 도달했다. 그것은 『정의로운 전쟁과 정의롭지 못한 전쟁』이 개인권의 이론에 기초를 두고 있다고 여겨지고 있지만 궁극적으로는 "국가주의적인" 성격을 갖고 있다는 결론이다. 와서스트롬Wasserstrom은 "개인의 권리가 아니라 국가의 권리가 결국 침략에 대한 도덕적 비판 내에서 고귀한, 가장 중요한 지위를 누리게 된다."[2]고 말한다. 도펠트Doppelt는 그 책이 "국제 관계에서 개인의 권리보다 사실상 국가의 권리를 우위에 놓는 도덕적 수사를 제공한다."[3]고 말한다. 바이츠Beitz와 루반Luban도 대안 도덕은 어떤 모습일까를 제시하려고 노력하면서 비슷한 주장을 한다.[4] 이 저술가들의 비판

---

2) 리처드 와서스트롬, 〈마이클 왈저의 『정의로운 전쟁과 정의롭지 못한 전쟁: 여러 역사적 실례를 통한 도덕론적 논증』의 서평Review of Michael Walzer's *Just and Unjust Wars: Moral Argument with Historical Illustrations*〉, 《하버드 법학 논총 Harvard Law Review》 92 : 2 (1978년 12월), 544쪽.
3) 제럴드 도펠트, 〈국제 관계에서의 도덕에 관한 왈저의 이론Walzer's Theory of Morality in International Relations〉, 《철학과 공공 문제Philosophy and Public Affairs》 8 : 1 (1978년 가을), 26쪽.

은 곳곳에서 내 입장에 대한 오해에 기반을 두고 있지만, 대체로는 정치 생활의 본질에 대한 중요한 철학적 의견 차이에 기반을 두고 있다. 따라서 그것은 살펴볼 가치가 있다.

직접적인 쟁점은 불간섭 원칙이며, 불간섭 원칙은 침략 전쟁의 범죄성을 설명하는 이론의 일부인 **전쟁 목적의 정의**jus ad bellum의 한 특징이다. 와서스트롬과 도펠트, 바이츠, 루반은 모두 내가 정립한 이론이 ① 외국의 간섭으로부터 보호받아서는 안 될 국가를 보호하며 ② 부적절하거나 일관성 없는 이유로 그렇게 하고 있다고 주장한다. 그들의 견해에 따르면, 그 이론은 보수주의적인 함의를 갖고 있고, 그것이 보존하는 것은 정당성 없는, 즉 전제적인 체제의 권위와 주권이라는 것이다. 그들은, 다른 한편, 비례에 대한 어떤 조건들이 충족되는 것을 전제로, 그런 체제를 전복하고 개인 권리의 향유를 극대화하는 것을 목표로 하는 행동주의적이고 간섭주의적인 정치에 더 적극적이다. 이것은 내가 전혀 분명하게 예상치 못한 비판 경향이다. 나 자신의 우려는 다른 점에 초점을 맞추고 있었다. 즉, 나는 그 이론이 분리주의 운동과 그런 운동에 대한 외국의 지원과 관련하여 너무 관대하지 않나 생각했던 것이다. 따라서 나는, 이제 대답함에 있어, 그 책의 주장을 자세하게 서술하고 아래에 지적하는 한두 가지 점에서 그 주장을 수정하거나 제한해야 할 것이다. 국가는, 비록 실제로는 결코 항상 그렇지는 않지만,

---

4) 찰스 R 바이츠, 〈경계가 있는 도덕 : 세계 정치에서의 정의와 국가Bounded Morality : Justice and the State in World Politics〉, 《국제기구International Organization》 33 : 3 (1979년 여름), 405~424쪽 ; 데이비드 루반, 〈정의로운 전쟁과 인권Just War and Human Rights〉, 《철학과 공공 문제Philosophy and Public Affairs》 9 : 2 (1980년 겨울), 161~181쪽.

가정 상으로는 자기 결정이 이루어지고, 따라서 외국 군대가 배제되어야 하는 영역이다.

2

내 주장의 실제 주제는 결코 국가가 아니라 (대개) 국가의 기초가 되고 있는 정치 공동체다. 나는 이 공동체가 궁극적으로는 "살아 있는 사람들과 죽은 사람들과 앞으로 태어날 사람들" 사이의, 버크E. Burke 적 성격의 계약에 기초를 두고 있다고 처음부터 말함으로써 나의 이른바 보수주의를 강화하고자 한다. 따라서 그것을 승인한 의회를 상상하기는 어렵다. 내가 그 책에서 사용한 계약이라는 단어는 은유다. 공동체의 기초가 되는 도덕적 이해는 오랜 세월에 걸쳐 형성된다. 그러나 공동체 보전의 개념은 역사적 공동체의 일원으로 살고 자기들에게 계승된 문화를 자기들끼리 마련한 정치 형태(이 형태는 결코 단 하나의 세대에서 완성되지 않는다.)를 통해 표현할, 동시대 남녀들의 권리에서 도덕적이고 정치적인 힘을 얻는다. 나는 나중에 몇 가지 예를 통해 공동체의 보전이 부인될 때, 설사 이 부인이 자애로운 의도를 갖고 있더라도, 그 개인적 권리가 어떻게 침해되는지를 묘사하려고 한다.

공동체의 구성원들은 서로에게 의무를 진다. 이것이 루반의 "수평적" 계약이며 정치적 의무의 유일한 형태다.[5] "수직적"이거나 정부와 맺는 계약은—적어도, 서로에게 구속력이 있는 계약은—없다. 비록

---

5) 루반, 「정의로운 전쟁과 인권Just War」, 16쪽.

공동체가 정부를 필요로 하기는 하지만, 시민이 정부에 대해 외국인들의 공격으로부터 정부를 지켜야 할 의무를 지고 있는 것은 아니다. 오히려 정부가 시민들에 대해 외국인들의 공격으로부터 시민들을 지켜야 할 의무를 지고 있다. 이것이 정부의 목적, 또는 목적들 중 하나다. 시민들은 서로를 지키고 자신들의 공동생활을 지킨다. 정부는 단지 그들의 수단에 불과하다. 그러나 때로는 이 수단이 시민들을 적대한다. 다시 말해, 그것이 여전히 시민들을 외국인들로부터 지켜주는지는 모르지만, 동시에 시민들의 공동생활을 속박하고 억압하는 것이다. 그것은 그들의 시민적 자유를 부인하고, 종교적 획일성을 강요하고, 정치적 또는 경제적 억압에 맞선 자구自救 노력을 봉쇄한다. 이것은 압제 정부다. 그런데 나를 비판하는 그 네 명의 비평가들은, 내가 그들을 옳게 이해하고 있다면, 그런 정부는 자국의 국민들 사이에서 지위를 갖고 있지 못하기에(그들의 충성을 요구할 도덕적 자격을 갖추고 있지 못하기에), 국제 사회에서도 지위를 가질 수 없다고 주장한다. 그것은 권리가 없는 무법 정부 또는 보통 필요한 권리들을 결코 전부 가질 수 없는, 그야말로, 추악한 정부이기에, 그것을 공격하거나 그것의 지배 행태를 (더 좋게) 바꿀 수 있는 어느 누구라도 그것을 공격할 수 있다는 것이다. 이것은 광범위한 주장이다. 왜냐하면 압제 정부를 가진 나라들이 국제 사회의 대부분을 이루고 있기 때문이다. 그러나 그것은 틀린 주장이다. 현행법에 비추어 틀릴 뿐 아니라, 내가 아래에서 말할 이유로, 도덕적으로도 틀리다. 정부의 국제적 지위는 단지 부분적으로만 그것이 자국 국민들 사이에서 누리는 지위에서 나온다. 이 과정은 복합적이다. 왜냐하면 이 과정은 외국인들에 의해 매개되고 외국인들은 (시민들과는 달리) 적나라한 정부가 아니라 국가와 대면하기 때문이다.

 국가는 국민과 정부의 결합으로 이루어져 있고, 모든 외국에 대해 영토 보전과 정치적 주권이라는 한 쌍의 권리를 주장하는 것은 국가다. 외국인들은 그 결합의 실재를 부인할 입장에 있지 않거나, 좀 더 정확히 말하면, 이론적인 부인 이상의 것을 시도할 입장에 있지 않다. 그들은 그 국가의 역사에 대해 충분히 알지 못하며 그것의 기저에 있는 갈등과 조화, 역사적 선택과 문화적 친화성親和性, 충성과 원한을 직접 경험하지 못했기에 구체적인 판단을 내릴 수 없다. 따라서 그들의 행동은, 적어도 우선적으로는, 지식이나 판단에 의해 결정될 수 없다. 그보다는, 공동체와 그것의 정부 사이에 어떤 "적합성"이 존재하며 해당 국가가 "합법적"이라는, 도덕적으로 필요한 가정에 의해 결정되거나 결정되어야 한다. 그 국가는 자신들의 이익을 위해 행동하는 일단一團의 지배자들이 아니라 자신들의 전통에 따라 다스려지는 국민 전체라는 가정인 것이다. 이 가정은, 한마디로, 외국인들이 역사적 공동체와 그것의 내부 생활에 대해 가져야 마땅한 존중심이다. 그것은 도덕과 법에서의 다른 가정들과 마찬가지로 반박되고 무시될 수 있으며, 내가 "무시의 규칙들"이라고 부른 것은 그 가정 자체만큼이나 중요하다. 그렇지만 그 가정이 유지되는 한, 국제 사회의 경계도 그것과 함께 유지된다. 이 첫 번째 가정은 두 번째 가정을 함의한다. 두 번째 가정은, 만약 어떤 특정한 국가가 공격을 받으면, 그 국가의 시민들은, 우리가 우리 자신의 공동체를 소중히 여기는 것과 마찬가지로, 또는, 우리가 공동체 자체를 소중히 여기는 것과 마찬가지로, 그들 자신의 공동체를 소중히 여기기에, 공격에 저항해야 한다고 생각하고 실제로 저항할 것이라는 가정이다. 물론 공동체에 대한 일반적 평가가 결정적인 논거가 되지만, 나는 다른 가능성들을 검토할 수 있게 되기 전에는 그것을 옹호하기 위해 멈추지 않을 것이다. 어쨌든, 침공 금지령을 성립시키는 것은 저항에 대한 이 예상이다.

  국가를 위해 싸워야 할 시민들의 의무는 그들이 실제로 싸울 거라는 예상과는 매우 다른 것이다. 예상은—내가 나중에 말할 중요한 예외들 외에는—어떤 국가든, 국가의 존재 자체로부터 생기거나 생겨야 한다. 의무는 도덕 및 정치철학의 요구에 부합하는 형태를 가진 특정한 종류의 국가의 존재에서 생긴다. 그런데 논의가 되고 있는 특정한 국가는 그런 종류일 수도 있고 아닐 수도 있다. 또한 의무도 진짜일 수도 있고 아닐 수도 있다. 이것들은 논쟁의 대상이 될 수 있는 문제들이며, 외국인들, 심지어는 외국 관리들도 자유롭게 어떤 특정 국가의 시민들이 그런 의무를 지고 있지 않다고 주장할 뿐만 아니라, 더 나아가 동의, 자유, 참여 등에 대해 논할 수 있다. 그렇지만 그들은 자유롭게 그런 주장에 따라 행동하고 (외국인들이 생각하기에) 싸울 의무가 없는 시민들을 가진 국가와 전쟁을 시작할 수는 없다. 그들은 그런 국가는 문자 그대로 지켜질 가치가 없다고 주장할 수 없는 것이다. 왜냐하면 상당수의 시민들이 자기가 싸울 의무와 용의를 갖고 있다고 믿는 한, 그들의 국가에 대한 공격은 침략이 될 것이기 때문이다. 그리고 다시 말하지만, 외국인들은 (예외는 있지만 ……), 의무가 진짜든 가짜든, 그 믿음과 용의를 가정해야 한다.

  나는 『정의로운 전쟁과 정의롭지 못한 전쟁』의 주註에서 "영토와 주권의 수호가 언제 정당성을 지닐 수 있는가라는 문제는 개개인의 시민이 언제 수호에 참여할 의무를 갖는가라는 문제와 밀접한 관련이 있다."고 썼다. 도펠트는 이 문장을 주권 국가의 시민들은, 국가의 성격과 그것에 대한 자신의 신념이 어떻든, 국가를 위해 싸워야 할 의무가 있다는 말로 받아들인다.[6] 그러나 나는, 뒤이어 말한 바와 같이, 그 두 문제는 모두 "사회 계약 이론의 쟁점들에 달려 있다고" 말하고 (내가 의무들에서 제시한 주장에 독자들의 주의를 환기시키고) 싶었을 뿐이다. 그렇지만 그 문장은 오해를 불러일으킨다. 실제로, 어떤 국가의 시민들이 싸울 의무가 없음에도 불구하고 여전히 침공군에 맞서 싸울 용의를 갖고 있을 수 있으며, 그러면 이 시민들에게 (예외는 있지만……) 싸울 권리가 있고 침입자들은 침략 전쟁의 죄를 쓰게 된다는 것을 의심하기는 어렵다. 만약 어떤 시민도 나서지 않거나 시민들이 즉시 항복한다면, 국가는, 한마디로, 지켜지지 않을 것이다. 이 경우에는 침입이 우리가 보통 침략이라고 부르는 범죄보다 더 작은 범죄가 되거나 범죄가 전혀 아닐 것이다.[7] 내 책 어디에도 시민들이 압제적인 국가를 지켜야 할 의무를 서로에게 지고 있다는 의미의 말은 없(고 시민들은 분명히 자신들을 압제하는 자들에게 의무를 지고 있지 않)다. 그들에

---

6) 도펠트, 「왈저의 이론Walzer's Theory」, 14쪽.
7) 이 주장은 『정의로운 전쟁과 정의롭지 못한 전쟁Just and Unjust Wars』(330)에 있는 비폭력에 관한 주장에 상응한다. 만약 시민들이 군사적 저항보다 시민 저항을 선택한다면, 공격자의 죄는 적어질 것이다. 왜냐하면 공격자는 명백히 시민들에게 자신들의 권리를 위해 싸우고, 목숨을 걸고, 죽도록 강요하지 않았기 때문이다. 만약 침입자들이 피침국被侵國 국민의 분명한 다수로부터 환영을 받는다면, 침입자들에게, 어떤 죄든, 죄를 씌우는 것은 이치에 맞지 않는 일일 것이다. 그러나 그런 환영은 내가 아래에 제시하는 세 가지 예외를 구성하는 상황에서만 주어질 것이 거의 확실하다. 그리고 이 경우, 침입은, 환영받기도 전에, 무죄할 것이다.

게는 반란을 일으킬 자유만큼이나 싸우지 않을 자유도 있다. 그렇지만 그 자유가 쉽게 외국 국가나 외국군에게 이전되어 침입이나 간섭의 권리가 되지는 않는다. 그리고 무엇보다도, 외국인들의 선도로 그 자유가 이전될 수는 없다.

따라서 국가는 국제 사회에서 추정하기에는 정당하지만 국내에서 실제로는 정당성이 없을 수 있다. 정당성의 원칙은 이원적二元的인 기준을 갖는다. 내가 『정의로운 전쟁과 정의롭지 못한 전쟁』에서 혁명이 있을 때는 언제나 간섭이 정당하지 않다고 썼을 때 언급한 것이 바로 이 이원론이다.[8] 이 두 가지 정당성은 서로 다른 청중을 향하고 있기에 서로 일치하지 않는다. 그러니까, 첫째, 국가는 정부와 공동체 사이의 "적합성", 즉 정부가 실제로 얼마나 국민의 정치 생활을 대변하고 있느냐에 따라 정당하거나 정당하지 않게 된다. 정부가 그것을 대변하지 않을 경우에는, 국민에게 반란의 권리가 생긴다. 그러나 반란의 자유가 그들에게 있다면,─반란이 신중치 못하거나 성공할지 의심스럽다고 그들(또는 그들의 대다수)에게 생각되기에, 또는 그들이 로크가 〈정부에 관한 두 번째 논문The Second Treatise of Government〉에서 말한, "오랜 정체政體에서 벗어나기를 더디함과 싫어함"을 가졌기에─또한 반란을 일으키지 않을 자유도 그들에게 있는 것이다. 즉, 그들은 여전히 정부가 참을 만하다고 여기거나, 정부에 익숙해지거나, 정부 지도자들에게 개인적인 충성을 할 수 있는 것이다. 따라서 이 첫 번째 의미로 정당성에 관한 주장을 할 경우에는, 특정한 공동체를 구성하는 사람들

---

8) 왈저, 『정의로운 전쟁과 정의롭지 못한 전쟁Just and Unjust Wars』, 89쪽.

이 수신인이 되어야 한다. 누구나 그런 주장을 할 수 있지만, 오직 신민들이나 시민들만이 그것에 따라 행동할 수 있는 것이다.

두 번째의 일련의 주장들은 국가가 국제 사회에서 갖는 가정적 정당성과 관련된다. 이 주장들도 신민들과 시민들을 포함한 누구나에 의해 제기될 수 있지만, 그것들의 본래의 수신인은 외국인이다. 왜냐하면 간섭을 해야 할지 말아야 할지를 결정하는 것은 외국인이기 때문이다. 정부와 공동체 사이에 "적합성"이 없다는 것이 아주 확실하게 드러나지 않는 한, 외국인은 간섭해서는 안 된다. 그 밖의 어떤 경우에도 간섭은 신민들과 시민들의 권리를 침탈하는 것이 된다. 와서스트롬은 묻는다. '기성 정부가 이미 신민들과 시민들의 권리를 박탈했는데, 그 정부만을 정확하게 겨냥한 공격이 무엇을 더 박탈할 수 있다는 말인가?'[9] 그러나 기성 정부의 폭정은 혁명권을 발생시킨다. 혁명권은 개개인의 신민 또는 시민이 개인적으로 갖는 권리로서, 그들로 구성된 어떤 집단에 의해서도 정당하게 행사될 수 있고 그들로부터 박탈될 수 없는 권리다. 만약 외국군이 침공을 개시한다면, 설사 이 군대가 혁명의 의도를 갖고 있고 혁명이 정당하다 하더라도, 신민들과 시민들의 권리가 침해된 것이라고 말하는 게 전적으로 타당하다. 그들의 "더디함"이 인위적으로 가속되었고, 그들의 "싫어함"이 부인되었고, 그들의 충성이 무시되었고, 그들의 신중한 계산이 거부된 것이다. 그리고 모두 정치적 정의와 정치적 분별에 관한 어떤 다른 사람들의 견해에 희생된 것이다. 그렇지만 와서스트롬과 도펠트는 이 주장이 홉스주의

---

9) 와서스트롬, 「서평Review」, 540쪽.

의 정당성 이론을 연상시킨다고 주장한다. 즉, 안정된, 다시 말해, 자국 국민을 성공적으로 잘 통제하는 리바이어던Leviathan 국가는 그 이유로 정당하다는 말이냐는 것이다.[10] 어떤 의미에서는 맞는 말이다. 국제 사회에서는 리바이어던 국가뿐 아니라 다른 많은 종류의 국가들도 영토 보전과 정치적 주권의 권리를 누린다. 그러나 홉스의 주장은 리바이어던의 신민들에게 향해 있지만, 나의 의도는 그 청중들이 그 주장을 받아들이도록 장려하는 게 결코 아님을 지적하는 바이다.

첫 번째 종류의 정당성은 단일한 성격을 가졌거나 가질 가능성이 높다. 우리가 내리는 판단은 우리의 민주적 가치를 반영하며 오직 한가지 종류의 정당한 국가 또는 오직 좁은 폭의 정당성만 있다는 전제를 드러낸다. 반자유주의적이거나 비민주적인 정부에 대해서는, 반란을 일으킬 자유가 시민들에게 항상 있다는 것이다. 그들이 그 권리에 따라 행동하든, 안 하든, 또 그들이 자기들에게 그 권리가 있다고 생각하든, 않든, 상관없다. 그들의 의견은 중요하지 않다. 왜냐하면 그들이 어떻게 생각하든, 우리는, 그런 정부는 정치 공동체를 대변하지 않고 대변할 수도 없다고 주장할 수 있기 때문이다.[11] 그러나 두 번째 종류의 정당성은 다원주의적 성격을 갖고 있다. 여기서는 우리가 내리는 판단이 다양성에 대한 우리의 인정과 공동체의 보전 및 서로 다른 문

---

10) 같은 책, 542쪽; 도펠트, 「왈저의 이론Walzer's Theory」, 16쪽.
11) 따라서 "정부의 형태에 관해서는 국제적인 문제는 없고 민족적인 문제만 있을 뿐이다."라는 (1847년, 청년유럽당의 개회사에서 한) 이탈리아 민족주의자 마치니의 말은 틀리다. 오히려 어떤 단순한 구분이 유효하다. 철학적인 문제는 과연 국제적(이거나 초국적이거나 보편적)이지만, 정치적인 문제는 오직 어떤 민족적인 의사결정 과정을 통해서만 정당하게 해결될 수 있다.

화·정치적 발전 패턴에 대한 우리의 존중을 반영한다. 이렇게 되면 이제는 그 국민들의 의견과 습관, 감정, 종교적 신념, 정치 문화 등이 아주 중요해진다. 왜냐하면 그 모든 것들이 그들 국가의 형태 및 성격과 밀접한 관계가 있고 부분적으로라도 그것들을 해명할 가능성이 높다는 것이 되기 때문이다. 이것이 객관적으로는 정당성이 없는 국가들이, 몇 번이고, 침입자들에게 맞설 신민들과 시민들을 규합할 수 있는 이유다. 그런 모든 경우에는, 비록 정부와 공동체 사이의 "적합성"이 민주적인 종류는 아니지만, 여전히 어떤 종류의 "적합성"이 있고 외국인들은 그것을 존중해야 한다.

  이 두 가지 종류의 정당성을 혼동하는 것, 또는 그것들 사이의 구별을 부인하는 것이 그 네 저술가의 근본적인 오류다. 그들은 내가 『정의로운 전쟁과 정의롭지 못한 전쟁』의 이론 때문에 압제 국가를 정당하다고 간주할 수밖에 없다고 주장한다. 나의 진짜 주장은, 외국 관리들이, 마치 압제 국가들이 정당한 것처럼, 행동해야 한다는, 즉 그 국가들과 전쟁을 시작해서는 안 된다는 것이다. 나를 비판하는 사람들은 '**마치 ~처럼**'의 정치를 거북하게 느끼며, 그것의 기초가 되는 가정은 더 거북하게 느끼고, 내 생각에는, 그 가정이 명령하는 다원주의를 가장 거북하게 느낀다. 그들은 첫 번째 종류의 정당성이 유일한 종류라는 관점을 신봉하고 국제 사회를 일종의 반복된 단일성—모든 정치 공동체가 같은 정부 또는 대체로 같은 종류의 정부를 갖는 것—으로 재촉할 준비가 되어 있다. 그러나 나는, 내가 간섭을 허용할 용의가 있는 경우들을 모두 검토하고 나를 비판하는 사람들이 허용하는 범위가 훨씬 더 넓다는 점을 보여주기 전에는 그들의 적극적인 주장을 다루지 않을 작정이다.

3

 루반의 말대로, 국가 주권의 개념은 첫 번째 의미의 정당성에 "무감각"하지만 "정당성의 전체 영역"에 대해서는 무감각하지 않다. 왜냐하면 국제 사회에서조차 정당성이 없는 국가라는 것이 존재하고 주권이 무시될 수 있는 경우들이 존재하기 때문이다.[12] 그 경우들이 내가 『정의로운 전쟁과 정의롭지 못한 전쟁』에서 묘사하는 무시의 규칙들이다.[13] 첫째, 어떤 특정한 국가가 하나 이상의 정치 공동체를 포함할 때, 즉 제국이거나 다민족국가일 때, 그 국가의 공동체나 민족 중 하나가 자발적으로 반란을 일으켰다면, 외세는 이 반란자들을 도울 수 있다. 분리나 민족 해방을 위한 투쟁은 간섭을 정당화하거나 정당화할 수 있다. 왜냐하면 그런 경우에는 정부와 공동체 사이에 적합성이 전혀 없고, 일단 반란이 어느 정도의 크기에 도달하면, 국가는 가정적 정당성조차 주장할 수 없기 때문이다. 일부 시민들은 아마 간섭에 저항해야 한다고 느끼겠지만, 반란을 일으킨 민족의 시민들은 저항하고 싶어 하지 않을 거라고 생각될 수 있기에, 그들을 위한 군사 행동은 침략으로 간주되지 않는다.

 둘째, 만약 단일한 공동체가 내란으로 분열되고, 하나의 외세가 이

---

12) 루반, 「정의로운 전쟁과 인권Just War」, 166쪽.
13) 이어지는 단락들은 『정의로운 전쟁과 정의롭지 못한 전쟁Just and Unjust Wars』, 89~108쪽의 주장을 요약한다.

쪽 또는 저쪽 당사자의 편을 들어 간섭하면, 다른 외세들도 다른 당사자의 편을 들어 간섭할 수 있는 권리를 갖게 된다. 이런 종류의 대항 간섭은 당사자들의 도덕적 성격과 상관없이 옹호될 수 있다. 따라서 어떤 정치적 원칙들에 비추어서는, 간섭이 옳지 않은 일일 때일지라도, 외국이 간섭할 권리를 갖게 될 수 있다(마찬가지로, 간섭이 현명하거나 사려 깊은 일이 아닌 경우에도 그 권리가 성립할 수 있다). 나를 비판하는 사람들 중 몇몇은 이 규칙의 중립성에 반대하지만, 이런 종류의 중립성은 모든 전쟁 규칙의 특징이다. 그것이 없다면, 어떤 규칙도 전혀 있을 수 없고, 선善의 세력에게, 무엇이든, 적을 이기기 위해 필요한 것을 (그러나 오직 **필요한** 것만을) 할 수 있는 권리를 부여하는, 그 세력 앞으로 보내는 허가만이 있을 수 있을 것이다.

셋째, 정부가 자국의 시민들이나 신민들을 대량학살하거나 노예화할 때는 언제나 간섭이 정당화될 수 있다.[14] 그런 경우에는 평상시의 가정이 파기되며, 우리는 정부와 공동체 사이에 어떤 "적합성"도 없거나 공동체 자체가 없다고 가정해야 한다. 나는 이제 대학살과 노예화에 매우 많은 사람들의 추방을 더할 생각이다(이것은 단순히 혁명 후에

---

14) 나로서는 알 수 없는 이유로, 도펠트는, 1898년에 쿠바에서 시행된 스페인의 정책에 대한 논의를 언급하면서, 내가 "노예화"라는 말을 "사람들의 대량 강제 이주"(7)라는 의미로 사용하고 있다고 말한다. 그러나 내가 스페인의 정책에 대해 말하고 있는 것은 그것이 "당사자들의 건강을 거의 무시한 채" 진행되어 "수천 명의 사람들이 고통받았고 죽었다."(『정의로운 전쟁과 정의롭지 못한 전쟁*Just and Unjust Wars*』, 10쪽)는 게 전부다. 도펠트의 말은 틀리다. 내가 말하는 "노예화"는 그냥 노예화다. 사전적 정의에 아주 충실하다는 말이다. 예를 들지는 않겠다. 왜냐하면, 내가 아는 한, 노예화가 군사적 간섭의 계기가 (심지어는 구실조차) 된 적은 없기 때문이다. 따라서 미국 남부에 대한 도펠트의 언급(20)은 쓸데없다. 노예는 어느 사회·정치적 자기 결정 과정에서도 참가자로 생각될 수 없는 것이다.

정적들을 퇴진시키는 것이나 민족 해방 투쟁에 뒤이어 때때로 벌어지는 강제 이주―이것들도 아주 잔인할 수 있지만―를 가리키는 게 아니다). 내가 대학살의 의미를 보여주기 위해 그 책에서 든 방글라데시의 예는 추방의 의미를 보여주기 위해서도 사용될 수 있을 것이다. 인도의 간섭은 수만 명의 살해된 남녀들을 근거로 해서만큼이나 수백만 명의 난민들을 근거로 해서 정당화될 수 있었을 것이다. 이 압제의 극단적 형태들을 강조하는 목적은, 물론, "보통의" 압제의 경우에는 간섭을 배제하기 위함이다. 민주주의의 기준으로는, 인류사 전체를 통해 대부분의 국가들이 압제적이었(고 정당성이 없었)다. 그러나 그 기준이 꼭 또는 보통 그 국가들의 국민이 자국을 판단하는 기준은 아니다. 다른 한편, 우리는, 살인과 노예 제도, 대량 추방은, 적어도 그것들의 희생자들로부터는, 악하다는 평가를 받는다고 항상 가정할 수 있다.

 나는 이제 나를 비판하는 사람들이 제시하는 몇 가지 예를 검토하고자 한다. 첫 번째 예는 남아프리카이며, 와서스트롬은 이 예에 대해 짧게, 도펠트는 보다 자세하게 언급했다.[15] 이 두 명의 저술가들은 남아프리카에서의 흑인들에 대한 처우를 평범한 압제의 경우에 동화시키는 것에 중점을 둔다. 앞서 말한 세 가지 예외에 의해 설정된 제한에 이의를 제기할 수 있기 위해서다. 그러나 정치에서 활동하는 흑인들은 실제로는 자신들의 상황에 대해 그런 식으로 이야기하지 않는다. 그들의 주장은 내가 제시한 이론의 구조에 쉽게 들어맞는다. 그들은 남아프리카는 두 가지 서로 다른 방식으로 예외적인 경우라고 주장한다.[16]

---

15) 와서스트롬, 「서평Review」, 544쪽 ; 도펠트, 「왈저의 이론Walzer's Theory」, 20, 23~25쪽.

① 그들은 흑인 남아프리카인들을 준(準)노예, 사실상의 노예, 실질적 노예로 묘사하고 (적어도 지금으로서는) 이 묘사의 논리에 충실하게 군사적 간섭 외의 조치들—예를 들면, 경제적 보이콧—을 요구한다. 그러나 내 생각에는, 도덕적 관점에서 본다면, 실질적 노예(만약 그 묘사가 정확하다면)나 법적인 노예나 마찬가지며 둘 중 어느 쪽을 위한 외국의 간섭도 정당화될 수 있다고 주장해도 논리의 불합리한 확장이 아니다.[17] ② 그들은 흑인 남아프리카인들의 투쟁을 민족 해방 투쟁으로 묘사한다. 이것은 특히 설득력이 있다. 왜냐하면 그것은, 흑인은 다른 민족이며 남아프리카 공화국에서는 완전한 시민권을 가질 자격이 없다는 남아프리카 정부의 공식 입장에 대응하기 때문이다. 설사 인종 간의 실제의 분리 상황이 흑인의 분리를 가능하게 만들 만한 것이 아닐지라도, 아파르트헤이트(apartheid, 인종 분리) 정책이 국내의 혁명을 민족 해방 운동으로 바꾸는 것이다. 따라서 그것은 지배받는 사람들에 대한 외부 지원의 가능성을 연다. 나는, 만약 그런 지원이 언제든 군사적 형태를 취한다면, 그것은 위의 두 가지 방식 중 하나로 변호될 거라고 생각한다.

그렇지만 남아프리카는 어떤 보다 광범위한 주장을 하기 위한 수단

---

16) 내가 여기서 어떤 남아프리카 저술가의 말을 권위 있게 인용할 수는 없다. 나는 전단이나 미국에서 열린 여러 정치 회의에서 제기된 주장들을 근거로 말하고 있는 것이다.

17) 보통의 압제조차도—마르크스주의자들의 표현인 "임금 노예wage slavery"에서처럼—노예화라는 언어로 묘사될 수 있고, 또 대개 그렇게 묘사되고 있는 것은 물론 문제다. 그러나 그것은 단지 내부의 정치·사회적 과정을 (철학적 비판이나 국내의 저항과 혁명으로부터가 아니라 단지) 군사적 간섭으로부터 보호하는 경계선을 긋는 것의 중요성을 보여줄 뿐이다.

일 뿐이며, 이 주장은, 나를 비판하는 사람들은 간섭을 허용하겠지만 『정의로운 전쟁과 정의롭지 못한 전쟁』의 이론은 간섭을 금지할 어떤 경우를 통해 검토하는 게 더 좋다. 그래서 두 번째로 니카라과에서 최근에 일어난 혁명에 대해 생각해보자. 루반은 이것을 어느 정도 자세히 다루고 있다.[18] 니카라과의 산디니스타Sandinista 투쟁은 여러 해 동안 지속되었고 두 차례의 내전에서 절정에 달했다. 그중 (1978년 8·9월에 벌어진) 첫 번째 내전은 반군叛軍의 패배로 끝났다. 전투는 1979년 여름에 재개되었고 소모사Somoza 정부가 전복되었다. 이 두 번의 군사 작전 사이의 몇 달 동안에 일어난 일은 정치적 압제의 조건 아래서 자기 결정의 의미를 효과적으로 보여준다. 그 기간 동안에 반군은 재편성됐고 (약간의 외부 지원을 받으며) 재무장했으며, 우리에게는 가장 중요한 사실이지만, 교섭을 통해 혁명 "전선"의 상당한 확대를 달성했다. 반군은 이 교섭들 동안에 자기들이 세우고 싶어 하는 체제의 성격에 대해 아주 분명하게 입장을 밝힐 것을 요구받았다. 그런데 만약, 루반이 아쉬워하는 것처럼, 첫 번째 작전이 있었을 때, 반군을 패배로부터 구하는 것을 목표로 하는 외국의 간섭이 있었다면, 이 교섭과 약속의 내부적 과정은 중단되었을 것이다. 또, 그랬다면, 새 체제의 성격은 간섭국과, 어떤 파벌이든 간섭국이 지원하려고 선택한 반군 파벌에 의해 결정되었을 것이다. 그런 간섭은 자신들의 정치 제도를 결정할, 하나의 집단으로서의 니카라과인들의 권리와 그렇게 결정된 제도 속에서 살, 니카라과인들 개개인의 권리를 침해했을 거라는 게 나

---

18) 루반, 「정의로운 전쟁과 인권Just War」, 170~171쪽.

의 주장이다. 따라서 이 개인의 권리는, "종류는 거의 상관없고, 그저 시민 사회"에서 살 권리일 뿐이라는 와서스트롬의 말은 틀리다.[19] 그 것은, 이 경우에는, 니카라과식의 시민 사회에서 살 권리인 것이다.

그렇지만 1978년 9월, 패배에 직면했던 산디니스타가 외국의 군사적 간섭을 요청했었다면 어떻게 되는가? 혁명가들이 원하면, 혁명권이 이전될 수 있는 것일까? 민족 해방 투쟁의 경우에는 정확히 그러하다. 이 경우에는 혁명가들 자신이, 어떤 의미에서, 외국인들과 전쟁 중이며 자기 민족의 지지를 받고 있다고 간주된다. 그러나 혁명과 내전의 경우에는 그런 가정이 불가능하다. 원칙적으로, 자국민의 분명한 다수의 적극적이고 명백한 지지를 받는 혁명가들은 자국민을 대표하여 외국군에게 간섭해 줄 것을 요청할 수 있다. 그러나 나는, 혁명가들이, 외국의 도움을 필요로 하는 상황을 훨씬 벗어나 있기 전에는, 결코 그런 입장이 되지 못할 거라고 생각한다. 그러나 그때 그들에게 필요한 것은 아무도 정부를 돕지 않는 게 전부다. 밀이 불간섭에 대한 에세이에서 가정한 경우는 보다 현실적이다. 일단의 반란군이 국민의 자유를 위해 싸우고 그들의 소극적 지지를 받고 있다고 주장하지만 군사적으로 곤경에 처해 어떤 외국의 도움을 요청한다. 밀은 이 반란군이 그들의 (이른바) 지지자들을 동원해야지 어떤 외국군을 동원해서는 안된다고 주장한다.[20] 오직 대중 동원만이 자유로운 정부를 수립하는 길을 열어줄 거라는 것이다. 나는 외국의 지원을 불필요하게 만드는 그

---

19) 와서스트롬, 「리뷰Review」, 542쪽.
20) 『정의로운 전쟁과 정의롭지 못한 전쟁Just and Unjust Wars』, 87~89쪽 1에 있는, 밀의 주장에 대한 논의를 보라.

런 동원만이 또한 외국의 지원을 정당화할 수 있다고 덧붙이고 싶다.

실제로는, 외국의 도움을 요청하는 것이 국내적으로 허약하다는 것을 인정하는 일이다. 산디니스타가 (정부가 받고 있거나 받은 것에 필적할 장비 외에는) 결코 도움을 요청하지 않은 것은 아마 이 때문일 것이다. 그들은 자기들이 다수의 지지를 받고 있거나 받을 수 있다고 생각했던 것이다. 게다가 그들은, 와서스트롬의 시각에서 볼 때, 나처럼 "비현실적"이었다. "현대 국가가 자국 시민들의 진정한 동의 없이는 그들을 사실상 지배하지 못할 거라고 가정하는 것은 놀랄 만큼 비현실적"이라는 시각이다.[21] 산디니스타는, 적어도, 소모사 정부는 시민들의 적극적 저항에 반해 그들을 지배할 수 없을 거라고 믿었다. 그들은 자신들의 승리는 그 저항을 기초로 하고 반영하기를, 즉 대중의 승리가 되기를 원했다. 그리고 그것은, 만약 니카라과의 자결을 지지한다면, 외국인들도 원해야 하는 것이다.

대부분의 내전에서는 다수의 지지를 받고 있는 것이 정부인지 반군인지(반군 중 어느 파벌인지)를 결정하는 게 아예 불가능하다. 대부분의 시민들은, 할 수 있는 한, 숨거나, 어떤 세력이든, 자기가 사는 지역을 지배하는 세력을 지지하는 체하거나 승자를 예측하여 최대한 빨리 승자의 대열에 합류하려고 한다. 그렇다면 혁명권은, 어떤 요청을 받든, 외국인에게 이전될 수도 이전되지도 않는다. 외국은, 자국에게 개입 요청을 한 내전 당사자의 원칙을 높이 평가한다는 이유만으로, 또는 심지어, 만약 조건이 이상적이라면, 그 당사자가 자유선거에서 승리할

---

21) 와서스트롬, 「리뷰Review」, 542쪽.

거라고 믿는다는 이유로, 다른 국가가 내전에 참가하고 있지 않음에도 불구하고, 참가할 수는 없다. 만약 간섭이 성공하면, 간섭국이 지지하는 당사자는 분명히 선거에서 이기겠지만, 조건은 이상적이지 않을 것이다. 어쨌든, 외국은 자국의 원칙이나 자국의 신념으로 타국민의 선택을 대치할 권리가 없다.

그러나 도펠트는 이렇게 쓴다. 만약 최종 결과가 "단지 국내 군사력의 균형을 반영할 뿐이라면, 이 과정을 '자기 결정'의 과정이라고 부를 이유는 없다고 생각한다. …… 마찬가지로, 단지 외국군이 그 과정에서 어떤 역할을 했다는 이유만으로 그것이 자기 결정이 아니라고 할 이유도 없다고 생각한다."[22] 그러나 사실은 단순한 "국내 군사력의 균형" 같은 것은 없다. 군대와 경찰은 사회 제도다. 다시 말해, 군인과 경찰관은 가족과 마을과 이웃과 교실에서 오는 것이다. 만약 그들이 지키려고 싸우는 체제가 어느 정도 사회적 지지를 받고 있지 못하다면, 그들은 단결하여, 규율에 따라, 장기간에 걸쳐 싸우지 않을 것이다. 내전은 분열된 사회의 표지다. 광범한 반란이 반군에 대한 대중의 지지를 나타내는 것처럼(이것이 미국 정부의 주장과는 달리, 베트콩Viet Cong이 전적으로 북베트남에 의해 유지되었을 리가 없는 이유다), 반란에 대한 광범한 저항도 정부에 대한 대중의 지지를 나타낸다. 이 지지가 어리석고 타성적이고 정신없는 짓일지도 모른다. 즉, 변화를 "더디하고 싫어하는" 사람들의 속성을 반영할 뿐인지도 모른다. 그럼에도 불구하고, 어떤 외국인도 그것을 무시할 권리는 없다. 물론, 어떤 특정한

---

22) 도펠트, 「왈저의 이론Walzer's Theory」, 13쪽.

투쟁의 실제의 결과는 "도덕적 관점에서는 관련성이 없는" 요인들도 반영할 것이다. "올바른" 결과를 보장하는 방법은 없는 것이다. 그러나 외국군은 어떤 현지의 요소보다도 더 관련성이 없다. 왜냐하면 그것의 힘은 그것의 정부와 공동체, 그것의 역사적 전통, 충성 등의 성격에 의존하며 그것이 운명을 결정하는 국민의 역사와 문화와는 전혀 관련이 없기 때문이다.

나는 앞의 마지막 몇 단락에서 제기된 쟁점들이 어떤 단순한 의미에서 경험적인 쟁점은 아니라고 말하고 싶다. 어쨌든, 그것들은 경험적으로 해결될 수 없다. 내전이 벌어지는 동안에는 대중의 감정을 알려주는 믿을 만한 지표를 얻을 수 없다. 다소간 비슷한 이유로, 어떤 기성의 압제 정권이 얼마나 강하며 얼마나 지속되겠는지를 판단하는 것도 사실상 불가능하다. 외국인들이 압제 정권에게 어떤 점을 지적하며 "분명히 자결이 이루어지지 않고 있으니 간섭하는 수밖에는 없다."고 말할 수가 없는 것이다. 왜냐하면 혁명은, 이란 왕정에 일어난 것처럼, 이전에는 눈에 띄지 않던 정치적 경향들이 갑자기 고조되면서 종종 예기치 않게 일어나기 때문이다. 간섭은 그런 경향들의 정치적 의미를 부인하거나 그것들의 도덕적 의미를 부인한다. 이것들은 경험적으로 정당화될 수 있는 부인이 아니다. 그것들은 오히려—자결은 너무 느리거나 비용이 너무 많이 들기에, 또는 자결의 결과를 미리 알 수 없기에, 또는 예상되는 결과가 매력적이라고 생각되지 않기에—원칙적으로 자결 자체를 부인하는 것이다. 그렇지만 그런 모든 이유들의 기저에는 어떤 다른 원칙이 있는 게 틀림없다. 이 원칙은 도펠트의 논문에는 단지 함축적으로만 등장한다. 바이츠는 그것을 "개혁 간섭"이라고 부른다.[23] 루반은 그것의 정의를 제시한다. 그리고 와서스트롬은 그것에 "권리 공리주의utilitarianism of rights"라는 적절한 이론적 꼬리표를 붙인다.[24] 이 원칙은 공동체의 보전에 심각한 도전이 되기에, 나는 이제 그것을 어느 정도 자세히 검토해보고자 한다.

4

루반의 정의부터 시작하는 게 가장 쉽다. 이 정의의 가장 중요한 부분은 한마디로 이렇다. "정의로운 전쟁은 ① 사회적 기본 인권을 지키기 위한 전쟁이다(이때 비례의 원칙(proportionality, 과잉 금지의 원칙)에 따라야 한다). ……"[25] 사회적 기본권은 외국 침략자와 압제 정부로부터의 안전권과 생존권을 포함한다. 도펠트와 바이츠는 분명히 민주주의나 사회 정의를 위해 벌이는 전쟁을 정당화하겠지만 루반은 그렇게 하지 않을 것이다.[26] 그럼에도 불구하고, 이것은 광범위한 면허다. 어

---

23) 바이츠, 「경계가 있는 도덕Bounded Morality」, 413쪽.
24) "권리 공리주의"의 개념은 로버트 노직에 의해 『무정부 상태와 국가와 유토피아 Anarchy, State, and Utopia』 (New York, 1974), 28쪽에서 처음으로 공식화되었다. 노직은 계속해서, 칸트 철학에 입각하여, 권리는 극대화 정치의 목표라기보다는 행동에 대한 제약으로 이해되어야 한다고 주장한다. 권리론의 본질에 대해서는 내가 그와 견해를 같이 하고 있지 않지만, 권리론의 구조에 대해서는 그와 같은 관념이 『정의로운 전쟁과 정의롭지 못한 전쟁』에서의 내 입장의 기초가 되고 있다.
25) 루반, 「정의로운 전쟁과 인권Just War」, 175쪽.
26) 그렇지만, 나는, 바이츠가 군사적 간섭을 옹호하려는 것인지 잘 모르겠다. 그는 전쟁에 관한 어떤 책의 서평에서는 분명히 옹호하려는 것처럼 보인다. 그러나 자기 책에서는 비슷한 주장을 하기 시작하면서도 "군사적 간섭의 경우는 고려 대상에서 제외하고" 단지 "실제로 폭력을 사용하는 데까지는 이르지 않는 간섭 정책"에 대해서만 논하고 싶다고 말한다(『정치 이론과 국제 관계Political Theory and International Relations』 (Princeton, 1979), 72쪽). 내 자신에 대해 말하자면, 나는 『정의로운 전

쩌면 면허 이상의 것이다. 사회적 기본권은 "모든 인류의 모든 인류에 대한 요구"이기에, 우리는—탈진하거나 더는 싸울 수 없을 때까지—우리가 싸울 수 있는 모든 정의로운 전쟁을 싸워야 한다는 게 루반의 의견일지 모른다. 그렇다면 "권리 공리주의"는 보통의 공리주의와 같은 결과를 낳을 것이며, 우리 자신을 위한 시간은 우리에게 전혀 남지 않을 것이다. 그러나 나는 이 논제에 대해서는 더 논하지 않겠다.

그렇지만 만약 권리가 우리에게 간섭할 것을 요구하지 않는다면, 그것이 왜 (루반이 말하는 의미에서) 권리라고 불리는 것인지, 또는 루반이 왜 내 주장에 반대하는 것인지를 이해하기가 어렵다. 나의 주장에 따르더라도, 자국민을 살해하거나 굶주리게 만드는 정부에 대한 간섭은 허용될 것이기 때문이다. 내 생각에는, 그는, 그가 내세우는 제한적인 권리 목록을 침해하는 정부뿐 아니라, 보다 넓게, 모든 압제 정부와 자국민의 가난에 무관심하거나 무관심한 것처럼 보이는 모든 정부에 대해서도—나머지 비평가들이 분명히 원하는 것처럼—간섭이 허용되기를 원하는 것 같다. 따라서 "인권을 지키기 위한"이라는 문구는, 기술적으로는 정확할지 모르지만, 정치적으로는 잘못된 길로 이끈다. 그 권리는, 문제가 되는 경우들에서는, 사람들이 누리지 못하고 자

쟁과 정의롭지 못한 전쟁*Just and Unjust Wars*에서 오직 군사적 간섭에만 관심을 갖고 있었지만, 내가 구성한 논리는, (아래의 예가 보여주는 것처럼) 국내 헌법 제도가 외부에 의해 결정되는 것을 허용하지 않는다. 그렇지만 나는 다른 국가에 영향을 미치려는 한 국가의 모든 노력 또는 모든 외교·경제적 압력 사용을 배제할 생각은 없다. 경계선을 긋는 것은 분명히 어려울 것이다. 그러나 여기서는 경계선의 정확한 위치가 쟁점이 아니다. 왜냐하면 나를 비판하는 사람들은, 단지 바이츠가 예외가 될 수 있을지는 모르지만, 모두, 다른 나라 국민에게 좋은 일을 하기 위해 그 나라에서 "실제로 폭력을 사용할" 각오가 되어 있기 때문이다.

신들의 권리라는 것을 아마 알지도 못할 권리이기에, 정의로운 전쟁의 실제 목적은 '권리를 확립하거나 강제하기 위해, 또는 권리의 유효성을 극대화하기 위해, 또는 권리를 유효하게 행사할 수 있는 인구를 확대하기 위해'라는 말로 더 잘 묘사될 수 있을 것이다. 권리의 극대화는 복지의 극대화와 아주 비슷하다. 그래서 "권리 공리주의"라는 말을 하는 것이다. 물론, 이 극대화는 어느 정도까지만 군사력을 통해 추구될 수 있다는 중요한 단서가 있기는 하다. 그러나 그렇지 않아도, 권리를 여분으로 더 누리는 것은, 여분의 복지와 마찬가지로, 아마 그것을 위해 싸우는 비용을 상쇄하지 못할 것이다.

누구에게 이 광범위한 면허가 주어졌는가? 누가 이 결정적인 계산을 할 권한을 갖는다는 말인가? 원칙적으로는, 이 면허가 개개인의, 그리고 모든 외국인에게 주어졌다고 생각된다. 그렇지만 실제로는, 오늘날에 있어서는, 외국의 관리들에게, 미래에 있어서는, 어쩌면, 독자적으로 또는 어떤 세계 의회의 고문이나 대리인으로서 행동하는 어떤 일단의 세계 관료에게 주어졌을 것이다. 그러나 왜 그들에게 주어지는가? 여기서 당연히 어떤 보다 심각한 종류의 권리 논쟁이 시작된다. 권리는 어떤 중요한 의미에서 분배의 원칙이다. 그것은 의사 결정의 권한을 분배한다. 개인의 권리를 묘사하는 것은 개인에게 자신의 삶을 결정할 어떤 권한을 할당하는 일이며, 설사 선의를 가진 공무원일지라도, 공무원이 간섭할 권한은 없다고 부인하는 일이다. 공동체의 권리에 대한 묘사도 비슷한 주장과 비슷한 부인을 한다. 개인의 경우에는, 우리가 어떤 개인적 선택의 영역을 정한다. 공동체의 경우에는, 어떤 정치적 선택의 영역을 정한다. 만약 이 영역들이 분명하게 구획되고 보호되지 않으면, 이 두 종류의 선택에 문제가 생기기 쉽다.

그러나 나를 비판하는 사람들은, 민주적으로 이루어지지 않은 정치적 선택은 이미 문제성이 있는 것이며 공동체의 자유로운 선택으로 인정될 수 없다고 주장할지 모른다. 압제자나 과두 정치의 집정자나 지배 계급이나 성직 계급이나 군벌의 선택이 일어나는 영역은 보호받을 가치가 없고, 오직 자유주의 또는 민주주의 국가만이 외부의 간섭으로부터 보호받을 권리가 있다는 것이다. 이 주장은 그것에 상응한다는 어떤 (겉치레의) 국내 원칙을 원용한다. 그것은 최소한의 이성을 갖춘 개인의 강요되지 않은 선택만이 간섭으로부터 보호를 받는다는 원칙이다. 그러나 어떤 정치 공동체가 권위주의적인 체제를 낳는 것은 어떤 집단적 정신 착란이나 완전한 무능력의 표지가 아니다. 오히려 공동체의 역사와 문화와 종교의 특성 때문에 권위주의적인 체제가, 말하자면, 자연스럽게, 널리 공유되는 세계관이나 생활 방식을 반영하면서 수립될 수 있는 것이다. 그런 관점과 방식이 잘못되었거나 졸렬할지는 모르지만, 그렇다고 꼭 미친 것은 아니다. 물론 권위주의 체제가 자유 선택의 결과는 아니지만, 그런 식으로 따진다면, 모든 가능성을 선택할 수 있는 가운데 단 하나의 인간 집단에 의해 단 하나의 시점에 자유롭게 선택된 정치 제도의 집합은 결코 없다. 제도는 역사를 갖는다. 즉, 장기간에 걸친 투쟁의 산물인 것이다. 그리고 이 투쟁이 단 하나의 철학적으로 옳은 또는 보편적으로 승인되는 결과(또는 소수의 옳거나 승인된 결과들 중 하나)를 낳아야 공동체가 간섭으로부터 보호받을 수 있다는 것은 있을 수 없는 일이다. 그것은 단지 자유로운 개인들만을 보호하겠다는 것과 같은 말이 아니다. 그것은 특정한 견해와 생활 방식 등에 이른 개인들만을 보호하겠다는 말에 더 가깝다.

비례의 원칙과 무력 사용으로 제기되는 그 밖의 모든 쟁점들을 무력화시키고 전적으로 공동체 보전의 문제에 초점을 맞추기 위해 고안된 어떤 가상의 경우를 생각해보면, 내 견해와 나를 비판하는 사람들의 견해 사이의 차이가 분명해질 것이다. 그래서 알제리라는 나라에서 일단의 혁명가들이 권력을 장악하고, 모든 시민이 동등한 권리를 갖는 민주적이고 세속적인 국가를 세우겠다는 약속을 했다고 상상해보자. 그들이 실제로 세우는, 또는 그들 사이의 투쟁의 결과로 세워지는 체제는 매우 다르다고 해보자. 즉, 새로운 정치 엘리트가 자리를 잡고 모든 도전에 저항했을 뿐 아니라 여성들이 가부장적 권위에 대한 전통적인 종교적 예속 상태로 되돌려졌기에, 시민의 자유도, 정치적 자유도 없는 폭압적인 군부 독재의 종교 "공화국"이 세워졌다고 하자. 그렇다고 해도, 이 체제는 (혁명가들이 원래 마음에 두고 있던 체제와는 대조적으로) 알제리 역사에 깊이 뿌리박고 있고, 알제리의 정치·종교 문화에 중요한 기반을 두고 있음이 분명하다. 그것은 민주주의 체제는 아니다. 그것의 대중성이 민주적인 방식으로 검증된 적도 없다. 그러나 그것이 알제리의 체제라는 것에는 의심의 여지가 없다. 이제 더 나아가 스웨덴 정부가, 알제리의 급수 시설에 넣으면, 엘리트든 대중이든, 모든 알제리 사람을 스웨덴식의 사회민주주의자로 변화시키는 경이로운 약물을 갖고 있다고 상상해보자. 그것은 그들의 마음에서 그들 자신의 정치·종교 문화를 제거할 것이다. (그럼에도 불구하고, 그들에게 상실감을 주지는 않을 것이다.) 그리고 그 대신에 기본적인 안전권과 정치적 자유와 시민의 자유가 존중되고 여성이 동등한 대우를 받게 하는 등의 새로운 체제를 세울 지식과 능력과 의지를 알제리 사람들에게 부여할 것이다. 스웨덴 사람들이 이 약물을 사용해야 할까? 그것을 사용할 권리가 그들에게 있을까? 주장의 설득력은 스웨덴의 사회민주주의를 알제리의 "사회주의"보다 훨씬 더 높게 평가할 용의가 독자에게 있느냐에 달려 있다. 나는, 독자들이 그렇게 평가할 거라고 생각하지만, 그럼에도 불구하고, 스웨덴 사람들이 그 약물을 사용해서는 안 된다고 확신한다. 그들이 그것을 사용해서는 안 되는 이유는 (비록 알제리 사람 개개인이 자신의 종교와 정치를 여러 가능성 중에서 선택한 것은 아니지만) 알제리 국민의 역사적 종교와 정치는 우리의 가치 판단이 무효화할 수 없는 알제리 국민의 가치이기 때문이다. 알제리 국민은 자신들의 권리를 침해하는 국가를 가질 권리가 있다고 주장하면 모순이라고 생각할지 모른다. 그러나 내가 묘사한 경우를 가정하면, 그런 국가가 그들이 자신들의 국가라고 부를 수 있을 법한 유일한 종류의 국가다.

알제리 내에 민주주의 정치 운동이나 여성 운동이 존재한다고 해도, 문제는 다르지 않을 것이다. 왜냐하면 외국인들은 그런 운동의 상대적 힘을 판단할 수 없거나, 그것이 알제리 정치를 변화시키기에 충분한 지지를 혼자 힘으로 얻을 때까지는, 민주주의 정치 운동이나 여성 운동에 알제리 국민 전체를 대리하는 것을 허용해서는 안 되기 때문이다. 그것은 긴 과정일 수 있다. 그것은 분명히 다른 종류의 타협을 필요로 할 것이다. 그리고 그런 운동은, 실제로 승리한다면, 그때에는 그것이 시작되었을 때와 달라져 있을 것이다. 이 모든 것은 알제리의 자결이며, 항상 보기 좋지는 않고 정치적·사회적 정의에 대한 철학의 기준에 부합하지 않는 결과를 낳을지라도, 역시 가치를 갖는 정치적 과정이다.

내 생각에는, 개인의 권리는, 정치 과정과 사회 환경에 관계없이, 인격과 도덕적 행위에 관한 우리의 관념으로부터 충분히 도출될 수 있다. 그러나 권리의 시행은 또 다른 문제다. 그저 권리의 목록을 선포한 다음, 그것을 시행할 무장한 사람들을 찾으려고 두리번거리면 되는 문제가 아닌 것이다. 권리는 오직 그것이 집단적으로 인정받는 정치 공동체 내에서만 시행될 수 있고 그것이 인정받게 되는 과정은 정치적 영역을 필요로 하는 정치적 과정이다. 세계는 그런 무대가 아니다. 또는 아직 아니다. 아니 좀 더 정확히 말하면, 유일한 세계 공동체는 다원주의적 성격의 공동체, 즉 민족들의 공동체이지 인류 공동체가 아니며, 그 안에서 인정되는 권리는 민족 보전을 보호하고 민족들 사이의 상업적·군사적 활동을 규율하기 위해 고안된 최소한적이고 대개 소극적인 권리다.

바이츠는 이 다원주의적 세계 질서는 이미 초월되었고 공동체 보전은 과거의 일이 되었다고 믿는 것 같다. 그는, 점증하는 상호 의존의 세계에서 "국가가 비교적 폐쇄된 정치 발전의 무대라고" 주장하는 것은 "분명히 잘못이라고" 말한다.[27] 어떤 사람도 섬이 아닌 것처럼, 어떤 국가도―심지어 영국이나 일본이나 싱가포르조차도―섬이 아니라는 것이다. 우리는 모두 서로의 정치에 연관되어 있고 서로에게 책임이 있으며 서로의 간섭에 노출되어 있(는 것처럼 보인)다. 나는 이 견

---

27) 바이츠, 「경계가 있는 도덕Bounded Morality」, 422~423쪽.

해를 위해 어떤 증거가 제시될 수 있는지, 과거의 어떤 역사적 시기와 어떤 종류의 비교를 할 수 있는지 모르겠다. 완전한 자기 폐쇄는 아마 존재한 적이 없을 것이다. 상대적 자기 폐쇄는 분명한 사실이라고 생각된다. 이것을 의심하는 사람은 누구든지, 식민지 인민들이 자기들이 최근에 획득한 독립에 부여하는 엄청난 중요성과, 혁명 집단들이 자기들이 속한 정치 공동체에서 이룬 권력 장악에 부여하는 엄청난 중요성을 심리적인 원인으로 설명해야 할 것이다. 실제로는, 심리학적 설명이 전혀 필요치 않다. 어떤 특정한 공동체 내의 정치권력이 여전히 구성원들의 운명을 결정짓는 결정적 요인인 것이다. 물론, (모든 운명이 그렇듯이) 이 운명도 정치·경제적 한계 내에서 결정되고 이 한계는 다소간 좁을 수 있다. 다시 말해, 어떤 국가들은 운신의 폭이 비교적 좁다. 그럼에도 불구하고, 자국이 통제할 수 없는 국제 시장에 갇혀 있는, 경제적으로 의존적인 국가들조차도 의존의 조건과 국내 생활의 성격을 극적으로 바꿀 수 있다. 의심할 여지없이, 제2차 세계대전 이래의 유고슬라비아 역사와 1960년 이래의 쿠바 역사, 지난 2년 동안의 이란 역사는, 한 나라의 내부에서 실제로 일어나는 일은, 무엇보다도, 현지의 정치 과정의 작용임을 분명하게 보여준다. 내부의 결정(이나 내부의 혁명)은, 침공 결정이 아니라면, 다른 나라가 내리는 결정이 도저히 해낼 수 없는 방식으로 한 나라의 진로를 완전히 바꿀 수 있다.

따라서 정치 공동체와 그것의 정부의 결합, 즉 국가는 여전히 정치 생활의 결정적 영역이다. 국가는 초월되지 않았고, 내 생각에는, 그것을 초월하려고 하기 전에 오랫동안 망설여야 할 두 가지 중요한 이유가 있다. 첫 번째 이유는 신중이다. 만약 어떤 특정한 공동체 무대에서 정치적 과정의 결과가 종종 야만적이라면, 세계 무대에서의 결과도 역시 종종 야만적일 거라고 가정해야 한다. 그리고 후자는 훨씬 더 효과가 크고, 따라서 훨씬 더 위험한 야만일 것이다. 왜냐하면 정치적 피난처가 남지 않게 되고 정치적 대안의 예도 남지 않게 될 것이기 때문이다.

두 번째 이유는 정치 생활의 본질 자체와 관계가 있다. 정치는 (단순한 강제나 관료의 조작과는 달리) 공유된 역사, 공동체 의식, 일반적으로 인정되는 전통—어떤 확장된 형태의, 아리스토텔레스의 "우정"—에 의존한다. 현대 국가에서는 이 모든 것이 이미 위태롭다. 더구나 전 세계적인 범위에서는 그것을 상상하기조차 어렵다. 공동체의 삶과 자유는 "비교적 폐쇄된 정치 발전의 무대"를 필요로 한다. 울타리로 둘러싸인 이 무대에 침입하면, 공동체를 파괴하게 된다. 그리고 이 파괴는 (만약 그것이 대학살이나 노예화나 추방으로부터의 구조가 아니라면) 개개인의 구성원들에게 손실이며 어떤 소중한 것을 잃는 것이다. 그들이 분명히 소중히 여기고 권리도 갖고 있는 이것은, 그 울타리 안에서 진행될 뿐 아니라 그 안에서만 진행될 수 있는 "발전"에 대한 그들의 참여다. 따라서 국가의 권리와 개인의 권리의 구분은 지나친 단순화이며 잘못된 것이다. 개인은, 외국인에 대해서는 자기 나라를 가질 권리가 있고 공무원에 대해서는 정치적 자유와 시민의 자유를 가질 권리가 있다. 이 권리들 중 첫 번째 권리가 없다면, 두 번째 권리는 의미가 없다. 개인이 고국을 필요로 하는 것처럼, 권리도 소재지를 필요로 하는 것이다.

5

　내 주장은 아마, 가장 정확하게는, 정치의 옹호라고 이해될 수 있을 것이다. 반면에 나를 비판하는 사람들의 주장은, 내가 정치에 대한 철학의 전통적 혐오라고 생각하는 것을 되풀이한다. 이 혐오는 보통, 실제의 또는 상상의 관리들을 청중으로 하는 공리주의적 논증에서 가장 쉽게 발견된다. 그러나 그것은, 정치 무대 밖에 있거나 사전 합의 없이도 행동할 권한을 부여받은 (또는 행동하도록 요구받는) 권위에 권리를 시행할 임무를 부여하는 권리 이론가들 사이에서도 분명하게 나타난다. 어떤 그런 임무 부여는, 앞의 세 가지 예외가 보여주는 것처럼, 내 주장에 따르더라도 분명히 필요하며, 따라서 문제는 단지, 외부로부터의 (관료에 의한, 또는 군사적인) 강제와 정치적 의사 결정 사이의 어디에 경계선을 그을 것이냐일 뿐이라고 말할 수 있을지도 모른다. 그러나 나는 여기서의 의견 차이는 그런 표현으로 담을 수 있는 것보다 더 깊을 거라고 생각한다. 그것은, 정치적 과정에 따르는 모든 부도덕성과 불확실성, 불가피한 타협, 빈번한 잔혹 행위에도 불구하고, 우리가 정치적 과정 자체를 얼마나 존중하고 그것에 얼마나 많은 공간을 허용할 용의를 가졌느냐와 관계가 있다. 그것은, 우리가 얼마나 넓은 범위의 결과를 수용하고, 꼭 지지하는 것은 아니지만, 그 결과가 정당할 거라고 가정할 용의가 있느냐와 관계가 있는 것이다. 도펠트는 이렇게 쓴다. "왈저는" 집단적 권리인 주권을 소유한 국가는 "'자국의' 모든 시민이나 그중 일부 집단의 개인적 권리를 침해해도 된다고 생각한다."[28] 그렇지 않다. 나는 그런 종류의 허가를 하지 않는다. 분명히,

나는 그런 모든 침해에 반대한다. 그러나 나는 철학자의 반대가 군사적 침입의 충분한 근거가 된다고는 생각지 않는다. 어쩌면 우리는 정말로 햄릿Hamlet 왕자처럼 일을 바로 잡기 위해 태어났는지도 모르지만, 우리는 군대의 동원이 아니라 논쟁으로 그렇게 하든지 그렇게 하려고 노력해야 한다.

---

28) 도펠트, 「왈저의 이론Walzer's Theory」, 25쪽.

14장
인도적 개입에 대한 논쟁

　인간이 인간에게 일으키는 참사 자체는 새로울 것이 없다. 우리는 항상, 우리 자신에게는 아니더라도, 분명히 서로에게 가장 나쁜 적이었다. 고대 이스라엘에서의 아시리아인들과 카르타고에서의 로마인들, 콩고에서의 벨기에인들과 아르메니아에서의 터키인들까지, 역사는 피비린내 나는 야만적인 이야기였다. 그럼에도 불구하고, 그 점에서도 20세기는 혁신의 시대였다. 첫째로는—그리고 가장 중요하게는—참사가 계획되고 추진되는 방식에서, 그리고 다음으로, 보다 최근에는, 그것이 널리 알려지는 방식에서 그랬다. 나는 이것들 중—교통과 통신의 엄청난 가속의 산물인—두 번째 혁신부터 시작하고자 한

＊약간만 다른, 이 논문의 이본(異本)이 매칼리스터 칼리지Macalester College, 세인트 폴St. Paul, 미네소타의 시어도어 미탄Theodore Mitan 강연으로 발표되었다.

다. 사람들을 아주 대규모로, 과거 어느 때보다도, 더 효과적으로 죽이는 게 가능해졌는지는 모르지만, 그들을 몰래 죽이기는 훨씬 더 어려워졌다. 오늘날의 세계에서는 멀리서, 보이지 않는 곳에서, 또는 무대 뒤에서 벌어지는 일은 거의 없다. 사후강직死後強直보다 더 빨리 촬영진이 도착하는 것이다. 우리는 모든 잔학 행위의 실시간 목격자가 된다. 우리는 거실에 앉아 살해당한 아이들, 필사적인 난민들을 보는 것이다. 어쩌면 끔찍한 범죄들이 아직도 어두운 곳에서 자행되고 있는지 모르지만 많지는 않다. 오늘날의 참사는 백일하에 드러나는 것이다. 그래서 과거에는 결코—적어도 그렇게 긴급하게, 그렇게 불가피하게—제기된 적이 없는 질문이 제기된다. 우리의 책임은 무엇인가? 우리가 무엇을 해야 하는가?

옛날에는 "인도적 개입"이 법률가의 원칙이었으며 국민 주권과 영토 보전의 원칙에 대한 일련의 매우 제한적인 예외들을 정당화하는 방법이었다. 예외는 항상 필요하고 원칙은 결코 절대적이지 않기에 그것은 좋은 원칙이다. 그러나 우리는 오늘날 그것을 재고할 필요가 있다. 왜냐하면 예외가 점점 더 예외가 아니게 되어가고 있기 때문이다. "인간의 양심에 충격을 주는 행위들"—그리고 19세기의 법률서에 따르면, 인도적 개입을 정당화하는 행위들—이 과거에 비해 오늘날 더 빈발하는 것은 아니겠지만, 그것들은 더 큰 충격을 주고 있다. 왜냐하면 우리는 보다 직접적으로 그것들에 관심을 갖고 관계하게 되었기 때문이다. 지난 10년 동안만 해도 소말리아, 보스니아, 르완다, 동 티모르, 라이베리아, 시에라리온, 코소보 등 세계와 미디어에서 사례들이 늘고 있다. 이것들 중 마지막 사례가 최근의 정치 논쟁을 지배했지만, 그것이 가장 분명한 예는 아니다. 나는 약간 물러나서 보다 광범위한 예들을 검토하고 인도적 개입에 대한 다음 네 가지 질문에 답해보려고 한다. 첫째, 그것의 계기는 무엇인가? 둘째, 그것의 바람직한 행위자는 누구인가? 셋째, 계기의 요구를 충족시키려면, 행위자가 어떻게 행동해야 하는가? 넷째, 개입을 종료할 때는 언제인가?

1

국제적인 경계를 넘는 무력 사용을 정당화하거나 어쩌면 강요하기까지 할 수 있으려면, 계기가 극단적이어야 한다. 인권 침해라고 해서 모두 명분이 될 수는 없다. 독재 정치의 보통의 만행, 전통적 사회 관습의 일상적 가혹성―이것들은 개입의 계기가 아니다. 그것들은 그 정치를 아는 사람들, 그 관습을 실행하거나 저항하는 사람들에 의해 자체적으로 해결되어야 한다. 이 사람들이 만행과 가혹의 경우를 쉽게 또는 빠르게 줄일 수 없다는 사실은 외국이 그 나라에 침입할 충분한 이유가 못 된다. 외국의 정치인들과 군인들은 상황을 잘못 이해하거나, 상황을 변화시키기 위해 필요한 무력을 과소평가하거나, 잔인한 정치와 가혹한 관습을 지키기 위한 "애국적" 반응을 촉발하기가 너무 쉽다. 사회 변화는 내부로부터 가장 잘 달성될 수 있는 것이다.

나는 이 점을 강조하고 싶다. 즉, 평범한 야비함에서 시작하여 집단 학살로 끝나는 연속적인 분포가 아니라, 오히려 야비함을 한쪽으로 하고 집단 학살을 다른 쪽으로 하는 철저한 단절, 간극을 묘사하고 싶은 것이다. 우리는 점증적인 방식으로 집단 학살을 규정해서는 안 된다. 그렇지만 간극의 이쪽에서는 야만과 압제의 연속적 분포가 확인되며, 이 분포의 어딘가에서는 (군사력을 제외한) 국제적 대응이 필요하다. 예를 들면, 외교 압력과 경제 제재는 압제 정권을 다루는 유용한 수단이다. 제재는 어떤 자유로운 형태의 당사국들의 연합에 의해 가해질 수도 있을 것이다. 또는 어쩌면 우리가 압제의 정도에 제재의 정도를 세심하게 대응시키는 조치를 취할 수 있는, 보다 제도화된 지역적 또는 세계적 권위의 확립을 위해 노력해야 하는지도 모른다. 그러나 이것들은 여전히 외부에서 작용하는 행위다. 즉, 그것들은 내부의 반응을 불러일으키려는 노력이지 **대체하려는** 노력이 아닌 것이다. 그것들은 국내 정치의 가치를 여전히 높이 평가하며 그것의 가능성을 열어둔다. 당사국들이나 지역적 또는 세계적 권위는, 말하자면, 국경에서 압력을 행사하고, 그런 다음 다른 쪽에서 어떤 일이 벌어지기를 기다리는 것이다.

그러나 진행 중인 것이 지방이나 나라의 "인종 청소"이거나 종교나 민족 공동체에 대한 조직적 학살일 때는 현지 반응을 기다리는 게 불가능하다. 이제는 우리가 간극의 다른 편에 서 있는 것이다. 너무 많은 것이 걸려 있고 고통은 이미 너무 크다. 어쩌면 직접적으로 위험에 처한 사람들은 스스로 대응할 능력이 없고, 같은 시민들은 반응할 의지가 없을지도 모른다. 피해자들은 약하고 무방비 상태이며 적은 잔인하고 이웃은 무관심한 것이다. 우리 나머지 사람들은 빤히 지켜보며 충격에 빠진다. 이것이 개입의 계기다.

물론 모든 경우를 개별적으로 따져봐야겠지만, 내가 이미 제시한 리스트는 아주 분명한 것이라고 생각된다. 오늘날에는 개입군軍이 인권을 집행하고 있다고 주장할 것이고, 이것은 내 리스트의 모든 경우에서 설득력 있고 전적으로 타당한 주장이었다. (또는 그랬을 것이다. 이렇게 말하는 이유는, 그 경우들 모두에서 개입이 감행된 것은 아니기 때문이다.) 나는, 여기서는 엄격하고 최소주의적인 인권관觀이 우리에게 가장 도움이 될 거라고 생각한다. 즉, 생명과 자유가 문제여야 하는 것이다. 이 두 인권에 관해서는, 권리의 언어가 전 세계적으로 이미 퍼져있고 충분히 이해되고 있다. 그럼에도 불구하고, 우리는, 그렇게 말할 수 있는 만큼이나, 그저 당연한 도리가 집행되고 있고, 또 집행되어야 한다고 말할 수도 있을 것이다.

현실에서는, 최소주의적 인권관을 따르더라도, 또는 단지 당연한 도리를 지키려고 할지라도, 실제의 개입보다 더 잦은 개입의 계기가 있게 된다. 압제자가 너무 강하면, 압제가 아무리 충격적일지라도, 그 압제자가 도전을 받는 일은 드물다. 국제 사회에 대한 이 명백한 사실은, 종종, 실제로 일어나는 개입에 대한 반론으로 이용된다. 비판자들은 "인도주의적" 정치인이나 군인에게, 저 경우에는 개입하지 않으면서 이 경우에는 개입하는 것은 위선이라고 말하는 것이다. 이것은 마치, 예를 들면, UN이 티베트 문제로 중국과 맞서기를 거부했으니, 도덕적 일관성을 위해 동티모르에도 개입하지 말았어야 했다는 말과 같다. 그러나 여기서 일관성은 문제가 안 된다. 계기가 있을 때마다 우리가 현장으로 달려갈 수는 없다. 각 계기의 위험도를 계산하는 것은 당연한 일이다. 우리는 개입의 비용이 구조되는 사람들과 구조자들과 그 밖의 모든 사람에게 어느 정도가 될지를 물을 필요가 있는 것이다. 그런 다음, 우리는 할 수 있는 것만 할 수 있다.

표준적인 경우는 표준적인 형태를 갖는다. 그것은 독재적으로 통제되는 정부, 군대, 경찰이 자국 국민이나 자국 국민의 어떤 부분 집합, 예를 들면, 지역적 근거를 갖고 있거나 전국에 분산되어 있는, 약한 소수를 공격하는 것이다. (우리는 이런 공격을 국가 테러리즘state terrorism의 예로 생각하고 코소보에서의 NATO 작전 같은, 무력을 통한 인도적 개입을 "테러와의 전쟁war against terrorism"이라는 **표현이 생기기도 전의** 테러와의 전쟁의 사례로 볼 수 있을지도 모른다. 그러나 나는 여기서 이 논지를 더 추구하지는 않겠다.) 그런 공격은 자국의 국경 내에서 일어나며 어떤 국경 침범도 필요로 하지 않는 주권 행사다. 침략도, 저항해 물리쳐야 할 침략군도 없는 것이다. 침입자는 오히려 구조하러 오는 군대다. 이 군대야말로 엄격한 의미에서 국제법상 전쟁을 개시하는 군대인 것이다. 그러나 이 군대는 도덕적 관계가 명백한 상황으로 들어간다. 즉, 압제자들 또는, 더 정확하게 말하면, 국가의 이름으로 압제하는 자들이 쉽게 확인될 수 있고 피해자들은 분명하게 보이는 것이다.

그렇지만 내가 처음에 제시한 리스트에서도, 국가 기관이 악당인 게 아니기에, 비표준적인 몇몇 경우들—시에라리온이 가장 분명한 예다.—이 있다. 야만의 지배라고 할 수 있는 것이 여기서는 분산되어 있고 무정부적이며 거의 임의적이다. 개입 세력은 압제자의 힘이 아니라 압제의 무정형성無定形性을 걱정해야 하는 것이다. 이런 경우에 대해 많은 말을 하지는 않겠다. 개입은 분명히 정당화될 수 있지만, 적어도 지금 당장은, 어떻게 개입해야 하는지가 전혀 불분명하다. 어쩌면 나이지리아인들이 시에라리온에서 했던 것 이상으로는 달리 할 수 없을지도 모른다. 그들은 살해 건수와 야만의 규모를 줄였던 것이다.

2

"우리는 할 수 있는 것만 할 수 있다." 이 "우리"가 누구인가? 코소보 논쟁은 군사 개입의 행위자로서 미국, NATO, UN에 초점을 맞췄다. 이들은 과연 행위 능력을 갖춘 세 정치 단체지만, 이 셋만 있는 것은 결코 아니다. 미국과 NATO는 일방적으로 행동할 태세와 이른바 제국주의적 야심 때문에, "이상주의자"라고 불리는 종류의 사람들 사이에서 의심을 불러일으킨다. 반면, UN은 정치적 허약성과 군사적 무능 때문에, "현실주의자"라고 불리는 종류의 사람들 사이에서 회의를 불러일으킨다. 여기서의 논쟁은 너무 복합적이다. 그래서 나는 이 논쟁에 끼지 않을 것이다. 다른 행위자들로부터 시작해야, 행위의 문제를 이해하기가 더 쉽다. 지난 30년간 가장 성공적인 개입 사례들은 이웃 국가에 의한 전쟁 행위였다. 예를 들면, 베트남이 캄보디아에서, 인도가 동파키스탄(지금의 방글라데시)에서, 탄자니아가 우간다에서 그랬다. 이 사례들은 개입에 대한 우리의 이해를 검증하는 데 유용한 예다. 왜냐하면 새로운 (또는 낡은) 세계 질서 같은 관계없는 문제들을 끌어들이지 않기 때문이다. 이 사례들에서는 레닌이나 다른 어느 누구의 제국주의 이론을 참고할 필요가 없다. 그것들은 모두 중단되어야 할 잔학 행위와 어느 정도 성공적으로 그것을 중단시킨 행위자가 있는 경우였다. 그래서 이 경우들을 이용하여 코소보 전쟁의 비판자들이 가장 일반적으로 제기하는 다음의 두 질문에 대답해보자. 행위자가 단독으로 행동한 것이 문제가 되는가? 행위자의 동기가 전적으로 (또는 심지어 우선적으로라도) 이타적이 아니었던 것이 문제가 되는가?

인도적 개입의 역사에서는 일방주의가 그 반대의 경우보다 훨씬 더 일반적이다. 이에 대한 한 가지 이유는 분명하다. 대부분의 국가는 자국이 지배할 수 없는 기구에 자국 군대의 통제권을 넘겨주는 것을 매우 꺼리기 때문이다. 그러나 일방주의는 "충격을 주는 행위"에 대한 즉각적 반응의 필요에 기인할 수도 있다. 인간의 악행과는 아무 상관이 없으면서도 충격적인 경우를 상상해보라. 예를 들면, 소방서가 없는 신도시에서 이웃집에 불이 났다고 상상해보라. 집이 불타고 있는데, 주민 협의회를 소집하여 도울지 말지에 대해 표결하는 것은 별로 의미가 없을 것이다(더구나 돕자는 결정에 대한 거부권을 구역에서 가장 부유한 세 가족에게 부여하는 것은 더 더욱 의미가 없을 것이다). 나는, 화재 대신에, 폭력적인 남편이 있고 경찰서는 없고 밤에 살려달라는 비명이 들릴 때도 상황은 그리 다르지 않을 거라고 생각한다. 여기서도 주민 협의회는 별로 소용이 없다. 오히려 이웃으로서의 일방주의가 전적으로 정당해 보인다. 이런 경우에는 도울 수 있는 사람이면 누구나 도와야 한다. 그리고 이것은 인도적 개입의 경우에도 타당한 원칙으로 생각된다. 즉, 도울 수 있다면 누구나 도와야 하는 것이다.

그렇지만 이번에는 사전에 화재나 밤의 비명이나 집단 학살에 대비한 계획을 세운 주민 협의회나 국제기구를 상상해보라. 이 경우에는 위기 때 행동하도록 위임받은 특정한 사람들이나 특별히 모집된 군대가 있을 것이고, "위기"의 정의가, 사전에, 즉각적인 행동이 필요한 시점에서는 아주 터무니없고 도덕적으로 아주 부적절해 보이는 바로 그런 협의회에서—가능한 한 적절하게—정해질 수 있을 것이다. 내가 든 국내적인 예에서 이웃집으로 뛰어드는 사람과 국제적인 경우에서의 침입군의 정치·군사 지도자들도 여전히 자기 앞에 펼쳐지는 사건들에 대한 자기 나름의 판단과 자기에게 주어진 책임에 대한 나름의 해석에 따라 행동할 수밖에 없을 것이다. 그렇지만 이제는 그들이 특정한 제약 하에서 행동하며, 자신들의 행동의 권위가 되는 사람들의 도움을 요청할 수 있다. 이것이, 예를 들어, UN이 언제든 어떤 특정한 위기가 발생하기 전에 다국적 개입을 승인한다면, 그것이 취할 가능성이 가장 높은 형태다. 그것은 일방주의적인 여러 대안보다 더 나은 것 같아 보인다. 왜냐하면 그것은 어떤 사전 경고와 개입의 계기에 대한 합의된 묘사, 압도적 힘의 전망을 내포하기 때문이다.

    그러나 현재 UN의 실상을 볼 때, 지금 당장, 그것이 정말로 더 나을까? 국내 사회에서 경찰이 유효할 경우, 그것을 유효하게 만드는 것은, 경찰을 배출하는 시민 전체에 대한 경찰의 헌신과 그 헌신에 대한 시민들의 (어느 정도의) 믿음이다. 그러나 UN 총회와 안전보장이사회는, 지금까지는, 그렇게 헌신하고 있다는 증거를 거의 보여주지 못했고, 오늘날의 세계에서 자기 목숨을 UN 경찰에 기꺼이 의탁하려는 사람은 많지 않을 것이다. 따라서 만약, 내 예들 중 어느 예에서든지

UN으로부터 권한을 부여받은 행위자나 그에 상응하는 국내의 행위자가 개입하지 않기로 결정하지만 불은 계속 타고 비명은 계속 들려오고 살인도 계속된다면, 일방주의자의 권리와 의무는 즉시 복원된다. 행동하자는 집단적 결정은 충분히 일방주의적 행동을 차단할 수 있지만, 행동하지 말자는 집단적 결정은 같은 결과를 낳지 못하는 것이다. 이런 의미에서, 보편적 양심이 충격을 받았을 때는 일방주의가 지배적인 반응이다. 집단적 반응이 없다면, 누구나 반응할 수 있다. 아무도 행동하지 않는다면, 누구나 행동할 수 있다.

캄보디아, 동파키스탄, 우간다의 경우에는 사전 협약이나 권위를 부여받은 행위자가 없었다. 만약 UN의 안전보장이사회나 총회가 소집되었다면, 개입안은 아마 과반수 투표로, 그렇지 않더라도 강국의 반대 때문에 아마 틀림없이 부결되었을 것이다. 따라서 크메르 루주Khmer Rouge의 킬링필드killing field를 폐쇄하거나, 벵골 난민의 홍수를 저지하거나, 이디 아민Idi Amin의 살육을 중단시키기 위해 행동하는 자는 누구나 일방적으로 행동해야 했을 것이다. 모든 것이 단 하나의 국가의 정치적 결정에 달려 있었다.

이 단 하나의 행위자는 행동할 권리를 갖고 있을까, 의무를 갖고 있을까? 나는 두 단어를 동시에 썼지만 그것들이 항상 같이 가는 것은 아니다. 다시 말해, 의무는 없고 권리는 있을 수 있는 것이다. 국내 사회에서는 "착한 사마리아인"의 경우가 있다. 이 경우, 우리는 대개 행인이 (길가에 있는 다친 낯선 사람이나 물에 빠진 아이의 비명에) 반응해야 한다고 말한다. 그러나 그가 자기 목숨을 걸 의무는 없다. 만약 위험이 분명하다면, 그는 반응할 권리를 갖는다. 반응하는 것은 분명히 좋은 일이고 아마 유일하게 옳은 일일 것이지만, 그럼에도 불구하고, 그가 그 일을 해야 할 도덕적 의무는 없다. 그런데 국제적 경계를 넘는 군사적 개입은 개입군에게 항상 위험을 지운다. 따라서 여기서도 의무는 없는지 모른다. 다시 말해, 개입할 권리가 있을 뿐 아니라 위험을 거부할, 즉—살인자들과 희생자들 사이에서조차—일종의 중립을 유지할 권리도 있는지 모른다. 또는 어쩌면 인도적 개입은 철학자들이 "불완전한imperfect" 의무라고 부르는 것의 한 예인지 모른다. 즉, 누군가 그 끔찍한 일을 중단시켜야 하지만, 그 누군가를 고유 명사로 지칭하는 것, 말하자면, 특정 국가를 지목하는 것은 불가능한 것이다. 불완전한 의무의 문제는 다국적 해법을 통해 가장 잘 해결될 수 있다. 즉, 한마디로, 어떤 일반적으로 받아들여지는 의사결정 절차를 통해 사전에 책임을 할당하는 것이다.

그러나 어쩌면, 다른 한편으로는, 이 묘사가 너무 약한지도 모른다. 나는 개입은 권리 이상의 것이며, 불완전한 의무 이상의 것이라고 말하고 싶은 것이다. 어쨌든, 개입국의 생존이 위험에 처하는 것은 아닌 것이다. 게다가 의무가 내가 이미 제시한, '도울 수 있다면 누구나 도와야 한다.'는 원칙에서처럼 알기 쉽게, 가장 능력 있는 국가, 가장 가까이 있거나 가장 강한 국가에 지워져서는 안 될 이유가 무엇이란 말인가? 집단 학살이나 인종 청소가 자행됨에도 불구하고 개입하지 않는 것은 전시 중립 같은 것이 아니다. 도덕적 긴급성이 다른 것이다. 우리는 보통 전쟁의 결과에 대해서는 확신할 수 없지만, 대학살의 결과에 대해서는 아주 잘 알고 있기 때문이다. 우리가 지금까지 펼친 논리에 따르더라도, 인도적 개입의 자원자들을 모집하는 것은 여전히 필요할 것이다. 할 수 있고 해야 하는 "누구"는 오직 국가이며, 개개인의 남녀가 될 수는 없다. 개인에게는 이 의무가 여전히 불완전한 의무다. 개인은 자원할지를 결정하면서 같은 기준—'도울 수 있다면 누구나 도와야 한다.'—을 자기에게 적용하는 것을 택할 수는 있겠지만, 그 선택은 그의 선택이다.

단독으로 행동하는 단 하나의 국가의 동기에 대한 우려 때문에, 내가 말한 일방주의의 우위에 대해서는 이의가 제기될 수 있—고 보통 제기된—다. 그 국가가 인류를 위하기보다는 자국을 위해 행동하지 않을까? 물론, 아마 그럴 것이다. 또는, 더 정확하게 말하면, 인류를 위해서뿐 아니라 자국을 위해서도 행동할 것이다. 나는, 인류를 위한다는 보다 넓은 이해관계는 전혀 영향력을 가질 수 없다고 주장하는 것은 대단한 통찰력인 게 아니라 그저 냉소적일 뿐이라고 생각한다(개입국의 이익과 도덕의 균형은 분명히 비개입국의 그것과 다르지 않을 것이다). 어떻든, 다자간 의사 결정이 인류에 더 잘 기여할 수 있을 이유가 무엇이란 말인가? 이 결정 과정에 참여하는 각국도 자국의 이익을 위해 행동하지 않겠는가? 그렇다면 결과는 이해 당사자들 사이의 교섭에 의해 결정될 것이고, 인류는 분명히 이 당사자들의 하나가 되지 못할 것이다. 개별적 이해관계들이 서로를 상쇄하여 결국에는 일종의 보편적 이해관계가 남는 것을 기대할 수 있을지도 모른다(이것이 실은 시민이 어떻게 "보편적 의지general will"에 도달하는가에 대한 루소의 설명 또는 그의 설명들 중 하나다). 그러나 그에 못지않게 교섭이 개별적 이해관계들의 어떤 혼합만을 반영하게 될 수도 있으며,

이 혼합물은 단 하나의 당사국의 이해관계보다 인류에게 더 좋을 수도 있지만 더 나쁠 수도 있다. 어쨌든, 행위자가 하나든 여럿이든, 정치적 동기는 항상 혼합되어 있다. 순수한 도덕 의지는 정치 생활에 존재하지 않으며, 그런 종류의 순수성을 가장할 필요도 없다. 국가 지도자는, 다른 국민을 돕기 위해 행동할 때도, 자국민의 이익을 생각할 권리, 아니 오히려 의무가 있는 것이다. 따라서 우리는 인도가 동파키스탄의 분리 독립을 도왔을 때, 자국의 이익을 위해 행동했고, 탄자니아가 이디 아민의 우간다에 군대를 파견했을 때도, 자국의 이익을 위해 행동했다고 가정해야 한다. 그러나 이 개입들은 인도적 목적에도 기여했고, 그들은 아마 그 일도 할 의도였을 것이다. 대학살이나 "인종 청소"의 피해자들은, 만약 이웃 국가나 연합국이 자기들을 구할 이유를 한가지 이상 갖고 있다면, 운이 매우 좋은 것이다. 이 복합성을 도덕적 결격 사유라고 비난하는 것은 어리석은 짓이다. 만약 개입이 어떤 숨은 동기 때문에 필요한 한계 너머로 확대된다면, 그것은 비난받아야 한다. 그러나 이 한계 내에서는, 혼합된 동기는 실제적 이점이다.

3

행위자가 행동할 때는 어떻게 행동해야 할까? 인도적 개입은 무력 사용을 내포하며, 성공을 위해서는 그것이 강력하게 수행되는 게 결정적으로 중요하다. 목표는, 누구든 대학살이나 인종 청소를 자행하고 있는 사람들을 타도하는 것이다. 진행되고 있는 것이 개입을 정당화하기에 충분할 만큼 끔찍하다면, 그것은 군사적 승리의 추구를 정당화하기에도 충분할 만큼 끔찍한 것이다. 그러나 이 단순한 명제는 국제 사회에서 아직 기꺼이 받아들여지고 있지 않다. 가장 분명하게는 보스니아의 경우에서, 가해자들과 전투를 벌이지 않고 참사에 대응하려는 노력이 반복되었다. 무력은 실제로 "마지막" 수단으로 간주되었지만, 계속되는 정치 갈등 속에서 "마지막"은 결코 오지 않는다. 마지막에 오는 것이 무엇이든, 그것을 하기 전에 해야 하는 것이 항상 있기 때문이다. 그래서 상황을 보고하도록 군사 감시단이 보스니아에 파견되었다. 그리고 그 다음에는 UN군이 피해자들에게 인도적 구호를 제공했고, 그 다음에는 구호단을 어느 정도 군사적으로 보호해주었고, 그 다음에는 보스니아인들을 위해 몇몇 "안전지대"를 만들려고 했(지만 실패했)다. 그러나 군인들이 단지 이런 일들만을 한다면, 그들은 계속되는 살육의 장애가 되기 어렵다. 심지어는 그들이 일종의 살육의 배후 지원을 하고 있다는 말까지 할 수 있을지도 모른다. 그들이 도로를 지키고, 의사들과 간호사들을 보호하고, 점점 더 늘어나는 피해자들과 난민들에게 의료품과 식량을 공급함으로써 피해자들과 난민들의 수가 계속 늘게 되는 것이다. 때로는 군인들을 "평화유지군"으로서 가해자들과 피해자들 사이에 놓는 것이 도움이 된다. 그러나 그것은, 당분간은 효과가 있을지 모르지만, 가해자들의 힘을 줄이지는 않기에 나중에 문제를 야기한다. 평화 유지는 명예로운 활동이지만, 만약 평화가 없다면, 그렇지 않다. 유감스럽게도, 때로는 전쟁을 하는 게 더 낫다.

캄보디아, 동파키스탄, 우간다에서의 개입은 지상에서 수행되었다.

이것은 구식의 전쟁 수행이었다. 코소보 전쟁은 대안 모델을 제공한다. 그것은 개입군의 사상자 수를 (거의 0으로!) 줄이기 위해 고안된 기술을 사용한 공중 폭격전이다. 나는 이 대안 모델의 이유를 자세히 고찰하기 위해 여기서 멈출 생각은 없지만, 그것은 현대 민주국가가, 모집한 군대를, 군인들을 위험에 빠뜨리는 방식으로 사용하기가 점점 더 어려워지고 있는 것과 관계가 있다. "하층 계급", 눈에 띄지 않는 소모용 시민은 오늘날의 민주국가에는 없는 것이다. 게다가 공동체 자체에 대한 분명한 위협이 없는 한, 정치 엘리트들조차도 국제법과 국제질서를 위해 또는, 보다 구체적으로, 르완다인이나 코소보 주민을 위해 기꺼이 희생을 감수하려고 하지는 않는다. 그렇지만, 이 할 수도 없고 하지도 않으려 함의 이유가 무엇이든 그것은 도덕적 문제를 야기한다. 순전히 공중 폭격전으로 치러지는 원격 전쟁은 민간 목표를 공격하지 않고는 아마 승리할 수 없을 것이다. 그것은 주거 지역이 아니라 교량과 텔레비전 방송국, 발전소와 정수시설일 수 있지만, 그럼에도 불구하고 공격은 무고한 남녀와 어린이들의 목숨을 위험에 빠뜨릴 것이다. 목표는, 해당 정부의 충성을 여전히 받고 있다고 생각되는 그 국가의 다수파 시민들에게 위해를 가하겠다고 위협하거나 실제로 위해를 가함으로써, 소수파에게 야만 행위를 하고 있는 그 정부에게 압력을 가하는 것이다. 이것은 분명히 캄보디아의 크메르 루주에게는 효과를 보지 못했을 전략이지만,—야만 행위를 실제로 저지르고 있는 병력을 겨냥한 보다 정확한 개입이 가능한 한—설사 그것이 효과를 볼 수 있을 때라도, 그것은 아마 정당하지 않을 것이다. 전쟁에서 보편적으로 적용되는 법이 여기서도 적용된다. 즉, 비전투인들(noncombatants, 전투에 참가하지 않는 민간인과 군의관·군목 등의 비전투 군인과 전투력을 상실한 군인 – 옮긴이)을 직접적으로 공격해서는 안 되며, 그들은 가능한 한 "부수적 피해(collateral damage, 군사 작전으로 발생하는 의도되지 않은 민간인 피해 – 옮긴이)"로부터도 보호받아야 한다. 다시 말해, 군인들은 민간인을 위험에 빠뜨리지 않기 위해 자신들이 위험을 감수해야 하는 것이다.

군사 개입을 고려하는 어떤 나라나 분명히 자국 군인의 안전을 보장한다는 기술을 채택할 것이고, 그 기술이 상대편 시민의 안전도 보장하는 한, 그 채택은 전적으로 정당할 것이다. "스마트 폭탄smart bomb"이 바로 그렇다는 주장이 있었다. 그것은 아주 멀리서 (안전하게) 발사될 수 있고 항상 명중한다는 것이다. 그러나 이것은, 적어도 지금으로서는 아주 과장된 주장이다. 현재로서는 이용 가능한 어떤 기술적 해결책도 없고, 따라서 다음과 같은 단순한 진실을 피할 길도 없다. 그것은, 정의의 관점에서 볼 때 당신이 어떤 외국을, 그 나라 국민에게 발생할 모든 결과를 무릅쓰고 침공하면서, 당신 나라의 군인들은 결코 위험에 처하지 않을 거라고 주장할 수는 없다는 사실이다. 일단 개입이 시작되면,—예를 들면, 더 빨리 이겨 많은 생명을 구하기 위해, 또는 개입에 대한 어떤 특히 야만적인 반응을 중단시키기 위해—지상전을 벌이는 것이, 비록 군사적으로는 아직 아니더라도, 도덕적으로는 필요해질 수 있다.

이것은 위험 없는 개입에 대한 도덕적 반론이지만, 전술적 반론도 있다. 싸울 뿐 아니라 사상자도 감수할 수 있다는 의지가 분명히 천명되지 않는 한, 개입은 좀처럼 성공할 수 없을 것이다. 코소보의 경우에는, 세르비아에 대한 폭격이 시작되기 전에 NATO군이, 말하자면, 눈에 보였더라면, 폭격은 아마 필요하지도 않았을 것이다. 또한 절망과 원한에 찬 난민들의 홍수도 결코 없었을 것이다. 전후 코소보는 매우 다른 모습이었을 것이고, 치안과 재건의 임무는 실제보다 더 쉬웠을 것이며, 성공의 가능성은 훨씬 더 높았을 것이다.

4

본격적으로 교전을 벌이고 있는 개입군을 상상해보라. 개입군은 군이 목표로 하는 승리를 어떻게 이해해야 할까? 집으로 가야 할 때는 언제일까? 군의 목표가 단지 살육을 중단시키는 것뿐이어야 할까, 아니면 살육을 자행하는 군대나 준(準)군사 조직을 괴멸시키는 것 또는 이 병력을 사용하는 체제를 교체하는 것 또는 이 체제의 지도자들을 처벌하는 것이어야 할까? 개입은 단지 전쟁일 뿐일까, 아니면 점령이기도 한 것일까? 이것들은 어려운 질문들이며, 나는, 내가 이 질문들에 서로 다른 기회에 서로 다르게 대답했다는 것을 인정하는 것으로 내 대답을 시작하고자 한다.

인도적 개입의 원래의 법적 원칙에 가장 잘 부합되며 내가 『정의로운 전쟁과 정의롭지 못한 전쟁』(1977년)에서 옹호한 대답은, 개입군의 목표는 단지 살육을 중단시키는 것뿐이라는 것이다. 개입군의 지도자들은 가능한 한 신속하게 개입하여 살육자들을 타도하고 피해자들을 구조한 다음, 가능한 한 신속하게 떠남으로써 자신들의 동기가 기본적으로 인도적이며 자신들이 제국주의적 야심에 따르고 있는 것이 아니라는 것을 증명할 수 있다. 그 후의 사후 처리, 만행 결과의 처리, 그것을 저지른 범죄자들의 처리에 대한 결정—이것은, 엄밀히 말해, 외국인들의 일이 아니다. 거기가 어디든, "거기"서 항상 살아온 사람들에게 자신들의 공동생활을 재건할 기회가 주어져야 한다. 그들이 이제 막 빠져나온 위기가 외국의 지배의 계기가 되서는 안 된다. 정치 주권과 영토 보전의 원칙이 "개입 후 신속한 철수"의 규칙을 요구하는 것이다.

그러나 이 규칙을 적용하는 것이 불가능해 보이는 세 종류의 계기가 있다. 첫 번째 계기의 가장 좋은 예는 어쩌면 캄보디아의 킬링필드일 것이다. 킬링필드는 결국에는 재건에 필요한 제도적 기반뿐 아니라 어쩌면 인적 기반조차도 남기지 않을 정도로 광범위했다. 나는 베트남이 세웠던 위성 정권을 정당화하려고 이 말을 하는 게 아니라, 수년 후에, 토착적 정당성을 지닌 정치 체제를 외부로부터 수립하려고 한 UN의 노력이 필요했던 이유를 설명하려는 것이다. 살육이 실제로 벌어지고 있을 때, UN은 그것을 중단시킬 수 없었거나 중단시키려 하지 않았지만, 만약 UN이 그렇게 했다면, "개입 후 신속한 철수"의 기준은 UN의 성공을 재는 타당한 척도가 될 수 없었을 것이다. UN은 어떤 식으로든 살육의 결과를 다뤘어야 했을 것이기 때문이다.

두 번째 계기의 예는—우간다, 르완다, 코소보 등—민족들 간 분열의 폭과 깊이로 인해 개입군이 철수하자마자 살육이 재개되기 쉬운 모든 나라들이다. 원래의 살육자들이 살육을 재개하지 않는다하더라도, 그들에게 피해를 당한 사람들의 복수도 그에 못지않게 지독할 것이다. 이때에는 "개입 후 신속한 철수"가 정치적·도덕적 효과성을 대가로

법적 미덕을 선택하는 일종의 자기기만이 된다. 그런 나라에 개입하는 위험을 감수할 양이면, 점령의 위험도 감수해야 옳을 것이다.

세 번째 계기는, 내가 앞서 비표준적이라고 부른 계기다. 이것은 국가가 그야말로 해체되어 있는 경우다. 그 국가의 군대나 경찰이 패배한 게 아니다. 군대나 경찰은 아예 존재하지 않는다. 그 국가는, 말하자면, 일시적으로 진압당한 준군사 조직과 군벌—사실은 갱단—의 수중에 있는 것이다. 이제 필요한 것은 국가 건설이며, 건설은 사실상 **무에서** 시작되어야 한다. 그리고 그것은 단기간의 일이 아니다.

1995년, 나는 《디센트》에 실린 〈구조의 정치 The Politics of Rescue〉라는 논문에서 보호국 제도와 신탁 통치 제도를 비판하는 좌파 평론가들은 자신들의 입장을 재고할 필요가 있다고 주장했다. 그런 종류의 제도가 때로는 인도적 개입이 낳을 수 있는 최선의 결과일 수 있다는 이유에서였다. 역사 기록은, 예를 들면, 옛 국제연맹 아래서는 보호국들과 신탁 통치 국가들이 반복적으로 자국의 임무를 완수하지 못했음을 분명하게 보여준다. 게다가 그 제도들은 예정된 것만큼 일시적이지도 않았다. 그럼에도 불구하고, 그것들의 목적은 때때로 정당한 목적일 수 있다. 그것은 어떤 기간을 열고 인도적 개입의 "시작"과 "끝" 사이의 일종의 정치적 노력에 권한을 부여하는 것이다. 이 목적은 개입군이 철수해야 한다는 요건을 무효화하지 못한다. 우리는 그 목적이 실제로 실현되고 그 요건이 결국은 충족되도록 보장할 더 좋은 방법을 생각해볼 필요가 있다. 어쩌면 여기가 다국간 공동 정책이 원래의 개입에서 하고 있거나 해온 것보다 더 핵심적인 역할을 할 수 있는 곳일지도 모른다. 왜냐하면 다국의 점령은 어떤 단 하나의 국가의 이익에 봉사할 가능성이 적고, 따라서 필요한 만큼보다 더 오래 유지될 가능성도 적기 때문이다. 더 큰 위험은 점령이 충분히 오래 유지되지 않는 것이다. 즉, 각 참가국들은 자국군을 철수할 구실을 찾으려고 애쓸 것이다. 개별 국가의 정치적 결정에 구속되거나 방해받지 않는 독립적인 UN군이—만약 우리가 그것이 적절한 사람들을 시기적절하게 보호할 거라고 확신할 수 있다면—가장 믿을 만한 보호자이며 신탁통치자일 것이다. 그런 보장이 없을 때는 언제나 일방주의가 정당한 대안으로서 다시 돌아온다.

어느 쪽이든, 우리는 여전히 "개입 후 신속한 철수"라는 규칙의 대안, 즉 그 오랜 동안의 개입이 언제 끝나야 하는지를 알 수 있는 방법을 필요로 한다. 적절한 규칙은 내가 이미 사용한 "토착적 정당성"이라는 어구로 가장 잘 표현될 수 있다. 개입군은 토착의 정치 문화에 적합하거나 적어도 그것을 수용하는 형태의 권위, 그리고 국가 통치의 능력과, 자기들이 구성한 정부가 아주 강압적이 되지 않도록, 충분한 대중적 지지를 갖춘, 서로 독립적인 일련의 권위들을 찾거나 세우는 것을 목표로 해야 한다. 일단 그런 권위가 들어서면, 개입군은 철수해야 한다. "개입 후 최종적으로 철수"해야 한다.

그러나 이 원칙도 "개입 후 신속한 철수"만큼이나 터무니없을 수 있다. 어쩌면 외국군은 내가 방금 묘사한 일을 할 수 없는지 모른다. 즉, 외국군은 단지, 자기들이 결코 통제할 수 없는 분쟁 속으로 점점 더 깊이 빠져들어 다른 당사자들과 점점 더 구별할 수 없게 될 수 있는 것이다. 이 가능성은 확실히 개입 의지를 크게 저해한다. 그것은 종종 유력한 개입국의 호의적 의도뿐 아니라 제국주의적 야심조차도 압도할 것이다. 사실, 주민들이 (또는 그들의 일부가) 절박하게 구조를 필요로 하는 나라들의 대부분은 구조를 시도하는 국가들에게 정치적 또는 경제적 보답을 거의 제안할 수 없다. 그런 국가들의 불순한 동기가 보다 그럴 듯한 목표를 찾음으로써 그 국가들이 그것을 추구하기 위해 자국의 임무를 계속 수행했으면 좋겠다는 마음이 들 지경이다. 그렇지만, 동시에, 그 임무는 제한적임을 강조하는 게 중요하다. 일단 학살과 인종 청소가 실제로 중지되고, 권력자들이 그것의 재발 방지를 약속한다면 개입은 끝나는 것이다. 새 정권이 반드시 민주적이거나, 자유주의적이거나, 다원주의적일 필요는 없으며 자본주의적일 필요(조차)도 없다. 그것은 살인적이지 않기만 하면 되는 것이다. 만약 개입을 이렇게 최소주의적으로 이해한다면, 개입을 완수하기가 좀 더 쉬울 것이다.

계기에 대한 논의에서처럼, 종결의 문제에서도 최소주의는, 우리가 인권의 언어를 사용할 때 신중해야 함을 보여준다. 왜냐하면 우리가 (적어도 미국에서 통용되는 의미의) 법적인 권리 논리를 추구하면, 개입군은, 학살이나 인종 청소를 주도한 사람들을 재판에 넘기고 인권 목록 전체를 집행하는 의무를 맡은 새 정권을 세우기 전에는, 철수하기가 매우 어려울 것이기 때문이다. 만약 그 목표의 달성에 실제로 근접해 있다면, 그것을 추구하는 게 옳을 것이다. 그렇지만, 개입은 정치적이고 군사적인 과정이지 법적인 과정이 아니므로, 정치와 전쟁이 요구하는 타협과 전술적인 변화를 해야 한다. 따라서 무력의 사용과 무력 사용의 기간을 최소화하기 위해 종종 보다 최소주의적인 목표를 채택할 필요가 있을 것이다. 그렇지만 나는, 우리가 "최소한"이 실제로 무엇을 의미하는가에 대한 분명한 이해를 필요로 하면서도 아직 획득하지는 못했다는 것을 강조하고 싶다. 개입군은 갖고 있는 무기를 사용할 각오가 되어 있어야 하고, 오랜 기간 머무를 각오도 되어 있어야 한다. 국제 사회는 이 군대를 지원할 방도뿐 아니라, 그것이 하는 일이 위험하고 항상 잘 수행될 수는 없을 것이기에, 그것을 감독하고 규제하고 비판할 방도도 찾아야 한다.

5

나는 지금까지 주장을 펴오면서 내 주장에 대해 있을 수 있는 반론들에 대답하려고 노력했다. 그렇지만, 했던 말을 반복하게 되더라도, 내가 특정하여 보다 분명하게 다루고 싶은, 이 시대의 인도적 개입 관행에 대한 어떤 몇 가지 일반적 비판이 있다. 그래서 나는 핵심 사항들에 대해, 몇 가지, 이미 했던 말을 반복하는 것으로 이 글의 결론을 삼고자 한다. 나는 마이클 이그나티프Michael Ignatieff의 『가상 전쟁Virtual War』[1]에 대한 에드워드 루트워크Edward Luttwak의 비판적 서평을 내가 대답해야 할 반론의 유용한 요약으로 간주하고자 한다. 왜냐하면 그것은 짧고, 날카롭고, 설득력 있고, 전형적이기 때문이다. 이그나티프는 인도적 전쟁에 대해 내가 제시한 것보다 더 강한 인권론적 옹호론을 제시했다. 그렇지만, 그도 분명히 모든 권리 침해가 "인간의 양심

---

[1] 에드워드 루트워크, 〈무득점 전쟁The Score War〉, 《타임스 문예 부록Times Literary Supplement》 (2000년 7월 14일), 11쪽.

에 충격을 주고" 군사적 개입을 정당화하는 것은 아니라는 점에 동의할 것이다. 어쨌든, 루트워크의 반론은 양쪽 모두에—즉, 이그나티프의 책뿐 아니라 내가 여기서 편 주장에도—적용된다(또는 적용될 수 없다).

첫 번째 반론은 "Y가 X의 도덕적·법적 규범을 엄청나게 유린할 때마다 X는 Y와 싸워야 한다는 규칙은 영원한 전쟁을 정당화할 것이다."라는 것이다. 이 주장은, 영원히 그리고 어디서나 싸워야 할 필요성은 공통적으로 인정되는 규범들에 대한 유린이 아주 많다는 사실에 기인한다는 그의 또 다른 주장(아래를 보라)과 좀 상충되는 것처럼 보인다. 그러나 그것은 지금은 제쳐 두기로 하자. 만약 우리가 극단적인 경우에만, 그리고 집단 학살과 집단 추방을 중지시키기 위해서만 개입한다면, 우리가 X의 규범은 보호하지만 Y의 규범은 보호하지 않는 것이라는 생각은 한마디로 틀리다. 그런 경우에 소유 명사에 따라 도덕이 달라지는 게 아니며, 일련의 여러 가지 도덕들이 있는 것도 아니다. 이것의 증거는 모든 살인자들과 "인종 청소자들"이 표준적으로 똑같이 하는 거짓말이다. 즉, 그들은 자기들이 하고 있는 짓을 부인하는 것이다. 다시 말해, 그들은 어떤 일련의 사적私的 규범을 들어 그 짓을 정당화하려고 하지 않는다.

두 번째 반론은 "내전이나 학살이나 잔혹 행위가 아니더라도, 군대와 경찰과 관료 조직의 완전히 정상적이고 일상적인 기능도 지속적인 갈취, 빈번한 강탈과 강간, 직권 남용의 만연을 수반한다."는 것이다. 루트워크는 그 모든 것들이 인도적 개입군에 의해 무시된다고 주장한다. 사실 그렇고, 또 그래야 한다. 그렇게 하지 않는다면, 우리는 정말로 항상 어디서나 싸워야 할 것이다. 그렇지만 루트워크가 지금은, 갈취와 강탈, 강간, 직권 남용의 나쁨이 X나 Y의 사적 규범의 문제가 아니라 누구에게나 인정받을 수 있다는 것을 전제하고 있음에 주의하라. 그는 여기서 너무 지나친 말을 하고 있는 것 같다. 왜냐하면 적어도 관료의 갈취는 때와 장소에 따라 다른 의미와 함축을 갖기 때문이다. 그러나 그의 목록에 있는 주요 행위들은 실제로 끔찍하고 일반적으로 끔찍하다고 알고 있다. 문제는, 그것들이 군사적 개입을 정당화할 정도로 끔찍하지는 않다는 것이다. 나는, 비록 우리가 경계선을 정확히 어디에 그어야 하는가에 대해서는 의견을 달리한다 하더라도, 내 논점이 그리 어렵다고는 생각하지 않는다. 폴 포트Pol Pot의 킬링필드는 폐쇄되어야 했다. 그것도, 필요하다면 외국군에 의해서라도 폐쇄되어야 했다. 현대 세계의 그 흔한 독재자들의 감옥들도 폐쇄되어야—비워지고 폐쇄되어야—한다. 그러나 그것은 그 국가 국민들의 일이어야 맞다.

세 번째 반론은 이렇다. 루트워크는 "만약 어떤 도덕적이라는 규칙이 임의적으로 어떤 사람들에게는 적용되고 어떤 사람들에게는 적용되지 않는다면, 그것이 그 규칙의 도덕성에 어떤 의미를 가질까?"라고 묻는다. 이 질문에 대한 대답은, 여기서 "임의적으로"라는 단어의 의미가 무엇이냐에 달려 있다. 한가지 국내적인 예를 생각해보자. 경찰이 모든 과속 차를 정지시킬 수는 없다. 만약 경찰이 자기들이나 다른 사람을 위험에 빠뜨리지 않고도 잡을 수 있을 것 같아 보이는 차들만을 뒤쫓는다면, 경찰의 추격은 "선택 또는 재량에 의해 결정되는" 것이며, 그것은 "임의적"의 의미들 중 하나다. 그러나 그것이 그렇게 결정된다고 해서 속도 제한법 집행의 정의가 훼손되는 것은 분명히 아니다. 다른 한편, 만약 경찰이 자기들이 좋아하지 않는 범퍼 스티커를 붙인 차들만을 뒤쫓는다면, 만약 교통 단속을 "정적政敵"을 괴롭힐 기회로밖에 여기지 않는다면, 경찰의 행위는, "임의적"의 또 다른 정의인 "기분이나 변덕에 기인하는" 것이며 실제로 부당하다. 인도적 개입을 제한해야 하는 (또 실제로 종종 제한하는) 것은 첫 번째 종류의 "임의성"이다. 인도적 개입은 실제로 자유 재량 사항이며, 우리는, 현실적 고려가 개입할지 말지를 결정하는 요소가 되기를 바라야 한다. 따라서 내가 이미 인정한 것처럼, 개입을 정당화하는 조건이 존재한다고 해서 언제나 실제로 개입이 있게 되는 것은 아니다. 그렇지만, 루트워크의 질문에 답하자면, 그 인정은 정당화 규칙의 도덕성을 조금도 훼손하지 않는다. 현실적 고려에 입각하여, 행동하거나 행동하기를 거부하는 것은 부도덕한 것이 아니다.

이 세 반론은 개입의 계기에 대한 것이며, 그것은 당연한 일이다. 만약 계기를 조리 있게 설명할 수 없다면, 내가 다룬 다른 문제들에 대해서는 답할 필요도 없을 것이다. 그 다른 문제들에 대한 내 대답에는 분명히 반론을 제기할 수 있을 것이다. 그러나 나의 주된 논지는 그 문제들 자체는 피할 수 없다는 것이다. 실제로 정당한 인도적 개입의 계기들이 있기에, 그리고 우리가 어떤 일을 해야 하는지를 대충 알기에, 우리는 그것을 어떻게 해야 할지에 대해 논의해야 한다. 즉, 우리는 행위자와 수단과 종결에 대해 논의해야 하는 것이다. 오늘날에는 이 논의를 피하고 그것이 요구할지도 모르는 종류의 행동들을 무기한으로 미루고 싶어 하는 사람들이 많다. 이 사람들은 온갖 종류의 이유들을 갖고 있지만, 내가 보기에는, 그것들 중 어느 것도 좋거나 도덕적인 이유는 아니다.

15장

인도적 개입을 넘어

지구촌 사회에서의 인권

나는, 앞뒤로 움직일 수 있도록 문제의 한가운데서 시작함으로써, 내 주장이 어떤 필연적 결론을 향한 진군이라는 인상을 주지 않으려고 한다. 사실이 그렇지 않기 때문이다. 만약 내가 첫머리가 어딘지를 알게 된다면, 나는 그때에는 이 주장을 첫머리부터 시작할 수 있을 것이다. 그러니 일단 집단 학살과 인종 청소, 노예 노동 수용소의 설치는 야만적이고 비인도적인 행위일 뿐 아니라 인권 유린이며, 이런 유린에는 이웃 국가나 연합국 또는 국제군의 군사적 개입을 통한 대응이 가능하고, 다른 모든 방법이 실패했을 경우 군사적 개입을 통해서라도 대응해야 한다고 전제하자. 그리고 또한 집단 학살 등을 자행한 자들은 권좌에서 축출되어야 하며, 가능하다면 국제형사재판소ICC라는 국제 법정의 재판에 회부되어야 한다고 전제하자. 그러면 우리는

(생명권과 자유권까지는 미치지만 그것을 크게 넘지는 않는) 최소한의 권리 개념과 집행 및 처벌을 책임지는 행위자들에 대한 대략적인 묘사, 극단적인 경우에는 집행의 수단으로서 무력을 사용할 용의를 갖게 된다.

내가 방금 요구한 전제는, 비록 그것의 의미에 대한 사람들의 의견이 서로 크게 다르기는 하지만, 세계의 많은 부분에서 어느 정도 실재한다고 생각된다. 우리는 인도적 개입을 세계적인 인권 집행의 첫 번째 예―논란이 되고 불완전하고 불확실하지만, 어쨌든 지금까지 없었던 것의 한 예―로 간주할 수 있을 것이다. 오늘 내가 제기하고 싶은 질문은 '우리가 이 예 너머로 얼마나 더 갈 수 있고 가야 하는가?'다. 우리가 지금보다 더 나은 국제 사회를 만들고자 한다면, 또는 보다 겸손하게 말해서 상상하고자 한다면, 이 세 개념―권리와 행위자와 집행―의 어떤 확대(또는 수정)가 필요할까?

같은 논의를 시작하는 보다 표준적인 방법이 있다. 안정된 민주국가에 널리 퍼져 있는 확대되고 상호 연관된, 권리와 행위자와 집행의 개념을 생각해보라. 그런 다음 질문해보라. '우리가 이 체계의 어떤 부분들을 현대 사회에 도입해야 할까?' 이 마지막 질문은 우리가 세계 국가를 목표로 하고 있지 않다고 가정한다. 왜냐하면 그럴 경우의 대답은 '전부를 도입해야 한다.'는 쉬운 대답이 될 것이기 때문이다. 그러나 국제 사회가, 주권을 갖고 있다는 국가들 또는 더 정확히 말하면, 반주권semi-sovereign 국가들의 사회로 남는다면, 대답은 결코 쉽지 않다.

나는 앞으로 인권의 의미와 근거에 대한 모든 어려운 철학적 문제들을 피함으로써 그 대답이 좀 더 쉬워지게 만들 것이다. 그 문제들은 되풀이해서 제기되겠지만, 나는 그때마다 그것들을 무시할 것이다. 물론, 나는, 내가 처음부터 꺼낸 "권리 담론"을 회피함으로써 그 어려운 문제들을 모면할 수도 있을 것이다. 게다가 그렇게 할 철학적 이유도 있다. 그것은, 권리는 의미도 근거도 없다는 주장이다. 권리에 대한 담론은 "허풍스런 난센스nonsense on stilts"라는 제레미 벤담Jeremy Bentham의 경구를 상기해보라.[1] 그가 옳을지도 모른다. 그렇지만 나는 최선을 다해 내 나름의 허풍을 쳐서 이 난센스 문제에 대해 독자들이 결정하도록 할 작정이다. 권리 담론을 단념할 정치적 이유도 있는데, 그것은 오늘날에는 주로 포스트모던 좌파에 속하는 저술가들에 의해 제기되고 있다. 예를 들면, 장 보드리야르Jean Baudrillard는 이렇게 주장한다. "인권은 이미 세계화 과정에 포섭되어 '단지' 알리바이로'만' 기능한다. 그것은 법적·도덕적 상부구조에 속한다. 요컨대, 그것은 **광고다**."[2] 그리고 마이클 하트Michael Hardt와 안토니오 네그리Antonio Negri는 그들의 책 『제국Empire』에서, 보스니아 같은 곳에서의 인권 NGO들의 "도덕적 개입"은 "제국주의 개입의 최전선 부대가 되었다."고 주장한다.[3] 나는

---

1) 제레미 벤담, 「무정부주의의 오류 : 프랑스 혁명 때 공포된 권리 선언의 검토 Anarchical Fallacies : Being an Examination of the Declaration of Right Issues during the French Revolution」(1796), 『제레미 벤담 작품집The Works of Jeremy Bentham』, 2권, 존 보링 편집 (Edinburgh : William Tait, 1843), 491~534쪽. 재인쇄(New York : Russell and Russell, 1962), 501쪽.
2) 리처드 월린, 〈그라운드 제로의 칸트Kant at Ground Zero〉, 《새 공화국The New Republic》(2004년 2월 9일), 25~32쪽. 〈이것은 제4차 세계대전이다. : 장 보드리야르와의 《슈피겔Spiegel》 인터뷰〉, 《국제 보드리야르 연구지International Journal of Baudrillard Studies》 1 : 1 (2004년 1월). 사미르 간데샤에 의한 인터뷰 번역.
3) 마이클 하트와 안토니오 네그리, 『제국Empire』 (Camgridge : Harvard University

인권 담론이 제국주의의 알리바이로 기능할 수 있음을 의심치 않는다. 그렇지만 제국주의는 권리 담론보다 적어도 4천년 이상 오래 되었기에, 권리 담론이 없어서는 안 될 알리바이일 수는 없다. 다른 많은 알리바이들이 있어 왔고 앞으로도 있을 것이다. 우리 시대에는 권리 담론이 이데올로기적이기보다는 비판적인 경우가 더 많다. 그것은 살인적이거나 독재적인 국가와 극우 운동에 대항하는 우리의 주장에서 큰 역할을 하고 있는 것이다. 국내 사회에서나 국제 사회에서나, 권리 담론은, 적어도 극단적인 경우와 관련해서는, 우리가 서로에게 갖고 있는 보호 의무에 대해 생각할 때 사용하는 일반적인 언어가 되어 있다. 따라서 그것은 절박하게 보호를 필요로 하는 힘없고 공격받기 쉬운 사람들에게 가장 유용하다. 게다가 그 필요를 충족시키려는 기구들과 활동가들도 대개 그 담론을 말한다. 따라서 나머지 사람들도 그것을 포기해서는 안 된다.

1

나는 권리와 행위자와 (어떤 종류의) 집행의 필연적인 상호 연관성을 주장하려고 하지만, 알기 쉽게 권리부터 시작하겠다. 권리는 일반적으로 소극적 권리와 적극적 권리로 나뉜다.[4] 어떤 종류의 공격적이거나 침략적인 행위를 **당하지 않을** 권리가 있고, 어떤 종류의 자원이나

Press, 2000), 36쪽.
4) 잭 도넬리, 『인권의 개념 *The Concept of Human Rights*』 (London : Croom Helm, 1985)은 유용한 일반적 설명이다.

용역을 **얻을** 권리가 있는 것이다. 우리는 이미, 살해당하거나 노예화되지 않을 권리와 집단 학살이나 노예화로부터 구조될 권리의 존재에 대해 합의를 보았거나 내가 그것을 전제했다. 또 우리는 그것이 국내적으로뿐 아니라 국제적으로도 적용된다는 것에 합의했다. 만약 그 권리들 중 두 번째 권리가 없다면 첫 번째 권리가 가치를 가질 수 있을까? 여러분과 나, 우리의 모든 친구들과 친척들은 분명히 이 소극적 권리를 갖고 있고, 따라서 아무도 우리를 살해해서는 안 된다. 그러나 누군가가 그렇게 하려 하거나 실제로 하기 시작한다고 가정해보라. 그러면 어떻게 되는가? 어떤 제2의 인물이 나쁜 행동을 할 때, 우리는 제3의 인물의 보호를 얻을 권리가 있을까? 보호받을 권리는 적극적인 권리다. 누군가가 자금을 할당하고, 필요한 사람들을 모집하고 보호 용역을 제공해야 하는 것이다. 만약 국제 사회에서 집단 학살을 중지시키기 위해 정치적 경계를 무력으로 넘을 의무를 지닌 보호 제공자, 행위자가 없다면, 생명권이 전 세계적으로 어떻게 존립할 수 있을까? 나는 생명권이 전적으로 소극적인 형태로도 존재할 수 있을 거라고 생각한다. 생명권의 존재를 선언하(거나 인정하거나 발명하)면, 우리는 그 권리가 언제 침해되었는지를 알 수 있다. 우리는 특정한 침해 사례에 대해 항의할 수 있고, 생명과 자유를 도덕적 또는 정치적으로 지키기 위한 단체를 결성할 수도 있다. 이것이 아무것도 아닌 것은 아니다. 그럼에도 불구하고, 만약 보호 제공자와 집행자가 없다면, 그것은 권리를 위협받고 있는 사람들에게 별로 도움이 되지 않을 것이다. 이 때문에 집행과 집행자에 대해 구체적으로 논의하는 게 필요하다.

 국내 사회에서는, 그것이 국가가 있는 이유라고 말할 수 있다. 국가가 우리의 집행 기관인 것이다. 그러나 우리는 그것이 세계 국가가 있는 이유라고 말할 수는 없다. (세계 국가는 없기 때문이다.) 그것이 UN이 있는 이유일까? UN은 실제로 몇몇 인도적 위기에서 구조와 구호를 주도하지만, 전 세계의 개개인의 남녀가 UN의 구조와 구호를 얻을 권리가 있을까? 만약 그렇다면, UN은 사람들이 살해되고 있는 어디서나 인권을 심하게 위반하고 있는 게 된다. 이것은 많은 최근의 예들에 대한 가장 쓸모 있는 묘사로는 보이지 않지만, 그럼에도 불구하고 나의 처음 전제는 그런 경우에는 누군가가 행동할 책임을 진다는 것이었기에, 만약 아무도 행동하지 않는다면, 인권을 위반하고 있는 것은 단지 실제로 살인을 저지르고 있는 자들만이 아닐 것이다. 이 말이 옳을까? 우리는 아직 학살이나 인종 청소를 중지시킬 UN의 의무를 제정하(거나 인정하)지 않았다. 물론, 우리가 그것을 향해 나아가는 과정에 있을 수는 있다. 그리고 내 생각에는, 그것이 우리가 해야 할 일이라는 강한 근거가 있다. 그러나 우리가 그것 이상의 것을 해야 할까? 사람들이 학살당하거나 이송되거나 노예가 되고 있으면, 무언가 잘못되고 있는 것이며, 세계의 국가들은 이 잘못된 것을 어떻게 묘사해야 할지에 대해 의견이 거의 일치한다. 그렇다고 해서, 이때 그 국가들이 그것에 대해 어떻게 해야 할지에 대해 항상 의견이 일치하는 것은 아니다. 그 국가들은 국제 사회의 그 밖의 모든 잘못된 것들을 어떻게 묘사해야 할지에 대해서도 의견이 일치하지 않는다. 권리 담론이 항상 옳은 방법일까?

글쎄, 아닐 이유가 무엇인가? (내가 한 대로) 그냥 모든 인간은 생명과 자유의 권리를 갖는다고 선언한 다음, 그 권리를 집행할 방법을 찾아보면 안 될 이유가 무엇인가? 그리고 식량과 주거, 교육과 보건의료, 또 심지어 어떤 최소한의 여가 시간까지도 이 목록에 추가하면 안 될 이유가 무엇인가? 우리가 인권을 그저 "선언"만 하려고 한다면, 긴 목록을 제시하고 싶어질 것이다. 실제로 UN은 1948년 UN 선언에서 그렇게 했다.[5] 그러나 그것은 너무 쉬워 보인다. 그저 갖고 싶다고, 권리를 갖게 되는 것은 아니다. 그것을 원하는 것만으로는 부족하다. 철학자들 사이에서 가장 일반적인 주장은, 우리가 필요로 하는 권리는 인간이라는 것의 의미―이성적이고, 연약하고, 행위 능력을 갖고 있고, 독립적인 존재이고 등―에 대한 우리의 이해에서 도출될 수 있다는 것이다. 그러나 단 하나의 이성적이거나 연약한 행위자의 존재는 분명히 아무것도 함축하지 않는다. 권리는 하나보다 더 많은 수를 필요로 한다. 그것은 필연적으로 관계를 나타내는 것이다. 따라서 그것은 사회적 산물이거나 (내가 철학적 문제에 대해서는 입장을 밝히지 않기로 했으니까) 사회적 인정을 필요로 한다. 나의 권리는 그것의 존재 또는 유효성을 당신의 의무―또는 누군가의 의무―에 의존하는 것이다. 따라서 우리는 그것을 그저 우리의 희망이나 우리의 본질에 대한 우리의 생각에 따라 자아낼 수는 없다. 우리는, 권리가 무엇을 의미하든, 그것이 유효한 의미를 갖기 위해 필요로 하는 사회 구조를 명시해야 하는 것이다.

---

5) 모리스 크랜스턴, 『인권이란 무엇인가? What Are Human Rights?』 (New York : Taplinger, 1973), 부록 A와 앞의 본문 속 논평.

2

다음 문제는 행위자다. 즉, "당신의 의무"라는 표현에서 대명사가 누구를 가리키는지를 보다 정확히 특정할 필요가 있는 것이다. 전적으로 소극적인 권리에서는 특정하기가 쉽다. 즉, 만약 살해당하지 않을 권리가 내게 있다면, 당신뿐 아니라 세상의 다른 모든 사람도 나를 죽이지 않을 의무가 있는 것이다. 그러나 다른 누군가에게 살해당하지 않도록 나를 보호할 의무가 당신에게 있는 것은 아니다. 이 두 번째 종류의 의무를 위해서는 어떤 집단적 행위자를 세워야 하며, 이미 말한 것처럼, 그것이 바로 국가다. 국가는, 내가—국가 자체가 정한 이유로, 국가가 임명한 사람들에 의해서가 아니라면—사람이나 사람들의 조직체에 의해, 어떤 이유로든, 살해당하지 않도록 보호해야 할 의무를 갖고 있다. 일단 국가가 존재한다면, 우리는 그것이 자국 시민들에게 무엇을 해야 하고 무엇을 해서는 안 되는지를 물을 수 있고, 국가의 이 의무가 시민의 (그리고, 어떤 제한을 전제한다면, 또한 외국인의) 실제의 또는 유효한 권리가 된다. 우리는 공무원들이 자신의 의무를 바르게 이해하고 그것이 함축하는 권리를 실제로 집행하고 있는지에 대해서도 논의해야 한다. 이 논의에서는 권리 담론이 분명히 필요하며, 그것의 (지나친) 사용을 걱정하는 것은 좌파가 아닌, 대개 우파의 비평가들이다.

국가가 자국 시민들의 권리를 충족시키거나 인정하기 위해 무엇을 해야 하는가에 대한 논의에 들어가기 전에, 나는 어떤 선행하는 권리를 제안하고 싶다. 그것은 자국 시민들에 대해 특정한 방식으로 의무를 지는 국가 또는 어떤 다른 집단적 행위자를 가질 권리다. 만약 우리가 권리들을 갖고 있다면, 우리는 유효한 권리들을 가질 권리를 갖고 있는 것이다. 누가 그 권리에 상응하는 의무를 지고 있을까? 첫째로는 아마 우리의 친구들이나 이웃들이 그 의무를 져야 할 것이다. 즉, 친밀성이나 근접성으로 인해 자신들과 서로를 보호할 집단적 행위자를 세울 수 있는 인간 집단마다 그렇게 해야 하는 것이다. 한 유명한 정치이론에 따르면, 정당한 국가는 바로 그렇게 탄생하고, 이에 따라 처음부터 고정된 목적을 갖는다. 그러나 여기서도 이론가들은 국가와 목적의 순서에 대해서 의견을 서로 달리한다. 살해로부터 보호받을 권리가 국가보다 먼저 존재하는 것일까, 아니면 그런 권리를 가지려는 열망이 국가 형성의 동기가 되는 것일까, 아니면 사람들이 국가를 만드는 과정에서 권리도 만드는 것일까? 나는 그런 질문에는 아무 의견도 없다. 어쨌든, 국가가 만들어질 때 실제로 일어나는 일은, 그런 질문이 불러일으키는 인상보다는 더 복잡하고 어떤 단일한 목적에 의해 결정되지 않을 것이다. 국가는 많은 목적에 봉사하는 것이다. 그렇지만 어떤 국가들은 어떤 권리들을 어떤 시간 동안 보호하며, 다른 어떤 정치적 행위자도 그만큼 하지는 않는다.

  그렇다면 국가가 해야 할 일을 하지 않는 국가의 경우에 우리는 어떤 이야기를 할 수 있을까? 그런 국가는 국민의 생명권과 자유권을 보호하지 못하거나 국민의 권리를 적극적으로 유린한다. 그런 국가의 예는 너무도 많다. 보호를 못하는 것은 차치하고, 또 지난 35년 동안만을 생각해본다 하더라도, 아르헨티나, 캄보디아, 칠레, 이라크, 파키스탄, 인도네시아, 우간다, 북한, 수단, 세르비아, 러시아, 중국의 정부는 모두 자국 시민들(의 일부)의 생명권을 대규모로 침해하는 죄를 저질렀다. 게다가 이것은 완전한 리스트도 아니다. 그런 경우에 권리는 없어지는 게 아니다. 그렇지 않다면, (내가 방금 말한) 그것이 침해되었다는 말을 할 수 없을 것이다. 피해자들은 여전히 권리가 존재하고 널리 인정되며, 권리 침해의 명칭도 있는 도덕적 세계에 살고 있는 것이다. 여기서도 나는 이 세계의 성격과 더욱이 그것의 기초에 대한 추측은 하지 않으려고 한다. 나는 단지 거기에 사는 사람들이, 자기가 속한 국가가 권리를 침해할 때 개입하여 자신을 보호해 줄 초국가super-state를 가질 권리도 갖고 있는지를 묻고 싶을 뿐이다. 그런데 초국가는 없고 UN은, 적어도 극단적인 경우에는 그 역할을 할 수 있음에도 불구하고 아직까지는 하지 않고 있는 상황에서, 그 보호-의무가 여전히 존재한다고 할 수 있을까? 만약 존재한다면, 그것이 국제 사회의 어디에 자리를 잡을 수 있을까?

살인과 인종 청소, 노예 노동과 관련해서는, 이 질문에 대해 가능한 대답이 하나 있다. 그것은 내가 서두에 말한 대답이다. 다른 모든 수단이 실패한다면, 군사적으로라도 개입할 수 있는 국가는 개입해야 한다. 나는 잠시 후에 이 의무의 역사에 대해 좀 말하려고 한다. 그 의무가 존재한다는 것은, 예를 들면, 르완다 대학살 때의 미국의 수수방관에 대한 클린턴Clinton 대통령의 유감 표명에 함의되어 있다. 대학살이 진행되고 있다면, 누군가가 그것을 중단시켜야 하며, 세계의 능력 배분을 생각할 때, 우리는 때때로 그 "누군가"를 특정할 수 있다. 어쩌면 한층 더 명확한 책임이 있는지도 모른다. 예를 들면, 특정 국가가 과거에 무장시켰거나 지원한 자들이 살인을 저지르고 있기에, 지금 그 국가가 살인을 중단시킬 특별한 의무를 지고 있을 수 있는 것이다. 그러나 이 의무는 보편적이기도 하다. 적어도 극단적인 경우에는, 우리 모두가, 누구든 우리를 구조할 수 있는 자에게 구조 받을 권리를 갖는 것이다.

나는, 국가라는 집단적 행위자는, "착한 사마리아인"의 문제라고 불릴 수 있는 것을 해결한다는 점을 말해야겠다.[6] 착한 사마리아인들은, 절박한 곤경에 처한 사람들을 도울 의무가 자기에게 있다고 인정한다. 그러나 돕는 것이 자기 자신의 목숨을 위태롭게 한다면 그렇지 않다. 반면에 국가는 그것을 핑계로 내세울 수 없다. 국가는 인도적 위기에서 자국의 "목숨", 즉 주권과 영토 보전을 걸지 않고도 도울 수 있기 때문이다. 개개인의 시민이 죽을 수 있고 실제로 죽는 경우도 분명히 많다. 그것을 경시할 생각은 없다. 그러나 그들은 자기 국가의 이름과 명령으로 행동하고 있는 것이며, 그 국가 자체는 죽지 않는다. 어쩌면 그들은 인도적 활동에 따르는 위험을 각오한 지원자들이어야 할지 모른다. 그런 경우에도 그들은 결정적인 순간에는 명령에 따라 행동한다. 내가 연못에 빠졌을 경우, 나는 (물론 당신이 뛰어들면 매우 고맙기야 하겠지만) 구조될 권리를 갖고 있지 않다. 그러나 국가는 그런 활동을 명령할 수 있기 때문에, 대학살이나 노예화에 직면한 사람들이 실제로 구조될 권리를 갖고 있다고 생각하는 것은 가능하다.

이 권리가 어디서 왔을까? 우리는 그것의 발생(또는 그것에 대한 점증

---

6) 『착한 사마리아인과 법 The Good Samaritan and the Law : The Morality—and the Problems—of Aiding Those in Peril』, 제임스 M. 래트클리프 편집 (New York : Anchor Books, 1966)을 보라.

하는 인정)을 지켜봐왔기에, 그것에 대해 무언가를 말할 수 있어야 한다. 19세기와 20세기 초의 법률서들은 인도적 개입의 "권리"를 묘사하는데, 이것은 대학살을 중단시키기 위한 군사 개입이 선택 사항으로 간주되었음을 의미한다. 개입할 의무가 없었기에 구조될 권리도 없었다. 이 후자의 권리는 아주 최근에 생성되었고 아직 불완전하다. (또는 우리가 최근에야 비로소 부분적으로나마 그것을 인정하기 시작했다.) 이 권리의 배경은 아마 지구촌 사회의 점증하는 상호 연관성일 것이다. 그러나 그것의 가장 직접적인 기원은 나치의 유대인 대학살과 1945년과 1946년에 매우 널리 표명되었던, 그런 일이 결코 다시 일어나서는 안 된다는 다짐, 그리고 그 다음에는, 최근 수십 년 동안에 발생한, 그 다짐을 지키지 못한 경우들이었다. 구조 받을 권리를 설명할 수 있는 한 가지 사실은, 구조가 이루어지지 않은 그 모든 경우들에 대한 부끄러움이다. 나는, 그런 경우들의 절정이 구舊유고슬라비아와 르완다의 도덕적 재앙이라고 생각한다. 그렇게 이 권리가 생성되었다. 또는 인정되었다. 물론 생성/인정의 과정은 여전히 진행 중이며, 아직 끝나지 않았다. 영국의 이론가 노먼 제라스Norman Geras가 "상호 무관심의 계약"이라고 부르는 것, 즉 곤경에 처한 사람을 외면하자는 일종의 암묵적 합의가 여전히 작용하지만, 우리는, 말하자면, 그것을 새로운 "도울 의무"로 고쳐 쓰고 있는 것이다.[7]

내가 이미 주장한 것처럼, 국내 사회에서, 도움 받을 권리는 국가의

---

7) 노먼 제라스, 『상호 무관심의 계약 : 유대인 대학살 이후의 정치철학 *The Contract of Mutual Indifference : Political Philosophy After the Holocaust*』 (London : Verso, 1988), 49쪽 이하.

의무 때문에 존재한다. (또는 그런 권리들이 실효를 갖도록 하기 위해 국가가 만들어진다.) 국제 사회에서는 도울 의무가 불완전한 의무다. 세계 국가가 없기 때문이다. 누군가는 개입해야 한다. 우리는 때로는 누가 그 일을 해야 하는지를 알지만 때로는 모른다. 많은 국가가 국가 X에서 벌어지는 대학살을 중단시킬 능력을 갖고 있다고 가정해보라. 어떤 국가가 행동해야 할까? 어떤 국가나, 다른 국가가 먼저 하기를 바랄 것이다. 만약 우리가 책임을 어떻게 배정해야 하는지를 보다 확실하게 안다면, 구조 받을 권리는 더 강해질 것이다. 다른 한편, 우리는 그 권리가 이미 유효하다는 것을 지적함으로써 특정 국가나 UN이 책임을 맡도록 노력한다. 우리는 '이 사람들은 절박한 곤경에 처해 있고 도움 받을 권리를 갖고 있으니 그들을 도와라!'라고 말하는 것이다.

내 질문을 다시 해보자. 이 권리와 – 의무의 이야기를 대학살과 인종청소와 노예 노동 너머로 확장할 수 있을까? 나는, 우리가 그렇게 해야 하며, 비록 내가 이미 묘사한 방식과 똑같이 비공식적이고 되는 대로이기는 하지만, 우리가 그것을 하고 있다는 희미한 증거들이 있다고 주장하고 싶다. 다시 말해, 우리는 그 세 가지로부터, 매년 오히려 더 많은 사망자를 내고 있는 기근과 영양실조, 그리고 별로 이야기하지는 않겠지만, 유행병으로 주제를 옮기기 시작하고 있는 것이다. 이것은 보통 소극적 권리에서 적극적 권리로 주제를 옮기는 것으로 묘사되겠지만, 나는 그런 묘사는 틀렸다고 생각한다. 모든 권리는, 세상에서 유효하려면, 적극적인 권리이든지 적극적인 권리가 되어야 한다. 그렇다면, 우리가 기근과 영양실조로부터 보호받을 권리, 식량을 제공받을 권리 또는, 더 정확히 말하면, 식량을 구하는 데 도움을 받을 권리를 갖고 있는 것일까?

긍정하는 대답의 가장 큰 이유가 되는 것은, 대학살과 마찬가지로, 기근도 사악하거나 (아마 더 많은 경우에서는) 무관심한 인간 행위자에 의해 야기된다는 주장이다. 이것은 1990년, 미국 정부가 소말리아에 군대를 파견할 때 폈던 주장이다. 현지 군벌들이, 문자 그대로 그리고 고의적으로 기근을 야기하고 있다는 것이었다. 우리가 자연 재해보다는 더 분명하게 인간의 사악함이나 부도덕한 무관심에 반응할 의무를 지는 것이, 또는 진다고 생각하는 것이 우리의 도덕적 사고의 한 특징인 것 같다. 아마티아 센Amartya Sen의 말대로, "중심 쟁점은 기근을 야기하고 지속시키는 인간 행위의 역할에 관한 것이다."[8] 물론, 정부든 개인이든 외국에서 지진이나 홍수나 허리케인이 발생하면 앞 다투어 도움을 보낸다. 그렇지만 그들의 대부분은 그것을 박애로 생각한다. 그들은 자비심으로 행동하고 있는 것이다. 그 사람들이 도움을 받을 권리가 있는 게 아니라, 그들을 돕는 것이 옳은 일이기 때문인 것이다. 우리는 그들의 자격이 아닌 그들의 절박함 때문에 움직인다. 또 우리는 대개 미래의 재난을 방지하기 위한 투자까지가 아니라, 그들의 고통을 경감시키는 데까지만 움직인다.

그러나 만약 기근의 책임이 우리 자신에게 있거나, 다른 누군가에게 책임이 있다는 것을 우리가 알거나, 이 기근이 정부나 기업의 횡포, 탐욕, 무관심에 의해 야기되었다면 문제는 다르다. 기근이 정치적 원인을 갖고 있다는, 처음에는 센이, 그리고 지금은 다른 많은 사람들도 펴

---

[8] 아마티아 센, 『자유로서의 발전Development as Freedom』 (New York : Knopf, 1999), 171쪽.

는 주장은 이중의 목적을 갖는다. 그것은 정치적으로 대응하는 게 가능하다고 설득하는 것과, 대응하는 게 도덕적으로 필요하다고 설득하는 것이다. 만약 기근이 자연현상이 아니라면, 만약 인간 행위자들이 하거나 하지 않는 것을 통해 기근을 "야기한다면", 기본적인 생명권이 침해된 것이고, 우리는 그것을 지키기 위해 행동해야 할 것이다. 행위가 문제라는 이 직관력을 내가 이해하고 있는 것인지는 잘 모르겠지만, 그것은 한가지 매우 유용한 결과를 낳는다. 즉, 그것은 세상의 인간 고통을 야기하거나 조장하는 인간의 행동과 무행동의 패턴들을 찾으라고 우리를 압박하는 것이다.[9] 그리고 우리는 대개 횡포, 탐욕, 무관심이 그 패턴들에서 중요한 역할을 하는 것을 발견한다.

그렇다 하더라도, 우리가 기근에 대해 할 수 있는 이야기는 인도적 개입을 도덕적으로 필요하게 만드는 이야기와 똑같은 것이 아니다. 그것은 다음과 같은 의미에서 비슷하다. 즉, 대학살의 피해자들이 살해가 중단되는 것뿐 아니라 가해자들이 다시 살해할 능력을 박탈당하는 것을 권리로 갖는 것처럼, 그 사람들도 다른 사람들이 "야기한" 기근이나 영양실조로부터 뿐 아니라 "원인" 자체로부터도 구조될 권리가 있다는 것이다. 그렇지만 나는 기근의 경우에는 "야기한"을 따옴표 속에 넣을 수밖에 없는데, 그 이유는 내가 센뿐 아니라 "정치적 책임"에 대한 아이리스 영Iris Young의 최근 저작에서도, 여기서는 단순한 책임 모델을 고집해서는 안 된다는 것을 배웠기 때문이다. 우리는 범죄 행

---

9) 아이리스 영, 〈죄의식에서 연대 의식으로 : 노동자 착취 업소와 정치적 책임From Guilt to Solidarity : Sweatshops and Political Responsibility〉, 《디센트》 (2003년 봄), 39~44쪽을 보라.

위를 중단시키고 문자 그대로 기근을 야기하고 있는 정부 관리나 군벌을 처벌하기 위해 개입하려고 할 수 있지만, 그렇게 되면 개입은 당연히 군사적 형태를 취할 것이다. 즉, 우리는 인권을 문자 그대로 "강제하려고" 할 것이며, 죄를 범한 관리나 군벌을 재판에 회부하려 할 수도 있을 것이다. 그러나 그것은 일반적인 경우가 아니다. 그 대신, 우리는 다른 결과들과 함께 기근도 발생시키는 일련의 복잡한 제도와 활동을 식별할 수 있으며, 거기에는 많은 다양한 남녀들이 연루되어 있다. 인도적 개입 모델에 따르면, 기근으로 고통 받는 사람들은 그 연루된 남녀들에 의해서 뿐 아니라, 그들이 하고 있는 것을 중단시키거나 그들의 행위의 배경이 되는 제도를 바꿀 수 있는 우리 중 어느 누구에 의해서도 침해되서는 안 될 권리를 갖고 있다. 그렇지만 이 권리가 엄격한 의미에서 "강제될" 수 있을까? 비록 무력이 어떤 역할을 할 수도 있겠지만, 관련된 국제적 의무는 권한 부여와 이행履行의 관점에서 더 잘 묘사될 수 있을 것이다.

만약 그런 의무가 존재한다면, 효과적으로 행동할 능력을 가진 국가나 NGO가 그것을 져야 하고, UN이 책임 있는 국가들의 모임으로서 져야 하고, 세계 경제를 통제하거나 계획하는 국제기관이 져야 한다. 오늘날의 국제 사회에서는 경제적 규제가 정치적 규율보다 더 효과적이며 (즉, IMF와 WTO가 안전보장이사회보다 더 효과적이며), 따라서 국내의 위기에서 국가의 도움을 청하는 것과 거의 마찬가지로, 기근에 처했을 때는, 그 규제기관들의 도움을 청할 수 있다. 그 기관들의 의무는 즉각적인 구호를 제공하는 것이 아니라—그것은 다른 누군가의 임무다.—기근을 낳은 상황을 바꾸는 것이다. 부패하거나, 무관심하거나, 무능한 정부가 기아를 낳은 1차적 책임을 져야 할 것이다. 세계의 기아에 대한 UN의 한 보고서는 이렇게 말한다. "단도직입적으로 말해, 문제는 식량의 부족이라기보다는 정치적 의지의 부족이다."[10] 아니, 그렇다기보다도(그 UN 보고서는 그리 단도직입적이지 않다), 문제는 악의적인 정치적 의지의 존재다. 그렇지만 그런 두 가지 종류의 정부, 즉 행동하지 않거나 나쁘게 행동하는 정부는 그것 자체가 외세에 의해 만들어지거나 지원되는 경우가 아주 많다. 따라서 도울 의무의 범위는 전 세계적이다.

이것은 강력한 요구지만 여전히 위기에만 적용된다. 나는 대학살에서 기근으로 주제를 옮겼는데, 이것은 상당한 거리지만 먼 거리는 아니다. 대부분의 인권 옹호자들은 그보다 훨씬 더 멀리 가고 싶어 한다. 그러나 나는 여기서 멈춰서, 이 주제 이동의 가치를 강조하고자 한다. 나의 목표는, 완전한 국제 사회가 아니라 더 나은 국제 사회를 상상하는 것이라는 점을 기억하라. 개개인의 구성원이 권리의 문제로서 대학살과 기근, 그리고 그것들과 각각 결부되어 있는 인종 청소와 유행병 같은 사건들과 상황으로부터 보호받는 사회는, 오늘날 우리가 아는 어떤 것보다 훨씬 더 나을 것이다. 따라서 그 권리들에 상응하는 의무들을 특정함으로써 그 권리들을 의미 있고 유효하게 만든다면, 그것은 정말로 중요한 성과일 것이다.

---

10) 소미니 셍굽타, 〈새 UN 보고서는 세계 기아가 증가하고 있다고 말한다World Hunger Increasing, New U.N. Report Finds〉《뉴욕 타임스New York Times》(2003년 12월 25일) : A10. 〈세계의 식량 불안 상태 2003The State of Food Insecurity in the World 2003〉(Rome : Food and Agriculture Organization of the United Nations, 2003)에서 인용.

3

 이 성과를 위해 무엇을 해야 할까? 어떤 종류의 집행이나 이행이 도덕적으로 필요할까? 국내 사회에서, 경찰이나 공중 보건 공무원은 범죄가 진행 중이거나, 사람들이 실제로 굶어 죽거나, 병이 빠르게 확산되고 있을 때만 개입하는 것은 아니라는 점에 주의하라. 그들은 위험을 예상하고 그것의 발생을 막기 위해 행동한다. 그런 예상은 국제 사회에서도 필요하다. 그것의 한 형태는, 효과적인 국가를 가질 권리이기도 한 "권리들을 가질 권리"에 어떤 실제적 의미를 부여하는 것을 내포할 것이다. 나는, 그 권리에 상응하는 의무는 첫째로는 친구들과 이웃들에게 지워진다고 묘사했는데, 이것은 기묘한 발상이기는 하다. 그러나 지금은 우리가 이 의무의 범위를 보다 조직적인 행위자로까지 확대해야 한다. 기능을 잃었거나 잃고 있는 국가들이 최근 역사의 많은 재난의 핵심 원인이다. (시에라리온과 라이베리아 같은 예는, 무정부 상태를 바르게 이해한 것은 무정부주의자들이 아니라 홉스라는 것을 보여준다.) 일단 국가의 기능 상실이 완전히 명백해지고 만인의 만인에 대한 전쟁이 시작되면, 그것을 다룰 방법은 없을지 모른다. 또는 군사적 개입 외에는 없을지 모른다. 그러나 그런 일이 생기기 전에는, 다른 더 좋은 방법이 있다. 성공적인 국가들이, 이를테면, UN이나 어떤 다른 국제기관을 통해 행동하면서, 국가 기능을 잃지 않으려고 애쓰는 정부들에 물적 지원을 제공하려는 것을 상상해보라. 또 교역 조건을 바꾸고, 농업 발전을 지원하고, 의약품 가격을 내리고, 의사와 간호사를 파견하고, 경찰을 훈련시키는 등의 일을 하려는 것을 상상해보

라. 기능을 잃어가고 있는 국가의 수탈적 정부와 정치적·상업적 관계를 단절하는 것을 상상해보라. 자국의 자원을 사익을 위해 매매하는 통치자와 맺은 계약의 효력을 부인하는 것을 상상해보라. 인권 존중을 공약하는 정치 운동과 망명 정부를 지원하는 것을 상상해보라. 이런 정책들과 그 밖의 관련 정책들이 곧 권리의 집행인 것은 아니지만, 그것들은 권리가 집행될 수 있는 환경의 조성에 도움을 줄 것이다. 그리고 재난이 덜 빈번하고 덜 비참하도록 만들 것이다.[11] 기능을 잃어가고 있는 국가에 사는 사람들이 그런 종류의 도움을 받을 권리를 갖고 있는 것일까? 나는 그렇다고 생각하지만, 보다 온건한 주장을 하는 데 만족하려고 한다. 그것은, 만약 나중에 학살이 시작되고 기근이 큰 피해를 내고 있을 때 도움을 받을 권리가 그들에게 있다면, 학살과 기근을 예상하여 **마치** 그들에게 권리가 있는 것**처럼** 지금 행동하는 것은 분명히 현명하다는 것이다.

지금 현재로서는 국가가 권리 집행의 핵심 행위자다. 국가가 권리를 집행할 힘을 갖고 있다면, 권리를 침해할 힘도 물론 갖고 있을 것이다. 그러나 그것은, 세계 정부를 포함하여, 상상할 수 있는 그 밖의 모든 행위자들의 경우에도 똑같다. 국가의 독특성은, 권리의 집행이 (그것의 실제 목적이 아닌 경우에도) 그것의 중심 목적으로 묘사되고 있다는 점이다. 국가가 자국 시민들에게 도움을 주지 못한다면, 그들을 구조하는 것을 중심 목적으로 하는 다른 존재는 없다. 우리는, 내가 한

---

11) 토마스 W. 포그는 『세계적 정의*Global Justice*』, 토마스 W. 포그 편집 (Oxford : Blackwell, 2001), 6~23쪽에 있는, 자신이 쓴 장, 「세계적 정의의 우선 사항들 Priorities of Global Justice」에서 그런 종류의 제안들을 검토한다.

대로, 미국이 르완다 대학살을 중단시킬, 또는 중단시키는 것을 도울 의무가 있었다고 주장할 수 있다. 그러나 우리는 미국 국가國家의 목적이 르완다 국민을 보호하는 것이라고 주장할 수는 없다. 그것은 UN의 목적도 아니다. 또는 (나중에야 어떨지 몰라도) 적어도 UN의 실질적 목적은 아니다. 또한 국제 시민 사회에서 활동하는 어느 기구의 목적도 아니다. 인권 감시단Human Rights Watch은 인권 침해를 감시하고 그것에 대해 보고하며, 이것은 매우 유용한 일이지만, 그 단체가 피해자들을 적극적으로 보호하지는 않는다. 따라서 르완다인들은 그들 자신의 보호자가 필요하다. 그들은 국가들의 사회에서 살며, 여기서는 이 정치적 형성물이 인정되고 그것의 주권과 영토 보전이 법적으로 보호되며 개개인의 남녀가 대개 다른 어느 것에도 의지할 수 없기에, 그들이 국가를—내 말은, 그들의 권리를 보호하는 제대로 된 국가를—가질 권리를 갖는다고 말하는 것은 타당한 것 같다. 그리고 국제 사회의 다른 구성원들은 르완다인들뿐 아니라, 권리가 위태로운 다른 어느 국민을 위해서도 최선을 다해 그런 국가를 육성할 의무가 있거나 그럴 의무가 있는 것처럼 행동해야 한다.

그런데 국가는 자국 시민들을 학살과 기근과 그 밖의 연관된 해악들로부터만 보호하지 않는다. 전성기의 국가는 훨씬 더 광범위한 보호와 공급을 제공하며, 그것은 인권 활동가들의 비교적 광범위한 요구와 대개 일치한다. 그 요구가 무한히 광범위한 것은 아니다. 그 활동가들이 꼭, 세상의 모든 사람이, 예를 들면,—UN이 선언한 권리들 중 가장 자주 조롱받는—유급 휴가의 권리를 갖고 있다고 주장하지는 않는 것이다. 그러나 그들은 분명히, 누구나 종교의 자유를 누릴 권리와, 예를 들면, 결사와 정치 언론의 자유 같은 다른 많은 자유들을 누릴 권리와 교육과 취업과 사용자와의 단체 교섭의 권리와 노년의 안정과 품위의 권리를 갖고 있다고 주장할 것이다. 국가는 이 모든 권리에 봉사하고 있거나, 때때로 봉사하거나, 봉사할 수 있고, 민주국가에서는 시민들이 이 봉사를 확보하기 위해 조직적인 활동을 벌일 수도 있다. 그렇지만 국가가 의무를 게을리 할 경우, 국가 이외에 그 권리들을 집행하거나 이행할 의무를 진 행위자가 있는 것 같지는 않다. 만약 그런 행위자가 없다면, 그 권리들이 국제 사회에서 의미 있게 존재하고 있는 것일까? 그 권리들 자체가 존재하느냐는 내가 대답하지 않기로 한 철학적 질문이다. 어쩌면 우리는 그것들을 정치적 의제나 정당 강령을 구성하는 것으로 생각해야 할지 모른다. 또는 대답을 기다리는 요구로 생각해야 할지 모른다. 우리가 어떻게 대답해야 할까?

우리가, 예를 들면, 세계 어디서나 "뒤처진 아이가 없도록no child is left behind"(부시 행정부가 미국의 어린이들에게 한 약속) 조치를 취할 권한을 부여받은 세계 교육 위원회의 설치를 추구해야 할까? 또는 우리가, 교육부가 절망적일 정도로 부패하고 학교는 황폐한 국가 X에 군대를 보내야 할까? 교육부 장관이 현대 과학을 가르치는 것을 허가하지 않는다면 어찌 되는가? 우리가 학생들을 "중세의 미신"(이라고 불릴 것)으로부터 구조해야 할까? 또는 인권 현안과 더 큰 관련이 있는 문제로서, 만약 장관이 남자 아이들만 교육을 받아야 한다고 고집하면 어찌 되는가? 칼을 찬 교사들로 이루어진 외인 군단이 강제로 남자 아이나 여자 아이나 똑같이 학교에 다닐 수 있게 해야 할까? 만약 우리에게 그 일을 하거나 그것이 이루어지도록 해야 할 도덕적 의무가 없다면,

X 국가의 아이들이 교육받을 권리를 갖고 있다고 말할 수 있을까? 만약 성차별이 그 국가의 지배적인 문화 특성이라면, 우리는 심지어 그들이 자기 나라로부터 유린당하지 않을 권리를 갖고 있는가를 물을 수도 있을 것이다. 그러나 나는 인권 대對 현지 문화라는 논쟁에는 끼지 않을 생각이다. 왜냐하면 평등한 보호와 공급을 옹호하는 주장은 거의 언제나 현지 문화 내부로부터 제기될 수 있다고 생각하기 때문이다. "아시아적 가치"는 그런 주장의 가능성을 배제한다는 주장에 맞서, 센이 바로 그런 종류의 주장을 편 적이 있다.[12] 또 북아프리카와 중동에서는, 이슬람법 아래 사는 여성들Women Living Under Muslim Law, WLUML이라는 단체가 이슬람 세계 여러 지역의 문헌과 전통에 입각하여 광범위한 평등 운동을 벌여오고 있다.[13]

여성 운동이 아시아와 중동의 여러 지역에서 전개되어 오고 있는 것처럼, X 국가에서도 전개된다고 가정해보자. 그 운동은 거의 틀림없이 그것의 첫 번째 선언에서 여자 아이들도 남자 아이들과 같은 교육을 받을 권리를 갖고 있다고 주장할 것이다. 우리 중 많은 사람들은—돈과 명성, 어쩌면 심지어 관광·무역 보이콧을 통해서라도—그 권리의 주장을 돕고 싶어 할 것이다. 그러나 오직 그 국가의 시민들, 그 아이들의 부모들만이, 자기들의 국가에 의한 그 권리의 강제 집행을 추구

---

12) 아마티아 센, 「인권과 아시아적 가치Human Rights and Asian Values」, 『제16회 모겐소 기념 윤리·외교정책 강연Sixteenth Morgenthau Memorial Lecture on Ethics and Foreign Policy』 (New York : Carnegie Council on Ethics and International Affairs, 1997)을 보라.

13) 마드하비 선더, 〈베일에 구멍 뚫기Piercing the Veil〉, 《예일 법학지Yale Law Journal》 112 : 6 (2003년 4월), 1433~1457쪽.

할 수 있을 것이다. 그리고 그 권리는 분명히, 다른 국가에게 군사력이나 그 밖의 어떤 강제 수단을 사용하도록 요구하는, 다른 국가에 대한 권리가 아니다. X 국가 아이들의, 교육받을 권리에는 국제 사회에 상응하는 어떤 의무도 없다. 적어도, 전면적으로 상응하는 의무는 없다. 우리는, 미국이, 예를 들면, 유네스코UNESCO를 통해 전 세계의 교육 평등을 조장하려고 노력하는 것을 원할 수 있고, 우리의 정부가 UNESCO를 더 강하게 만들기 위해 노력하는 것을 원할 수도 있을 것이다. 그러나 만약 우리가 그 일을 할 각오가 되어 있다면, 그것은 우리의 의무보다는 우리의 약속을 반영하는 일이 될 것이다.

(극단적인 경우를 제외하면) 상응하는 의무가 없다는 것은, 내가 권리들을 가질 권리, 권리들을 집행하는 국가를 가질 권리라고 부른 것을 더욱더 필요하게 만든다. 우리가 그 "권리들"의 범위를 어떻게 상상하든 마찬가지다. 왜냐하면 국가는, 또는 제대로 된 국가는, 시민들이 자신들의 리스트들을 종합할 기회를 제공하기 때문이다. WLUML 같은 다국적 기구의 활동이 보여주는 것처럼, 국가는 그 일을 할 수 있는 유일한 무대가 아니다. 그러나 그것은 지금 당장은—침략군을 제외하면(게다가 우리는 결코 성급하게 침략군을 소집해서는 안 된다.)—강제 집행을 하는 유일한 행위자다.

동시에, 내가 옹호한 짧은 세계적 권리들의 리스트도 여전히 많은 일을 필요로 한다. 전 세계의 남녀들이 집단생활의 모든 인재人災와 국가와 기업과 개인이 연루된 살해와 죽음으로부터 보호받도록 하기 위해서는, 우리가 모든 행위자들—하지 말았어야 할 것을 한 사람들, 해야 했을 일을 하지 않은 사람들, 다른 사람들이 했거나 하지 않은 것 때문에 지금 행동해야 할 사람들―의 이름을 명백히 할 필요가 있다. 그리고 지금 행동한다는 것의 의미, 즉 가능하고 정당한 행동의 범위를 최대한 구체적으로 묘사하려고 노력해야 한다. 그것이 내가 이 에세이에서 취한 전략이다. 즉, 나는 권리들을 확장하려 한 게 아니라 그 짧은 리스트에 상응하는 행위자들과 집행 메커니즘들을 특정하려 했던 것이다. 나는 물론 국제적인 권리 확장 운동을 지지할 수도 있겠지만, 그것은 주의주장, 즉 정치적인 싸움이 될 것이며 "권리" 개념의 철학적 또는 법적 분석에 좌우되지 않을 것이다. 또 우리는 동시에 짧은 리스트의 실천에도 힘써야 한다. 만약 우리가 그렇게 한다면, 긴 리스트도, 어떤 복리가 권리의 문제로서 보호되고 제공되어야 하는지, 어떻게 해야 그것을 가장 잘할 수 있는지 말할 수 있는, 가장 직접적인 관계자들에 의해 실천될 가능성이 오늘날보다 훨씬 더 커질 것이다.

16장
테러리즘과 정의로운 전쟁

1

 나는 정의로운 전쟁의 이론just war theory이 테러리즘의 악함을 이해하는 데 도움을 준다는 주장부터 시작한 다음, 이 주장으로 두 가지 것을 하려고 한다. 첫째, 테러의 채택을 정치 전략으로 파악하는 것이고, 다음으로는 테러와의 싸움에 따르는 어떤 문제들에 대해 고민해보는 것이다. 테러와의 "전쟁"에서 무엇이 잘못될 수 있으며, 이 "전쟁"—여기서는 따옴표가 항상 필요하다.—에 대해 생각할 때도 정의로운 전쟁의 이론이 똑같이 도움이 될까?
 테러리즘은 공포를 만연시키기 위해 무고한 사람들을 무차별적으로 죽이는 것이다. 공포는 여러 가지 정치적 목적에 봉사할 수 있으며, 그

중 하나는, 아래에서 말하겠지만, 테러리즘이라는 현상에 대한 정의 또는, 적어도, 도덕적 이해를 이루는 요소가 충분히 될 수 있다. 그렇지만, 예를 들면, 프란츠 카프카Franz Kafka의 작품에 등장할 것 같은, 전혀 아무 목적이 없는 테러 단체를 상상하는 것도 어렵지 않다. 무차별성과 무고함이 테러리즘을 정의하는 결정적 요소다. 그런 종류의 살해에 대한 비판은 특히 무고함의 개념에 의존한다. 이 개념은 정의로운 전쟁의 이론에서 차용되었고, 종종 오해되고 있다. 그 이론에서 "무고함innocence"은 전문 용어로 기능한다. 그것은 비전투인, 즉 민간인civilians 다시 말해, 전투에 실질적으로 참가하고 있지 않은 남녀들의 집단을 묘사하는 것이다. 이 사람들은, 그들의 정부와 국가가 무엇을 하고 있든, 그리고 행해지고 있는 것을 찬성하든 않든 "무고하다." "무고한"의 반대는 "유죄의guilty"가 아니라 "참가하고 있는engaged"이다. 참가하고 있지 않은 민간인은 개인적인 도덕성이나 정견政見과 상관없이 무고하다.

하지만 군인들은 하나의 총체로서 위험에 내맡겨지는데, 왜 모든 민간인은 공격 대상에서 제외되어야 하는 것일까? **전쟁수행상의 정의**jus in bello의 규칙에 따르면, 일단 전투가 시작되면, 말하자면, 사정거리 안에 들어오는 대로 군인들을 무작위로 죽여도 전적으로 정당하며, 사정거리 안에 결코 들어오지 않는 군인들을 공포에 빠뜨리려는 것도 정당하다. 그렇지만, 많은 군인들이 실제 전투원이 아니다. 그들은 전선 후방에서 복무하며, 수송이나 식량 공급이나 군수품 저장을 맡거나 사무실에서 근무한다. 무기를 휴대하는 일도 드물다. 게다가 항상 전투원인 군인은 없다. 그들은 쉬고 놀고, 먹고 자고, 신문을 읽고 편지를 쓴다.

그들 중 일부는 자원해서 군대에 왔지만, 일부는 마지못해 왔다. 이들에게 선택권이 있었다면, 이들은 다른 일을 하고 있을 것이다. 왜 그들이 단지 군인이라는 명칭과 군복 때문에 모두 공격 대상이 되어야 하는 것일까? 왜 그들 중 어떤 사람들은 어떤 때에, 전문 용어로, 무고한 게 아닌 것일까? 다른 한편, 만약 군인이라면 누구나 항상 공격 대상이 되는 게 정당하다면, 만약 그들이 하나의 총체로서 위험에 내맡겨져 있다면, 왜 민간인들은 하나의 총체로서 정당한 표적이 될 수 없는 것일까? 이 민간인들은 하나의 정치 공동체의 구성원들이다. 그들은, 말하자면, 불의한 전쟁을 벌이고 있거나 압제 정책을 고집하는 정부를 분명한 다수로 선출했고, 따라서 부도덕할 뿐더러 어쩌면 범죄일 수도 있는 행위의 책임을 공유하는 것이다. 그렇다면, 민간인들도 그들의 소속과 책임 때문에 하나의 총체로서 공격을 면할 수 없다는 테러리스트들의 말이 왜 옳지 않은 것일까?

나는, 이 질문을 던지는 사람들 중 어떤 사람들은 진지한 의도가 아닌 것 같다고 생각하지만, 그래도 그 질문을 진지하게 받아들이고자 한다. 대답은, 구성원의 의미가 군대의 경우와 민간인 사회의 경우에 서로 다르다는 데 있다. 군대는 조직적이고 규율 잡히고 훈련된, 고도의 목적성을 가진 집단으로서 그것의 모든 구성원은 무기 목적 달성에 공헌한다. 무기를 휴대하지 않은 군인들조차도 그것의 사용법을 교육받았고, 그들이 제공하는 군무軍務를 통해 무기의 실제 사용자와 밀접하게 연결되어 있다. 군대의 구성원이 자원했는지, 징집되었는지는 중요하지 않다. 그들의 개인적인 도덕적 성향은 문제가 되지 않는 것이다. 그들은 단 하나의 목적을 위해 동원되었고, 그들이 하는 일은 그 목적에 기여한다. 그것을 위해, 그들은 일반 대중으로부터 격리되어 막사와 기지에서 살며 모든 필요를 국가로부터 공급받는다. 전시에는 그들이 단일한 위협이 된다.

민간인 사회는 전혀 그렇지 않다. 민간인들의 목적은 아주 다양하다. 그들은 서로 다른 많은 직업·전문 교육을 받았다. 그들은 일련의 매우 분화된 조직들과 단체들에 참여하고 있고, 그것들의 내부 규율은 군대의 규율에 비해 대개 매우 느슨하다. 그들은 병영이 아니라 자기 집과 아파트에서 살며, 다른 군인들이 아니라 부모와 배우자, 자녀와 살고, 모두 같은 나이가 아니라 나이가 아주 많은 사람들과 아주 적은 사람들도 포함하며, 정부에 의해 부양되는 게 아니라 자급하고 서로를 부양한다. 그들은 시민으로서 서로 다른 정당에 속하며, 공공의 문제에 서로 다른 의견을 갖고, 그들 중 많은 사람들은 정치 생활에 전혀 참여하지 않는다. 또, 다시 말하지만, 그들의 일부는 어린이다. 국민개병國民皆兵, levée en masse 조차도 이 인간 집단을 결코 조직된 군사 집단으로 전환시킬 수 없다.

그렇지만 그들도 또 다른 종류의 집단이다. 즉, 군에 있는 자기 아들 딸과 함께 하나의 국민인 것이다. 그들이 인종이나 민족의 색채가 강한 하나의 국민인지, 오직 그들의 시민권에만 입각하여, 전적으로 정치적으로 결합된 하나의 국민인지는 여기서 중요하지 않다. 그들은, 자기가 프랑스인 또는 아일랜드인 또는 불가리아인이라고 말하며 대개 하나의 언어와 하나의 역사, 그리고 어떤 사실적인 의미에서, 하나의 운명을 공유한다. 그들 개개인의 미래는 서로 밀접하게 연관되어 있고, 이 연관성은 그들의 나라가 전쟁 중일 때 특히 강하다.

정의로운 전쟁의 이론에는 정의로운 평화의 이론이 내포되어 있다. 즉, 서로 싸우는 두 군대에게 무슨 일이 일어나든, 어느 군대가 이기고 지든, 전투의 성격과 사상자의 규모가 어떻든, 양측 "국민들"은 결국에는 받아들여져야 한다는 것이다. 민간인들을 표적으로 삼거나 고의로 죽여서는 안 된다는 **전쟁수행상의 정의**의 핵심 원칙은, 그들이 전쟁이 끝날 때에도 있을 것임—도덕적으로 말하면, 있어야 함—을 의미한다. 그것이 비전투인 면제noncombatant immunity의 가장 깊은 의미다. 그것은 단지 개개인의 비전투인들만을 보호하는 게 아니다. 그들이 속한 집단도 보호한다. 그 집단의 파괴는 정당한 전쟁 목적이 될 수 없는 만큼이나 정당한 전쟁 수행도 될 수 없다. 민간인은 전쟁 활동에 참가하지 않는 평범한 남녀로서뿐 아니라, 군사 조직이 아닌 인간 공동체의 구성원으로서도 공격 대상에서 제외되어야 한다.

이 면제 규칙에는 한가지 부분적 예외가 있는데, 그것은 그 규칙의 일반적 효력을 보여주는 것이기도 하다. 어떤 나라가 불의한 전쟁을 하다가 패하면 전쟁 피해자들에게 배상금을 지불하도록 강요당할 수 있는데, 이 부담은, 전쟁에서 어떤 역할을 했든, 전쟁에 대해 어떤 의견을 가졌든지에 상관없이, 조세 제도를 통해 그 나라의 모든 시민에게 배분될 것이다. 하지만 이 집단적인 재정적 부담이 우리가 허용하는 유일한 부담이다. 예를 들면, 우리는 패전국의 시민들에게 강제 노동을 부과하지는 않을 것이다. 또한 분명히 단지 그들의 국적 때문에 그들을 죽이지도 않을 것이다. 오직 구체적인 전쟁 범죄로 기소된 사람들만이 재판에 회부되고, 경우에 따라, 처형될 수 있다. 다른 모든 사람들은 개인적·집단적 면제를 유지한다. 그들의 삶이 계속되고 그들의 정치 또는 민족 공동체가 생존하는 것은 옳고 좋은 일이다.

테러리스트들은 그 두 가지 면제를 모두 공격한다. 그들은, 그들이 죽이는 개인들뿐 아니라 그 개인들이 속하는 집단도 멸시한다. 그들은 그 사람들을 개인적으로, 그리고 그 "국민"을 집단적으로 파괴·제거하거나 철저히 굴복시키려는 정치적 의도를 나타낸다. 그것이 그들이 불어넣는 공포의 장기적 목적이다. 따라서 모든 테러리스트는 살인자지만, 모든 살인자가 테러리스트는 아니다. 대부분의 살인자는 특정한 사람을 죽이려고 한다. 반면에 테러리스트는 특정한 집단의 사람들을 닥치는 대로 죽인다. 그들이 전하는 이런 메시지는 그 집단을 향한다. **우리는 너희가 여기 있는 것을 원치 않는다**. 우리는 어떤 정치 프로젝트를 통해서든 너희를 같은 시민이나 파트너로 받아들이거나 화해하지 않을 것이다. 너희는 우리와 평등할 수 있는 사람들이기는커녕 공존할 수 있을 만한 사람들도 아니다.

이것은 극명하게 적대 민족을 겨냥한 민족주의 테러와 이교도나 이단자를 겨냥한 종교적 테러의 메시지다. 국가 테러state terror도, 반대 세력이거나 잠재적 반대 세력으로 생각되는 집단에 초점을 맞추는 경우가 가장 많다. 그것은 예를 들면, 타타르 족, 쿠르드인, 부농富農, 도시 중산층, 대학 교육을 받은 모든 사람 등 때로는 민족 집단이고 때로는 사회 경제적 계급이다. 그러나 때로는 국가 기관이 자국의 전 주민을 공포로 몰아넣기 위해 무차별 살해와 "실종", 체포, 고문을 사용한다. 여기서 나타나는 것은 대학살이나 제거가 아니라 압제, 즉 철저한 예속이다. 사실, 압제와 테러는 항상 밀접하게 연관되어 있다. 아리스토텔레스가 처음 지적한 것이지만, 압제자는 공포로 지배한다.[1] 그리고 정권을 잡고 있지 않던 테러리스트들이 정권을 잡으면, 그들도 같은 방식으로 지배할 가능성이 크다. 토의가 아니라 협박이 그들의 수법인 것이다. 에드먼드 버크는 프랑스 혁명 전체와 그것을 고취한 정치적 원칙들을 잘못 이해했지만 혁명가들의 일부—공포 정치를 개시한 혁명가들—에 대해서는 분명히 이렇게 옳게 이해했다. "**그들의** 학술원의 작은 숲에서는, 가로수길이 끝나는 곳마다, 교수대밖에는 보이지 않는다."[2]

하지만 테러는 때때로 정부 정책의 변화만을 겨냥한, 보다 온건한 전략일 수 있지 않을까? 표적이 된 무고한 사람들은 그 정부가 보호해야 하는 사람들이고, 메시지는 정부가 굴복하거나 물러서거나 어떤 일련의 요구를 들어주기 전에는 그들이 위태로울 거라는 것이다. 테러리스트들은 말하기를, 정부가 자신들의 요구를 들어준다면, 살해는 멈출 것이고, 무고한 사람들, 그러니까 그들 중 아직 살아 있는 사람들은 집을 버리고 떠나거나 압제 체제에 복종하도록 강요받지 않을 거라고 한다. 1945년의, 일본에 대한 미국의 핵무기 사용을 생각해보라. 그것은 분명히 테러 행위였다. 국민 전체에 공포를 확산시키고 그들 정부의 항복을 강요하기 위해 무고한 남녀들이 죽임을 당했다. 그리고 이 행동은 무조건 항복하라는 요구를 수반했는데, 이 요구는 압제가 전시에 취하는 하나의 형태다. 결국, 미국은 무조건

---

1) 아리스토텔레스, 『정치학*The Politics*』, 1311a, 1312a~1314a.
2) 에드먼드 버크, 『프랑스 혁명에 관한 고찰*Reflections on the Revolution in France*』 (London : J. M. Dent [Everyman's Library], 1953), 75쪽.

항복을 고집하지 않았고, 일본 점령은 미국에 대한 일본 국민의 영구적 종속이 아니게 되었다. 그러나 이것은 단지 테러리스트들이 보내는 메시지가 나중에 항상 실행되는 것은 아님을 의미할 뿐이다. 히로시마와 나가사키의 파괴가, 폭탄이 투하될 당시 일본인의 인명에 대한 극단적 경시와 일본 국민 전체에 대한 위협을 함축했음은 의심의 여지가 없다.

때로는, 어쩌면, 테러리스트들이 제한적인 목적을 갖고 있을지도 모른다. (그리고 때로는, 어쩌면, 제한적인 목적을 가진 정치적 과격파가 테러리스트라고 불리지만 그 정의定義에 그다지 부합하지 않을지도 모른다.) 예전의 아일랜드 공화군Irish Republican Army, IRA을 생각해 보라. 그 구성원들의 목표는 얼스터Ulster와 에이레Eire를 다시 통일시키는 것이었고, 그들은, 적어도 공식적으로는, 얼스터의 프로테스탄트를 통일 아일랜드의 소수파로 받아들일 준비가 되어 있었다. 어쩌면 그 때문에, 그들의 폭력의 많은 부분은 정치 지도자들을 살해하고, 영국인들에게 "부역附逆하는" 특정인들을 처벌하고, 권력 기구를 상징하는 건물들을—사람들이 피할 수 있도록, 자신들의 공격을 사전 통지한 후—폭파하는 시도였다. 하지만, 예를 들면, 술집 폭파 같은 무차별 살해도 있었다. 그것은 때로는 조직 내의 일탈 행위자들의 짓으로 돌려지기도 했지만, 아마 IRA의 정책을 대변하는 것이기도 했을 것이다.[3] 그러나 정책이 달랐다고, 즉 모든 폭력 행위가 특정인

---

3) 마리아 맥과이어, 『무기를 들다 : IRA 과격파와 함께 한 한 해To Take Arms : My Year with the IRA Provisionals』 (New York : Viking Press, 1973)를 보라.

들을 겨냥했다고 가정해보자. 그 경우에도 나는 IRA의 폭력을 정당화하고 싶지 않을 것이지만, 우리가 그것을 비난할 때 "테러리즘"이라는 단어를 사용하는 것은 옳지 않을 거라는 점은 말하고 싶다. 어쨌든, 그 단어만이 우리의 도덕 사전에 있는 부정적 용어는 아닌 것이다.

폭력이 무차별적이고 무고한 남녀들을 향하는 모든 경우에, 그것의 피해자들은 테러리스트들이 제한적 목적을 갖고 있다는 주장을 의심할 충분한 이유가 있다. 도덕적으로 매우 중요한, 희생자의 관점에서 보면, 테러는 전체를 겨냥한 행위다. 무차별 살인은 보편적 취약성을 함축하며, 이 함축은 종종 실제로 실현된다. 분명한 예를 들자면, 스탈린주의자Stalinist의 테러는 부농을 위협하여 "시골에서의 계급투쟁을 승리하기" 위한 것이 아니었다. 그것은 부농을 제거하기 위한 것이었다. 알제리의 테러리스트들은 그들이 성취한 것—알제리 땅에서 유럽인들을 제거한 것(그들은 유럽인들로부터 상당한 도움을 받았다.)—을 아마 의도했을 것이다. 팔레스타인 테러리스트들은 자신들의 의도에 대해 예전부터 아주 솔직하다. 즉, 그들은 제한적 목적을 갖고 있다고 주장하지 않는 것이다. 단, 그 주장이 때로는 그들을 대변한다는 세력에 의해 표명되는 것은 사실이다. 바스크Basque 테러리스트들은 아마 자신들의 국가를 세우는 데 만족할 것이고 스페인 파괴를 의도하지 않을 것이다. 그러나 그들이 바스크 국가의 인종(과 이데올로기) 청소를 의도할 가능성은 충분하다. 마찬가지로, 1970년대의 다양한 "적군파赤軍派" 같은 혁명 테러리스트들도 만약 자본주의 체제가 무너졌다면, 자본가들의 살해를 멈췄을 것이다. 다른 한편, 그들은 자기 나라에서 부패하고 이제는 반혁명적인 부르주아지를 숙청하려고 했을 것이다. 테러리스트들이 보내는 신호는 심각하게 받아들이는 게 가장 좋은 것 같다.

물론, 대부분의 테러리스트들은 자신들이 보내는 신호보다는 자신들이 공포하는 목표—민족이나 신앙 공동체나 사회 계급의 파괴나 제거, 철저한 예속이 아니라 정의로운 전쟁에서의 승리나 민족 해방, 자신들의 종교의 승리—로 자신들의 정체성을 인정받고 판단되기를 바란다. 그렇다면, 우리가 그들이 채택하는 수단보다, 무엇보다도 그들이 공표하는 목적을 기준으로 그들의 정체성을 인정해서는 안 될 이유가 무엇일까? 나는 테러와의 전쟁이라는 말은 성립할 수 없다는 말을 자주 들어왔다. 테러는 수단이지, 예를 들면, 공산주의나 이슬람 극단주의Islamic radicalism같은 본격적인 정치가 아니기 때문이라는 것이다. 그러나 분명히 공산주의와 이슬람 극단주의에 반대하는 가장 중요한 이유 중 하나는, 이 이데올로기들이 현실 세계에서 테러리즘을 고취하고 정당화하는 역할을 해왔다는 것이다. 수단의 선택은 종종 도덕성을 결정짓는다. 예를 들면, 살인 주식회사(Murder, Incorporated, 1920년대에서 1940년대 초까지 수백 건의 살인을 저지른 미국의 조직범죄 집단 - 옮긴이)나 마피아의 구성원들의 경우가 그렇다. 그들의 장기적인 목적인 많은 돈을 버는 것은, 다른 많은 사람들도 공유하며 자본주의 사회에서는 전적으로 인정되는 목적이다. 그러나 의심할 바 없이, 범죄 집단의 목표는 그것이 선택하는 수단을 정당화할 수 없을 뿐 아니라, 그에 못지않게 중요한 사실로서, 그 목표는 행위자의 정체성을 구성하는 역할을 하지 못한다. 마피아의 구성원들은 자신을 사업가로 생각할지 모르지만, 우리는 당연히 그들을 갱 단원이라고 부른다. 마찬가지로, 도시의 주거 지역에 폭탄 공격을 가하거나 대학살을 자행하거나 사람들을 "사라지게" 하거나 사람들이 가득한 커피점에서 자폭하는 남녀들도 자신을 정치적 또는 종교적 과격파나 관리·공무원으로 생각할지 모르지만, 우리는 당연히 그들을 테러리스트라고 부른다. 그뿐 아니라 우리는, 그들이 테러리스트기 **때문에** 그들을 반대하거나 반대해야 한다.

만약 우리가 테러리스트가 내세우는 목표보다는 그들의 행위를 기준으로 그들에게 테러리스트라는 이름을 붙인다면, 우리는 그 목표를—만약 그 목표가 정당하다고 생각한다면—자유롭게 지지할 수 있게 될 뿐 아니라, 더 나아가 테러가 아닌 방법으로 적극적으로 추구할 수도 있게 된다. 우리는 히로시마와 나가사키의 폭격을 반대하면서도 미국의 대對일본 전쟁 수행을 지지할 수 있다. FLN 테러를 반대하면서도 알제리 독립을 위해 일할 수 있다. 이스라엘 민간인들을 표적으로 삼는 집단들을 비난하면서도 팔레스타인 국가의 수립을 요구할 수 있다. 제대로 된 정치는 종종 두 가지 전선을 가진 싸움을 필요로 한다. 그것은, 마지막 두 경우에서와 같이 압제와 점령에 맞설 뿐 아니라, 동시에 살인에 맞서는 싸움이다.

나는 테러가 언제든 정당화될 수 있을 거라고 생각하지 않는다. 그러나 나는 절대 금지를 옹호하고 싶지도 않다. "하늘이 무너져도 정의를 행하라."는 내게 설득력 있는 도덕적 입장으로 여겨진 적이 한 번도 없다. 드물고 매우 제한된 경우들에서는, 테러를 정당화할 수는 없어도 그것의 구실을 찾는 게 가능할 것이다. 나는, 내가 1940년대에 유대인 과격파가 독일 민간인들을 대상으로 테러 활동을 벌이는 가상의 경우에서 그렇게 하는 것을 상상할 수 있다. 단, 민간인들에 대한 공격이 유대인 대학살을 중단시킬 가능성이 컸다는 가정하에서다(사실 그럴 가능성은 매우 적었다). 극단적인 경우를 가정한 주장은 정말로 극단적인 상황에서는 타당할지 모르지만, 우리는 여기서 매우 조심해야 한다. 왜냐하면, 내가 계속 주장하고 있는 것이지만, 테러리즘은 비록 실제로 대학살까지 가지는 않더라도, 대학살 위협을 가하기 때문이다. 사실, 나는 절박하다는 공통적인 주장에도 불구하고, 그런 식으로 변명할 수 있는 실제의 테러 활동은 전혀 알지 못한다. 테러는 급박한 재난에 대응하여, 오직 마지막 수단으로 사용되는 약한 자들의 무기라는 표준적인 변명은 통하지 않는다.[4] 실제의 테러리스트들은 대학살보다 가벼운 것을 반대하기 위해 또는, 더 정확히 말하면, 반대한다는 핑계로 대학살 위협을 하는 것이다. 그리고 그들은 대개 그들의 행위가 보내는 신호대로 전체를 겨냥한 의도를 갖고 있다.

그것이 테러리즘이 악한 이유다. 다시 말해, 그것의 악함은 무고한 사람들의 살해와 평가 절하된 집단, 즉 생명권 또는 그 대신 살고 있는 곳에서 살 권리를 빼앗긴 남녀들의 집단의 창출에 있는 것이다. 그들은 루스벨트Roosevelt와 처칠Churchill이 1943년에 선언한 네 가지 자유Four Freedoms 가운데 가장 중요하다고 할 수 있는 공포로부터의 자유freedom

---

4) 나는 『전쟁론Arguing about War』 (New Haven : Yale University Press, 2004), 51~66쪽의 〈테러리즘 : 변명에 대한 비판테러리즘 : 변명에 대한 비판〉에서 이 변명에 대해 논했다.

from fear를 거부당했다. 테러리즘의 특별한 특징은 폭력 또는 폭력 위협을 개인에서 집단으로 확장하는 것이다. 즉, 남자든 여자든, 인종적·종교적·계급적 소속 때문에—일본인, 북아일랜드의 프로테스탄트, 구자라트Gujarat의 이슬람교도, 우크라이나의 부농, 이스라엘의 유대인이기 때문에—표적이 되는 것이다. 당신을 공격 대상으로 만드는 것은 당신이 무엇을 하고 있느냐가 아니라 당신이 누구냐이다. 정체성이 책임이 되는 것이다. 그리고 그것은, 우리가 도덕적으로 저항해야 하는 연결이다.

2

테러는 상당히 광범위한 가능한 전략들 중에서 선택되어야 하는 전략이다. 그것은 언제나 선택인 것이다. 나는 여러 해 전부터 우리가 테러리즘에 대해 생각할 때는, 일단의 사람들이 탁자에 둘러앉아 무엇을 해야 하는가에 대해 논쟁하는 것을 상상해야 한다고 촉구하고 있다. 우리가 그 회의들의 의사록을 갖고 있지는 않지만, 그것들에 대한 묘사를 알고 있고, 어느 테러 활동의 경우에나 그런 회의가 있었음도 안다. 또 그런 자리에서 어떤 사람들은 테러의 선택에 반대했음도 안다. 테러리즘은 아일랜드의 가톨릭교도나 알제리인들이나 팔레스타인인들이나 미국인들의 일반적 의지가 아니다(1945년의 핵폭탄 사용에 반대한 지도적 인물들이 미국 정부와 군부 내에 있었다.[5]) 그것은 종교 또는 정

---

[5] 반대자들 중에는 드와이트 아이젠하워 장군과 윌리엄 레이히 제독도 있었다. 자 알페로위츠의 결정적 연구 『원자탄 사용 결정 The Decision to Use the Atomic Bomb』

치 문화의 필연적 산물이 아닌 것이다. 아마티아 센의 주장처럼, "아시아적 가치"가 인권에 대한 반대를 명령하는 것은 아닌 것처럼, 아일랜드나 알제리나 팔레스타인이나 미국의 가치가 테러리즘의 수용을 요구하는 것은 아니다. 그것은, 어떤 사람들은 지지하고 어떤 사람들은 반대하는 결정인 것이다.

나는 앞서 말한 논쟁이 도덕적일 때보다는 타산적일 때가 더 많을 거라고 보지만, 탁자에 둘러앉은 사람들이 단지 정치적 기회를 포착하거나 군사적 필요에 따라 움직이는 "현실주의자"일 거라고 생각하지는 않는다. 그런 견해는 정치학과 어쩌면 정치 일반의 표준적 견해이며, 이 견해에 따르면 도덕적 명분은 결정적 선택이 끝난 후 급조된 허울에 지나지 않는다. 때로는 어쩌면, "현실주의"가 "현실 세계"에서 일어나는 일의 정확한 묘사일 수도 있지만, 나는—바라건대 도발적으로, 하지만 또한 현실에 입각하여—때로는 정반대가 사실이라고 주장하고 싶다. 즉, 전략적 이유라는 것은 허울이고 그 뒤에서 과격파와 관리들이 자신들의 가장 깊은 정치적/도덕적 신념을 실행한다는 것이다. 때로는 전략이 도덕(또는 부도덕)의 가면이 되는 것이다.

독일 도시들에 대한 영국의 폭격 결정을 생각해보라. 1940년대 초, 영국의 정치인들과 장군들은 탁자에 둘러앉아 전략 폭격 정책에 대해 논쟁을 벌였다. 적을 공포에 빠뜨리고 경제를 마비시키기 위해, 영국 공군의 목표가 가능한 한 많은 독일 민간인들을 죽이는 것이어야 할

(New York : Knopf, 1995)을 보라.

까, 아니면 조종사들이 군사 목표물만을 겨냥해야 할까? 내가 입수할 수 있었던 회고록들과 역사책들을 통해 파악할 수 있는 한, 논쟁은 전적으로 전략의 언어로 진행되었다. 비전투인 면제의 원칙은 한 번도 언급되지 않았다.[6] 당시 이용 가능한 항법·조준 장치를 고려할 때, 군사 목표물의 명중 확률은 얼마인가? (좀) 더 정확한 조준을 위해 주간 비행을 할 경우, 공군의 피해는 어느 정도일까? 도시 주거 지역의 폭격이 민간인의 사기와 군수 물자의 생산과 보급에 미치는 예상 효과는 무엇인가? 정부 밖에서는 소수의 사람들이 폭격 정책에 대해 도덕적 의문을 제기했지만, 안에서는 마치 도덕 담론에 대한 금지령이 내려져 있는 것 같았다. '여기에는 우리 현실주의자들밖에 없다!'는 투였다. 그러나 전후 시기를 살펴보면, 예를 들면 1943년에 주거 지역의 폭격을 찬성했던 사람들은 나중에 보수당Tory 정부의 고문이나 관리가 되어 계속 강경하고 "현실적인" 의사 결정을 옹호했고, 그것을 반대했던 사람들은 좌파 진영에서 노동당 정부나 핵군축 운동을 위해 일했고 전쟁 중에 펴지 않았던 도덕적 주장들을 종종 폈다는 것이 밝혀진다. 1940년대의 그들의 전략적 주장은 분명히 부분적으로 그들의 숨겨진 정치적/도덕적 신념―민간인 살상의 "불가피성"에 대한 그들의 견해

---

6) 나는 여기서 노블 프랭클랜드, 『독일 폭격 *The Bombing Offensive against Germany*』(London : Faber, 1965)와 개빈 라이얼 편집, 『공중전 : 제2차 세계대전에서의 영국 공군 *The War in the Air : The Royal Air Force in World War II*』(New York : Ballantine, 1970), 더들리 사워드, 『폭격기 해리스 *Bomber Harris*』(Garden City, N.Y. : Doubleday, 1985), C. P. 스노우, 『과학과 정부 *Science and Government*』(하버드 대학교 고드킨 강연) (New York : New American Library, 1962), 리처드 와서스트롬 편집, 『전쟁과 도덕 *War and Morality*』(Belmont, Calif : Wadssworth, 1970), 15~41쪽의 존 C. 포드, S. J., 〈말살 폭격의 도덕성〉에 의거하고 있다.

뿐 아니라 그런 살상의 옳고 그름에 대한 그들의 견해—에 따랐다. 어 쨌든, 전략가들은 대개 불충분하고 불분명한 정보를 가지고 일한다. 즉, 그들의 예측은 매우 불확실한 확률에 의존하는 것이다. 따라서 그 것은 쉽게 어느 쪽으로도 갈 수 있다. 그리고 그것은 예측하는 사람(또는 예측 결과를 받아 보는 사람)이 가기를 원하는 방향으로 가는 것 같다. 또는 종종 그런 것 같다.

따라서 테러리스트들이 우리에게, 선택의 여지가 없었다, 다른 방법이 없었다, 테러가 자신들의 마지막 수단이었다고 말할 때, 우리는 그 명제들 하나하나에 반대론을 폈던 사람들이 그 탁자회의에도 있었다는 사실을 상기해야 한다. 또한 우리는, 전략적 고려가 그런 주장을 형성하는 유일한 요인이 아닐 뿐 아니라, 아마 가장 중요한 요인도 아닐 거라는 점도 인식해야 한다. 참석자들의 전반적인 정치관과 도덕성, 즉 세계관도 요인인 것이다. 실은, 그것들이 이런 질문들에 답을 준다. '그들은 적들의 인간 가치를 인정하는가?' '그들은 화해적인 평화를 받아들일 준비가 되어 있는가?' '그들은 자기들이 권력을 공유하지만 지배하지는 않는 미래 국가를 상상할 수 있는가?' 이것이 그 탁자에서 정말로 문제가 되는 것이며, 테러리즘의 옹호자들에게서 나오는 부정적 대답들은 테러리즘의 악함을 반복한다.

3

일단 결정이 내려지고, 테러리스트들이 테러 활동을 하고 있다면, 우리가 그들과 어떻게 싸워야 할까? 나는 싸우는 게 가치 있다고 가정할 것이며, (이라크 전쟁 같이) 테러와의 "전쟁"이라는 미명하에 어떤 다른 것을 하는 것을 여기서 논하지는 않을 것이다. 어떤 훌륭한 정치 대의大義도 무가치하고 관련도 없는 목적을 위해 이용될 수 있지만, 여기서 내 주제는 대의지 이용이 아니다. 나는 필요한 정치적 대對테러 대응을 묘사하려고 하지도 않을 것이다. 나는 정치적 대응이 당연히 필요하다고 생각하지만, "싸움"도 필요하다. 어떻게 싸워야 하는가라는 질문에 대한 첫 번째 대답은, 비록 실제로는 종종 어렵지만 원칙은 단순한 대답이다. 그것은 '테러가 아닌 방법으로'이다. 이것은 무고한 남녀들을 표적으로 삼지 않는다는 의미다. 나는 이 원칙에 초점을 맞출 것이다. 이 원칙은 정의로운 전쟁의 이론에서 유래한다. 그러나 앞으로 보겠지만, 테러와의 "전쟁"은 실제 전투보다는 경찰 업무에 더 가깝다. 그래서 어떻게 싸워야 하는가라는 질문에 대해 두 번째 대답이 있게 된다. 그것은, 경찰과 마찬가지로 입헌 민주주의의 제약 내에서 행동해야 한다는 것이다. 하지만 입헌 정치에 대해서는 보다 일반적인 정치와 마찬가지로 다른 기회에 논하겠다.

싸우기 위해서는 누가 적인지를 알아야 한다. 따라서 우선, 테러리스트들이 대변한다고 주장하는 인민 자체는 테러의 공범이 아니라는 점을 말하는 게 중요하다. 그 인민의 감정적 유대나 단절이 어떻든 (우리는 그들이 테러리스트들에게 종종 강한 유대감을 갖고 있음을 안다), 그들은 실체적 후원자들이 아니다. 그들은 민간인 집단에 대한 나의 묘사에 부합되기 때문이다. 테러리스트들이 물질적 지원을 받는 것은 사실이지만, 그들의 지원자는 개개인의 남녀 인민 일반이 아니다. 다른 어떤 전쟁이 끝날 때와 마찬가지로, 테러와의 "전쟁"이 끝날 때도 인민 일반은 받아들여져야 할 것이다. 테러리스들은 모든 개개인이 전쟁이나 압제에 연루되어 있다고 주장하면서 상대편의 죄를 집단화한다. 테러와 싸우는 사람들은 반대로 집단화하여 인민 일반의 무죄를 주장해야 한다. 다시 말하지만, 경찰처럼 그들도 테러 행위를 계획하거나 물적 지원을 제공하거나 실제로 실행하는 특정 개인들을 찾아야 한다. 그런 색출은 "보통의" 전쟁에서 정당한 표적을 찾는 것보다 더 어렵다. 실제로 테러 단체들이 있다. 그들은 때로는 갱단처럼 보이고, 때로는 적군처럼 보이지만, 대개는 양쪽 모두와 다르다. 하지만 그것들이 어떻게 조직되어 있든, 그것들은 "인민"과 동일하지 않다.

따라서—예를 들면, 이스라엘인들이 한 대로, 가족이 자살 폭탄 테러범을 지원했거나 폭탄 테러를 막을 수 있었을 거라는 가정에 입각하여, 그 폭파범이 살던 가정집을 파괴하는 등의—집단 처벌을 하는 것은 도덕적·정치적 실수다. 그 가정은 때로는 맞을 수도 있지만, (가족 구성원들이 사건 후 강요에 의해 발표하는 성명에도 불구하고) 종종 틀리다. 미국 사회에서는, 경찰이 그런 행동을 할 수 없게 되어 있다. 즉, 예를 들면 마피아의 친척들이 가족 사업에 의존하여 산다고 해서 그들의 집을 파괴할 수는 없는 것이다. 마찬가지로, 군대나 "특수부대"도 그렇게 할 수 없어야 한다. 만약 어떤 특정한 친척이 범죄의 공범이라면, 테러와 싸우는 사람들은—가족이나 마을이나 도시 이웃이 아니라—그 사람을 체포하고 처벌할 방법을 찾아야 한다. 집단 처벌은, 자살 폭탄 테러범이 공격한 커피점이나 버스의 사람들만큼이나 (예를 들면, 정치관이) 서로 다를 수 있는 사람들을 적으로 대하는 것이다. 게다가 그런 (정치적) 차이는 감춰질 게 아니라 공개되는 게 테러와 싸우는 사람들에게 유리하다.

테러리스트들은 "부수적인" 또는 사전辭典이 말하는 2차적인 피해 같은 것은 없다고 주장한다. 모든 피해는 그들에게 1차적이며, 그들은 최대한 큰 피해를 입히고 싶어 한다. 사망자가 많을수록 공포도 커지기 때문이다. 따라서 테러와 싸우는 사람들은 부수적 피해라는 범주를 고수하고, 그것을 최대한 줄임으로써 자신들을 차별화시켜야 한다. 전쟁 전반에 적용되는 **전쟁수행상의 정의**의 규칙들이 테러와의 "전쟁"에도 똑같이 적용된다. 군인들은 군사적 표적만을 겨냥하고 민간인에 대한 피해를 최소화해야 한다. 나는 일반적 의미의 "이중 결과double effect"의 원리(좋은 결과를 의도하지만 나쁜 결과도 야기할 수밖에 없는 어떤 행동이 허용될 수 있는가를 판단하기 위한 의무론적 윤리학의 한가지 기준 – 옮긴이)가 여기서 요구되고 있는 것을 적절히 묘사한다고 생각하지 않는다. 첫 번째 결과인 군사적 표적의 피해는 의도되었고, 두 번째 결과인 민간인 피해는 의도되지 않았다는 것으로는 충분치 않다. 그 두 가지 결과는 두 가지 의도를 요구한다. 즉, 군사적 표적에 피해를 준다는 첫 번째 의도와 민간인 피해를 회피한다는 두 번째 의도를 요구하는 것이다. 정의가 요구하는 것은, 군대가 민간인 피해를 피하기 위해 적극적 조치를 취하고 아군 군인의 위험도 감수하는 것이다.[7] 같은 요구가 테러와 싸우는 사람들에게도 적용된다. 아니, 내 생각에는, 더 엄격하게

---

7) 나는 이중 결과의 원리에 대한 이 수정을 『정의로운 전쟁과 정의롭지 못한 전쟁/Just and Unjust Wars』 (New York : Basic Books, 1977), 152~159쪽에서 더 자세하게 옹호했다.

적용된다. 왜냐하면 이 "전쟁"에서 싸우는 사람들은 군인들이기보다는 대개 경찰이고, (또는 군인들이 경찰 업무를 하고 있다.) 우리는 전투 중인 군대보다는 경찰에 훨씬 더 높은 시민 보호의 기준을 부과하기 때문이다.

이 보호의 필요는 "표적 살해targeted killing"라고 불리게 된 행동 방식의 원칙이기도 하다. 그 행동 방식을 유명하게 만든 것은 이스라엘인들이지만, 나는 미국의 예를 살펴보고자 한다. 그러나 먼저 일반론을 한마디 하겠다. 적국의 정치 지도자들을 살해하는 것은 국제법에서뿐 아니라 정의로운 전쟁의 이론에서도 금지되어 있다. 왜냐하면 전쟁은 바로 그 지도자들과 협정된 평화 협정으로 끝날 거라고, 또 끝나야 한다고 가정하기 때문이다. 그들이 대표자로 간주되는 것이다. 아돌프 히틀러Adolf Hitler의 암살에 반대했을 사람은 별로 많지 않았겠지만, 그것은 (부분적으로) 우리에게 그와 협상할 의도가 전혀 없었기 때문이다. 그러나 이 논리는 민간인 집단의 우두머리인 **정치** 지도자들에만 적용된다. 그것은 군사 집단의 일부인 군 장교들에는 전혀 적용되지 않는다.

우리는 아마 테러와의 "전쟁"에서도 바로 이 구분을 하려고 해야 할 것이다. 이때는 구분이 모호하거나 실제로는 존재하지 않을 수도 있다. 아일랜드에서는, 정당 신 페인Sinn Fein이 IRA에서 간신히 독립했다. IRA는 "군대"였기에 그 구성원들은, 정치인들은 면제받는 공격을 받을 수 있었다. 만약 그 분리가, 영국인들이 오랫동안 주장한 대로, 위장이었다면 그것은 유용한 위장이었다. 영국인들도 결국, 신 페인의 지도자들—이들은 그때까지도 IRA 과격파와 긴장 관계에 있었다.—

과 협상하게 되었을 때, 그 사실을 인정했다. 팔레스타인의 하마스Hamas 같이, 분리된 정치와 군사 "부문들"이 있는 체하려고도 하지 않는 단체들을 어떻게 상대해야 할지를 알기는 더 어렵다. 하마스는 이스라엘의 공격을 받은 후에야 분리가 있다고 주장했지만, 그 후 그 주장은 잊혀졌다. 그래도 그런 위장이 언젠가 어느 정도 현실이 되고 협상의 길을 열어주기를 바라는 마음에서 그것을 지지하는 게 현명할 것이다. 그러나 그것은 현명함이지 (정치 지도자는 현명해야 한다는 의미에서가 아니라면) 도덕적 요구는 아니라고 생각한다.

어쨌든 군사 지도자는 분명히 공격 대상이 될 수 있다. 만약 제2차 세계대전 때, 몇몇 영국 특공대가 북아프리카의 독일 진영 육군본부에 침투하여 (또는 몇몇 독일 특공대가 영국 진영 육군본부에 침투하여) 예를 들면, 다음 탱크 공격을 계획하고 있지만 직접 참가하지는 않을 어떤 대령, 어떤 뛰어난 전술가를 죽였다면, 그것은 "표적 살해"지 부당한 암살이 아니었을 것이다.

이제 2002년 11월, (미국 관리들의 말에 따르면) 예멘 사막에서 승합차를 타고 가다가 헬파이어Hellfire 미사일에 맞아 사망한 다섯 명의 알카에다Al Qaeda 요원의 경우를 생각해보라. 같은 공격이 10개월 먼저 아프가니스탄에서 일어났다고 상상해보라. 그것은 전쟁 행동이었을 것이며, 신원을 정확히 파악하고 그 사람들을 죽였다면, 우리는 그 공격을 잘못이기는커녕 문제가 될 만한 것이라고 생각하지도 않았을 것이다. 적극적으로 참전하고 있는 상대편의 사람들을 경고 없이 정당하게 죽일 수 있음은 전쟁의 무서움의 일부다. 때로는 그들에게 항복의 기회를 주는 게 가능하지만 종종, 예를 들면, 야간 기습과 매복, 공습에서는 불가능하다.

이제 아프가니스탄이 아니라 필라델피아의 도로에서 같은 승합차에 탄 같은 사람들에게 같은 헬파이어 공격이 가해진다고 상상해보라. 그것은 전쟁 행동이 아닐 것이고 정당하지도 않을 것이다. 우리는 충격을 받을 것이다. 그 공격은 정치적 범죄일 것이기에, 우리는 책임져야 할 관리들을 찾을 것이다. 필라델피아에서는, 테러리스트(용의자)가 체포되고 심문 받고 변호사의 도움을 받으며 재판에 회부되어야 할 것이다. 유죄 판결을 받기 전에는 그를 죽일 수 없을 것이다. 그뿐 아니라 사형 제도에 반대하는 많은 미국 사람들은 그 경우에도 사형 집행은 안 된다고 말할 것이다.

예멘은 아프가니스탄과 필라델피아 사이의 어딘가에 있다. 그곳은 전쟁 지대war zone가 아니지만 평화 지대도 아니다. 그런데 이 묘사는, 전부는 아니지만 많은, 테러와의 "전쟁"의 "전쟁터"에도 부합될 것이다. 예멘의 여러 넓은 지역에서, 정부는 권한이 없다. 체포 능력이 있는 경찰도 없고(이미 14명의 군인이 그 알카에다 요원들을 잡으려다 살해당한 상태였다.) 수감자가 공정한 재판을 기대할 수 있는 법원도 없다. 예멘 사막은 무법의 땅이고, 무법은 테러리스트라고 불리는 정치적 범죄자들에게 피신처를 제공한다. 이 피신처를 다루는 가장 좋은 방법은 예멘 정부가 영토 전체로 권한을 확장하도록 돕는 것일 것이다. 그러나 그것은 긴 과정이고, 테러와의 "전쟁"의 긴급한 요구는 보다 즉각적인 행동을 요구할지 모른다. 만약 그렇다면, 그럴 때는 알카에다 요원들을—생포할 수 없을 경우에는 죽이기 위해서라도—직접 표적으로 삼는 것이 도덕적으로 잘못이라고 생각되지 않는다. 이 점에서는 예멘이 필라델피아보다 아프가니스탄에 더 가깝다.

그러나 그런 종류의 정책에는 두 가지 도덕적/정치적 제한이 있으며, 이 제한은 결정적으로 중요하다. 왜냐하면 정부가 일단 죽이는 것을 배우게 되면, 너무 많이 그리고 너무 자주 죽일 가능성이 크기 때문이다. 첫 번째 제한은 "표적$_{targeted}$"이라는 단어에 함축되어 있다. 우리는 판사나 배심원단 없이, 최대한 확실하게, 우리가 겨누고 있는 사람들이 정말로 알카에다 요원들이라는 것 또는, 보다 일반적으로, 그들이 테러 공격을 계획하고 실행하고 있다는 것을 알아야 한다. 표적의 신원이 확인되어야 하고 신원 확인 작업은 신중하고 정확해야 한다.

두 번째 제한은 적어도 첫 번째 제한만큼이나 중요하다. 우리는 우리가 표적으로 하는 사람을 그(또는 그녀)의 주위에 있는 무고한 사람들을 죽이지 않고 명중시킬 수 있다는 것을, 더는 불가능할 만큼 확신해야 한다. 여기서는 우리가 아프가니스탄보다는 필라델피아에 더 가까운 기준을 채택해야 한다고 생각된다. 전쟁 지대에서는 부수적 피해가 불가피하다. 그것은 단지 최소화될 수 있을 뿐이다. 전쟁에서 어려운 문제는, 우리가 우리에 의해 적국 민간인들에게 가해지는 위험을 줄이기 위해 우리 군인들의 위험을 어느 정도나 감수할 것이냐. 그러나 경찰이 평화 지대에서 범죄자를 뒤쫓고 있을 때는, 우리는 당연히 경찰에게 부수적 피해의 여지를 전혀 허용하지 않는다. 가장 엄격한 의미에서, 경찰은—설사 경찰의 업무 수행이 더 어려워지고 범인을 놓치더라도—민간인이 다치지 않도록 하려는 의도를 가져야 하는 것이다.

이것이 내게는 대략, 표적 살해를 계획하는 사람들이 지켜야 할 옳은 규칙으로 생각된다. 경찰처럼 그들도 실제로 전투에 참가하고 있는 게 아니다. 그들은 공격을 사전에 계획하고 만약, 예를 들면, 표적이 (알베르 카뮈Albert Camus의 희곡, 『정의의 사람들Les Justes, The Just Assassins』8에서처럼) 아이를 무릎 위에 안고 있거나 군중 속으로 들어가거나—예상과 달리—비어 있지 않은 아파트에 앉아 있는 것을 발견하면, 공격을 취소할 수 있다. 그들은 무고한 사람들에게 어느 정도의 위험을 가하는 것을 피할 수 없고, 이 위험은 평화시의 도시에서 경찰이 가하는 위험보다 분명히 더 크겠지만, 우리는 이 위험을 최소화하기 위한 각고의 노력을 강력히 요구해야 한다. 예멘 사막에서의 미국의 공격은 그 기준을 충족시켰을 수 있다. 그러나 나는 확실한 판단을 내릴 수 있을 만큼 죽은 사람들이나 주위의 다른 사람들이나 필요했던 전술적 선택에 대해 충분히 알지 못한다. 이스라엘의 표적 살해들 중 일부는 그 기준을 충족시켰지만, 일부는 거의 분명하게 그렇지 않았다. 혼잡한 도로 위의 차 한 대는 허용될 수 있는 표적이 아니다. 그것은, 사람이 가득한 커피점에 있는 단 하나의 테이블이 그렇지 않은 것과 마찬가지다. 만약 테러리스트들이 다른 사람들을 방패로 이용한다면, 테러와 싸우는 사람들은 그 방패를 피해가야 한다. 이것은, 우리가 경찰에게 원하는 행동 방식과 같다. 표적은 한 명인데 거의 20명이 살해당한, 가자Gaza의 한 공동 주택에 투하된 1톤 폭탄의

---

8) 「정의의 사람들The Just Assassins」, 〈제2막 : 대공大公의 마차 안에 아이들이 있었다.〉 이 희곡은 『칼리굴라와 3편의 다른 희곡Caligula and 3 Other Plays』, 스튜어트 길버트 옮김 (New York : Vintage, 1958), 253쪽에 실려 있다.

경우는 어떻게 해서는 안 되는가를 보여주는 전형적인 예다. 나는, 그것은 심지어 "겨냥"에 관한 전시 규칙으로도 정당화될 수 없다고 생각한다.

살해가 표적 설정보다 우선이 되면, 테러와 싸우는 사람들이 테러리스트들과 너무 비슷해 보이게 되며, 그들의 "전쟁"을 정당화하는 도덕적 차이에도 의문이 제기된다. 경찰과 범죄자들 사이의 경계선이 경찰의 잔인성이나 부패로 흐려지면, 국내 사회에서도 같은 일이 벌어진다. 그러나 그런 일이 벌어지면, 우리는 경찰을 비판하고 개혁함으로써 최선을 다해 그 경계선을 지킨다는 것을 강조하는 게 중요하다. 그런 일이 벌어진다고 우리가 범죄자들에 합류하지는 않는 것이다. 마찬가지로, 테러와의 "전쟁"에서 무엇이 잘못된 길로 빠지든, 그것은 테러의 악함에 영향을 미치지 못한다. 실은, 그것은 테러의 악함을 확증한다. 우리가 배운 것은, 우리는 무고한 사람들에 대한 살인이 경계선의 양쪽 어디서 일어나든, 그것을 규탄해야 한다는 것이기 때문이다.

이 규탄은, 우리가 정의로운 전쟁의 이론에서 인정하는 비전투인 면제에서 시작할 때 가장 잘될 수 있다고 생각된다. 그러나 이 에세이의 마지막 부분에서 분명해졌겠지만, 우리는 정의로운 전쟁의 이론에서 멈출 수 없다. 우리의 전투의 개념과 경찰 업무의 개념, 국제적 갈등과 국내 범죄, 전쟁 지대와 평화 지대 사이에서 교묘히 움직여야 한다. **전쟁수행상의 정의**는 전투 상황, 즉 치열한 교전에 응용된 도덕이다. 우리는 추가로 테러 상황에의 응용을 필요로 하는지 모른다. 그러나 이 새로운 상황에서도 여전히 싸우는 것과 죽이는 것이 어느 때 정당하고 어느 때 부당한지에 대한 우리의 근본적 이해에 따를 수 있다.

17장

정치 행위
더러운 손의 문제

《철학과 공공 문제Philosophy and Public Affairs》의 한 초기 간행본에는 전쟁 규범을 다루고 있다고는 하지만 실제로는 (또는 적어도 더 중점적으로) 어떤 다른 주제를 다루고 있는 일련의 평론이 실렸다.[1] 실제 주제는, 사람이 도덕적 딜레마, 즉 어떤 것을 취해도 잘못이 되는 두 가지 행동 방침 가운데 선택해야 하는 상황에 직면할 수 있느냐, 또는 직면할 필요가 있느냐는 것이었다. 토마스 네이글Thomas Nagel은, 그런 일

---

* 1971년 4월, 뉴욕에서 열린 정치적 사고 연구 학술대회(Conference for the Study of Political Thought)의 연례 회의에서 이 논문의 초기본이 발표되었다. 그 당시 논평자로서 내게 주장의 타당성에 대해 자신감을 북돋아 준 찰스 테일러에게 감사한다.

1) 《철학과 공공 문제Philosophy and Public Affairs》 1 : 2 (겨울 1971/1972) : 토마스 네이글, 〈전쟁과 대학살War and Massacre〉, 123~144쪽 ; R. B. 브란트, 〈공리주의와 전쟁 규범Utilitarianism and the Rules of War〉, 145~165쪽 ; R. M. 헤어, 〈전쟁 규범과 도덕적 추론Rules of War and Moral Reasoning〉, 166~181쪽.

이 일어날 수 있을 뿐 아니라 중요한 도덕적 원칙을 지키는 것과 어떤 긴급한 재난을 막는 것 사이에서 선택할 수밖에 없을 때는 언제나 일어난다고 근심 어린 주장을 했다.[2] 브란트R. B. Brandt는, 이 상황에서는 이 또는 저 행동 방침을 취해야 옳다는 (또는 어느 것을 취해도 상관없다는) 결론을 반드시 가져다주는, 우리가 따를 수 있는 지침과 할 수 있는 계산이 있기 때문에 그런 일은 결코 일어날 수 없다고 주장했다. 헤어R. M. Hare는, 자기가 도덕적 딜레마에 직면해 있다고 잘못 생각하는 사람의 경우에 대해 설명했다. 그의 주장에 따르면, 도덕 교육의 산물인 평범한 사람의 규범과 원칙은 때로는 보다 높은 수준의 도덕 담론에서 전개된 명령과 모순된다. 그러나 이 모순은 그 높은 수준에서는 해결되거나 해결되어야 하기에 딜레마는 실제로는 존재하지 않는다.

나는 헤어의 설명이 조금이라도 위안을 줄 수 있는지는 잘 모르겠지만, 그런 설명이 불가능한 경우에도 어쩌면 특히 그 경우에, 이 문제는 중요하다. 이 논쟁은 도덕 세계의 일관성과 조화뿐 아니라 도덕적 삶을 사는 것의 상대적 쉬움이나 어려움―또는 불가능성―과도 관련된다. 따라서 그것은 단지 철학자의 문제인 것만은 아니다. 만약 그런 딜레마가, 자주든 아주 드물게든 발생할 수 있다면, 우리는 누구나 언젠

---

2) 〈전쟁과 대학살War and Massacre〉, 142~144쪽에 "도덕의 막다른 골목"의 발생에 대한 네이글의 묘사가 있다. 버나드 윌리엄스도 비슷한 말을, 자기 말로 완전히 인정하지 않은 채, 했다. "많은 사람이, 전체적으로 볼 때 어떤 특정한 행동 방침이 과연 어떤 상황에서 할 수 있는 최선이지만 그것을 하는 것이 어떤 나쁜 짓을 의미한다는 생각을 인정할 수 있다." (『도덕 : 윤리학 입문Morality : An Introduction to Ethics』 'New York : Cambridge University Press, 1972', 93쪽)

가 그것에 직면할 수 있다. 실제로 많은 사람들, 특히 정치 활동이나 전쟁과 관련된 사람들이 그것에 직면한 적이 있거나, 그런 적이 있다고 생각하고 있다. 이 딜레마는, 정확히 네이글이 묘사하는 형태로 정치 행위에 대한 문헌—정치를 다루는 소설과 희곡, 그리고 이론가들의 저술—에서 자주 논의된다.

현대에는 이 딜레마가 대개 "더러운 손"의 문제로 나타나며, 같은 제목의 사르트르의 희곡에서 공산주의 지도자 회르더러Hoerderer는 그것을 이렇게 전형적으로 진술한다. "내 손은 팔꿈치까지 더러워졌다. 나는 손을 오물과 피 속에 담갔다. 당신은 당신이 죄를 짓지 않고 통치할 수 있다고 생각하는가?"[3] 내 자신의 대답은 '아니다'이다. 나는 내가 죄를 짓지 않고 통치할 수 있다고 생각하지 않는다. 또한—앞으로 말하겠지만—우리의 대부분도, 우리를 통치하는 사람들이, 심지어는 그들 중 가장 좋은 사람들조차도, 죄가 없을 거라고 생각하지 않는다. 그러나 이것은, 통치하는 동안 옳은 일을 하는 것이 불가능하다는 의미가 아니다. 그것은, (정당이나 국가에서) 어떤 특정한 통치 행위가 공리주의의 관점에서는 정확히 가장 옳은 행위일 수 있지만, 그럼에도 불구하고, 그것을 하는 사람은 그것으로 인해 도덕적 잘못의 죄가 있게 된다는 의미다. 무죄했던 사람이 그 후에는 더는 무죄하지 않게 된다. 다른 한편, 만약 그가 무죄하게 남는다면, 즉 네이글의 딜레마의 "절대주의의" 편을 선택한다면, 그는 (공리주의의 관점에서) 옳은 일

---

3) 장 폴 사르트르, 「더러운 손Dirty Hands」, 『출구 없음과 세 편의 다른 희곡No Exit and Three Other Plays』, 라이오넬 에이벌 옮김 (New York : Vintage Books, 1955), 224쪽.

을 하지 못할 뿐 아니라 (그에게 결과와 귀추에 대한 상당한 책임을 지우는) 그의 직무에 부응하지 못할 수도 있다. 물론, 대개는 정치 지도자들이 공리주의적 계산을 받아들이며 직무에 부응하려고 한다. 이 사실에 대해 많은 냉소적인 평이 있을 수 있으며, 그중 가장 두드러진 것은, 정치 지도자들은 대개 그들의 계산으로 "절대주의적" 입장의 큰 장점만을 증명한다는 것이다. 그럼에도 불구하고, 우리는 지속적으로 그 입장을 채택하는 사람들에 의해 통치되고 싶어 하지는 않을 것이다.

더러운 손의 개념은 도덕적 딜레마의 실재를 부정하지 않으면서도 "절대주의"를 거부하려는 노력에서 나온다. 이것이 공리주의 철학자들에게는 혼란에 혼란을 더하는 것처럼 보일지 모르지만, 나는 그것을 매우 진지하게 받아들일 것을 제안한다. 왜냐하면 내가 검토할 문헌은 진지하고 종종 현명한 사람들의 저술로서, 정치에 대한 대중의 생각을 형성하는 데 기여하기도 했겠지만, 또한 반영하고 있기 때문이다. 그것에도 주의를 기울이는 게 중요하다. 나는 그 일을 함에 있어, 일상적인 도덕·정치 담론은 어떤 독특한 논의 수준을 갖고 있고, 여기서 내용은 대개 교육적 편의의 문제라고 가정해야 할 거라는 헤어의 제안에 따르지 않을 것이다.[4] 만약 대중의 견해가 (실제로도 그런 것처럼) 공리주의에 저항한다면, 거기에는 그것과 관련하여 설명해야 할 어떤 것뿐 아니라 그것으로부터 배워야 할 어떤 것도 있을지 모른다.

---

4) 헤어, 〈전쟁 규범과 도덕적 추론Rules of War and Moral Reasoning〉, 173~178쪽, 특히 174쪽: "의무론자들의 단순한 원칙들은 …… 성격 형성의 수준에 있는 것이 제 자리다(도덕 교육과 도덕적 자기 교육)."

1

 그래서 정치인들은 다른 사람들보다 훨씬 더 나쁘다는, 도덕적으로 나쁘다는 취지의 일반 통념부터 시작해보자(이것은 그 다른 사람들의 통념이다). 그 통념을 지지하지도, 믿지 않는 체하지도 않으면서, 나는 그것을 자세히 설명하겠다. 왜냐하면 그것은, 더러운 손의 딜레마는 정치 생활의 주요 특징이며, 단지 이런저런 불행한 정치인의 경력에서 우연하게 발생하는 위기가 아니라 구조적으로 자주 발생함을 보여주기 때문이다.

 왜 꼭 정치인일까? 그는 개방 사회의 다른 기업가들과 마찬가지가 아닐까? 이들도 저돌적으로 밀어붙이고, 거짓말하고, 음모를 꾸미고, 가면을 쓰고, 웃고, 악당이다. 그러나 그는 그들과 마찬가지가 아니다. 물론 많은 이유가 있지만, 그중 세 가지를 살펴보아야겠다. 우선, 정치인은 다른 기업가들과 다른 역할을 한다고 주장한다. 그는 단순히 우리의 이해利害에 부응하는 게 아니라, 우리를 위해, 심지어는 우리의 이름으로 행동한다. 그는 우리 개개인이 아닌 우리 전체의 지지를 필요로 하고, 이익을 증진시키는 목적과 대의, 계획을 마음에 품고 있다. 그는 **우리를 위해** 밀어붙이고, 거짓말하고, 음모를 꾸미는 것이다. 또는 그렇다고 주장한다. 어쩌면 그의 말이 옳거나, 적어도 진심일지 모르지만, 우리는 그가 자신을 위해 행동하는 것이기도 할 거라고 의심한다. 실제로 그는, 우리에게 봉사하면 반드시 자신에게도 봉사하게 된다. 왜냐하면 성공은, 사람이 다른 사람들에게 받을 수 있는 가장 큰 보수인 권력과 영예를 그에게 가져다주기 때문이다. 그 두 가지를 얻기 위한 경쟁은 치열하다. 종종 위험은 크지만 유혹은 더 크다. 우리도 거기에 넘어가는 상상을 한다. 우리의 대표자들이라고 왜 다르게 행동하겠는가? 설사 그들이 다르게 행동하고 싶어도, 아마 그럴 수 없을 것이다. 왜냐하면 다른 사람들이 너무도 기꺼이 권력과 영예를 위해 밀어붙이고 거짓말하며, 바로 그 다른 사람들이 경쟁의 조건을 결정하기 때문이다. 권력과 영예는 아주 탐나는 것—즉, 대부분의 사람들이 탐내는 것—이기에, 밀어붙이고 거짓말하는 것이 필요하다. 따라서 우리를 위해, 우리의 이름으로 행동하는 사람들은 필연적으로 민완가敏腕家이며 거짓말쟁이다.

또한 정치인들은 우리를 통치하고, 통치의 즐거움은 피치被治의 즐거움보다 훨씬 더 크기에, 다른 사람들보다 더 나쁘다고 여겨진다. 성공한 정치인은 우리를 속박하는 것들의 분명한 설계자가 된다. 그는—모두 우리의 더 큰 이익을 위해서—우리에게 세금을 매기고, 면허를 주고, 금지와 허가를 하고, 이런저런 먼 목표로 우리를 향하게 한다. 더욱이, 그는 우리의 더 큰 이익을 위해 우리 또는 우리의 일부를 위험에 빠뜨리는 모험을 한다. 때로는 그가 자기 자신을 위험에 빠뜨리기도 하지만, 정치는 어차피 그의 모험이다. 반면에 항상 우리의 모험인 것은 아니다. 다른 사람들의 일을 지도하고 그들을 위험에 빠뜨리는 것이 좋거나 필요할 때가 분명히 있다. 그러나 우리는 그렇게 할 권력을 평상적이고 일상적으로 추구하는 사람에게 좀 겁이 난다. 그리고 이것은 충분히 합리적인 두려움이다. 정치인은 자기 자신의 판단에 대해, 다른 사람들은 어느 누구에 있어서도 오만이라고 알고 있는 종류의 자신감을 갖고 있거나 갖고 있는 척한다.

승리한 정치인은—외국으로부터 우리를 지키기 위해서뿐 아니라 우리를 향해서도, 그리고 여기서도 표면상으로는 우리의 더 큰 이익을 위해—폭력이나 폭력 위협을 가하기 때문에, 그 오만은 특히 큰 문제다. 이것은 막스 베버Max Weber가 에세이 「직업으로서의 정치Politics as a Vocation」에서 강조한, 어쩌면 지나치게 강조한 점이다.5 내가 판단하는 한, 그것은 내가 고찰하고 있는 통념의 발전에서 공공연한 또는 분명한 역할을 하지 않았다. 전형적인 등장인물은—비록 살인자가 배후에 도사리고 있다가 대개는 혁명가나 테러리스트의 형태로, 아주 드물게 보통의 행정관이나 관리로 등장하지만—살인 정치인이 아니라 거짓말쟁이 정치인이다. 그럼에도 불구하고, 인류 역사에 나타나는 압도적인 공적公的 폭력은 정치인들이 열망하는 종류의 권력, 그들이 행사하기를 바라는 종류의 권력을 보여주며, 그것은 우리의 반半의식적인 반감과 불안의 뿌리를 가리키고 있는지 모른다. 우리를 위해, 우리의 이름으로 행동하는 사람들은 종종 살인마이거나 너무 빨리, 너무 쉽게, 살인마가 되는 것 같다.

이 모든 것 또는 그것의 대부분을 알면서도, 선량하고 점잖은 사람들이 어떤 특정한 개혁을 목표로 하거나 전반적인 혁신을 추구하면서 여전히 정치에 입문한다. 그러면 그들은 마키아벨리가 처음으로 가르치기 시작한 교훈, 즉 "선량하지 않게 되는 법"을 배워야 한다.6 그들

---

5) 막스 베버, 〈직업으로서의 정치Politics as a Vocation〉, 『막스 베버 선집 : 사회학 에세이From Max Weber : Essays in Sociology』, 한스 H. 게르트와 C. 라이트 밀즈 (New York : Oxford University Press, 1946), 77~128쪽.
6) 니콜로 마키아벨리, 『군주론The Prince』, 제15장을 보라 ; 니콜로 마키아벨리, 『로마사론The Discourses』, 1권, 9장과 18장 비교. 두 작품 모두, Modern Library 판

의 일부는 배울 능력이 없고, 훨씬 더 많은 사람들은 능력이 없는 척한다. 그러나 그들은 그것을 배우지 않으면 성공할 수 없다. 왜냐하면 그들은 권력과 영예를 얻으려는 지독한 경쟁에 뛰어들었고, 마키아벨리의 말대로 "선량하지 않은 아주 많은 사람들" 가운데서 일하고 싸우기를 선택했기 때문이다. 그들은 이 경쟁에서 이기지 못하면 자기에게 좋은 일을 할 수 없고, 필요한 수단을 사용할 의지와 능력을 갖추지 않고는 이길 가망성이 없다. 그래서 우리는 승자들 중 가장 선량한 사람들조차도 의심한다. 우리가, 그들은 단지 나머지 사람들보다 더 영리할 뿐이라고 생각한다고 해서, 우리의 성격이 비뚤어져 있다고 할 수는 없다. 어쨌든 그들은 선량해서, 또는 단지 그것 때문에 이긴 게 아니라, 선량하지 않았기 때문에 이긴 것이기 때문이다. 아무도 자기 손을 더럽히지 않고 정치에서 성공할 수는 없다. 이것 역시 일반 통념이며, 이번에도 나는 그것이 무조건 사실이라고 주장할 생각은 없다. 나는 단지 그 통념에 내재하는 도덕적 딜레마를 드러내기 위해 그것을 다시 한 번 말했을 뿐이다. 왜냐하면 때로는 성공하려는 것은 옳은 일이고, 그렇다면 자기 손을 더럽히는 것도 당연히 옳을 것이기 때문이다. 그러나 손은 잘못된 일을 해야 더러워진다. 그렇다면 어떻게 옳은 일을 하는 것이 잘못일 수 있다는 말인가? 또는 우리가 당연히 해야 하는 일을 하는 것으로 어떻게 우리의 손이 더러워질 수 있다는 말인가?

(New York, 1950), 57쪽에서 인용.

2

 빨리 예를 드는 게 가장 좋을 것 같다. 나는 두 가지 예를 선택했는데, 하나는 권력을 얻기 위한 경쟁과 다른 하나는 권력 행사와 관계가 있다. 나는 이 두 경우 모두에서 더러운 손의 딜레마에 직면한 사람은 어떤 중요한 의미에서 그것을 선택했다는 점을 강조해야겠다. 그 경우들은, 말하자면, 딜레마에 빠지는 것이 어떤 것인지에 대해 우리에게 아무 말도 하지 않는다. 나도 여기서는 그것에 대해 아무 말도 하지 않을 것이다. 정치인들은 종종 자신들에게는 손을 더럽히지 않을 권리가 없다고 주장한다. 그것은 그들에게는 충분히 적용될 수 있지만, 나머지 사람들에게는 그렇게 분명하게 적용되지 않는다. 우리는 아마 끔찍한 일을 저질러야만 할지 모르는 입장을, 피할 수만 있다면 피할 권리를 갖고 있을 것이다. 이것은 자기부죄自己負罪를 거부할 수 있는 법적 권리에 상응하는 도덕적 권리로 간주될 수 있을 것이다. 선량한 사람은 그것을 선뜻 포기하지 않을 것이다. 비록 때로는 포기할 이유들이 있고 그것들 중에는 선량한 사람이 정치에 입문하는 이유도 있거나 있을 수 있지만, 어쨌든 그는 선뜻 포기하지 않을 것이다. 그러나 이 말에 동의하지 않는 정치인이 있다고 상상해보자. 그는 오직 선한 일로 선한 일을 하고 싶어 하거나, 적어도 가장 타락하고 잔인한 정치권력의 사용에까지는 가지 않을 수 있다고 확신한다고 하자. 결코 오래지 않아 그 확신은 시험대에 오를 것이다. 그때에는 우리가 그를 어떻게 생각해야 할까?

 누군가 그는 선거에서 이기고 싶어 하면서도, 손을 더럽히고 싶어 하지는 않는다고 말한다. 이것은 비난하는 말이다. 물론 비판받고 있는 사람이 거짓말하거나, 사기치거나, 지지자들의 등 뒤에서 거래하거나, 대중 집회에서 터무니없는 소리를 외쳐대거나, 다른 남녀들을 조정할 사람이 아님을 의미하기도 하지만 말이다. 그 특정한 선거를 반드시 이겨야 한다고 가정할 때, 내 생각에는, 그 비난은 분명히 정당하다. 만약 후보자가 자기 손을 더럽히고 싶지 않았다면, 집에 머물러 있어야 했다. 열기를 견딜 수 없다면, 부엌에서 나가야 하는 것이다 등등. 그의 출마 결정은 이기려하겠다는, 즉 합리적 한계 내에서라면, 이기기 위해 필요한 무엇이든 하겠다는 (그 선거가 중요하다고 생각하는 우리 모두에게 한) 약속이었다. 그에게는 원칙이 있고 그 원칙을 고수한 전력前歷이 있다. 그것이 우리가 그를 지지하는 이유다. 그가 자기 손을 더럽히는 것을 거부할 때, 그는 어쩌면 그저 자기 자신이기를 고수하고 있는지도 모른다. 그리고 그런 사람이 우리가 원하는 사람이 아닐까?

이 경우를 더 자세히 살펴보자. 선거에 이기기 위해서는 후보자가 어떤 부정직한 지역 거물(ward boss, 투표 성향 등에 영향을 미치면서 특정 지역이나 선거구에 대해 사실상의 권력을 행사하는 사람 – 옮긴이)과 다음 4년 동안의 학교 건설 계약들의 인허가와 관련된 거래를 해야 한다. 그가 이 거래를 해야 할까? '글쎄, 적어도 그 제안에 놀라지는 말아야겠지'라고 우리 대부분은 말할 것이다(전형적인 빈정대는 태도의 한 가지다). 그는 정확히 무엇이 그 선거에 걸려 있는지에 따라 그 제안을 받아들이든지 말든지 해야 할 것이다. 그러나 이것은 그 후보자의 견해가 아니다. 그는 그 거래를 검토하는 것조차도 극도로 꺼리며, 그에게 그 일을 상기시키는 참모들을 피하고, 그것이 선거에 미칠 수 있는 영향을 계산하기를 거부한다. 이때, 만약 그가 그 특정한 지역 거물과 거래한다는 생각 자체가 불결하게 느껴져서 그렇게 행동하는 것이라면, 그의 꺼림은 그리 흥미롭지 않다. 그의 느낌 자체는 중요하지 않다. 그러나 그가 꺼리는 이유도 있을지 모른다. 예를 들면, 그는 자신의 지지자들의 일부는 자신을 좋은 사람으로 믿기에 자신을 지지하며, 좋은 사람이란 그들에게 그런 거래를 하지 않을 사람을 의미함을 알고 있을 수 있다. 또는 그 제안을 검토하는 자기 자신의 동기에 대해 의심을 품으면서, 그 거래를 조금이라도 유혹적으로 만드는 것이 정치 운동일까, 아니면 자기 자신의 후보직일까를 자문하고 있을 수도 있다. 또는 만약 지금 그런 종류의 거래를 한다면, 선거 운동을 가치 있게 만드는 목적들을 나중에 달성할 수 없을지 모른다고 생각하고, 자신만의 미래가 아닌 미래를 가지고 그런 모험을 할 권한이 자기에게 없다고 느끼고 있을 수도 있다. 또는 그냥 그 거래는 부정직하기에 나쁘고, 자신뿐 아니라 자신이 맺고 있는 모든 인간관계를 타락시킬 거라고 생각하고 있는지도 모른다.

그가 그런 양심을 가졌기에, 우리는 그를 좋은 사람이라고 생각한다. 그렇지만 우리는 선거 운동을 어떤 특정한 관점에서 보고 그것의 중요성을 어떤 특정한 방식으로 평가하면서, 그가 양심으로 인한 주저를 극복하고 거래하기를 바란다. 우리가 그냥 **아무에게나** 그 거래를 하기를 원하는 게 아님을 강조하는 것이 중요하다. 우리는 **그가** 그것을 하기를 원한다. 그 이유는 다름이 아니라 그가 양심상 그것을 꺼리기 때문이다. 우리는, 그가 그 거래를 할 때는 옳은 일을 하고 있다는 것을 안다. 왜냐하면 그가 자기가 잘못된 일을 하고 있다는 것을 알고 있기 때문이다. 나는 단지, 그가 그 거래를 하고 난 후 기분이 나쁠 거라는, 또는 심지어 매우 나쁠 거라는 말을 하고 있는 게 아니다. 만약 그가 내가 가정하고 있는 좋은 사람이라면, 그는 죄를 범했다는 느낌을 가질 것이다. 즉, 자기가 죄를 범했다고 생각할 것이다. 그것이 더러운 손의 의미다.

더 극적인 예를 본다면, 이 모든 것이 더 분명해질지 모른다. 왜냐하면 우리는 어쩌면 정치적 거래에 약간 무덤덤해져서 그것을 하는 사람에 대해 많이 걱정하고 싶은 마음이 생기지 않을지 모르기 때문이다. 그래서 어떤 국가적 위기—오래 계속되는 식민지 전쟁—를 기회로 권력을 잡는 어떤 정치인을 생각해보자. 그와 그의 친구들은 식민지의 독립과 평화를 공약하고 정권을 잡는다. 그들이 그 공약의 유리한 점을 어느 정도 의식하지 않는 것은 아니지만, 그들은 진심으로 그 두 가지를 추구하고 있다. 어쨌든 그들은 그 전쟁에 책임이 없다. 확고부동하게 그것에 반대해왔기 때문이다. 그 정치인은 반란 세력과 협상을 개시하기 위해 즉시 식민지의 수도로 떠난다. 그러나 수도는 테러 공격을 받고 있는 상태이고 새 지도자가 직면하는 첫 번째 결정은 이렇다. 즉, 도시 주변의 아파트 건물들에 설치되어 있고, 다음 24시간 내에 폭발하도록 맞춰져 있는 많은 폭탄들의 위치를 알거나 알 것으로 추측되는 어떤 생포된 반군 지도자에 대한 고문을 승인하도록 요청받는다. 그는—고문은, 단지 때때로가 아니라 항상, 나쁠 뿐 아니라 가증스럽다고 믿고 있음에도 불구하고—그 남자를 고문하라고 명령한다. 그렇게 하지 않으면 폭발로 죽을지도 모르는 사람들을 위해 그렇게 해야만 한다고 확신했기 때문이다.[7] 그는 자신의 유세 중에도 고문에 대한 자신의 믿음을 종종 격정적으로 표현했었다. 그리고 다른 사람들은 그것을 그의 선량함의 표지로 받아들였다. 이제 우리가 그를 어떻게 생각해야 할까? (그는 자기 자신을 어떻게 생각해야 할까?)

그는 매우 기분 나빠해야 한다고 말하는 것으로는 이번에도 충분치 않아 보인다. 그러나 왜? 왜 그는 성 아우구스티누스Augustine의 우울한 군인처럼 느껴서는 안 되는 것일까? 이 군인은, 자기가 싸우고 있는 전쟁은 정의롭다는 것과 죽이는 것은 정의로운 전쟁에서조차 끔찍한 일이라는 것을 동시에 이해하고 있었다.[8] 차이는, 아우구스티누스는 정의로운 전쟁에서 죽이는 것은 잘못이 아니라고 생각했다는 점이다. 그것은 단지 슬프거나, 좋은 사람이 슬퍼할 만한 것이었을 뿐이다. 그러나 그는 정의로운 전쟁에서 고문하는 것은 잘못이라고 생각했을 것이고, 후대의 가톨릭 이론가들은 분명하게 그것을 잘못이라고 생각했다. 더욱이, 내가 가정하고 있는 정치인도 그를 지지한 많은 사람과 마

---

7) 나는 그 수감자 자신이 그 테러 공격에 책임이 있는가라는 문제는 고려하지 않겠다. 어쩌면 그는 반란 조직의 회의에서 그것에 반대했을지도 모른다. 어쨌든, 그가, 처벌받아 마땅하든, 아니든, 고문 받아 마땅하지는 않다.
8) 다른 저술가들은, 그리스도인들은 심지어 정의로운 전쟁에서조차 결코 사람을 죽여서는 안 된다고 주장했다. 또한 더러운 손의 개념의 기원을 암시하는 중도적 입장도 있었다. 예를 들면, 대 바실Basil the Great(AD 4세기의 카에사리아 주교)는 이렇게 말했다. "전쟁에서 사람을 죽이는 것은 우리의 교부敎父들에 의해 살인과 구별되었다. …… 그래도 손이 더럽혀진 사람들은 어쩌면 3년 동안 성체성사聖體聖事에 참여하지 않는 것이 좋을지 모른다." 여기서 더러운 손은 일종의 불결이나 부적격이며, 그것은 죄와 밀접한 관련이 있지만 죄와 동일한 것은 아니다. 롤란드 H. 베인턴, 『전쟁과 평화에 대한 그리스도교의 태도Christian Attitudes Toward War and Peace』(New York : Abingdon Press, 1960), 특히 5~7장은 이 관점과 그 밖의 그리스도교의 관점들에 대한 일반적 연구다.

찬가지로, 그것이 잘못이라고 생각하고 있다. 따라서 우리는 이제는 분명히 그로부터 우울 이상의 것을 기대할 권리가 있다. 수감자를 고문하라고 명령함으로써, 그는 도덕적 범죄를 저질렀고 도덕적 부담을 감수했다. 이제 그는 죄를 범한 사람이다. 자신의 죄를 인정하고 회피하지 않으려는 (그리고 어쩌면 참회하고 속죄하려는) 그의 의지는, 그가 정치에 썩 적합하지는 않다는 것과 충분히 선량하다는 것을 동시에 보여주는 증거이며, 그가 우리에게 제시할 수 있는 유일한 증거다. 여기 도덕적인 정치인이 있다. 우리는 그의 더러운 손으로 그를 알아본다. 만약 그가 전적으로 도덕적이기만 하다면, 그의 손은 더럽혀지지 않을 것이다. 만약 그가 전적으로 정치인이기만 하다면, 자기 손이 깨끗한 체할 것이다.

3

선량하지 않게 되는 법을 배울 필요에 대한 마키아벨리의 주장은, 행동의 실행이나 비실행의 직접적 환경과 완전히 별개로 나쁘다고 알려져 있는 행동들이 있음을 명백하게 함축한다. 그는 선량한 사람들이 (자신의 책들을 읽음으로써) 공부해야 할 일련의 독특한 정치적 방법들과 전략들을 지적한다. 그것을 배워야 하는 이유는, 그것은 저절로 사용할 수 있게 되는 것이 아닐 뿐 아니라 선량한 사람들이 받아들이는 도덕적 가르침—그것을 받아들이는 것은 역으로 선량함의 표지가 된다.—에 의해 명시적으로 죄악시되기 때문이다. 죄악시되는 이유는, 그것이 신의 법이나 자연 질서나 우리의 도덕관념을 거스른다고 생각되거나, 우리가 우리의 법을 제정할 때, 개인적 또는 집단적으로 그것을 금지했기 때문일 수 있다. 마키아벨리는 그런 문제에 대해서는 자신의 입장을 밝히고 있지 않으며, 나도 피할 수 있는 한 그렇게 할 것이다. 이 서로 다른 관점들의 결과는 적어도 한가지 결정적인 의미에서 같다. 그것들은 그런 마키아벨리의 방법들에 끊임없이 기만과 배신이라는 도덕적 딱지를 붙이는 일을 우리 손에서 거둬 간다. 그런 방법들은 그냥 나쁘다. 그것들은 선량한 사람들이, 적어도 선량하지 않게 되는 법을 배우기 전에는, 피하는 종류의 것인 것이다.

그런데 만약 그런 종류의 행동들이 없다면 더러운 손의 딜레마도 없을 것이고, 마키아벨리의 가르침도 마키아벨리가 확실히 갖도록 의도한 것, 즉 그것의 불온하고 역설적인 성격을 잃을 것이다. 그렇게 되면 그는, 정치 행위자들은 때때로 도덕적 금지 명령을 극복해야 한다고 말하고 있는 것이지 범죄를 저질러야 한다고 말하고 있는 것이 아니라고 이해될 수 있을 것이다. 나는 공리주의 철학자들도 첫 번째 진술을 하고 두 번째를 부인하고 싶어 할 거라고 생각한다. 그들의 관점에서는, (내가 명시한 경우들을 가정할 때) 부정한 거래를 하는 그 후보자와 수감자의 고문을 승인하는 그 관리는 좋은 사람으로 묘사되어야 한다. 어쩌면 그들은 어렵지만 옳은 결정을 한 사람들로 존경받아야 할지 모른다. 이 주장을 발전시키는 세 가지 방법이 있다. 첫째, 모든 정치적 선택은 오직 그것의 특정하고 직접적인 상황의 견지에서—즉, 합리적 대안과 이용 가능한 지식, 예상되는 결과 등의 견지에서—이루어져야 한다고 말할 수 있을 것이다. 이때에는 좋은 사람이 (대안과 결과에 대해 거의 알 수 없을 경우) 어려운 선택에 직면하겠지만, 도덕적 딜레마에 직면하는 일은 없을 것이다. 오히려 만약 그가 항상 그런 식으로 결정을 내리고, 어려서부터 그렇게 하도록 배워왔다면, 그는 무엇을 하든, 도덕적 금령을 극복할 필요가 결코 없을 것이다. 왜냐하면 어떻게 그가 금령을 배웠겠는가? 더 나아가 만약 그가 진지하고 성실하게 대안들을 저울질하고 결과를 계산한다면, 그는, 비록 분명 실수를, 심지어 매우 심각한 실수를 저지를 수는 있어도, 결코 죄를 범할 수는 없다. 그가 거짓말하고 고문할 때라도, 그의 손은 깨끗할 것이다. 왜냐하면 그는, 선택할 수밖에 없는 중대한 순간에, 고독하게, 해야 할 일을 최선을 다해 한 것이기 때문이다.

이것은 몇 가지 점에서 도덕적 의사 결정에 대한 매력적인 묘사지만, 개연성이 거의 없는 묘사이기도 하다. 왜냐하면 누구나 이런저런 결정을 내릴 때 고독할 수 있고, 달리 어떠할 수도 있지만, 우리는 우리의 도덕 생활에서 고립되어 있거나 혼자이지 않기 때문이다. 도덕 생활은 사회적 현상이고, 적어도 부분적으로는 규범들로 이루어져 있다. 그리고 우리는 다른 사람들과 그것에 대한 지식(그리고 어쩌면 그것의 제정)을 공유한다. 이 규범들과 충돌하고 그것의 금령에 도전하고 자신의 입장을 다른 남녀들에게 해명하는 경험은 매우 일반적이고 매우 명백하게 중요해서, 도덕적 의사 결정에 관한 어떤 설명도 그것을 결코 피할 수 없다. 이 때문에 다음과 같은 두 번째 공리주의적 주장이 등장한다. 그런 규범들이 과연 존재하지만, 그것이 (비록, 어쩌면 교육적 이유에서, 그런 형식을 취하고 있더라도) 정말로 나쁜 행동들에 대한 금령은 아니라는 것이다. 그것은 도덕적 지침 또는 이전 계산들의 요약이다. 그것은 평범한 경우들에서의 우리의 선택을 쉽게 만든다. 왜냐하면 우리는 그냥 그것의 명령을 따름으로써, 이미 유용한 것으로 밝혀진 것을 할 수 있기 때문이다. 반면에 예외적인 경우들에서는, 그것이 너무 성급하게 또는 철저히 계산하지 않고, 유용한 것으로 이미 밝혀져 있지 않은 것을 하는 것을 조심하라고 우리에게 경고하는 신호의 역할을 한다. 그러나 그것은 단지 그 일만 한다. 그것에는 다른 목적이 없다. 따라서 그것을 묵살하는 것은 죄가 아닐 뿐 아니라 죄가 될 수조차 없다.[9] 또 그들을 묵살할 때 죄책감을 가질 필요도 없다. 이번에도 마찬가지로, 만약 어떤 어려운 경우에 면밀한 고민을 거쳐 규범을 위반하는 것이 옳다면, 행동하는 사람은 (특히 그가, 다른 많은 사람은 고민만 하고 행동은 안 할 거라는 것을 안다면) 자신의 성취에 당연히 자부심을 느껴도 될 것이다.

그러나 내가 보기에는, 이 견해도 앞의 견해보다 우리의 도덕 생활의 현실을 더 잘 포착하고 있는 것은 아니다. 도덕적 규범이 지침의 성격을 갖고 있음에 틀림없다는 말이 맞을지도 모르지만, 실제로는 그렇지 않아 보인다. 또는 적어도 우리는, 규범을 어겼을 때, 그 규범이 이전의 효용과는 전혀 관계없는 어떤 지위를 갖고 있는 것처럼 우리 자신을 변호한다(게다가 우리가 자부심을 느끼는 경우도 드물다). 보통의 자기변호는 단지 정당화일 뿐인 게 아니라 변명이기도 하다. 이때 오스틴Austin의 말대로, 그 두 가지는 매우 밀접한 **것처럼 보일** 수 있지만,—

---

9) 브란트의 규칙은 묵살될 수 있는 종류로 보이지 않으며—어쩌면 그냥 어떤 명분으로든 더는 민간인을 죽이지 않겠다고 결심하는 군인만이 그 규칙을 묵살할 수 있을지 모른다.—그 이유는, 그것이 필요로 하는 것은 면밀한 계산이 전부이기 때문이다. 하지만 나는, 보통의 명령이나 금지의 형식을 띤 어떤 다른 종류의 규칙들이 이른바 "규칙 공리주의rule-utilitarianism"에 등장할 수 있고, 또 종종 등장한다고 생각한다.

실제로 나는 그것들이 하나의 문장에서 나란히 나타날 수 있음을 보일 것이다.―다음의 결정적인 점에서 구분되는, 서로 전혀 다른 개념이다. 변명은 일반적으로 잘못의 인정이다. 반면에 정당화는 일반적으로 잘못을 부인하고 무죄를 주장하는 것이다.[10] 정치 문헌에서 종종 인용되는 셰익스피어의 『햄릿』에 나오는, 한 유명한 자기변호를 생각해 보라. "다정하려는 것뿐인데 잔인할 수밖에 없군요.I must be cruel only to be kind."[11] 이 말은 햄릿이 실제로 자기 어머니를 잔인하게 대하고 있을 때 나온다. 나는, 그녀가 그가 하는 모든 가혹한 말을 들어 (듣도록 강요당해) 마땅할 가능성은 고려하지 않겠다. 왜냐하면 햄릿 자신이 그런 주장을 하고 있지 않기 때문이다. 또한 만약 그녀가 실제로 그것을 당해 마땅하다면, 그의 말은 잔인한 게 아니거나, 그 말을 한다고 그가 잔인한 것은 아닐 것이다. "잔인할 수밖에 없군요."는 변명을 담고 있다. 왜냐하면 그것은 잘못을 인정함과 동시에 햄릿에게는 그것을 저지르는 것 외에는 다른 선택이 없다는 것을 나타내기 때문이다. 그는 자기가 해야 하는 것을 하고 있는 것이다. 즉, (유령의 명령과 덴마크의 타락 등을 생각할 때) 어쩔 수 없는 것이다. 문장의 나머지 부분은 정당화다. 왜냐하면 그것은 햄릿이 다정함을 자기 행동의 결과로 의도하고 기대함을 보여주기 때문이다. 우리는 그가 어떤 폭넓은 다정함, 적절한 사람들에 대한 다정함 같은 것을 말하고 있다고 생각해야 한다.

---

10) J. L. 오스틴, 「변명을 위한 변론A Plea for Excuses」, 『철학 논문Philosophical Papers』, J. O. 엄슨과 G. J. 워녹 편집 (Oxford : Oxford University Press, 1961), 123~152쪽.
11) 윌리엄 셰익스피어, 『햄릿Hamlet』, 3막 4장 178행.

그렇지만 그것은, 햄릿이 자기는 **정말로** 잔인한 것이 아니라고 말할 정도로 완전한 정당화는 아니다. "잔인한cruel"과 "다정한kind"은 정확히 같은 지위를 갖는다. 둘 다 "be" 동사 뒤에 이어지기 때문이다. 따라서 그것들은 완벽하게 도덕적 딜레마를 드러낸다.[12]

규범이 묵살되었을 때, 우리는 그것이 파기나 취소, 폐지된 것처럼 말하거나 행동하지 않는다. 그것은 여전히 유효하며, 비록 우리가 한 것이 전체적으로는 그 상황에서 할 수 있는 최선이었음에도 불구하고, 적어도 우리가 뭔가 나쁜 짓을 했다는 것을 알 만큼의 효과를 나타낸다.[13] 또는 적어도 우리는 그런 식으로 느끼며, 이 느낌 자체가 우리의 도덕 생활의 결정적 특징이다. 이 때문에 세 번째 공리주의적 주장이 등장한다. 그것은 죄의식의 유용성을 인식하고 그것을 설명하려고 한다. 규범을 묵살할 좋은 이유뿐 아니라 "과대평가"할 좋은 이유도 있는 것 같다는 것이다. 왜냐하면 도덕적 계산의 결과가 규범에 불리한 것처럼 보일 때마다 규범이 묵살된다면, 결과는 매우 나쁠 것이기 때문이다. 대부분의 사람은 계산을 너무 하지 말고 규범에 그냥 따르기만 하는 것이 아마 가장 좋을 것이다. 그렇게 해야 전체적으로 실수할

---

12) 베르톨트 브레히트의 시 「후세To Posterity」에 나오는 다음 시구와 비교하라. "아아, 친절의 기초를 놓고 싶어 한 우리가 스스로는 친절하지 못했도다." (베르톨트 브레히트, 『시 선집 Selected Poems』, H. R. 헤이 옮김 'New York : Grove Press, 1959', 177쪽) 이것은 정당화라기보다는 변명이다(이 시는 변명서다).
13) 로버트 노직은 〈도덕적 난제와 도덕의 구조 Moral Complications and Moral Structures〉, 《자연법 포럼 Natural Law Forum》 13 (1968), 34~35쪽과 주에서 규범의 묵살이 가져올 수 있는 몇 가지 결과들을 논한다. 노직은 우리가 (선한 이유로) 규범을 어기면, "보상의 의무"가 남을 수 있다고 말한다. 그는 그것을 "죄"라고 부르지는 않지만 두 개념은 밀접한 관계가 있다.

가능성이 적어지기 때문이다. 그래서 좋은 사람(또는 적어도 보통의 좋은 사람)은, 그가 규범을 단지 지침으로만 생각할 경우보다 규범을 좀 더 존중할 것이고, 그것을 묵살할 때 죄책감을 느낄 것이다. 사실, 만약 그가 죄책감을 느끼지 않는다면, "그는 그렇게 좋은 사람이 아닐 것이다."[14] 우리는 그의 감정으로 그를 알아본다. 그 감정 때문에 그는 결코 선뜻 규범을 묵살하지 않고 다른 선택이 없을 때까지 기다리며, 절박한 동시에 거의 틀림없이 재난이 될 결과를 피하기 위해서만 행동할 것이다.

이 주장의 명백한 난점은, 유용하다고 설명되고 있는 그 감정을 그것의 유용성만을 확신하고 있는 사람이 느낄 가능성은 거의 없다는 것이다. 그는, 말하자면, 좋은 공리주의적 이유로 공리주의적 규범(지침)을 어기는 것이다. 하지만 이 경우에 그가, 자기에게 죄가 **있다고** 생각할 이유도 없는데 역시 좋은 공리주의적 이유로, 죄책감을 가질 수 있을까? 실제로 죄책감을 갖고 있는 사람이나 죄책감을 갖기 쉬운 종류의 사람에게 이 세 번째 주장을 자세히 설명하는 도덕 철학자를 상상해보라. 그런 사람은 공리주의적 설명을 규범에 대한 자신의 감정의 설명으로 받아들이려 하지 않거나(공리주의의 관점에서는 그것이 아마 가장 좋은 결과일 것이다.) 그것을 받아들여 그 (유용한) 감정을 느끼기를 그만둘 것이다. 그러나 나는 일종의 미신적 불안의 가능성, 즉 어떤 사람들이 자기에게 죄가 결코 **있을** 수 없다는 가르침을 받고 그것에 동의한 후에도 계속해서 죄책감을 가질 가능성을 배제하고 싶지 않다.

---

14) 헤어, 〈전쟁 규범과 도덕적 추론Rules of War and Moral Reasoning〉, 179쪽.

단지 그들이 공리주의적 설명을 더 확실하게 받아들일수록 그 (유용한) 감정을 느낄 가능성은 더 줄어든다고 말하는 게 가장 좋을 것 같다. 따라서 만약 정치 행위자가 공리주의적 설명을 받아들이면, 그것은 전혀 유용하지 않게 된다. 이 사실은, 왜 그것이 헤어가 지적한대로, 우리의 도덕 교육에서 그렇게 작은 역할을 하는지를 이해하는 데 도움이 될지 모른다.[15]

---

15) 모리스 메를로-퐁티의 『휴머니즘과 폭력 Humanism and Terror』, 존 오닐 옮김 (Boston : Beacon Press, 1970)에 제시된, 또 하나의 공리주의적 입장이 가능하다. 이 견해에 따르면, "더러운 손"의 결정을 하는 사람이 경험하는 고뇌와 죄책감은 그가 실제의 결과에 대해 극도로 확신이 없기에 생긴다. 어쩌면 자기가 하고 있는 끔찍한 짓이 쓸데없는 짓이 될지도 모른다. 자기가 바라는 결과가 생기지 않을지도 모른다. 유일한 결과는 자기가 야기한 고통이나 조장한 기만이 될지도 모른다. 그 경우에는 (그리고 오직 그 경우에만) 과연 그가 범죄를 저지른 것이 될 것이다. 다른 한편, 만약 기대한 좋은 결과가 생긴다면, 그 경우에는 (그리고 오직 그 경우에만) 그는 죄책감을 벗어던질 수 있다. 그리고 자기가 정당하다고 말할 수 있고, 다른 사람들은 거기에 동의해야 한다. 이것은 일종의 지연된 공리주의다. 여기서 정당화는 실제 결과의 문제이지 예상 결과의 문제가 전혀 아니다. "역사의 평결"을 마음 졸이며 기다리는 정치 행위자를 상상하는 것이 터무니없지는 않다. 하지만 (최종 평결이나 가능한 평결을 제한하는 규정이 있다고 가정하고) 평결이 그의 손을 들어 준다고 치자. 그는 분명히—물론 다른 사람들보다 더—안도할 것이다. 그러나 나는, 만약 그가 좋은 사람이고 자기가 한 짓이 나쁘다는 것을 안다면, 왜 그가 자기가 정당화되었다고 생각해야 하는지를 모르겠다. 어쩌면 그의 범죄의 피해자들이 좋은 결과를 보고 그를 용서할지는 모르지만, 역사는 면죄권이 없다. 사실, 역사는 오히려 우리의 도덕적 판단에 짓궂은 장난을 치기 쉽다. 예상 결과는 적어도 우리 자신의 행동에서 생기는 것으로 간주되지만(그것이 예상이다.), 실제 결과는 거의 확실하게 많은 원인을 가지며, 그 원인들의 결합도 아마 우연일 것이다. 메를로-퐁티는 정치를 시간과 상황을 건 도박으로 탈바꿈시킬 정도로 정치적 의사 결정의 위험 부담을 크게 강조한다. 그러나 도박꾼의 불안은 별로 도덕적 관심사가 되지 못한다. 또한, 그의 책이 너무도 분명히 보여주는 것처럼, 그것은 가장 끔찍한 범죄를 막는 데조차도 별로 되지 못한다.

4

세 번째 주장에 대해 한마디 더 하겠다. 내가 강조하고 싶은 것은, 죄책감을 느끼는 것은 고통 받는 것이고, 여기서 유용하다고 불리는 죄책감을 가진 사람들 자체는 공리주의의 설명에 따르면 무죄하다는 점이다. 따라서 우리는 무죄한 사람들의 고통이 공리주의의 계산에 의해 허용될 뿐 아니라 심지어 조장되는 또 하나의 경우에 직면해 있는 것처럼 보인다.[16] 하지만 어떤 고통스럽거나 어려운 (그러나 정당한) 일을 한 무죄한 사람은 분명히 죄책감을 피하거나 벗어나도록 도움을 받아야 한다. 그럴 경우, 그는 당연히 다른 사람들이나 심지어 도덕 철학자들의 도움을 기대할 자격이 있다. 다른 한편, 만약 우리가 직관적으로 어떤 다른 사람에 대해 그가 죄책감을 **느껴야** 한다고 생각한다면, 우리는 그의 죄의식의 본질을 명확히 댈 수 있어야 한다(그리고 만약 그가 좋은 사람이라면, 그의 동의도 얻어야 한다). 작은 변화만으로 그 두 가지 상황의 차이를 분명히 부각시키는 하나의 경우를 구성해보자.

총살대원들의 일부에게 공포탄이 장전된 소총을 지급하는 일반적 관행을 생각해보라. 개개인에게는 자신의 무기가 죽일 수 있는 것인지를 말해주지 않으며, 따라서 비록 그들 앞에서 처형되는 사람에게는 그들이 모두 사형 집행인처럼 보일지라도, 그들 중 아무도 자기가 사

---

16) 데이비드 로스, 『옳음과 좋음 *The Right and the Good*』 (Oxford : Oxford University Press, 1930), 56~57쪽과 E. F. 캐리트, 『도덕적 사고와 정치적 사고 *Ethical and Political Thinking*』 (Oxford, 1947), 65쪽에서 제시된 경우들과 비교.

형 집행인인지 아닌지를 알지 못한다. 이 전략의 목적은 각 사람에게 자기가 사람을 죽인 사람이라는 느낌을 덜어주는 것이다. 그것은 그가 총살대 근무로 어떤 도덕적 책임을 지게 되었든, 그 책임을 덜어주지는 못한다. 그리고 그것은 그 전략의 목적도 아니다. 왜냐하면 사형 집행이 부도덕하거나 나쁜 행위로 간주되고 있지 않기 때문이다. (또한 우리도 그렇게 가정하자.) 하지만 다른 사람을 죽이지 말라는 명령은 너무 강해서, 그 사람들은 자기가 하는 일이 옳다고 믿음에도 불구하고 여전히 죄책감을 느낄 것이다. 자신의 실제 역할을 확실히 모르면, 그 느낌의 강도는 분명히 줄어들 것이다. 이런 경우라면, 그 전략은 완전히 정당하며, 그것이 성공할 때마다 우리는 당연히 기뻐해야 할 것이다. 왜냐하면 성공할 때마다 죄 없이 고통 받는 사람들의 수가 하나씩 줄 것이기 때문이다.

그러나 만약 사형제도가 나쁘다거나 처형될 어떤 특정인이 무죄라고 생각하지만(그리고 여기서 우리도 그렇게 생각한다고 가정하자), 그럼에도 불구하고 그 생각을 압도하는 어떤 정치적 또는 도덕적 이유로—나는 그 이유가 무엇일지에 대해서는 말하지 않겠다.—총살대에 참여하기로 동의하는 사람을 상상한다면, 우리의 느낌은 다를 것이다. 만약 그가 그 소총 트릭으로 안심한다면, 우리는 당연히 사형제도에 대한 그의 반대나 처형될 사람의 무죄에 대한 그의 믿음이 도덕적으로 진지하지 않다고 확신할 수 있다. 그러나 만약 진지하다면, 그는 단지 죄책감만 느끼는 것이 아니라 자기가 죄를 범했다는 것을 알 것이(고 우리도 그것을 알 것이)다. 비록 그가 동시에 자기는 죄를 지을 충분한 이유가 있었다고 생각할 수도 (그리고 우리가 거기에 동의할 수도) 있지만 말이다. 우리의 죄책감은, 첫 번째 경우에서처럼 우리의 도덕적 신념과 격리되어 있을 때는 잔꾀로 제거될 수 있지만, 두 번째 경우에서처럼 그것과 결합되어 있을 때는 그럴 수 없다. 그 신념 자체와 믿어지는 규범은 오직 **묵살될**overridden 수 있을 뿐이며, 이것은 옳은 일을 하기 위해 어쩔 수 없이 나쁜 짓을 검토해야 하는 고통스런 과정으로서 결정을 내린 후에도 고통을 남기며 또 남겨야 한다.

5

이것이 정치 행위자들이 경험해왔고 정치 행위에 관한 문헌에서 논의되어온 더러운 손의 딜레마다. 나는 그것이 단지 정치적 딜레마일 뿐이라고 주장하고 싶지는 않다. 의심할 여지없이 우리는 사생활에서도 손을 더럽힐 수 있고, 때로는 의심할 여지없이 그렇게 해야 한다. 그러나 이 문제는 정치에서 가장 극적으로 제기되며, 그것은 정치 생활을 정치 생활답게 만드는 세 가지 이유, 즉 우리가 다른 사람들을 위해 행동한다고 주장하면서도 동시에 자신을 위해 일하고, 다른 사람들을 통치하고, 그들을 향해 폭력을 사용하기 때문이다. 정치에서는 쉽게 손을 더럽힐 수 있고 종종 그렇게 하는 것이 옳다. 그러나 선량한 사람에게 선량하지 않게 되는 법을 가르치기는 쉽지 않고, 그런 사람이 자기에게 요구되는 어떤 범죄를 저질렀건 그것을 자기 자신에게 설명하기도 쉽지 않다. 적어도, 일단 우리가 "범죄"라는 말을 사용하고 (선택의 여지가 없기에) 더러운 손의 딜레마를 인정하기로 합의한다면, 쉽지 않다. 그럼에도 불구하고, 그런 합의는 상당히 일반적이며,

그것에 입각하여 더러운 손에 대한 세 가지 포괄적인 설명의 전통, 세 가지 사고방식이 발전되었다. 그것은 어떤 매우 일반적인 방식으로 신고전주의와 프로테스탄트와 가톨릭의 정치·도덕관에서 유래한다. 나는 그것들 각각에 대해, 더 정확하게는 그것들 각각의 한 대표적 예에 대해 아주 간략히 말하고자 한다. 왜냐하면 각자 부분적으로 옳은 것 같아 보이기 때문이다. 하지만 내가 전적으로 옳은 종합적인 견해를 구성할 수 있다고는 생각하지 않는다.

첫 번째 전통을 가장 잘 대표하는 사람은, 내가 아는 한 내가 고찰하고 있는 역설을 최초로 진술한 마키아벨리다. 마키아벨리에 따르면, 공화국의 건국이나 개혁을 목표로 하는 좋은 사람은 자기 목표를 달성하기 위해 끔찍한 짓을 해야 한다. 로물루스Romulus처럼 자기 형제를 죽여야 하고, 누마Numa처럼 인민에게 거짓말을 해야 한다. 그렇지만 때로는 "행위가 비난할 때 결과는 용서한다."[17] 『로마사론The Discourses』에 나오는 이 문장은 종종 정치인의 기만과 잔인한 행동은 그가 이룩하는 좋은 결과에 의해 정당화된다는 의미로 받아들여진다. 그러나 만약 그것들이 정당화된다면, 마키아벨리가 가르친다고 주장하는 것, 즉 선량하지 않게 되는 법을 배울 필요가 없을 것이다. 단지 새롭고, 더 어렵고, 어쩌면 우회적인 방식으로 선량할 수 있는 법을 배울 필요만 있을 것이다. 그것은 마키아벨리의 주장이 아니다. 그의 정치적 판단은 과연 결과주의적이지만, 그의 도덕적 판단은 그렇지 않다. 우리는 잔인한 행동이 잘 쓰였는지 못 쓰였는지를 시간이 흐르

---

17) 마키아벨리, 『로마사론The Discourses』, 1권, 9장, 139쪽.

면서 나타나는 그것의 효과로 안다. 그러나 잔인한 행동을 쓰는 것이 나쁘다는 것은 어떤 다른 방법으로 안다. 기만적이고 잔인한 정치인은, (만약 그가 성공한다면) 단지 다른 사람들이 결과가 "그만한 가치가 있다."고 의견의 일치를 보거나 더 가능성이 높은 경우로서, 우리가 그의 성공을 칭송하면서 그의 범죄를 그냥 잊는다는 의미에서만 용서받는다.

도덕적 기준의 존재에 대한 마키아벨리 자신의 확신을 강조하는 게 중요하다. 그의 역설은 그 기준의 일반적 안정성—그는 이것을 좋다와 나쁘다와 같은 단어를 일관성 있게 사용함으로써 지지하고 있다.—뿐 아니라 그 확신에도 의존한다.[18] 그가 좋은 사람들이 그 기준을 더 자주 무시하기를 바랄 때도, 그것을 대체할 다른 것이나 바로 그 기준을 지키는 것 외에 좋은 사람들을 구별할 다른 방법을 갖고 있는 것이 아니다. 그는, 좋은 사람이 군주가 되기 위해 기꺼이 나쁜 수단을 사용하려고 하는 경우는 극히 드물다고 쓴다.[19] 마키아벨리의 목적은 그런 사람을 설득하여 그 시도를 하게 하는 것이며, 그는 그렇게 해서 성공하는 사람에게 최고의 정치적 보수인 권력과 영예를 건넨다. 그러나 좋은 사람이 단지 자기 손을 더럽힐 용의만으로 보답(이나 용서)을 받는 것은 아니다. 그는 나쁜 짓을 잘해야 한다. 가장 좋은 의도로 했다고 해도, 형편없이 한 나쁜 짓에 대해서는 아무 보상이 없다. 따라서

---

18) 이사야 벌린, 〈마키아벨리의 문제The Question of Machiavelli〉, 《뉴욕 리뷰 오브 북스New York Review of Books》, (1971년 11월 4일)는 마키아벨리에 대해 매우 다른 시각을 제시한다.
19) 마키아벨리, 『로마사론The Discourses』, 1권, 18장, 171쪽.

정치 행위는 항상 위험 부담을 안고 있다. 그러나 여기에 걸려 있는 것은 개인적 선량함이 아니라—**그것은 내던져졌다.**—권력과 영예임을 알아야 한다. 정치인이 성공하면 영웅이 된다. 영원한 칭송이 선량하지 않게 되는 것에 대한 최고의 보수인 것이다.

마키아벨리는 선량하지 않게 되는 것에 대한 형벌은 무엇인지는 말하지 않으며, 그의 도덕적 감수성에 그토록 자주 의문이 제기되는 것은 아마 특히 그 때문일 것이다. 그가 수상한 것은 정치 행위자들에게 자기 손을 더럽혀야 한다고 말하기 때문이 아니라, 손을 더럽힌 사람에게 합당한 마음의 상태를 명확하게 말하지 않기 때문이다. 마키아벨리의 영웅에게는 내면이 없다. 그가 자기 자신을 어떻게 생각하는지 우리는 모른다. 나도 대부분의 다른 마키아벨리 독자들처럼 그가 자신의 영광에 취해 있을 거라고 생각한다. 그러나 그렇다면, 그가 왜 처음에 선량하지 않게 되는 법을 배우기를 그토록 꺼렸는지를 설명하기 어렵다. 어쨌든 그는 일기를 쓸 부류의 사람이 아니며, 따라서 우리는 그가 무슨 생각을 하는지 알 수 없다. 그럼에도 불구하고 우리는 알고 싶다. 특히 그의 고뇌의 기록을 원한다. 이것은 우리 자신의 양심과 내가 고찰하려는 두 번째 전통의 사고가 우리에게 끼친 영향의 표지다. 그 두 번째 전통의 사고에서는 때때로 개인적 고뇌가 유일하게 받아들일 만한, 정치적 범죄의 변명으로 나타난다.

두 번째 전통을 가장 잘 대표하는 사람은 막스 베버라고 생각된다. 그는 그것의 본질적 특징들을 그의 에세이 「직업으로서의 정치 Politics as a Vocation」 맨 마지막에서 아주 뛰어나게 개략한다. 손을 더럽힌 좋은 사람은 베버에게 여전히 영웅이지만 비극적 영웅이다. 부분적으로 그의 비극은, 비록 정치가 그의 직업이기는 하지만 그가 신의 소명을 받은 것이 아니며, 따라서 신으로부터 무죄를 인정받을 수 없다는 것이다. 베버의 주인공은 사탄에게 속하는 것으로 보이는 세상에서 혼자이며, 그의 직업은 전적으로 그 자신의 선택이다. 그는 여전히 그리스도인 행정가가 항상 원해온 것, 즉 세상에서 선한 일을 함과 동시에 자기 영혼을 지키는 것을 원하지만, 지금은 그 두 가지 목표가 첨예하게 상충되게 되었다. 그것들이 상충되는 이유는, 신이 칼을 세워놓지 않은 세상에서 폭력이 필요하기 때문이다. 정치인은 스스로 칼을 취하며, 오직 그렇게 함으로써만 자기 직업에 부응할 수 있다. 자기가 무엇을 하고 있는지를 완전히 의식하고 있는 상태에서, 그는 선을 행하기 위해 악을 행하며, 자기 영혼을 포기한다. 베버는 그가 "모든 폭력에 도사리는 악의 세력에 빠진다."고 말한다. 어쩌면 마키아벨리도 자신의 주인공이 영예를 대가로 구원을 포기한다고 말하려는 것이었는지 모르지만 분명하게 그렇게 말하지는 않는다. 베버의 입장은 전적으로 분명하다. "정치의 정령 또는 악령은 사랑의 신과 내적 긴장 관계에 있다. …… '그것은' 언제라도 화해할 수 없는 갈등을 초래할 수 있다."[20] 그의 정치인은 이 갈등이 생길 때 그것을 현실 그대로 바라보며, 결코 그것이 타협으로 해결될 수 있는 척하지 않고 다시 한 번 정치를 선택

---

20) 베버, 〈직업으로서의 정치Politics as a Vocation〉, 125~126쪽. 그러나 때로는 정치 지도자가 이 갈등에서 "절대주의"의 편을 선택한다. 베버는 이렇게 쓴다. (127) "자신의 행동의 결과에 대한 책임을 알고 있는 성숙한 사람이 이렇게 말하는 지점에 도달하는 것은 굉장히 감동적이다. '이것이 내 입장이다. 다른 것은 할 수 없다.'" 안타깝게도, 그는 그 지점이 도대체 어디인지를, 아니, 심지어 어디일 수 있는지조차도 말하지 않는다.

하여 단호하게 사랑을 외면한다. 베버는, 영혼에 대한 관심이 육신에 대한 관심보다 더 높지 않은 것처럼 보이게 만드는, 이 열정적 오만의 선택에 대해 쓴다. 하지만 독자는 그의 성숙하고, 최고로 훈련되어 있고, 지칠 줄 모르고, 객관적이고, 책임질 줄 알고, 원칙 있는 정치 지도자가 또한 고난 받는 종이기도 하다는 것을 결코 의심치 않는다. 그의 선택은 어렵고 고통스러우며, 그는 그 선택을 할 때뿐 아니라 그 후 영원히 그 대가를 치르게 된다. 사람이 어느 날 자기 영혼을 잃었다가 그 다음 날 다시 찾지는 못하는 것이다.

고난 받는 종을 한 번이라도 만나 본 사람이라면 누구나 이 견해의 난점을 분명히 알 것이다. 여기 거짓말하고, 음모를 꾸미고, 다른 사람들을 사지死地로 보내면서 고통 받는 사람이 있다. 그는 자기가 해야 하는 일을 무거운 마음으로 하고 있다. 그는 우리에게, 우리 중 어느 누구도 자기가 임무를 수행하기 위해 얼마나 많은 대가를 치르는지를 모른다고 말한다. 아닌 게 아니라, 우리는 모른다. 왜냐하면 그 사람 자신이 자기가 치르는 대가를 정하기 때문이다. 그리고 이것이 정치 범죄에 대한 이 관점의 난점이다. 우리는 그 고난 받는 종에게 마조히즘masochism이나 위선 또는 그 두 가지 모두의 혐의를 두며, 우리가 종종 틀리기는 하지만 항상 틀리지는 않는다. 베버는 더러운 손의 문제를 전적으로 개인 양심의 범위 내에서 해결하려고 하지만, 내가 보기에는 그것은 가능하지도 바람직하지도 않다. 비극적 영웅의 자기 인식은 분명히 큰 가치를 지닌다. 우리는 정치인이 적어도 베버가 묘사하는 것을 닮은 내면생활을 갖고 있기를 바란다. 그러나 때로는 영웅의 고통이 사회적으로 표현될 필요가 있다. (왜냐하면 처벌처럼, 그것도 어떤 행동들은 나쁘다는 우리의 의식을 뒷받침해주고 강화하기 때문이다.) 그리고 그에 못지않게 중요한 것으로서, 그것은 때로는 사회적으로 제한될 필요가 있다. 우리는 영혼을 잃은 사람들에 의해 통치되고 싶지 않다. 손을 더럽힌 정치인도 영혼을 필요로 하며, 그가 어떤 개념의 구원이든, 어떤 개인적 구원의 희망을 갖고 있는 것이 우리 모두를 위해 가장 좋다. 그가 좋은 일을 하기 위해 나쁜 짓을 할 때, 정치의 악령에게 자신을 영원히 내맡기게 되는 것은 아니다. 그는 한정된 범죄를 저지르는 것이고, 따라서 한정된 대가를 치러야 한다. 그렇게 하고 나면, 그의 손은 다시 깨끗해질 것이다. 아니, 더 할 수 없이 깨끗한 인간 손이 될 것이다. 가톨릭교회는 항상 그렇게 가르쳐 왔고, 이 가르침이 내가 고찰하려는 세 번째 전통의 핵심이다.

이번에도 나는 전통의 현대적·세속적 대표자를 선택하여 알베르 카뮈의 「정의의 사람들The Just Assassins」을 고찰할 것이다. 이 희곡의 주인공들은 19세기 러시아에서 활동하는 테러리스트들이다. 그들이 손에 묻힌 것은 인간의 피다. 그럼에도 불구하고, 카뮈는 자기가 그들을 더할 나위 없이 존경한다고 말한다. 그들 중 한 명은 말한다. 우리가 범죄자라는 것에는 동의하지만, 아무도 우리를 비난할 수 없다. 여기 새로운 형태의 더러운 손의 딜레마가 있다. 주인공들은 무죄한 범죄자들, 정의로운 암살자들이다. 왜냐하면 그들은, 사람을 죽였기에 기꺼이 죽을 각오이고 **죽을 작정이기** 때문이다. 오직 자기들이 공격하고 있는 바로 그 전제 권력에 의해 처형되는 것만이 그들이 하고 있는 행위를 완성할 것이다. 즉, 죽기 때문에 변명할 필요도 없는 것이다. 그것은 그들의 죄와 고통의 끝이다. 처형은 처벌이라기보다는 자기 처벌이고 속죄다. 교수대 위에서 그들은 손을 깨끗이 씻고, 고난 받는 종과는 달리, 행복하게 죽는다.

그런데 희곡의 주장을 이렇게 극단적으로 단순화된 형태로 제시하면 좀 기괴해 보일지도 모르고, 어쩌면 그것은 카뮈의 정치관의 도덕적 극단주의에 의해 일그러져 있는지도 모른다. 그는 「정의의 사람들」이 실린 책의 서문에서 이렇게 말한다. "정치 행위에는 한계가 있으며, 모든 선하고 의로운 행위는 그 한계를 인정하고, 만약 그것을 넘어야 할 때는, 적어도 죽음을 감수한다."[21] 나는 여기서 그 격렬한 "적어도" 보다는―그가 그밖에 무엇을 마음에 두고 있는 걸까?―그것이 과장하고 있는 현명한 원칙에 관심이 있다. 그 원칙은 한가지 비교를 통해 가장 잘 묘사될 수 있을 것이다. 즉, 나는 정의로운 암살은 시민 불복종civil disobedience과 비슷하다고 말하고 싶다. 양쪽 모두, 사람들이 자기가 해야 한다고 믿는 것을 하기 위해 일련의 규범을 위반하는, 즉 도덕적 또는 법적 한계를 넘는 경우다. 동시에 그들은 처벌을 받아들이거나 속죄함으로써 위반의 책임을 인정한다. 그러나 그 둘 사이에는 차이도 있으며, 그것은 법과 도덕의 차이와 관계가 있다. 시민 불복종의 경우에는 대부분 도덕적 이유로 국법을 위반하며, 국가가 형벌을 가한다. 더러운 손의 경우에는 대부분 국가적 이유로 도덕 규범을 위반하며, 아무도 형벌을 가하지 않는다. 차르Czar의 사형 집행인이, 손이 더러운 정치인을, 비록 가장 처벌받아 마땅한 자라도, 처벌하기 위해 대

---

21) 알베르 카뮈, 『칼리굴라와 세 편의 다른 희곡Caligula and Three Other Plays』 (New York : Vintage Books, 1958), x. (서문은 저스틴 오브라이언이, 희곡은 스튜어트 길버트가 번역했다.)

기하는 경우는 드물다. 도덕 규범은 보통 내가 고찰하고 있는 종류의 행위자를 대상으로 집행되지 못한다. 대개는 그가 직무상의 권한에 의거하여 행동하기 때문이다. 만약 그것이 집행될 수 있다면, 더러운 손은 문제가 되지 않을 것이다. 우리는 그냥, 좋은 일을 하기 위해 나쁜 짓을 한 사람을 존경하는 동시에 그를 처벌하면 될 것이다. 그가 한 좋은 일 때문에 그를 존경하고, 그가 한 나쁜 짓 때문에 그를 처벌하면 될 것이다. 즉, 다른 사람들을 처벌할 때와 같은 이유로 그를 처벌하면 될 것이다. 벌에 대한 어떤 특정한 관점을 옹호하는 것은 여기서의 나의 목적이 아니다. 어쨌든 처벌을 도입하거나 집행할 방법은 없는 것 같다. 사제와 고해실 외에는 우리가 그 임무를 맡길 권위가 없는 것이다.

그럼에도 불구하고, 나에게는 카뮈의 관점이 셋 중 가장 매력적으로 생각된다. 비록 그 이유가 단지, 그것이 우리에게 적어도 범죄에 합당한 처벌이나 속죄를 상상함으로써 그 범죄의 본질을 면밀히 고찰하도록 요구하기 때문일 뿐일지라도 말이다. 다른 관점들은 그것을 요구하지 않는다. 마키아벨리의 군주의 범죄는, 일단 그가 자기 길로 들어서면, 단지 타산打算의 통제만을 받는 것 같다. 그리고 베버의 비극적 영웅의 범죄는, 마땅히 그래야 할 것처럼, 고통을 느낄 수 있는 **우리의** 능력에 의해 제한되는 게 아니라, 단지 고통을 느낄 수 있는 **그의** 능력에 의해서만 제한된다. 양쪽 어느 경우에서도, 도덕률은 일단 그것이 분명 큰 개인적 대가를 치르고 묵살된 후에는, 다시는 분명하게 기준이 되지 못한다. (고난 받는 종일 것으로 생각되는) 사르트르의 회르더러가 제기하는 질문은 수사적이며, 그 대답도 분명하지만(나는 이미 그것을 제시했다), 그 문답의 독특한 위력은 충격적이다. 더러운 손의 딜레마는 오직 저질러야 하는 범죄와만 관련이 있기에, 정도의 문제는 배제되는 것 같다. 나쁜 목적을 지향하는 잔혹 행위와 마찬가지로, 까닭 없는 또는 과도한 잔혹 행위도 문제가 되지 않는다. 그러나 정치 행위는 너무 불확실해서 정치인들은, 저질러야 한다고만 생각되는 범죄를 저지를 때도, 필연적으로 정치적 위험뿐 아니라 도덕적 위험도 무릅써야 한다. 그들은 자기가 달성하려는 결과에 이르는 최선의 길을 발견했다고 결코 확신할 수 없는 상태에서 규범을 묵살하며, 따라서 우리는 그들이 그것을 너무 성급하거나 너무 자주 하지 않기를 원한다. 따라서 도덕적 위험 부담이 매우 높아야 한다는 것, 다시 말해 규범의 가치가 옳게 평가되어야 한다는 것이 중요하다. 나는 그것이 카뮈의 극단주의 이유일 거라고 생각한다. 그렇지만 사형 집행인이 없기에, 그 위험 부담의 크기를 정하거나 그 가치를 유지할 사람은 우리 자신밖에 없고, 아마 그럴 방법도 철학적 반복과 정치 활동밖에는 없을 것이다.

회르더러는 말한다. "우리는 거짓말하기를 거부함으로써가 아니라, 쓸 수 있는 모든 수단을 사용하여 사회 계급을 없앰으로써 거짓말을 없앨 수 있다."[22] 내 생각에는, 우리는 결코 거짓말을 없앨 수 없을 것이지만, 가장 뻔뻔스런 거짓말쟁이들에게는 어떻게든 권력과 영예를 허락하지 않음으로써 거짓말이 줄도록 할 수는 있을 것이다. 물론 엄

---

22) 사르트르, 「더러운 손Dirty Hands」, 『출구 없음과 세 편의 다른 희곡No Exit and Three Other Plays』, 라이오넬 에이벌 옮김 (New York : Vintage Books, 1955), 223쪽.

청난 업적을 이뤄 우리가 자기가 한 거짓말을 잊도록 만드는 그 운 좋은 소수의 경우는 제외하고 말이다. 만약 회르더러가 사회 계급을 없애는 데 성공한다면, 그는 그 운 좋은 소수에 끼게 될지 모른다. 그 동안 그는 거짓말하고 속이고 죽일 것이며, 우리는 그가 꼭 그 대가를 치르도록 해야 한다. 그렇지만 우리는 우리 자신의 손을 더럽히지 않고는 그 일을 할 수 없을 것이며, 그때에는 우리가, 우리 자신이 그 대가를 치를 방법을 찾아야 한다.

18장

세계 속의 미국 – 정의로운 전쟁과 정의로운 사회

마이클 왈저와의 인터뷰

당신은 부시Bush 행정부의 대對 이라크 정책과 특히 예방 전쟁preventive war 독트린을 정당화하려는 그들의 시도에 매우 비판적인 태도를 취해왔다. 동시에, 미국 행정부를 비판하는 유럽인들—특히 프랑스와 독일 정부—이 평화로운 세계 질서의 유지를 위한 자신들의 책임을 진지하게 받아들이지 못함으로써 사담 후세인Saddam Hussein을 억제하려는 국제적 노력을 저해했다고 주장했다. 이 비판들이 어떻게 당신이 『정의로운 전쟁과 정의롭지 못한 전쟁』에서 옹호한 정의로운 전쟁의 설명과 연관되는지 말해줄 수 있는가? 미국이 지금처럼 군사적으로 압도적인 세계에서 유럽 국가들이 자신들의 국제적 역할을 어떻게 파악해야 한다고 보는가?

부시 행정부의 선제 전쟁pre-emptive war 독트린에 대한 나의 비판은

2003년, 《임프린트Imprints》 편집부와의 인터뷰.

『정의로운 전쟁과 정의롭지 못한 전쟁』의 주장을 상당히 충실하게 따르고 있다고 생각한다(「예상Anticipation」에 대한 장을 보라). 그러나 프랑스와 독일의 정책에 대한 나의 비판은 정의로운 전쟁의 이론과는 별로 상관이 없다. 그것은 불의보다는 위선과 무책임과 관련된 훨씬 더 일반적인 도덕적/정치적 비판이다. 프랑스와 독일은 정의로운 전쟁에 참전하기를 거부했거나 정의로운 전쟁을 잘못 반대한 게 아니다. 그들은 자기들이 제공할 수 있는 것, 즉 정의롭지 못한 전쟁의 어떤 중대한 대안을 제공하기를 거부했다. 지나간 일이지만, 나는 지금도, 만약 강력한 대 이라크 억제 체제를 프랑스와 독일(과 또한 러시아)이 지지하고 UN 안전보장이사회가 승인하려고 했다면 전쟁은, 첫째, 불필요했을 것이고 둘째, 미국 정부가 전쟁을 벌이는 것이 정치적으로 불가능했을 것이다. 그러나 그것은, 전쟁이 프랑스인들의 말처럼 최후의 수단이라거나, 독일인들의 말처럼 도덕적으로 용납될 수 없다는 개념의 포기를 의미했을 것이다. 왜냐하면 억제는 처음부터 무력에 의존했기 때문이다. 비행 금지 구역과 금수禁輸 조치는 매일 강제를 필요로 했고, 사찰 체제의 복원은 미국의 엄중한 무력 사용 위협에 의존했다. 이제 비행 금지 구역이 전국으로 확대되었다고 상상해보라. 구멍이 숭숭 뚫린 금수 조치가 (민간인들이 필요로 하는 물자는 허용하면서도) 군사 장비의 수입을 실제로 봉쇄하는 "예리한 제재"로 대체되었다고 상상해보라. 사찰한 시설을 순찰할 수 있는 UN군과 예고 없는 감시 비행이 사찰단을 뒷받침한다고 상상해보라. 이 모든 것을 가정한다면, 이라크가 여전히 이웃 국가들이나 세계 평화에 위협이 된다고 주장하기는 어려웠을 것이다. 그러나 미국은 일찌감치 전쟁을 결심했기에 그런 체제를 원치 않았다. 그리고 프랑스와 독일은 그 체제에 가까운 어떤 것도 지지하려고 하지 않았다. 사실은, 사담 후세인에 대한 유화책 appeasement이 최선의 정책이라고 판단했기 때문이다.

미래의 국제 질서에서 유럽의 역할이 무엇이어야 할까? 유럽 국가들이 공동으로 새로운 세력 균형을 창출할 수도 있지만, 그것은 영국을 빼고는 그 국가들 중 어느 국가도 생각하고 싶어 하지 않는 것처럼 보이는 규모의 군사 지출을 필요로 할 것이다. 그래도 그들이 언제 전쟁이 정당하고 필요한지를 판정하는 문제에서, 내가 그들이 하기를 원하는 역할을 맡기를 원한다면, 자신들의 군사 예산을 어느 정도 증액하는 것은 불가피하다고 나는 생각한다. 그들은 그런 역할을 맡고 있다고 주장할 수도 없으면서, 일단 개전 결정이 내려지면 미국 (또는 미국과 영국) 혼자서 전쟁을 다 치러야 한다고 주장한다. 그것은 도덕적으로 이치에 맞지 않는 입장이다. 미국은 미국 정부에게 "예스"와 "노"를 말할 수 있는 파트너들을, 진정한 파트너들을 필요로 한다. 그렇지만 그 파트너들은 세상이 돌아가는 방식에 책임을 질 준비가 되어 있어야 한다. 만약 유럽 혼자 사찰 체제와 금수 조치, 비행 금지 구역에 대한 결정을 내렸다면, 이라크는 오늘날 핵무기를 보유하고 있을 것이다. 또 유럽 혼자 코소보에 대한 결정을 내렸다면, 오늘날 코소보에는 훨씬 더 적은 코소보인들이 살고 있을 것이다. 미국의 일방주의를 비판하기는 쉽다. 나도 항상 그렇게 하고 있다. 그러나 유럽의 무책임함도 그에 못지않게 심각한 문제다.

당신은 유럽 국가들의 태도에 대해 몇 가지 매우 설득력 있는 주장을 하고 있지만, 따져보면 두 가지 질문이 아직 미해결로 남아 있다. 첫째, 당신의 말은 분명히 "강력한 억제 체제"의 실행을 위한 군사 행동은 정당했을 거라는 함축을 담고 있다. 그러나 정권 교체를 위한 군사 개입이 정당할 수는 없을까? 만성병 환자에 관한 이중 결과의 원칙이 생각나는데 그것에 따르면, 비록 사망을 야기하더라도 사망의 야기가 치료의 1차 목적이 아닌 한, 진통 치료를 할 수 있다. 미 행정부 내의 일부 인물들은 반대로 이라크 국민을 해방하기 위해, 그들이 그 문제를 어떻게 생각하는지와 상관없이 정권 교체를 개입의 1차 목적으로 본 게 틀림없다. 이 문제를 전쟁의 정의와 관련하여 어떻게 보는가?

대학살이나 "인종 청소"를 중단시키기 위한 인도적 개입은 분명히 정권 교체를 목표로 할 것이다. 왜냐하면 정권의 범죄 행위가 개입의 이유이기 때문이다. 예를 들면, 베트남은 캄보디아에서 자국 군대로 킬링필드를 폐쇄하면서 크메르 루주 정권을 교체했고, 탄자니아는 우간다에서 이디 아민 정부를 교체했다. 만약 마땅히 있었어야 할 UN의 르완다 개입이 있었다면, 그것은 분명히 후투족Hutu族 체제의 전복을 초래했을 것이다. 이라크의 경우에는, 북부의 비행 금지 구역이 쿠르드족Kurds族을 위한 인도적 개입 비슷한 것이었고, 그것은 쿠르드족 자치의 형태로 정권 교체 비슷한 것을 낳았다. 그러나 쿠르드족이 안전하고 성공적이었기에, 바그다드의 정권을 교체하기 위해 전쟁을 해야 한다는 어떤 주장도 설득력을 갖기 어려웠다. 내 말은, 그것이 끔찍한 정권, 제3세계 파시즘의 가장 심한 예가 아니었다는 게 아니다. 따라서 나는 당신의 질문이 제안하는 것을 받아들인다. 만약 강제적 억제 체제가 뜻하지 않게 바스당Baathist 정권을 약화시키고 결국 붕괴시켰다면, 그것은 억제의 바람직한 부수 효과였겠지만, 단지 부수 효과일 뿐이었을 것이다.

두 번째 부분은, 러시아의 태도를 얼마나 비난받을 만한 것으로 여기든, 프랑스와 독일, 러시아의 태도를 고려할 때, 무엇을 했어야 했는지의 문제이다. 영국의 여론은 명백히, 서로 다른 두 가지 준거 체계 내에서 전쟁의 정당성을 판단하고 있다. 한편으로는, (다소간 분명하게 표명되는) 정의로운 전쟁의 원칙들, 즉 정당한 이유, 비례, 마지막 수단 등의 시각이 있다. 다른 한편으로는, 실제적인 준거 체계가 있으며, 이것에 따르면 전쟁은 오직 ⓐ 하원에서 가결되고 ⓑ 압도적 다수의 전쟁 찬성으로 비교적 일치된 여론의 지지가 있고 ⓒ 개입이 국제법에 합치되어야 정당하다. 현재 영국의 정치적 고민은 영국의 지도력이 펜타곤Pentagon과 유럽 사이에서 진퇴양난에 처해 산산조각 나고 있는 것처럼 보인다는 사실뿐 아니라 조건 ⓑ와 조건 ⓒ가 충족되어 있지 않은 것 같다는 것에도 기인한다. 이것이 2차 UN 결의안의 문제가 미국에서는 어쩌면 갖고 있지 않았던 중요성을 바다의 이쪽에서는 갖게 된 이유다. 2차 결의는 전쟁에 보다 분명한 합법성을 부여했을 것이고(조건 ⓒ), 이에 따라 여론은 압도적으로 전쟁 찬성으로 돌아섰을 것이다(조건 ⓑ). 질문은 이렇다. 안전보장이사회의 결의가 전쟁에 정당성을 부여했을 거라고 보는가? 그리고 미국이나 영국이 결의 없이 전쟁을 강행해야 했을까? 보다 일반적으로, 정의로운 전쟁의 철학적 원칙과, 법과 정치적 합의라는 실제적 고려 사항 사이의 관계는 무엇인가?

UN을 강화하고 세계적 법치法治의 확립을 위해 가능한 모든 수단을 동원하는 것은 좋은 생각이다. 강한 UN과 세계적 법치가 이미 존재하는 척하는 것은 매우 나쁜 생각이다. 지난 30~40년 동안 정당한 군사력 사용의 사례들은 대부분 UN의 위임을 받은 경우가 아니었다. 내가 방금 언급한 베트남과 탄자니아의 개입, 방글라데시의 분리 독립과 수백만 난민의 귀환으로 끝난 인도의 대 파키스탄 전쟁, UN군이 시나이 반도에서 비굴하게 철수한 후 일어난 1967년의 이스라엘의 대 이집트 선제공격, 1999년의 코소보 전쟁이 그렇다. 정의, 즉 도덕적 정당성에 관한 한, 만약 이라크 전쟁이 안전보장이사회의 표결 전에 정의롭지 못했다면, 표결 결과와 상관없이 그 후에도 정의롭지 못할 것이다. 어떤 전쟁이 정의로운지 정의롭지 못한지를 판단하는 것이 안전보장이사회가 어떻게 표결할지를 예측하는 일은 아닌 것이다. 더 나아가 심지어 UN이 세계 정부일지라도, 정의는 UN의 의사결정에 의존하지 않을 것이다. 물론 이때는, 만약 그 정부가 민주적 정당성을 갖췄다면, 우리는 그것의 결정을 존중하기는 해야 할 것이다.

당신이 말하는 조건 ⓑ로 말하자면, 당신은 민주적 결정이 의회의 다수보다는 여론 조사나 대중 시위에 의해 이루어져야 한다는 명제를 옹호하고 싶어 하는 것은 아닐 것이다. 우리는 의회 다수에 영향을 주기 위해 시위를 조직하는 것이며, 그렇게 하지 않을 경우에는 다음 선거까지 기다린다. 미국에서 지켜보면서, 그리고 미 의회가 전쟁에 관한 미국의 논쟁에서 사실상 물러나 있는 것을 생각하면서, 나는 전쟁 직전의 블레어T. Blair의 당연한 하원 출석을 기억에 남을 만한 민주적 순간으로 느끼지 않을 수 없었다.

당신은 아프가니스탄 전쟁에 대한 미국 좌파의 반대, 특히 그것을 테러와의 정의로운 전쟁으로 보기를 거부하는 좌파의 입장에 대해 매우 비판적인 태도를 취해왔다. 당신은 부시 대통령의 말대로, 미국이 테러와 싸우기 위해 군사 개입을 해야 하는 다른 국가들이 있다고 생각하는가?

나는 아프가니스탄 전쟁을 지지했고, 그 이유는 그것이 테러리스트들을 숨겨주고 있을 뿐 아니라 9·11때 뉴욕과 워싱턴을 공격한 테러 조직의 적극적인 파트너 정권에 대한 방어 전쟁defensive war(정의로운 전쟁의 전형적인 경우)이라고 생각했기 때문이다. 탈레반Taliban 정권은 알카에다에게 주권의 모든 이점, 무엇보다도 특히 영토 기지territorial base를 제공했다. 미국이 그 영토 기지를 공격하고 그것을 제공한 정권을 전복한 것은 전적으로 정당했다. 나는 전쟁이 수행된 방식에는 문제가 있다고 생각하며, 종전 후 미국이 아프가니스탄에서 보인 행동에 대해서도 비판해왔다. 그러나 전쟁 자체는 확실히 정당했다. 그리고 만약 같은 종류의 협력 관계를 알카에다와 맺는 다른 국가들이 있다면, 나는, 다른 조건이 같다면 그 국가들도 비슷한 공격의 대상이 된다고 생각한다. 그러나 지금 당장은 그런 다른 국가가 없다. 테러 조직을 숨겨주고 있는 국가들에 대해 말하자면, 그 국가들은 비군사적인 방법, 즉 외교와, 극단적인 경우에는 국제 제재로 다루어질 수 있고 다루어져야 한다. 물론, 만약 국제 제재를 가할 의지가 분명히 읽힌다면, 테러 조직을 숨겨주는 국가의 수는 훨씬 더 적어질 것이다.

당신은 『정의로운 전쟁과 정의롭지 못한 전쟁』에서 전쟁 범죄와 게릴라전, 보복 행위, 그리고 테러 행위 전반의 문제에 대해 엄격한 입장을 취한다. 당신은 그 책에서 쓴 것에 비추어 현재의 이스라엘에서의 위기 상황을 어떻게 보는가? 반유대주의anti-Semitism의 역사에 관한 당신의 식견이, 급진 정치가 두 가지 종류의 민족 정체성 내에서 어떻게 이해되고 있는가에 대한 분석에 어떻게 기여하는가?

그것은 오랫동안 유대인 이산diaspora 지역의 시온주의 정치뿐 아니라, 이스라엘을 자주 방문하며 이스라엘 정치와도 관계를 맺어온 나로서는 어떤 식으로든 짧게 대답하기가 어려운 문제다. 나는 최근에 내 입장을 설명하는 〈이스라엘/팔레스타인의 네 가지 전쟁The Four Wars of Israel/Palestine〉이라는 논문을 《디센트》에 발표했다. 여기서 그것을 요약해보겠다. 그 네 가지 전쟁은 이렇다. 이스라엘을 파괴하고 대체하기 위한 팔레스타인의 전쟁이 있고 그것은 부당하며, 이스라엘 옆에 국가를 세우기 위한 팔레스타인의 전쟁이 있고 그것은 정당하다. 그리고 국가를 지키기 위한 이스라엘의 전쟁이 있고 그것은 정당하며, 대이스라엘Greater Israel을 세우기 위한 이스라엘의 전쟁이 있고 그것은 부당하다. 특정한 판단을 내릴 때는, 항상 누가 어떤 전쟁을 하고 있는지와 그들이 어떤 수단을 채택했는지와 그 수단이 그 목적에 정당한지 또는 어느 목적에든 정당할 수 있는지를 물어야 한다. 이스라엘을 비난하거나 옹호하는 사람들의 대부분과 팔레스타인 사람들을 비난하거나 옹호하는 사람들의 대부분이 그 필요한 일을 시작조차 하지 않는다. 나는 그 일을 여기서 할 수는 없지만, 그것이 가져다주는 결론이라고 여겨지는 것 몇 가지를 제시하고자 한다. 가장 결정적인 것은 이 두 가지다. 팔레스타인 사람들의 테러 행위, 즉 의도적으로 민간인을 표적으로 삼는 것은 항상 그리고 어디서나 범죄로 간주되어야 한다. 그리고 이스라엘이 점령지에서 시행해온 정착 정책은 점령의 맨 처음부터 잘못이었다. 그러나 이 두 번째 잘못이 첫 번째 잘못을 경감시키지는 않는다. 점령군이나 준군사적 정착민 집단들에 대한 팔레스타인 사람들의 공격은 정당하다. 적어도 협상할 의사가 없는 이스라엘 정부가 들어서 있을 때는 정당하다. 그러나 정착민 가족이나 학교에 대한 공격은 테러 행위며 정확히 살인이다. (나는 이것이 특별한 주장이 아님을 강조하고 싶다. 나는 알제리 전쟁 때도 같은 주장을 했을 만큼 나이가 든 사람이다. 프랑스 군인이나 OAS 대원에 대한 FLN의 공격은 정당했다. 알제Algiers의 프랑스인 구역에 있는 커피점이나 슈퍼마켓에 폭탄을 설치한 것은 살인이었다.) 또한 마찬가지로, 하마스나 이슬람 지하드Jihad 전사들에 대한 이스라엘의 공격은 정당하다. 가자의 공동 주택에 폭탄을 투하한 것은 범죄 행위였다.

   나도 이스라엘 정부를 종종 비판해왔기에, 그런 비판을 반유대주의 적이라고 부르고 싶지는 않다. 그러나 내가 보기에는, 유럽의 좌파는 이스라엘에 대해 이상할 만큼 과도한 적대감을 갖고 있는 것 같으며, 이것은 설명이 좀 필요하다. 나는, 예를 들면, 이스라엘 방문은 분개하며 생각조차 하기 싫어하면서도, 알제리 전쟁이 한창일 때 아무 문제없이 프랑스를 방문했거나 오늘날 (이스라엘이 웨스트 뱅크West Bank에서 시행해오는 것보다 훨씬 대규모의 정착 프로그램을 포함하는) 중국의 야만적인 티베트 정책에도 불구하고 아무 문제없이 중국을 방문하는 사람들을 알고 있다. 사실, 이스라엘을 향한 비판의 상당 부분은 어떤 특정한 이스라엘 정부의 정책보다는 이스라엘 국가의 존재 자체와 더 관계가 있다. 다른 한편, 제2차 세계대전 후의 프랑스나 독일 또는 오늘날의 중국의 경우에는 전혀 그렇지 않았다. 여기에는 무언가 심각하게 잘못되어 있다.

미국의 많은 지식인들이 시민의 자유에 대한 자신의 신념을 재평가하여, 이제는 그들이 그것을 9·11 이후 시대의 안전에 불리한 것으로 보고 있다. 이 재평가는, 앨런 더쇼위츠Alan Dershowitz의 경우처럼, 고문이 정치적 의제가 되는 결과를 낳았다. 이 새로운 논쟁 풍토와 관련한 당신의 견해와 느낌은 무엇인가?

나는 내 입장이—논지를 배분하는 방식에서라면 모를까—바뀌었다고 생각하지 않는다. 9·11 이후에는, 우리 중 시민의 자유를 옹호하려는 사람들이 전보다 더 큰 부담을 감수해야 한다. 애국자법Patriot Act을 가리키며 "파시즘!"이라고 외치는 것만으로는 충분치 않다. 우리는 시민들에게, 정부는 헌법적 제약 내에서도 그들을 테러로부터 지킬 수 있다는 것을 입증해야 한다. 그 제약이 무엇이든 그것은 우리가 개인의 자유와 민주 정치를 위해 필요하다고 믿는 것이다. 우리가 그것을 입증할 수 없을 경우에만, 헌법 제도의 수정을 고려해야 할 것이다. 지금으로서는, 우리가 입증할 수 있을 거라고 생각한다. 단지 유감스러운 것은 좌파 진영의 아주 많은 사람들이 그 일의 필요성을 깨닫지 못하고 있다는 점이다. 그들은 이 문제에 대해 시민들의 안전은 전혀 걱정하고 싶지 않다는 투로 말한다.

1970년대 초, 나는 〈더러운 손Dirty Hands〉이라는 제목의 논문을 발표했다. 그것은 자국민의 안전을 위해서는 부도덕한 행위가 필요한 것으로 보이는 극한 상황에서의 정치 지도자의 책임을 다루고 있다. 내가 든 예들 중 하나는 "시한폭탄"의 경우였다. 여기서는 생포된 테러리스트가 학교 건물에서 곧 폭발하도록 맞춰진 폭탄의 위치를 알지만 밝히기를 거부한다. 나는 그런 경우 정치 지도자는 수감자의 고문을 명령해야겠지만, 우리는 그것을 도덕적 역설로 간주해야 한다고 주장했다. 즉, 여기서는 옳은 일이 동시에 나쁜 일이기도 한 것이다. 그 지도자는 자기가 명령한 나쁜 행위의 죄를 지고 비난받아야겠지만, 우리는 그 명령을 내릴 뿐 아니라 동시에 그 죄도 질 각오가 되어 있는 지도자를 원해야 한다는 것이다. 이것은 그 당시 모순된 입장으로 널리 비판받았고, 그 논문은, 내 생각에는, 대개 모순된 철학적 주장의 예로 널리 유포되어왔다. 그러나 나는, 도덕 세계는 대부분의 도덕 철학자들이 인정하고 싶어 하는 것보다 훨씬 덜 깔끔하다고 생각한다. 더쇼위츠는 극단적인 경우에서의 고문을 옹호하기 위해 내 주장을 인용했다(단, 그는 무엇이든 수감자에게 가하려면 법원의 허가를 받아야 한다고 주장한다).

그러나 극단적인 경우는 나쁜 법을 만든다. 과연 나는 그 시한폭탄의 경우, 정보를 캐내기 위해 필요한 어떤 일도 할 것이다. 다시 말해, 나는 내가 30년 전에 했던 바로 그 주장을 9·11 이후에도 할 것이다. 그러나 나는 그런 경우들을 법칙화하고 싶지는 않다. 즉, 이 예외를 포함시키기 위해 고문 금지 규정을 개정하고 싶지는 않다. 규칙은 규칙이고 예외는 예외다. 나는 정치 지도자가 규칙을 받아들이고 그것의 이유를 이해하고 심지어는 그것을 내면화하기를 원한다. 동시에 그들이 그것을 언제 어겨야 할지를 알 정도로 영리하기를 원한다. 그리고 마지막으로, 나는 그들이 규칙을 믿기에 그것을 어긴 것에 죄책감을 갖기를 원한다. 그것이 그들이 유일하게 우리에게 제시할 수 있는, 그것을 너무 자주 어기지 않겠다는 보증이다.

보다 일반적으로, 당신은 『두꺼움과 얇음』에서—"인권" 같은—정의의 보편적 이념들에 대한 설명을 제시했고, 그 설명은, 어떻게 서로 다른 역사와 정치 전통을 가진 사람들이, 그 이념들이 정의에 대한 그들의 다양한 이해의 기초이거나 심지어는 필수 요소조차도 아닌데, 그것들에 대한 신념을 공유하게 되는지를 설명하려는 것이었다. 거기서 당신의 주장은, 그런 이념들은 최소한의 것 또는 "얇은" 것이고, 그것들은 여러 정치 전통에서 반복되기에, 우리는 우리의 상황과는 전혀 다른 상황 속의 사람들이 그냥 "진실"이나 "정의"라고만 적힌 피켓을 들고 행진할 때도 그들이 무엇을 요구하고 있는지를 이해할 수 있다는 것이었다. 만약 이 설명이 옳다면,—마지막 질문이 암시한 것처럼—만약 예를 들면, 인권에 대한 신념이 아주 많은 강력한 정치 전통 내에서 쇠퇴한다면, 인권의 이념이 국제 정의의 영역에서 사라지는 것이 정당해지는 것인가?

내 설명에 등장하는 피켓 든 사람들은 1989년, 벨벳 혁명Velvet Revolution 동안의 체코 사람들이다. 그들은 오랜 세월 동안 공개적으로 진리나 정의를 외칠 수 없었지만, 시위를 지켜보던 체코인들은 그 단어들이 무슨 의미인지를 알았고, 더 멀리서 지켜보던 우리도 마찬가지였다. 만약 미국에서 시민의 자유가 축소된다면, 그것을 지키고 복구하려는 운동이 머지않아 일어날 것이다. 그리고 우리가 "자유"라고 적힌 피켓을 들고 행진할 때, 우리를 지켜보는 미국인들은 그 단어가 무슨 의미인지 알 것이고, 영국의 당신들뿐 아니라 우리의 시민 자유 같은 것을 전혀 누려보지 못한 중국 사람들도 알 것이다. 전면적 문화 연구는 분명히 자유에 대한 미국인과 영국인과 중국인의 이해의 중대한 차이를 드러내겠지만, 상호 이해를 위해 충분한 어떤 최소한의 의미는 셋 모두에 공통적일 것이다.

하지만 당신의 질문은 실은 철학 개론의 상대주의/반상대주의 논쟁을 하라는 또 다른 초대일 뿐이다. 그래서 그 질문을 있을 수 있는 가장 강력한 형태로 바꾸어 표현해보겠다. 나치가 세계를 정복하여 히틀러의 약속대로 제3제국이 말 그대로 천년 동안 지속된다고 가정해보자. 그 시간이 끝났을 때, 인권의 이념이 "국제 정의의 영역에서" 사라져 있을까? 나는 그 질문의 답을 모르며 어느 누구도 모를 거라고 생각한다. 그러나 나는 세계 각지의 사람들이 나치에 저항하기를 바라며, 만약 그들이 그렇게 한다면 (나는 지금 『두꺼움과 얇음』에서의 내 주장을 다른 표현으로 말하고 있다.) 그들은, 역사와 문화는 서로 달라도, 폭정의 경험은 비슷하며 그것에 대한 반응도 비슷하다는 것을 발견할 것이다. 그리고 그들은 이 공통점으로부터 자신들의 투쟁의 목적에 알맞은 최소한의 도덕을 만들어 낼 것이다. "그것은—프라하 행진의 피켓만큼이나 급조된—날림의 허술한 일이 될 것이다."

당신은 『정의의 영역들』에서의 "복합적 평등"에 관한 영향력이 큰 연구로도 유명하다. 엘리자베스 앤더슨Elizabeth Anderson은 최근 다음과 같은 가설적 질문을 던졌다. "설사 평등을 옹호하는 최근의 많은 학술 연구가 은밀히 보수주의자들에 의해 쓰였다고 해도, 결과가 평등주의자들에게 '이보다 더 당황스러울 수가 있을까?'" 당신은 평등에 관한 현재의 철학적 연구를, 특히 그것이 좌파에게 갖는 의미와 관련하여 어떻게 생각하는가?

나는 앤더슨의 논문이 정곡을 찌르고 있다고 생각한다. 나는 그녀의 많은 다른 주장에도 동의하지만, 특히 그녀의 비판에 공감한다. 평등에 관한 오늘날의 많은 철학 저술들이 "정치적으로 짓눌려 있는 사람들의 관심사"와 실제의 인종·성·계급·신분 불평등을 다루기는커녕 인식하지도 못한다는 그녀의 말은 옳다. 어쩌면 학문으로서의 철학과 정치 투쟁 사이에는 자연스런 단절이 있는지도 모르며, 어쩌면 철학자들이 멀리서 바라보는 초연한 자세를 갖는 게 좋은 일일지도 모른다. 나는 학문의 일이 정치 영역에서의 일과 같다고 주장하고 싶지는 않다. 그럼에도 불구하고 우리가 평등과 불평등에 관심을 가질 때는 이유가 있으며, 앤더슨의 주장대로 오늘날의 철학자들이 그 이유를 항상 잘 파악하고 있는 것은 아니다. 그러나 평등과 불평등을 정말로 매우 잘 이해하고 있는 오늘날의 저술가들도 있다. 이안 샤피로Ian Shapiro (『민주적 정의Democratic Justice』)와 앤 필립스Anne Phillips (『어떤 평등이 문제인가?Which Equalities Matter?』), 찰스 바이츠Charles Beitz (『정치적 평등Political Equality』), 데이비드 밀러David Miller (『사회 정의의 원칙Principles of Social Justice』), 아이리스 영Iris Young (『포함과 민주주의Inclusion and Democracy』)을 생각해보라. 흥미로운 것은 이들이 철학과에서 일하고 있지 않다는 사실이다. 그들은 정치 이론가와 페미니스트 이론가들이며, 그들의 출발점은 현장 정치다.

내 자신의 의견을 말하자면, 나는 롤스 자신으로부터 시작하여 오늘날의 상아탑 철학자들의 한 가지 큰 실수는, 우리가 타고난 재능은 "도덕의 관점에서 보면 자의적"이므로 사회 세계에 효과를 낳도록 해서는 안 된다는—또는, 더 정확히 말하면, 그것이 낳는 결과를 결코 철학적으로 승인해서는 안 된다는—주장이라고 생각한다. 롤스가 쓴 대로, "천부의 재능이라는 우연적 성질들을 무효화해야" 한다는 것이다. 이로 인해 철학은 보통의 도덕과 근본적으로 충돌하게 된다. 물론 충돌이 때로는 유용할 때도 있지만, 이 특정한 충돌에서는 철학이 안녕할 수가 없다. 우리의 천부적 재능은 우리가 어떤 사람인지를 결정하는 것이고, 우리가 어떤 사람인지는 필연적으로 사회 세계에서 결과를 낳으며, 이 결과들 중 적어도 일부는 분명히 정당하다. 비록 존 롤스의 지능은 자연의 제비뽑기의 우연한 결과였지만, 그는 그가 『정의론 *A Theory of Justice*』을 씀으로써 얻은 명예를 얻을 자격이 있었다. 아름다운 남녀들이, 그들이 받는 구애나 구혼을 받을 자격이 없을지도 모른다(우리는 지능과 아름다움에 대해 서로 다르지만 완전히 다르지는 않은 관념을 갖고 있다). 그럼에도 불구하고 그들에게 그들의 재산을 나누라거나, 필립 반 파리스 Phillipe Van Parijs가 제안한 것처럼, 사랑에 실패한 사람들에게 보상하라는 의무를 지울 수는 없다. 이 마지막 것은 앤더슨의 가장 번뜩이는 예들 중 하나로서, 그녀는 계속해서 우리 중 아름답지 않은 사람들이 그런 보상을 요구하기 위해 결집한 적은 한 번도 없다는 것을 지적한다. 한 번도 발생한 적이 없는 정치 투쟁에서도 뭔가 배울 것이 있는 것이다!

당신의 복합적 평등관은, 필요에 초점을 맞추는 복지 국가 정책에서 벗어나 훨씬 더 많은 조건이 붙은 복지 개념을 지향하는 (미국과 유럽에서의) 오늘날의 경향과 어떤 관계가 있는가?

나는 그것이 현재의 논쟁을 묘사하는 올바른 방식이라고 생각하지 않는다. 보수적인 입장에서 복지 국가를 비판하는 사람들은 복지 보조비를 받는 사람들 중 많은 사람이 어떤 합리적인 의미에서 그것을 "필요로 하지는" 않는다고 주장한다. 그 사람들에게는 일할 능력이 있으며, 그들이 일할 수 있게 해주거나 심지어 일할 것을 요구하는 것이 사회에 더 도움이 된다는 것이다. 그런데 그것과 아주 비슷한 좌파의 오래된 주장이 있다. 그것은 사회주의 국가의 최우선 과제는 자국의 모든 시민에게 제대로 된 일자리를 제공하는 것이라는 것이다. 복지는 일할 수 없는 사람들에게만 필요하다. "능력에 따라 일하는From each according to his ability" 것도 "필요에 따라 분배하는to each according to his needs" 것만큼 중요하다. 사회 복지의 수혜자인 것보다는 자립적인 노동자인 것이 훨씬 더 좋다. 이 주장의 보수주의 판版은 두 가지가 잘못되어 있다. 첫째, 보수주의자들은 필요한 제대로 된 일자리를 제공하기 위해 경제를 조절하거나 어떤 경제 부문들에 보조금을 지급하고 싶어 하지 않는다. 그들은 시장의 능력에 대해 극단적인, 그리고 내 생각에는 극도로 설득력이 없는 견해를 갖고 있다. 그리고 둘째로, 그들은 취직을 못하거나 제대로 된 직업을 구하기 위해 필요한 교육을 공립학교에서 받지 못했거나, (특히 아이들의) 뒷바라지 때문에 일을 구할 수 없는 사람들과 유대감은커녕 같은 시민이라는 의식조차도 없다. 그런 사람들은 모두 내가 『정의의 영역들』의 복지에 관한 장에서 묘사한 바로 그대로, 그리고 바로 그 이유로 국가, 즉 같은 시민들로부터 도움을 필요로 한다. 보수주의자들은 일반적으로 정당한 "필요"의 요구를 부인하지는 않지만, 그들 대부분은 궁핍하다는 것이 무슨 의미인지에 대한 감각이 없다. 나는 철학적 주장만으로 이 결여를 해결할 수 있다고는 생각지 않는다. 동정심도 불러일으켜야 한다. 여기서는 정치가 친근감이나 동정심에 따르는 것이다.

"봉쇄된 교환blocked exchanges"에 관해 당신이 『정의의 영역들』에서 제시한 영향력이 큰 논구에 비추어, 인간의 장기와 조직, 유전 형질 등을 거래하는, 새로 생겼거나 생길지 모르는 시장에 대해 어떻게 생각하는가? 우리가 그런 상품들에 대해 어떻게 생각해야 하는가? 그것들은 한편으로는 인간성과 밀접한 관계가 있는 것 같아 보이면서도 다른 한편으로는 쉽게 상품화될 수 있다.

"쉽게 상품화될 수" 없는 것이 세상에 어디 있는가? 우리가 제한하기 전에는 무한한 범위를 갖는 게 돈과 상품 영역의 본질이다. 총이 상품인지에 대한 오늘날 미국에서의 논쟁을 생각해보라. 총은 분명히 쉽게 판매를 위해 제작될 수 있다. 그러나 총이 자전거나 아침 식사용 시리얼이나 희귀 서적이나 예복용 와이셔츠와 현저히 다르다는 것은, 반대 의견도 종종 있지만, 내가 보기에는 분명한 사실이다. 나는 우리가 결국 이 논쟁에서 이길 거라고 상당히 확신한다(사실은, 이 봉쇄된 교환은, 금방은 아니겠지만, 9·11의 여파로 발생할 미국인의 자유에 대한 제한들 중 하나가 될지 모른다). 인간의 장기와 조직에 관한 논쟁의 결과가 어떠할지에 대해서는 비슷한 확신이 없다. 우리 문화에서의 "인간성"의 의미에 대한 나의 판단에 비추어 볼 때, 나는 가장 좋은 결과는 티트머스R. Titmuss가 혈액의 경우에서 옹호한 결과일 거라고 생각한다. 장기를 일종의 공공 "펀드"에 기증하고 이런저런 공평 원칙에 따라 분배하는 것이다.

그러나 아마 사람들이 자신의 장기에 놀라울 정도로 애착을 갖고 있지 않음이 밝혀질 것이고(어쨌든, 우리가 그것을 본 일은 없는 것이다), 이로 인해 장기 시장을 옹호하는 게 아주 쉬워질 것이다. 그렇게 되면, 우리가 직면할 문제는 "인간성"보다는 보다 직접적인 의미의 분배 정의가 될 것이다. 왜냐하면 단지 국내와 제3세계의 극빈자들만이 장기 수집의 대상이 될 가능성이 크고, 이 수집을 착취로 만들 강제와 압력의 패턴이 틀림없이 생길 것이기 때문이다. 상품 분배는 오직 자유 시장에서만 정당하게 이루어질 수 있다. 권력 불평등이 이 자유를 방해할 때는 언제나, 시장은 광범위한 규제를 필요로 하며, 그 시장은 분명히 그럴 것이다.

미국의 좌파는 연전연패해왔고, 민주당은 지난 20년 동안 의도적으로 오른쪽으로 이동해왔다. 선거 제도와 선거 자금 모금 제도의 설계 때문에 (신당New Party과 노동당Labour Party) 같은 제3당의 노력은 종종 엉뚱해 보이거나 (네이더Nader의 대통령 입후보의 경우처럼) 민주당 후보의 승산을 어둡게 만드는 행동으로 비추어질 수 있었다. 미국의 좌파가 앞으로 10년 동안 선택할 수 있는 전략적 선택들은 무엇이며, 당신은 그 선택들 중 어떤 것을 선호하는가?

그것이 철학적 질문은 아닌 것으로 이해하겠다. 상황이 꼭 당신의 묘사만큼 암담한 것은 아니다. 페미니스트 운동은 오늘날 미국에서 계속 진전을 보이고 있다. 또는, 적어도 여성들이 정치 생활과 직업, 심지어 미국의 경제계에서도 계속 진전을 보이고 있다. 동성애자 권리 운동은 과거 어느 때보다 더 강하다고 생각된다. 흑인들은 미국의 상류 사회에 "도착하고" 있다(반면에 흑인 빈곤층의 위기는 깊어지고 있다). 과거의 소외 집단들이 미국 사회에 통합되고 있는 것이 우리 시대의 특징이다. 그러나 이것이 우리가 기대한 결과, 즉 나라가 왼쪽으로 가는 것을 초래하지 않은 것은 아주 실망스럽다. 어쩌면 우리가 그것을 기대해서는 안 되었는지도 모른다. 나는 (1980년대의 언젠가) 처음으로 공화당 전당 대회 대의원들의 다수가 여성이었던 해를 기억한다. 그때 나는 이렇게 생각했다. 저들이 저기 있는 것은 분명히 좋은 일이지만, 저들이 왜 **저기** 있지?

좌파 진영의 사람들은 크든 작든 희망을 품고 앞으로 10년 동안 서로 다른 많은 장소에서 일할 수 있다. 첫 번째 장소는 민주당이다. 우리는 거기서 활동해야 하며, 그 이유는 그곳이 가장 많은 수의 "우리" 사람들이 있는 곳이기 때문이다. 신당은 좋은 생각이었다. 왜냐하면 그것은 지역의 수준에서 우리 자신의 기반을 조직하면서 민주당 후보를 지원하는 것을 의미했기 때문이다. 그러나 그 전략은 이제는 실패했다. 부분적으로는 랠프 네이더Ralph Nader의 자기도취증의 산물이고, 부분적으로는 고질적인 좌파 종파주의의 산물인 2000년 녹색당Green Party의 선거 운동은 매우 나쁜 생각이었다. 미국 정치의 급우회전은 이 선거 운동의 직접적인 결과다.

두 번째 장소는 노동 운동이다. 이것은 아주 구식 권고일 거라고 생각되지만, 미국 경제에는 아직도 조직화가 가능한 중요한 부문들이 있으며 조직화는 여전히 좌파의 기반을 확대하는 가장 좋은 방법이다. 복지와 재분배의 정치는 여전히 여러 중요한 측면에서 노동 운동에 의존한다. 또한 2000년 시애틀이 증명한 것처럼, 세계적인 사회민주주의를 향한 어떤 행보도 조직 노동자의 지지를 필요로 한다.

세 번째 장소는, 유명하지만 위치를 파악하는 게 항상 쉽지는 않은 "시민 사회"다. 여기서는 모든 종류의 단체들이 번성하며 그들 중 일부, 즉 환경 단체, 페미니스트, 시민 자유 옹호 단체, 소수 집단 권익 옹호 단체 등은 우리 편이다. 이들은 아직 단합되어 있지 않고, 아마 조만간은 단합되지 않을 좌파 정치의 "조각들"이다. 그러나 이 조각들은 그것들 자체가 중요하며, 많을수록 좋고, 거기서 일하는 사람들은 일종의 좌파의 공무원 집단을 이룬다. 비록 그 단체들의 많은 수는 후방의 방어적인 정치에 전념하고 있지만, 그 단체들을 확대하기 위해 할 수 있는 모든 일은 할 가치가 있다.

당신은 존 롤스와 로버트 노직의 최근 죽음이 미국 정치철학의 한 시대의 종말을 의미한다고 생각하는가? 1960년대 말과 1970년대에 하버드 대학교에서 정치철학을 하던 시절을 어떻게 기억하는가?

나는 1960년대와 1970년대 초의 상당 시간을 정치철학을 하기보다는 "하는" 것을 배우는 데 보냈으며, 롤스와 노직, 두 사람은 나의 선생님이었다. 그 시절에는 캠브리지와 뉴욕에서 매달 만난 토의 그룹

이 있었고, 거기에는 그 두 사람과 로니 드워킨Ronnie Dworkin, 톰 네이글 Tom Nagel, 팀 스캔론Tim Scanlon, 주디 톰슨Judy Thomson, 찰스 프리드Charles Fried, 마셜 코헨Marshall Cohen과 그 밖의 몇 사람이 포함되어 있었다. 그 그룹은 이들 대부분에게는 동류同類 집단이었지만 나에게는 학교였다. 1971년, 노직과 나는 "자본주의와 사회주의Capitalism and Socialism"라는 명칭의 강좌를 함께 열었다. 그것은 한 학기 동안 계속된 논쟁으로서, 거기서 그의 『무정부와 국가와 유토피아Anarchy, State, and Utopia』와 나의 『정의의 영역들』이 나왔다. 롤스와 노직, 네이글, 드워킨은 "공공 문제"로의 철학자들의 귀환을 이끈 지도자들이었다고 할 수 있을 것이다. 나에게는 귀환이 없었다. 다른 것에 대해서는 관심을 가져본 일이 없었기 때문이다. 그러나 나는 정치에 대해 보다 철학적인 방법으로 쓰려고 노력했다. 나는 내가 진짜 철학을 잘 한 적이 있다고는 생각하지 않는다. 나는 철학이 요구하는 것으로 보이는 높은 수준의 추상에서는 쉽게 숨을 쉴 수 없었지만, 그 그룹의 내 친구들은 거기서 아주 편안해 했다. 또한 가설적인 경우들을 유희적으로 확장하면서 우리 모두가 살고 있는 세계로부터 점점 더 멀어질 때는, 오래 견딜 수가 없었다. 1970년대 중반에는 『정의로운 전쟁과 정의롭지 못한 전쟁』을 쓰고 있었고, 역사적 예들을 통해 주장을 구성하려는 내 결정은 부분적으로 내 친구들의 가설적 경우들에 대한 반발이었다. 앤더슨이 묘사하고 비판한 요즘의 철학적 정의론의 실태는 너무 많은 추상, 너무 많은 가설적 상황, 실제 세계와의 너무 큰 거리에 기인한다.

나는 롤스/노직 논쟁은 그들이 죽기 전에도 대체로 끝나 있었다고 생각한다. 철학계에서는 롤스와 롤스주의자들이 단연 승리했다. 반면에 정치계에서는 유감스럽게도 노직주의자들이 승리한 것 같다. 그러나 이 승리를 기뻐하는 사람들은 철학자들이 아니라 경제학자들이다. 지금은 이 세력들이 활동하고 있지 않다. 시장 모델에 대한 비판을 우리의 토론 그룹에서 나온 잡지인 《철학과 공공의 문제 Philosophy and Public abd Public Affairs》에서 얼마나 찾아보기가 어려운지를 생각해보라.

어떤 의미에서는, 지금의 핵심 논쟁은, 또는 비록 나는 그것과 거리를 두고 있기는 하지만, 내게 핵심적으로 보이는 논쟁은 롤스 진영 내에서 일어나고 있다. 즉, 『정의론』의 원칙들과 특히 차등의 원칙을 세계 사회에 확대 적용하려는, 찰스 바이츠와 토마스 포기 Thomas Pogge 같은 사람들과 확대를 반대하는 롤스 자신 같은 사람들 사이의 논쟁이다. 나 자신에 대해 말하자면, 나는 세계적 불평등에 대한 강한 비판과 우리에게는 최빈국들을 도울 의무가 있다는 설득력 있는 주장은, 세계 경제가 어떻게 발전했는가에 대한 역사적 설명과 롤스가 우리의 "자연적 의무 natural duties"라고 부른 것에 대한 설명으로부터 도출될 수 있다고 생각한다. 나는 어떤 특정한 정치 공동체의 연대 의식 속에서 성장하고 그것에 의존하고 있는 것처럼 보이는 도덕적 신념이 세계적 유효성을 가질 수 있는지에 대해서는 좀 회의적이다. 훗날이라면 몰라도……

당신은 평등에 관한 최근의 학술적인 평등주의 저술에 대한 앤더슨의 비판을 지지한다고 말한다. 철학이 반갑게도 1970년대에 다시 공공 문제를 다루기 시작했다고도 말한다. 당신은 공공 문제에 대한 철학의 천착穿鑿이 여전히 충분히 천착되어 있지 못하다고 생각하는 것인가?

앞서 말했지만, 나는 보다 초연하고 추상적인 상아탑 철학을 항상 찬탄하는 것은 아니지만 존중한다. 심지어 철학의 혁신은 매우 높은 추상의 수준에서 일어날 가능성이 가장 높을지 모른다. 물론 그 높은 곳에서 일어나는 일의 대부분은 그리 혁신적이지 않지만 말이다. 하지만 나는 철학자가 공공의 문제에 대해 쓸 때는, 세상의 정치적·도덕적 현실에 주의를 기울여야 한다고 생각한다. 그것은 세상의 문제이기 때문이다. 세계적 정의에 대한 토마스 포기의 최근 저술은 유용한 모델을 제공한다. 그는 학교에서 정치 경제학을 배웠고, 국제 교역 조건과 국가가 돈을 빌리고 천연자원을 파는 정치적 맥락에 대해 정통한 저술을 한다. 그런 것이, 우리가 "천착되어 있다."는 말을 듣고 싶다면, 해야 하는 종류의 저술이다.

지금 하고 있는 일은 무엇인가?

『자유주의 이론이 배제한 것들 The Exclusions of Liberal Theory』[1]이라는 가제가 붙은 작은 책을 막 끝마치고 있는 중이다. 이것은 결코 표준적인 자유주의에 대한 거부는 아니지만 그것에 대한 비판이 될 것이다. 내 주장은 자유주의가 비자발적 결사 involuntary association의 힘을 인정하고, 설사 강력한 형태일지라도 집단생활을 받아들이고, 정치적 갈등에서의 열정의 역할을 인정할 때, 자유주의는 보다 효과적으로 평등주의적인

---

1) 마이클 왈저, 『정치와 열정 : 보다 평등주의적인 자유주의를 위하여 Politics and Passion : Toward a More Egalitarian Liberalism』 (뉴헤이븐 : 예일 대학교 출판부, 2005)로 출판됨.

원칙이 될 거라는 것이다. 그것은 보다 사회학·심리학적으로 정교한 자유주의 정치 이론을 요구하는 호소다. 이 책의 더욱 작은 판본이 독일에서 『이성과 정치와 열정 : 자유주의 이론의 부족한 부분들Vernunft, Politik und Leidenschaft : Defizite liberaler Theorie』—1999년 나의 호르크하이머 강연Horkheimer lectures—이라는 제목으로 이미 출판되었다. 그러나 지금은 다문화주의에 관한 몇 가지 논쟁을 다루는 많은 내용을 추가했다.

나는, 결국은 (우리가 보는) 『유대인의 정치적 전통The Jewish Political Tradition』을 제시할, 본문과 주해로 이루어진, 네 권의 책을 낳을 큰 공동 프로젝트에도 참여하고 있다. 권위와 정당성에 대한 모든 논쟁을 다루고 있는 제1권은 2000년에 나왔다. 구성원의 자격을 주제로 하는 제2권은 '누가 유대인인가?'라는 질문에 대답하려는, 3천 년 동안의 시도를 다룬다. 그것은 나온 지 얼마 되지 않았다(2003년 4월). 내 입장에서는 그 프로젝트가, 그 전통이, 정통파 유대교도에게뿐 아니라 심지어 종교적 유대인들에게도 전적으로 "속하지는" 않는다는 것을 보여주려는 시도다. 나는 또한, 유대인의 정치적 경험, 특히 나라 없는 삶, 영토나 주권 없이 집단적으로 생존한 경험은, 자신의 종교나 민족이 무엇이든 (또는 무엇이 아니든) 상관없이, 정치에 관심이 있는 모든 사람의 관심사가 되어야 한다고 주장하고 있다.

끝으로, 《디센트》는 내 시간을 많이 차지한다. 오늘날의 미국에서 야당권 정치를 견지하려는 것은 어려운 일이다. 내가 반대해야 한다고 느끼는 것의 일부가, 역시 반대자인 많은 사람들의 백치 같은 행동일 때는 특히 그렇다. 예를 들면, 무조건적인 반미주의, 구舊좌파의 교조주의, 정치적으로 올바르다는politically correct 사람들과 도덕적으로 순수하다는 사람들의 당파보다 큰 모든 단체에 대한 거부가 그것이다. 나는 왼쪽에 살지만 몇몇 내 이웃들과 다투고 있고, 9·11 이후에는 이 다툼이 더 심해지고 있다. 그러나 나는, 내가 이렇게 다투는 "일을 하고 있다고" 생각하고 싶지는 않다. 그것은 단지 가끔 필요한 용무일 뿐이다.

마이클 왈저의 저작

이 문헌 목록은 마이클 왈저의 책과 논문의 초판만을 제시한다. 여기에는 영어 이외의 언어로 출판된 자료는 포함되지 않았다. 그리고 《디센트Dissent》와 《뉴 리퍼블릭New Republic》 등에 실린 일부 짧은 시사 논평들도 배제했다. 이렇게 배제된 것들을 제외하면, 여기에는 왈저의 출판된 저작이 모두 정리되어 있다.

책과 논문, 에세이, 출판된 강연

1956~1960
"The Travail of the U.S. Communists." *Dissent* (Fall 1956), 406~410쪽.
"Hungary and the Failure of the Left." *Dissent* (Spring 1957), 157~162쪽.
"John Wain : The Hero in Limbo." *Perspective* 10 (Summer – Fall 1958), 137~145쪽.
"Politics of the Angry Young Men." *Dissent* (Spring 1958), 148~154쪽.
"When the Hundred Flowers Withered." *Dissent* (Fall 1958), 360~374쪽.
"Education for a Democratic Culture : I." *Dissent* (Spring 1959), 107~121쪽.
"The American School : II." *Dissent* (Summer 1959), 223~236쪽. (Second part of above.)
"A Cup of Coffee and a Seat." *Dissent* (Spring 1960), 111~120쪽.
Exchange with H. Brand. "Classless Education in Class Society?" *Dissent* (Winter 1960), 86~89쪽.
"The Idea of Resistance." In "Politics of Non–Violent Resistance : A Discussion." *Dissent* (Fall 1960), 369~373쪽.
"In Place of a Hero." *Dissent* (Spring 1960), 156~162쪽.
"The Politics of the New Negro." *Dissent* (Summer 1960), 235~243쪽.

1961
Pamphlet. "Cuba : The Invasion and the Consequences." *Dissent* (June 1961). Exchange with Joyce Kolko. "Cuba and Radicalism." *Dissent* (Fall 1961), 517~519쪽.
Exchange with Tom Kahn. "The Idea of Revolution ." *Dissent* (Spring 1961), 180~184쪽.

1962
"The Mood and the Style." *Dissent* (Winter 1962), 29~33쪽.
"Students in Washington : A New Peace Movement." *Dissent* (Spring 1962), 179~182쪽.
"The Young Radicals : A Symposium." *Dissent* (Spring 1962), 129~131쪽.

1963
"In Defense of Spying." *Dissent* (Fall 1963), 398~399쪽.
"Puritanism as a Revolutionary Ideology." *History and Theory* 3 (1963), 59~90쪽.
"Revolutionary Ideology : The Case of the Marian Exiles." *American Political Science Review* 57 (1963), 643~654쪽.

1964

"The Only Revolution : Notes on the Theory of Modernization." *Dissent* (Fall 1964), 432~440쪽.

"Paul Goodman's Community of Scholars." With response by Paul Goodman. *Dissent* (Winter 1964), 21~28쪽.

1965

The Revolution of the Saints : A Study in the Origins of Radical Politics. Cambridge : Harvard University Press, 1965. Translations : French, Italian ; forthcoming in Spanish.

With John Schrecker. "American Intervention and the Cold War." *Dissent* (Fall 1965), 43~46쪽.

With Michael Rustin. "Labor in Britain : Victory and Beyond." Dissent (Winter 1965), 21~31쪽.

"Report from America." *Views* (Summer 1965), 12~13쪽.

1966

"Democracy and the Conscript." *Dissent* (January – February 1966), 16~22쪽.

Exchange (coauthored with John Schrecker) with Henry Pachter. "Ideology and Power in Foreign Affairs : Comments on John Schrecker and Michael Walzer, 'American Intervention and the Cold War' in Dissent, Autumn 1965." *Dissent* (March – April 1966), 198~207쪽.

"On the Nature of Freedom." *Dissent* (November – December 1966), 725~728쪽.

"Options for Resistance Today." In symposium, "The Draft : Reflections and Opinions." *Dissent* (May – June 1966), 318~319쪽.

1967

Exchange with Lewis Coser. "Anti-Communism and the CIA." *Dissent* (May – June 1967), 274~280쪽.

"The Condition of Greece : Twenty Tears After the Truman Doctrine." *Dissent* (July – August 1967), 421~431쪽.

"The Exodus and Revolution : An Exercise in Comparative History." *Mosaic* 8 (1967), 6~21쪽.

"Moral Judgment in Time of War." *Dissent* (May – June 1967), 284~292쪽.

"The Obligation to Disobey." *Ethics* 77 (1967), 163~175쪽.

"On the Role of Symbolism in Political Thought." *Political Science Quarterly* 82 (1967), 191~204쪽.

1968

"Civil Disobedience and 'Resistance.'" *Dissent* (January – February 1968), 13~15쪽.

"The New Left." In *The University and the New Intellectual Environment* : The Frank Gerstein Lectures, York University 1967~1968, 29~48쪽. Toronto : Macmillan of Canada, 1968.

"Politics in the Welfare State." *Dissent* (January – February 1968), 26~40쪽.

1969

"Civil Disobedience and Corporate Authority." In *Power and Community : Dissenting Essays in Political Science*, edited by Philip Green and Sanford Levinson, 223~246쪽. New York : Random House, 1969.

"Prisoners of War : Does the Fight Continue After the Battle?" *American Political Science Review* 63 (1969), 777~786쪽.

1970

Obligations : Essays on Disobedience, War and Citizenship. Cambridge : Harvard University Press, 1970. Translations : Spanish, Portuguese, Japanese.

"A Journey to Israel." *Dissent* (November – December 1970), 497~503쪽.

"The Revolutionary Uses of Repression." In Essays in *Theory and History : An Approach to the Social Sciences*, edited by Melvin Richter, 122~136쪽. Cambridge : Harvard University Press, 1970.

1971

Political Action. Chicago : Quadrangle Books, 1971.

"'Citizens Politics' : How to Do It." *Dissent* (June 1971), 252~257쪽.

"Violence : The Police, the Militants, and the Rest of Us." Dissent (April 1971), 119~127쪽.

"World War II : Why Was This War Different?" *Philosophy and Public Affairs* I (1971), 3~21쪽.

1972

"Notes for Whoever's Left." *Dissent* (Spring 1972), 309~314쪽.

1973

"In Defense of Equality." *Dissent* (Fall 1973), 399~408쪽.

"The Peace Movement : What Was Won by Protest?" *New Republic* 168 (February 10, 1973), 24~26쪽.

"Political Action : The Problem of Dirty Hands." *Philosophy and Public Affairs* 2 (Winter 1973), 160~180쪽.

"Regicide and Revolution." *Social Research* 40 (1973), 617~642쪽.

1974

Regicide and Revolution. London : Cambridge University Press, 1974. Translation : French ; new ed. with introduction by author, Columbia University Press, 1992.

"Civility and Civic Virtue in Contemporary America." *Social Research* 41 (1974), 593~611쪽.

1975

"Consenting to One's Own Death : The Case of Brutus." In *Beneficent Euthanasia*, edited by Marvin Kohl, 100~105쪽. Buffalo, N.Y. : Prometheus Books, 1975.

Exchange with J. Bowyer Bell and Roger Morris. "Terrorism : A Debate." *New Republic*

173 (December 27, 1975), 12~15쪽.

1976
"Israeli Policy and the West Bank." *Dissent* (Summer 1976), 234~236쪽.
"The Memory of Justice : Marcel Ophuls and the Nuremberg Trials." *New Republic* 175 (October 9, 1976), 19~23쪽.
"Thoughts on Democratic Schools." *Dissent* (Winter 1976), 57~64쪽.

1977
Just and Unjust Wars. New York : Basic Books, 1977. Second edition, 1992, third edition 2000, fourth edition, 2006. Translations : Hebrew, Spanish, Italian, German, French, Portuguese, Dutch.
Radical Principles. New York : Basic Books, 1977.
"War Crimes : Defining the Moral Culpability of Leaders and Citizens." *New Republic* 177 (November 5, 1977), 17~23쪽.

1978
Symposium. "Capitalism, Socialism, and Democracy," *Commentary* 65 (April 1978); 70~71쪽.
"Israel in Lebanon : Just and Unjust Responses to Terrorism." *New Republic* 178 (April 8, 1978), 17~18쪽.
"Teaching Morality : Ethics Makes a Comeback." *New Republic* 178 (June 10, 1978), 12~14쪽.
"Town Meetings and Workers' Control : A Story for Socialists." *Dissent* (Summer 1978), 325~333쪽.
Symposium. "Vietnam and Cambodia." *Dissent* (Fall 1978), 390~391쪽.
Exchange with Robert L. Heilbroner. "What Is Socialism?" *Dissent* (Summer 1978), 341~360쪽.

1979
"The Islam Explosion : Religion is Reemerging as a Political Force Throughout the Third World." *New Republic* 181 (December 8, 1979), 18~21쪽.
"The Moral Problem of Refugees : The Boat People Are an Easy Case. How Will We Handle a Tough One?" *New Republic* 180 (February 10, 1979), 15~17쪽.
"The Pastoral Retreat of the New Left." *Dissent* (Fall 1979), 406~411쪽.
"Socialism and Self-Restraint : The Moral Equivalent of War Requires the Moral Equivalent of Wartime Equality." *New Republic* 181 (July 7 and 14, 1979), 16~19쪽.
"A Theory of Revolution." *Marxist Perspectives* 52 (Spring 1979), 30~44쪽.
With Irving Howe. "Were We Wrong About Vietnam? : Reconsidering the Antiwar Movement." *New Republic* 181 (August 18, 1979), 15~18쪽.

1980
Symposium "Liberalism and the Jews." *Commentary* 69 (January 1980), 76~77쪽.
"The Moral Standing of States : A Response to Four Critics." *Philosophy and Public Affairs* 9 (1980), 209~229쪽.

"Pluralism : A Political Perspective." In *Harvard Encyclopedia of American Ethnic Groups*, edited by Stephan Thernstrom, Ann Orlov, and Oscar Handlin, 781~787쪽. Cambridge : Belknap Press of Harvard University Press, 1980.

"Political Decision-Making and Political Education." In *Political Theory and Political Education*, edited by Melvin Richter, 159~176쪽. Princeton : Princeton University Press, 1980.

"Revolution-Watching : The Iranian Captivity." *New Republic* 182 (March 29, 1980), 14~16쪽.

1981

"The Courts, the Elections, and the People." *Dissent* (Spring 1981), 153~155쪽.

"Democracy vs. Elections : Primaries Have Ruined Our Politics." *New Republic* 184 (January 3 and 10, 1981), 17~19쪽.

"The Distribution of Membership." In *Boundaries : National Autonomy and Its Limits*, edited by Peter G. Brown and Henry Shue, 1~35쪽. Totowa, N.J. : Rowman and Littlefield, 1981.

Exchange with Paul Fussell. "An Exchange on Hiroshima : Michael Walzer and Paul Fussell on the Moral Calculus of the Bomb." *New Republic* 185 (September 23, 1981), 13~14쪽.

"Philosophy and Democracy." *Political Theory* 9 (1981), 379~399쪽.

"Response to Chaney and Lichtenberg." In *Boundaries : National Autonomy and Its Limits*, edited by Peter G. Brown and Henry Shue, 101~105쪽. Totowa, N.J. : Rowman and Littlefield, 1981.

"Totalitarianism vs. Authoritarianism : The Theory of Tyranny, the Tyranny, the Tyranny of Theory." *New Republic* 185 (July 4 and 11, 1981), 21, 24~25쪽.

"Two Kinds of Military Responsibility." *Parameters* II (March 1981), 42~46쪽.

1982

"The Community : Wanted : Moral Engagement." *New Republic* 186 (March 31, 1982), 11~12, 14쪽.

"Dirty Work Should Be Shared : In a Society of Equals, Garbage is Everyone's Business." *Harper's* 265 (December 1982), 22~31쪽.

"Political Alienation and Military Service." In *The Military Draft : Selected Readings on Conscription*, edited by Martin Anderson, 153~170쪽. Stanford : Hoover Institution Press, 1982.

"Response to Lackey." *Ethics* 92 (1982), 547~548쪽.

"Socialism and the Relationship." *Dissent* (Fall 1982), 431~441쪽.

1983

Spheres of Justice. New York : Basic Books, 1983. Translations : Italian, German (second edition with new preface, 2006), Swedish, French, Spanish, Japanese, Korean, Chinese, Portuguese.

"On Failed Totalitarianism." *Dissent* (Summer 1983), 297~306쪽.

"Notes from an Israel Journal : What the Students Taught the Teacher about Just and

Unjust Wars." *New Republic* 189 (September 5, 1983), 13~17쪽.

"The Politics of Michel Foucault." *Dissent* (Fall 1983), 481~490쪽.

Exchange with Ronald Dworkin. "'Spheres of Justice' : An Exchange." *New York Review of Books* (July 21, 1983), 43~44쪽.

"'States and Minorities." In *Minorities : Community and Identity*, edited by C. Fried, 219 ~227쪽. Berlin : Springer-Verlag, 1983.

1984

"Commitment and Social Criticism : Camus's Algerian War." *Dissent* (Fall 1984), 424~432쪽.

"Deterrence and Democracy : In a Nuclear Age We Need Both 'Normal' and 'Abnormal' Politics." *New Republic* 191 (July 2, 1984), 16~21쪽.

"Dissent at Thirty." *Dissent* (Winter 1984), 3~4쪽.

"Liberalism and the Art of Separation." *Political Theory* 12 (1984), 315~330쪽.

"The Politics of the Intellectual : Julien Benda's *La Trahison des Clercs* Reconsidered." In *Conflict and Consensus : A Festschrift in Honor of Lewis A. Coser*, edited by Walter W. Powell and Richard Robbins, 365~377쪽. New York : Macmillan, 1984.

1985

Exodus and Revolution. New York : Basic Books, 1985. Translations : French, German, Italian, Japanese, Hebrew, Spanish.

Exchange with Joseph Frank and Lionel Abel. "Camus and the Algerian War." *Dissent* (Winter 1985), 105~110쪽.

"Hold the Justice : At McPrison and Burglar King, It's……." *New Republic* 192 (April 8, 1985), 10~12쪽.

"Panel Discussion : The Arts, the Humanities, and Their Institutions." *Art and the Law* 9 (1985), 179~214쪽.

1986

"Cheap Moralizing." In symposium, "The Jeweler's Dilemma : How Would You Respond?" *New Republic* 195 (November 10, 1986), 20쪽.

Introduction. *The Hedgehog and the Fox*, by Isaiah Berlin. New York : Simon and Schuster, Touchstone, 1986.

"Justice Here and Now." In *Justice and Equality Here and Now*, edited by Frank S. Lucash, 136~150쪽. Ithaca : Cornell University Press, 1986.

"The Long-Term Perspective." *Bulletin of the New York Academy of Medicine* 62 (January-February 1986), 8~14쪽.

"Pleasures and Costs of Urbanity." *Dissent* (Fall 1986), 470~475쪽.

"The Reform of the International System." In *Studies of War and Peace*, edited by Øyvind Østerud, 227~250, 276쪽. Oslo : Norwegian University Press, 1986.

"Toward a Theory of Social Assignments." In *American Society : Public and Private Responsibilities*, edited by Winthrop Knowlton and Richard Zechhauser, 79~96쪽. Cambridge : Harper and Row, Ballinger 1986.

"What's Terrorism-And What Isn't?" *Dissent* (Summer 1986), 274~275쪽.

1987

Interpretation and Social Criticism. Cambridge : Harvard University Press, 1987. Translations : French, German, Italian, Japanese, Spanish.

"Israel's Great Victory : A War of Survival or Conquest?" *New Republic* 196 (June 8, 1987), 22~25쪽.

"Notes on Self-Criticism." *Social Research* 54 (1987), 33~43쪽.

1988

The Company of Critics. New York : Basic Books, 1988. Second edition, 2002. Translations : Italian, German, French, Spanish, Lithuanian, Russian.

"The Ambiguous Legacy of Antonio Gramsci." *Dissent* (Fall 1988), 444~456쪽.

Published lecture. "Interpretation and Social Criticism." In *The Tanner Lectures on Human Values*, edited by Sterling M. McMurrin, vol. 8, 1~80쪽. Salt Lake City : University of Utah Press, 1988.

"Socializing the Welfare State." In *Democracy and the Welfare State*, edited by Amy Gutmann, 13~26쪽. Princeton : Princeton University Press, 1988.

"Terrorism : A Critique of Excuses." In *Problems of International Justice*, edited by Steven Luper-Foy, 237~247쪽. Boulder : Westview Press, 1988.

1989

"Citizenship." In *Political Innovation and Conceptual Change*, edited by Terence Ball, James Farr, and Russell L. Hanson, 211~219쪽. Cambridge : Cambridge University Press, 1989.

"The Critic in Exile : Breyten Breytenbach and South Africa." *Dissent* (Spring 1989), 177~185쪽.

"A Critique of Philosophical Conversation." *Philosophical Forum* 21 (Fall-Winter 1989~1990), 182~196쪽.

"The Sins of Salman : The Do's and Don't's of Blasphemy." *New Republic* 200 (April 10, 1989), 13~15쪽.

"Socialism Then and Now." *New Republic* 201 (November 6, 1989), 75~78쪽.

1990

"The Communitarian Critique of Liberalism." *Political Theory* 18 (1990), 6~23쪽.

"The Constitution and Social Change : A Comment." In *The Constitutional Bases of Political and Social Change in the United States*, edited by Shlonim, 353~356쪽. New York : Praeger, 1990.

Published lecture. "Nation and Universe." In *The Tanner Lectures on Human Values*, edited by Grethe B. Peterson, vol. II, 507~556쪽. Salt Lake City : University of Utah Press, 1990.

"What Does It Mean to Be an 'American'?" *Social Research* 57 (1990), 591~614쪽.

1991

"Constitutional Rights and the Shape of Civil Society." In *"The Constitution of the People" : Reflections on Citizens and Civil Society*, edited by Robert E. Calvert, 113~126.

Lawrence : University Press if Kanasas, 1991.
"On Distributive Justice." Preface in *The 1990 American Education Finance Association Yearbook : Spheres of Justice in Education*, edited by Deborah. A. Verstegen and James G. Ward, v-viii. New York : HarperCollins, HarperBusiness, 1991.
"Education." In *The 1990 American Education Finance Association Yearbook : Spheres of Justice in Education*, edited by Deborah A. Verstegen and James G. Ward, 239~268쪽. New York : HarperCollins, HarperBusiness, 1991.
"Good Aristocrats/Bad Aristocrats : Thomas Hobbes and Early Modern Political Culture." In *In the Presence of the Past : Essays in Honor of Frank Manuel*, edited by Richard T. Bienvenu and Mordechai Feingold, 41~53쪽. Dordrecht, The Netherlands : Kluwer Academic Publishers, 1991.
"The Idea of Civil Society : A Path to Social Reconstruction." *Dissent* (Spring 1991), 293~304쪽.
"Perplexed : Moral Ambiguities in the Gulf Crisis." *New Republic* 204 (January 28, 1991), 13~15쪽.
"Introduction." In *Toward a Global Civil Society*, edited by Michael Walzer, 1~4쪽. Providence, R.I. : Berghahn Books, 1991.

1992

What It Means to be an American. New York : Marsilio, 1992. Published in Italian and English. Translation : Japanese.
Civil Society and American Democracy. Berlin : Rotbuch Verlag, 1992. Selected essays, in German.
"The Idea of Holy War in Ancient Israel." *Journal of Religious Ethics* 20 (1992), 215~228쪽.
"Justice and Injustice in the Gulf War." In *But Was It Just? : Reflections on the Morality of the Persian Gulf War*, edited by David E. DeCosse, 1~17쪽. New York : Doubleday, 1992. Walzer essay copyright 1992 by Basic Books, Inc., and is an adaptation of the Foreword to his 1992 edition of Basic Books' *Just and Unjust Wars*.
"The Legal Codes of Ancient Israel." *Yale Journal of Law and the Humanities* 4 (1992), 335~349쪽.
"Moral Minimalism." In *From the Twilight of Probability:Ethics and Politics*, edited by William R. Shea and Antonio Spadafora, 3~14쪽. Canton, Mass. : Watson Publishing International, Science History Publications, 1992.
"The New Tribalism : Notes on a Difficult Problem." *Dissent* (Spring 1992), 164~171쪽.
"Scenarios for Possible Lefts : Where Can We Go?" *Dissent* (Fall 1992), 466~469쪽.
"Two Kinds of Institute." *Cambridge Review* 113 (June 1992), 55~56쪽.

1993

"Between Nation and World : Welcome to Some New Ideologies." *The Economist*. Special issue, *150 Economist Years* (September 11, 1993), 51~54쪽.
"Exclusion, Injustice, and the Democratic State." *Dissent* (Winter 1993), 55~64쪽.
"Objectivity and Social Meaning." In *The Quality of Life*, edited by Martha C. Nussbaum and Amartya Sen, 165~177쪽. Oxford : Clarendon Press, 1993.

1994
Thick and Thin : Moral Argument at Home and Abroad. Notre Dame : Notre Dame Press, 1994. Translations : Italian, German, Spanish, Slovak, Greek, French, Japanese.
"Shared Meanings in a Poly-Ethnic Democratic Setting : A Response." *Journal of Religious Ethics* 22.2 (1994), 401~405쪽.

1995
Pluralism, Justice, and Equality, with David Miller. Oxford : Oxford University Press, 1995. Translation : Spanish.
Toward a Global Civil Society, editor. Providence, R.I. : Berghahn Books, 1995. Translation : Japanese.
"Education, Democratic Citizenship, and Multiculturalism." *Journal of Philosophy of Education* 29 (1995), 181~189쪽.
"The Civil Society Argument." In *Theorizing Citizenship*, edited by Ronald Beiner, 153~174쪽. Albany : State University of New York Press, 1995.
Symposium. "Fifty Years After Hiroshima." *Dissent* (Summer 1995), 330~331쪽.
"The Politics of Rescue." *Dissent* (Winter 1995), 35~41쪽.
"The Public Impact of the Christian-Jewish Dialogue." *New Theology Review* 8 (May 1995), 79~83쪽.

1996
"For Identity." *New Republic* 215 (December 2, 1996), 39쪽.
Exchange with Cornel West. "The Million Man March." *Dissent* (Winter 1996), 97~99, 101쪽.
"On Negative Politics." In *Liberalism Without Illusions*, edited by Bernard Yack, 17~24쪽. Chicago : University of Chicago Press, 1996.
"What's Going On? : Notes on the Right Turn." *Dissent* (Winter 1996), 5~11쪽.

1997
On Toleration. New Haven : Yale University Press, 1997. English edition in India by Frank Bros. & Co. (Publishers) Ltd. Translations : French, German, Italian, Spanish, Portuguese, Dutch, Swedish, Estonian, Greek, Bulgarian, Hebrew, Russian, Polish, Chinese, Japanese, Romanian, Slovak, Ukrainian ; forthcoming in Lithuanian, Turkish.
Arguments from the Left. Stockholm : Atlas, 1997. Selected essays, in Swedish.
Pluralism and Democracy. Paris : Éditions Esprit, 1997. Selected essays, in French.
"Blacks and Jews : A Personal Reflection." In *Struggles in the Promised Land : Toward a History of Black-Jewish Relations in the United States*, edited by Jack Salzman and Cornel West, 401~409쪽. New York : Oxford University Press, 1997.
Symposium. "Campaign Financings : Four Views." *Dissent* (Summer 1997), 5~6쪽.
"The Politics of Difference : Statehood and Toleration in a Multicultural World." In *The Morality of Nationalism*, edited by Robert McKim and Jeff McMahan, 245~257쪽. Oxford : Oxford University Press, 1997.
"The Underworked American." *New Republic* 217 (September 22, 1997), 29쪽.

Special issue. "Zionism at 100 : A Symposium." *New Republic* 217 (September 8 and 15, 1997), 22쪽.

1998
"The Big Shrug." *New Republic* 218 (February 2, 1998), 9~10쪽.
"Crass Demos." *New Republic* 218 (June 8, 1998), 11~12쪽.
"Disunited." *New Republic* 219 (July 27, 1998), 10~11쪽.
"On Involuntary Association." In *Freedom of Association*, edited by Amy Gutmann, 64~74쪽. Princeton : Princeton University Press, 1998.
"Michael Sandel's America." In *Debating Democracy's Discontent : Essays on American Politics, Law, and Public Philosophy*, edited by Anita L. Allen and Milton C. Regan, Jr., 175~182쪽. Oxford : Oxford University Press, 1998.
"Multiculturalism and the Politics of Interest." In *Insider/Outsider : American Jews and Multiculturalism*, edited by David Biale, Michael Galchincky, and Susannah Heschel, 88~98쪽. Berkeley : University of California Press, 1998.
"Pluralism and Social Democracy." *Dissent* (Winter 1998), 47~53쪽.

1999
Reason, Politics, and Passion. Frankfurt : Fischer Taschenbuch Verlag, 1999. The Horkheimer Lectures, in German ; also published in Spanish, French, Italian, and Korean.
"Deliberation, and What Else?" In *Deliberative Politics : Essays on Democracy and Disagreement*, edited by Stephan Macedo, 58~69쪽. New York : Oxford University Press, 1999.
Published lecture. "Drawing the Line : Religion and Politics." *Utah Law Review* 1999, no. 3 : 619~638쪽.
"Kosovo." *Dissent* (Summer 1999), 5~7쪽.
"Rescuing Civil Society." *Dissent* 46 (Winter 1999), 62~67쪽.

2000
The Jewish Political Tradition. Volume 1 : *Anthority*, coedited with Menachem Lorberbaum, Noam Zohar, and Ari Ackerman. New Haven : Yale University Press, 2000.
"Governing the Globe : What Is the Best We Can Do?" *Dissent* (Fall 2000), 44~51쪽.

2001
Exilic Politics in the Hebrew Bible. Tübingen, Germany : Mohr Siebeck, 2001, in German.
War, Politics, and Morality. Barcelona : Ediciones Paidos, 2001. Selected essays, in Spanish.
"Double Effect." In *The Doctrine of Double Effect : Philosophers Debate a Controversial Moral Principle*, edited by P.A. Woodward, 261~269쪽. Notre Dame : University of Notre Dame Press, 2001.
"Excusing Terror : The Politics of Ideological Apology." *American Prospect* 12 (October 22, 2001), 16~17쪽.

"History and National Liberation." *Journal of Israeli History : Politics, Society, Culture* 20 (Summer–Fall 2001), 1~8쪽.

"Liberalism, Nationalism, Reform." In *The Legacy of Isaiah Berlin*, edited by Ronald Dworkin, Mark Lilla, and Robert B. Silvers, 169~176쪽. New York : New York Review Books, 2001.

"Nation–States and Immigrant Societies." In *Can Liberal Pluralism Be Exported? : Western Political Theory and Ethnic Relations in Eastern Europe*, edited by Will Kymlicka and Magda Opalski, 150~153쪽. Oxford : Oxford University Press, 2001.

Published lecture. "Universalism and Juwish Values." *The Twentieth Morgenthau Memorial Lecture on Ethics and Foreign Policy* (May 15, 2001) New York : Carnegie Council on Ethics and Foreign Policy, 2001.

2002

The Thread of Politics : Democracy, Social Criticism, and World Government. Reggio Emilia, Italy : Edizioni Diabasis, 2002. Selected essays, in Italian.

"The Argument about Humanitarian Intervention." *Dissent* (Winter 2002), 29~37쪽.

"Can There Be a Decent Left?" *Dissent* (Spring 2002), 19~23쪽.

"Equality and Civil Society." In *Alternative Conceptions of Civil Society*, edited by Simone Chambers and Will Kymlicka, 34~49쪽. Princeton : Princeton University Press, 2002.

"Five Questions about Terrorism." (Followed by exchange with Leo Casey, Michael Kazin, James B. Rule, and Ann Snitow.) *Dissent* (Winter 2002), 5~16쪽.

"The Four Wars of Israel/Palestine." *Dissent* (Fall 2002), 26~33쪽.

"The 9/11 License." *Renewal* 10 : 3 (2002), 28~31쪽.

"No Strikes." *New Republic* 227 (September 30, 2002), 19~22쪽.

"Passion and Politics." *Philosophy and Social Criticism* 28 (November 2002), 617~633쪽.

"The Triumph of Just War Theory (and the Dangers of Success)." *Social Research* 69 (2002), 925~944쪽.

2003

Erklärte Kriege—Kriegserklärungen. Hamburg : Europäische Verlagsanstalt, 2003. Selected essays, in German.

The Jewish Political Tradition. Volume 2 : *Membership*, coedited with Menachem Lorberbaum, Noam Zohar, and Ari Ackerman. New Haven : Yale University Press, 2003.

"Is There an American Empire?" *Dissent* (Fall 2003), 27~31쪽.

"What Rights for Illiberal Communities?" In *Forms of Justice : Critical Perspectives on David Miller's Political Philosophy*, edited by Daniel A. Bell and Avner deShalit, 123~134쪽. Lanham, Md. : Rowman and Littlefield, 2003.

"The United States in the World—Just Wars and Just Societies : An Interview with Michael Walzer." Interview by *Imprints : A Journal of Analytical Socialism* 7 : 1 (2003), 4~19쪽.

2004

Arguing About War. New Haven : Yale University Press, 2004. Selected essays and articles. Translations : Spanish, French, Italian, Polish ; forthcoming in Japanese.

Published lecture. "Beyond Humanitarian Intervention : Human Rights in Global Society." Original : "Una lista breve di casi da difendere a oltranza." Translated by René Capovin. *Reset* (July – August 2004), 42~45쪽.

"Can There be a Moral Foreign Policy?" In *Liberty and Power : A Dialogue on Religion and U.S. Foreign Policy in an Unjust World*, series editors E. J. Dionne, Jr., Jean Bethke Elshtain, Kayla Drogosz, 34~52쪽. Washington, D.C. : Brookings Institution Press, 2004.

"A Liberal Perspective on Deterrence and Proliferation of Weapons of Mass Destruction." In *Ethics and Weapons of Mass Destruction : Religious and Secular Perspectives*, edited by Sohail H. Hashmi and Steven P. Lee, 163~167쪽. Cambridge : Cambridge University Press, 2004.

"Zionism and Judaism." In *Judaism and Modernity : The Religious Philosophy of David Hartman*, edited by Jonathan W. Malino, 308~325쪽. Hampshire, England, and Burlington, Vermont : Ashgate Publishing, 2004.

2005

Politics and Passion : Toward a More Egalitarian Liberalism. New Haven : Yale Haven : Yale University Press, 2005. Translation : Polish ; forthcoming in Chinese, Japanese. (Expanded version of *Reason, Politics, and Passion.*)

"All God's Children Got Values." *Dissent* (Spring 2005), 35~40쪽.

"The Good Society." In *Marx and the Future of Socialism*, edited by Uri Zilbersheid, 260~267쪽. Tel Aviv : Resling, 2005.

2006

"Moral Education and Democratic Citizenship." In *To Restore American Democracy : Political Education and the Modern University*, edited by Robert E. Calvert, 217~230쪽. Oxford : Rowman and Littlefield, 2006.

"Morality and Politics in the Work of Michael Wyschogrod." *Modern Theology* 22 : 4 (October 2006), 687~692쪽.

"Political Theology : Response to the Six." *Political Theology* 7 : 1 (January 2006), 91~99쪽.

"Regime Change and Just War." *Dissent* (Summer 2006), 103~108쪽. Reprint of Preface to the 4th edition, *Just and Unjust Wars : A Moral Argument with Historical Illustrations.* New York : Basic Books, 2006.

Published lecture. "Terrorism and Just War." *Philosophia* 34 : 1 (January 2006), 3~12쪽)

Published lecture. "Who Is an American Jew?" *Occasional Papers on Jewish Civilization, Jewish Thought, and Philosophy* (February 2006), 8~15쪽. The Program for Jewish Civilization, Edmund A. Walsh School of Foreign Service, Georgetown University (November 19, 2003).

출전

1장. "Philosophy and Democracy." *Political Theory* 9 (1981), 379~399쪽.
2장. "A Critique of Philosophical Conversation." *Philosophical Forum* 21 (Fall-Winter 1989~1990), 182~196쪽.
3장. "Objectivity and Social Meaning." In *The Quality of Life*, edited by Martha C. Nussbaum and Amartya Sen, 165~177쪽. Oxford : Clarendon Press, 1993.
4장. "Liberalism and the Art of Separation." *Political Theory* 12 (1984), 315~330쪽.
5장. "Justice Here and Now." In *Justice and Equality Here and Now*, edited by Frank S. Lucash, 136~150쪽. Ithaca : Cornell University Press, 1986.
6장. "Exclusion, Injustice, and the Democratic State." *Dissent* (Winter 1993), 55~64쪽.
7장. "The Communitarian Critique of Liberalism." *Political Theory* 18 (1990), 6~23쪽.
8장. "The Civil Society Argument." In *Theorizing Citizenship*, Edited by Ronald Beiner, 153~174쪽. Albany : State University of New York Press, 1995.
9장. "Deliberation, and What Else?" In *Deliberative Politics, Essays on Democracy and Disagreement*, edited by Stephen Macedo, 58~69쪽. New York : Oxford University Press, 1999.
10장. "Drawing the Line : Religion and Politics." *Utah Law Review* 3 (1999), 619~638쪽.
11장. "The Politics of Difference : Statehood and Toleration in a Multicultural World." In *The Morality of Nationalism*, edited by Robert McKim and Jeff McMahan, 245~257쪽. New York : Oxford University Press, 1997.
12장. "Nation and Universe." In *The Tanner Lectures on Human Values*, edited by Grethe B. Peterson, 11 : 507~556. Salt Lake City : University of Utah Press, 1990.
13장. "The Moral Standing of States : A Reply to Four Critics." *Philosophy and Public Affairs* 9 (1980), 209~229쪽.
14장. "The Argument about Humanitarian Intervention." *Dissent* (Winter 2002), 29~37쪽.
15장. "Beyond Humanitarian Intervention : Human Rights in Global Society." Original : "Una lista breve di casi da difendere a oltranza." Translated by René Capovin. *Reset* (July-Argust 2004), 42~45쪽.
16장. "Terrorism and Just War." *Philosophia* 34 : 1 (January 2006), 3~12쪽.
17장. "Political Action : The Problem of Dirty Hands." *Philosophy and Public Affairs* 2 (Winter 1973), 160~180쪽.
18장. "The United States in the World : Just Wars and Just Societies : An Interview with Michael Walzer." Interview by *Imprints : A Journal of Analytical Socialism* 7 : 1 (2003), 4~19쪽.

찾아보기

책 · 논문

〈구조의 정치The Politics of Rescue〉 463
〈더러운 손Dirty Hands〉 564
〈돌담 손질Mending Wall〉 343
〈이스라엘/팔레스타인의 네 가지 전쟁The Four Wars of Israel Palestine〉 562
〈정부에 관한 두 번째 논문The Second Treatise of Government〉 421
《디센트Dissent》 8, 463, 562, 578
《철학과 공공 문제Philosophy and Public Affairs》 521
「영국인들의 노래A Song of the English」 350
「직업으로서의 정치Politics as a Vocation」 527
『1984』 127
『가상 전쟁Virtual War』 466
『공중과 그것의 문제들The Public and Its Problems』 224
『관용에 대하여On Toleration』 21
『국가The Republic』 70
『능력주의 사회의 등장The Rise of the Meritocracy』 176
『다원주의와 정의와 평등Pluralism, Justice, and Equality』 16
『도덕과 인습Morality and Convention』 367
『독일 이데올로기The German Ideology』 238
『두꺼움과 얇음Thick and Thin』 25, 566, 567
『로마사론The Discourses』 545
『리바이어던Leviathan』 206
『마음의 습관들Habits of the Heart』 205
『무정부와 국가와 유토피아Anarchy, State, and Utopia』 575
『미국인이라는 것의 의미What It Means to be an American』 22
『민주적 정의Democratic Justice』 568
『민주주의와 의견차이Democracy and Disagreement』 264
『반정치Anti-Politics』 253
『방법서설Discours de la méthode』 36
『비평가 집단The Company of Critics』 12
『사회 정의의 원칙Principles of Social Justice』 568
『어떤 평등이 문제인가?Which Equalities Matter?』 568
『유대인의 정치적 전통The Jewish Political Tradition』 578
『이성과 정치와 열정 : 자유주의 이론의 부족한 부분들Vernunft, Politik und Leidenschaft : Defizite liberaler Theorie』 578
『자본론Capital』 404
『자연 종교에 관한 대화Dialogues Concerning Natural Religion』 73
『자유주의 이론이 배제한 것들The Exclusions of Liberal Theory1』 577
『전쟁론Arguing About War』 28
『정의로운 전쟁과 정의롭지 못한 전쟁Just and Unjust Wars』 23, 28, 413, 414, 419, 421, 424, 425, 429, 461, 555, 556, 562, 575
『정의의 사람들Les Justes, The Just Assassins』 518, 550, 551
『정의의 영역들Spheres of Justice』 16, 134, 173, 182, 184, 192, 567, 571, 575
『정치적 평등Political Equality』 568
『제국Empire』 473
『포함과 민주주의Inclusion and Democracy』 568
『해석과 사회비평Interpretation and Social Criticism』 12
『햄릿』 538

인명

노먼 제라스Norman Geras 482
누마Numa 545
데니스 톰슨Dennis Thompson 264, 271
데이비드 밀러David Miller 568
데이비드 흄David Hume 73, 74, 83
데카르트Descartes 36~38
도펠트J.Doppelt 414, 415, 420, 423, 427, 432, 434, 444
랜돌프 본Randolph Bourne 229
랠프 네이더Ralph Nader 572, 573
레닌V. Lenin 50, 400, 451
로널드 드워킨Ronald Dworkin 9, 575
로니 드워킨Ronnie Dworkin 575
로물루스Romulus 545
로버트 노직Robert Nozick 9, 574~576
로버트 프로스트Robert Frost 343
로베르토 웅거Roberto Unger 215
로베르트 미헬스Robert Michels 130
루반D. Luban 415, 417, 425, 429, 434, 435
루소J. Rousseau 20, 42~45, 54, 67, 79, 87, 117, 226, 234, 235, 248, 258, 456
루스벨트T. Roosevelt 506
리처드 월하임Richard Wollheim 46
마르크스Marx 119, 128~130, 138, 167, 200, 201, 237~240, 248, 352, 392~394, 404
마르틴 부버Martin Buber 88, 390, 407
마셜 코헨Marshall Cohen 575
마이클 샌들Michael Sandel 204
마이클 영Michael Young 176, 178
마이클 오크쇼트Michael Oakeshott 216
마이클 이그나티프Michael Ignatieff 466
마이클 하트Michael Hardt 473
마키아벨리N. Machiavelli 30, 386, 387, 399, 527, 528, 534, 535, 545~548, 552
마틴 루터 킹Martin Luther King 213, 297
막스 베버Max Weber 30, 527, 547~549, 552
미셸 푸코Michel Foucault 92, 147, 148
바이츠C. R. Beitz 415, 434, 440
베네딕트 앤더슨Benedict Anderson 389, 396, 410
브란트R. B. Brandt 522
브루스 애커먼Bruce Ackerman 10, 79, 80, 81, 84, 95
블레어T. Blair 560
비트겐슈타인Wittgenstein 34, 35, 38
사담 후세인Saddam Hussein 555
사르트르J. P. Sartre 202, 341, 407~409, 523, 552
세일라 벤하비브Seyla Benhabib 78
셰익스피어Shakespeare 140, 538
셸리Shelley 67
소크라테스Socrates 36, 70
스튜어트 햄프셔Stuart Hampshire 367
스티븐 루크스Steven Lukes 81
아돌프 히틀러Adolf Hitler 514
아리스토텔레스Aristoteles 86, 87, 173, 277, 442, 500
아마티아 센Amartya Sen 484, 485, 492, 508
아이리스 영Iris Young 485, 568
안토니오 네그리Antonio Negri 473
알라스데어 매킨타이어Alasdair MacIntyre 201, 202, 213
알베르 카뮈Albert Camus 30, 518, 550~553
앤 필립스Anne Phillips 568
앨런 더쇼위츠Alan Dershowitz 564, 565
에드먼드 버크Edmund Burke 365
에드먼드 윌슨Edmund Wilson 386, 387
에드워드 루트워크Edward Luttwak 466~469
에릭 홉스봄Eric Hobsbawm 403, 409
에머슨Emerson 85
에이미 거트만Amy Gutmann 264, 271
엘리자베스 앤더슨Elizabeth Anderson 567, 568
엥겔스F. Engels 239
오든Auden 39
오스틴J. L. Austin 537
외서스트롬R. Wasserstrom 414, 415, 422, 423, 427, 430, 431, 434
요제프 글렘프 추기경Jozef C. Glemp 291
위르겐 하버마스Jügen Habermas 10, 11, 75, 77, 78~82, 84, 86, 91, 94, 95
이디 아민Idi Amin 454, 457, 558
이사야 벌린Isaiah Berlin 398, 406
이안 샤피로Ian Shapiro 568
장 보드리야르Jean Baudrillard 473

제레미 벤담Jeremy Bentham 473
제임스 피시킨James Fishkin 283
조지 오웰George Orwell 127
조지 콘라드George Konrad 253
조지프 슈와르츠Joseph Schwartz 281
존 던John Donne 123
존 듀이John Dewey 224, 225, 227, 229
존 로크John Lock 144, 147, 214, 251, 252, 400, 401, 421
존 롤스John Rawls 9, 218, 569, 574
존 스튜어트 밀John Stuart Mill 219, 226, 234, 394, 430
주디 톰슨Judy Thomson 575
주세페 마치니Giuseppe Mazzini 404
줄리아 크리스테바Julie Kristeva 343, 344
찰스 바이츠Charles Beitz 568
찰스 프리드Charles Fried 575
처칠W. Churchill 506
카바피Cavafy 38
칸트Kant 119
쿠엔틴 스키너Quentin Skinner 20
크레인 브린톤Crane Brinton 299
크메르 루주Khmer Rouge 454, 459, 558
클라우제비츠Clausewitz 413
클린턴Clinton 대통령 480
키츠Keats 40
토니R. H. Tawney 286
토마스 네이글Thomas Nagel 521, 523
토머스 홉스Thomas Hobbes 37, 38, 201, 205, 206, 233, 422, 423, 488
톨스토이Tolstoi 363
톰 네른Tom Nairn 395
톰 네이글Tom Nagel 575
티트머스R. Titmuss 572
팀 스캔론Tim Scanlon 575
포스터E. M. Forster 245
폴 포트Pol Pot 468
프란츠 카프카Franz Kafka 496
플라톤Platon 36, 41, 52, 70~73, 81, 85, 94
필립 반 파리스Phillipe Van Parijs 569
필립 페티트Philip Pettit 20
한나 아렌트Hannah Arendt 236, 301
한스-게오르크 가다머Hans-Georg Gadamer 88, 89
헤겔Hegel 50, 232, 301, 351
헤어R. M. Hare 522, 524, 541
호러스 캘런Horace Kallen 229, 410
H. L. A. 하트Hart 371

ㄱ

가상적 대화 74, 75, 94
가자Gaza 518, 563
가족 유사성 131, 370
가톨릭 주교 295, 314
가톨릭 해방 신학자 286
가톨릭의 정의로운 전쟁의 이론 292
간디Gandhi의 물레 397
강한 노동조합 221
강한 민주주의 164
개념 체계 99, 100
개별주의 61, 67, 247, 347, 360
개인의 개념 227
개인의 권리 139, 146, 156, 218, 220, 224, 225, 321, 414, 429, 430, 436, 440, 442
개인의 자율성 15, 249
개인적 충동 129, 200, 202
개인주의 16, 138, 140, 141, 360
개입 후 신속한 철수의 규칙 462, 464
개혁 간섭 433
객관성 97~102, 106, 112, 121, 122
객관성의 정의 97
객관적 지각 98, 99
객체 97~101, 103, 106, 109, 110, 114, 115, 118, 122, 237, 240
게림ge' rim 172
결사에 입각한 삶associational life 233, 246, 251, 254
결혼의 이동성 19, 209
경계 15, 48, 56, 57, 93, 124, 126, 131, 135, 138, 144, 147, 165, 171, 172, 175, 182, 192~194, 217, 242, 255, 287, 288, 290, 297, 298, 302, 303, 305, 308~310, 312, 317, 319, 320, 326, 327, 334, 341~344, 367, 371, 390, 410, 411, 418, 443, 447, 455, 468, 475, 519
경제 권력 15, 137
계급 20, 22, 28, 76, 129, 162, 172, 176, 177, 182, 183, 196, 208, 209, 212, 247, 309, 387, 568
계급투쟁 167, 238, 281, 315, 503
고대 아테네 49, 248
공공 공급의 체계 155, 156
공공 정책 16, 33, 51, 137, 285

공교육 185, 186, 290, 329
공동 소유제 136
공동체 24, 27, 34~36, 38, 40, 44, 60, 61~67, 77, 91, 129, 138, 150, 159, 171, 172, 184, 187, 196, 199, 200, 203, 205, 206, 208, 210, 212, 214~216, 219, 226, 229, 244, 247, 249, 260, 304, 308, 316, 325, 338, 339, 406, 410, 416~419, 421~423, 425, 426, 433, 436~438, 440, 442
공동체 보전 416, 438, 440
공동체의 희석 229
공동체주의 비판가 206, 213, 227, 228
공동체주의, 공동체주의자 14, 198, 199, 201, 203, 204, 206, 207, 209, 211, 212, 214~217, 219, 223~225, 227~229, 235
공리주의 철학자 524, 535
공무원/국가 공무원 192, 194~196, 236, 242, 248, 272, 275, 278, 339, 377, 378, 436, 442, 478, 488, 505, 574
공산주의 254, 310, 352, 354, 389, 504, 523
공작인homo faber 237, 247
공장 폐쇄법의 통과 222
공적 공동체 330
공적 생활과 사적 생활의 분리 126
공정하거나 정당한 배제의 신화 176, 190
공중 폭격전 459
공포로부터의 자유freedom from fear 506
공화제들의 공화제 226
공화주의 이데올로기의 외곬성 236
공화주의, 공화주의 정치/이론가 20, 203, 214, 225, 226, 235~237, 247, 299
과두 정치 130, 437
과학적 지각 99
관계 네트워크들의 집합 232
관용 214, 218, 251, 252, 313, 321, 322, 323, 325, 329, 332~335, 337, 339~345, 356, 359, 402
관용 사회의 네 가지 모델 324
관용과 민주주의 218
광신주의 294
교리 139, 287, 290, 292, 349, 353
교섭 270~272

찾아보기 597

교육형 종교 단체 307
교환의 규칙 114, 118, 121
교환의 대상으로서의 여성 12, 113, 114, 116~118, 120
교회 15, 17, 20, 123~125, 129, 131, 133, 134, 136, 138, 140~145, 147, 187, 188, 194, 225, 232, 238, 254, 256, 259, 287, 288, 310, 313, 315, 333, 401
교회 국가church-state 123, 124, 136
교회, 학교, 시장, 가족 138, 141, 142
교회와 국가를 분리하는 벽 287
구舊유고슬라비아의 도덕적 재앙 482
구조될 권리 475, 481, 482, 485
국가 교회state-church 124, 136
국가 정치 18
국가 주권 425
국가 테러리즘state terrorism 450
국가 테러state terror 500
국가 행위 18, 150, 187, 192, 194, 195, 224, 225, 242, 262
국가 행위의 한계 224
국가권력 130, 148, 195, 255, 256, 267, 285, 294, 305, 311, 313, 315, 334
국교國敎 307
국교제 136
국교주의 307
국민 정체성national identity 22
국영 기업 251
국제 공산주의 387, 411,
국제 사회 27, 327
국제 프롤레타리아 계급 387
국제법 337, 450, 459, 514, 559
국제형사재판소ICC 471
군사 개입 460, 482, 558, 561
군사 개입의 행위자 451
권리 24, 26, 41, 434
권리 공리주의utilitarianism of rights 434, 435, 436
권리 담론 473, 474, 476, 478
권리 목록 10, 54, 56~58, 68, 435
권리의 극대화 436
귀족 민족 388, 399
금수禁輸 조치 556
기근 26, 110, 483, 484~490

기독교 공화국 303
기독교 여자 절제회Women's Christian Temperance Union의 금주령 쟁취 운동 참여 286
기반시설 151, 154, 155, 164, 195
기본 인권 25, 26, 41, 434
기회의 평등 160~163
나가사키 502, 505

ㄴ

나치의 유대인 대학살 482
나치Nazi 113, 482, 567
남북전쟁American Civil War 386
남아프리카 흑인 노예 427, 428
내전內戰 25, 67, 208, 429~433, 467
네 가지 이동성 19, 207, 210, 212, 213, 218, 220, 221, 228, 229
네 가지 이동성의 효과 210
노동자 계급/노동계급 167, 217, 221, 223, 246, 248, 262, 306, 341, 352
노동자 계급의 연대 의식 221, 223
노동조합 17, 165, 166, 187, 221, 223, 225, 232, 248, 250, 254~256, 260, 265, 273
노동조합, 종교 단체, 이웃 222, 225
녹색당Green Party 573
니카라과 산디니스타Sandinista 투쟁 429, 430

ㄷ

다국적 기업 257, 242
다를 자유 368, 369, 372
다문화주의자 21
다민족 대제국들의 제도 325
다민족 제국 21, 328, 330, 331, 338, 340, 410
다민족 제국의 후계 328
다수 민족 331, 332, 336, 339
다수결 원칙 102, 109
다수결주의 266
다원주의,다원주의자 61~64, 150, 157, 214, 218, 224, 234, 254, 306, 410, 424
다자간 의사 결정 456
단일 민족 251
단체 네트워크 249, 253, 255~258

대大 이스라엘운동 287
대량 추방 341
대량 학살 341
대안 국가 219
대안 도덕 415
대언자의 정의prophetic justice 314
대중 권력 267
대중 동원 267, 301, 303, 308, 309, 313, 430
대중 민주주의 10
대학교 123~125, 128, 129, 131, 133, 139, 141, 143, 145, 147
대학살 337, 426, 427, 442, 456~458, 481~485, 487, 490, 501, 505, 506, 558
대화의 설계 70, 73, 74, 94, 95
대화자 77~88, 90, 93, 95, 96
더러운 손 30, 523~525, 532, 534, 545, 549, 551, 552
더러운 손의 딜레마 525, 529, 535, 544, 550, 553
데모스demos 172
도구주의적 민족해방관 408
도덕 25, 30, 68, 91, 106, 109, 117, 130, 194, 213, 292~294, 344, 370, 372~376, 379, 380~382, 395, 397, 467, 508, 569
도덕 담론 509, 522
도덕 세계 106, 120, 522, 565
도덕적 계기 374, 375, 376, 379
도덕적 딜레마 521, 522, 524, 528, 539
도덕적 상대주의 347
도덕적 절대주의 347
도덕적 주체 114, 117, 118, 234
도덕적 최소주의 25, 26
동원 267, 271, 272, 278~280
동티모르 446, 449
드라비스탄 396

ㄹ

라이베리아 446, 488
랍비 286, 295, 308, 314
러시아 326, 410, 411, 479, 550, 556, 559
러시아화 정책 410, 411
레닌의 전위 정당 50

레바논 328
로마 209, 325, 326, 445
로마의 만민법jus gentium 325
로마의 이집트 총독 326
로비 활동 192, 272, 294
롤스의 무지의 베일veil of ignorance 76, 81, 83, 280
롤스의 정의의 원칙 366, 370, 375
롤스의 차등의 원칙 158
르완다 446, 459, 462, 482, 490, 558
르완다의 도덕적 재앙 482
리바이어던 국가 423
리처드 월하임의 역설 46

ㅁ

마르크스의 가치 창조론 167
마르크스주의 119, 128, 129, 132, 166, 200, 206, 237~239, 247, 280, 299, 303, 351, 377, 387, 400, 408, 409
마르크스주의자들의 정치적 구원주의 299
마르크스주의적 창의성 247
마르틴 부버의 나-너 대화 88
마피아 504, 512
매입자의 위험 부담 126, 145
맥락주의contextualism 347
메틱metic 172
모더니스트 405
모더니즘modernism 344
모르몬교Mormon敎 339
무대들의 무대 246, 262
무신론자 308
무정부주의 198, 253, 488
무제한의 권력 160, 161
무제한의 부 160, 161
무차별 살인 503
문화에 등급 매기기 398
미국 문화의 다원주의 150
미국 좌파 561, 572
미국/미국인 11, 18, 21, 22, 31, 50, 137, 150, 157, 159, 161, 165, 169, 170, 180, 181, 183, 193, 199, 200, 207, 208, 213, 214, 221, 225, 229, 235, 256, 274, 285, 287, 289, 292, 295, 303, 309, 312, 318, 331~334, 339, 432, 451, 465, 480, 484,

490, 493, 501, 502, 505, 507, 508, 512, 514, 516, 518, 555~557, 559~561, 564, 566, 567, 570, 571, 573, 574, 578
미국의 민권투쟁 213
미국의 핵무기 사용 501
미국의 현대 복음 교회의 캠페인 287
민간인civilians 460, 496~499, 506, 509, 511, 513, 514, 517, 556, 563
민영화 154, 249
민족 단체 260
민족 정체성 23, 209, 253, 259, 333, 562
민족국가 21, 331, 336, 339, 340, 342, 386, 388, 403
민족성의 침식 229
민족의 자율성 244
민족자결권 25, 400
민족적 사명 390
민족적 자기 365
민족정체성 23, 209, 253, 259, 333, 562
민족주의 정치 404
민족주의자 21, 243, 244, 259, 389, 397, 403, 404, 408
민족해방운동의 발기 선서 299
민족해방투쟁에서의 자기희생 243
민주 사회주의 137, 147
민주 정치 44, 154, 161, 164, 257, 263, 267, 275, 280, 281, 302, 303, 308, 318, 320, 322, 341, 564
민주시민 168
민주적 결정 156, 292, 560
민주적 과정 152, 282, 292
민주적 정당성 276, 560
민주적 통치 277
민주주의 24, 34, 42, 43, 46~48, 51, 54, 56, 58, 64, 66, 68, 79, 84~88, 93, 147, 153, 162, 164~166, 168, 169, 174, 184, 186, 218, 232, 235, 237~239, 243, 250, 251, 254, 266, 267, 275, 277, 281, 296, 301, 309, 310, 341, 389, 390, 410, 434, 511
민주주의 경험 250
민주주의 국가 26, 27, 158, 437
민주주의 규칙 166
민주주의 원칙 64, 277, 410

민주주의 정부 45
민주주의 정치 11, 17, 20, 34, 86, 180, 193, 265
민주주의의 내기 186, 191
민주주의의 실패 154
민주주의적인 사회주의자 239
민회民會 49, 248, 302

ㅂ

바스당Baathist 정권 559
바스크Basque 테러리스트 503
반복의 최소주의적minimalist 보편주의 380
반복적 보편주의reiterative universalism 354~360, 363, 368, 372, 379, 380, 389, 400, 404, 406, 407, 410, 411
반유대주의anti-Semitism 562, 563
방글라데시 427, 451, 560
방어 전쟁defensive war 561
배교자 291, 301, 319
배상금 499
배제된 집단 175, 183
베트남 451, 462, 558, 560
벨기에 328
벨벳 혁명Velvet Revolution 566
벵골 난민 454
병행 사회parallel societies 22
보수주의,보수주의자 120, 261, 567, 570, 571
보스니아 328, 446, 458, 473
보편 국가universal state 387
보편주의universalism 347~350, 352, 353, 357, 358, 380, 388
보호국 제도 463
복지 체계 58, 177, 178, 222
복지국가 221, 244
복지와 교육 183, 186, 188
복지의 극대화 436
복지형 종교 단체 307
복합적 평등 173, 175, 190, 191, 193, 567, 570
봉쇄된 교환blocked exchanges 571
부도덕/부도덕성 382, 384, 400, 443, 469, 508
부수적 피해collateral damage 460, 513, 517

북한 479
분리의 기술 124, 128, 130, 131, 133, 134, 136~139, 144, 146
분리주의의 세 가지 요건 288
분리주의자 36, 294~296, 318
분배 정의 58, 67, 94, 150, 151, 155, 160, 164, 175, 369, 572
분배 정의의 요건 151, 155, 160, 164
분배의 정의 25, 81, 138
불간섭 원칙 415
불간섭주의 23, 356
불관용의 체제 340, 341
불평등 19, 93, 134, 144, 154, 161, 170, 173, 175, 249, 250, 280, 296, 312, 568, 572, 576
불평등의 문제 249
비민주적 지배 277
비자발적 결사involuntary association 577
비전투인 면제noncombatant immunity 499, 509, 519
비전투인들noncombatants 459, 496, 499
비중립적 국가 225, 226
비판적 단체주의critical associationalism 258
비평가 11~13, 36, 46, 66, 67, 112, 405, 417, 435, 478
비행 금지 구역 556, 557

ㅅ

사르트르의 실존주의 202
사미즈다트samizdat 254
사법 소극주의judicial restraint 65~67
사법부 10, 17, 57, 58
사설 정부private government 130, 134, 135, 137, 141, 165, 166, 167, 170
사용과 평가의 규칙들 104, 106
사적 공동체 330
사회 계약 이론 420
사회 민주주의자 13, 198, 438
사회 이후의 자아 229
사회 정의 16, 18, 19, 434
사회민주주의 국가 220, 233
사회재 134, 161, 174~177, 179, 183, 192, 196
사회적 가치 227

사회적 관계의 패턴 228
사회적 구성 106, 107, 109~115, 117, 120
사회적 구성물social constructions 101~103, 105, 108, 118, 121
사회적 구성원 101, 103, 105, 108, 118, 121
사회적 권리 156
사회적 규제 239, 240
사회적 기본권 434, 435
사회적 다원주의 17
사회적 연합체 218~220, 222, 225, 229
사회적 연합체들의 연합체 218
사회적 유대 19, 204, 206
사회적 의무 100, 101, 104, 106, 109, 112, 120, 121, 173, 193
사회적 이동성 19, 208, 209, 211
사회적 자유주의 16
사회적 재생산과 구제 186
사회정책 140, 150, 176, 178
사회주의 경제 240
사회주의/사회주의자 130, 176, 237, 239, 240, 242, 243, 255, 259, 261, 286, 317, 341, 393, 404, 408, 409, 570, 575
사회주의적 협력 255, 259
사회화된 자아 227
산업 민주주의 16, 130, 137, 150, 168
살인 주식회사Murder, Incorporated 504
삶의 방식 152, 244, 361, 362, 367, 370, 372, 377, 385
상상의 공동체 389
상호 무관심의 계약 482
상호 부조 178, 233, 241, 244, 251, 256, 306, 323, 330
새 민족주의 401, 402, 407
생디칼리슴syndicalisme 234, 239
생명권 26, 472, 475, 479, 480, 485
선거 43, 44, 163, 165, 169, 170, 192, 194, 248, 260, 265, 270, 272, 273, 275, 301, 313, 318, 322, 432, 529, 530, 531, 560, 572, 573
선거 운동 192, 260, 272, 273, 531, 573
선거 유세 272
선거 정치 275, 283
선전 선동 266, 267, 282

선제 전쟁pre-emptive war 독트린 555
성명 267~270
성직 계급 437
세르비아 25, 461, 479
세속적 인본주의자 293
세속주의자 286, 292, 293, 305, 307
세포이의 항쟁Sepoy Rebellion 394
소련 137, 327
소말리아 446, 484
소모사Somoza 정부 429, 431
소비자 98, 126, 194, 240~242, 244, 246, 248, 249, 250, 256, 262
소수계 우대정책 177, 178, 193
소수민족 23, 255, 256, 331, 339, 406
소수집단 21, 22, 25, 163, 331, 340, 574
소피스트 11, 36, 66, 67, 130, 148, 232, 281, 388~390, 396, 397, 401, 405, 564
수단 479
수렴의 요구 368, 369
수티suttee 338, 339
스위스 328
스코틀랜드 계몽주의 232
스탈린주의자Stalinist의 테러 503
시민 배심제citizens' juries 283
시민 불복종civil disobedience 551
시민 사회 17~20, 123, 125, 130, 135, 136, 187, 225, 226, 232, 233, 245~259, 261, 262, 321, 430, 490, 574
시민 사회 단체 19, 187, 225, 306
시민 사회 프로젝트 259, 260
시민 사회론의 역설 255
시민 사회와 정치 공동체의 분리 125
시민 사회의 결사의 자유 252
시민 정신 235, 236, 242, 244, 261
시민 종교 288, 289, 306, 318
시민권 22, 27, 87, 167, 169, 170, 172, 174, 177, 196, 242, 247, 248, 258, 259 ~261, 301, 333, 339, 411, 428, 498
시민의 권리 225
시민의 자유 218, 438, 442, 564, 566
시민적 덕성 236
시사평론가 11, 36, 66, 67
시에라리온 446, 450, 451, 488
시오니즘zionism 8

시온주의자 407
시위 267, 268, 270, 272, 278
시장 이데올로기 150
시장 제국주의 249
시장市場 93, 135~138, 140, 142, 145~ 147, 161, 162, 165, 178, 179, 188, 194 ~196, 222, 223, 240~243, 247, 249, 250~252, 254, 259, 260, 262, 326, 338, 384, 570~572
시장의 무도덕성 243
시장의 자유 125, 126
신 자유방임주의 정치 150
신 페인 정당Sinn Fein Party 514
신마르크스주의 203
신민 84, 422~424, 426
신新 영주의neo-Youngian 177, 178
신앙 공동체 306, 316, 385, 504
신의 대언자 294, 375
신자/종교 신자 102, 124, 133, 143, 144, 147, 148, 204, 244, 252, 285, 295, 304, 307, 308, 319, 352
신조 269, 286
신좌파 235
신탁 통치 제도 463
실용적 지지 323
실제 삶 236
실제의 대화 74, 75, 78, 84, 94~96
실제의 효용 38, 56
실질적 정의 48
심미적 지지 323
심의 20, 55, 72, 73, 79, 89, 263~266, 268, 269, 271, 274, 275, 278, 280, 281 ~283, 294
심의 민주주의 11, 263, 267, 283

ㅇ

아르헨티나 479
아마겟돈Armageddon 319
아시아 326, 355, 445
아시아적 가치 492, 508
아파르트헤이트apartheid 428
아프가니스탄 515~517
아프가니스탄 전쟁 561
안전망 158, 159, 177, 178, 184, 189

안전망의 개념 158, 159
안전보장이사회 453, 454, 486, 556, 559, 560
알제리 408, 438, 439, 440, 503, 505, 508, 563, 564
알제리 민족 해방 전선FLN 408
알제리 전쟁 563, 564
알제리의 테러리스트 503
알카에다Al Qaeda 515, 516, 517, 561
압력단체 18
압제 국가 424
압제자 147, 301, 374, 398, 406, 437, 449, 450, 451, 501
애국자법Patriot Act 564
애커먼의 여자 경찰관/여경 79, 80, 81, 84, 95
애커먼의 통제된 대화 80
에스페란토Esperanto어 388
역차별 177
연합국가 328
열광적 지지 323
영국 노동당 286
영국의 인도 통치자 326
영토 기지territorial base 561
영토 분쟁 401, 402
예방 전쟁preventive war 독트린 555
오케스트라 404, 405
와그너 법Wagner Act 220, 221
완전한 주권 37, 38, 65, 67
우간다 451, 454, 457, 458, 462, 479, 558
원초적인 입장 52
유권자 181, 210, 271~275
유네스코UNESCO 493
유대인 8, 112, 113, 128, 177, 184, 217, 287, 330, 341, 348, 349, 351, 352, 357, 361, 390, 482, 506, 507, 562, 578
유대인 메시아주의자 287
유럽 국가 22, 555, 557, 558
유럽의 좌파 563
유적 존재species-being 237
율법주의 349
이교도 291, 301, 309, 319, 500
이념 공동체 34~36, 40, 60, 67
이라크 479, 511, 555~558, 560, 402

이라크 전쟁 511, 560
이민자사회/이민사회 21, 22, 332, 334, 336, 339, 340, 342
이방인 39, 142, 172, 245, 343~345
이상사회 53~56, 61, 63, 66, 67
이상적 대화 75, 83, 84, 86~90, 92, 94~96
이상적 형태의 자본주의 242
이상적인 담화 상황 52
이상적인 대화자 76, 77, 87, 93, 94
이스라엘/이스라엘인 171, 172, 289, 326, 349, 354, 355, 358, 361, 373~375, 385, 402, 445, 505, 507, 512, 514, 515, 518, 560, 562~564
이스라엘의 대 이집트 선제공격 560
이슬람 교도 330, 340, 507
이슬람 극단주의Islamic radicalism 504
이슬람 신앙 338
이슬람법 아래 사는 여성들Women Living Under Muslim Law, WLUML 492, 493
이점의 언덕 162, 163
이중 결과double effect의 원리 513
이탈리아의 민족 투쟁 404
인권 27, 41, 67, 94, 434, 435, 449, 472, 473, 476, 486, 492, 508, 566, 567
인권 담론 474
인권 침해 25, 447, 490
인권헌장 11, 26
인도네시아 479
인도의 대 파키스탄 전쟁 560
인도적 개입 25~27, 337, 446, 447, 450, 452, 455, 457, 461, 463, 466, 469, 472, 482, 485, 486, 558
인도적 전쟁 466
인민 24, 42~49, 51, 53~60, 64, 67, 79, 86, 102, 298, 386, 441, 511, 512, 545
인종 청소 25, 340, 448, 455, 457, 465, 467, 471, 476, 480, 483, 487, 558
인종차별주의 181, 183
일신론 352, 357
입법부 11, 14, 56, 57, 59, 65, 68, 153
잉여 가치 166~168

ㅈ

자기 결정의 과정 361
자기부죄自己負罪 529
자발성 157, 212, 228, 398
자발적 결사 19, 188, 214, 216, 288, 310, 321, 330, 332
자발적 단체 17, 187
자본주의 기업 150, 242, 256
자본주의 사회 128, 165, 173, 249, 504
자살 폭탄 테러범 512
자아의 구성 227, 228
자연권 138
자연적 의무natural duties 576
자유 선거 169, 431
자유 시장 133, 135, 136, 572
자유로운 교환 135, 136, 165
자유로운 대화 79
자유민주주의 국가 238
자유방임주의 시장 254
자유방임주의 정치 150
자유와 평등 94, 95, 133, 134, 261, 262
자유주의 사회의 분열 229
자유주의 정치(이론) 15, 17, 198, 200, 203, 206, 214, 578
자유주의/자유주의자 13, 86, 123, 124, 126, 128~132, 134, 135, 137~143, 146~148, 157, 159~162, 198~206, 210~219, 221, 222, 224, 226~230, 234, 246, 286, 297, 303, 311, 317, 437, 577, 578
자유주의에 대한 공동체주의의 비판 198
자유주의의 공동체주의적 수정 216
자유주의의 실제 199, 200
자유주의의 실패 212
자유주의의 업적 132, 134
자유주의의 이념 216
자유주의의 자아 229
자유주의적 결사의 원칙 225
자유주의적 분리/자유주의적 분리주의자 129, 206, 295
자유주의적 이형 177
자율 공동체 325
자율성 14, 173, 191, 240, 241, 323
자율적 소비자 242
자코뱅 클럽의 고백 의식 299

재능-있는-사람에게-열려-있는-길 107, 108, 112, 126, 130, 214
적군파赤軍派 503
전쟁 목적의 정의jus ad bellum 415
전쟁수행상의 정의jus in bello 496, 499, 513, 519
전체주의/전체주의국가 148, 253, 255, 259, 327
전체주의적 경제 계획 254
전통주의 226, 394
절대주의 42, 171, 268, 292, 297, 318, 319, 347, 523, 524
절차적 정의 48, 203, 213
정권 교체 558
정당 17, 20, 96, 181, 194, 206, 210, 232, 237, 248, 250, 260, 265, 272, 274, 282, 309, 313, 314, 322, 414, 514
정실주의 108
정의로운 사회 96, 180, 185, 189, 366, 408
정의로운 전쟁 28, 292, 414, 434, 435, 436, 495, 496, 499, 504, 511, 514, 519, 520, 533, 555, 556, 559, 560, 561
정의로운 전쟁의 이론just war theory 292, 495, 499, 511, 514, 519, 556
정초주의foundationalism 347
정치 공동체 10, 11, 13, 20, 23, 25, 30, 51, 60, 68, 123, 125, 135, 165, 171, 185, 188, 196, 234, 236, 241, 242, 246, 249, 258, 290, 416, 423~425, 437, 440, 441, 497, 576
정치 교육 265, 266, 282
정치 무대 54, 189, 275, 443
정치 연합 328
정치 이론 7, 8, 14, 17, 20, 25, 30, 228, 233, 410, 479, 568
정치 지도자 33, 84, 337, 502, 514, 515, 524, 549, 565
정치 질서 52, 93
정치 투쟁 24, 568, 569
정치권력 49, 134, 141, 143, 148, 161, 162, 164, 172, 173, 192, 193, 260, 281, 322, 328, 441, 529
정치문화 155, 279, 290, 424, 464
정치의 중요성 168

정치적 고려 278, 282
정치적 관용 322
정치적 이동성 19, 210
정치적 정체성 266, 316, 333, 334
정치적 책임 195, 485
정치적 폭력 28, 29
정치적 항의 191, 192, 194
정치적 행동주의자 51, 285, 299
정치적인 지식 61
정치철학 10, 33, 48, 50, 60, 74, 142, 419, 574
정치철학자 9, 35, 41, 60
정치학자 89, 92, 134
정치행위/정치행위자 132, 257, 380, 523, 535, 541, 544, 547, 551, 553
정통파 유대교도 578
제1차 집단들 224
제3세계 파시즘 558
제국 325~329, 336, 338, 340, 342, 345, 389, 391, 396, 411, 425
제국주의의 개화 운동 398
제국주의의 알리바이 474
제국주의적 야심 451, 461, 465
제도적 경계선 288
제도적 무대 145~148
제도적 삶 96, 141
제도적 자율 138
조직 267, 271, 272, 276, 278, 280, 290
종교 단체 223, 228, 307
종교 전쟁 294, 302
종교와 정치의 분리 287
종교의 자유 490, 251
종교적 관용 144, 174, 306, 400, 401, 411
종교적 근본주의 343, 397, 402
종교적 신념 209, 286, 424
종교적 언어 291, 297
종교적 유대인 578
종교적 자유 124, 126, 132, 133, 139
종교적 절대주의 303
종교적 테러 500
종족 중심주의 350
좋은 삶 202, 218, 235, 237~240, 242~246, 249~251, 255, 262, 298, 349, 383~385

좋은 삶을 위한 더 좋은 무대 233, 234, 240
좌파 128~130, 135, 149, 150, 157, 234, 237, 239, 240, 243, 246, 261, 279, 281, 285, 286, 297, 306, 341, 408, 463, 478, 509, 561, 564, 568, 570, 573, 574
좌파 종파주의 573
좌파식 좋은 삶 246
주권의 논리 338
중국 449, 479, 563, 564, 567
중부와 동부 유럽의 반체제 운동 232
지리적 이동성 19, 208, 209, 223
지배계급 175, 189, 280, 437
지식인 11, 36, 66, 67, 233
지하드Jihad 512
직위 107~109, 126, 128, 134, 161~163, 172, 174, 193, 195, 196
집단 학살 25, 447, 448, 452, 455, 467, 471, 475
집단의 자율성 15
집단적 기업 167, 168

ㅊ

차등 원칙difference principle 59
차별 철폐 프로그램affirmative action 163
착취의 이론 166, 168
착한 사마리아인 454, 481
참여 민주주의 274
천년 왕국millennial kingdom 291, 299, 310, 319, 349
철학의 왕국 66
철학자 33~37, 39, 41, 42, 44, 45, 49~61, 63~69, 71, 73, 81~85, 92, 95, 96, 98, 106, 116, 121, 146, 149, 150, 213, 360, 367, 444, 455, 477, 522, 568, 575~577
철학적 논증 48, 71, 72, 91
철학적 대화 71, 94
철학적 자질 66, 67
청년이탈리아당Young Italy 404
초국가super-state 480
초超자유주의 214
총괄법 보편주의covering-law universalism 349, 351, 353, 371, 373, 380, 387, 389, 390~393, 397, 400, 408, 411
최소주의적 인권관 449

칠레 479

ㅋ

카를 슈미트Carl Schmitt의 정치관 279
카슈미르 396
칸트의 수단-목적의 대립 119
캄보디아 451, 454, 458, 459, 462, 479, 558
캠페인 272
코소보 446, 450~452, 459~462, 557, 560
쿠르드족Kurds 族 402, 500, 558
키프로스 328
키플링Kipling 350
킬링필드killing field 454, 462, 468, 558

ㅌ

타자위해의 원칙 219
탄압 252, 399, 401
탄자니아 451, 457, 558, 560
탈레반Taliban 정권 561
탈출기Exodus 374
테러리스트 28, 29, 497, 500~507, 510, 511, 513, 516, 518, 519, 527, 550, 561, 565
테러리즘 28~30, 495, 496, 503, 504, 506~508, 510
테러와의 전쟁 28, 450, 504
토론 269, 270, 272, 274
토착적 정당성 462, 464
통속적 마르크스주의의 반영이론 206
통치 277
투표 56, 72, 85, 141, 195, 210, 212, 248, 268, 271, 273, 276, 290
티베트 449, 563

ㅍ

파키스탄 452, 454, 457, 459, 480, 560
판사 33, 37, 42, 45, 50~52, 54~60, 65, 68, 146, 275, 290, 517
팔레스타인 테러리스트 503
팔레스타인/팔레스타인인 403, 503, 505, 508, 515, 562, 563
페르시아 324
페미니스트 상조회 260
페미니스트 운동 573

페미니스트 이론가 568
펜타곤Pentagon 559
편파적인 철학자 149, 150
평결 49, 72, 73, 82, 96, 271, 278, 289
평등주의/평등주의자 87, 95, 143, 169, 170, 181, 195, 248, 377, 568, 576, 578
평민 민족 388, 394, 399
평화유지군 458
포도나무와 무화과나무의 평화 359, 400, 401
포스트모던 좌파 473
포스트모던postmodern 프로젝트 343~345
폴란드 공산국가 255
폴란드 자유노조Solidarity 255
표적 살해targeted killing 514
표준적인 자유주의적 중립 옹호론 219
프랑스 299, 330, 331, 408, 555~557, 559, 563, 564
프랑스 혁명 299, 501
프랑스의 공립학교 340
프로테스탄트의 신앙 간증干證 모임 299
프티 부르주아 134, 165
플라톤의 대화 70, 85
플라톤의 실수 73
플라톤의 합창대 70, 71, 73, 94

ㅎ

하마스Hamas 512, 515, 563
하버마스의 이상적 담화 82, 84, 86
하층 계급 19, 174, 176, 459
학문의 자유 124, 132, 133, 136, 139
합의제 국가consociational state 21
핵 억지력 286, 292, 303, 314
행위자 25, 26, 188, 235, 257, 265, 266, 362, 366, 367, 374, 380, 447, 451, 452, 454, 457, 472, 474, 475, 478, 479, 488, 489, 491, 493, 502, 504, 552
허드렛일 276, 277
허위의식 119, 377
헌법 51~53, 58, 195, 225, 285, 290, 303, 309, 313, 314, 318, 564
헤겔의 공무원 집단 50
혁명 테러리스트 503
혁명권 422, 430, 432

현장 정치 568
협력 경제 237, 239, 241, 246
홉스주의 정당성 이론 423
회중교회주의congregationalism 136
훈육/훈육 사회 147, 148
흑인 교회 286
희생자 민족 394
히로시마 502, 505
히잡hijab 330, 340
힌두 신앙 338, 339

기타

1943년 네 가지 자유Four Freedoms 선언 506
1995년 폴란드 선거 291
2민족·3민족 국가 328
9·11(테러) 564, 565, 571, 579, 561
H. L. A. 하트Hart의 최소한의 자연법 371
IMF 486
IRA운동 29, 502, 503, 514
NATO 25, 450, 451, 461
UN 449, 451, 453, 454, 458, 462, 464, 476, 477, 480, 483, 486~488, 490, 556, 558, 559, 560
UN 총회 453
UN군 458
WTO 486

마이클 왈저, 정치철학 에세이

초판 1쇄 인쇄일 · 2009년 1월 9일
초판 1쇄 발행일 · 2009년 1월 16일

지은이 · 마이클 왈저
옮긴이 · 최홍주
펴낸이 · 양미자

편집 · 한고규선, 정안나
본문 디자인 · 이춘희

펴낸곳 · 도서출판 **모티브북**
등록번호 · 제 313-2004-00084호
주소 · 서울시 마포구 동교동 203-30 2층
전화 · 02-3141-6921, 6924 / 팩스 · 02-3141-5822
e-mail · motivebook@naver.com

ISBN 978-89-91195-32-5 93340

- 잘못된 책은 구입한 곳에서 바꾸어 드립니다.
- 이 책은 저작권법에 따라 보호를 받는 저작물이므로 무단 전재와 무단 복제, 광전자매체 수록을 금합니다. 이 책 내용의 전부 또는 일부를 이용하려면 도서출판 모티브북의 서명동의를 받아야 합니다.